KB141634

애프터쇼크

팬데믹 이후의 세계

# 애프터쇼크
## AFTERSHOCKS

콜린 칼 · 토마스 라이트 지음 | 이기동 옮김

도서
출판 프리뷰

# 팬데믹, 낡은 국제질서에 최후의 일격을 가하다

도널드 트럼프는 타고난 일방주의자였다. 그는 '아메리카 퍼스트'America First를 정강정책으로 내세워 대통령에 당선된 사람이다. 미국 우선주의로 70년 이어온 미국의 글로벌 리더십을 부정하고 동맹과 조약, 무역협정을 다른 나라들이 미국의 부와 국력을 훔치려고 맺는 속임수로 간주했다.

하지만 그의 핵심 참모들은 2019년 12월 중국 우한에서 시작된 신종 코로나바이러스가 게임 체인저가 될지 모른다는 사실을 일찌감치 알아챘다. 참모들은 유럽 국가들보다 먼저 이런 점을 간파했다. 트럼프의 대통령 직을 뒤흔들지도 모를 국가안보적인 위해 요소로 내다본 것이다. 하지만 트럼프가 이 문제에 관심을 갖기까지는 이후 몇 주가 더 걸렸다.

너무도 아까운 시간을 허비하고 난 2020년 1월 31일  마침내 트럼프의 국가안보팀과 보건팀은 그를 설득해 중국으로부터의 입국금지조치를 내리는 데 성공했다. 중대한 조치였지만 미흡했다. 예외로 미국 시민을 비롯해 중국에 체류하던 수만 명의 입국을 허용했기 때문이다. 감염 여부 검사와 접촉자 추적 등 철저한 사후관리가 필요했지만 당시 그런 조치는 전혀 취해지지 않았고 코로나바이러스는 미국 영토에 상륙하고 말았다.

　이튿날 로버트 오브라이언Robert O'Brien 백악관 국가안보보좌관이 다른 나라들에게 미국과 공동보조를 취해달라고 요청하기 시작했다. 코로나바이러스는 모두 신속하게 대응해야 억제할 수 있는데 그때 이미 때가 늦은 건 아니었을까? 호주가 중국으로부터 여행금지조치를 취하고 일본이 뒤를 이었다. 하지만 유럽 국가들은 미국의 요청에 귀를 기울이지 않았다. 유럽 국가들은 개별적으로 움직이기를 거부했다. 유럽연합EU 전체가 통일된 대응을 하고 싶었던 것이다. 하지만 많은 유럽 국가들이 중국의 심기를 건드리는 것을 꺼리기 때문에 통일된 대응이 나올 가능성은 희박했다. 코로나바이러스가 이탈리아에 상륙하자 오브라이언 보좌관은 유럽 각국 안보보좌관들에게 셍겐Schengen 역내에 여행금지조치를 내려줄 것을 요청했다. 셍겐조약 26개 회원국들은 역내에서 비자 없이 자유롭게 여행할 수 있도록 되어 있다. 하지만 아무도 여행금지조치를 취하려고 하지 않았다. 오브라이언 보좌관과 매튜 포틴저Matthew Pottinger 백악관 국가안보부보좌관은 팬데믹에 국제적인 대응이 필요하다고 대통령을 설득했지만 트럼프는 "왜 유럽 국가들은 아무 짓도 하지 않는가?"라고 화만 냈다. 여러 나라 관리들이 그때 결정적인 기회를 놓쳤다고 생각했다. 전대미문의 위기가 시작되는 시점에 동맹국들이 공동대응할 기회가 안개처럼 증발해 버린 것이다.

트럼프는 코로나바이러스의 위험성에 대해 첫 보고를 받는 순간부터 본능적으로 이를 축소하려고 했다. 중국과 1단계 무역협정에 서명한 직후였고, 11월에 재선을 위한 대통령선거를 앞두고 있었다. 협상 주역으로서 자신의 입지를 과시할 의욕에 차 있었다. 그에게 반대하는 사람들은 그를 전쟁광이라고 불렀지만 그는 외국 지도자들과 여러 건의 협상을 타결 짓고 싶어 했다. 거칠게 상대를 밀어붙이면서도 협상을 성사시키는 유능한 지도자로서의 이미지를 과시하고 싶었던 것이다. 예를 들어 2017년 트럼프는 핵전쟁 직전까지 북한을 밀어붙이는 듯이 보였다. 그러다가 막바지에 극적인 돌파구를 만들어서 북한의 독재자 김정은과 2018년, 2019년 세 차례 회담을 가졌다. 모두 TV에 보여주기 위한 쇼에 불과했지만 트럼프가 원한 건 오직 쇼뿐이었다. 2020년 초 미국경제는 호황이었고, 트럼프 대통령은 경제기조에 영향을 줄 어떤 행동도 하지 않으려고 했다. 그는 여행금지조치로도 충분하고 나머지는 모두 통제 가능하다고 생각했다. 시진핑習近平 중국 국가주석이 그와 여러 차례 통화하면서 말한 내용이 그랬다. 하지만 팬데믹과 경제 상황 모두 훨씬 더 악화될 채비를 갖추고 있었다.

3월 초 시장이 급전직하로 추락했다. '코로나19'로 불리기 시작한 감염병은 유럽 전역으로 퍼져나갔다. 트럼프 대통령의 보좌관들은 추가조치를 취하지 않으면 수백만 명이 사망할 수 있다고 경고했다. 그렇게 해서 3월 11일 트럼프는 마지못해 3주간의 경제 셧다운에 동의했다. 그 자체로도 미흡한 조치였을 수 있지만 그건 시작에 불과했다. 오브라이언 보좌관과 포틴저 부보좌관을 비롯해 미국 행정부의 보건 담당 보좌관들은 사안의 중대성을 대통령에게 납득시키려고 한 달 넘게 매달렸다. 하지만 댐은 이미 무너지기 시작했고 국가적인 위기가 다가오고 있었다. 트럼프는 갑자기 중국으로 화살을 돌렸다.(시진핑 주석과는 개인적인 친밀감을 유지했지만 중국은 트럼프가 제일 좋아하는 비난 대상이었다.) 그는 참모들에게 단호한 어투로 말했다. "이 자들이 우리를 욕보이고(fucked us), 개인적으로 나를 욕보였다(fucked me)." 그는 팬데믹을 '중국 바이러스'로 부르기 시작했다. 이에 맞서 중국 정부는 미군이 코로나바이러스를 우한에 가져왔을 수 있다는 루머를 퍼트리기 시작했다. 3월 26일 트럼프는 시진핑과 다시 통화하면서 코로나19의 유래를 놓고 설전을 벌였다. 이후 트럼프의 임기가 끝날 때까지 두 사람은 다시 통화하지 않았다.

3월 말이 되자 전 세계 선진 민주국가들이 모두 록다운에 들어가 2차 세계대전 이후 최악의 위기를 맞게 되었다. 최종 사망자가 얼마나 될지 누구도 알지 못했지만 어림잡아 나오는 추산은 엄청났다. 미국질병예방통제센터CDC는 미국 내에서 170만 명이 사망할 수 있다는 전망을 내놓았다. 독일 관리들은 자국민 50만 명이 사망할 수 있다고 전망했다. 글로벌 팬데믹이 일어날 수 있다는 생각은 이전부터 모두 하고 있었고 몇몇 나라들은 그에 대한 대비책도 세워놓고 있었다. 그러다 실제로 팬데믹이 닥치자 많은 지도자들이 정신없이 허둥댔다. 팬데믹 확산을 막겠다고 많은 나라들이 셧다운에 들어갔고 그로 인해 전 세계적인 경기침체 **recession**가 촉발되었다. 예상치 못한 결과였다. 1930년대 경제 대공황과 맞먹을 만한 상황이었고 어느 의미에서는 대공황을 능가하는 상황이 벌어졌다. 일시적으로는 실제로 그런 것처럼 보였다. 나라마다 자국민들이 심리적으로나 현실적으로 다가올 사태에 전혀 대비가 되어 있지 않다고 걱정했다.

국제협력은 사실상 정지 상태였다. 중국의 비협조에다 중국에 지나치게 저자세인 세계보건기구**WHO**는 시시각각으로 변하는 팬데믹의 실체를 제대로 파악하지 못해 쩔쩔매고 있었다. 그러다 보니 일관된 방역대책을 내놓지 못했고 나라마다 경쟁적으로 자구책을 마련했다. 독일은 국경을 봉쇄해 해외에 체류하는 자국민 수천 명의 입국길이 막혀 오도 가도 못하게 됐다. 프랑스는 리옹에 있는 스웨덴인 소유의 배송창고에 보관돼 있는 방역 마스크 600만 장을 압수했다. 마스크가 다른 유럽국으로 반출되지 못하도록 막기 위해서였다. 이탈리아 지도자들은 코로나 위기가 유럽연합을 붕괴시킬 것이라고 경고했다. 미국은 전 세계 마스크 공급업자들을 설득해 다른 나라로 가기로 되어 있던 물량까지 행선지를 미국으로 돌리도록 해 큰손임을 과시했다. 아시아에서는 일본을 비롯한 여러 나라가 태평양상에 떠 있는 수천 명에 달하는 크루즈선 집단 감염자 문제를 어떻게 해결해야 할지를 놓고 골머리를 앓았다.

미국은 3월 중순까지 팬데믹 위기로 온 나라가 뒤숭숭했다. 트럼프는 어느 순간 자신의 재선 기회가 사라지고 있다는 생각을 했다. 그는 다자 회의를 무시하는 편이었지만 6월로 예정된 중대한 회의에 생각이 미쳤다. 미국은 주요 7개국G7 의장국으로서 선진 민주국가 정상들과의 정상회담을 주관하기로 되어 있었다. 팬데믹으로 모든 국제회의가 사실상 중단된 상태였다. 하지만 여름까지는 코로나바이러스가 물러가겠지 하는 믿음이 있었다. 아베 신조安倍晋三 일본 총리와 보리스 존슨Boris Johnson 영국 총리, 에마뉘엘 마크롱Emmanuel Macron 프랑스 대통령은 트럼프 대통령에게 적절한 준비가 갖춰지면 회의에 참석하겠노라고 개별적으로 통보했다. 트럼프는 이렇게 트윗을 날렸다.

위대한 미국이 다시 돌아오고 있다. 나는 G7 정상회담을 예정된 날짜에 혹은 예정일 가까운 날에 장소를 워싱턴 DC의 대통령 별장 캠프 데이비드로 옮겨서 여는 것을 고려하고 있다. 다른 회원국들도 복귀를 준비하고 있다. 정상화를 알리는 멋진 신호가 될 것이다.[1]

G7은 원래 1975년 2차 오일쇼크와 경제위기를 겪으면서 프랑스, 영국, 독일, 미국의 4개국으로 시작했다. 이후 일본, 캐나다, 이탈리아가 참여해 G7으로 확대되었다. 유럽연합EU이 참여하고 러시아도 잠시 참여했으나 2014년 크림반도 강제합병으로 참석 대상에서 제외되었다. 부유한 선진 민주국가들의 모임으로서 G7 지도자들은 글로벌 위기와 국제질서의 장기적인 개선 방안을 논의한다. 이제 코로나바이러스 팬데믹이라

는 문제가 이들의 발등에 떨어진 것이다.

## 각자도생의
## 길로

42세의 마크롱은 나폴레옹 이후 가장 젊은 프랑스 지도자가 되었다. 아주 영리하고 야심만만한 그는 자신을 21세기에 닥칠 여러 도전을 잘 이겨내도록 프랑스와 EU를 개혁할 적임자로 생각했다. 코로나19로 이제 이 야심이 시험대에 오르게 되었다.

마크롱과 트럼프는 대단히 복잡한 관계를 유지하고 있었다. 트럼프가 대통령에 당선되자 마크롱은 그에게 찬사를 보내며 친밀감을 과시했다. 트럼프와 어느 정도 거리를 둔 다른 유럽 국가 지도자들과 차별화를 보인 것이다. 마크롱은 프랑스혁명기념일인 바스티유 데이Bastille Day 군사 퍼레이드에 트럼프 대통령을 초청해 극진한 환대를 베풀었다. 깊은 인상을 받은 트럼프는 워싱턴 DC에서도 유사한 대규모 군사 퍼레이드를 준비하라고 지시했다. 하지만 마크롱은 자신이 트럼프에게 쏟은 정성만큼 대접을 받지 못했고 이후 두 사람의 관계는 시들해졌다.

그럼에도 불구하고 2019년 G7 정상회담에서 의장으로 회의를 주관한 마크롱 대통령은 팬데믹 초기에 G7이 신속히 대응해야 한다고 주장했다. 그는 트럼프가 주도적으로 나서서 회의를 주도해 주기를 바랐지만 트럼프는 회의에 아무런 관심도 보이지 않았다. 그건 크게 놀랄 일이 아니었지만 프랑스 관리들은 백악관이 자체적으로 아무런 대책도 마련해

두고 있지 않다는 사실을 알고 충격을 받았다. 정말 아무 계획이 없었다. 위기가 심화되자 프랑스는 대응책 마련을 위해 G7 정상 간 원격 화상회담을 하자고 백악관에 제안했다. 백악관은 이 제안을 받아들였지만 회담 준비는 프랑스가 맡았다. 프랑스는 앞장서서 회담준비에 나섰고 화상회담은 3월 18일 차질 없이 진행되었다. 하지만 3월 26일 오래 준비해 온 주요 7개국 외무장관 회담이 화상으로 개최되었는데 공동성명 채택이 불발로 끝났다. 마이크 폼페이오Mike Pompeo 미국 국무장관이 코로나19를 '우한 바이러스'로 부르자고 고집했기 때문이다. 프랑스 측은 크게 놀랐다. '정말 미국은 바이러스 이름 때문에 G7을 좌초시키려고 하는가?' 마크롱이 나서서 이런 문제는 정상들이 직접 만나서 해결해야 한다고 주장했다. 트럼프가 G7 정상회담 개최에 찬성하며 직접 참석하겠다고 하자 마크롱은 고무되었다. 마크롱 역시 아무리 어려운 문제라도 지도자들끼리 직접 만나면 합의를 이끌어낼 수 있을 것이라는 자신감을 갖고 있었다.

보리스 존슨 영국 총리도 G7 대면 정상회담을 지지하는 입장이었다. 그는 긴 금발과 격렬하면서도 유머러스한 연설, 포퓰리즘으로 영국의 트럼프로도 불렸다. 하지만 그를 트럼프와 연결하는 건 합당치 않았다. 존슨 총리는 평생을 정치인으로 살아왔고 광범위한 독서광이고, 트럼프와 달리 기후변화 문제를 인식하고 이란과의 핵협상을 받아들이고 다자기구의 중요성을 인정하는 지도자였다. 그러면서 미국의 입장을 지지하는 영국의 오랜 외교 전통에 입각해 트럼프의 지도력을 기꺼이 따르는 것도 사실이었다. 존슨 총리의 입장에서 볼 때 따를 만한 지도력을 미국이 보여주지 않는 게 문제였다. 팬데믹에 대응할 전략적인 접근방법을 구상하는 데 미국은 철저히 비켜나 있었다. 그래도 존슨 총리는 G7 정상회담을 열자는 마크롱 대통령의 제안을 적극 지지했다. 회담이 열리면 선진 주요국들이 주도적으로 행동에 나서는 계기가 마련될 수 있을 것으로 생각했다. 그는 G7 지도자들이 단체로 세계백신면역연합 개비Gavi, 코백스 COVAX와 직접 협상에 나서자고 주장했다. 개비는 게이츠재단의 자금지원을 받는 글로벌 민관 보건기구이고, 코백스는 코로나19 백신 공동 구매·배분을 위해 설립된 국제백신협력프로그램이다. 존슨 총리는 또한 팬데믹과 글로벌 경제봉쇄로 큰 타격을 입은 개발도상국의 경제회복을 위한 지원에도 효과적으로 협력할 것을 적극 주장했다.

마크롱 대통령과 존슨 총리는 트럼프와 친하게 지내고 싶어 했지만 앙겔라 메르켈 독일 총리는 전혀 그럴 의사가 없었다. 공산당 통치 시절 동독에서 성장한 과학자인 메르켈은 실증적이고 신중하고 조심스러운 성격이었다. 2005년 11월에 권좌에 오른 그녀는 2021년에 물러나기로 되어 있었다. 메르켈과 트럼프 두 사람은 한 번도 마음이 서로 맞은 적이 없었을 뿐만 아니라 함께 있으면 어색하기 짝이 없었다. 2019년에 그녀는 트럼프의 실체를 제대로 알게 되었는데, 두 사람은 정책적인 불화 때문만이 아니라 스타일 면에서도 서로 부딪쳤다. 과학, 겸손, 지성, 다자주의 등 그녀는 트럼프가 싫어하는 것을 모두 갖춘 인물이었다. 다시 말해 어떤 형태로든 트럼프와 만나기만 하면 그의 아주 형편없는 면이 그대로 눈에 띄는 것이었다. 트럼프가 투우라면 메르켈은 그의 눈앞에서 흔들어대는 붉은 망토였다. 그는 메르켈과 대화만 하면 옆길로 샜다. 그녀는 그저 가만히 자리를 지켜주는 게 상책이었다. 메르켈은 두 사람이 함께 지도자로 있는 한 독일과 미국은 어떤 공통분모도 찾지 못할 것이라고 생각했다. 이런 생각이 확고하기 때문에 메르켈은 자유롭게 처신했다. 2019년 5월 메르켈은 하버드대 졸업식에서 축하연설을 했다. 한마디 한마디가 함축적인 의미를 담았는데 다자주의에 대한 자신의 철학을 피력하면서 트럼프식 정치를 반박하는 내용이었다. 표현을 조심할 필요가 없었다. 트럼프는 이미 그녀를 싫어했고, 어차피 국제무대에서 남이 설득할 수 있는 존재가 아니었기 때문이었다.[2]

메르켈은 G7 화상 정상회담에는 참석할 생각이었다. 하지만 마크롱 대통령이 6월 워싱턴에서 열리는 G7 정상회담에 직접 참석해 달라는 요청을 해오자 가지 않겠다고 했다. 독일 정부관리들은 메르켈 총리의 참석 거부가 팬데믹과 관련된 여행금지조치 때문이라는 해명을 내놓았다. 맞는 말이기도 했다. 메르켈 총리는 코로나바이러스 문제를 대단히 심각하게 받아들이고 극도로 신중하게 접근했다. 4월에 그녀는 독감 백신을 맞았는데 접종한 의사가 그 뒤 코로나19 확진 판정을 받았다. 그러자 그녀는 곧바로 2주간 자가격리에 들어갔다. 외국 인사와의 면담도 대부분 거절했다. 따라서 미국 방문을 하지 않겠다는 게 그렇게 놀라운 결정은 아니었다. 당시 미국은 팬데믹의 글로벌 중심지처럼 되어 있었다. 하필이면 트럼프가 미국의 세계보건기구WHO 총회 참석을 거부하고 나아가 회원국 탈퇴까지 감행하겠다는 엄포를 놓은 지 불과 몇 시간 뒤에 메르켈의 불참 발표가 나왔다.

메르켈이 미국에 가지 않겠다고 한 진짜 이유는 따로 있었다. 그것은 한 마디로 트럼프와 같은 회의장에 앉지 않겠다는 뜻이었다. 단순히 시간낭비에 그치는 게 아니라 물과 기름 같은 두 사람의 관계 때문에 자신이 참석하면 사태를 더 그르칠 수 있다고 판단한 것이다. 그녀는 또한 미국이 점차 무책임하게 행동하고 있다고 생각했다. 그런 트럼프에게 과시용 사진이나 찍을 기회를 만들어 주고 싶지 않았다. 그걸 가지고 재선 홍보용으로 쓰고 냉전 중인 중국 때리기에 이용할 게 뻔하다고 생각했다.

2020년 5월 28일 메르켈은 트럼프와 통화했다. 그녀는 G7 회담에 가지 않겠다는 입장을 거듭 밝혔다. 트럼프는 충격을 받았다. 메르켈이 끝까지 그렇게 나오리라고는 생각하지 못한 것이다. 트럼프는 고래고래 소리를 지르며 메르켈과 날선 공방을 주고받은 뒤 일방적으로 전화를 끊어버렸다. 백악관 참모들도 메르켈 총리를 거세게 비난했다. 메르켈이 불참함으로써 미국의 G7 정상회담 개최 의미가 크게 퇴색되었다고 본 것이다. 트럼프 대통령은 G7 정상들을 일일이 직접 초청했다. 두 사람 사이에 불화가 있는 건 사실이지만 트럼프가 호의를 다해 초청했는데 메르켈이 모욕적으로 불참 결정을 했다고 백악관 측은 생각했다. 트럼프 보좌관들은 "일이 엿같이 꼬였다. 메르켈이 G7을 죽여 버렸다."고 울분을 토했다. 정상들이 직접 만났더라면 무언가 의미 있는 결과를 도출해 냈을지도 모를 일이었다. 말로는 협력의 신봉자들처럼 떠드는 유럽인들이 일을 망쳐 버렸다고 생각했다.

트럼프는 화가 머리끝까지 났다. 정상회담을 대선 이후로 미룰 수밖에 없게 된 것이다. "나는 G7이 이제 세계에서 진행되는 상황을 대변하기에 적절하지 않다고 생각한다. 그래서 회담을 미루기로 했다. G7은 시대에 대단히 뒤처진 모임이다."[3] 그는 기자들에게 이렇게 말했다. 트럼프는 거기서 한 발 더 나갔다. 다음에는 호주, 인도, 한국, 더구나 논란의 소지가 많은 러시아까지 함께 초청하겠다고 말한 것이다. 그리고 이 나라들이 참석할 준비가 갖춰질 때까지 기다리겠다고 했다. 트럼프는 오래전부터 블라디미르 푸틴 러시아 대통령과의 협력 방안을 모색해 왔다. 그는 이 러시아 독재자를 좋아했다. 선거운동 기간 중에도 그에 대한 존경심을 나타냈고, 왜 러시아가 미국의 적이냐는 물음을 수시로 제기했다. 그리고 2018년 헬싱키에서 열린 미러 정상회담에서 트럼프는 2016년 미국 대선에 러시아가 개입하지 않았다는 푸틴의 주장을 옹호했다. 트럼프는 과거에도 러시아를 G7에 초청하려고 했다가 쥐스탱 트뤼도 캐나다 총리를 비롯한 다른 지도자들의 강력한 반대에 부딪쳐 좌절된 바 있다. 트럼프는 메르켈로부터 무시당해 G7 정상회담이 연기되자 대체 논리를 개발하며 푸틴 초청 건을 다시 꺼낸 것이다.

프랑스 정부 인사들은 정상들이 직접 참석하는 G7 정상회담을 늘 환영하는 입장이었지만 트럼프의 회담 연기 결정에 그렇게 실망스러워하지 않았다. 프랑스 측은 회담이 열리더라도 그렇게 실효성 있는 회담이 될지에 대해 매우 유보적인 입장을 갖고 있었다. 그리고 미국이 취하는 입장이 코로나바이러스를 물리치고 세계경제를 살리는 데 크게 효과적이지 못할 것으로 생각했다. 프랑스는 미국이 코로나19에 맞서 국제적인 대응태세를 갖추는 데 별 관심이 없는 것으로 보았다. 미국은 코로나바이러스의 발원지를 놓고 중국을 비난하는 데만 관심이 있는 것처럼 보였다. 프랑스의 이런 평가는 틀리지 않았다. 미국 행정부관리들은 팬데믹이 처음부터, 그리고 전적으로 중국의 문제라고 생각했다는 사실을 인정했다. 미국의 유일한 관심은 중국을 견제하기 위해 단합된 노력을 이끌어내는 것뿐이었다. 프랑스는 트럼프가 G7 정상회담을 연기한 뒤에도 아무런 조치도 취한 게 없다는 사실에 주목했다. 미국은 글로벌 공중보건과 관련해 아무런 조치나 주문을 내놓지 않았고 경제회복을 위해 과감한 조치를 취하지도 않았다. 백신 개발을 위해 전 세계가 힘을 모으자는 계획도 없고, 세계 각국에서 고통 받는 수백만 명을 위해 인도적인 지원을 하자는 계획도 내놓지 않았다. 한마디로 리더십 부재 상태였다. 오직 침묵뿐이었다.

한편 영국은 러시아를 G7에 불러들이자는 트럼프의 생각에 몹시 기분이 언짢았다. 영국은 G7이 선진 민주국가들의 모임이라고 생각하는데 크렘린은 2018년 3월 영국에 와 있던 러시아 반체제 인사를 화학물질인 신경작용제를 사용해 독살하려고 시도해 많은 이들의 목숨을 위험에 빠트렸다. 그리고 러시아는 코로나19 대응과 관련해 어떤 기여도 할 게 없는 나라인데 도대체 왜 G7에 초청하겠다는 말인가? 존슨 총리 팀은 이를 보며 '이제 포기하자!'는 식으로 받아들였다. 트럼프는 진지하지 않고 아무런 행동도 할 의사가 없으며 국제적인 대응을 주도할 의지도 없다고 판단했다. 그렇게 해서 영국 관리들은 트럼프에 대한 기대를 접었다. 존슨 총리 주도로 영국은 미국의 도움 없이 국제백신협력프로그램 코백스 COVAX에 협력하고, 세계백신면역연합인 개비Gavi 정상회담을 주관했다. 그리고 미국이 탈퇴한 WHO의 최대 공여국이 되었다.

유럽 국가들이 미국에 완전히 등을 돌림에 따라 G7은 실질적인 기능이 완전히 마비된 상태에 놓이게 되었다. 이런 가운데 드디어 냉혹한 현실이 눈앞에 닥쳤다. 2020년 들어 코로나19가 세계 구석구석을 모조리 휩쓸자 모든 나라가 각자도생의 길로 들어서게 된 것이다.

## 팬데믹으로 바뀐
## 역사의 물줄기들

역사에는 특별히 두드러진 시기들이 있다. 1914년과 1939년에는 세계대전이 일어났고 1918년과 1945년은 그 세계대전이 각각 끝난 해이다. 1929년과 2008년에는 세계금융위기가 일어나 수억 명의 생존이 위험에 처했고, 1989년과 2001년은 지구촌 시대가 막을 내리고 다른 지구촌 시대가 시작된 해이다. 하나는 희망으로 시작하고 다른 한쪽은 비극으로 시작했다. 2020년도 두드러진 시기로 기록될 것이 분명하다. 전 세계가 한 세기 전인 1918~20년의 독감 대유행 이후 최악의 팬데믹 공포에 휩싸였기 때문만이 아니다. 수천만 명이 감염되고 200만 명에 육박하는 사망자가 발생하고, 2020년 말 기준으로 글로벌 경제에 가한 충격은 22조 달러를 넘어섰다.[4] 팬데믹이 와도 좋을 시기라는 건 없겠지만 신종코로나바이러스가 세계를 강타한 것은 격동의 10년을 거친 다음 국제협력이 거의 와해된 최악의 시기였다. 세계 지도자들이 서로 말도 잘 나누지 않을 정도로 지내고, 팬데믹 문제를 논의하기 위한 정상회담 일정도 잡지 못하는 현실이 이를 뒷받침해 주었다.

이 책에서 우리는 밀접하게 연결된 세계가 심각한 불평등, 포퓰리즘과 자국우선주의가 극성을 부리고, 강대국 간에 지정학적인 경쟁관계가 거세지는 가운데서 글로벌 감염 사태에 어떻게 대응했는지를 보여주려고 했다. 자국우선주의적인 경향은 그 어느 때보다도 더 긴요한 협력을 저해했고, 미중 경쟁이 거의 모든 분야를 압도해 국제적인 대응을 한층 더 복잡하게 만들었다. 코로나19는 정말 큰 파장을 몰고 온 전 지구적인 정치적 위기사태였다. 유럽연합EU 약화와 글로벌 경제 록다운, 그리고 개발도상국들에서 수십 년에 걸쳐 이룬 빈곤 감소를 무위로 돌리고 민주주의와 시민의 자유를 훼손했다. 그리고 팬데믹 정치가 낡은 국제질서에 어떻게 최후의 일격을 가했는지도 설명했다. 우리 모두가 집단적으로 경험한 일을 이해하고 앞으로 닥칠 일들에 제대로 대비하기 위해서는 이런 포괄적인 접근이 필요하다.

2020년 이전 30년 동안 세계는 위기의 순간에 함께 협력하려는 모습을 보였다. 1991년 소련 연방 해체 이후를 대비할 때 그랬고 2003년 후천성면역결핍증후군HIV/AIDS이 사하라사막 이남을 휩쓸 때와 2008~2009년 세계금융위기, 2014년 에볼라 바이러스 사태, 그리고 같은 해 이라크와 시리아에서 이슬람국가IS가 득세할 때도 미국의 주도로 세계가 협력해서 대응하는 모습을 보였다. 많은 경우 협력은 미흡하고 불완전했지만 그래도 변화를 만들어냈다. 하지만 이런 협력관계는 여러 해에 걸쳐 서서히 닳아 없어지다 2020년에 들어와 완전히 산산조각 나고 말았다. 국제관계는 시험에 처해졌다. 국제정치가 다른 나라들과 협력할 의지가 없고 그럴 능력도 없는 자국우선주의 정부들에 의해 좌우된다면 글로벌 위기 때 어떤 일이 벌어질까? 코로나19 팬데믹이 발생하기 직전 미국은 미국 제일주의자인 트럼프가 이끌었다. 그는 국제정치를 제로섬 경쟁을 벌이는 상거래와 동일시했다. 미국이 자국 중심으로 빠져드는 사이 중국의 시진핑 주석은 국내 반체제 인사들을 탄압하고, 바깥으로는 이웃 나라들을 겁박해 이 나라가 국제질서에서 책임 있는 이해 당사자가 될 것이라는 기대를 산산이 부숴 놓았다. 한때 민주주의와 다자주의의 보루였던 브라질과 인도는 비자유주의illiberal로 돌아섰다. 영국은 유럽연합과 쓰디쓴 결별을 감행했다. 인류는 과거 그 어느 때보다 서로 더 긴밀하게 연결되었지만 과도하게 글로벌화 된 세계는 경제적, 문화적, 정치적 불만으로 가득 차고, 신기술의 영향과 세계에서 가장 영향력 있는 인사들까지 가담한 자발적인 공범자들에 힘입어 무분별한 가짜 정보와 음모론이 판치고 있었다.

코로나19는 이런 살벌한 지정학적인 배경 안에서 복잡하게 얽힌 국제적인 재앙을 다량으로 만들어냈다. 나라별로 전대미문의 공중보건 비상사태에 독자적으로 대응했지만 대부분 제대로 된 대응을 하지 못했다.

독일과 이스라엘은 초기에 효과적인 대응을 했지만 2차 대유행이 닥치자 어려움을 겪었다. 호주, 뉴질랜드, 한국, 대만 등 극소수의 나라들이 일관되게 효과적인 대응을 함으로써 유럽 국가들이 피해 가지 못한 전면 록다운을 피할 수 있었다. 록다운을 피한 이 나라들은 철저한 감염경로 추적과 잠재적인 감염자 격리, 그리고 매우 엄격한 여행금지조치를 시행했다. 이 가운데는 지정학적인 이점 덕분에 바이러스를 수월하게 차단할 수 있었던 나라들도 있다. 그렇다고 하더라도 이들 나라들이 가진 공통점이 있는데 그것은 바로 최근에 전염병이나 팬데믹에 잘못 대응한 경험이 있고, 그로부터 교훈을 얻었다는 점이다.

코로나바이러스는 현대에 들어 최악의 경기하강을 불러왔다. 그리고 미국에서는 대규모 금융위기가 일어날 직전 단계까지 갔으나 연방준비제도이사회Fed의 적극적인 개입 덕분에 겨우 위기를 피할 수 있었다. 팬데믹은 많은 나라가 필수 의약품 공급을 비롯한 여러 물품의 공급 부족 사태를 겪으면서 글로벌 공급망의 취약점을 드러내 보였다.

팬데믹은 또한 경제와 사회, 안전 문제를 공동 해결하겠다는 기치를 내걸고 뭉친 27개국 유럽연합EU의 기본 조직을 찢어놓았다. 국경이 봉쇄되고 의약품 공급을 서로 차지하려고 다투는 모습은 공동 목표를 흔들어놓은 것은 물론이고 유럽연합의 존립 자체에 대한 의문까지 불러일으켰다. 몇 개월 뒤 EU는 제자리를 찾았지만 2020년 가을부터 다시 위기가 닥치면서 2차 팬데믹을 막는 데 실패하자 새로운 의문이 제기되었다. 백신의 개발과 배포를 어떻게 관리할 것이냐는 과제도 새로 생겨났다.

적어도 초기에는 중국과 일부 서방국가에서 록다운 모델이 효과가 있었다. 감염병의 확산속도를 늦추고 다른 방역조치들이 시행될 때까지 시간을 버는 데 어느 정도 효과를 발휘한 것이다. 하지만 봉쇄조치는 개발도상국가들에게는 재앙을 초래하는 것으로 나타났다. 많은 저중간 소득 국가들은 자택대기 명령과 영업장 폐쇄조치를 발동해서 버는 시간을 활용해 다른 방역조치를 준비할 입장이 못 된다. 이런 나라들은 또한 이미 한계상황에 내몰린 주민들에게 적절한 지원을 해줄 자원이 없다. 그 결과 코로나19는 이미 취약한 사람과 국가들에게 심각한 타격을 가했다. 지난 20여 년 동안 상당한 경제적 성공을 거둔 개도국들도 부채가 늘고 수천만 명이 빈곤층으로 떨어지고 기아선상으로 내몰림으로써 심각한 타격을 입었다. 이미 극심한 분쟁과 거주지 이동으로 주민들이 큰 고통을 받고 있는 아프리카, 중앙아시아, 중동 등지의 취약한 나라들에서는 팬데믹이 한층 더 암울한 상황을 만들어냈다.

비자유주의적인 지도자와 독재자들은 보건 위기를 이용해 권력을 강화하고 선거부정을 저지르고, 시민의 자유를 더 억압하고 반체제 인사들을 탄압했다. 이들은 바이러스 확산을 차단하기 위해 개발한 감시 앱을 비롯한 최첨단 디지털 기술의 도움을 받아 이런 짓을 저질렀다. 많은 나라들에서 대유행을 막으려는 사람과 위기의 심각성을 부인하며 경제활동과 일상생활의 제재를 풀려고 하는 포퓰리스트 지도자들 간의 충돌로 정치가 혼란을 겪었다. 코로나19에 너무 과도하게 대응하는 정부와 너무 소극적으로 대응하려는 정부에 반대해서, 그리고 그로 인해 야기되는 정치적 경제적인 파장에 불만을 품은 수백만 명의 시민들이 변화를 요구하며 거리로 몰려나왔다.

## 미중 대결의
## 그림자

코로나바이러스 팬데믹은 지정학적으로 오랜 기간 큰 파장을 가져올 글로벌 위기를 불러들였다. 2020년에 시작된 이 위기는 고통을 겪는 개인뿐만 아니라 빈국과 부국을 가리지 않고 많은 나라들에게 경제적으로, 그리고 국가보건 면에서 큰 타격을 가했다. 2020년에 일어난 이 위기의 한가운데 중국과 미국이라는 두 슈퍼파워의 대결이 자리하고 있다. 두 강대국은 서로 경쟁에 몰두하느라 자신들이 해야 할 책임을 다하지 못했다.

코로나바이러스 발생 초기에 중국 당국의 대응이 늦었던 것은 이해해줄만도 하다. 다른 많은 나라들도 코로나19가 국내외적으로 얼마나 심각한 위협을 가할지 깨닫는 데 시간이 걸렸다. 하지만 중국은 얼마나 심각한 일이 벌어지고 있는지 명백하게 드러난 다음에도 계속해서 국제사회와 협력하기를 거부했다. 그건 도저히 용납할 수 없는 짓이었다. 중국 정부는 세계보건기구WHO 조사단이 코로나바이러스 발생 현장에 접근하지 못하도록 막았다. 그래서 WHO는 코로나19 초기 사례들의 샘플 채취에 실패했다.(이 책을 쓰는 지금까지도 중국 당국은 이런 행위를 계속하고 있다.) 그리고 국민들에게 사태의 심각성을 알리려는 의사와 언론인들을 철저히 탄압했다. 중국은 2002년~2003년 발생한 중증급성호흡기증후군 사스 SARS 위기를 겪으면서 향후 감염병 대유행에 대비해 투명성과 효율성을 높이기 위한 대규모 개혁조치를 단행했다. 하지만 사스를 계기로 시작된 이런 개혁조치는 의료당국 대신 시진핑 주석이 직접 위기관리 지휘봉을 잡으면서 대부분 무용지물이 되고 말았다. 시진핑 주석이 2012년 말 권좌에 오르고 이후 독재체제를 강화하면서 예고된 필연적인 결과였다. 중국은 경쟁국들에게 어쩔 수 없는 최소한의 정보를 제외하고는 공개하지 않으려고 했다.

국내적으로는 이런 정책이 어느 정도 효과가 있었다. 초기에 중국의 소셜미디어에 사태를 축소하고 은폐하려는 당국을 빗대 '체르노빌 순간'이라는 자조와 조롱이 나돌기도 했지만, 이후 중국 당국은 2020년 내내 국내에서 효과적인 방역상태를 유지했다. 중국이 초기에 코로나바이러스의 확산을 억제하는 데 거둔 성공은 서방의 무능과 대비되었다. 중국 당국은 자신들의 체제가 우월함이 입증되었다고 선전했다. 팬데믹은 또한 중국이 미국보다 경제적으로 이득을 더 많이 본 지정학적인 사건이다. 2027년이 되면 중국이 미국을 제치고 세계 1위 경제대국으로 올라설 것이라는 통계도 나왔다. 중국이 팬데믹이 몰고 온 경제적 파장을 더 효과적으로 극복한 덕분에 교차점에 도달하는 시기가 당초 예상보다 5년 앞당겨지는 셈이다. 중국공산당으로서는 글로벌 금융위기에 이어 몇 십년 만에 미국을 능가할 기회를 두 번째로 또 맞게 된 것이다.

중국은 우한에서 코로나바이러스 환자가 발생하자 곧바로 해외 유화정책으로 눈을 돌렸다. 그리고 서방을 상대로 대대적으로 가짜 정보를 퍼트렸다. 바이러스가 미국에서 중국으로 건너온 것이라고 주장했고, 미국에서 개발한 백신에 대해 음모론을 퍼트렸다. 그리고 팬데믹을 이용해 홍콩의 주권운동을 탄압하고, 영국으로부터 중국으로 주권이 이양된 1997년 이후 홍콩인들에게 고도의 자치와 자유를 보장하기로 한 일국양제—國兩制를 사실상 끝장내 버렸다. 중국은 소위 '전랑외교' 战狼外交 wolf warrior diplomacy를 내세워서 코로나19와 관련해 중국의 역할에 의문을 제기하는 나라들을 겁주는 한편 유럽, 아프리카, 라틴아메리카 등지에 팬데믹 지원을 제공해 중국의 지정학적인 이익을 증진시키는 수법을 썼다. 하지만 이런 고압적인 외교는 오히려 반작용을 불러 많은 나라들이 다른 파트너를 찾아 나서도록 만들 것이다. 아쉽게도 트럼프 대통령 시절 미국은 전통적으로 해오던 미국의 역할을 중시하지 않아 기회를 잡지 못했다.

중국에 대해 의심의 눈초리를 갖고 있던 트럼프 행정부관리들은 중국 정부가 내놓은 해명과 달리 우한에서 벌어지고 있는 사태의 심각성에 대해 대만을 제외하고 다른 어떤 나라보다도 더 빠르게 파악하고 있었다. 하지만 2020년 내내 미국은 팬데믹을 중국과의 경쟁구도라는 프리즘을 통해 대응했다. 팬데믹을 국제협력이 필요한 글로벌 보건 위기로 보지 않고 중국 정부가 세계에 가하는 위협을 상징하는 사건으로만 보았다. 최소한 뜻을 같이하는 나라들끼리라도 협력이 필요한 사안이었음에도 불구하고 그랬다. 그러다 보니 특히 유럽 선진 민주국가들과 충돌할 수밖에 없었다. 이들은 미국 행정부가 중국에 대해 갖고 있는 회의적인 시각에 일부 동조하면서도 미국과 중국 사이에 냉전이 격화하면서 불가피하게 보건 위기가 부수적인 타격을 입을 수 있다는 점을 우려했다. 트럼프 행정부는 중국을 겨냥해 국제적인 분노를 집중시키는 노력을 하느라 팬데믹에 대응하고 팬데믹이 초래한 경제적인 파장과 인도주의적인 문제를 해결하기 위해 전 세계가 힘을 모으도록 하는 당연한 임무를 소홀히 했다. 트럼프 행정부의 고위관료들 중 일부는 미국이 세계보건기구 WHO가 전 세계적으로 기울이는 노력을 지원하고, WHO에 필요한 내부 개혁을 위해 힘을 보태야 한다는 생각을 갖고 있었다. 하지만 트럼프 대통령은 WHO를 중국과 싸우는 데 이용할 정치적 논란거리로 만들어 버렸다. 미국과 중국 사이의 이러한 제로섬 경쟁은 G7과 유엔안보리를 비롯한 다른 분야에서의 다자주의적인 노력까지 마비시켰다.

제네바에 있는 WHO의 테워드로스 아드하놈 거브러여수스Tedros Adhanom Ghebreyesus사무총장은 두 강대국의 경쟁관계가 자신의 입지를 매우 곤란하게 만들 것이라는 사실을 알고 그 싸움에 빠져들지 않기로 단단히 마음먹고 있었다. 그는 비공개적으로 중국을 압박하면서 공개적으로는 중국의 입장을 지지하고 격려했다. 중국의 협력이 절실한 상황에서 그렇게 하는 것 외에는 다른 방도가 없다고 생각했다. 그는 미국에 대해서도 같은 입장을 취했는데 그 때문에 미국과 충돌하게 되었다. 미국 행정부의 관리들은 중국이 팬데믹 와중에 진실을 은폐하고 국제사회와 필요한 협력을 거부한다는 사실을 그가 인정해 주기를 바랐다. 이러한 입장 차이 때문에 그는 미국 정부와 충돌했다. 미국은 중국이 핵심 정보를 내놓도록 하려면 공개적인 압박을 가하는 길밖에 없다고 생각했다. 하지만 테워드로스 사무총장은 이러한 입장을 따르지 않았고 결국 미국은 7월에 WHO를 탈퇴하는 결정을 내렸다. 테워드로스 사무총장은 이후 2021년 봄 바이러스 발원지를 규명하는 조사과정에서 중국 측의 투명성과 협력이 미흡하다고 비난해 이번에는 중국의 분노를 샀다.

한편 트럼프 행정부는 국내 팬데믹 대응을 엉망으로 해 중국과의 '체제 경쟁'도 제대로 하지 못했다. 2020년 말 기준으로 미국 내 코로나바이러스로 인한 사망자는 35만 2,000명을 기록했다.(중국은 4,800명) 코로나19로 인한 전 세계 사망자의 20퍼센트를 차지하는 놀라운 수치였다. 미국 인구는 전 세계 인구의 4퍼센트에 불과하다. 세계 최강대국이라고 자부하는 나라가 인구 대비 사망자 순으로 상위 14번째에 이름을 올렸다는 것은 변명의 여지가 없는 일이었다.[5] 트럼프 대통령은 2020년 2월, 2018년과 같은 팬데믹에 대비해 중국에 대한 여행금지조치에 덧붙여 일련의 대비책을 마련해야 한다는 몇몇 고위관리들의 충고에 귀를 기울이지 않았다. 당시 이들은 이탈리아와 같은 위험지역에 대해 추가적인 여행금지조치를 내리고 코로나바이러스의 진단과 의료 서비스 제공, 치료 지원을 포함해 본격적인 대비책을 서둘러야 한다고 트럼프 대통령에게 권고했다. 하지만 경제에 악영향을 줄 것을 우려해 신중한 대처를 주문하는 사람들의 목소리가 우세했다. 그렇게 해서 의료 전문가들의 주장은 옆으로 밀려나고 2월은 잃어버린 한 달이 되고 말았다. 트럼프 행정부는 코로나19 대응을 잘못한 데 대해 자신들이 져야 할 책임과 비난을 엉뚱한 데다 떠넘겼다. 필요한 정보와 지원을 해주지도 않으면서 주 정부를 비롯한 지방정부에 책임을 전가한 것이다. 코로나바이러스와 공중보건과 관련해 트럼프 대통령 본인이 세계 최고의 가짜 정보 전파자라는 보고서들이 나왔다. 그는 약효가 입증되지 않은 치료약을 선전하고 겁낼 것 없다고 말하며 팬데믹 사태의 심각성을 깎아내렸다. 마스크 착용과 다중모임 금지와 같은 기본 방역수칙도 지극히 정치 도구화 되었다. 트럼프 행정부가 워프 스피드 작전Operation Warp Speed을 통해 초고속으로 백신 개발에 박차를 가하고, 적시에 조치를 취해서 경제 붕괴를 피한 공로는 인정받을 만하다. 하지만 이러한 공은 팬데믹으로 초래된 다양한 재난을 관리하지 못한 광범위한 실책으로 빛을 잃고 말았다.

조 바이든이 차기 대통령으로 선출됨으로써 중대한 변화가 일어나게 된 것은 사실이다. 2021년 1월 새 행정부가 들어서면서 미국은 국제기구 활동에 다시 복귀하고 국내외적으로 코로나19 문제를 심각하게 받아들이기 시작했다. 하지만 간과하지 말아야 할 점이 한 가지 있다. 2020년부터 누적된 여러 다양한 충격은 계속 위세를 떨치며 최소한 앞으로 10년은 세상을 좌지우지하게 될 것이다. 팬데믹은 미국 주도의 세계질서에 종말을 고하는 하나의 이정표가 되었다. 그동안 미국 주도의 세계질서 아래서는 미국이 민주주의 동맹국들과 함께 국제기구와 팬데믹이나 기후변화 같은 국제협력이 필요한 분야에서 주도적인 위치에 서는 게 당연했다. 강대국 간의 경쟁관계와는 무관하게 그렇게 작동했다. 이제부터 미국은 앞을 내다보며, 특히 중국과의 강대국 간 경쟁관계에 깊이 뿌리를 내린 채 글로벌 충격에 더 자주 휩싸이게 될 세계에 대비해야 한다. 경쟁 관계에 있는 강대국들과도 공동의 위협에 대비하는 길을 모색해야 하는 게 당연하다. 하지만 코로나바이러스 대처 과정에서 중국의 행동이 적나라하게 드러내 보여주었듯이 그러한 협력에 분명한 한계가 있다는 사실도 직시해야 한다. 따라서 다른 자유주의 국가들, 뜻을 같이하는 국가들과 보다 밀접하게 협력해야 한다.

## 실패에서 얻은 교훈으로
## 미래에 대비해야

공동저자인 콜린 칼Colin Kahl과 톰 라이트Tom Wright는 15년 넘게 우정을 나눈 친구 사이이다. 두 사람 모두 국제정치 연구자이지만 서로 다른 시각에서 연구를 수행하고 있다. 1990년대부터 2000년대 초까지 콜린 칼은 개발도상국에서 인구문제와 환경문제가 내전과 민족분쟁에 얼마나 나쁜 영향을 미치는지에 대해 연구했다.[6] 미군의 이라크 파병에 반대한 그는 1990년대 초반을 학자로서 정치 보좌관으로 정부관료로 일하며 이 문제 연구에 매달렸다. 오바마 행정부 때는 국방부에서 중동 문제 담당 고위관리로 일했고, 나중에는 백악관에서 당시 조 바이든 부통령의 국가안보보좌관으로 일했다.

그는 이 책 집필을 시작하고 나서 다시 국방부로 복귀했다. 톰 라이트는 워싱턴 DC에 있는 브루킹스연구소Brookings Institution에서 미국과 주요 강대국의 관계와 유럽정치를 연구해 왔다. 2017년에 저서 『전쟁을 제외한 모든 조치들』All Measures Short of War을 발간했다. 협력적인 국제질서에 대한 희망이 왜 강대국 간의 경쟁 때문에 수포로 돌아가는지에 대해 설파한 책이다.[7] 두 사람은 여러 차례 함께 일했다. 선거운동을 함께한 적도 있고 싱크탱크와 연구소에서 함께 일했다.

진행 중인 거대한 변화의 실체를 알아내기 위해 암중모색하고 미국이 이런 변화에 어떻게 대응해야 하는지에 대해 연구했다.[8] 2020년 봄부터 시작된 이 논쟁에서 우리가 주목한 것은 거시전략과 국제 시스템에 미치는 영향을 전반적으로 예측하는 데는 관심을 많이 두는 반면, 코로나19 위기를 극복하기 위해 세계가 실제로 취했거나 취하지 않은 행동을 분석하는 데는 신경을 크게 쓰지 않는다는 사실이었다. 우리가 이 책을 쓰기로 한 이유는 우리 눈앞에서 일어나는 일들을 실증적으로 상세히 밝혀보고 싶었기 때문이다. 세계 전역에서 전개되고 있는 팬데믹 정치와 그 충격파, 그리고 이 두 가지 모두를 제대로 관리하지 못하는 실상을 밝혀내려고 했다. 그를 통해 보다 폭넓은 결론을 이끌어낼 수 있을 것으로 생각했다. 효능이 뛰어난 백신이 개발되었음에도 불구하고 코로나19는 지금 이 순간까지 많은 지역에서 계속 고통을 안겨주고 있다. 책에서 우리가 다룬 많은 일들이 앞으로도 계속 벌어질 것이다. 하지만 우리가 일생 동안 겪은 가장 심각한 이 국제적 위기로부터 교훈을 얻겠다고 5년~10년을 더 기다릴 수는 없다. 어떤 문제는 지금 당장 그 실상을 제대로 알 필요가 있다. 지금 당장 행동에 나서야 하는 문제들이기 때문이다.

2020년 한 해 동안 전 세계적으로 수십억 명이 이 위기가 자신들에게 직접적으로 어떤 영향을 미칠지 궁금해 했다는 사실을 우리는 알고 있다. 집 앞의 슈퍼마켓은 언제쯤 정상적인 영업이 재개될지? 아이들은 언제 다시 학교에 가고 사무실에는 언제 다시 출근하게 될지? 연로하신 친척 어른들의 건강은 어떻게 지키고? 집세는 어떻게 낼 수 있을지? 어떤 백신을 언제 맞을지? 많은 이들은 본인이 직접 감염되거나 아는 이들이 감염되어서 팬데믹을 직접 경험했고, 가족이나 친구가 코로나19에 걸려 목숨을 잃은 사람도 수없이 많다.

2020년 내내 미국 언론들은 트럼프 관련 뉴스와 미국 내 코로나19 상황이 어떻게 전개되는지에 관해서 주로 다루었다. 트럼프의 언행과 코로나19 모두 전 세계적으로 의미를 갖는 사안이었다. 그래서 우리는 미국의 정책을 논의하면서 트럼프 행정부가 하는 사고의 국제적인 의미에 많은 관심을 집중했다. 언론은 트럼프의 기이한 언행을 집중 보도했지만 우리는 그런 일에 일일이 분노하기보다는 그것이 갖는 국제적인 의미에 더 비중을 두었다. 우리는 또한 전 세계적으로 여러 나라가 팬데믹에 대응하는 다양한 방식과 그에 따른 결과들을 분석했다. 유럽, 아시아, 아프리카, 중동, 라틴아메리카 국가들이 팬데믹 현장에서 어떤 대응체제를 보여주었는지, 그리고 다자기구들이 국경을 넘어 전파되는 위기상황을 해결하기 위해 분투하는 모습을 다루었다. 이런 이야기 대부분은 사람들의 관심권 안에 들지 못했지만 앞으로도 여러 해에 걸쳐 세계에 영향을 미칠 코로나19의 충격을 제대로 이해하기 위해 반드시 짚고 넘어가야 할 내용이다.

이 책은 네 부로 구성된다. 제1부는 역사상 있었던 대규모 팬데믹을 다시 살펴보고 팬데믹이 세계 역사에 미친 영향을 되짚어본다. 역사에서 간과되어 온 사실이지만 1918~1920년 '스페인 독감'으로 불린 팬데믹이 1차세계대전 종전과 자유주의 국제질서를 구축하려고 했던 우드로 윌슨 미국 대통령의 꿈에 어떤 영향을 미쳤는지, 1차세계대전과 2차세계대전 사이 벌어진 극심한 불안정에 어떤 영향을 미쳤는지에 대해 알아본다. 어두운 역사를 다시 살펴보는 것은 지금의 위기상황과 너무도 닮아 있고 지금의 정책 결정권자들에게 주는 경고의 의미가 있기 때문이다. 그리고 코로나19 발생 전야 세계가 어떤 모습이었는지를 상세히 살펴본다. 한 세기에 한 번 올 정도로 심각한 이번 팬데믹은 국제질서에 미치는 영향 이 과거의 팬데믹보다 더 심각할 것으로 우리는 생각한다. 팬데믹이 닥 치기 전 이미 세계가 뿔뿔이 흩어져 각자의 길을 가는 위험한 상황에 놓 여 있었기 때문이다.

제2부는 팬데믹 초기 국가별 대응 상황을 살펴본다. 중국에서 코로나 19가 발생한 상황과 중국이 이를 이겨내기 위해 애쓰던 초기 단계부터 세계무대에서 위세를 과시하는 쪽으로 입장을 바꾸는 과정을 분석한다. 그리고 유럽, 동아시아를 비롯한 여러 나라에서 이 감염병을 이겨내기 위해 기울인 대응 노력을 평가한다.

제3부는 팬데믹으로 촉발된 위기가 고조되어 가는 과정을 심층 분석 한다. 코로나19로 촉발된 전례 없는 글로벌 경제위기를 분석한다. 개발

도상국과 분쟁지역이 겪는 엄청난 경제적 어려움을 분석하고, 팬데믹이 전 세계적으로 민주주의와 시민의 자유에 미친 영향을 분석한다. 점점 더 거세지는 지정학적 경쟁과 흔들리는 국제협력 구도 속에서 이런 충격파가 어떤 모습으로 전개되는지를 살펴본다.

제4부는 2차 대유행에 대한 글로벌 대응상황을 분석한다. 백신이 궁극적으로 팬데믹을 종식시켜 줄 것이라는 희망이 커지는 가운데 전 세계적으로 감염 사례가 증가하는 현상이 시기적으로 중첩되었다. 2020년의 경험을 통해 얻은 교훈을 소개하고 포스트 코로나19 시대에 미국의 외교정책이 나아가야 할 바람직한 방향을 제시하는 것으로 책을 마무리한다.

코로나 위기와 국제협력 붕괴라는 두 가지 사안이 트럼프 대통령의 재임 기간과 겹쳐서 일어났다. 하지만 트럼프가 백악관에서 물러났다고 옛 질서가 곧바로 회복되지는 않을 것이다. 팬데믹 기간 동안 자국우선주의와 지정학적 경쟁이 각국 정부와 국제기구들의 대응을 좌우했다. 이런 추세는 앞으로도 상당 기간 계속될 것이다. 이런 분위기를 바꿀 수 있는 우리의 역량은 매우 제한돼 있다. 이제는 주요 국가들의 이해관계가 광범위하게 서로 일치한다고 생각할 수 없고, 공동의 문제가 생겼을 때 이들 주요국들이 당연히 미국과 공동보조를 취할 것이라는 기대도 할 수 없게 되었다. 나아가 팬데믹 충격의 여파는 앞으로도 여러 해 동안 핵심국가와 지역들의 세력을 약화시킬 것이고, 그로 인해 세계는 단합이 아니라 분열을 향해 더 나아갈 가능성이 높다. 이런 이유들로 인해 코로나19 이전부터 이미 상처 나고 찢긴 옛 질서는 이제 끝났다. 지금의 위기가 적나라하게 발가벗겨 놓은 무거운 현실을 받아들이고 새로운 길을 모색해야 한다. 팬데믹을 비롯한 여러 공동의 위험을 해결하기 위해 미국은 다시 세계무대와 국제기구에 복귀해야 한다. 하지만 모두의 지지가 필요한 사안에 미국이 가진 에너지를 모두 쏟을 수는 없다. WHO처럼 중요한 기구들의 개혁을 수행할 때도 투명성과 책임감, 국제협력을 이행하기로 약속한 나라들이 중국 같은 나라의 저항에 부딪쳤을 때 자기들이 가진 자원과 영향력을 동원해서 자발적으로 앞으로 나아가 주어야 한다. 자유사회가 자신의 이익을 적극적으로 지켜서 긍정적이고 포괄적인 미래 비전을 보여주어야 한다. 그리고 이를 위해 함께 힘을 합쳐 싸워나가야 한다.

# 글 싣는 순서

제1부

# 과거의 팬데믹과
# 무너진 국제협력 체제

# 제1장

# 1차세계대전 종전과
# 스페인 독감

　　　　　　　　　　　1919년 3월 말에서 4월로 넘어가면서 때늦은 눈이 파리 시내를 덮으며 항구적인 평화가 임박했다는 전망에도 냉기가 내려앉았다.

　4월 3일 우드로 윌슨Woodrow Wilson 미국 대통령은 극심하게 앓아 호텔 뮈라Hôtel Murat에 있는 자기 방 침대에 꼼짝없이 누워 있었다. 그는 발작적인 기침을 계속하고 호흡곤란에 설사가 심해 며칠간 꼼짝도 하지 못했다. 대통령 주위의 사람들은 병세가 최악의 고비는 넘겼지만 대통령의 모습이 눈에 띄게 달라진 것을 알 수 있었다. 쉽게 피로를 느끼고 유머감각과 기억력이 예전 같지 않았다. 자주 초조한 모습을 보이고 툭하면 화를 냈다. 사물을 추리하는 능력이 현저히 떨어지고 망상 증상도 보이는 것 같았다. 대통령 총무비서관이던 어윈 '아이크' 후버Irwin 'Ike' Hoover는 이렇게 말했다. "분명하게 말하지만 그렇게 잠깐 아프고 난 뒤 대통령은 한 번도 예전 같지 않았다."[1]

월슨의 병명이 무엇이었는지는 아직도 논란의 여지가 남아 있다. 스페인 독감Spanish flu을 앓았을 가능성이 가장 높은데, 스페인 독감은 그전 해 인류에 대재앙을 안겨 주었고 그해 1919년 봄에도 파리 일대에서 계속 기승을 부리고 있었다. 윌슨이 병을 앓은 것은 시기적으로 최악의 타이밍이었다. 1차세계대전의 폐허 속에서 항구적인 평화협정 체결을 위한 협상이 진행되던 절대적으로 중요한 순간이었기 때문이다. 당시 대통령 주치의 캐리 T. 그레이슨Cary T. Grayson은 "인류 문명 전체의 운명이 걸린 것 같은 시기에 대통령이 갑자기 심한 독감을 앓으며 몸져누웠다."고 썼다.[2]

그로부터 11주 전인 1월 18일 세계 각국 대표단이 파리평화회의에 참석하기 위해 케도르세Quai d'Orsay에 있는 프랑스 외무부에 모였다. 국제정치의 틀을 바꾸어 세상을 '위대한 전쟁'Great War의 잿더미에서 구해내더 나은 곳으로 바꿀 책임이 이들의 어깨에 걸려 있었다. 당시에는 1차세계대전을 위대한 전쟁으로 불렀다. "여러분은 이미 저질러진 악을 바로잡고, 악이 또 저질러지는 것을 막기 위해 이 자리에 모였다. 여러분의 손에 세계의 미래가 달려 있다." 레몽 푸앵카레 Raymond Poincaré 프랑스 대통령은 대표단 환영사에서 이렇게 말했다."[3] 당시 영국 대표단의 젊은 일원이었던 헤롤드 니콜슨Harold Nicolson은 외교학계의 고전이 된 회의 관련 논문 '평화 1919'Peacemaking 1919에서 당시 참석자들이 가졌던 염원을 이렇게 표현했다. "우리는 단지 전쟁을 끝내기 위해 파리로 간 게 아니라 유럽의 새로운 질서를 만들기 위해 갔다. 우리는 보통 평화가 아니라 항구적인 평화를 만들려고 했다."[4]

이들이 가졌던 희망과 꿈 대부분이 윌슨 대통령 일행을 향해 쏟아졌다. 당시 그는 가장 인기 있는 세계 지도자였고, 여러 해에 걸쳐 가늠하기 힘들 정도로 끔찍하게 피를 흘린 유럽 국가들은 그를 구세주로 생각했다. 윌슨 대통령 일행은 전함 조지 워싱턴호를 타고 9일 간의 항해 끝에 1918년 12월 14일 프랑스 항구도시 브레스트에 도착했다. 윌슨 대통령은 파리에 머무는 동안, 그리고 잠시 런던과 로마를 방문하는 동안 미국이 뒤늦게 참전해서 결정적인 역할을 해준 데 대해 감사하는 수많은 인파들로부터 열렬한 환영을 받았다. 윌슨 대통령의 얼굴을 한 번이라도 보겠다고 거리로 나온 인파들 가운데는 독감 환자들도 섞여 있었다. 그 가운데는 심하게 앓는 사람도 있고 회복 중인 사람도 있었을 것이다. 미국 원정군 소속 헌병인 해리 프레슬리Harry Pressley 이등병도 브레스트 항에 도착하는 대통령을 보려고 나와 있었다. 그는 그해 가을 독감에 걸려 몇 달째 증세가 가시지 않고 있었다. 그는 당시 쓴 편지에서 자신의 병세를 이렇게 호소했다. "독감 때문에 가슴이 계속 쓰리다. 오늘 저녁에는 숨쉬기가 힘들 정도로 아프다."[5] 그런 사람은 프레슬리 이등병뿐만이 아니었다. 역사학자 알프레드 크로스비Alfred Crosby는 "전쟁은 끝났지만 스페인 독감은 끝나지 않았다."라고 썼다.[6] 독감 바이러스는 낫을 든 죽음의 신처럼 파리 평화회담장 위를 서성거렸다. "편도선염을 일으키는 수백만 마리의 세균이 회담장에 돌아다니는 것 같았다. 목소리가 잠긴 외교관이 여러 명이었다." 윌슨 대통령 보좌관 중 한 명은 이렇게 말했다. "구세계는 세균 범벅이 되었다. 독감에 흠뻑 절어 있었다."[7]

지금 우리가 사는 세계도 질병에 흠뻑 절어 있다. '한 세기에 한 번 올까 말까 한 코로나19 팬데믹이 가져온 충격과 힘겨운 싸움을 벌이는 지금 팬데믹이 지구촌 전역에서 사람들을 감염시키고 국제질서의 근간을 뒤흔든 게 처음이 아니라는 사실을 되짚어보는 것도 무의미하지는 않을 것이다. 역사학자 존 배리John Barry가 '위대한 독감'Great Influenza이라고 부른 1918~20년의 독감 팬데믹은 가늠하기 어려울 정도로 심대한 영향을 지구촌에 미쳤다. 수천만 명의 목숨을 앗아갔을 뿐만 아니라 역사의 흐름을 바꾸어놓았다. 강대국들의 부와 운명의 방향을 바꾸었고, 여러 주요국 지도자들이 좋지 않은 때 병에 걸려 앓았다. 그리고 많은 나라들이 내부적으로 앓고 있던 불평등과 시민들의 불만을 더 악화시켰다. 위대한 독감이 미친 지정학적인 의미를 따져봄으로써 우리는 과거에 대한 통찰을 얻을 뿐만 아니라 미래에 대한 전망도 어느 정도 할 수 있게 될 것이다.

## 윌슨의 세계평화 구상

1차세계대전은 1914년 6월 28일 발칸반도에서 일어난 국지전으로 시작되었다. 오스트리아—헝가리제국의 황위 계승자인 프란츠 페르디난트 대공Archduke Franz Ferdinand 부부가 사라예보에서 암살된 사건이 도화선이 되어서 전쟁이 시작된 뒤 순식간에 통제불능 상태로 번져나갔다. 그날로부터 불과 37일 만에 프랑스, 영국, 러시아제국으로 결성된 삼국협상Triple Entente과 추축국Central Powers이 맞서 전쟁에 돌입했다. 추축국은 독일, 오스트리아-헝가리제국으로 시작해서 나중에 오토만제국과 불가리아가 가세했다. 이후 이탈리아, 일본, 중국, 미국이 삼국협상에 가세해 동맹군을 만들었다. 미국은 별도로 '협력국'Associate이라는 명칭으로 참전했다. 전쟁은 당초 단기간의 격렬한 전투로 결판날 것으로 예상되었으나 실제로는 그렇지 않았다. 4년에 걸친 지리한 참호전이 벌어졌고 독가스가 동원되고 봉쇄작전이 이어졌다. 그 결과 그때까지의 인류 역사상 가장 끔찍한 고통과 지정학적인 대격변을 초래했다. 막바지에 가서 제정 러시아는 볼셰비키 혁명으로 무너지면서 내전에 돌입했고, 오스트리아-헝가리제국과 오토만제국은 소멸되고, 전쟁에 패하며 독일제국도 붕괴되었다.[8]

유럽에서 전쟁이 나자 윌슨 대통령은 처음에 참전을 꺼렸다. 영국 기선 루시태니아호Lusitania가 독일군의 잠수함 공격을 받아 침몰하면서 미국인 128명이 사망하는 참사가 일어나 1915년 참전 문턱까지 갔으나 결국 중립을 유지하기로 했다. 윌슨은 1916년 재선 선거운동 때 참전하지 않겠다는 공약을 내걸기도 했다. 하지만 지리한 참호전이 계속되며 유럽에서 많은 전사가 나오자 윌슨 대통령은 '승리 없는 평화'peace without victory를 권하며 중재역할을 하겠다고 나섰다. 그가 원한 첫 번째 목표는

"1차세계대전에서 '정의의 편'이 확실한 승리를 거두는 게 아니라 어느 쪽도 승리하지 않도록 하는 것"이었다고 역사학자 애덤 투즈Adam Tooze는 말한다. 하지만 그것은 지나친 자기욕심에서 나온 아이디어였다. "승리 없는 평화를 통해서만 미국이 논란의 여지없이 진정한 중재자의 자리에 오를 수 있다고 생각한 것이었다."9 윌슨 대통령은 또한 전쟁과 관련해 어떤 협상안이 도출되더라도 당사국 모두가 받아들이지 않는 한 효력이 없을 것이라고 믿었다. 그는 1917년 1월 미국 상원 연설에서 이렇게 강조했다. "어떤 패자이건 패배를 억지로 강요하면 굴욕감과 강압 속에 참기 힘든 희생, 분한 뒷맛과 쓰라린 기억을 남기게 될 것이다. 그렇게 탄생한 평화는 항구적인 평화가 아니라 모래성에 불과하다."10

독일의 계속되는 적대행위가 국익에 직접적인 위협을 가하자 미국도 더이상 물러서 있을 수 없게 되었다. 1917년 초 독일 외무장관 짐머만이 미국 주재 독일 대사 앞으로 보낸 전보를 영국이 가로챈 일이 있었다. 멕시코에게 미국에 맞서 독일 편을 들어 주면 멕시코-미국 전쟁에서 미국에게 빼앗긴 영토를 되찾도록 독일이 도와주겠다고 제안하는 내용을 담은 전문이었다. 또한 당시 독일은 잠수함을 이용한 무제한 공격을 다시 시작해 미국의 상선 운항을 위협했다. 윌슨 대통령과 미국 상원은 더이상 물러설 곳이 없게 되었다.

중립정책을 포기하려면 윌슨 대통령은 참전을 꺼리는 국민들을 전쟁에 끌어들이는 힘든 과제를 해결해야만 했다. 신앙심이 돈독한 그는 마치 십자군 전쟁에 나서는 듯한 비장한 태도를 보였다. 1917년 4월 2일 그는 의회에서 독일을 상대로 미군 파병 승인을 요청하며 "민주주의를 위해 안전한 세상을 만들어야 한다."고 말했다.

그는 이렇게 연설을 계속했다.

이 위대하고 평화로운 국민을 전쟁으로, 더구나 모든 전쟁 가운데서도 가장 무시무시하고 비참한 전쟁으로 이끌고 들어가는 것은 두려운 일이다. 문명 전체를 위태롭게 만들 수도 있는 전쟁이다. 그러나 정의가 평화보다 더 소중하다. 우리가 늘 가슴 깊이 간직해 온 것들을 위해 싸울 것이다. 민주주의를 위해 싸우고, 자신의 정부에서 발언권을 갖기 위해 권위에 복종하는 사람들의 권리를 위해 싸우고, 작은 나라들의 권리와 자유를 위해 싸우고, 정의가 지배하는 세계를 위해 싸울 것이다. 자유로운 민족들이 힘을 모을 때 모든 나라에 평화와 안전이 오고, 마침내 세계가 자유로워질 것이다."[11]

미국이 참전한 다음 윌슨 대통령은 여러 차례의 연설을 통해 평화 구현에 대한 자신의 희망을 구체적으로 제시했다. 한마디로 그는 여러 강대국들이 서로 주도권 다툼을 벌이는 구질서를 완전히 쓸어내 버리겠다는 꿈을 갖고 있었다. 그는 구질서가 끊임없이 세력균형을 추구함으로써 1차세계대전을 비롯해 그 이전에 수없이 많은 전쟁을 만들어냈다고 생각했다. 1918년 1월 8일 윌슨 대통령은 유명한 '14개 평화원칙'을 발표했다. 추축국 국가들에게 제시한 평화조건과 항구적인 세계평화를 위해 모든 나라들이 지켜야 할 여러 아이디어를 종합한 내용이었다. 그 다음에는 이 초기 아이디어를 좀 더 명확히 해서 '평화 4원칙'(Four Principles, 2월 11일 의회연설), '4대 목표'(Four Ends, 7월 4일 마운트버넌 연설), '5대 세부항목'(Five Particulars, 9월 27일 뉴욕 연설)을 잇따라 내놓았다. 목표를 너무 남발하기는 했지만 윌슨의 아이디어는 일련의 공통된 주제를 제시했다. 자유무역과 항해의 자유, 군축의무 이행 등이 포함돼 있었다. 비밀협약과 제국주의, 영토 합병을 금지하자고 주장했다. 그리고 자결권과 민주적인 정부에 대한 보편적인 열망의 실현을 주장했다. 독일에 대해서는 보복하지 않을 것이라는 점을 분명히 밝혔다. 그는 자신이 카이저 빌헬름 2세의 군국주의 독재정부와 불화를 겪은 것이지 아무런 책임이 없는 독일 국민과 불화한 게 아니라고 했다.[12]

윌슨 평화구상의 핵심은 14개 평화원칙에 담겨 있다. 여기서 모든 국가의 영토 보전과 정치적 독립을 보장하기 위해서, 그리고 강대국의 전쟁 위협을 영구히 종식시키기 위해 새로운 국제기구인 국제연맹League of Nations 창설을 제시하고 있다. 국제연맹은 민주국가 공동체 확대와 강대국들의 관계 조정, 분쟁의 평화적 해결, 집단안보공약을 통한 무력침공 억제 등의 목표를 위해 마련되었다. 윌슨의 세계 변혁 구상은 너무도 멋진 생각이었다. 한마디로 수세기에 걸친 상업주의와 권위주의, 침략적 제국주의, 세력균형 정치에 뿌리를 둔 유럽의 낡은 현실정치를 뒤엎고 이를 새로운 자유주의 국제질서로 대체하겠다는 것이었다.[13] 그는 또한 동맹국들과 일정한 거리를 두려고 했다. 협력국Associate으로서 다소 거리를 둔 관계를 원한 것이다. 투즈의 표현을 빌리면 "그럼으로써 영국이나 프랑스의 편을 들지 않고 자유로운 입장에서 글로벌 중재자라는 미국의 역할을 회복하려고 했다."[14]

월슨은 전쟁이 초래한 유례없는 파괴와 사람들이 당한 고통을 생각하면 이런 원대한 구상이 필요하다고 생각했다. 어림잡아 군인 1,000만 명이 전사했다. 그리고 적대행위로 죽은 사람과 특히 유혈전투에 이은 기아와 질병으로 죽은 민간인이 모두 합해 수천만 명에 이른다.[15] 하지만 무엇보다도 무서운 것이 바로 독감 팬데믹이었다. 마치 청천벽력처럼 전쟁 마지막 해에 팬데믹이 세계를 강타했다.

## 스페인 독감

1918~20년 독감 팬데믹의 기원은 아직도 불분명하지만 몇 가지 점에는 의견일치가 이루어져 있다. 조류가 사람에게 옮기는 A형 인플루엔자 바이러스의 하위 유형인 특별한 바이러스 H1N1가 여러 해 동안 전파되다가 1918년 전 세계로 퍼졌다는 것이 정설로 받아들여져 있다. 당시 '스페인 독감'으로 불린 이 바이러스의 발원지는 스페인이 아니라는 데도 의견이 일치한다.(기원과 다른 잘못된 이름이 붙은 것은 1차세계대전 당시 중립을 지킨 스페인이 인플루엔자 발생 뉴스를 검열하지 않는 바람에 그런 일이 일어났을 가능성이 높다.) 하지만 당시 팬데믹이 어디서 어떤 식으로 시작되었는지에 대해서는 의견이 분분하다. 최초 감염자가 중국 산시성山西省에 사는 사람이라는 설이 있다. 1세기 뒤 코로나

19의 기원과 놀랄 정도로 닮았다. 바이러스는 1918년 중국인 노동자 10만 명이 프랑스로 건너갈 때 따라갔다. 이들은 프랑스에서 참호 파는 일을 하고, 그다음 전투병으로 동맹군에 들어가서 함께 싸웠다. 팬데믹의 발원지가 프랑스 에테플Étaples에 있던 동맹군 주둔지와 병원 막사라고 하는 설도 있다. 가장 널리 받아들여지고 있는 주장은 바이러스가 미국 캔자스주의 시골 마을에서 출현한 다음 포트라일리에 있는 캠프 펀스턴Camp Funston으로 전파되었다는 것이다. 캠프 펀스턴은 1918년 3월 유럽으로 배치될 미군이 대기하던 대규모 주둔지였다. 그곳에 있던 미군이 서부전선으로 감염병을 전파시켰다는 것이다.[16]

독감 바이러스의 정확한 기원이 어디건 상관없이 윌슨 대통령의 참전 결정에 따라 동원된 대규모 미군 병력과 근로자들이 바이러스 전파의 주요한 역할을 했다. 수백만 명에 달하는 근로자들이 도시와 공장으로 모여들었고 이들은 숙소가 부족해 밀집 생활을 했다. 사회적 거리두기를 지키기 불가능한 환경이었다. 다른 한편에서는 훈련 캠프와 막사, 그리고 기차에 몸을 실은 수백만 명의 젊은이들이 바이러스를 전파했다. 동료들 사이에 퍼트리고 인접한 민간인 주거지역으로도 퍼트렸다. 북미 전역에서 그런 일이 진행됐다. 1918년 5월까지 수십만에 달하는 미군이 군 수송선에 빼곡히 몸을 싣고 매달 대서양을 건넜다. 이들이 유럽 전선과 주둔 기지로 건너가면서 독감 바이러스도 함께 따라갔다.[17]

팬데믹은 3단계에 걸쳐 세계를 휩쓸었다. 첫 번째는 비교적 약한 전파로 그해 봄 북미, 유럽을 거쳐 러시아, 북아프리카, 인도, 중국으로 퍼져나갔다. 가장 치명적인 전파가 이루어진 것은 두 번째 단계로 프리타운(시에라리온), 보스턴(미국), 브레스트(프랑스) 등지에서 사방으로 퍼지며 지구촌 전역으로 번졌다. 위대한 전쟁Great War으로 불린 1차세계대전이 막바지로 접어든 10월과 11월 바이러스 확산세는 절정을 이루었다. 파병근무를 마친 병사들이 고향으로 돌아가면서 세계 각지에서 슈퍼전파자 역할을 했다. 종전을 축하하기 위해 사람들이 빽빽하게 모인 대규모 군중집회가 곳곳에서 열렸다. 세 번째 파고가 닥쳤다. 세 번째 파고는 1919년 전반기 내내 계속되다가 서서히 잦아들었으나 1920년에 완전히 자취를 감추기까지 여러 곳에서 기승을 부렸다.[18]

노령 인구들에게 큰 피해를 준 반면 젊은 층들에게는 별로 피해를 주지 않은 코로나19와 달리 독감 팬데믹은 무차별적으로 횡포를 부렸다. 노령층만 감염시킨 게 아니라 아주 어린 연령층을 비롯해 20세~40세 사이에서도 많은 사망자가 발생했다.[19] 감염된 사람들 다수는 전형적인 독감 증상을 나타냈지만 특히 심하게 앓는 사람들도 있었다. 면역체계가 튼튼한 사람들(젊은층이 다수) 가운데는 바이러스가 과도하게 활발한 면역반응을 초래하는 경우들이 있었는데, 그런 경우 급성 호흡곤란증후군으로 부르는 바이러스 폐렴을 유발하기도 했다. 증상은 산소부족으로 인해 피부에 푸르스름한 변색 현상이 일어났다. 바이러스가 세균성 폐렴을 일으키는 경우도 있었다.[20] 워낙 심한 증상을 나타내다 보니 뎅기열, 콜레라, 장티푸스 등으로 오진하는 경우도 많았다.[21]

이 기간 동안 당시 세계인구 18억 가운데 4분의 1이 넘는 약 5억 명이 감염되고 그 가운데 다수는 심하게 앓았다. 효과적인 치료약이나 백신은 없었다.(독감 백신이 최초로 개발되어서 사용승인을 받은 것은 1940년대 들어서였다.) 병원은 환자들로 만원이었다. 감염된 사람 가운데서 2,100만 내지 많게는 1억 명이 목숨을 잃은 것으로 추정되었고 5,000만 명 사망설이 가장 유력하다. 당시 세계인구의 약 2.8퍼센트에 해당하는 숫자이다.

가장 큰 피해를 입은 곳은 미국이었다. 미국시민 약 67만 5,000명이 독감 팬데믹으로 사망했다.(당시 미국인구는 약 1억 300만 명이었다) 1차 유행 때 감염된 사람 가운데서 눈에 띄는 사람 중에는 나중에 미국 대통령이 된 도널드 J. 트럼프의 조부 프레데릭 트럼프Frederick Trump가 있었다. 그는 독감 바이러스에 감염돼 1918년 5월, 49세 나이로 뉴욕에서 사망했다. 가을에 2차 유행이 덮쳤을 때는 미국의 보건 시스템이 마비되다시피 했다. 의료 인력을 전쟁에 투입하느라 자원이 그 전부터 이미 고갈된 상태였다. 독감 바이러스로 숨진 미국인이 1918년 10월에만 19만 5,000명에 달했다. 실로 암울한 상황이었고 1918년 미국인의 기대수명이 12년이나 감소했다.(남성의 평균 기대수명은 48세에서 36세로 줄고, 여성은 54세에서 42세로 떨어졌다.)[22] 커뮤니티별로 확산을 저지하기 위한 노력에 나섰고 학교와 교회, 영화관이 문을 닫고 대규모 모임이 금지되고, 소독을 권장하고 환자 격리 조치가 취해졌다. 마스크 쓰기가 의무화되고 집안에서도 마스크 쓰기가 권장되고 적십자사 같은 기관들이 나서서 마스크를 나누어주었다.[23] 하지만 1세기 뒤 미국이 코로나19에 대응할 때와 마찬가지로 이러한 공중보건 안전수칙들은 주와 시 단위에서 주도했기 때문에 얼

마나 신속하고 적극적으로 방역조치가 취해졌는지는 지역별로 천차만별이었다.[24]

한편 윌슨 대통령은 2020년 트럼프가 그랬던 것보다 더 심하게 팬데믹의 위험성을 과소평가했다. 거의 바이러스의 존재를 인정하지 않는 수준이었다. 바이러스가 미국 전역에서 기승을 부리고 있는데도 "윌슨 대통령은 공개적으로 질병에 대해 아무런 언급을 하지 않았고, 정부의 주요 관심사는 전쟁에 그대로 머물러 있었다." 역사학자 존 배리는 당시 상황을 이렇게 쓰고 있다. "백악관을 비롯한 행정부의 고위 부서 어디에서도 리더십을 발휘해 우선순위를 조정하고 자원을 투입하는 조치를 취하지 않았다."[25] 다른 전쟁 당사국들과 마찬가지로 바이러스로 숨진 군인 사망자 수가 알려지지 않도록 정보를 통제했다. 군인들의 사기를 떨어트리고 전쟁 지지 여론에 영향을 줄 것이라는 우려 때문이었다.[26] "그래서 정부는 거짓말을 했다."고 배리는 썼다. "국가 보건정책 담당자들은 '이것은 이름만 다를 뿐 보통 독감과 하나도 다를 게 없다.'는 말을 되풀이했고 그래서 더 많은 사람이 목숨을 잃었다."[27]

## 전선으로 퍼진
## 독감 바이러스

1차세계대전이 바이러스 확산을 도왔다는 것은 논란의 여지가 없는 사실이다. 팬데믹이 종전 상황에 얼마나 큰 역할을 했는지는 제대로 알려지지 않았다. 팬데믹은 이후 수십 년 지속될 세계정치의 미래에 영향을 미칠 큰 충격파를 만들어냈다. 전쟁 마지막 해 서부전선에 배치된 군인들 가운데서 독감 바이러스로 인한 사망자와 환자 수가 수십만 명에 달했다. 군인들의 사기는 떨어지고 결속력도 약해졌다. 병참이 정상적으로 이루어지지 않았고 필요한 관심과 자원 투입도 제대로 되지 않았다.[28] 전쟁 당사국 모두 예외 없이 그랬다. 하지만 전쟁이 결정적인 국면으로 접어들면서 독감이 제일 치명타를 입힌 곳은 독일군이었다.

1918년 3월부터 독일군 참모차장 에리히 폰 루덴도르프Erich von Ludendorff는 서부전선 일대에서 전면공격을 잇따라 감행했다. 루덴도르프는 여러 해에 걸친 지구전 끝에 1918년 2월 러시아가 브레스트-리토프스크Brest-Litovsk 강화조약에 서명하고 물러나자 그 기회를 노려 공격을 감행한 것이었다. 독일군은 40개가 넘는 사단 병력을 동부에서 서부전선으로 이동시켰다. 100만 명이 넘는 병력에다 3,000문이 넘는 포가 이동했다. 봄 무렵 독일군은 동맹군에 수적 우세를 보였다. 사단수가 191대 178로 동맹군보다 더 많았다. 위험한 도박이었지만 루덴도르프는 미군이 전선에 병력 투입을 마무리하기 전에 지친 영국군과 프랑스군을 상대로 결정적인 일격을 가하는 게 최상의 수라고 생각했다.[29]

초기에는 공세작전이 상당해 주효했다. 한발 나아가기도 쉽지 않은 전쟁에서 독일군은 서쪽으로 영국군과 프랑스군을 밀어붙이며 수십 킬로미터를 진격해 들어갔다. 어느 순간에는 파리를 포 사정거리 안에 둔 적도 있었다. 걸어서 사흘 거리였다. 그러나 6월이 되면서 독일군의 공세는 주춤해졌고 이판사판으로 밀어붙인 7월의 최후공격은 실패로 돌아갔다. 전투는 11월까지 계속되었지만 7월을 기점으로 한때 가공할 위력을 자랑하던 독일군의 기세가 완전히 꺾이고 전쟁의 흐름이 되돌릴 수 없을 정도로 역전되었다. 미군 보충병력이 대규모로 도착하고 동맹군은 반격을 시작해 독일군을 밀어붙였다. 독일군은 너무 장거리에 배치되어 전력이 분산되고 사기가 많이 떨어져 있었다. 8월 초 동맹군은 나중에 '1백일 공세'로 불린 대공격을 감행했다. 루덴도르프 장군은 자기들이 패했고 종전이 가까워졌음을 스스로 인정했다.[30] 전황을 묻는 황제에게 루덴도르프는 독일군이 전의를 상실했다고 대답했다. 너무 지쳤고, 그리고 너무 많이 아프다고 했다.[31]

전쟁을 기록한 회고록에서 루덴도르프는 독감 팬데믹이 독일이 우세하던 전세를 역전시킨 주요 요인 가운데 하나라고 했다. "군대 전체가 큰 고통을 겪었다. 독감의 기세가 너무 강했다." 나중에 그는 하계 대공세 당시 상황에 대해 이렇게 썼다. "매일 아침 참모들로부터 일과처럼 독감 환자 수를 보고받고 전력이 약화되고 있어 큰일이라는 말을 듣는 것도 괴로운 일이었다." 루덴도르프는 독감 팬데믹은 사망자 수가 몇 명인지 그리고 환자를 후방으로 수송하는 문제에 그치지 않고, 거기서 나아가 더 심각한 영향을 미친다고 생각했다. 독일군은 환자 수가 줄어들기 시작한 다음에도 의사들이 예상한 것보다 더 심각한 후유증을 겪었다. 그는 군의 사기가 떨어진 것에 불만을 표시하며 이렇게 썼다. "병사들은 독감 때문에 체력이 떨어져 있는데다 획일적인 군대 식사 등으로 인해 사기가 극도로 떨어져 있었다." 독일군의 최후 승부수였던 7월 대공세가 실패한 원인을 분석하면서 루덴도르프는 이렇게 썼다. "사단 전력이 약화된 원인은 부분적으로 독감 때문이었다."[32]

루덴도르프의 말을 자신의 잘못을 덮기 위해 변명하는 것으로 평가절하 할 수도 있을 것이다. 팬데믹은 전쟁에 참가한 모든 당사국들에게 영향을 미쳤기 때문에 독감이 전쟁의 최종 결과에 미친 영향력을 낮게 보는 역사가들도 있다.[33] 하지만 구할 수 있는 증거들을 좀 더 면밀히 살펴보면 독감이 모든 병력에 동시에 동등한 영향을 미친 것은 아님을 알 수 있다. 독일군이 좀 더 많이, 그리고 좀 더 심하게, 그리고 남보다 먼저 감염병의 예봉을 맞았다. 미국의 군사 역사학자 데이비드 자베키David Zabecki는 초기 동맹군에게 전파된 팬데믹이 "독일군을 덮칠 때는 기세가 훨씬 더 강해졌는데 그 이유는 독일군의 열악한 식사와 형편없는 의료 시스템 때문이었다."고 했다.[34] 정치학자인 앤드류 프라이스-스미스 Andrew Price-Smith는 이렇게 말했다. "감염병으로 인한 피해가 너무 심각하고 독일군 의사와 간호사들은 사망자와 목숨이 경각에 달린 환자들을 돌보느라 탈진상태였다. 그런 상태에서 팬데믹이 닥치자 사망자 수를 제대로 확인하기도 힘들었다."[35] 당시 사단별로 수천 명씩 환자가 발생했다.[36] 6월과 7월에 적어도 병사 50만 명이 독감에 걸렸다. 독일군이 춘계 대공세를 시작할 당시 보유하고 있던 병력의 3분의 1에 해당하는 숫자였다.[37] 중대한 시기에 서부전선 전역에 병력이 대단히 느슨하게 분산배치되어 있었다는 점을 감안하면 독일군은 환자 비율이 그 정도로 높은 상태를 감당할 수가 없었다. 다시 말해 1918년 당시 70만 명에서 175만 명 사이의 독일군이 독감에 걸렸을 것으로 추정된다. 사망률은 전체 병력의 16퍼센트에서 80퍼센트 사이에 이를 것으로 추정되었다. 1918년 독일군 전체 병력 가운데서 환자 비율은 전쟁 첫해보다 무려 683퍼센트 더 높았다. 군의 의료체계는 완전히 무너졌고 부상자들 중에서 경상자와 감염자 다수를 집으로 돌려보냈다. 사기저하, 탈영, 직무태만 등으로 규율은 완전히 무너져 버렸다.[38]

충격파는 부대 울타리를 넘어 멀리까지 미쳤다. 인플루엔자는 독일의 일반시민들까지 강타했다. 1918년 가을의 두 번째 유행 때 특히 더 심각했다. 독일국민들은 동맹군의 식량 봉쇄로 이미 공중보건 수준이 재앙 직전 상태에 가 있었고 일반시민들 대부분이 배를 곯는 전선의 군인들보다 더 못한 식사를 하고 있었다.[39]

그러다 보니 10월과 11월 독일은 전체 전쟁 기간 중 가장 높은 민간인 사망률을 기록했다.[40] 심해지는 생활고와 전선에서 들리는 패배 소식으로 사회적 불만은 폭발 직전 상황으로 갔다. 반란과 대규모 소요사태가 계속되자 황제는 정치적 안정을 되찾기 위한 유일한 방법으로 왕권을 포기하고 공화국으로의 이양을 택했다.

다른 추축국들도 해체의 길로 들어섰다. 루덴도르프 장군이 이끄는 대공세가 대패함에 따라 패전은 기정사실화되었다. 국내에서는 전쟁을 포기하라는 압력이 거세졌다. 이 과정에서 팬데믹도 역할을 했다. 오스트리아-헝가리제국은 1918년 10월과 11월에 위대한 독감으로부터 일격을 당했다. 두 나라가 합친 이중국가인 이 제국은 여러 해에 걸친 전쟁과 점점 더 거세지는 노동운동과 소수민족들의 요구로 이미 상당한 압박을 받고 있었다. 이러한 요구는 1917년 러시아혁명과 윌슨 대통령이 제창한 민족자결주의로 더 거세졌다. 그리고 인플루엔자의 마지막 파고가 밀어닥치고 두 주 만에 제국은 붕괴되었다. 프라이스-스미스는 이렇게 썼다. "독감이 제국 해체를 부른 유일한 동인이 아닌 것은 분명하다. 하지만 독감 팬데믹이 이미 썩어서 비틀거리는 제국의 여러 구성 요소들을 산산조각 낸 것은 의심의 여지가 없다. 여러 해에 걸쳐 전쟁을 치르며 제국은 조금씩 쇠퇴했다."[41]

독감은 동맹군의 전쟁 수행에도 영향을 미쳤다. 예를 들어 미국 육군부War Department 보고서는 1918년 미국 원정군 중에서 약 34만 명이 독감으로 입원했다고 기록했다. 같은 해 서부전선에서 부상당한 미군 병사 수와 거의 맞먹는다. 미군이 대규모로 유럽으로 건너간 9월, 10월, 11월 미군 훈련캠프에 있던 병사 가운데 25~40퍼센트가 입원치료를 받았고 그 가운데 3만 명이 프랑스로 떠나지도 못하고 사망했다.[42] 가을이 되면서 미군들 사이에 독감이 치명적인 기세로 확산되자 10월에는 훈련기지들에 격리조치가 취해지고 모병이 일시 중단되었다.[43]

영국군에서도 1918년 비슷한 환자 수가 보고되었다.(약 31만 3,000명) 프랑스군의 환자 수는 다소 불분명하지만 10만 명은 넘은 게 확실하다. 동맹군의 사망자 수와 관련해 프라이스-스미스는 이 기간 중 인플루엔자 사망자와 전사자의 비율을 미군은 1대 1, 영국군은 1대 10, 프랑스군

은 1대 6으로 추산했다.[44]

하지만 이 전쟁에서 결과에 영향을 가장 크게 미친 요소는 타이밍이었다. 관련 자료에 의하면 결정적으로 중요한 시기였던 1918년 5월~7월 사이 동맹군에서 독감에 걸린 병력은 수만 명에 불과했던 반면, 같은 기간 독일군은 수십만 명이 이 바이러스에 감염됐다. 동맹군인 영국군, 프랑스군, 미군이 독감 바이러스로부터 가장 큰 타격을 받은 기간은 1918년 가을이었다.[45] 전세가 승리 쪽으로 이미 기운 다음이었다.

1918년 9월 29일, 독일군 최고사령부는 서부전선의 상황이 절망적이며 강화조약의 필요성이 있다고 황제에게 보고했다. 루덴도르프는 윌슨 대통령이 제안한 14개조 평화원칙을 협상의 출발점으로 받아들이자고 제안했다. 11월 5일 독일 정부는 이런 조건으로 협상을 시작하자는 메시지를 윌슨 대통령에게 보냈다. 윌슨 대통령은 독일군의 점령지 철수와 잠수함 공격 중지, 그리고 무엇보다도 민주적인 정부로의 정권 이양 등을 협상 조건으로 내세웠다. 윌슨 대통령은 황제가 왕권을 버리고 입헌민주국으로 전환한다면 협상에 응하겠지만 그렇지 않을 경우에는 '평화협상이 아니라 항복을 요구할 것'이라는 점을 분명히 했다.[46]

화가 머리끝까지 난 루덴도르프는 전쟁 재개를 다시 생각했지만 때는 이미 늦었다. 11월 9일 황제가 네덜란드로 망명하며 독일은 사실상 새로 들어선 민간 정부가 이끄는 민주국가로 전환되었다.(바이마르공화국으로 불린 이 정부는 이듬해 공식 출범했다.) 새 독일 정부는 11월 11일 휴전에 동의했다. 그런데 당시 다른 추축국들도 모두 개별적으로 평화협상을 요청했다. 오토만제국은 10월 말, 오스트리아-헝가리제국은 11월 초에 협상을 요청했다. 동맹군 측은 이런 사태전환에 당황했다. 많은 이들이 유럽으로 오는 미군 병력이 최고조에 달하는 1919년 여름까지는 전쟁을 계속할 생각이었다. 추축국들이 휴전 의사를 보냈지만 동맹군 측에서는 무조건 항복을 받아낼 때까지 전쟁을 밀어붙여야 한다는 목소리들이 나왔다. 미군 총사령관 존 J. 퍼싱John J. Pershing 장군도 같은 생각을 했다. 하지만 전쟁을 밀어붙이는 데는 고려해야 할 요인들이 있고 그 가운데서도 독감 팬데믹은 가장 심각한 요인이었다. 세인트 앤드류스대학교의 휴 스트래천Hew Strachan 국제관계학 교수는 독감 팬데믹이 "동맹군의 전투태세에 실질적으로 영향을 미친 요인이었다."고 했다.[47]

휴전이 시작되자 지구촌 전역에서 축하행사가 벌어졌다. 대규모 집회는 독감 팬데믹의 두 번째 대유행을 더 악화시켰다. 인류에 재앙을 가져온 전쟁이 끝났다는 기쁜 소식을 듣고 나온 환호 인파를 억제시키는 것은 불가능한 일이었다. 하지만 추축국들과의 휴전 합의는 기본적으로 언제 깨질지 모르는 위태로운 약속이었다. 윌슨 대통령을 비롯한 세계 지도자들은 보다 항구적인 평화안을 가지고 파리에 모이기로 했다.

## 독일 전후처리 문제

각국 대표단이 도착하는 가운데 '빛의 도시' 파리는 시내 전역에서 인플루엔자가 기승을 불리고 있었다. 회의가 진행되는 와중에도 수천 명의 시민이 죽어나갔다. 회의장 안까지 슬금슬금 밀고 들어온 바이러스는 결국 회의 결과에 치명적인 영향을 미치게 되었다. 파리평화회의 초청장은 동맹군 측에 섰다고 할 만한 모든 나라에 전달되어 30개가 넘는 국가와 민족이 참석했다. 하지만 삼국협상 Triple Entente의 창설 멤버인 러시아는 초청 대상에서 제외되었는데, 새로 등장한 소비에트 정부가 1년 전 독일과 별도로 평화협정을 체결했기 때문이다. 독일 대표단도 초대받지 못했는데, 이들이 동맹국 내부의 이견을 이용해 이득을 취하려고 들지 모른다는 우려 때문이었다.

먼저 10인 위원회가 평화조약의 틀을 만들기 위해 모였다.(프랑스, 영국, 이탈리아, 일본, 미국에서 각각 2명의 대표가 참석했기 때문에 붙여진 이름) 하지만 핵심 논의는 '빅4' 사이에 이루어졌다. 조르주 클레망소Georges Clemenceau 프랑스 총리, 데이비드 로이드 조지David Lloyd George 영국 총리, 비토리오 엠마누엘레 오를란도Vittorio Emanuele Orlando 이탈리아 총리, 그리고 우드로 윌슨 대통령 이렇게 4명이었다. 이들 4명은 '약소국' 대표단이 참석하는 전체회의에 제출할 평화안을 만들기 위해 6개월 동안 145차례나 만났다.

처음 3개월 동안 윌슨 대통령은 효과적으로 자신의 안을 밀어붙였다. 무엇보다도 자신의 최우선 의제인 국제연맹 창설안을 상당 부분 관철시켰다. 하지만 가장 민감한 의제인 독일 영토 변경과 식민지 처리 문제를 다루기 시작하면서 논란이 가열되기 시작했다. 전쟁 책임과 배상 문제에서도 의견이 첨예하게 대립되었다.

윌슨 대통령과 클레망소 총리는 독일의 영토 변경과 전쟁배상 요구

등 독일에게 적용할 세부조항에서 첨예하게 맞섰다. 윌슨 대통령은 '승리 없는 평화'를 약속했지만 클레망소 총리의 최우선 목표는 군사적인 면과 경제적인 면 모두에서 독일의 국력을 영구히 약화시켜서 프랑스의 안전을 확보하겠다는 것이었다. 로이드 조지 총리는 두 사람 사이의 타협을 원했다. 그의 목표는 영국의 제국주의 이익을 지키고 대륙에서 세력균형이 유지되도록 하는 것이었다. 윌슨 대통령은 준비과정에서 프랑스와 영국의 전쟁배상금 요구를 물리치며 평화 14원칙의 중요성을 강조했다. 그는 로이드 조지 총리에게 이렇게 말했다. "위기의 순간에 옳은 일을 하다 물러나는 일보다 더 고귀한 일은 없을 것이다. 물러나기에 역사상 이곳보다 더 멋진 장소는 없을 것이라고 나는 생각한다."[48]

윌슨 대통령의 주치의 그레이슨 박사Dr. Grayson는 3월 27일 일기에 협상 진행상황에 대해 "프랑스가 우리 대통령이 제안한 프로그램을 결사적으로 반대하기 때문에 상황이 아주 복잡해지고 있다."고 썼다. 그레이슨 박사가 회담 진행이 어떻게 되어 가는지 묻자 윌슨 대통령은 이렇게 대답했다. "클레망소 총리와 두 시간 동안 이야기하며 밀어붙여서 모든 사항에 합의하겠다는 답을 겨우 받아냈다. 그런데 그가 회담장을 떠나자 곧바로 모두 없었던 일이 되고 말았다." 그레이슨 박사는 윌슨 대통령이 참모들에게 이렇게 경고했다고 적었다. "정의롭지 않은 평화는 새로운 전쟁의 씨앗을 뿌리고 더 이겨내기 힘든 고통을 부르는 것에 지나지 않는다."[49] 3월 말이 되자 회담은 교착상태에 빠졌고, 윌슨 대통령은 프랑스 총리의 막무가내식 협상태도에 진저리를 냈다.[50] 4월 2일 윌슨 대통령은 레이 스태너드 베이커 공보비서에게 이렇게 말했다. "반드시 평화원칙이 포함된 내용으로 타결되어야 한다. 그게 받아들여지지 않으면 차라리 아무런 합의도 하지 않을 것이다."[51]

바로 그 이튿날 저녁 윌슨 대통령이 아프기 시작했다.

2020년 트럼프가 있는 백악관에서 코로나바이러스 감염자가 나온 것과 유사한 일이 당시에도 일어났다. 윌슨 대통령은 당시 이너서클에 있던 여러 감염자들 가운데 한 명일 뿐이었다. 윌슨 대통령이 '대령'Colonel이라고 부르던 최측근 보좌관 에드워드 하우스Edward House는 인플루엔자에 세 번이나 감염되었는데 협상이 한참 진행 중인 1월에도 걸렸다. 윌슨 대통령의 딸 마거릿은 2월에 걸렸고, 3월에는 영부인 이디스를 비롯해 여러 명의 참모가 걸렸다. 그러다 마침내 미국 대통령까지 걸리고만 것이다.[52]

2월에 암살 기도에서 겨우 살아남은 클레망소 총리도 '감기'(독감이었을 가능성이 높다)에 걸렸다. 클레망소는 아프면서도 자기 입장을 줄기차게 밀어붙였다.[53] 하지만 윌슨의 병세는 그보다 훨씬 더 심각했고 그런 만큼 회담에 미치는 영향도 더 컸다. 그는 나흘 반나절을 침대에 꼼짝없이 누워 있었다. 역사학자 마거릿 맥밀런Margaret MacMillan 교수는 "이후 합의의 밑그림 상당 부분이 그가 없는 가운데서 만들어졌다."고 했다.[54] 4월 6일 윌슨 대통령은 병상에서 그레이슨 박사에게 이렇게 말했다. "만약 프랑스가 원하는 요구조건이 다 받아들여질 경우 그 결과로 세계가 어떻게 될지 두렵다."[55] 윌슨 대통령은 한때 프랑스의 요구를 들으러 가느니 차라리 회담을 그만두고 조기 귀국하는 방안도 고려했으나 그대로 남기로 했다. 윌슨 대통령은 4월 8일 회담에 복귀했으나(병상 곁에서 진행된 회담) 눈에 띄게 쇠약해진 모습이었다. 심신이 쇠약해지고 회담에 임하는 결의도 많이 약해졌다.[56]

그로부터 며칠에 걸쳐 독일 문제 처리에 대한 기본적인 합의가 이루어졌다. 윌슨은 기존 입장에서 물러나 상한액을 명시하지 않고 독일에 가혹한 전후 배상 책임을 지우는 안을 받아들였다. 그리고 라인란트를 비무장화해서 동맹군이 향후 15년간 점령하는 데 동의했다. 산업지역인 자르 바신은 국제연맹 관할 아래 두기로 하고, 알짜배기 자르 석탄 탄광은 프랑스에 공여하기로 했다. 국제연맹 창립 당시 독일은 가입이 배제되어 있었다. 이렇게 해서 윌슨 대통령 동의 아래 독일은 유럽에 있는 자국 영토의 13퍼센트와 인구의 10분의 1을 잃게 되었다. 식민지 지배권도 모두 빼앗겼다. 독일 육군과 해군은 껍데기만 남고 공군과 탱크, 독가스를 가질 수 없고 참모본부도 둘 수 없게 했다. 이런 합의사항을 담은 베르사이유조약에는 다음과 같은 내용의 '전범조항'을 명시했다. "동맹국과 협력국 정부는 독일과 독일의 동맹국들이 자신들의 침략으로 시작된 전쟁으로 야기된 모든 피해와 손실에 대한 책임을 진다는 사실을 독일이 인정했음을 확인한다."[57]

"평화조약은 엄청나게 가혹하고 모욕적인데다 이행 불가능한 내용들이 많았다." 당시 미국 국무장관 로버트 랜싱Robert Lansing은 회고록에 이렇게 썼다. 그는 파리회담이 진행되는 내내 주변으로 밀려나 있었다.[58]

영국 재무부 고위보좌관으로 파리평화회의에 참석했던 저명한 경제학자 존 메이너드 케인즈John Maynard Keynes는 1919년 윌슨 대통령은 자신이 내세운 정의로운 종전이 클레망소 총리가 고수한 패자에게 혹독한 '카르타고식 평화' 주장에 밀려 풀이 죽어 있었다고 회담결과를 평가했다.[59] 프랑스를 포함해 모두가 조금씩 양보했기 때문에 윌슨 대통령 탓만 할 수는 없을 것이다. 하지만 윌슨 대통령은 도가 지나치게 양보했다. 존 배리는 윌슨 대통령이 "고수해 오던 원칙들을 갑자기 포기했다."고 했다.[60] 미국 대표단의 젊은 수행원 십여 명이 이에 반발해 사퇴했다. 윌리엄 C. 불리트William C. Bullitt는 사직 의사를 밝히는 공개서한에서 윌슨 대통령을 이렇게 비판했다. "부당한 합의는 하지 않겠다고 각하께서 직접 반대해놓고 압박을 받자 부당한 합의를 받아들인 것 아닌가. 우리 입장을 관철시키기 위해 끝까지 싸우지 않은 것은 실로 유감이다."[61]

윌슨 대통령은 왜 당초의 입장을 접었을까? 정확히 알 수는 없지만 건강 악화가 하나의 중요한 요인이었을 것으로 보인다. 독일 처리를 둘러싼 협상 막바지에 윌슨 대통령은 예전의 그가 아니었다. 베이커 대통령 공보비서는 이렇게 썼다. "대통령이 그처럼 지치고 피곤해 하는 모습을 본 적이 없다. 오전 회의에서 어떤 내용을 다루었는지도 제대로 기억하지 못해 애를 먹었다."[62] 로이드 조지 영국 총리는 미국 대통령이 "회의 도중 신경쇠약과 정신적으로 완전히 무너진 모습을 보였다."고 했다.[63] 윌슨 대통령 본인도 부인에게 이렇게 말했다. "내 힘으로 걸을 수 있으면 그럴 일이 없겠지만, 만약 싸움에서 밀린다면 무리하지 않고 뒤로 물러

나려고 한다."[64]

윌슨 대통령의 타협으로 인한 파급효과는 이후 수십 년에 걸쳐 나타나게 된다. 젊은 영국 외교관이던 니콜슨Nicolson은 당시 윌슨 대통령이 파리평화회의에서 '허탈'collapse 증상을 보인 것을 "현대사의 가장 큰 비극 가운데 하나"라고 했다.[65] 독일은 윌슨 대통령이 제창한 14개조 평화안에 따라 전쟁이 마무리될 것이라는 기대 하에 종전협상에 응했다. 독일은 윌슨 대통령이 평화의 조건을 가혹하지 않고 공정하게 처리해 줄 것이라고 확고하게 믿었다. 그리고 민주적인 정부로 이양하라는 윌슨 대통령의 요구를 기꺼이 들어주었기 때문에 전쟁 책임도 줄어드는 게 마땅하다고 생각했다. 이런 맥락에서 윌슨 대통령의 굴복은 배신으로 받아들여졌다. "윌슨 대통령은 그동안 독일의 구세주로 비쳐졌는데 갑자기 하룻밤 새 사악한 위선자가 되고 말았다."라고 맥밀런 교수는 썼다.[66] 크로스비는 이렇게 결론 내렸다. "윌슨 대통령은 독감을 한차례 앓고 나서 평화회담 전반에 영향을 미친 것은 물론이고 자신이 내세운 평화원칙을 스스로 배신했다는 말을 듣게 되었다. 그의 열렬한 지지자들, 특히 독일인들은 그렇게 생각했다."[67]

파리평화회의로 세계는 바뀌었다. 국제연맹 창설을 비롯해 동맹국들은 유럽과 중동, 아프리카, 아시아의 지도를 새로 그렸다. 여러 개의 국경이 새로 만들어졌다. 붕괴된 제국의 잔해에서 신생 독립국들이 탄생했다. 승전국들이 독일제국과 오토만제국의 해외 식민지들을 나누어 가졌다.(대부분은 영국과 프랑스가 차지하고, 중요한 몫인 중국의 산둥반도는 일본에게 돌아갔다.) 평화회의에서는 패전국이 된 추축국들과 5개 조약이 체결되었다. 가장 주목을 받은 것은 독일과 맺은 베르사이유조약이었다. 일방적으로 강화조약안이 제시되어 1919년 6월 28일 체결되었다. 일부 역사가들은 당시 이 조약에서 독일에 부과한 전쟁 책임이 많은 독일인들이 예상했던 것보다 수위가 낮았다고 말한다. 하지만 현실과 관계없이 독일인들은 분노했다.[68] 항구적인 평화를 만들어내기 위해 기울인 노력은 결과적으로 독일인들에게 깊은 슬픔과 모욕감을 안겨주어 이후 20여 년 동안 유럽과 세계를 괴롭혔다.

독일인들만 실망한 게 아니었다. 평화회담 초기 이상적인 희망을 품고 참석했던 영국 외교관 니콜슨은 당시 상황을 이렇게 회고했다.


우리는 곧 새로운 질서가 만들어질 것이라는 확신을 품고 파리로 갔으나 새 질서가 옛 질서를 부수는 것만 보면서 그곳을 떠났다. 우리는 윌슨 대통령의 열렬한 지지자로 그곳에 갔으나 떠날 때는 반대자가 되었다. 우리는 정의롭고 지혜로운 평화조약을 만들겠다는 결의에 차서 도착했으나 우리의 적들에게 안겨준 조약이 정의롭지도 지혜롭지도 않다는 사실을 안고 그곳을 떠났다.[69]


## 배신감에 휩싸인
## 패전국 독일

바이마르공화국이 베르사이유조약을

받아들인 다음 독일 안에서는 특히 군부를 중심으로 충격적인 패전과 관련해 사악한 음모론이 자리잡았다. 전쟁에서 최선을 다해 싸우지 않았고, 국내에 있는 반역자들이 '등에 칼을 꽂았다'는 식의 음모론이었다. 이런 음모론의 열렬한 신봉자인 루덴도르프 장군은 공산주의자와 민주당원, 유대인을 비롯한 내부의 적들이 독일국민의 전의를 흩트리고 군부가 온몸을 던져 거둔 승리를 강탈해 갔다고 주장했다. 물론 멋대로 지어낸 용납할 수 없는 거짓 주장이었다. 군대가 패배해 국내에서 혁명이 일어나고 체제가 바뀌게 된 것인데 그 책임을 내부의 적들에게 뒤집어씌운 것이었다.[70]

독일군 상병 아돌프 히틀러도 등에 칼을 꽂는 이 음모론의 열렬한 지지자였다.(나중에는 음모론을 팔아 이득을 취했다.) 오스트리아 태생의 히틀러는 1914년 8월 독일군에 입대했고 종전 직전 몇 개월 동안 서부전선에서 벌어진 치열한 전투에도 여러 번 참가했다. 벨기에 전투 때 영국군의 신경가스탄 파편에 맞아 부상을 당했는데 미래의 총통Führer은 파제발크 군병원에서 회복 중 독일군의 항복 사실을 알게 되었다. 그는 나중에 그때 느낀 배신감이 자신에게 중요한 전기가 되었다고 했다. 그는 이렇게 회고했다. "나는 전선에서 겪은 경험을 안고 고향으로 돌아갔다. 그 경험이 국가사회주의당을 만드는 토대가 되었다."[71] 히틀러 연구의 최고 권위자로 꼽히는 이언 커쇼Ian Kershaw는 이렇게 쓰고 있다. "그때부터 그의 모든 정치적 활동은 1918년의 트라우마에 의해 좌우되었다. 자신이 믿고 있던 가치를 배반한 패배와 혁명의 흔적을 모두 지우고 배반에 책임 있는 모든 자들을 제거해야 한다는 트라우마에 사로잡힌 것이다."[72]

얼마 지나지 않아 히틀러는 무명 인사에서 악명 높은 인사가 되었다. 1차세계대전 이후 그는 극우 서클에서 뛰어난 선동가, 맥주홀 선동가로 조금씩 이름을 알리기 시작했다. 1921년에 그는 '나치'Nazi당으로 불린 국가사회주의독일노동자당의 지도자가 되었다. 그 전 해에 창당된 정당이었다. 그리고 1923년에 그는 권력을 잡기 위한 첫 번째 도박을 감행했다. 독일이 전쟁배상금 지불을 제때 못하자 프랑스군과 벨기에군이 공업지대인 루르 지역을 점령하고 전국적으로 초인플레이션이 휩쓸었다. 그때 히틀러는 루덴도르프를 비롯한 극우 장교들과 합세해 뮌헨에서 쿠데타를 일으켰다. '맥주홀 쿠데타'로 불리는 이 반란은 실패로 끝났다. 루덴도르프는 무죄방면되었으나 히틀러는 반역죄로 기소되어 란츠베르크형무소에 수감되었다. 히틀러는 그곳에서 자서전 『나의 투쟁』Mein Kampf을 집필하고 유대인 집단학살과 팽창주의에 대한 욕구를 드러냈다.

9개월 복역하고 풀려난 뒤 히틀러는 나치당 당권을 다시 장악하고 대중운동으로 확산시켜 나갔다. 대공황의 충격으로 독일 경제가 거의 황폐화된 이듬해인 1930년에 치러진 연방 총선에서 나치당은 독일 연방의회Reichstag의 제2당이 되었다. 그로부터 2년 뒤 나치당은 다수당이 되지는 못했지만 제1당이 되었다. 1933년 1월 파울 폰 힌덴부르크Paul von Hindenburg 대통령은 히틀러를 총리로 임명했다. 1933년 2월에 의사당화재가 일어나자 히틀러는 이 사건을 마지막 남은 독일의 민주주의를 완전히 파괴하는 기회로 이용했다. 이듬해 여름 바이마르공화국이 막을 내리고 제3제국Third Reich이 등장했다. 히틀러를 총통Führer으로 하는 파시스트 1당 독재체제가 만들어진 것이다.

히틀러는 권력을 장악하자 국민의 희생정신과 민족우월주의를 교묘히 뒤섞어서 어려움에 처한 국민들의 열정을 부추겼다. 패전과 혁명, 그리고 급속히 찾아온 민주화가 1차세계대전 이후의 공간에 이런 위험한 생각들이 자리할 수 있게 만들었다. 1920년대의 경제난과 대공황은 독일국민들에게 자신들이 겪는 고통의 책임을 전가할 희생양을 찾도록 부추겼다.[73] 히틀러는 또한 독일의 기업가, 언론, 귀족, 불만을 품은 군 장교들의 지지를 등에 업고 권력을 장악했다. 이들은 베르사이유조약의 족쇄로부터 독일을 풀려나게 해줄 도구로 히틀러를 이용하려고 했다.[74]

히틀러는 유대인, 공산주의자, 그리고 '11월의 범죄자들'(민주혁명을 일으켜 황제를 몰아내고 그 뒤 1918년 11월 휴전협정에 서명한 민간인들을 가리킴)이 독일에 지금의 고통을 초래한 장본인들이라고 생각했다. 베르사이유조약의 가혹한 조항들도 공격 대상이었다. 그는 이 조약이 전쟁의 책임을 독일에게만 물어 배상금을 부당하게 갈취하고 영토를 강탈하고 애국적인 독일군을 무력화시켰다고 주장했다. 이런 부당한 일들을 바로잡기 위해 다시 전쟁을 시작하겠다는 의도를 숨기지 않았다. "독일 정부가 외국 열강을 상대로 '베르사이유조약은 끔찍한 거짓에 근거해 만들어진 것'이라고 용기 있게 선언할 날이 반드시 와야 한다." 히틀러는 1923년 뮌헨 군중 앞에서 이렇게 외쳤다. "우리는 더이상 아무것도 이행하지 않을 것이다. 여러분이 하고 싶은 대로 하자. 전쟁을 원한다면 나가서 싸우자!"[75] 그는 특히 이 조약이 독일에 무거운 배상금을 물려 경제적인 고통을 겪도록 만들었다고 비난했다. 1933년 5월 17일 의회 연설에서 히틀러는 "지금의 어려움을 초래한 모든 문제는 평화조약이 잘못 만들어졌기 때문"이라고 선언했다.[76] 그로부터 8년 뒤 세계는 다시 전쟁에 돌입했고, 스스로 총통이 된 히틀러는 베를린의 2만 군중 앞에서 이렇게 외쳤다. "자신이 원하는 것을 나만큼 말하고 기록한 사람은 지금까지 없었다. 나는 베르사이유조약은 폐기되어야 한다고 수없이 말해 왔다."[77]

독일이 파시즘으로 빠져든 데는 많은 원인이 있었다. 스페인 독감도 그 원인들 가운데 꼽지 않을 수 없다. 독감 팬데믹이 미친 심각한 영향들이 함께 작동해서 독일을 히틀러의 뒤틀린 욕망에 취약하게 만들었다. 팬데믹은 1차세계대전에서 독일이 패배하는 데 역할을 했고, 독감에 걸려 앓아누운 우드로 윌슨 대통령이 파리에서 합의한 베르사이유조약의 가혹한 조항들이 탄생하는 데도 역할을 했다. 히틀러 전기작가 커쇼는 이렇게 썼다. "그의 존재를 두드러지게 만든 독특한 환경이 아니었으면 히틀러는 아무런 존재도 되지 못했을 것이다. 역사의 다른 시기였으면 그가 역사의 무대를 주름잡는다는 것은 상상할 수 없다."[78]

독일에서와 같은 일은 다른 곳에서도 벌어졌다. 다음 장에서 보게 되겠지만 1918~20년에 있은 독감 팬데믹의 충격은 이후 여러 해 동안 계속되었다.

# 제2장

# 대혼란 속으로
# 빠져들다


역사는 바탕에 흐르는 여러 조건과 우연, 인간의 선택이 서로 엇갈리는 교차로에서 펼쳐진다. 1차세계대전과 스페인 독감 팬데믹이 지나간 이후 20년도 마찬가지였다. 보통 전간기戰間期 interwar years라고 부르는 시기로 근대 역사상 가장 격동적인 일이 많이 벌어진 기간 중 하나이다. 전간기에 일어난 사건들은 다시 되짚어볼 필요가 있다. 제1장에서 보았듯이 스페인 독감은 글로벌 팬데믹이 국제질서를 좌지우지할 수 있다는 사실을 보여주었다. 주요 국가들의 전쟁 수행능력을 떨어트리고, 우드로 윌슨 대통령이 병에 걸린 것처럼 예기치 않은 역사적 사건을 만들어 국제질서에 오랜 기간 영향을 미쳤다. 종전

직후에는 팬데믹이 국제정세에 영향을 미친 유일한 요인이거나 가장 큰 요인은 아니었다. 하지만 감염병은 계속해서 국제 시스템 전반에 큰 영향을 미쳤다. 국가 경제 악화와 불평등 심화, 그리고 사회적, 정치적 불안을 조장했다. 그러는 가운데 독감 팬데믹이 몰고온 충격은 이미 혼란스럽고 분쟁에 취약한 세계를 더 불안정하게 만들었다.

1920년대와 1930년대를 거치며 스페인 독감이 지정학적으로 어떤 영향을 미쳤는지는 명확하게 말하기가 더 어려워졌다. 하지만 당시 역사는 지금의 눈으로 봐도 매우 중요하다. 전간기 기간 동안 세계는 불평등이 심화되고 사회적 갈등이 만연했다. 포퓰리즘이 기승을 부리고 외국인 혐오, 경제적 국수주의 강화, 탈세계화의 압박이 거세졌다. 독재정권이 기승을 부리고 민주주의가 후퇴하고 강대국 간 경쟁이 치열했다. 미국의 목소리는 약화되고 국제기구의 위상이 취약해지고 자유세계는 우왕좌왕했다. 전간기를 특징지은 이런 중요한 요소들이 코로나바이러스가 닥치기 직전 여러 해 동안 이미 다시 나타나고 있었다. 제2부와 제3부에서 다루듯이 코로나19가 초래한 충격파는 이런 문제들을 더 악화시켰다.

코로나바이러스가 이런 상황을 더 악화시켜 글로벌 혼란 상태를 부른 것처럼 전간기 몇 년은 어떻게 해서 상황이 악화일로로 치닫게 되었는지, 그리고 어떻게 해야 그런 사태를 막을 수 있었을지에 대해 생각해 보게 만들었다. 무엇보다도 미국을 비롯한 선진 민주국가들이 서로 협력해서 위기를 관리하고 너무 늦기 전에 공동의 문제와 맞서지 않는다면 국제질서가 얼마나 쉽게 무너져서 끔찍한 사태가 벌어질 수 있는지 보여주었다.

## 윌슨의 발병과
## 미국의 국제연맹 가입 좌절

1919년 6월 29일 우드로 윌슨 대통령은 자기 생애의 마지막 대서양 횡단 항해에 나선 뒤 7월 8일 뉴저지주 호보켄에 도착했다. 그가 탄 차량 행렬이 뉴욕시내를 지날 때 많은 군중이 도로변에 나와 환호했다. 그를 태운 열차가 자정 무렵 워싱턴 DC의 유니언역에 도착했을 때는 10만 명으로 추산되는 사람들이 그를 보려고 모여 있었다.

7월 10일 윌슨 대통령은 백악관 이스트룸에서 기자회견을 갖고 모여 있는 기자들 앞에서 베르사이유조약과 조약에 명시된 국제연맹 규약의 상원 비준에 필요한 3분의 2 찬성을 얻어낼 자신이 있다고 했다. 그런 다음 윌슨 대통령은 조약안을 상원에 보내 비준을 공식 요청했다. 그는 상원을 상대로 "미국이 자유와 정의의 승리를 항구적인 승리로 만들어 줄 것을 온 세계가 기다리고 있다. 어떻게 감히 우리가 그런 기대를 거부하고 세계인의 가슴을 찢어지게 할 수 있겠는가?"라고 했다.[1] 윌슨 대통령의 이런 수사는 과장된 것이 아니었다. 경제사학자 애덤 투즈Adam Tooze는 "이렇게 승자와 패자 모두 새로운 질서의 중심축인 미국을 쳐다보고 있었다."고 썼다.[2]

대통령이 비준을 낙관한 것은 결과적으로 틀리고 말았다. 상원은 세 분파로 나뉘었다. 한 쪽은 윌슨의 민주당 동지들이 속한 국제주의자들로 이들은 미국이 세계질서에 깊숙이 관여해야 한다는 입장을 갖고 있기 때문에 조약안 비준을 지지했다. 반대입장을 가진 또 다른 한 쪽은 '타협 불가' 입장을 가진 고립주의자들로 규모도 상당했다. 대부분 공화당원이고 조약에 반대하는 민주당 의원도 일부 들어 있었다. 세 번째는 최대 그룹인 '유보적인 입장파'로 정도의 차이는 있지만 찬반 중간 어디쯤 자리한 사람들이었다. 상원외교위원장인 헨리 캐봇 로지Henry Cabot Lodge가 이끄는 이들은 대부분 공화당원이고 민주당도 몇 명 있었다. 이들은 비준을 고려하되 조약에 대한 미국의 입장과 미국의 의무사항을 분명히 한 다음에 비준하겠다는 단서를 달았다. 이들 세 분파는 토의과정에서 다음과 같은 몇 가지 사안에 대해 첨예한 이견을 나타냈다. 국가 주권, 미국 외교의 오랜 전통인 예외주의exceptionalism와 일방주의unilateralism, 강대국간 경쟁에서 한발 물러서기, 행정부와 입법부 권력의 적절한 균형 등이 문제가 되었다. 양당의 정파주의와 개인적인 경쟁관계도 작용했다.

베르사이유조약과 국제연맹 창설에 대해 유보하게 만든 주요 사안들 중에서 특히 세 가지가 두드러졌다. 하나는 독일이 지배하고 있던 중국의 산둥반도를 일본에 할양하는 문제였다. 파리에서 일본은 국제연맹 규약에 인종 간 평등원칙 조항을 포함시킬 것을 요구했다. 역사학자 존 쿠퍼 John Cooper는 "하지만 윌슨 대통령은 미국과 영국 내의 백인우월주의 정서에 맞춰 일본의 제안을 거부했다."고 설명한다.[3] 당시 독감에서 완전히 회복하기 전인 윌슨 대통령은 이런 입장 때문에 일본이 국제연맹 참여를 거부할 것을 두려워해서 일본의 산둥반도 할양 요구를 받아들였다.[4] 하지만 그동안 제국주의에 반대하고 자결권을 지지한다고 했기 때문에 이런 태도는 국내에서 윌슨 대통령이 위선적인 행동을 한다는 뼈아픈 비난을 듣게 만들었다. 두 번째 비난은 국제연맹 규약에 영국 자치령 5개국(호주, 캐나다, 인도, 뉴질랜드, 남아공)에 대해 각자 표결권을 허용한 사실 때문에 나왔다. 그 결과로 국제연맹 총회에서 영국제국은 6개의 표결권을 행사하게 되었다.(의사결정기구인 이사회에서는 그렇게 하지 않았다.)

가장 큰 불만은 국제연맹 규약 제10조에 명시된 집단안보 의무조항을 둘러싸고 나왔다. 이 조항은 다른 회원국들과 마찬가지로 미국도 다른 나라가 영토의 독립과 정치적 자치권을 지키도록 도와줄 것을 약속하며 필요하면 무력 사용도 가능하다고 되어 있다. 비판 세력들은 이 조항을 미국의 주권을 심하게 침범할 뿐만 아니라 미국의 전통에도 크게 위배된다고 보았다. 외국의 정치적 분란에 개입하지 말자는 것은 조지 워싱턴 대통령이 고별사에서 처음 주문한 이래 미국의 오랜 전통이 되어 있었다. 집단안보 개념을 지지하지만 조약 비준에 부정적인 사람들은 규약 제10조가 미국헌법에 의회의 고유권한으로 명시된 전쟁 선포권을 침해할 수 있다고 보았다.

많은 상원의원들의 반대와 비판에 직면하자 윌슨 대통령은 전국 순회를 통해 국민들에게 직접 지지를 호소하기로 했다.[5] 그는 자신의 허약한 체질을 걱정하는 주치의 그레이슨 박사의 충고를 무시하고 그런 결정을 내렸다.[6] 윌슨 대통령은 파리에서도 건강 때문에 일을 그르쳤는데 이번에는 머지않아 대통령 직까지 위험에 빠트리게 되었다. 하지만 그는 국제연맹에 대한 자신의 생각을 국민들에게 직접 호소하겠다는 입장을 굽히지 않았다.

월슨 일행이 탄 열차는 9월 3일 워싱턴을 출발했다. 이후 3주 동안 그는 전국을 돌며 40회의 연설을 했다. 그는 열변을 토하며 국제연맹 창설과 자유주의적인 국제질서의 필요성을 역설했다. 그리고 상원에서 제기하는 비판적인 주장을 조목조목 반박했다. 미국이 이 약속을 이행하지 않을 경우 어떤 결과가 초래될지에 대해 강력히 경고했다. 순회 중 월슨 대통령은 글로벌 대재앙이 다시 일어날 수 있다는 음울한 전망을 자주 내놓았다. 여행 시작 닷새째 오마하에서 월슨 대통령은 비극적인 예견을 정확히 했다. 그는 청중들을 향해 만약 미국이 국제연맹에 가담하지 않는다면 '전쟁이 일어나지 않는다는 보장이 없다'며 이렇게 말했다. "다음 세대가 지나가기 전에 다시 한 번 세계대전이 일어날 것임을 분명히 예언할 수 있다. 국제연맹이 단합된 노력으로 막지 않는다면 전쟁은 반드시 일어나고 말 것이다."[7]

여행 시작 때부터 월슨 대통령의 건강이 문제였다. 그는 끊임없이 두통에 시달렸고 수시로 호흡곤란을 일으키고 발작적으로 기침을 했다. 주치의는 '천식발작'asthma attacks이라고 했다. 9월 25일 월슨 대통령의 건강은 주치의 그레이슨 박사가 남은 5곳 방문 일정을 취소하라고 권하는 지경에 이르렀다. 월슨 대통령은 측근 보좌관에게 이렇게 말했다. "의사 말이 옳다. 지금까지 이렇게 아파본 적은 없다. 온몸이 산산조각이 날 것처럼 아프다."[8] 일주일 뒤 워싱턴으로 돌아온 월슨 대통령은 10월 2일 오전에 심각한 뇌졸중을 겪었다. 뇌졸중 후유증으로 왼쪽 반신불수가 되고 오른쪽 눈에 부분 실명이 왔다. 결국 이후 여생을 불구의 몸으로 지내야 했다. 되짚어보면 윌슨 대통령은 겉으로 드러나지 않은 신경장애가 있었던 것 같고, 여러 해 동안 미니 뇌졸중mini-strokes을 겪었을 가능성이 있다. 파리에서 걸린 독감으로 인해 봄가을에 미니 뇌졸중을 추가로 겪고 독감 후유증으로 10월에 심각한 뇌졸중을 겪었을 수가 있다.[9] 역사학자 마거릿 맥밀런 교수는 이렇게 결론을 내리고 있다. "그때그때 조금씩 회복되기는 했겠지만 그는 신체적으로 정신적으로 이전의 그가 아니었다. 병상에 누워서도 상원에서 진행되는 토의과정에 영향을 미치려고 했지만 이후 윌슨 대통령은 대통령 직을 효과적으로 수행하지 못했다."[10]

윌슨 대통령이 없는 가운데 상원에서는 여러 수정조항과 유보조항을 놓고 논의가 오갔다. 마침내 표결 일정이 잡히고 로지 위원장과 외교위원회가 제출한 14개 유보조항이 포함된 조약 수정안이 제출되었다.(아이러니하게도 윌슨 대통령이 제창한 14개 조 평화안과 숫자가 일치했다.) 윌슨은 병상에서 유보조항은 기본적으로 조약을 무효화하는 것이라고 규정하는 성명을 발표하고 상원의 민주당 의원들에게 반대해 달라고 요청했다. 유보조항이 담긴 수정안은 11월 19일 표결에 부쳐졌으나 39대 55의 큰 표차로 부결되었다. 반대표가 모두 결집하고 민주당 4표가 반대표를 던졌다. 이어서 유보조항 없는 수정안이 표결에 부쳐졌는데 이 역시 38대 53으로 부결되었다. 민주당 소속 의원 다수가 찬성표를 던졌고 공화당에서 찬성표는 단1표가 나왔다.[11]

하지만 그것으로 논란이 종식된 게 아니었다. 상원에서 패배를 기록한 지 4주 만에 윌슨 대통령은 노벨평화상 수상자로 결정됐다. 상원에서는 조약을 둘러싼 논의가 계속 진행되었다. 국제연맹의 집단안보조항에 대해 유보파들은 거센 반발을 계속했다. 유보파들 가운데 워렌 G. 하딩 Warren G. Harding 상원의원이 있었는데 그가 1920년 11월에 있은 미국 대통령선거에서 차기 대통령으로 선출됐다. "미국 정신의 가장 핵심인 국가주권을 쉽게 포기해서는 안 된다." 하딩은 1월 20일 뉴욕오하이오소사이어티Ohio Society of New York에서 이렇게 말했다. 그렇게 말하며 그는 '아메리카 퍼스트'America First를 무기로 내세웠다. 윌슨이 1916년 미국이 1차세계대전에 개입하는 일은 없을 것이라고 약속하며 쓰기 시작한 문구였다. 하딩은 "아메리카 퍼스트를 지키고, 아메리카 퍼스트를 안정시키고, 아메리카 퍼스트를 번영시키고. 아메리카 퍼스트를 생각하고, 아메리카 퍼스트를 떠받들고, 아메리카 퍼스트를 위하고, 아메리카 퍼스트를 숭배하자.'고 외쳤다.[12] ('아메리카 퍼스트'는 이후 1940년 고립주의 운동이 받아들이고, 한참 뒤인 1990년대 공화당 대통령 후보였던 팻 뷰캐넌Pat Buchanan과 2016년 대통령 선거운동 때 도널드 트럼프가 썼다.)

그러는 동안 타협의 가능성이 조금씩 생겨났다. 민주당 의원 다수가 윌슨 대통령에게 등을 돌리면서 양당 합의에 대한 전망을 높인 것이다. 유보파들이 입장을 조금 누그러뜨리며 비준 가능성을 타진하기 시작했다. 퍼스트레이디 이디스 여사와 최측근 보좌관들, 로버트 랜싱 국무장관 등 모두가 나서서 미국이 국제연맹에 가입할 마지막 기회이고 최고의 기회로 타협을 받아들이라고 대통령을 설득했다. 한편 1905년~1916년 영국 외무장관을 지낸 에드워드 그레이 경Sir Edward Grey도 동맹국들이 마음에 들지 않겠지만 미국의 유보조항을 받아들일 것이라고 했다. 역사학자인 쿠퍼는 만약 윌슨 대통령이 이 집단 권고를 받아들여 타협에 나섰더라면 "갈등을 달리 해소하는 중재방안을 이끌어낼 수 있었을 것"이라고 썼다.[13] 하지만 윌슨은 권고를 따르지 않았다.

그 전 해 봄 파리에서는 독감이 결정적으로 중요한 순간에 며칠 동안 윌슨 대통령을 협상 테이블에 앉지 못하게 했다. 그때부터 그는 독일 처리 문제를 다루는 데 있어서 프랑스의 요구에 맞서 자신이 내세운 원칙을 고수하려는 의지가 약해졌다. 이번에 뇌졸중은 그에게 다른 종류의 영향을 미쳤다. 심신이 그때보다 더 쇠약해진 그는 한 달 동안 상원과의 협상에 임할 수 없었다. 그리고 협상에 참석하는 불과 몇 명을 제외하고는 아무와도 직접 만나지 못했다. 생리적으로 뇌졸중은 윌슨 대통령으로 하여금 변화하는 상황에 적응해서 합리적인 정치적 판단을 내릴 능력을 앗아가 버렸다. 몸 상태가 조금씩 나아지자 그는 점점 더 일종의 '희열' 상태에 빠져들었다. 회복 단계에 있는 뇌졸중 환자들에게서 공통적으로 나타나는 증상이다. 이러한 증상은 자신의 입장을 수정하지 않고도 목표를 달성할 수 있다는 환상을 품게 만들었다. 그러는가 하면 감정기복이 심하고 우울증세를 보였다. 1920년 1월과 2월에는 독감치레로 이런 증상이 더 심했다. 쿠퍼는 "이런 몸 상태 때문에 그는 타협할 능력이 없었다."고 결론을 내렸다.[14]

대통령이 입장 변화를 보이지 않은 가운데 상원은 2020년 3월 19일

다시 조약 비준을 위한 표결을 실시했다. 그 전 해 가을에 표결에 부친 14개 유보조항 안과 본질적으로 같은 안이었다. 표결결과는 찬성 49대 반대 35표였다. 윌슨 대통령이 속한 민주당 의원들의 입장이 얼마나 왔다 갔다 하는지 보여주는 결과였다.(공식 개표결과는 찬성 57 대 반대 39표로, 공개적으로 기권한 십여 명까지 포함시킨 것이다.) 유보조항을 담은 수정안은 다수의 찬성표를 얻었으나 비준에 필요한 3분의 2 찬성에 7표가 모자랐다. 상원에서 통과 가능성이 모두 날아가자 윌슨 대통령은 패배를 인정할 수밖에 없었다. 그러면서도 역사가 자신이 옳았음을 증명해 줄 것이라고 확신했다. 그렇게 해서 미국은 국제연맹에 가입하지 않게 되었다.

## 경제난과 인종갈등
### 혼란 속으로

윌슨 대통령이 세계질서의 미래를 놓고 상원과 논란을 벌이는 동안 미국 전역은 소용돌이에 휩싸였다. 미국 경제는 연이은 침체에 빠져 있었다. 미국 경제는 1918~1919년의 충격 이후 1919년 후반 들어서 깜짝 반등했다. 그러다 1920~1921년 다시 침체에 빠졌는데 미국 역사상 최악의 경제적 침체 중 하나였다.(어느 면에서는 대공황 때의 경제난과 맞먹었다. 짧게 끝나기는 했지만 미국인들은 2008~2009년 금융위기 때보다도 더 심각한 어려움을 겪었다.) 첫 번째 침체는 팬데믹의 영향이 컸다. 미국의 국내총생산GDP 1.5퍼센트가 감소했다. 두 번째는 그렇지 않았다.[15] 그로부터 1세기 뒤 코로나19로 인한 경제 충격에 비하면 스페인 독감이 미국 경제에 미친 충격은 훨씬 덜했다. 1세기 전에는 사회적으로 밀접접촉을 하게 되는 일자리 수가 훨씬 더 적었기 때문이기도 하다. 다른 한편으로 지금은 많은 근로자들이 병가를 떠나고 실업급여가 지급되지만 당시에는 근로자들이 아파도 집에 머물 수가 없었고, 많은 비非필수 가게들이 계속 문을 열었다.[16]

이런 차이점이 있는가 하면 유사한 점들도 있다. 최근 연구에 의하면 1918~1919년에는 감염병이 생산성 하락, 근로인력 부족, 소비재 수요 감소 등의 형태로 공급과 수요 측면 모두에서 미국 경제를 침체에 빠트렸다. 당시 언론보도를 보면 석탄과 구리 채광, 해운, 섬유생산, 도소매업, 오락산업 등 경제의 많은 분야가 독감 팬데믹으로부터 부정적인 영향을 받은 것으로 나타난다. 또 하나 주목할 점은 코로나19 록다운 기간 동안 팬데믹을 억제하기 위해 적극적으로 공중보건 개입조치를 취한 오클랜드, 캘리포니아, 오마하, 네브레스카 같은 주들은 필라델피아, 펜실베이니아, 그리고 미네소타주의 세인트폴처럼 그렇게 하지 않은 곳들에 비해 경제적인 사정이 더 나았다는 사실이다.[17]

전쟁이 끝난 1919년은 독감의 충격이 몰고 온 경제 하락으로 근로자들의 동요와 인종갈등이 두드러진 한 해였다. 1차세계대전을 거치며 근로자들의 집단행동이 늘어났고, 이후 많은 노동조합이 합법화와 물가상승과 인플레 등으로 인한 어려움을 이유로 근로시간 단축, 임금인상 등을 요구했다. 1919년 한 해 동안 석탄 광부, 섬유 근로자, 철광 근로자 등을 중심으로 3,300건의 파업이 일어났다. 그 해 전체 미국 근로인력의

5분의 1에 해당하는 400만 명이 파업에 동참했다. 미국 역사상 가장 대규모에 속하는 노동자 소요가 휩쓴 한 해였다.[18]

인종갈등도 첨예하게 타올랐다. 군수물자 생산으로 제조업 붐이 일어나고 새로운 일자리가 늘며 근로자들이 대거 필요해졌다. 1차세계대전 중 50만 명에 이르는 흑인 주민들이 남부의 시골에서 북부와 중서부 도시로 대이동이 일어났다.(1910년부터 1920년 사이 약100만 명이 이동했다.) 시카고, 클리블랜드, 디트로이트, 뉴욕, 필라델피아 같은 대도시의 흑인 주민수가 급속히 늘었다. 전쟁이 끝나자 많은 백인 군인들이 제대해 고향으로 돌아와서 보니 그들이 일하던 공장과 창고, 제분소의 일자리가 새로 이주해 온 흑인 근로자들로 채워져 있었다. 기업주들은 저임금으로 열심히 일하는 흑인 근로자들이 더 유용했다. 파업을 막고 임금을 깎고, 노동조합 내부에 분란을 조장하기 위해서도 이들이 필요했다. 일자리와 주거할 곳을 차지하기 위한 경쟁과 뿌리 깊은 인종차별 의식이 폭력의 화약고 역할을 했다.[19]

팬데믹이 인종갈등, 사회적 불만과 뒤엉켰다. 역사적으로 볼 때 미국 흑인들은 호흡기 질환에 잘 걸리고 사망률도 높았다. 이런 사실은 코로나19 팬데믹 때도 확인되었다. 흑인들이 백인보다 더 쉽게 감염되고, 감염될 경우 사망률은 두 배 더 높았다. 하지만 스페인 독감 때는 달랐다. 당시의 자료를 보면 미국 흑인들은 팬데믹 기간 중 백인들보다 감염률이 낮고, 전체 인구 대비 흑인 인구 비율로 볼 때 사망률도 백인보다 더 낮았다. 왜 그런 현상이 생겼는지 이유는 확실치 않다. 하지만 그래도 케이스 사망률(전체 확진자 중에서 사망자 비율)은 흑인이 더 높았다.

다시 말해 흑인들은 독감에 잘 걸리지 않지만, 일단 독감에 걸리면 (독감으로 인한 폐렴 사망자까지 포함해) 사망률이 백인보다 더 높았다. 이는 빈곤한 생활환경과 부적절하고 대단히 차별적인 의료보장 시스템 때문에 빚어지는 결과였다. 흑인 커뮤니티에서는 낮은 단계의 독감이 발생해도 순식간에 전 지역을 휩쓸다시피 했다.[20]

흑인들의 독감 감염률이 전반적으로 낮다는 사실은 당시에도 관찰되어서 보도되었는데 주류 언론보다는 시카고디펜더Chicago Defender나 볼티모어 애프로–아메리칸Baltimore Afro-American 같은 유명 흑인 신문들이 자주 보도했다. 이런 사례들이 있었다고 해도 흑인이 생물학적으로 열등하다는 인종차별적인 생각이나 흑인 커뮤니티가 백인들에게 질병 위협을 가한다는 인종차별적인 고정관념을 뒤엎지는 못했다.[21] 1919년 최악의 인종폭동이 일어난 시카고 같은 곳에서는 여러 해 동안 남부에서 온 흑인 이주자들이 감염병을 옮기는 것으로 생각했다. 흑백 간 독감 감염률에 차이가 있다는 사실이 사람들에게 알려지면서 인종 간 긴장은 더 악화되었고, 공중보건을 위해서도 흑백분리가 필요하다는 주장에 힘이 실렸다. 역사학자 엘리자베스 슐라바흐Elizabeth Schlabach는 이렇게 쓰고 있다. "흑인들이 치명적인 독감 바이러스를 전파한 게 아님에도 많은 백인들이 흑인들을 이 바이러스를 옮기는 도구처럼 생각했다. 백인들의 눈에 흑인은 벌을 주고 물리적인 폭력을 가해도 마땅한 대상으로 보였다."[22]

4월 13일 조지아주 젠킨스 카운티에서 흑인을 상대로 린치와 집단폭력이 시작되었다. 그리고 남부와 중서부, 북부를 비롯해 수도 워싱턴 DC 일대까지 흑인을 대상으로 한 폭력이 번져나갔다. 8개월 동안 이어진 격렬한 폭력사태 와중에 표적 살인이 급증했고 최소 52명의 흑인이 린치를 당했다. 전국적으로 수십 회에 걸쳐 인종폭동과 집단행동이 일어났다. 작은 마을과 카운티, 대규모 도시 지역 할 것 없이 모두 증오폭력의 소용돌이 속으로 빠져들었다. 워싱턴 DC, 시카고, 녹스빌, 오마하, 아칸소주의 일레인 같은 도시들이 모두 인종폭동으로 며칠씩 마비상태에 놓였다. 모두 합해 수백 명이 피살되었는데 대부분 흑인들이었다. 부상자는 셀 수 없을 정도이고 수만 명이 집과 직장을 버리고 도망쳐야 했다. 이런 일은 전에도 있었고 앞으로도 또 일어날 것이다.(흑인을 표적으로 삼은 최악의 살육은 1917년 일리노이주 세인트루이스와 1921년 오클라호마주 털사에서 일어났다.) 하지만 폭력의 규모와 지속된 기간 면에서 남북전쟁 이래 최악의 전국 규모 폭력은 1919년 '레드 서머'Red Summer 사태였다.[23]

레드 서머 기간에 일어난 일 중에서 주목할 만한 일은 흑인들이 그동안 보인 적이 없는 단호한 결의로 반격했다는 사실이다. 이는 전후에 형성된 전반적인 흐름의 일부였다. 1909년에 결성된 전미유색인지위향상협회NAACP 같은 조직들이 주도해 흑인 평등권을 강력히 주장했다. 이런 노력의 일환으로 법정과 의회에서 정의를 되찾기 위한 투쟁을 벌이는 한편 길거리에서 백인 폭도들의 공격에 맞서기 위한 자위수단을 마련했다.[24] 유럽 전선에서 돌아온 수십만 명에 달하는 흑인 제대 군인들이 핵심적인 역할을 했다. 1919년 5월에 쓴 에세이 '귀환하는 장병들'Returning

Soldiers에서 저명한 흑인 학자로 NAACP의 공동 창설자인 W. E. B. 두 보이스Du Bois는 이들 제대 군인들이 다방면에서 민권운동에 앞장설 기회가 생겼다며 이렇게 주장했다. "민주주의를 위해 앞장서자! 우리는 프랑스에서 민주주의를 구했다. 이제 우리는 여호와의 손으로 미국의 민주주의를 구할 것이다."[25] 전장에서 돌아온 많은 군인들이 이런 호소에 호응했다. 조국을 위해 용감하게 싸우고 돌아온 흑인 장병들은 노예해방 이후 자신들에게 약속된 기본권리를 당당하게 누릴 자격이 있다고 생각했다. 하지만 미국으로 돌아온 그들은 자신들이 유럽에서 피 흘려 싸운 바로 그 이상을 누리지 못했다. 마땅한 주거지와 일자리는 구하기 어렵고 인종차별을 겪어야 했으며, 법집행기관은 그들을 함부로 다루었다. 기본적인 권리를 누리지 못하고 흑인을 표적으로 삼는 폭력에 둘러싸여 지내야 했다. 많은 흑인 제대 군인들이 자기가 사는 커뮤니티를 지키기 위해 싸우기로 했다.

파리평화회의에 참석했던 윌슨 대통령이 귀국하고 불과 일주일 지난 7월 중순, 레드 서머는 워싱턴 DC에까지 진출했다. 백인인 NAACP 지지자는 자신이 느낀 공포감을 두 보이스에게 이렇게 썼다. "인종폭력이 우리 수도 한복판에 버젓이 자행되고 있다. 훌륭하고 인정 많은 우드로 윌슨 대통령은 폭도들이 수도의 길거리를 휩쓸고 다니는데도 입을 다물고 가만히 앉아 있기만 한다. 불과 몇 달 전 미국은 정의와 민주주의가 살아 있는 곳이라고 말한 대통령이 아니던가."[26]

인종폭력은 윌슨의 세계관이 갖고 있는 근본적인 모순을 적나라하게 드러나게 했다. 그는 다른 나라의 민족자결권을 지지하면서도 지극히 인종차별적인 생각을 갖고 있었다. 버지니아 태생인 윌슨 대통령은 남군 병사Confederate soldiers 집안의 후손으로 미국 역사에 대해 남부 사람들의 역사관을 갖고 있었다. 노예제도에 대해 비교적 호의적이었고 남부의 비밀 백인단체 큐 클럭스 클랜Ku Klux Klan의 활동에 동조하고, 남북전쟁 뒤 시행된 남부 재건정책Reconstruction이 남부에 재앙을 가져왔다고 생각했다. 윌슨은 대통령에 출마하며 흑인 지도자들의 환심을 사려고 했으나 대통령이 되고 난 다음에는 여러 연방기관에서 일어나는 인종차별 행위를 방관했다.[27]

1919년 인종폭력이 여러 도시로 번지는 가운데서도 윌슨 대통령은 대부분 침묵을 지켰다. 어쩌다 한 번 입을 열었는데 백인들이 소요를 일으킨 주범들이라고 인정했다. 국제연맹 창설 지지를 호소하기 위한 전국 순회 도중인 1919년 9월 11일 몬태나주 헬레나에서 행한 군중연설에서 윌슨 대통령은 이렇게 말했다. "내가 이 자리에서 미국 시민으로서 이 나라 여러 곳에서 일어난 인종폭력에 대해 부끄럽게 생각한다는 말을 한다고 그걸 부적절하다고 생각하지 말았으면 좋겠다. 사람들이 인도주의와 정의, 사회질서를 망각하고 닥치는 대로 폭력을 휘둘렀다."[28] 그러면서도 윌슨 대통령은 전국으로 번지는 폭력사태를 진정시키기 위해 연방정부 차원의 조치를 전혀 취하지 않고 지방 당국이 해결해야 할 문제로만 보았다. 무정부주의자들의 폭탄 투척 사건이 연이어 일어나며 연방 법집행기관들과 언론을 중심으로 전후 '적색공포'Red Scare를 조장했다. 윌슨 대통령은 인종소요에 가담한 흑인, 특히 유럽전선에서 귀환한 흑인 제대 군인들이 공산주의에 쉽게 빠진다는 잘못된 주장에 동조하는 듯했다.[29]

두 보이스는 레드 서머 기간 중에 작성해서 이듬해 발표한 도발적인 에세이 '백인의 영혼'The Souls of White Folk에서 윌슨 대통령의 진보적인 세계관 중심에 자리한 심각한 위선을 지적했다. 그래서 세계가 따를 이상을 내세우면서도 국내에서는 변화를 이루어내지 못한 것이라고 비판했다.[30]

이런 혼란은 다른 나라에서 벌어지는 사태에 대해 일정한 거리를 두겠다는 미국인들의 오랜 생각을 강화시켜 주었다. 유럽에 가서 싸우다 목숨을 잃었고, 고통스러운 팬데믹, 경기침체, 광범위하게 번진 노동자 소요와 인종소요 등은 미국인들 사이에 1차세계대전 참전이 잘못되었다는 인식을 점점 더 널리 퍼지도록 만들었다. 지친 나라 미국은 이제 주 관심을 국내 전선으로 돌리고 싶어 했다. 미국민들은 오랜 세월 나라 바깥의 혼란으로부터 초연하게 떨어져 있고 싶어 했다. "광범위하게 퍼진 전쟁에 대한 환멸이 그런 신념을 강화시켜 주었다." 역사학자 노먼 그래브너 Norman Graebner와 에드워드 베네트Edward Bennett는 이렇게 썼다. "미국인들은 자기들이 대서양을 넘나들며 얻은 것이라고는 금주법과 스페인독감뿐이라는 결론을 내렸다. 완전히 터무니없는 결론은 아니었다."[31]

## 독감 팬데믹이 앞당긴
## 식민시대의 종언

　　　　　　　　　　　　미국 바깥세상도 더이상 평온하지 않
았다. 여러 나라들을 괴롭히고 서로 갈라놓는 압력은 하루하루 더 커지
는 것 같았다.

　1차세계대전이 일어나기 전 수십 년 동안 경제성장, 통상, 지금 글로
벌화라고 부르는 국가 간 상호의존이 엄청나게 확대되었다. '위대한 전
쟁'으로 불리는 1차세계대전과 '위대한 독감' 스페인 독감은 이런 흐름의
방향을 뒤집어놓은 복잡한 사건들의 일부에 지나지 않는다. 서로 연결된
사건도 있고 개별 사건들도 있었다.[32] 최근에 이런 연구분석이 있었다.
1870년부터 코로나19가 발생하기 전까지 거시경제에 부정적인 영향을
미친 중요한 사건 네 가지를 심각한 정도에 따라 순서를 매기면 2차세
계대전, 대공황, 1차세계대전, 1918~1920년 스페인 독감 팬데믹이라는
것이다. 1차세계대전과 스페인 독감은 시기적으로 겹치기 때문에 이 둘
이 미친 영향을 분리해서 생각하기는 매우 어렵다. 하지만 같은 연구에
서 1919년부터 1929년 사이 특정 국가에서 1차세계대전으로 인한 GDP
감소는 8.4퍼센트, 팬데믹으로 인한 GDP 감소는 6퍼센트라는 분석을
내놓았다.[33]

　종전 직후 경제는 전쟁의 영향을 직접적으로 받아 침체상태에 빠졌
다. 그러다 산업이 반등하면서 이제는 글로벌 생산과잉이 문제가 되었
다. 각국이 자국 산업 보호를 위해 관세를 부과하기 시작했다. 보호주의

흐름이 시작되고 전간기 내내 이 흐름이 지속되었다. 1차세계대전 참전으로 들어간 많은 비용 때문에 영국, 프랑스, 독일은 엄청난 규모의 채무를 떠안게 되었다. 대부분 미국에 진 빚이었다. 전쟁 이후 동맹국 측은 전후 복구 때문에, 독일은 전쟁배상금 지불 때문에 채무 부담은 더 늘어났다. 채무를 해결하기 위한 자금원을 찾기는 더 어려웠다. 금본위제가 폐기되었다가 뒤죽박죽인 형태로 다시 복귀되었다. 1920년대에는 초인플레와 통화위기가 독일을 비롯한 중동부 유럽 국가들을 강타하며 극심한 인플레가 유럽을 휩쓸었다.[34]

전후 기간은 또한 유럽 전역에서 사람들의 불안감과 불만이 커진 시기였다. 부분적으로는 경제구조와 사회구조의 변화가 진행되며 비롯된 흐름이었다. 전간기 동안 급속한 도시화, 산업화, 기술과 기계화의 혁명적인 발전, 조립라인의 효율성 증대가 계속되어 선진국들을 중심으로 엄청난 부의 축적이 이루어졌다.

하지만 이런 현대화의 위력은 농촌공동체, 소규모 점포, 기술 장인, 상류 지주 계층, 노령 보수 엘리트 계층 등 사회의 여러 전통적인 요소들의 뿌리를 흔들고 심각한 경제 불평등을 만들었다.[35] 독감 팬데믹은 이런 문제들을 더 부각시켜 놓았다. 부자와 가난한 자는 전쟁과 팬데믹이란 어려움을 겪는 정도도 서로 달랐다는 인식으로 인해 계층 간 차별화는 더 두드러지게 되었다. 그렇게 해서 모든 세대의 유럽인들이 깊은 상처를 입었다.[36]

비슷한 이유로 전 세계적으로 반식민지 정서가 커졌다. 많은 지역에서 스페인 독감이 식민지 지배 주민과 피지배 주민 간에 서로 다르게 영향을 미쳤다는 사실에 자극받아 착취와 상대적 박탈감에 대한 반감이 더 커졌다. 과학 전문 언론인 로라 스피니Laura Spinney는 독감이 "번갯불을 번쩍여서 식민주의의 정의롭지 못함을 만천하에 드러내 보여 주었다."고 했다.[37] 예를 들어 일본의 식민지배를 받던 한국에서는 한국인과 일본인이 모두 같은 비율로 독감에 걸렸으나 생활환경의 차이와 보건의료 혜택의 차이 때문에 한국인 사망률이 일본인의 두 배 가까이 되었다. 1919년 3월 일본의 식민지배에 저항하는 독립운동이 일어났으나 일본이 이를 폭력으로 진압했다.[38]

영국과 프랑스 식민제국이 정점을 찍는 등 다른 곳에서도 식민지배 구조에 생긴 균열이 점점 더 벌어졌다. 제국주의 세력에게 식민지 보유는 이제 자산이 아니라 부채가 되어갔다. 1920년대와 1930년대 프랑스는 알제리, 프랑스령 인도차이나, 모로코, 시리아, 튀니지에서 점점 거세지는 저항과 소요, 민족주의 운동과 마주하게 되었다. 영국은 이집트, 이라크, 아일랜드, 인도 등 여러 곳에서 독립운동이 벌어지는 현실을 지켜보게 되었다.[39]

팬데믹은 대영제국 전역에서 제국주의 통치의 불가피한 속성인 근본적인 불평등을 부각시키는 데 중요한 역할을 했다. 하지만 팬데믹의 이런 역할이 크게 주목을 받지는 못했다. 영국의 보호령이던 이집트에서는 독감 사망률이 영국에 비해 두 배나 높았다. 이집트 국민 17만 명이 사망했는데(전체 인구의 1퍼센트 이상) 대부분이 1918년 마지막 두 달 동안 사망했다. 팬데믹은 시골 지역에 특히 큰 피해를 입혔는데 그것이 1919년 이집트에서 영국에 대항하는 봉기가 일어나게 만든 요인 가운데 하나였다.(이집트는 그로부터 3년 뒤 독립국가가 되었다.)[40] 팬데믹으로 2만 3,000명이 사망한 아일랜드는 당시 독립을 쟁취하기 위해 매우 중요한 시기를 보내고 있었는데 독감 위기가 '이미 악화돼 있던 여러 관계와 상황을 곪아터지게' 만든 것 같았다.[41]

하지만 대영제국의 국력이 정점을 누릴 때 독감 피해를 인도만큼 심하게 입은 나라는 지구상에 없을 것이다. 1918년 봄 영국과 인도군이 이라크에서 오스만제국과 싸울 때 이라크 바스라에서 봄베이로 전염병을 묻혀 온 것으로 여겨지고 있다. 그다음 인도 전역으로 확산됐다. 당시 인도 인구가 2억 5,000만 명이었는데 인구의 5퍼센트에 해당하는 1,200만 내지 1,700만 명이 사망했다. 열악하기 그지없는 인도의 의료보건 인프라가 겹치며 엄청난 수의 사망자와 환자가 나왔다. 인도는 의료인력이 유럽전선으로 대거 차출되어 나가는 바람에 이미 인력 부족 상태였다. 바이러스 자체는 영국과 식민지 인도를 구분하지 않았지만 바이러스가 미친 영향은 판이했다. 예를 들어 인도에 주둔 중인 영국군 환자들 가운데 9.61퍼센트가 사망한 반면 인도군의 경우는 환자의 21.69퍼센트가 사망했다.[42]

바이러스에다 계절풍 몬순이 약해지며 더 가늠하기 어려울 정도로 많은 희생자가 났다. 보통 계절풍은 아대륙 인도에 6월부터 9월까지 부는데 농업에 필수적인 요소이다. 그런데 1918년에는 이 몬순이 약해지며 심각한 가뭄이 초래됐다. 그래서 가뜩이나 영양상태가 부실한 인도국민 수백만 명이 더 병에 걸리기 쉬운 몸 상태가 되었다. 하지만 식민지 정부는 동맹국 군인들을 먹이기 위해 인도에서 생산한 식량을 계속 유럽으로 실어 보냈다. 게다가 농업 종사자들이 팬데믹으로 병들어 죽어나가며 식량 불안정은 더 심각해지고 식량가격은 폭등했다.[43]

1918년 가을에 닥친 팬데믹 2차 대유행 때 감염된 사람들 가운데는 인도 독립운동 지도자 마하트마 간디도 들어 있었다. 그는 3년 전 남아공에서 인도로 돌아왔는데 남아공에서 처음으로 비폭력 시민저항운동을 시작했다. 간디는 독감에서 회복되었지만 바이러스로 인해 드러난 끔찍하고 부당한 처사들은 사람들 사이에 반식민 감정을 전파시켜 그가 활동할 동력을 만들어 주었다. 지방의 카스트제도 철폐 운동단체들이 나서서 구호활동을 벌여 영국 식민 당국의 무관심과 무능으로 생긴 공백을 메웠다. 이런 단체들은 이전부터 있었지만 팬데믹이 이들을 하나의 명분 아래 힘을 합치도록 했고 결과적으로 간디에게 풀뿌리 지원세력이 되어 주었다. 그때까지는 간디에게 그런 지원세력이 없었다.[44]

혁명이 일어날 가능성을 싹부터 잘라 버리기 위해 델리에 있는 제국의회는 1919년 3월 로울라트법Rowlatt Act을 제정해 전시권한을 광범위하게 확대적용해서 언론을 탄압하고 활동가들을 재판 없이 투옥할 수 있도록 하고, 선동이나 반역 혐의가 있는 사람은 마구잡이로 잡아들였다. 이에 대한 반발이 거세지자 1919년 4월 13일 펀자브지방에서 시위대를 공격해 암리차르 학살사건이 일어났다. 미국의 레드 서머Red Summer가 시작된 날과 같은 날이었다. 인도 독립은 1947년이 되어서 이루어졌지만 역사학자들은 팬데믹 이후 대대적으로 터져 나온 인도국민들의 불만이 영국의 식민지배를 마감하는 데 큰 전환점을 만든 것으로 본다.[45]

## 국수주의 팽창세력의 약진

미국 경제는 1920~1921년의 깊은 침체에서 벗어나자 광란의 20년대Roaring Twenties 나머지 기간 내내 호황을 누렸다. 그리고 20년대가 끝나갈 무렵 다시 한 번 끝 모를 추락을 했다. 1929년 10월 29일 월스트리트가 붕괴되며 대규모 세계 금융위기를 촉발시켰다. 전 세계가 수입과 국제 대출을 미국에 의존하고 있었다. 그 결과 세계경제는 뉴욕에서 불어닥친 폭풍우를 감당할 수가 없었다. 전 세계적으로 투자가 고갈되고 산업생산량과 수요 감소가 이어졌다. 미국을 비롯한 여러 곳에서 보호주의 정서가 깊어졌다. 영국도 자유무역 이행 약속을 포기했다. 1929년부터 1932년 사이 전 세계적으로 무역가치value of trade가 70퍼센트 하락하고 세계경제는 (현대용어로)탈 글로벌화하였다. 선진국에서 실업률이 급등해 산업인력의 5분의 1 내지 3분의 1이 일자리를 잃었다. 빈곤율과 심각한 식량 불안정이 더 심각해졌다. 미국의 GDP는 1929년부터 1932년 사이 거의 26퍼센트 하락하고 같은 기간 선진 11개국의 GDP 총액도 17퍼센트 가까이 떨어졌다.[46]

정치적, 지정학적 대변동이 일어나기에 충분할 정도로 경제상황이 무르익은 것이었다. 1917년 러시아혁명 이후 볼셰비즘의 망령이 유럽을 떠돌고 있었다. 어려운 경제상황이 공산주의 봉기를 촉발시킬지 모른다는 두려움이 가시지 않았다. 그런데 가장 큰 위험은 우파에서 나왔다. 점증하는 경제적 불안이 인종적 우월감, 인구감소에 대한 두려움, 문화적 퇴보론과 결합해 우파 국수주의, 포퓰리즘, 반유대인, 외국인 혐오라는 독성물질을 만들어냈다. 스페인은 내전에 휘말려 반동 국수주의 세력이 좌파 공화국을 공격했고, 양쪽을 지원하는 외국 세력이 가세해 1939년 프란시스코 프랑코의 우익 독재정권을 탄생시켰다. 독일에서는 제1장에서 본 것처럼 1933년 허약한 바이마르공화국을 몰아내고 아돌프 히틀러가 이끄는 나치당이 파시스트 독재정권을 수립했다.

같은 기간 중 다른 곳에서도 허약하고 분열된 민주정권이 차례차례 일당 독재정권으로 넘어갔다. 2차세계대전이 발발할 때까지 유럽에서 살아남은 민주정부는 영국, 프랑스를 비롯해 몇 안 되는 북유럽 민주국가들뿐이었다. 유럽 바깥에서는 미국을 비롯해 영연방 국가인 캐나다, 호주를 제외하고는 자유국가가 드물었다. 영국과 프랑스의 식민지 국가들은 민주주의를 누리기 어려웠고, 터키와 중국 같은 주요 국가들은 새로운 권위주의 통치자들의 수중에 들어갔다. 스탈린이 통치하는 소련은 전체주의로 바뀌었다. 일본에서는 1920년대에 시작된 의회민주주의 실험이 1930년대 들어 국수주의와 군국주의에 의해 장악되고 말았다.[47]

경제적 재앙과 정치적 불안정, 민주주의의 후퇴는 곧바로 지정학적인 대혼란으로 이어졌다. 대공황은 영국, 프랑스, 미국으로 대변되는 자유

민주주의 질서에 대한 믿음을 부정하게 만들었다. 힘의 분배는 계속 바뀌고 수정주의 국가들의 도전은 점점 커졌다. 민주주의, 공산주의와 파시즘의 이념대결이 격화되며 국제화되었다. 그러면서 전 세계 민주주의 강대국들의 대외정책은 우유부단한 고립주의로 빠져들었다.

곧바로 적개심으로 가득차고 기회주의적인 독재국가들이 행동에 나섰다. 1931년 제국주의 일본이 만주를 점령하고 1937년에는 중국을 침공해 중일전쟁을 일으켰다. 이탈리아의 파시즘 정권은 1935년 에티오피아를 침공하고 나치 독일과 함께 스페인 내전에 참전해 국수주의 세력을 지원했다. 히틀러의 독일은 1936년 라인란트를 재점령하고 1938년 오스트리아와 체코 일부를 점령하고 1939년에는 폴란드를 침공했다. 이와 함께 일본, 이탈리아, 독일은 자신들의 안보와 경제적 필요에 더 부응하고 이념적 지향과 맞는 새로운 세계질서를 구축하기 위해 아시아태평양, 북아프리카, 유럽에서 영향력 확보에 나섰다. 영토 확장 움직임과 함께 대규모 재무장 작업이 뒤따랐다. 전함, 탱크, 포, 전투기 분야에서 대대적인 군비경쟁이 벌어졌고 그로 인해 국제정세는 더 불안정해졌다.[48]

## 분열된 민주 진영

세계가 또다시 세계대전을 향해 나아가게 된 데는 민주국가들(이후 자유세계로 불림)이 서로 협력체제를 구축하지 못한 데에도 적지 않은 책임이 있었다. 영국과 프랑스는 전간기 기간 중 강대국의 국력을 유지했지만 1939년까지 서로 협력관계를 유지하지 못했다. 이들은 각자의 식민지에서 일어나는 저항운동에 대처하느라 정신이 없었고 대공황 이후 국민들로부터 국내문제에 집중하라는 압력을 받고 있었다. 아시아, 지중해, 북아프리카, 중동부 유럽에서 독재국가들이 약진하는 사이 영국, 프랑스는 여러 가지 국제 문제를 해결하느라 정신이 없었다. 두 나라는 또한 서로 양립할 수 없는 국가 목표를 갖고 있었다. 프랑스는 독일을 견제하기 위해 영국과 튼튼한 동맹관계를 맺고 싶어 한 반면 영국은 1차세계대전 때처럼 확고한 안보공약에 얽매이지 않으려고 했다. 이처럼 완전히 서로 상반된 전략 때문에 전선이 분열될 수밖에 없었고 그러다 보니 각자 독일의 위협에 대해 부정했다가 서로 책임전가 했다가 유화책을 쓰는 등 우왕좌왕했다.[49]

더 큰 문제는 미국이 전간기 동안 지도적인 역할을 하지 않은 것이었다. 1차세계대전이 끝날 당시 미국은 국제무대에서 가장 막강한 나라였다. 미국은 1억 명이 넘는 인구로 세계 최대 인구 대국 가운데 하나였다.(영국 4,400만, 프랑스 3,900만, 독일 6,200만, 소련 1억 3,800만) 미국 경제는 압도적인 지하자원과 농업 및 산업생산량, 자본 면에서 영국의 3배나 되고 글로벌 금융 상업 중심지로서 자유주의 패권을 차지했다. 미국의 군사력은 1차세계대전 전에는 그렇게 막강하지 않았고 전쟁 뒤에는 군사력 규모도 줄었다. 하지만 전쟁으로 군사력을 동원하고 배치할 수 있는 엄청난 잠재력을 지니고 있음을 보여주었다. 더구나 글로벌 해군 강국으로서 위치를 재정립하면서 미국 해군은 전간기 동안 영국 해군과 어깨를 나란히 할 정도로 군사력을 키웠다. 종합적으로 볼 때 당시 미국과 다른 강대국 간의 세력 불균형은 1차세계대전 종전이나 냉전 종식 때만큼 격차가 크지는 않았다. 하지만 1차세계대전 이후 미국의 국력은 미국만이 새로운 세계질서를 견인할 수 있을 정도로 압도적인 위치로 성장해 있었다.[50] 문제는 미국이 그런 역할을 맡으려고 하지 않은 것이었다.

전간기 초기 미국의 외교정책은 흔히 말하는 것처럼 그렇게 고립주의적이지는 않았다. 미국 외교가 국내로 후퇴한 것은 맞지만 즉각적으로 그리고 완전히 후퇴한 것은 아니었다. 1920년대에는 많은 미국 정책 입안가들이 파리평화회의에서 시작된 국제질서의 변화와 민주화 움직임을 계속 이어나가려고 했지만 대외 관여를 최소화하는 방식으로 하고 싶어 했다. 미국은 외교적으로 강대국 관계를 계속 관리하고 싶어 했다. 그렇게 해서 전간기 기간 동안 자국이 가진 큰 정치적 영향력과 강대해진 경제적 중심국 역할을 계속 활용했다. 그리고 군축을 추진해 1922년 워싱턴해군군축조약Washington Naval Treaty을 이끌어냈다. 그리고 1924년 도스플랜Dawes Plan과 1929년 영플랜Young Plan(실행되지는 않음)을 통해 독일의 경제적 부담을 완화해 주고 전쟁배상금을 둘러싸고 벌어지는 유럽 국가들 간의 긴장을 완화하려고 했다. 세계 금융 시스템에서 미국이 차지하는 독보적인 위치를 지렛대로 활용한 시도들이었다.[51]

하지만 이런 시도들에도 불구하고 미국은 자국이 도와서 국제질서를 유지하는 확고한 안전보장 방안을 만들 의지가 없다는 게 입증되었다. 대신 미국은 애덤 투즈가 말한 '특권적 분리주의'privileged detachment 정책을 지속하려고 했다. 1920년대 공화당 행정부는 수정주의 국가들의 준동을 억제하는 노력에 개입하지 않으려고 했다. 국제연맹을 통한 노력이든 1925년 로카르노에서 체결된 유럽평화조약의 정신에 따라 프랑스, 영국과의 직접적인 안보공약을 통해서든 불개입 원칙을 고수했다. 윌슨 대통령이 상원 인준을 받아내지 못해 미국의 국제연맹 가입은 이루어지지 않았다. 대신 미국은 1928년 켈로그─브리앙조약Kellogg-Briand Pact이라는 부전조약不戰條約을 이끌어냈다. 국제연맹과 무관하고 강제력이 없는 조약으로 무력공격을 서로 자제하자는 다자간 정치적 약속이었다.[52]

이처럼 미국의 어정쩡한 태도로 인해 종전 이후 세계질서는 곧바로 폭발하지는 않고 절름발이처럼 뒤뚱거리다가 대공황을 맞고 쓰러지고 말았다. 뉴욕에서 시작된 경제적 충격파는 독보적인 금융 강국 미국을 글로벌 골칫거리로 전락시켰다. 미국은 고율관세로 국제 시스템 전반에 근린 궁핍화beggar-thy-neighbor 정책을 촉발시켰다. 다른 국가의 경제를 궁핍하게 만들면서 자국의 경기회복을 꾀하는 정책이다. 그렇게 해서 당시 미국은 완전한 고립주의 국가가 되었다.

1930년대 들어와 다자협정들이 차례로 작동불능 상태로 빠지며 우드로 윌슨이 꿈꾼 자유주의 질서는 붕괴되고 말았다. 워싱턴해군군축조약은 일본 군국주의 군사력 증강을 막지 못했고, 로카르노조약은 독일의 영토 확장 계획에 맞서 유럽의 영토 안전을 지키지 못했다. 전쟁을 하지 않겠다는 켈로그─브리앙 부전조약은 전쟁을 막지 못했다. 그리고 미국이 참여하지 않은 국제연맹은 국제분쟁을 해결할 능력이 없었고 일본의 만주 침략도 막지 못했다. 1930년대 중반에 들어서며 국제연맹은 사실

상 기능이 마비되었다.[53]

그러면서 '가능한 최악의 세상'이 펼쳐지기 시작했다.(빌헬름 라이프니츠와 볼테르가 말한 '최고로 완벽한 세상'을 뒤집어 말한 것) 수정주의 독재국가들을 막으라고 만든 자유주의 국제질서는 오히려 기존 체제에 도전해서 무너뜨리라고 이들을 부추기는 결과가 되었다. 자유주의 질서를 지켜야 할 민주국가들은 너무 위축되고 분열되었다. 그리고 미국은 리더십을 너무 상실해 이들의 위협을 막는 데 필요한 일치된 대응을 이끌고 필요한 힘의 우위를 행사할 능력이 없었다.[54] 애덤 투즈는 이렇게 썼다. "1차세계대전을 치르며 자유 진영 국가들은 통제하기 힘든 현대 세계를 관리하기 위한 동맹을 구축하려는 첫 번째 시도를 선보였다. 하지만 그 동맹은 와해되고 말았다. 민주 진영의 실패는 1930년대 초에 새로운 전략적인 기회의 창을 열었고, 우리 모두가 알다시피 악몽 같은 세력이 그 기회의 창을 찢고 들어왔다."[55]

## 좁아진 세계

필립 로스Philip Roth는 2004년에 펴낸 소설 『더 플롯 어게인스트 아메리카』The Plot Against America에서 대서양을 단독 비행해 국민적 영웅이 되어 오티그상을 수상하고 반유대주의자인 비행기 조종사 찰스 린드버그Charles Lindbergh가 1940년 선거에서 현직 대통령 프랭클린 델라노 루스벨트를 누르고 대통령에 당선되는 내용의 대체 역사를 그렸다. 이 소설에서 린드버그는 고립주의와 전쟁 반대를 내세워 선거운동을 펼쳤고 대통령이 되고 나서는 유럽에서 독일의 침략 야욕에 반대하지 않는다는 내용의 조약을 나치 독일과 체결했다. 소설의 주인공은 뉴저지주 뉴어크에 사는 미국 유대인으로 조직적으로 커지고 있는 반유대주의와 폭력에 맞서 싸워야 하는 로스 가족들이다.[56] 소설은 2020년 HBO 미니 시리즈로 제작되어 호평을 받았다. 유명인사에서 정치인으로 변신해 고립주의와 공포심 조장, 외국인 혐오를 공약으로 내세워 선거에서 승리한 린드버그의 이야기를 주요 테마로 제작된 드라마는 트럼프 시대에 미국을 비롯한 세계 여러 곳에서 커진 여러 형태의 폭력에 대한 경고를 담아 새로운 반향을 일으켰다.

현실에서 린드버그는 대통령에 당선된 적이 없다. 하지만 그는 자신의 유명세를 내세워 1940년대에 결성된 유명한 반개입주의 단체 '아메리카퍼스트위원회'America First Committee의 수석 대변인을 맡았다. 아메리카퍼스트위원회는 전성기 때 회원수가 80만 명에 달했고 그중에는 미국의 유명 정치인 등 유명인사들이 다수 포함돼 있었다. 린드버그는 널리 알려진 국민적인 영웅이라는 신분 때문에 이 조직의 얼굴 역할을 했다. 그는 또한 1932년 20개월 난 아들 찰스가 유괴당해 죽은 사건(당시 '세기의 범죄'로 불림) 때문에 일반 대중으로부터 상당한 동정심을 얻고 있었다. 하지만 그는 문제가 많은 인물로 여러 차례 반유대인 연설을 한 전력이 있는 백인 우월주의자였다. 독일을 여러 차례 방문해 1930년대 중반 히틀러가 이룬 업적을 찬양했다. 전쟁이 일어나자 그는 나치가 반드시 승리할 것이라고 단언했다.

그럼에도 불구하고 그가 가진 명성 때문에 린드버그는 미국의 참전 여부를 놓고 벌어진 논란에서 주요 인물로 부상했다. 그는 1940년 6월에 행한 라디오 연설에서 이렇게 주장해 논란을 불러일으켰다. "우리는 이제 세계에서 가장 위대한 나라들 가운데 하나가 되었다. 우리의 미래를 구세계의 끝없는 전쟁 속으로 밀어넣어야 되겠는가? 아니면 방어막을 튼튼히 쌓고 유럽의 전쟁은 유럽인들의 손에 맡겨두어야 하겠는가? 서방국가들끼리 백인들끼리 벌이는 이 자살전쟁을 계속해야겠는가? 아니면 서로 이념이 다르더라도 이런 전쟁을 통해서는 문명을 지킬 수 없다는 역사의 교훈을 배울 것인가?"[57] 린드버그는 아메리카퍼스트위원회의 일원으로 전국을 순회하며 미국을 자국 영토를 수호하고, 유럽 문제에 개입하지 않는 한 어떤 외국의 위협에도 끄떡없는 난공불락의 나라라고 주장했다. 따라서 추축국들은 미국이 전쟁을 벌일 만큼 큰 위협이 되지 않는다고 했다. 외국의 일에 개입하지 않는 한 미국은 안전하다는 주장이었다. 그는 1941년 연설에서 이렇게 주장했다. "미국을 성공한 나라로 이끄는 정책이 하나 있다. 그것은 바로 우리 식대로 자유롭게 우리 자신의 문명을 만들며 사는 것이다. 그러기 위해서는 독립적인 미국의 운명이 있다는 것을 믿어야 한다. 이게 바로 아메리카퍼스트위원회가 추구하는 정책이다."[58]

논쟁의 다른 편에는 루스벨트 대통령FDR이 자리하고 있었다. 그는 1940년 6월 헨리 모겐소Henry Morgenthau 재무장관에게 "나는 린드버그가 나치라고 1백 퍼센트 확신한다."고 말했다.[59] 루스벨트 대통령은 미국이 국제적으로 강대국이라는 위치에 상응하는 역할을 하는 데 대해 소극적인 입장이었다. 대공황은 서반구 바깥에서 일어나는 일에 개입하지 말자는 미국의 오랜 입장을 자연스럽게 더 강화시켰다. 루스벨트 대통령은 미국 경제 재건을 추진하는 입장에서 해외의 일에 개입하기를 주저했다. 그러다 자칫 국내에서 자신의 뉴딜정책에 반대하는 고립주의자들의 방해가 커질까 걱정되었기 때문이다.[60] 그는 미국민 다수가 해외에서 일어나는 분쟁에 개입하지 않기를 바란다는 사실에 신경이 쓰였다. 루스벨트 대통령은 재선 선거운동 중이던 1936년 8월 뉴욕주 셔터쿼에서 가진 유세에서 이렇게 말했다. "전쟁으로부터 우리 자신을 완전히 분리시키려고 하는 경우를 제외하고 우리는 고립주의자가 아니다. 하지만 지구상 어딘가에서 전쟁이 벌어지는 한 아무리 평화를 원하는 나라라도 전쟁에 끌려들어갈 수 있다는 사실을 우리는 기억해야 한다."[61]

유럽에 먹구름이 몰려드는 것을 보며 루스벨트 대통령은 미국의 고립주의가 유지되기 힘들 것이라고 생각했다. 그래서 그는 미국의 국가안보 개념을 다시 국제화하는 쪽으로 방향을 전환했다. 루스벨트 대통령은 나라들끼리 상호의존하는 것은 국가의 운명이 외국에서 벌어지는 사태와 불가피하게 서로 엮일 수밖에 없다는 의미라고 국민들을 설득했다. 그는 1939년 9월 3일 노변정담fireside chat으로 불린 라디오 연설에서 이렇게 말했다. "여러분이나 나나 어깨를 으쓱해 보이며 우리가 자리한 대륙에서 수천 마일 떨어진 곳에서 일어나는 분쟁은 미국에 심각한 영향을 미치지 않으니 미국은 그런 일은 무시하는 게 옳다고 말하기는 쉬운 일이다. 하지만 우리가 아무리 열정적으로 무관심하자는 주장을 펴더라도 공기를 통해 전해오는 말 한 마디, 대양을 건너오는 배 한 척, 그곳에서 벌어지는 전투 하나 하나가 미국의 미래에 영향을 미친다는 사실을 결국은 깨닫게 될 수밖에 없을 것이다."[62] 무솔리니가 이끄는 이탈리아가 프랑스를 상대로 선전포고를 한 직후(프랑스가 나치에 점령되기 나흘 전)인 1940년 6월 10일 루스벨트 대통령은 버지니아대학교 로스쿨 졸업생들 앞에서 미국의 중립적인 입장을 포기한다며 이렇게 말했다. "아직도 힘의 논리가 지배하는 세계에서 미국이 외로운 섬으로 안전하게 남아 있을 수 있다는 환상을 버리지 못하는 사람들이 있다. 그런 외딴 섬은 고립주의자를 자처하고 그런 입장에 서서 투표하는 사람들의 꿈속에나 있는 것이다. 하지만 나를 비롯해 미국인 절대다수가 보기에 그것은 자유를 잃은 사람들이 꾸는 무시무시한 악몽일 뿐이다. 감옥에 갇혀 허기진 채 거들먹거리며 냉혹한 주인 행세를 하는 다른 대륙의 나라들이 매일 창살 사이로 넣어주는 음식을 받아먹으며 지내는 사람들이나 꾸는 악몽이다."[63]

1941년 12월 7일 일본 전투기들이 진주만을 공습함으로써 이런 논의는 끝났다. 미국은 추축국을 상대로 전쟁을 선포했다. 아메리카퍼스트위원회는 해체되고 세계가 너무 좁다는 사실이 입증됐다. 아무리 강하고 멀리 떨어져 있는 나라라도 나라 바깥에서 국제질서가 무너지는 위험이 닥치는 것을 차단하고 자신을 지킬 수는 없게 된 것이다.

# 제3장

# 재앙을
# 잉태하다

충격이 닥치는 시기도 충격 못지않게
중요하다. 1914년 프란츠 페르디난트 대공Archduke Franz Ferdinand 암살
사건은 당시 유럽이 지정학적으로 일촉즉발의 상황에 놓여 있었기 때문
에 세계대전으로 비화됐다. 1963년 존 F. 케네디 대통령 암살은 세계대
전으로 이어지지 않았는데 당시 미국과 소련은 이미 극한 대결 상태였고
1년 전 쿠바 미사일 위기를 겪었기 때문일 수 있다. 1929~1933년의 대
공황과 금융위기는 경제학자와 정치 지도자들이 금융위기를 근본적으로
잘못 이해하고 사태를 더 악화시키는 대응조치를 취했기 때문에 일어났
다. 2008~2009년 금융위기 때는 책임 있는 자리에 앉은 정책 입안가들
이 대공황 때의 상황을 연구하고 제대로 된 교훈을 찾아내 적용했다. 가

장 중요한 건 바로 전후맥락인 것이다.

　스페인 독감은 1차세계대전으로 사람들에게 고통이 일상화되고 많은 사망자가 나온 끔찍한 시기에 발생했다. 팬데믹으로 인한 비참함과 고난, 고립은 광범위하게 퍼졌고 견디기 힘든 고통이었다. 하지만 그것이 미친 영향은 폐쇄된 세계에 매몰되어 잊힌 경우가 많았다. 미국을 비롯한 여러 나라에서 스페인 독감은 역사학자 알프레드 크로스비**Alfred Crosby**의 표현처럼 '잊혀진 팬데믹'이 되었다.[1] 전간기 기간 동안 세계질서가 붕괴된 과정에는 스페인 독감이 큰 역할을 했다. 하지만 이 기간을 기술한 책 중에서 스페인 독감에 관해 상세히 언급한 책은 별로 없다. 스페인 독감 때문에 1차세계대전에서 독일의 패배가 앞당겨졌을 수 있다. 그리고 윌슨 대통령이 안 좋은 타이밍에 독감에 걸리는 바람에 새로운 자유주의 국제질서에 관한 자신의 비전을 온전히 제시하지 못했고 국내에서 통일된 지지를 이끌어내는 데 어려움을 겪었다. 다시 말해 팬데믹은 이미 어려움에 처한 경제에 타격을 입혔고, 전 세계적으로 불평등을 드러내 보였으며 사회적 불안을 조성하는 데 일조했다. 역사학자들이 흔히 간과하지만 이러한 사태 전개는 시간이 흐르며 파장이 쌓여 크고작은 방법으로 국제적 무질서를 조성하는 데 기여했다. 다시 말해 스페인 독감 팬데믹이 2차세계대전으로 분출된 여러 사건을 일으킨 핵심 촉매제는 아니었다. 다른 요인들이 작용하고 독감 팬데믹은 간접적인 역할을 했다. 국내 불안정, 국가 간 대립, 무력분쟁 등으로 국제사회는 이미 위기를 맞을 분위기가 무르익어 있었다.

국제사회는 1차세계대전과 스페인 독감 팬데믹에 제대로 대응해 효과적인 글로벌 질서를 구축하는 데 실패했다. 전간기 기간 동안 뒤섞여 나타난 경제적, 정치적, 지정학적인 위기(그 위기는 2차세계대전이라는 더 끔찍한 결과를 낳음)를 통해 제대로 작동되는 글로벌 질서를 만들어내려고 했지만 그렇게 하기 위해서는 새롭게 생각하고 행동하는 기회를 포착해야 했다. 더 큰 아이디어가 필요했다. 그리고 미국이 다른 자유 진영과 협력해서 지속적으로 리더십을 발휘해야 했다.

일찍이 1941년 프랭클린 델라노 루스벨트 미국 대통령과 윈스턴 처칠 영국 총리는 정치 경제적으로 개방되고 안정적으로 관리되는 전후 국제질서 구축 방안을 제시한 대서양헌장Atlantic Charter에 서명했다. 미국을 비롯한 자유민주주의 국가들이 핵심 역할을 맡는 안이었다. 이러한 새로운 질서는 추축국이 패한 뒤 여러 다자기구와 민주동맹 형태로 모습을 드러냈는데 바로 국제연합, 세계은행, 국제통화기금IMF, 관세와 무역에 관한 일반협정GATT(나중에 세계무역기구WTO로 바뀜), 북대서양조약기구NATO, 미일동맹 등이다. 또한 유럽의 경제 부흥을 위한 야심찬 국가 재건 프로젝트도 가동되었다. 마샬 플랜을 가동하고 서독과 일본을 점령해 파시스트와 제국주의 국가를 현대 민주국가로 탈바꿈시키는 계획도 진행했다. 유럽 국가들은 유럽연합을 탄생시키는 10년 계획의 통합작업을 시작했다. 전 세계 주요 민주국가들은 미국의 보호 우산 아래 들어가 수세기에 걸친 군사대결 시대를 마감하고 공동의 명분 아래 소련과 맞서는 냉전시대로 접어들었다.[2]

이처럼 그물망처럼 얽힌 다자기구와 다자협정의 틀 안에 공중보건 긴급사태에 대한 공동대응과 공동관리를 위한 새로운 글로벌 보건체제도 자리를 잡았다. 이전에 없던 완전히 새로운 움직임은 아니었다. 19세기 중반 철도와 증기선이 세계를 점점 더 가깝게 연결하면서 유럽 국가들은 주기적으로 국제위생회의를 열기 시작했다.

1892년에는 콜레라 관련 첫 번째 협약이 만들어지고, 이어서 1903년 콜레라, 전염병, 황열병에 관한 공식 협약이 체결되었다. 새로운 기구들이 만들어졌는데 가장 눈에 띄는 것은 국제위생국ISB의 탄생이었다. ISB는 1902년 범미보건기구PAHO로 발전했다. 1907년에는 국제공공위생사무소OIHP가 출범했다. 1차세계대전 뒤 국제연맹이 탄생하자 OIHP는 자문 역할을 수행했다. 하지만 이런 노력에도 불구하고 감염병을 물리치기 위한 국제협력은 제한적이었다.

1945년 유엔헌장을 채택하기 위해 샌프란시스코에서 열린 국제기구에 관한 연합국 회의에서 중국과 브라질이 새로운 글로벌 보건기구 창설을 위해 추가 회의를 갖자는 제안을 내놓았다. 이 제안이 받아들여져 1948년 4월 국제연맹 보건기구와 국제공공위생사무소OIHP가 재편되어 세계보건기구WHO라는 새로운 유엔 전문기구가 만들어졌다. 두 달 뒤 WHO의 의사결정 기구인 세계보건총회World Health Assembly 첫 번째 회의가 제네바에서 열렸다. WHO는 국제위생회의에서 만든 10여 개의 조약과 협약을 한데 묶어서 법적 구속력을 가진 국제위생규칙 International Sanitary Regulations을 만들었다. 이 규칙은 1969년 국제보건

규칙International Health Regulations으로 명칭이 바뀌었고 이후 1995년과 2005년에 규정이 더 강화됐다. WHO와 함께 많은 글로벌 보건기구와 계획이 출범했다. 1994년 유엔에이즈합동계획, 2006년 에이즈, 결핵, 말라리아 관련 기술혁신에 투자하는 국제의약품구매기구Unitaid, 2014년에는 글로벌 보건안보구상Global Health Security Agenda이 출범했다. 중요한 민관합동 단체들도 설립되었는데 가장 주목할 만한 단체로 2000년에 창설된 백신면역연합Gavi(전신은 글로벌 백신 및 면역 연합)과 2002년 창설된 에이즈, 결핵, 말라리아 퇴치를 위한 세계기금Global Fund to Fight AIDS, Tuberculosis, and Malaria이 있다.[3]

1990년대 후반 WHO에 대해 좀 더 적극적인 역할을 하고 빠르게 변하는 글로벌화에 적응해달라는 압력이 커졌다. 특히 미국은 WHO에게 신종감염병 대처에 좀 더 집중해 달라고 요구했는데 이런 움직임이 성과를 나타냈다. 21세기 초반 20여 년 동안 WHO는 2002~2004년 사스 대유행, 2009년 돼지독감H1N1 팬데믹, 2015~2016년 지카Zika 바이러스 대유행 때 국제적 대응을 수행하는 데 중요한 역할을 했다. 2014~2016년 에볼라 바이러스 대유행 때는 효과적인 대응을 하지 못했다.[4] 하지만 제2부에서 보게 되겠지만 이런 준비에도 불구하고 2020년 재앙이 닥쳤을 때 WHO는 제기능을 발휘하지 못했다.

## 코로나19 발생 전야

2021년 5월 초 전 세계적으로 코로나

19 누적 확진자 수는 1억 5,200만 명, 사망자는 320만 명을 넘었다.[5] 앞으로 코로나바이러스가 소멸될 때까지 감염자가 몇 명이나 될지 몇 명이 이 병으로 목숨을 잃게 될지 알 수 없다. 하지만 절대평가든 상대평가든 스페인 독감 때의 인명 피해보다는 피해규모가 훨씬 적을 가능성이 매우 높다. 스페인 독감 때는 5,000만 명이 사망했다. 하지만 역설적으로 코로나19가 사람과 세계무대에 미친 영향은 그때보다 더 클 수 있다. 이 책 전반을 통해 상세히 쓴 것처럼 코로나바이러스와 그것이 미친 충격은 국가 내부에서 경제적 소외현상, 국가 취약성과 민주주의의 후퇴 등 불안정을 키우고, 앞으로 여러 해 동안 국가 간 불화도 더 증폭시킬 가능성이 크다.

코로나19가 스페인 독감보다 사망자 수는 적지만 국제질서에 미친 충격은 의외로 더 클 것이라는 생각은 '한 세기에 한 번 올까말까 하는' 이 팬데믹이 발생한 특수한 맥락에서 비롯된다. 예를 들어 오늘날 서반구에 사는 사람들 대부분은 자국민 수십만 명 혹은 수백만 명이 죽어나가는 대규모 전쟁이나 대재앙을 겪은 적이 없다. 따라서 코로나바이러스로 죽은 사망자들이 갖는 무게감은 한 세기 전보다 훨씬 더 무거울 것이다.[6]

크게 보면 코로나19가 발생하기 직전 국제사회의 지정학적인 면역 시스템을 구성하는 4대 요소는 초세계화, 불평등, 포퓰리즘에 입각한 국가주의, 미중 경쟁 격화였다. 이런 분위기 속에서 세계는 팬데믹이 촉발한 범국가적인 위기에 특히 취약했다. 신종코로나바이러스는 세계가 이처럼 어수선한 가운데 발생했다. 낡은 국제질서는 이미 붕괴 직전 상황에

와 있었다.[7]

## 초글로벌화 된
## 세계

글로벌화는 명확한 개념이 아니지만 무역, 투자, 기술, 정보, 사람(근로자, 이민자, 여행자, 관광객)이 어느 정도 규모와 속도로 국경을 넘나드는지를 가리키는 것은 분명하다. 경제적인 면에서 글로벌화는 새로운 현상은 아니다. 어떤 면에서는 실크로드 시대까지 수세기를 거슬러 올라갈 수도 있다. 실크로드는 중국의 값비싼 사치품을 유라시아의 고객들에게 전달하는 통로 역할을 했고 나중에는 이슬람 세계의 향신료까지 이 통로를 통해 거래되었다. 15세기부터 18세기 사이 유럽 국가들이 제국주의 본국과 멀리 떨어진 식민지 사이에 공급망을 구축하며 실크로드는 더 확장되었다. 하지만 최초의 글로벌화 물결은 19세기에 일어났다. 더 구체적으로 말하면 1870년부터 1차세계대전이 일어나기까지의 시기에 산업혁명과 영국의 해양 패권주의가 글로벌 무역을 크게 늘렸다. 1차세계대전이 일어나기 직전 무역개방지수(전세계 수출입 총액을 GDP로 나눔)는 18퍼센트였다. 하지만 1차세계대전이 낳은 경제적 혼란, 독감 팬데믹, 1920년대의 통화정책, 이민자 규제, 대공황, 보호주의 증대, 2차세계대전, 국제 시스템의 탈글로벌화 영향으로 1945년 무역개방지수는 10.1퍼센트로 내려앉았다.[8]

1차세계대전이 끝나고 1940년대 중반부터 2차 산업혁명과 규범화 되고 개방된 국제경제 시스템을 이끌겠다는 미국의 전후 노력에 힘입어 글로벌화 과정이 조금씩 재개됐다. 1980년에 무역개방지수는 39.5로 올라갔다. 냉전 종식과 소련 연방 붕괴에 이어 중국과 인도 경제의 자유화로 글로벌화의 대대적인 가속화가 이루어졌다. 인터넷을 비롯한 여러 디지털 첨단기술에 힘입어 자유시장, 자유무역, 그리고 정보의 자유로운 흐름이 마치 로켓처럼 분출했다. 2008년에는 무역개방지수가 61.1퍼센트였다. 그러다 서브프라임 모기지 사태에 이어 세계 금융위기가 터지며 70여 년 만에 처음으로 글로벌화의 역류가 이루어졌다. 무역량을 글로벌 총생산으로 나눈 무역개방지수가 하락하기 시작해 2017년 도널드 트럼프가 백악관에 입성할 무렵 무역개방지수는 53.5퍼센트로 내려갔다.[9]

물론 무역거래량은 글로벌화를 측정하는 기준 가운데 하나일 뿐이지만 다른 측정 기준들도 비슷한 결과를 보여준다. 2018년 뉴욕대학교 스턴비즈니스스쿨의 학자 3명이 무역, 자본, 정보, 사람의 흐름에 관한 300만 개가 넘는 데이터를 기반으로 글로벌 연결지수global connectedness index를 만들었다. 당시 연구결과 2017년 글로벌화 수준이 역대 최고치를 기록한 것으로 나타났다.(이듬해에는 약간 감소한 것으로 나타남).[10]

팬데믹과 관련해 글로벌화는 이중으로 취약성을 제공한다. 개도국의 급속한 도시화, 인간에 의한 자연 서식지의 대규모 잠식, 산업 영농, 글로벌 야생생물 교역, 기후변화 등으로 동물로부터 인간으로의 질병 감염 가능성이 높아졌다. 아울러 상호소통이 전례 없이 활발해지면서 감염병이 빠른 속도로 전 세계로 확산될 가능성이 인류 역사상 그 어느 때보다도 더 높아졌다. 1918~1920년 독감 팬데믹이 지구 전역으로 확산될 당시 세계인구는 18억 명이었다. 유동인구 대부분은 1차세계대전에 참전해 동원된 인원과 동원을 마치고 집으로 돌아가는 이들이었다. 지금은 지구상에 사는 78억 인구 누구나 비행기를 타고 하루 만에 지구상 어디든 갈 수 있는 세상이 되었다. 몇 시간이면 갈 수 있는 나라들도 많다. 매년 국경을 통과하는 인원이 10억 명 이상이다. 20년 전부터는 저가 항공편이 등장하면서 싼값으로 여행할 수 있게 된 사람이 과거 그 어느 때보다 더 많아졌다. 한마디로 세계가 근본적으로 바뀐 것이다. 이제는 굳이 세계대전이 일어나지 않아도 글로벌 감염이 얼마든지 가속화 될 수 있게 되었다.[11]

세계화와 팬데믹의 관계는 다른 면에서도 영향을 미친다. 상호의존도가 높아지며 팬데믹을 비롯한 국경을 넘나드는 주요 충격적인 사태로 현대 경제, 사회, 국제관계의 기반이 흔들릴 가능성은 훨씬 더 커졌다. 그래서 이제는 코로나19든 아니면 미래에 닥칠 또 다른 팬데믹이든 과거 스페인 독감처럼 치명적인 질병이 아니더라도 막대한 피해를 초래할 수 있게 되었다. 새롭게 마주하게 된 중요하고 고통스러운 현실이다. 미국 정보기관은 오래전부터 이런 가능성을 예견했다. 미국 행정부는 1979년 국가정보위원회NIC를 신설해 장기적인 전략분석의 중심 역할을 하도록 했다. 1997년부터 NIC는 몇 십 년 후의 세계정세를 주도할 핵심 트렌드를 파악하는 보고서를 정기적으로 발간했다. 2004년 12월에 NIC는 '글로벌 미래의 모습을 예측하기 위한 목적으로' 2020 프로젝트에서 작성한 보고서를 발간했다. 우리가 지금 경험하고 있는 시기의 모습을 그린 것이다. 2020 프로젝트는 이 보고서를 작성하기 위해 국내외 정부와 학계 전문가들로부터 광범위하게 의견을 들었다. 보고서는 중국이 19세기 통일 독일의 출현, 20세기 초 강대국 미국의 등장과 맞먹는 주요 글로벌 강대국으로 부상할 것이라고 내다보았다. 보고서는 또한 글로벌화가 '압도적인 메가 트렌드'가 될 것이라고 내다보고 '2020년 세계에서 나타날 다른 주요 트렌드의 형성에도 글로벌화가 영향을 미칠 것'이라고 예측했다.[12] 하지만 보고서는 세계 통합으로 나아가는 방향이 뒤바뀌고 글로벌화가 취약해질 가능성이 있다는 점도 분명히 했다. '무엇이 세계화를 탈선시킬 것인가?'라는 제목의 섹션에서 보고서는 이런 결론을 내렸다. "대규모 세계전쟁이 일어날 가능성은 없다고 본다. 그럴 경우 세계화를 멈출 수 있는 다른 대규모 사태는 팬데믹일 것이라고 우리는 생각한다."[13] 보고서가 작성된 시기가 중증급성호흡기증후군(사스)으로 알려진 질병이 유행한 2년 뒤라는 점에 주목할 필요가 있다. 사스는 신종코로나바이러스인 사스-코로나바이러스SARS-CoV가 일으킨 것으로 중국에서 발생해 다른 지역으로 전파되었다. NIC는 2008년에 발간한 글로벌 트렌드 보고서에서도 '팬데믹이 전 지구적 규모로 경제적 손실을 초래할 것'이라며 같은 경고를 되풀이했다.[14] NIC의 2012년 보고서는 쉽게 전파되는 신종호흡기병원체를 '잠재적인 블랙 스완'으로 규정하고 글로벌화 된 세계에서 이런 종류의 심각한 팬데믹이 '일어날 수 있는 가장 위험한 사태들 가운데 하나'일 수 있다고 경고했다.[15] 그리고 트럼프 대통령 취임 직후에 발간된 2017년 NIC 글로벌 트렌드 보고서는 특히 팬데믹으로 인해 글로벌 경제성장이 장기적으로 둔화되거나 아예 멈추는 시나리오를 제시했다. 팬데믹으로 글로벌 무역거래와 생산성이 감소해 세계가 더 분열되고 불안정해지는 것이다.[16]

이런 목소리를 낸 건 NIC뿐만이 아니다. 2005년 11월 미국국립보건원NIH에서 행한 연설에서 조지 W. 부시 대통령은 쉽게 전파되고 자연면역이 거의 되지 않는 신종인플루엔자가 국가안보에 중대한 위협을 가할 수 있다고 경고했다. 이 연설을 할 당시 지구촌을 휩쓴 위험한 바이러스가 나타난 것은 아니었지만 "팬데믹이 나타날 때까지 기다리다간 준비할 때를 놓치게 될 것"이라고 그는 말했다.[17] 후임 대통령도 같은 우려를 했다. 에볼라 바이러스가 발생한 2014년 버락 오바마 대통령은 이렇게 말했다. "(2009년~2010년)신종인플루엔자 H1N1(돼지 독감) 때는 운좋게도 그렇게 치명적인 결과가 나타나지 않았다. 하지만 에볼라 바이러스는 공기로 전염되지 않는데도 서부 아프리카에서 무서운 결과를 나타냈기 때문에 그렇게 운이 좋을 것이라고 말할 수는 없다. 매우 치명적인 공기 감염병이 등장할 날도 오게 될 것이다."[18]

이러한 우려는 2011년 할리우드 영화 '컨테이전'Contagion처럼 대중문화에까지 스며들었다. 그리고 코로나19 발생 전에도 국가정보국장, 보건복지부장관, 국가안보실 고위관리 등 트럼프 행정부의 고위관리들이 팬데믹의 위험성에 대해 공개적으로 발언했다.[19] 하지만 NIC 보고서는 SARS-CoV-2(코로나19를 일으키는 바이러스)와 같은 신종바이러스가 사람들에게 많은 고통을 안겨줄 가능성뿐만 아니라 이런 감염병이 고도로 글로벌화 된 국제질서를 무너뜨릴 가능성에 대해서도 경고했다.

## 불평등 심화

초글로벌화는 국경을 넘나드는 충격적인 사태로 야기되는 대대적인 혼란에 세계가 더 취약하도록 만들었다. 그런가 하면 그러한 충격적인 사태가 일어날 경우 글로벌화로 더 심각해진 불평등 때문에 전 세계적으로 수억 명이 특히 더 큰 타격을 받게 되었다.

세계은행에 따르면 전 세계 국내총생산GDP 총액은 1960년 약 1.4조 달러에서 2019년에는 약 88조 달러로 증가했다. 인구증가율을 훨씬 능가하는 수치이고 전 세계 1인당 평균소득도 따라서 증가했다.[20] 하지만 세계화가 견인한 경제성장은 승자와 패자를 확실하게 나누어 놓았다. 승자들 가운데 상위 1퍼센트는 세계적인 부호들이다. 아울러 가난한 사람들 다수도 혜택을 입어 중국, 인도, 인도네시아, 브라질, 멕시코 등 신흥경제국 국민 수억 명이 빈곤에서 벗어나 부유한 중산층에 편입되었다. 1990년에는 전 세계 인구의 36퍼센트에 해당하는 20억 명이 극빈 상태로 살았다. 2015에는 전 세계 극빈자 수가 10퍼센트로 줄어 7억 3,600만 명이 되었다.[21] 그렇게 해서 국가 간 소득불평등은 최근 몇 10년 동안 어느 정도 완화되었다.

하지만 이처럼 발전이 이루어지면서 만성적인 취약계층의 존재는 잘

드러나지 않게 되었다. 전 세계적으로 엄청난 경제성장이 이루어진 것은 사실이다. 하지만 세계 곳곳에서 많은 사람이 계속 소외되고 위태로운 상태로 근근이 살아간다. 선진국들의 경우 최근 수십 년에 걸쳐 이룬 경제성장의 과실이 근로자와 중산층에게는 돌아가지 않았다. 이들의 경우 임금은 계속 정체되고 자녀들의 미래는 자신들보다 더 열악해질 가능성이 높다. 창조적 파괴(생산 처리 과정의 지속적인 기술혁신 등), 시장 효율성, 자동화, 디지털화, 무역의 세계화 등으로 수백만 명이 일자리를 잃고 공동체가 파괴되고 임금은 정체되었다.[22] 중저소득 국가들에서는 코로나바이러스 팬데믹이 시작되기 직전 수억 명이 극빈상태에 놓여 있었다. 근로자의 70퍼센트는 농업, 건설, 노점 같은 비공식 분야에서 생계를 이어갔다. 저임금 일당에 고용보호나 어떤 사회 안전망도 없이 일했다. 일의 성격상 비공식 근로자들은 빈곤에 처할 위험이 컸고, 코로나19로 인한 공중보건과 경제적 충격을 막아줄 보호장치가 거의 없었다.[23] 그 결과 많은 나라에서 최근 수십 년에 걸쳐 평균수입이 증가했음에도 불구하고 심각한 불평등이 계속되거나 오히려 더 악화됐다.[24] 세계적으로 팬데믹 이전 최상위 부자들과 최하위 가난한 사람들 사이의 격차는 정말 놀라울 정도였다.

지난 50년 동안 매년 1월 전 세계 금융, 기술, 정치 엘리트들이 스위스의 알프스 마을 다보스에 모여 세계경제포럼WEF을 개최했다. 최근에는 국제구호개발기구 옥스팜Oxfam이 불평등에 관해 놀라운 보고서를 내놓아 이들을 부끄럽게 만들었다. 2017년 다보스 포럼 개최 시기에 맞춰 옥스팜은 2016년 전 세계 최상위 부자 61명이 전체 인구의 절반(약 37억 명)인 가난한 사람들과 같은 규모의 재산을 보유하고 있다는 내용의 보고서를 발표했다. 그에 해당하는 최상위 숫자가 2017년에는 43명, 2018년에는 26명으로 줄었다.[25] 코로나바이러스가 확산되기 전 옥스팜이 마지막으로 다보스 포럼에 맞춰 발표한 보고서에서는 2019년 최상위 부자 1퍼센트가 지구상에 사는 하위 69억 명을 합친 것과 같은 규모의 재산을 보유하고 있다고 했다. 전 세계 2,153명의 억만장자가 46억 명(세계 인구의 60퍼센트)이 가진 것보다 더 많은 재산을 갖고 있다고 했다. 그리고 22명의 세계 최상위 부자가 아프리카 대륙에 사는 모든 여성의 재산을 합한 것보다 더 많은 부를 소유하고 있었다.[26] 제3부에서 보여주듯이 코로나19 위기가 이런 취약한 사람들이 처한 불평등한 현실을 생생하게 드러내 보여주었다.

## 국가주의 내세운
## 포퓰리스트 지도자들

미국, 브라질, 인도, 헝가리, 멕시코, 필리핀, 폴란드, 터키, 영국의 공통점은?

코로나19가 발생하기 전 이 나라의 지도자들은 모두 세 번째 중요한 트렌드를 보여주었는데 그것은 바로 전 세계적으로 포퓰리스트 국가주의가 급격히 늘어난 것이다. 지도자 개개인은 각국의 현실에 맞춰 행동했다. 완전히 독재자가 된 이들도 있고 민주적인 지도자로 남은 사람들도 있지만 하나같이 공통적으로 도널드 트럼프가 내세운 '아메리카 퍼스트'의 자국판 정책기조를 갖고 있었다. 이들은 다른 나라, 글로벌 엘리트, 국내에 있는 스파이들의 거짓말에 속아 나라를 팔아넘겼다고 주장한다. 자이르 보우소나루 브라질 대통령은 '모든 것 위에 브라질, 모든 이들 위에 신'이라고 외쳤다. 영국의 브렉시트주의자들은 '주도권을 되찾자!'Take Back Control고 요구했다. 헝가리 집권당 청년민주동맹Fidesz은 '헝가리가 먼저다!'는 구호를 채택했다. 폴란드 법과정의당은 다소 전통적인 느낌이 나는 '폴란드를 다시 위대하게 만들자'라는 구호를 썼다. 이들은 하나같이 국가 주권을 제일 우선시했다. 이들은 해외의 다자기구와 국내 기득권 조직들(트럼프는 이들을 '딥 스테이트'deep state로 불렀다)에 대해 매우 회의적이었다. 이들은 주류 언론을 특히 죄악시했다. 자신들은 일반 대중의 이익을 대변한다고 주장하며 이민과 다문화주의에 반대했다. 포퓰리스트 국가주의자들은 정권을 잡고 나면 일상적이고 복잡한 공적 업무 수행보다 통치의 상징과 쟁점이 되는 문화 이슈들에 더 많은 관심을 가졌다.

포퓰리스트 국가주의가 기승을 부리게 된 분명한 이유가 무엇인지에 대해서는 분석가들의 의견이 서로 다르다. 특히 대규모 이민, 다문화주의, 동성 간 결혼 같은 진보적 가치의 확산으로 대변되는 현대적 특성에 대한 문화적 반발을 하나의 이유로 설명하는 분석가들이 있다. 정치학자 피파 노리스Pippa Norris와 로널드 잉글하트Ronald Inglehart는 이렇게 주장했다. "문화 정치가 다각적으로 펼쳐지며 주류 정당 내부에 긴장과 분열을 조성하고, 좌우 포퓰리스트 지도자들에게 새로운 기회를 만들어 주어 유권자들의 지지를 받도록 해준다."[27]

두 번째 설명은 경제적인 면이다. 스탠퍼드대학교의 프랜시스 후쿠 야마 교수는 포퓰리스트 국가주의를 막강한 이익집단들이 민주정치 시 스템을 장악한 데 대한 반작용으로 본다. 그 때문에 불평등과 경기침 체를 더 악화시켜 미국을 비롯한 선진국들에서 노동자와 중산층이 특 히 큰 피해를 입는다는 것이다.[28] 파이낸셜타임스 칼럼니스트 에드워 드 루스Edward Luce는 저서 『서구 자유주의의 후퇴』The Retreat of Western Liberalism에서 이렇게 설명한다. 한편에서는 중산층이 소득감소와 그로 인해 수치심을 갖게 되고, 다른 한편에서는 엘리트들이 이런 불만을 사 회 현대화에 우려를 갖고 있는 유권자들을 회유하는 데 이용한다. 이 두 가지 요소가 결합해 이런 현상을 낳았다는 것이다.[29] 서구 바깥에서는 불 평등과 부당한 대우, 광범위한 부패, 취약한 제도들이 좌우의 포퓰리스 트 국가주의자들에게 기회의 문을 제공해 주었다.[30]

하지만 문화적인 요인과 경제적인 요인으로만 설명되는 것은 아니다. 이 두 요인이 2008~2009년의 글로벌 경제위기 이후 10년간 포퓰리스트 국가주의가 하나의 정치세력으로 성장하는 데 기여했을 수는 있다. 하지 만 이 두 가지 외에 다른 요소도 많이 있다. 같은 생각을 가진 일반인들 이 소셜미디어를 이용해 전통적인 게이트키퍼들(언론인, 프로듀서, 정당)을 밀어내고 직접 정치운동에 뛰어들었다. 그리고 러시아의 블라디미르 푸 틴 대통령 같은 이는 온라인과 뉴미디어 매체를 통해 가짜 정보를 퍼트려 민주국가들 내부에 있던 분열을 교묘하게 부채질하고 모두가 공감하는 객관적인 진리를 훼손시켰다.

서방에서는 2016년 6월 영국 유권자 다수가 유럽연합 탈퇴 여부를 묻는 국민투표에서 탈퇴를 찬성함으로써 냉전 이후 처음으로 성공적인 포퓰리스트 정치운동이 등장했다. 여러 면에서 의미 있는 사건이었다. 투표 결과는 보수당, 노동당, 언론, 그리고 재무부와 중앙은행 같은 국가기관 등 기존 제도권에서 유럽연합을 탈퇴했을 때 일어날 수 있는 여러 결과들에 대해 내놓은 경고를 무시한 것이었다. 경제적 파장이 금방 나타나지는 않았고 많은 브렉시트 지지자들은 왜 자기들이 전문가라는 사람들의 말을 들어야 하느냐고 반문했다. 마이클 고브Michael Gove 영국 법무장관은 2016년 이와 관련해 이렇게 말했다. "이 나라 국민들은 전문가들의 말에 식상했다. 머릿글자로 이름을 쓰는 각종 단체의 인사들이 무엇이 최선의 선택인지에 대해 이야기하면서 한편으로는 그 말이 틀리는 짓을 계속 되풀이했다."[31] 그 투표결과는 또한 영국이 국가주의를 내세워 유럽 파트너 국가들과의 동거를 거부한 것이었다. 영국 유권자들은 유럽이 자기들에게 방해가 된다고 판단했다. 유럽연합으로부터는 이제 배울 것도 얻을 것도 없으니 관계를 끊겠다고 한 것이다. 영국은 자립할 수 있으며, 그래서 이제는 세계의 다른 곳으로 눈을 돌리겠다고 결심한 것이었다. 그 새로운 대상에는 포퓰리즘이 부상하고 있는 나라들도 포함되었다. 브렉시트는 다른 일을 모두 제쳐두고 최우선적으로 다루어도 한두 세대는 지나야 완전히 실행될 수 있는 힘든 과정이다. 참으로 어려운 과정이기는 하지만 단기적으로 그만한 고통을 감내할 만하다는 식으로 분위기가 흘러갔다. 이런 요인들이 보리스 존슨의 부상이라는 현실로 나타나 그는 2019년 7월 총선에서 승리해 총리가 되었다. 외모와 행동거지에서 존슨은 언뜻 보면 트럼프를 많이 닮았고 본인도 그렇다는 점을 인정했다. 국제협력과 기후변화에 대해서는 존슨이 트럼프보다 더 주류에 가까운 입장을 갖고 있었다.[32]

두 번째 충격은 말할 것도 없이 2016년 11월 미국 대선에서 트럼프가 승리한 것이다. 트럼프는 브렉시트 경우보다 더 심하게 기성 제도와 주류 언론을 부정했다. 그는 거의 본능에 가까운 신념으로 권좌에 올랐다. 그 신념은 바로 다른 나라들이 미국과의 동맹과 자유무역, 국제협약 등을 이용해 미국의 국익을 빼앗아간다는 불만이었다. 그는 소위 미국의 우방들과 맞서고, 워싱턴에 있는 '딥 스테이트' 관료조직과 싸워서 이 문제를 해결하려고 했다. 그 결과 그는 국내적으로는 (팬데믹 같은)공동 문제를 해결한 능력을 날리고, 국제적으로는 위기대응을 주도할 리더십을 잃어버렸다. 트럼프는 언론과 전문가들을 끊임없이 공격하면서 동시에 백악관과 트위터 피드를 통해 거짓 정보를 계속 만들어냈다. 그러다 보니 사람들로 하여금 트럼프가 만들어내는 '대안적 사실' 외에 진리라는 게 존재하기는 하는가 하는 의문을 갖도록 만들었다.[33] 그렇다 보니 그의 지지자들은 과학과 정부에 대한 신뢰가 그 어느 때보다도 필요한 시기에 과학과 정부 모두를 믿지 않았다. 더 정확히 말하면 코로나19 위기가 일어나면서 정부가 어떤 일이 벌어지고 있는지, 국가의 대응계획은 무엇인지에 대해 국민들에게 분명하게 알려주지 못하면서 나라 전체가 대혼란 속으로 빠져들었다.

이와 비슷한 충격이 세계 곳곳에서 일어났다. 2018년에는 '열대지역의 트럼프'라는 별명을 가진 보우소나루가 브라질 대통령에 당선됐다. 육군 대위 출신인 보우소나루는 주요 정당의 지지세력이 없고 군부독재와 고문으로 점철된 브라질 역사에 자부심을 가진 사람이었다. 그는 인종차별을 옹호하고 남녀평등주의를 공격했다. 그리고 기후변화 정책을 철회하고 범죄 소탕을 위해 총기 소지를 허용하는 등 과격한 정책을 옹호했다.[34] 보우소나루의 정치적 행로와 포퓰리스트 메시지는 기존 정당을 휩쓴 부패 스캔들과 1,200만 명의 실직자를 낸 심각한 경기침체 덕을 보았다. 그리고 기독교 교세와 과거 권위주의 시절에 대한 향수를 이용해 지지세를 키웠다. 보우소나루는 수시로 사법부를 비롯한 국내의 기존 제도와 충돌했다. 2019년 아마존 우림을 황폐화시키며 끔찍한 피해를 낸 산불 대응을 놓고 유럽 정부들이 보우소나루 정부를 강력 비판하자 그는 에마뉘엘 마크롱 프랑스 대통령의 부인을 조롱하는 글을 SNS에 올리고, G7이 제안한 산불 진화 지원금을 '쥐꼬리만한 돈'이라며 거부해 버렸다.[35]

## 미·중 대결의 부활

코로나 이전의 네 번째 핵심 트렌드는 강대국, 특히 미중 대결의 부활이다. 1990년대와 2000년대 들어와 미국 지도자들은 중국과 러시아가 국제질서의 기본적인 사안들에서 서방의 입장에 수렴한다고 믿었다. 2005년 9월에 열린 미중관계 전미위원회 주최 세미나 연설에서 로버트 졸릭Robert Zoellick 국무부부장관은 이렇게 말했다. "아직 민주적인 정부는 아니지만 중국은 자신을 전 세계 민주주의와 맞서 막바지 갈등상태에 있다고 생각하지 않는다. 그리고 국제 시스템의 근본적인 질서를 뒤엎는 데 자신들의 미래가 걸려 있다고 생각하지도 않는다." 졸릭은 중국이 국제사회의 '책임 있는 일원'이 될 것이라는 희망적인 견해를 피력했다. 미국 내 많은 인사들이 공감하는 입장이었다.[36] 이후 다른 미국 행정부들은 양측 모두 가야 할 길이 쉽지 않을 것이라는 생각을 했다. 하지만 예전과 같은 지정학적인 대결을 피하면서 공동의 문제를 해결하기 위한 토대를 찾을 수 있을 것이라는 낙관론이 있었다. 시간이 지나며 미국이 주도하는 자유주의 질서로의 통합이 중국을 비롯한 다른 독재국가들 내부에 점진적인 정치적 개혁을 이루어낼 것이라는 기대도 있었다.[37]

지난 10년간 목격했듯이 현실은 이러한 기대를 산산이 부숴놓고 말았다. 시진핑과 블라디미르 푸틴 아래서 중국과 러시아는 미국과 유럽식 국제질서에서 벗어나 다른 길을 갔다. 중국은 남중국해와 동중국해에서 영토변경을 추구하고, 러시아는 군사적, 정치적, 경제적인 지배권을 확립하기 위한 일환으로 우크라이나를 침공했다. 중국과 러시아는 또한 각자의 영토와 영향력 안에서 독자적인 주권을 주장하며 다른 목소리를 내기 시작했다. 중국과 러시아는 자신들은 고유 주권을 확대하려고 하면서 다양한 방법으로 다른 나라들의 정치에 적극적으로 개입하기 시작했다. 중국은 더 교묘하고 불법적인 방법으로 민주국가들의 정치에 개입해서 자기들이 원하는 쪽으로 정책을 유도하고 경제력을 지렛대로 삼아 정치와 경제계 지도자들을 좌지우지했다. 호주 의회의원이 중국공산당과 관련 있는 홍콩의 기부자와 연루된 혐의로 사퇴하는 일도 있었다. 이런 일이 벌어지자 호주 정부는 중국의 정치 개입 행위에 대해 대대적인 색출 작업에 나섰다.[38] 러시아는 해킹과 가짜 정보 유포와 같은 단도직입적인 방법을 선호하며, 2016년 미국 대선에 개입하는 전례 없는 짓을 벌였다. 중국과 러시아는 독재가 안전한 세상을 만든다는 같은 목표를 공유하고 있다.

시진핑 정권은 국내에서 훨씬 더 억압적인 입장을 취했다. 그는 중국 공산당 안에 남은 자신의 정치적 반대세력을 솎아내기 위해 반부패 캠페인을 무기로 썼다. 시진핑은 또한 수백만 대의 감시 카메라를 안면인식과 인공지능 분야의 신기술 혁명과 결합시켜 엄청난 범위를 커버하는 국내 감시 시스템을 구축해 중국공산당의 사회적 통제를 확대했다. 중국은 디지털 독재라는 새로운 수단을 이용해 신장지역의 위구르 무슬림들을 감시하며, 1백만 명에 달하는 위구르인을 강제수용소로 보냈다.(중국 정부가 부르는 공식 이름은 '직업교육 및 교화센터'이다.) 대만을 상대로 민족주의적인 주장을 강화하고, 홍콩에 대해서는 강압적인 조치들로 '일국양제'—國兩制 모델에서 허용되는 자유와 자치권을 파괴했다.[39]

이런 일탈은 부분적으로는 시진핑과 푸틴의 신념 때문에 일어났다.

이들은 그대로 내버려둘 경우 자유주의 국제질서가 그들의 권위주의 모델을 더이상 버티지 못하도록 위협할 것이라고 믿었다. 그들의 생각도 전혀 일리가 없지는 않다. 서방의 많은 정책 입안자들은 중국과 러시아가 미국이 주도하는 국제체제로 통합하는 경우 그 (바람직한)부작용으로 정치적 민주화를 겪게 될 가능성이 있다고 보았다.

소셜미디어를 비롯한 다양한 웹을 통한 정보의 자유로운 유통, 중국과 러시아 국내의 민감한 일들을 파헤쳐서 보도하는 자유로운 언론, 책임 있는 정부를 원하는 비정부 기구들, 그리고 민주주의에 대한 지속적인 열망이 쌓여서 권위주의 지도자들에게 압력으로 작용할 것으로 생각했다.

하지만 무엇보다도 제일 상위에 있는 것은 중국의 놀라운 경제성장이다. 경제성장 덕분에 중국은 초강대국의 자리에 오르게 되었다. 그리고 러시아의 군사 현대화는 이 나라의 방대한 에너지 자원과 결합해서 인구 감소와 경기침체에도 불구하고 푸틴의 입지를 더 확고하게 만들어 주었다. 중국과 러시아는 경제, 정치, 군사적인 강압정책과 다소 모호한 '그레이 존'gray zone 전략으로 그동안 아시아와 유럽에서 미국을 비롯한 민주 동맹국들에게 압력을 행사할 수 있었다. 나아가 중국은 신 실크로드 전략구상인 '일대일로'一帶一路 구상을 통해 아시아, 중동, 아프리카, 유럽, 라틴아메리카의 인프라 프로젝트에 필요한 수천억 달러 규모의 차관을 제공했다. 이 과정에서 대상국을 상대로 약탈적인 수법을 동원하는 경우가 많았다. 이를 통해 중국을 방대한 새 경제망의 중심으로 만든다는 구상이다. 여기에 러시아가 중동문제에 개입함으로써 열기를 더했다. 서방 관리들은 군사적 균형을 뒤흔들 수 있는 중국의 기술혁신에 대한 우려를 점점 더 많이 했다. 텔레커뮤니케이션 분야의 5G 모바일 네트워크와 같은 중국 기술에의 의존도가 더 높아지는 데 대한 우려도 컸다.

2015년과 2016년에 걸쳐 이런 우려들이 수면 위로 끓어올랐다. 만약 힐러리 클린턴이 대통령에 당선되었더라면 중국을 상대로 한 미국의 국력을 한층 더 경쟁력 있게 이끌었을 것이다. 하지만 트럼프 행정부에서 미중 대결은 한층 더 가열되었다. 그는 2차세계대전 이후 국제주의 전통에 입각한 미국 지도자가 아니라 19세기 지도자, 전간기의 자국우선주의에 훨씬 더 가까운 지도자였다. 동맹국들의 의도와 개방적인 글로벌 경제를 의심하고, 세계경제를 제로섬으로 보는 장사꾼의 마인드세트를 더 선호했다. 그리고 힘을 동원해 약한 나라들을 누르고 자국에 유리한 경제 환경을 만들었다. 트럼프는 자유무역 조약과 다국적 금융기관들이 미국의 행동 자유를 구속하는 요소들이라고 생각했다.[40] 그는 중국과의 무역적자에 대한 불만을 끊임없이 제기했다. 트럼프 대통령은 취임하자마자 곧바로 동맹과 적대국을 가리지 않고 관세, 경제 위협, 일방적인 제재 조치를 가하기 시작했다.

트럼프의 국가안보팀원들 중에서 미국의 동맹국들과 맞서고, 미국의 글로벌 리더십 역할을 부정하는 그의 입장에 동조하는 사람은 거의 없었다. 하지만 이들도 중국에 대해서는 우려를 갖고 있었기 때문에 트럼프의 세계관을 중국에 대해 강경한 정책을 추진하는 면허로 이용했다. 무역 분야뿐만 아니라 지정학적인 면에서도 그랬다. 2017년 12월, H. R. 맥매스터McMaster 국가안보보좌관은 강대국과의 경쟁을 미국 외교정책 독트린의 기본원칙으로 삼은 국가안보전략 보고서를 발표했다. 이어서 국방부도 2018년 비슷한 원칙을 강조하는 국방전략 수정안을 내놓았다. 트럼프 행정부는 대만과의 관계를 발전시켜 1979년 이후 처음으로 고위 관료를 파견하고, 대만 군에 상당 규모의 무기 판매를 승인키로 했다. 미국과 중국은 재래무기와 우주에서의 경쟁과 함께 인공지능, 바이오테크놀로지와 같은 게임 체인저가 될 신기술을 놓고서도 경쟁을 벌였다. 트럼프 행정부는 핵심기술 특히 5G를 비롯한 핵심기술 분야를 중국에서 '분리'시키기로 하고, 동맹국들에게도 공동보조를 취하라고 압박했다. 중국의 기술력을 견제하면서 중국에 대한 의존도를 줄인다는 목표였다. 트럼프 행정부는 중국의 스파이 행위를 주요 위협으로 간주하고 스파이 행위에 연루된 중국 관리와 민간인들을 추방하기 시작했다. 이념 대결도 점점 격화되었다. 특히 마이크 폼페이오 국무장관을 비롯한 고위관리들이 주기적으로 중국공산당을 비난하고 신장지구 위구르인들에 대한 인권 침해 사례를 집중적으로 제기했다.[41]

그러는 동안 우여곡절들이 있었다. 개인적으로 트럼프 대통령은 시진핑 주석의 권위주의를 선망하고 홍콩의 인권 침해와 신장지구의 강제수용소 문제에 관심을 보이지 않았다. 시진핑 주석에게 강제수용소를 운용하는 건 잘한 일이라고 말했다는 보도도 있었다.[42] 트럼프 대통령이 위기 발생 때 정말 미국의 동맹국들과 같은 편에 설 것인지에 대한 의문이 계속 제기되었다. 하지만 코로나바이러스 팬데믹이 터지기 직전 미국과 중국은 이미 극한 대결로 치닫기 일보 전 단계에 와 있었다. 여러 면에서 미중 경쟁은 자유주의 사회와 도를 더해가는 권위주의 간의 체제 경쟁이 되었다. 이러한 체제 경쟁은 기술정책과 경제, 인권, 글로벌 보건, 환경, 국가안보 등 모든 분야에 심각한 영향을 미쳤다. 어지러울 정도의 빠른 속도로 돌아가는 경쟁구도라는 원심분리기에 코로나19 팬데믹이 들어왔다.

미국만 그런 게 아니었다. 2019년 말까지 유럽은 중국과 포용정책을 유지하면서도 중국의 영향력을 단계적으로 줄여나가고 있었다. 중국의 경제적 관행으로부터 자신들을 지키기 위해 한 목소리를 내기 시작했다. 유럽연합EU은 2019년에 발표한 'EU와 중국:전략 전망'The EU and China: A Strategy Outlook에서 이러한 입장 변화에 대해 다음과 같이 설명했다. "중국은 여러 정책 분야에서 EU가 긴밀하게 협력해야 할 협력 파트너이면서 동시에 EU가 이익균형을 취해야 할 협상 파트너이다. 그러면서 또한 기술 분야의 리더십을 놓고 다투는 경제적 경쟁자이고 서로 다른 거버넌스 모델을 추구하는 체제 경쟁국이다."[43]

## 최악의 국면으로
## 나아가다

이런 역학관계들이 맞물리며 2차세계대전 전후 국제질서는 낭떠러지를 향해 굴러갔다. 그리고 코로나19 팬데믹이 벼랑 끝에서 그걸 밀어버렸다. 초세계화라는 상호의존적으로 한 덩어리가 된 국제 시스템은 범국가적인 큰 충격에 과거 그 어느 때보다 더 취약해졌다. 심각한 불평등은 전 세계 수억 명이 바이러스뿐만 아니라 뒤이은 경제 붕괴에 극도로 취약하게 만들었다. 대중영합적인 국가우선주의가 유행하면서 핵심 국가들은 바이러스의 위험성을 평가절하하고, 전문가들의 견해를 무시하고 늑장대응에다 다른 나라와의 협력에 관심을 보이지 않았다. 게다가 악화일로를 걷는 미중 대결은 두 강대국이 국제협력을 증진할 방도에는 관심이 없고 서로 상대방보다 우위를 차지하려는 생각에만 골몰하게 만들었다.

전후에 일어난 여러 큰 위기들과 달리 미국은 코로나19 팬데믹이 닥쳤을 때 주도적으로 나서서 글로벌 대응조치를 이끌지 않았다. 트럼프 대통령이 전통과 결별하자 심각한 의문이 제기되었다. 미국의 리더십이 없어졌으니 다른 나라들끼리 공동의 목표를 중심으로 똘똘 뭉쳐서 치명적인 위협에 맞서 싸울 것인가? 하지만 그런 일은 거의 일어나지 않았다. 대신 미국이 떠난 빈자리를 각자도생의 방식으로 메웠고 결과는 모두에게 더 나쁘게 나타났다. 현대 국제체제의 최고 이론가 중 한 명인 프린스턴대학교의 G. 존 아이켄베리G. John Ikenberry 교수는 "1930년대 이후 세계가 지금처럼 가장 기초적인 협력조차 전무한 상태에 놓인 적은 없었다."고 말했다.[44]

1930년대를 언급한 것은 시사점이 크다. 2019년 12월 감염병이 닥치기 전에 이미 마지막으로 국제질서가 붕괴되어 혼란기로 빠져들었던 전간기의 그림자가 세계 전역에 드리워져 있었다.[45] 코로나19와 그에 대응하는 팬데믹 정치로 인해 폭풍우를 머금은 검은 구름은 더 짙어졌다.

하지만 일이 반드시 그렇게 진행되기만 할까? 유명한 논문 '20년간의 위기'The Twenty Years' Crisis에서 역사학자 E. H. 카Carr는 전간기 동안 영미에서 두드러졌던 이상주의적 신념을 거세게 비판하고, 다음과 같은 현실주의 세계관을 제시했다. "역사는 원인과 결과의 연속이며, 역사의 경로는 지성적으로 분석하고 이해해야 한다. '상상력'으로 이해해서는 안 된다."[46] 이런 운명론적인 렌즈를 통해서 보면 코로나바이러스 팬데믹은 국제질서에 엄청난 도전을 안겨주고, 음울한 역사적 힘에 거역할 수 없는 가속력을 붙여 준 것으로 볼 수 있다.[47]

그러는 한편으로 카는 순수 현실주의pure realism에 대해서는 신중한 입장을 보였다. 순수 현실주의가 "의도적인 행동과 유의미한 행동에 대해서는 아무런 근거를 제시하지 못하고 적나라한 세력 추구만 존재한다고 보아 국제사회가 형성될 가능성 자체를 부정하기 때문이다."[48] 거역하기 힘든 구조적 상황이 어느 한 방향을 밀어붙이는 와중에도 사람들은 독자적인 행동의 여지를 확보한다. 그리고 심각한 위기의 순간이 바로 방향을 바꿀 기회의 순간이 되기도 하는 것이다.[49] 우리는 상황을 더 악화시키는 선택을 할 수도 있고, 거역하기 힘들어 보이는 현실에 맞서서 상황을 호전시킬 수도 있다.

전간기와 2차세계대전의 재앙을 겪은 이후에 나타난 자유주의 국제질서는 애당초 매우 불안전한 체제였다. 대재앙을 겪으며 글로벌 보건체계도 완전히 붕괴되었다.

그런가 하면 전례 없는 수준의 경제성장을 이루고 빈곤을 크게 낮추었다. 그리고 자유를 확대하고 무력분쟁을 줄이고 인류의 건강을 대폭 향상시켰다. 이 책 전반을 통해 확인할 수 있는 것처럼 코로나19에 대한 글로벌 대응은 옛 질서가 얼마나 심각하게 붕괴되었고 이런 종류의 위기를 다루는 데 얼마나 미흡한 체제인지를 드러내 보여주었다. 그리고 이런 위기는 이번 세기의 남은 기간 내내 우리 곁에 남아서 우리를 괴롭힐 것이다. 아울러 잘못된 체제를 바로잡기 위해 우리가 할 일이 얼마나 많은지도 알게 되었다.

중국 우한에서 신종코로나바이러스가 출현했을 때 국제사회는 공동 대응에 실패했다. 그리고 공공보건을 지키기 위해 만든 기구들은 제 임무를 다하지 못했다. 중국공산당은 투명하지 않은 태도를 취해 초기 발생 사실을 세계에 감추었다. 세계보건기구WHO에 대한 중국의 영향력이 커지며 이 기구의 초기 대응능력과 신뢰도를 훼손시켰다. 초세계화로 바이러스가 급속히 전파될 것이 확실했다. 그리고 국가 간 경제적 불균형으로 바이러스를 억제하는 데 필요한 대응조치와 자원을 활용하는 데 나라별로 큰 차이가 있을 수밖에 없었다. WHO는 부국과 빈곤국들 모두에게 일관된 지침을 제공하기 위해 애를 썼다. 그러는 가운데 다른 한편에서는 트럼프주의와 대중영합적인 국가우선주의가 섬뜩한 시나리오의 가능성을 보였지만 당시는 아무도 이를 심각하게 받아들이지 않았다. 세계 지도자들이 팬데믹 대응을 적극적으로 보이콧할 것이라는 시나리오였다. 미국과 중국의 거센 대결은 두 강대국의 국내 대응방식을 망치고 팬데믹을 억제하고 그 충격을 극복하기 위해 집단적으로 대응해야 할 국제사회의 노력을 마비시켰다. 미국 대통령이 특별히 뛰어난 사람이었으면 이런 상황에도 불구하고 혼란을 수습하고 집단대응을 주도했을 것이다. 정상적인 대통령이었다면 트럼프가 저지른 숱한 잘못을 저지르지 않았을 것이다. 하지만 2020년에 겪은 많은 문제들이 트럼프 때문에 생겼지만, 문제가 그 한 사람뿐인 것은 아니다. 한마디로 말해 최악의 위기상황에서 위험에 대비된 체제가 작동되지 않았다.

제2부

# 글로벌 위기와 국가별 대응

## 제4장

# 비밀주의와
# 거짓말

2019년 7월 중국질병예방통제센터 CCDC는 관리 8,200명을 대상으로 가상훈련을 실시했다. 감염력이 강한 바이러스를 보유한 여행객 한 명이 중국에 도착했다는 시나리오 아래 경보를 울리고 감염이 전파되기 전에 다른 여행객들을 격리하는 임무가 주어졌다. 사스SARS 대유행 이후 중국질병예방통제센터가 실시한 최대 규모 훈련이었다.

2002년 11월 중국 남부에서 발생한 사스는 신종코로나바이러스가 일으키는 병으로 박쥐에서 유래된 것으로 알려졌다. 증상은 독감과 비슷하고 기침, 열, 두통을 동반한다. 경우에 따라 중증 호흡기증상을 유발하기도 한다.[1] 사스 대응조치는 팬데믹에 대응하는 하나의 교본이 되었다. 사스 대유행은 광둥성에서 시작되었다. 광둥성 당국은 문제가 있다는 사실을 알았지만 비밀에 부쳤다. 2003년 새해 춘절 연휴를 앞두고 관광 시즌을 망치고 싶지 않았기 때문이다. 주민들이 문자로 서로 정보를 주고받자 당국은 1백여 명을 허위사실 유포 혐의로 처벌했다. 당시만 해도 비교적 독립적인 지위를 누렸던 중국 언론들은 사스 발생 사실 보도를 금지당했다. 광둥성에서 발간되는 일간지 남방도시보南方都市报 **Southern Metropolis Daily**는 당국의 검열을 무시하고 휘슬을 불었다.[2]

바이러스가 베이징의 인민해방군**PLA**에까지 퍼졌지만 군 당국은 이 사실을 공개적으로 인정하지 않았다. 하지만 당시 73세의 군의관 장옌융蔣彦永이 은폐 사실을 알고 바이러스 사망자를 축소하고 있다고 당국을 비난하는 편지를 썼다. 처음에 그는 편지를 중국 언론에 보내고 그다음 미국 언론에도 보냈다. 당시 월스트리트저널의 젊은 특파원으로 일하던 매튜 포틴저**Matthew Pottinger**에게도 서한이 전달되었다. 포틴저는 그로부터 17년 뒤 미국이 코로나19에 대응하는 데 중요한 역할을 하게 된다. 월스트리트저널이 관련 사실을 확인하는 중에 타임이 정보를 입수해 특종 보도했다. 그렇게 해서 사스 뉴스는 전 세계에 알려졌다. 그래도 중국은 국제사회와 협력하기를 거부했다.[3]

당시 WHO 사무총장은 의사 출신으로 노르웨이 총리를 지낸 그로 할렘 브룬틀란**Gro Harlem Brundtland**이었다. 사스 발생 뉴스가 나오자 그녀는 WHO 사무총장 자격으로 중국 정부를 향해 더 투명하게 대응하고 국제사회와 협력해서 일해 달라고 주문했다. 그렇게 요구할 법적인 권리는 없지만 어쨌든 그렇게 요구했다. 코로나19 팬데믹 기간 중에 가진 인터뷰에서 그녀는 당시 상황을 이렇게 말했다. "그때 중국 보건장관이 처음에 며칠 동안, 그다음에는 몇 주 동안이나 내 전화를 받지 않았다. 그래서 할 수 없어 공개적으로 그런 말을 한 것이다. 전화를 받지 않으니 공개적으로 내 전화를 받으라고 말했고 그랬더니 다음에 내 전화를 받았다."[4] 그녀는 다른 경로를 통해서도 중국 정부에 압력을 가했다. 2018년 그녀는 대만 청중들 앞에서 이렇게 말했다. "사스 기간중에 나는 바이러스가 대만 안에서 전파되지 않도록 막고, 그리고 외부에서 대만으로 전파되거나 대만으로부터 외부로 전파되지 않도록 대만 보건 당국과 협력해서 막을 책임이 있었다." 그리고는 중국을 겨냥해 이렇게 덧붙였다. "대만이 유엔 체제의 일원이 되는 데 대해 아무리 반대하는 나라라도 이런 일에는 왈가왈부하지 못한다."[5]

브룬틀란 사무총장의 이런 행동은 중국의 태도를 바꾸게 만들었다. 중국은 여러 주 동안 모호한 입장을 보이다가 마침내 문제가 심각함을 인정하고 WHO에 협조하기 시작했다. WHO가 2003년 7월 바이러스가 종식되었다고 선언하기까지 사스는 여러 나라로 번져 8,098명의 감염자가 발생하고 그 가운데 774명이 사망했다. 이후 중국은 바이러스에 대처하는 데 투명성을 높이기 위한 새로운 조치들을 시행했다. 감염병 국가 직접 보고 시스템을 구축해서 정치적 간섭을 받지 않고 독립적으로 운용할 수 있도록 했다. 의사들은 감염 사례가 발생하면 베이징에서 조기대응 임무를 수행하는 팀에 직접 보고해 확산 방지에 주력하도록 했다.[6] 시카고대학교의 달리 양Dali Yang 교수는 나중에 이렇게 말했다. "관료주의 위계질서가 엄격한 나라에서 이런 정보 보고 체계는 관심을 끌어올리고 신속한 대응을 할 수 있도록 하기 위해 만든 것이다."[7]

새로운 시스템은 2009년 신종인플루엔자H1N1 유행과 2017년 조류독감 발생 때 매우 성공적으로 활용되었다. 2019년 행한 강연에서 중국질병예방통제센터CCDC의 가오 푸高福 George Gao 주임은 감염병은 언제든 일어날 수 있지만 중국은 이제 대비가 잘 되어 있다고 자신 있게 선언했다. 그는 옥스퍼드대학교에서 공부한 사람으로 사스 사태 이후 개혁 방안을 돕기 위해 국내로 돌아왔다. 그는 이렇게 강조했다. "앞으로 사스 사태 같은 위기는 없을 것이라고 자신한다. 우리의 감염병 감시 네트워크가 대단히 잘 구축되어 있기 때문이다. 앞으로는 바이러스가 와도 우리가 멈출 수 있다."[8] 2019년 7월 훈련 때는 이처럼 개선된 시스템이 모두 선보였다.

역사적으로 중국은 글로벌 공중보건에 특별히 큰 역할을 한 적이 없었다. 하지만 2010년대 들어와서는 자신들의 전문성에 걸맞는 기여를 할 기회가 오기를 기다렸다. 예를 들어 중국 과학자 투유유屠呦呦가 말라리아 치료의 특효성분인 아르테미시닌artemisinin과 디히드로아르테미시닌dihydroartemisinin을 개발한 공로로 노벨 생리의학상을 수상한 것을 계기로 말라리아 예방 프로그램에 참여했다. 중국은 2014~2015년 에볼라 바이러스 발생 때 처음으로 국제협력의 일환으로 가오 푸가 이끄는 정예팀을 해외에 파견했다. 중국의 기여는 여전히 다른 나라들에 비해 미미했다. 중국이 WHO에 내는 기여금 액수도 2018년 세계 16위로 몇몇 민간재단이나 쿠웨이트, 스웨덴보다 적었다.[9]

어쨌든 중국은 국가 시스템 개선에 공을 들였고 이런 종류의 위기를 관리하는 능력이 상당히 높은 수준에 오른 것처럼 보였다. 겉으로 보기에 중국은 이제 대비가 된 것 같았지만 자세히 들여다보면 문제가 보였다. 존스 홉킨스대학교와 핵위협방지구상Nuclear Threat Initiative, 이코노미스트 인텔리전스 유닛Economist Intelligence Unit이 2019년 공동 발간한 종합 보건평가서는 중국의 보건 비상사태 대응체제에서 정부와 국민, 공중보건 전문가와 병원들 사이의 의사소통에 간극이 있다는 점을 지적했다.[10] 더 큰 문제는 국가보건 시스템 상의 문제는 전체 퍼즐의 일부분에 지나지 않는다는 점이었다. 위기 때 지방 당국이 핵심 역할을 하는데 지방 당국 간에 격차가 매우 크다는 점도 문제로 지적됐다.

베이징에 주재하는 미국 보건 전문가들은 다양한 분야에서 중국 카운터파트들과 오랜 협력관계를 유지해 왔다. 역학 분야의 중국 공중보건 관리 교육에서부터 암 연구 분야 협력, 식품안전 지침 수립, 미국으로 보내는 의약품 제조에 이르기까지 다양한 분야에서 협력이 이루어졌다. 하지만 그동안 긍정적인 협력관계를 유지했던 이런 분야들까지도 코로나바이러스가 발생하기 이전 몇 년 동안 흔들리기 시작했다. 아드리안 패리시 푸엔테스Adrienne Parrish Fuentes는 베이징 주재 미국대사관의 보건 파견관이었다. 미국 보건복지부 소속인 그녀는 미국대사관에서 CDC, FDA, 국립위생연구소NIH 파견 직원 10여 명을 이끌고 활동했는데 트럼프가 대통령에 당선되기 직전인 2016년 10월 그 자리에 임명되었다. 코로나19가 발생하기 전 그녀가 가장 관심을 기울인 정책 이슈 중 하나는 중국으로 하여금 조류독감으로 알려진 H7N9 바이러스의 샘플을 공유하도록 만드는 것이었다. 보건 전문가들은 이런 형태의 인플루엔자(변이 포함)가 다음 글로벌 팬데믹을 일으키는 원인이 될 가능성이 제일 높다고 생각했다. 이런 팬데믹을 예방하기 위해 활동하는 기관 중 하나가 바로 소규모 연구실 네트워크인 WHO 인플루엔자 협력센터이다. 모두 6곳의 연구소가 활동하는데 미국에 2곳, 영국, 호주, 일본, 중국에 각 1곳씩 있다. 이 기구는 연구 수행과 관심 대상 인플루엔자 샘플을 공유하는 일을 한다. 국가 간에 이루어지는 이러한 샘플 공유는 국제협약과 국가별로 고유한 여러 단계의 관료주의 절차를 거쳐야 하는 복잡한 일이다.

보건장관들은 대부분 바이러스 공유를 글로벌 공중보건의 중요성 차원에서 '제때' 하겠다고 약속한다. 하지만 이처럼 치명적일 수 있는 바이러스 샘플의 유출을 위해서는 정부 내 여러 부처의 승인절차를 거쳐야 한다. 패리시 푸엔테스는 국가안보회의의 지시에 따라 초기 2년간 중국 카운터파트들과 함께 H7N9 바이러스 샘플 공유 문제를 다루었다. 아틀랜타에 있는 WHO 인플루엔자 협력센터에서 이 바이러스의 샘플 공유를 빠르게 진행해 달라고 요청했다. 백악관과 보건복지부 산하 바이오의학첨단연구개발청BARDA 관리들은 WHO 네트워크와 바이러스를 공유하는 데 대한 중국의 승인이 늦어져서 초조했다. 미국 고위관리들은 베이징과 세계보건총회World Health Assembly 등에서 중국 카운터파트들에게 여러 차례 이 문제를 제기했다. 테리 브랜스태드Terry Branstad 주중 미국 대사가 인플루엔자를 보유하고 있는 연구시설을 직접 찾아가기까지 했다. 미국 관리들은 지연되는 이유가 관료주의적인 절차 때문인지 아니면 비밀주의 때문에 고의로 늦추는 것인지 알 수 없었다. 하지만 이유가 무엇이었든 중국은 계속해서 일부 샘플을 넘겨주지 않았다.

2019년 봄 미국대사관에서 미중수교 40년을 기념하는 행사를 개최했는데 당시 기념행사의 핵심 주제 가운데 하나가 바로 공중보건 협력이었다. 수시로 부침을 겪은 양국관계에서 이 분야의 협력은 성공 사례로 간주되었기 때문이다. 보건복지부 팀은 중국질병예방통제센터에서 연사들을 초청하고 국립위생연구소NIH 인사들도 행사에 초청했다. 중국국가보건위원회NHC 인사도 초청했다. 양국 간 무역갈등이 커지는 상황이었는데 행사 시작 24시간 전에 중국 측 인사 모두가 불참을 통보해 왔고 부랴부랴 다른 연사를 섭외하는 소동을 벌여야 했다. 앞일이 어떻게 진행될지 짐작케 하는 하나의 징조였다.

## 진실 은폐

중국 우한에서 최초의 코로나19 감염자로 알려진 사람이 나온 것은 2019년 12월 1일이었다. 순식간에 세상을 뒤집어놓은 호흡기 질환인 코로나19를 일으키는 신종코로나바이러스 SARS-CoV-2의 기원에 대해서는 지금도 알려진 게 별로 없다. 박쥐에서 유래한 것은 사실로 받아들여지고 있다. 처음에는 우한수산물도매시장이 최초 발생 장소로 의심받았다. 산 생선과 생고기를 파는 이곳은 12월에 감염된 사람들 다수가 출입한 것으로 알려졌다. 신종바이러스가 어떻게 해서 우한까지 가게 되었는지는 밝혀지지 않았지만 많은 학자들이 중국 남부지방에서 박쥐에서 발생한 바이러스가 다른 동물을 매개로 우한시장까지 간 다음 그곳에서 사람에게 옮겨간 것으로 추정했다.

하지만 미국 행정부 안에서는 일부 국가안보 분석가들과 고위관리들 사이에서 우한바이러스연구소WIV에 대한 의심이 제기됐다. 우한바이러스연구소는 박쥐에서 발견한 코로나바이러스로 연구를 진행했고 그곳 연구자들이 소위 기능획득gain-of-function 실험에 가담한 것으로 알려졌다. 기능획득 실험이란 바이러스의 유전체를 임의로 재조합해서 새로운 종을 감염시키거나 전염력을 높이는 등 기존 바이러스에 새로운 기능을 부여하는 것이다. 이런 연구 목적을 무조건 나쁘다고 할 필요는 없다. 실제로 미국의 여러 대학과 연구기관들이 중국 연구기관과 손잡고 우한바이러스연구소의 기능획득 실험에 참여했다. 바이러스가 얼마나 무섭게 성장하는지를 예측해서 대응수단을 개발하기 위한 연구였다.

따라서 코로나바이러스 SARS-CoV-2가 우한바이러스연구소에서 우연히 '유출'되어 인근 마을로 흘러들어갔을 가능성도 배제할 수 없다.[11] 중국 당국과 우한바이러스연구소 과학자들은 연구소 실험실이 감염원이라는 의혹을 극구 부인한다. 중국 당국은 이후 자체 논리를 몇 개 만들어 흘렸는데 그중 하나는 감염 바이러스가 해외에서 수입한 냉동식품을 통해 중국 국내로 유입되었다는 설이다.[12] 중국 당국이 확실한 접근 보장과 협조를 하지 않아 철저한 국제조사가 이루어지지 않았기 때문에 SARS-CoV-2 바이러스의 기원을 정확히 밝혀내기는 불가능한 상태이다.

12월 중순 신종코로나바이러스가 우한 전역으로 확산되었다는 것은 논란의 여지가 없는 사실이다. 비슷한 증상을 보이는 환자들의 사례가 나타나기 시작했다.(지속적인 기침, 호흡곤란, 피로감) 하지만 의사들은 환자들의 증상이 나타내는 패턴을 금방 알아채지 못했다. 성탄절에 의료진이 폐렴 증상을 보이기 시작했다. 우한중앙병원 의사들은 한 환자의 폐에서 샘플을 채취해 병을 일으키는 유전자 진단을 전문으로 하는 민간 연구소인 비전 메디컬스微远基因 Vision Medicals로 보냈다. 12월 26일 진단결과가 나왔는데 새로운 바이러스의 유전자 서열은 '박쥐에서 유래한 사스 유사 코로나바이러스'라는 것이었다.

이 연구소는 진단 결과를 중국질병예방통제센터CCDC 우한 사무소에도 보냈다.[13] 지방 당국 관리들은 우한의 미확인 장소에서 기원한 폐렴의 존재에 대해 비공식적으로 경고하기 시작했다. 그러면서도 베이징에 있는 CCDC 본부에는 보고하지 않았다. 문제를 일으키고 싶지 않다는 생각에서였다. CCDC의 가오 푸高福 주임은 12월 30일 우한 사무소 직원이 몰래 보낸 보고를 받고 신종코로나바이러스의 발생 사실을 알았다. 가오 푸 주임은 곧바로 우한 사무소로 전화를 걸었고 바이러스가 전파되기 시작한 지 한 달이 다 되어 간다는 사실을 알고는 경악했다. 자기만 모르고 있었던 것이다. 사스 대응 실패 이후 경고 시스템을 정비해놓았는데도 제대로 가동되지 않은 것이다.[14] 그런데 이번에는 소셜미디어가 신종사스 관련 소문으로 뜨거웠다.

12월 30일 우한에서 일하는 의사 아이펜Ai Fen은 환자의 진단을 의뢰한 실험실로부터 결과를 통보받았다. 사스와 유사한 정체불명의 질병이라는 결과였다. 그녀는 환자의 폐를 찍은 영상을 동료에게 보내고 병원의 상사에게도 보고했다. 이 보고 내용이 우한중앙병원 의사인 리원량李文亮의 귀에도 들어갔고 그는 그 내용을 동료 1백 명과 하는 단체 대화방 위챗WeChat에 이렇게 포스팅했다. "우한수산물시장에서 7건의 사스 케이스가 확인됨." 나중에 그는 추가 포스팅을 올렸다. "코로나바이러스 발생이 확인됨. 무슨 타입인지는 아직 확인되지 않음. 유출하지 말 것. 가족 친지들에게 조심하라고 당부하기 바람."[15]

12월 31일 WHO 베이징 사무소는 제네바 본부에 우한 폐렴 사례에 대해 보고했고, 그래서 이날이 코로나바이러스 발생 사실이 공식적으로 처음 세상에 알려진 날이 되었다. 그 무렵 우한 보건 당국은 성명을 통해 27명이 수산물시장과 관련된 폐렴에 걸렸다고 발표했다. "지금까지 조사한 바로 사람과 사람 사이의 전파는 발견되지 않았고 의료진 감염 사례도 없다. 예방가능하고 통제할 수 있는 수준의 질병이다."[16] 타이페이에 있는 대만질병통제센터 관리들은 우한 사스 유사바이러스에 대한 보고를 받고는 놀라서 WHO에 비정형성 폐렴atypical pneumonia 발생에 대해 경고하는 이메일을 보냈다. 비정형성 폐렴은 사람 간 전파 가능성을 담은 말이다. 하지만 이후 WHO로부터 아무런 회신도 오지 않았다.[17] 그날 저녁 CCDC의 가오 푸 주임은 컬럼비아대학교의 감염병 학자 이안 리프킨Ian Lipkin 교수에게 전화를 걸어 신종코로나바이러스의 존재를 확인했지만 "전염성이 아주 강하지는 않다"고 말했다.[18]

우한 신종바이러스는 중국 주재 미국대사관에 꾸려진 팀의 제일 큰 관심사가 되었다. 일주일 안에 팀원들은 이 일에만 매달렸다. 미국 관리들은 중국국가보건위원회의 연락 상대와 접촉하고 미국 CDC는 중국 CCDC 측과 연락을 주고받았다. 하지만 중국 측에서 제공하는 정보는 공식보고 외에는 전혀 없었다. 위기가 시작되고 있는데 공중보건 분야에서 수십 년 이어온 미중 협력관계는 아무 도움이 되지 않는 것 같았다. 민감한 정보가 오갈 수 있는 막후 채널도 가동되지 않았다. 중국 측이 갖고 있는 연락수단은 사실상 모조리 먹통이 되어 버렸다. 입을 여는 사람이 아무도 없었다. 미국 보건복지부 팀은 사람 간 전파나 의료진 감염 사례, 무증상 감염 같은 핵심 정보에 접근하기 위해 중국 측 카운터파트에게 압박을 가했지만 중국국가보건위원회는 1월 내내 사람 간 전파의 증거는 없다고 강경하게 주장했다. 얼마 지나지 않아 주중 미국대사관 직원들은 중국 정부 전체가 점점 커지고 있는 우한 위기사태 관리에 매달려 있다는 사실을 알게 되었다. 미국대사관 관리는 당시 중국 관리들이 "그처럼 자신 없고, 겁에 질리고 불안해하는 모습을 보인 적이 없었다."고 우리에게 말했다.

우한에 있는 병원들에 수십 명의 새로운 환자들이 들어왔는데 모두 유사한 증상을 나타냈다. 1월 2일 전후해서 최초 환자 7명 가운데 6명의 샘플을 우한바이러스연구소와 다른 연구소에 보냈다. 바로 다음 날 중국국가보건위원회에서 해당 연구소에 샘플 검사결과를 공표하지 말라는 비밀지시를 내려보냈다. 그리고 바이러스 샘플을 폐기하거나 당국에 넘기라고 했다. 연구원들은 바이러스의 유전자 서열을 모두 알아냈음에도 불구하고 알아낸 정보에 대해 아무 조치를 취할 수가 없었다. 1월 8일 중국 연구자들이 신종코로나바이러스를 발견해 SARS-CoV-2로 이름을 붙였다고 월스트리트저널이 보도했다. 그로부터 이틀 뒤 중국 당국은 월스트리트저널 보도가 사실이라고 시인하면서도 신종바이러스의 유전자 서열은 공개하지 않았다.

장용젠张永振 Zhang Yongzhen 교수는 이 바이러스의 유전자 서열을 알아낸 중국 연구자 중 한 명이었다. 그는 호주의 바이러스 연구학자인 에드워드 홈즈Edward Holmes 교수와 공동연구를 진행했는데 홈즈 교수는 중국 당국이 중요한 정보를 외부 세계에 알리지 못하게 막자 점점 걱정이 되었다. 월스트리트저널 보도가 나오고 중국 당국이 보도내용이 사실이라고 확인하자 홈즈 교수는 장용젠을 다시 압박했다. 장용젠 교수는 고심 끝에 세상에 알려야 한다는 홈즈 교수의 뜻을 따르기로 했다. 홈즈 교수는 1월 11일 이 정보를 스코틀랜드에 기반을 둔 웹사이트 Virological.org에 올리고 곧바로 트위터에도 링크해서 올렸다. 이튿날인 1월 12일 중국 정부는 마침내 신종바이러스의 게놈 서열에 관해 자신들이 알아낸 정보를 공개했다. 비밀이 누설되는 바람에 어쩔 수 없게 된 것이었다.

WHO는 내부적으로 깜짝 놀랐다. AP통신 보도에 따르면 AP 기자들은 신종바이러스가 팬데믹으로 확대되고 몇 개월 뒤 내부 기밀문건들을 입수했다. 1월 6일 미국의 전염병학자로 WHO 신흥질병팀장으로 일하는 마리아 반 케르호브Maria Van Kerkhove는 내부 회의에서 이렇게 말했다. "우리는 너무 제한된 정보를 가지고 일하고 있다. 이런 상태로는 제대로 된 계획을 세울 수가 없다." WHO 중국사무소 대표인 가우덴 갈리아 Gauden Galea 박사는 다른 회의에서 이런 말을 했다. "우리는 지금 중국이 주는 대로 받기만 하는 처지이다. 이 사람들은 중국 텔레비전에 보도가 나오기 15분 전에 우리한테 내용을 알려준다."

WHO 관리들은 가공하지 않은 자료에 접근하지 못해 심한 좌절감을 겪고 있었다. "콩고 같은 곳에서도 이런 일은 없을 것이다." WHO의 마이클 라이언Michael Ryan 긴급대응 사무차장은 2018년 콩고에서 발생한 에볼라 바이러스 대유행을 지칭하는 듯 이렇게 말했다. "원 자료를 봐야 한다. 지금 시점에서는 그게 절대적으로 필요하다." WHO 관리들은 어떻게 해야 중국이 상세한 환자 자료를 제공해 주도록 설득할 수 있을지를 놓고 내부 토론을 벌이기도 했다. 라이언 사무차장은 이제 더 많은 압박을 가하는 쪽으로 '기어를 변속할 시간'이라고 주장했다. 그는 사스 때도 중국 측과 얼마나 힘들게 싸웠는지 환기시키며 동료들에게 이렇게 말했다. "그때와 똑같은 일이 벌어지고 있다. 상황이 어떤지 최신 정보를 알려달라고 끊임없이 매달려야 한다. 중국 당국이 남부 지방에서 투명하게 행동하지 않아 WHO가 큰 어려움에 처했다가 겨우 위기를 모면할 수 있었다." 그는 사스 사태 때 브룬틀란 사무총장이 그랬던 것처럼 단호하

게 대처해서 중국이 정신 차리도록 만들어야 한다고 주장했다.[19]

WHO 관리들은 또한 자기들이 고민하는 이런 애로사항을 미국도 충분히 알고 있다고 믿었다. 미국질병예방통제센터CDC와 국립보건원NIH 등에서 스무 명이 넘는 미국인들이 WHO에 파견되어서 일했다. 다른 나라들도 그렇게 했다. 이들 파견 직원들은 자국 정부, 심지어 자국 언론과도 정보를 공유할 것이 분명했다. 그렇게 해서 AP통신에도 정보가 간 것이었다. "우리가 아는 정보는 미국도 모두 알고 있을 것"이라고 WHO의 한 관리는 말했다. 이런 좌절감이 외부에는 알려지지 않도록 철저히 단속했다. 라이언 사무차장이 동료들을 상대로 중국의 비밀주의에 대한 불만을 토로한 직후 WHO 중국사무소 대표인 갈리아 박사는 중국 국영 텔레비전에 출연해 이렇게 말했다.

케이스 발생이 일단 멈춘 것처럼 보인다. 시장을 일시 폐쇄한 이후 신규 발생이 멈추었다. 사람 간 감염이 지속적으로 발생한다는 증거는 명확히 드러난 게 없다. 중국의 신속한 대응, 병원과 시장의 철저한 폐쇄조치 시행, 초스피드로 이루어진 조사 등은 중국의 대응능력이 향상되었음을 보여준다.[20]

2003년과 달리 현재의 WHO 사무총장은 중국을 자극할 생각이 없었다. 테워드로스 아드하놈 거브러여수스Tedros Adhanom Ghebreyesus는 2017년에 사무총장으로 선출되기 전 에티오피아에서 보건장관과 외무장관을 지냈다. 그는 중국 당국이 협력하도록 설득할 방법은 그들과 건설적인 협력관계를 유지하는 것밖에 없다고 생각했다. 중국은 지금 엄청난 위기에 직면해 있기 때문에 국제사회가 어느 정도 동정심과 인내심을 보여줄 필요가 있다는 게 그의 생각이었다. WHO의 고위인사들도 시진핑 주석은 이전 중국 지도자들과 좀 다르다고 생각했다. 그는 더 독재적이고 전임자들과 달리 외부의 압력에 쉽게 굴복하지 않는 타입이라는 것이었다. 외부에서 압박을 가하면 시진핑 주석은 완전히 문을 닫아 버려서 되는 일이 하나도 없을 것이라고 생각했다. 이전에 브룬틀란 사무총장이 했던 수법을 그대로 쓰면 시진핑은 참지 않을 것이라고 생각했다. 바이러스를 막으려면 중국과 협력하는 게 최후의 그리고 최고의 희망이라고 WHO 인사들은 생각했다. 그리고 중국 당국에 좋은 말로 아첨하는 게 필요하다면 그것은 치러야 할 대가라고 생각했다. WHO 사람들은 테워드로스 사무총장을 좋은 의미에서 노련한 정치인이라고 생각한다. 문제가 있으면 이해당사자들과 끊임없는 협의를 통해 매우 '유기적인 해결방법'을 채택하는 사람이라 했다. 나아갈 방향을 직감적으로 파악하고 지도자들에게 왜 그 길에 동참할 필요가 있는지 설득한다고 했다. 그는 대결을 기본입장으로 삼지 않고 화합을 통해 문제를 해결하는 사람이라는 것이었다.

테워드로스 사무총장의 개인적인 배경이 그의 이러한 철학이 만들어지는 데 영향을 끼쳤을 것이라고 말하는 보건 전문가들도 있다. 그리고 그런 철학이 WHO의 수장 역할을 수행하는 데 큰 비중을 차지한다는 것이다. 많은 아프리카 국가들은 미국이나 유럽인들이 생각하는 것보다 서방의 개입에 대해 부정적인 입장을 갖고 있다.(에티오피아는 공식적으로 식민지가 되지는 않았지만 1930년대 이탈리아와 전쟁을 치른 후 몇 년간 점령당했다.) 국제기구에서 아프리카 회원국들이 자신들의 주권을 지키는 일에 민감한 입장을 보이는 것도 이런 이유 때문이다. 서방 열강들의 과도하고 부당한 간섭에 맞서서 자신을 지키겠다는 생각을 하는 것이다. 이런 정서 탓에 테워드로스 사무총장은 국가 주권에 대해서 유럽 국가들보다는 중국의 입장에 더 가까운 입장을 보였다.[21]

1월 중순 주중 미국대사관은 비상계획을 가동하며 신속히 위기대응 모드로 전환했다. 브랜스태드 대사는 아이오와 주지사 출신으로 1985년 시진핑이 아이오와로 농업시찰을 왔을 때 처음 만난 사이이다. 그는 타운홀 미팅을 잇달아 열고 사람들에게 사태 진전에 관해 설명했다. 우한의 상황을 정확히 파악하고 중국 내 미국시민의 안전을 확보하는 게 급선무라는 점을 분명히 했다. 그리고 바이러스가 얼마나 빠른 속도로 확산되고 있는지, 바이러스의 기원이 어디인지를 알아내는 게 급하다고 했다. 우한에 미국 영사관은 있지만 보건복지부 직원은 상주하지 않고 국무부 직원이 보건 관련 업무를 함께 보았다. 패리시 푸엔테스와 미국 CDC의 역학 전문가들로 구성된 대사관의 보건 업무팀은 우한에 있는 국무부 직원들에게 매일 전화통화로 전염병에 관한 지식을 속성으로 가르쳤다. 우한의 시장과 현지 병원들을 포함해 무엇을 조사하고 어디를 조사할 것인지, 그리고 어떤 질문을 할 것인지를 알려주었다. 하지만 정보에 대한 접근은 대단히 제한돼 있었다. 발생건수와 현지의 록다운 조치 현황, 현지 병원의 상황 등에 관한 정보는 매일 중국 전역의 미국 외교공관을 통해 워싱턴으로 보내졌다.

1월 14일 WHO는 '가족 구성원끼리 제한된 형태로 사람 간 전파의 가능성이 있음'을 인정했다. 이튿날 중국질병예방통제센터CCDC의 리춘Li Qun 응급센터장은 이렇게 주장했다. "철저한 조사와 신중한 판단을 거친 결과 우리는 사람 간에 전파될 위험성은 낮다는 결론을 내렸다."[22] 나중에 우한에 있는 병원에서 일하는 의료진이 PBS 방송에 등장해 이렇게 말했다. "사람 간에 전파된다는 것은 이제 모두 아는 사실이다. 바보라도 안다. 그런데 왜 사람 간 전파가 아니라고 우기는가? 그래서 너무 혼란스럽다. 혼란스럽고 화가 난다."[23]

## 록다운

1월 중순 태국과 일본에서 신종코로나바이러스 감염 사례가 보도되기 시작했다. 모두 우한 방문자들과 관련이 있었다. 아시아에서 가장 유동인구가 많은 시기인 구정연휴가 빠르게 다가오며 추가감염 우려가 높아지고 있었다. 모든 사람이 다 목소리를 높여서 걱정하는 건 아니었다. 중국 당국은 계속해서 공개적인 언급을 극도로 아꼈고 주변 나라들은 정보 부족으로 깜깜한 상태였다. 1월 18일 우한에서는 구정을 앞두고 대규모 경축행사가 벌어졌다. 연휴가 시작되면 500만 명이 아무런 조치 없이 우한을 떠날 것이었다.[24] 이틀 뒤 중국 국영 언론들이 처음으로 시진핑 주석이 관리들에게 바이러스 확산 방지에 나서라는 지시를 내렸다고 보도했다. 수주에 걸친 침묵과 은폐, 엉터리 지시에 이어 중국 지도자가 마침내 공개적으로 위기의 심각성을 인정하고 위기관리를 직접 챙기기 시작한 것이었다. 그날도 시진핑의 지시에서 사람 간 전파에 대한 언급은 없었다. 그 때문에 많은 혼란이 뒤따랐다. 몇 시간 뒤 호흡기 전염병 전문가로 우한 현지 조사팀장을 맡은 중난산钟南山 Zhong Nanshan 박사가 사람 간 전파가 일어나고 있다는 사실을 확인해 주었다.[25]

중국의 문학상 수상작가인 팡팡方方 Fang Fang은 바이러스 발생 이후 우한에서의 삶을 기록한 일기에서 이렇게 썼다. "나의 첫 반응은 충격이었다. 하지만 그 충격이 이제 분노로 바뀌었다. 새로 나온 정보는 우리가 이전에 보고 들은 것과 완전히 배치되었다. 국영 언론들은 줄곧 우리에게 이 바이러스는 '사람 간 감염이 되지 않으며 통제가능하고 예방가능하다.'고 말했다."[26] 팡팡은 그전에 위챗에 올린 메시지에서 "정부는 절대로 이렇게 큰일을 감추려고 하지는 않을 것"이라고 썼는데 이번에는 "우리가 그동안 정부를 너무 믿었다."고 썼다.[27]

제네바에 있는 WHO 본부의 상황도 이보다 별로 나은 게 없었다. 1월 22~23일 WHO 비상위원회가 열려 코로나19를 국제적 공중보건비상사태PHEIC로 선언할지 여부를 논의했다. PHEIC는 다음 단계의 국제적 대응을 취하게 되는 공식선언이다. 2005년 국제보건규칙IHR이 개정되어 사무총장에게 국가적 요인과 회원국의 개별적인 목표와 무관하게 수집된 정보를 토대로 PHEIC를 선언할 권한을 부여했다. 사스 사태 이후 강대국 간 긴장이 느슨할 당시 WHO에게 이례적으로 과감한 권한을 부여해준 것이었다. 국제보건법 전문가로 외교위원회Council on Foreign Relations와 인디애나대학교에 소속된 데이비드 피들러David Fidler 교수는 이렇게 말했다.

공중보건비상사태PHEIC 선언은 공중보건과 국제보건규칙IHR에 명시된 핵심적인 조치들의 중요성에 대한 정치적 관심을 높이기 위해 도입되었다. IHR의 핵심 조치로는 감시 강화, 심각한 질병 발생 시 통보, 대유행 발생 시 정보 공유, WHO를 비롯한 다른 나라들과의 협력, 공중보건 역량 강화, 책임 있는 행동을 회피하지 말고 교역과 여행 관련 조치를 취할 것 등이 포함된다.[28]

하지만 테워드로스 사무총장 체제의 WHO는 PHEIC 효력에 대해 회의적인 시각을 키우고 있었다. 2019년 WHO 비상위원회는 콩고민주공화국DRC에서 에볼라 바이러스가 창궐했을 때 세 차례나 PHEIC를 선언하지 않기로 했다. 세 번 모두 테워드로스 사무총장이 결정을 승인했다. 당시 그러한 결정은 국제 보건 전문가들 사이에 큰 논란을 불러일으켰다. 의학저널 란셋Lancet은 2019년 6월에 비상위원회가 그 전 해 9월에 시작된 에볼라 바이러스 대유행에 대해 공중보건비상사태를 선언하지 않기로 하자 사설을 통해 위원회가 "비상사태 선언으로 야기될 경제적 피해가 혜택보다 크다는 이유로 비상사태 선언을 하지 않기로" 결정했다고 소개했다. 사설은 이어서 "이러한 결정은 기술적인 근거에 입각한 것이 아니라 정치적인 고려에 의해 내려진 것이며 잘못된 것"이라고 비판했다. 그리고 끝으로 "위원회가 세계를 지키는 것보다 지역보호주의를 더 우선시하는 것 같다."고 지적했다.[29] 압력이 고조되자 WHO는 그로부터 한 달 뒤인 2019년 7월 마침내 PHEIC를 선언했다. 그때는 이미 에볼라 바이러스가 콩고민주공화국 동부 르완다와의 국경 도시 고마까지 확산된 다음이었다. 사태를 면밀히 주시하고 있는 옵서버들이 보기에 그런 행동이 주는 메시지는 분명했다. 그것은 바로 WHO가 자신에게 주어진 권한을 행사하기를 꺼린다는 메시지였다.

점차 심각해지는 코로나19 위기사태를 논의하기 위해 2020년 1월 22일 비상위원회 회의가 열리기 전 며칠 동안 중국 관리들은 위원회 위원들을 상대로 PHEIC가 선언되지 않도록 해달라고 치열한 로비를 벌였다. WHO 주재 중국대사는 만약 PHEIC를 선언한다면 이를 중국에 대한 불신임으로 간주하겠다는 점을 분명히 했다. 이런 노력이 어느 정도 성공을 거두었는지 위원회 입장은 딱 반반으로 나뉘어졌다. 최종 결정권은 테워드로스 사무총장에게 넘어갔고 그는 에볼라 사태 때처럼 결정 연기를 선택했다. 위원회가 그를 전적으로 지지하며 방패막이 되어 주지 못하는 건 사실이었다. 그렇다고 하더라도 그가 개인적으로 비상사태 선언을 원한다는 사인은 없었다. 물론 중국의 협조가 필요한 시기에 중국을 소외시켜서 좋을 게 있을까 하는 점도 고려했다.

테워드로스 사무총장은 중국 방문 허가를 얻어내기 위해 노력을 쏟았다. 시진핑을 직접 만나 핵심 정보를 공유하도록 압박을 가하겠다는 생각이었다. 라이언 긴급대응 사무차장은 그 뒤 언론에 이렇게 말했다. "WHO는 공개석상에서 회원국들과 논란을 벌이거나 비판하지 않는다. 우리는 회원국들이 적절하고 적극적이고 종합적인 조치를 취하지 않는다고 생각될 때는 그런 점을 지적하면서도 그들과 건설적인 협력관계를 유지하기를 원한다."[30] WHO 관리들은 왜 중국 정부에 압력을 행사하지 않느냐는 질문을 받으면 무슨 좌우명처럼 이런 말을 되풀이한다.

WHO 고위 직원들도 2005년에 국제보건규칙IHR이 개정되며 브룬틀란 사무총장이 사스 사태 때 행사했던 재량권이 없어졌다는 말을 한다. 우리가 확인한 바에 의하면, WHO의 내부 규정을 보면 2005년 IHR 개정에 따라 사무총장은 특정 회원국이 규정을 준수하지 않더라도 그들과 불화하지 말고 또한 불화를 공개적으로 나타내지 못하도록 되어 있다. 서로 의견 불일치가 있을 때는 따르도록 규정한 분쟁해결 메커니즘을 분명하게 만들어 놓았다. 양손을 꼭꼭 묶어놓은 것이라는 불만이 있다. 정리하자면 WHO의 입장은 법적으로 아무런 선택의 여지가 없다는 것으로 WHO 직원들 가운데는 이렇게 의무조항으로 규정해 놓는 게 가장 현명한 자세라고 받아들이는 이들도 있다.

미국 관리들과 몇몇 국제 보건 전문가들은 개정된 국제보건규칙IHR에 대해 강한 불만을 나타낸다. 피들러 교수는 이렇게 말했다. "IHR 규정에는 코로나19 위기 기간 중 WHO더러 중국에 아부하라고 한 조항이 없다. 실제로는 대유행이 발생한 회원국이 반대하더라도 국제비상사태를 선포할 수 있도록 사무총장에게 추가적인 권한을 부여하고 있다. 2003년에 브룬틀란 총장에게는 그런 권한이 없었다." 피들러 교수는 이어서 브룬틀란 총장의 길과 테워드로스 총장의 길, 이렇게 두 가지 길 중에서 양자택일을 하라는 식으로 말하는 것은 잘못된 이분법이라고 했다. 실제로는 그 중간에 여러 갈래 선택지가 있었다. 하나의 예로 테워드로스 총장은 중국의 반응에 대해 가만히 침묵을 지킬 수도 있었다. 피들러 교수는 그렇게 했으면 '무언의 압박'이 되었을 것이라고 말한다. 아니면 중국 당국이 증거가 나왔음에도 불구하고 가능성을 축소시킨 사람 간 전파의 위험성에 WHO가 관심을 집중했을 수도 있다.[31]

미국의 WHO 상임대표인 앤드류 브렘버그Andrew Bremberg는 트럼프 행정부 때 백악관에서 국내정책위원회 국장으로 근무한 경력이 있는 사람이다. 1월 세 번째 주 테워드로스 총장이 베이징 방문 허가를 얻기 위해 애쓰던 와중에 브렘버그는 그에게 이렇게 말했다. "미국은 100퍼센트 당신 편이다. 만약 필요한 게 있으면 언제든지 전화를 달라. 하지만 당신은 지금 바이러스 문제를 정치화하고 있으니 조심하도록 하라." 테워드로스 총장이 중국 정부의 바이러스 대처 방식을 두둔한 것을 염두에 두고 한 발언이었다. 그리고 이렇게 말을 이었다. "당신은 우리가 사실이라고 믿고 싶은 말을 하고 있다. 하지만 우리는 그게 사실이 아닐까봐 두렵다. 그러니 조심하도록 하라. 당신은 자신의 평판과 조직의 평판 모두를 위험해 빠트리려고 하고 있다."

WHO와 미국이 왜 중국 다루는 문제를 놓고 이렇게 충돌하는지를 이해하려면 양측이 서로 합의한 내용에 대해 먼저 살펴보는 게 도움이 된다. 양측은 중국 내 상황이 심각하며 다른 나라들에 위협이 될 수 있다는 사실에 의견이 일치했다. 그리고 중국 정부가 핵심 정보를 은폐한다는 것과 시진핑 정권의 권위주의적인 특성이 위기관리 때 특별한 위험으로 작용한다는 점에 대해 생각이 같았다. 어떻게 대응할 것이냐는 방법을 놓고 양측 간 이견이 있는 것이었다. WHO는 간단히 말해 중국을 제쳐두고는 일을 제대로 할 수 없다는 생각을 한다. 트럼프가 집권하고 나서 3년 넘게 대결적인 접근법을 펴왔지만 중국의 태도를 더 협력적인 쪽으로 바꾸지 못했다는 게 WHO 사람들이 내린 결론이었다. 자기들이 하고 있는 접근방식은 더디더라도 성과를 낼 것이라고 믿고 있었다. 중국 당국은 WHO 중국 사무소장인 갈리아 박사와 협조적인 관계를 유지하고 있고, 조만간 이들의 방문을 받아들일 것이라고 했다. 이들은 또한 중국이 큰 곤경에 처해 있다는 점에 동정심을 갖고 있고, 중국 당국의 대응 속도와 대응 규모에 대해 상당히 좋은 인상을 받고 있었다. WHO의 입장에서 보면 자기들 혼자서 하는 것이었다. 중국을 협력적으로 만들기 위한 대안을 가진 나라가 아무도 없었다. 미국이 중국에 압박을 가하는 대열에 다른 나라들을 줄 세우기 하고 있는데 WHO가 나서서 이를 막을 방법이 하나도 없었다. 하지만 그건 자기들이 할 일이 아니었다. WHO와 같은 생각을 가진 나라는 있었다. 예를 들어 영국 관리들은 미국의 입장이 영국 정부가 따를 만한 현실적인 대안이 아니라고 생각했다. 베이징 주재 영국대사관은 정보 공유를 거부하는 중국의 입장을 보고 심한 좌절감을 느꼈지만 그래도 건설적인 방법으로 이들을 포용해야 한다는 입장이라고 영국 관리들은 우리에게 말했다.

반면에 미국 관리들은 이를 두고 전에도 본 적 있는 영화장면 같은 것이라고 믿고 있었다. 중국 당국은 2003년에 그랬던 것처럼 이번에도 자기들이 살기 위해 위기사태를 은폐하려고 했다. 미국 관리들은 시진핑은 독재자이지만 세계무대에서 중국의 입지를 끌어올렸다고 했다. 그래서 만약 도덕적인 권위를 가진 WHO가 중국이 얼마나 방해공작과 지연작전을 폈는지를 있는 그대로 세계에 알린다면 중국이 좀 더 협력적으로 나올 것이라고 생각했다. 중국은 독립적인 생각을 가진 과학자 몇 명이 그렇게 하자 비로소 SARS-CoV-2 바이러스의 게놈 서열에 대해 알아낸 결과를 공개했다. 이처럼 늘 압력이 가해져야 움직였다. 뿐만 아니라 중국의 비위를 맞춰 주다가는 공중보건비상사태PHEIC 선언이나 여행제한 조치 권유 같은 중요한 조치를 취할 시간을 놓치게 된다. 이런 조치들이 빨리 취해졌더라면 바이러스 확산 방지를 위한 대열에 세계가 함께 나설 수 있었을 것이다. 미국 국가안보 담당 관리들의 눈에 WHO가 공개적으로 발언하지 않은 것은 단순히 중국의 비위를 맞추는 데 그치지 않고 의도적으로 시간을 지연시키려는 행동으로 비쳤다. WHO는 중국의 협력을 기다리는 것이라고 하지만 그건 오지 않을 상대를 기다리는 헛된 희망에 불과했다. 중국의 비위를 맞추며 허비한 매일 매일 WHO는 사실상 중국이 사람 간 전파에 관한 진실을 은폐하는 데 공범으로 가담한 것이었다. 우리와 대화를 나눈 다수의 트럼프 행정부 소스에 의하면 미국 관리들도 테워드로스 사무총장이 계속 중국 비위를 맞추는 한 유럽 국가들은 WHO의 체면을 지켜주기 위해 중국 비판을 삼갈 것으로 보았다. 미국이 WHO의 처신에 불만을 품은 또 하나의 이유는 아이러니하다. 미국 관리들은 트럼프 대통령이 중국에 압력을 가할 것이라고 믿을 수가 없었다. 왜냐하면 트럼프가 1월 미중무역협정 체결 이후 계속 시진핑과 좋은 관계를 유지하고 싶어 했기 때문이다. 그래서 이들이 트럼프 대신 국제 다자기구로 눈을 돌렸다는 것이다.

한편 베이징 주재 미국대사관은 구정 연휴 기간 동안 공식적으로 문을 닫고 관례대로 많은 직원들이 휴가를 떠났다. 브랜스태드 대사는 1월 23일 뉴질랜드로 떠났지만 베이징에 남은 빌 클라인Bill Klein 부대사와 매일 연락을 주고받았다. 베이징과 상하이의 병원들이 대사관 직원들은 아프더라도 병원에 오지 말라고 대사관에 통보해 왔다. 미국 외교관들을 비상시 후송하기로 되어 있는 싱가포르도 환자를 보내지 말라는 메시지를 미국대사관으로 보내왔다. 클라인 부대사는 브랜스태드 대사에게 이렇게 말했다. "맙소사, 중국이 봉쇄조치를 내리는 것 같아요. 사태의 불확실성이 시시각각 달라지고 있습니다. 여기도 안전할지 모르겠습니다." 두 사람은 중국 체제가 이대로 폭발해 버리는 게 아닌지 걱정했다. 브랜스태드 대사는 휴가를 중단하고 급히 귀임했다. 자기 임기 중 가장 중요한 몇 가지 결정을 내려야 할 것이라는 생각을 했다. 그 가운데는 규모와 속도 면에서 전례가 없는 미국 외교관 긴급 철수도 포함돼 있었다.

그는 1월 28일에 대사관으로 복귀했다.

미국대사관 직원들은 중국 당국이 내놓는 공식 메시지가 아니라 지상에서 취하는 조치들을 보고 상황을 파악하기 시작했다. 우한시가 있는 허베이성河北省에는 길거리에 경찰력이 대대적으로 늘고 군대가 투입되고 여행제한조치가 내려졌다. 대사관의 보건 파견관인 푸엔테스는 '드디어 올 것이 왔구나.'는 생각이 들었다. 현대 세계사에서 유례가 없는 대규모 방역조치였다. 목요일인 1월 23일이었다.

시진핑은 내부적으로 봉쇄조치를 내리고 우한 외에도 추가로 3개 도시의 출입을 막아버렸다. 1억 명이 넘는 사람들을 폐쇄시켜 버린 매우 이례적인 조치였다. 공중보건 분야에서 이 정도 규모로 이렇게 철저한 방역조치가 내려진 건 전례가 없었다. 시진핑은 바이러스와의 '인민전쟁'을 선포했다. 개인 차량 이용이 금지되고 시민들에게 외출금지령이 내려졌다. 식료품을 사러 나가거나 병원에 가는 것만 예외로 허용되었다. 중국 전역에 가장 높은 단계인 1급 비상사태를 선포하고 모든 대응 권한을 베이징에 있는 국가위생보건위원회에 일임했다. 우한시에는 2주 만에 2개의 임시 감염병 전문병원이 건설됐다. 체육관에 임시병상을 설치해 경증환자들을 치료했다. 중국 전역에서 4만 3,000명의 의사, 간호사, 공중보건 전문가가 우한으로 투입됐다.[32] 중국 당국은 마스크, 장갑, 방호복, 산소호흡기 등의 개인보호장비PPE 생산에 총력을 기울이고 필요한 물품은 수입해서 들여왔다.

봉쇄조치가 발표된 이틀 뒤인 1월 25일은 구정이었다. 앞에서도 소개했듯이 구정 연휴는 전통적으로 이동인구가 연중 가장 많은 시기이다. 미국의 추수감사절과 크리스마스를 합한 정도로 보면 된다. 미국대사관은 바이러스가 아시아 전역으로 확산될 수 있다는 우려를 했다. 우한은 봉쇄되었지만 감염된 사람들이 이미 상하이, 베이징은 물론이고 해외 어디로든 갔을 수가 있었다. 중국 당국은 우한발 항공편을 정상적으로 운항했다. 미국대사관 보건팀은 중국 관리들이 이렇게 감염 위험이 높은 상황에서 항공편 운항에 아무런 제한을 가하지 않는 것을 보고 놀랐다.

테워드로스 사무총장은 베이징 방문을 허락해 달라고 중국 관리들에게 계속 졸라서 마침내 1월 28일 중국을 방문했다. 라이언 사무차장을 비롯한 WHO의 고위직 인사들이 동행했다. WHO 관리들은 당시 사태의 심각성을 직접 목격하고, 또한 중국 당국이 바이러스 확산을 막기 위해 취한 조치들을 보고 감동했다고 했다. 이들은 시진핑 주석 앞에서는 아주 얌전하게 굴었다. 하지만 테워드로스 총장은 왕이 외교부장을 만나서는 추가적인 협력조치를 취해달라고 요구했다. 표현을 절제했지만 입장은 강경했다. 라이언 사무차장을 비롯해 그 자리에 함께 배석했던 인사들은 이런 태도가 반발을 부르지 않을까 걱정했다. 하지만 테워드로스 총장은 방문 목적을 얻어내는 데 성공했다. 국제조사팀이 중국을 방문할 수 있도록 하는 허락을 받아낸 것이다. 테워드로스 총장은 자신의 접근 방식이 옳았다고 생각했다.

조사단 방문 허락을 받아낸 다음 그는 중국의 대응조치에 대해 찬사를 쏟아냈다. "중국 체제의 효율성과 강점이 입증되었다." "시진핑 주석은 대응조치를 직접 지도하고 실행에 옮김으로써 위대한 지도자로서의 역량을 보여주었다."[33] 중국 방문을 마치고 제네바에 도착한 몇 시간 뒤 가진 기자회견에서 라이언 사무차장은 그 전에 사적으로 했던 것과 전혀 다른 말을 공개적으로 했다. "투명성에 아무런 문제가 없었다. 나는 2002년, 2003년 사스 때도 직접 일을 해보아서 아는데 직접적인 현장 경험으로 볼 때 당시 중국이 한 행동과 지금 중국이 하는 행동은 비교가 안 될 정도로 완전히 다르다."[34]

이들의 공개발언은 중국 정권이 저지른 비밀주의, 은폐행위들과 너무 맞지 않을 뿐만 아니라 WHO가 내부적으로 해온 평가와도 서로 배치됐다. 이들이 한 말을 듣고 미국 관리들은 당황했다. 시진핑 개인을 찬양하고 정권의 비밀주의를 외면하는 발언들은 너무 지나쳤다. 이전에 발생한 대유행 때 WHO는 항상 여행제한과 영업활동제한에 부정적인 입장이었다. 그런 조치가 전 세계적으로 가장 취약한 계층의 사람들에게 충격을 준다는 이유에서였다. 개발도상국가들에서 바이러스 퇴치활동을 하며 그런 입장이 만들어졌다. 그런데 WHO가 이런 조치들을 받아들인 것은 중국 내 상황이 그만큼 심각하다는 반증이기도 했다.

베이징 주재 미국대사관은 곧바로 주요 관심을 중국 내 교민 보호에 맞추었다. 가족을 포함해 수천 명의 미국인이 중국에 와 있었다. 우한 총영사관에도 외교관과 가족, 건설근로자 등 모두 35명의 미국인이 고립돼 있었다. 우한에 있는 교민들부터 먼저 철수시켜야 하는데 어떻게 해야 할지 아무도 방법을 몰랐다. 중국 측은 심각해지는 위기사태에 골몰한 나머지 처음에는 이 일에 아무런 관심도 보이지 않았다. 미국대사관은 지상을 이용한 철수를 생각해 보았지만 일이 너무 복잡했다. 미국 국무부는 201명 정원의 전세기 투입을 제안했다. 중국은 28일 자정부터 새벽 4시 사이에 시간을 내주었고, 총영사관 인력 35명과 우한에 남아 있던 미국 교민 160여 명이 그곳을 떠났다. 이후 며칠 사이에 미국대사관은 후베이성에서 탈출을 원하는 교민 1,000여명이 더 있다는 사실을 알게 되었다. 그 가운데는 미국에서 태어난 중국인 어린 아기 100~150명이 포함돼 있었다. 아이들의 중국인 부모는 미국에서 일하고 있고 후베이성에 사는 조부모들이 대신 키우는 아기들이었다. 중국 정부는 미국 여권 소지자가 아닌 사람은 절대로 출국허가를 내 줄 수 없다고 강경한 입장을 보였다. 돌보는 사람 없이 아기들만 비행기에 태워야 하는 상황이 벌어진 것이다. 혼란스러운 한 주일이 지나가고 있었다. 브랜스태드 대사와 클라인 부대사는 떠날 방법을 놓고 중국 측과 협상을 계속했지만 마지막 순간까지 일이 어떻게 풀릴지 자신할 수 없었다. 아이 조부모들에게 어떻게든 방법을 마련해 볼 테니 일단 공항으로 나오라고 했다. 출국하려면 여러 부처에서 허가가 떨어져야 하는데 당시 중국 관리들은 외국인들을 가능한 한 빨리 내보내겠다는 입장이었다. 아기들 조부모 출국 여부는 사소한 문제에 속했고 마침내 이들에게도 출국허가가 내려졌다. 사소한 일이지만 인도주의적인 면에서 대사관이 거둔 의미심장한 승리였다. 그 주에 모두 5대의 전세기가 이륙했다. 하지만 그것은 후베이성에 국한된 일이었다.

1월 30일 브랜스태드 대사는 워싱턴에 전문을 보내 특히 가족을 포함한 대사관 비핵심 인력의 자발적인 철수를 허가해 달라고 요청했다. 1월 31일 답신이 왔는데 철수는 자발적이 아니라 의무적으로 이루어져야 한다는 내용이었다. 직원 가족 모두와 21세 이하의 직원, 비핵심 외교인력은 실무적으로 가능한 한 빠른 시일 안에 철수하기로 했다. 미국대사관은 외교관 3분의 2를 줄이기로 했고 마지막에는 전체 인원의 20퍼센트만 남게 되었다. 모두 합해 1,000명이 넘는 미국인이 떠났다. 미국 국무부 역사상 가장 대규모의 외교관 비상소개가 이루어진 것이다. 브랜스태드 대사는 외교관 귀국을 탄력성 있게 추진할 생각이었지만 본국 국무부는 남는 인원을 가능한 한 줄이려고 했다. 대사관 측은 앞으로 공중보건 위기사태가 잦아들면 중국에 핵심 외교 인력을 유지하는 게 얼마나 중요한지 본국에서 제대로 인식하지 못한다고 생각했다. 대사관 직원들은 대사관을 유지하는 것은 핵발전소를 유지하는 것과 같다고 생각했다. 그냥 꺼버리면 되는 게 아니라 계속 가동시켜야 하는 것이었다. 본국에서 그런 입장을 취하는 데는 또 다른 실질적인 이유가 있었다. 첩보 분야에서 중국과 미국은 서로 경쟁관계에 있기 때문에 예방조치를 취하는 게 중요했다. 워싱턴의 고위관리들은 중국이 바이러스 사태를 이용해 미국 외교관들을 병원에 격리시킨 다음 혈액 샘플을 채취하려고 들 수 있다는 점을 우려했다. 이런 일이 일어나도록 해서는 안 되었다. 어떤 상황에서도 자국 외교관들을 중국 정부가 치료 명분으로 억류하도록 방치해둘 수는 없었다. 그래서 본국으로 불러들이려는 것이었다.

WHO 대표단이 중국을 방문하고 난 며칠 뒤 미국의 WHO 상임대표인 브렘버그는 테워드로스 사무총장에게 중국 관리들에게 압력을 가해 코로나19 초기 사례의 샘플을 입수해 달라고 부탁했다. 미국 연구자들은 바이러스의 성장 비밀을 알아내기 위해 샘플이 절실히 필요했다. 테워드로스 총장은 아주 조심스럽게 중국 측에 샘플 공유를 요청했다. 극비리에 요청한 것이다. 며칠, 몇 주가 지났는데도 중국 측으로부터 아무런 답변이 오지 않았다. 브렘버그 대표는 테워드로스 총장에게 WHO가 "우리는 노력했지만 중국 측에서 협조할 의사를 보이지 않았다."고 말할 시점이 온 것이라고 했다. 원래부터 중국의 협조를 이끌어내는 방법을 놓고 미국 측과 생각의 차이가 있었지만 WHO 관리들은 그렇게 말했다가는 중국과의 협력 가능성은 완전히 날아가 버린다고 생각했다. 넓게 보면 트럼프 대통령의 반 중국 입장을 뒷받침해 주는 발언이기 때문이었다. 미국 관리들은 그런 의도와는 무관하다고 부인했다. 중국이 한 행동과 하지 않은 행동을 있는 그대로 정확하게 말해 달라고 WHO에 요청했을 뿐이라고 했다. 중국을 직접 비난해 달라고 부탁한 게 아니라는 말이었다. 2월 중순 미국인 2명이 포함된 WHO 전문가 그룹이 중국 방문 허가를 받았지만 이들은 방문기간 중 중국 당국의 철저한 통제를 받았다. 방문단 일부만 우한 방문 허가를 받았으나 그것도 딱 하루 동안 병원 두 곳을 둘러보는 게 전부였다. 바이러스 첫 발생지로 생각되는 우한시장 방문은 허락되지 않았다. 실제로 이들은 바이러스의 기원과 중국의 초기 대응에 대해서는 조사를 하지 않기로 사전 동의를 해야만 했다. 이 그룹이 제출한 최종 보고서는 "바이러스에 대한 예방 및 통제조치를 직접 지도하고 실행에 옮겼다."며 시진핑 주석을 칭찬했다.[35]

봉쇄조치를 취한 지 한 달 지나지 않아 우한의 바이러스는 통제되는 듯이 보였다. 철저한 격리 방안들이 효과를 발휘한 것 같았다.[36] 봄이 되면서 중국은 미국을 비롯한 민주국가들은 이해하기 어려운 조치들을 취하기 시작했다. 가족이라도 확진자가 나오면 격리시켰다. 유아도 예외가 아니었다. 대학이 다시 문을 열었지만 학생들은 캠퍼스 안에만 머물러야 하고 마스크를 쓴 사람의 신원까지 확인 가능한 안면인식 카메라를 설치하는 공안법을 시행했다. 하지만 높은 인구밀도 때문에 교실과 직장에서의 사회적 거리두기를 실행하는 데는 어려움을 겪었다.[37] 우한의 상황을 담은 사진들을 보고 중국인들은 경악했다. 사람들은 소셜미디어에서 정부의 은폐와 억압에 대한 분노를 쏟아내며 코로나19를 '중국의 체르노빌'이라고 불렀다. 공산정권의 거짓말과 무능을 드러내 보인 소련 원자력발전소 폭발사고에 비유한 것이다. 중국 당국은 인내심을 발휘하고 있었다. 3월이 되자 바이러스와의 전쟁에서 우위를 보이기 시작한 것 같았다. 위협 하나를 제압하자 당국은 다른 적들을 잡으러 나섰다.

## 반정부 목소리 탄압

중국 당국은 서투른 초기 대응 뉴스가 외부로 흘러나갈 경우 중국공산당의 명예에 누가 될 것임을 알고 있었다. 그래서 시진핑 주석은 공식발표에 의문을 제기하는 국내의 반정부 목소리를 신속히 단속하기로 했다. 또한 국제적으로는 코로나19 위기에서 중국의 책임론이 불거진 내용들의 쟁점을 흐리기 위한 선전공세를 대폭 강화했다. 이런 움직임은 시진핑 주석의 권위적인 통치 스타일과 관련이 있다. 팬데믹이 시작되기 전 몇 년 동안 시진핑 주석은 표현의 자유와 사상의 자유까지 탄압했다. 교수들은 수업시간에 강의실에서 감시를 당했다. 사람들이 개별적으로 하는 행동을 토대로 사회적 신용점수가 매겨지고, 해외여행 허가 심사에도 이 신용점수가 반영되고, 대학 진학과 국가 공무원이 되는 데도 이 신용점수가 영향을 미치도록 했다.

감염병을 물리치는 게 일차적인 목적이지만 중국공산당은 더 직접적으로 통제해야 되겠다고 생각한 대상들도 감시했다. 경보를 올리려는 사람들을 단속함으로써 질병에 관한 정보의 흐름을 차단하려고 했다. 의사들이 일차 대상이 되었다. 리원량李文亮은 위챗WeChat의 의대 동문 단체 대화방에 신종바이러스에 대한 경고 메시지를 올렸다가 병원 당국으로부터 경고를 받은 다음 경찰에 불려가 조사를 받았다. 그는 '불법적인 행동'을 했다고 자백하는 진술서를 작성한 뒤 풀려났다. 또다시 부정적인 발언을 하면 처벌받을 것이라는 경고도 받았다. 하지만 그는 아랑곳하지 않고 1월 31일, 2월 1일 연달아 웨이보에 메시지를 올려 사람들에게 신종감염병의 위험성을 알렸다. 자기가 받은 경고장과 자신이 코로나19에 감염되었다는 사실도 함께 올렸다. 그로부터 일주일 뒤인 2월 7일 그는 사망했다.[38] 그는 죽기 전 병상에서 기자에게 이렇게 말했다. "건강한 사회가 되려면 한 가지 이상의 목소리가 있는 게 마땅하다고 생각한다.

공권력을 사용해 과도하게 간섭하는 것은 좋지 않다." 그의 사망 사실이 알려지고 몇 시간 만에 200만 명이 넘는 사람들이 '나는 표현의 자유를 원한다'(#Iwantfreedomofspeech)라는 해시태그를 달았다.[39] 의사인 아이펀艾芬 박사는 12월 30일 신종바이러스에 대한 정보를 접하고 1월 1일 동료들에게 이 바이러스의 위험성과 함께 마스크를 쓰라고 권하는 메시지를 올렸다. 그녀는 곧바로 병원의 상사들로부터 질책을 들었다. 상사들은 그녀에게 이렇게 말했다.

간부회의에 나가면 사람들 앞에서 고개를 못 들겠다. 이 사람 저 사람이 우리 병원에 어떻게 아이펀 같은 의사가 있느냐며 우리를 나무란다. 우한중앙병원의 응급실 실장으로 당신은 전문가이다. 어떻게 근거도 없이 이런 헛소문을 퍼트릴 수 있느냐. 도대체 조직원으로서의 개념이 눈곱만큼이라도 있는 사람이냐?[40]

3월 초 아이펀 박사는 중국 잡지 런우任务 Renwu와 가진 인터뷰에서 당국이 신종바이러스에 대해 거짓말을 하고 있다고 비판했다. "무슨 일이 일어나고 있는지 알았더라면 나는 처벌받는 걸 겁내지 않았을 것이다. 누구에게든 어떤 자리에서든 내가 아는 사실을 무조건 말했을 것이다." 중국 당국은 런우의 인터넷 계정에서 인터뷰 내용을 재빨리 삭제했지만 사람들은 다른 소셜미디어에 금방 다시 올렸다. 검열을 피하기 위해 모르스 코드나 이모지스를 이용하기도 했다.[41] 얼마 뒤 호주의 뉴스쇼

'60 미니츠'60 Minutes는 아이펀 박사의 친구들이 2주 넘게 그녀와 연락이 되지 않는다며 실종으로 추정된다고 보도했다. 국제적인 분노가 쏟아지자 그녀는 자기는 지금 중국 안에서 이곳저곳을 자유롭게 돌아다니고 있다고 말하는 내용의 비디오를 웨이보에 포스팅했다. 당국이 연출해서 만든 비디오인지 여부는 분명치 않았다.[42] 중국 네티즌들은 그녀를 '내부고발자'Whistle-giver로 불렀다.

시진핑의 중국 정부는 비밀주의와 정권의 이익을 위해 움직였지만 많은 일반시민들은 정부의 요구대로 순순히 따르지 않았다. 엄청난 위험부담이 따르는 일이지만 그래도 사람들은 수단방법을 가리지 않고 진실을 알리겠다는 의지를 굽히지 않았다. 우한에서 의류판매업자로 일하는 팡빈Fang Bin은 1월 중순부터 코로나바이러스 대유행의 현장을 담은 비디오를 포스팅하기 시작했다. 2월 1일 그는 부대에 담긴 시체 8구를 병원 바깥에 세워둔 미니밴 옆에 쌓아놓은 것을 찍은 40분짜리 비디오를 게시했다. 그는 "너무 많은 사람이 죽어나가고 있다."고 한탄했다. 비디오는 사람들 사이에 순식간에 퍼져나갔다. 그는 그날 밤 집으로 몰아닥친 사람들에게 끌려갔다가 며칠 뒤 풀려났다. 2월 13일 그는 13초짜리 영상을 포스팅하며 "모든 사람이 들고 일어나야 한다. 정부의 권력을 인민에게 돌려 달라."고 했다. 공안이 다시 그의 집으로 들이닥쳤다. 공안은 그의 건강문제 때문에 왔다고 했으나 그는 문을 열어주지 않고 공안은 문을 부수고 들어왔다. 그날 이후 그의 행방은 알려지지 않고 있다.[43]

인권변호사로 일하며 시민기자로 활동한 첸 치우시Chen Qiushi는 홍콩 시위를 사람들에게 알리면서 경험을 쌓았다. 1월 말 쯤 그는 우한으로 가서 병원을 돌며 환자들을 인터뷰했다. 그는 40만 명의 유튜브 구독자들에게 이렇게 말했다. "이곳에서 실제로 어떤 일이 벌어지고 있는지를 카메라에 담으려고 합니다. 진실이 감추어지지 않도록 하겠다고 약속합니다."[44] 2월 2일 그는 실종되었는데 실종 시점이 그렇게 된 게 우연이 아니었다. 2월 초 대유행 사태를 논의하기 위해 정치국 상임위원회 긴급회의가 소집되었는데 그 자리에서 '인터넷 통제 강화'의 필요성이 결의되었다.[45] 그해 봄 후반 중국 당국은 오픈소스 커뮤니티 깃허브GitHub의 테르미누스Terminus2049에 글을 올린 중국 프로그래머들을 체포했다. 이들은 아이펀 박사 인터뷰를 비롯해 바이러스 발생 초기 단계에 포스팅한 디지털 게시물이 삭제되는 것을 막기 위해 활동하는 사람들이었다.[46] 3월 말 중국 당국은 바이러스와 관련 '허위사실이 유포되는 것'을 막기 위해 897명을 처벌했다고 밝혔다. 실제로 처벌받은 사람은 그보다 훨씬 더 많은 것으로 알려졌다.[47]

중국 당국은 중국인 기자, 활동가, 프로그래머를 처벌하는데 그치지 않았다. 2월에는 특정 기사에 불만을 품고 월스트리트저널 기자 3명을 추방했다. 외교정책 분석가인 월터 러셀 미드Walter Russell Mead가 쓴 '중국은 아시아의 진짜 병자'China Is the Real Sick Man of Asia라는 제목의 기사를 문제 삼았다. 이에 맞서 미국은 미국에 주재하는 5개 중국 국영 언론사들에게 허가해 준 중국인 주재원 수를 줄여 버렸다. 중국은 이를 정보 흐름을 더 옭아매는 명분으로 활용했다. 중국 외교부의 화춘잉華春瑩

대변인은 트위터에 "미국이 싸움을 걸어왔다. 한판 붙어보자."라고 올렸다.[48] 이어서 중국은 뉴욕타임스, 워싱턴포스트, 월스트리트저널 특파원 모두를 추방해 버렸다. 이 갈등은 코로나19와는 별로 관계가 없고 중국이 노리는 더 큰 구도와 관련이 있었다.

## 전랑 戰狼외교

중국 안에서 재앙이 일어나고 있다는 사실을 전 세계가 알기 시작할 무렵 중국 당국은 외부 세계와 완전히 단절될 것을 걱정하고 있었다. 그래서 여행객이 중국을 계속 오갈 수 있도록 하려고 다른 나라들에 많은 압력을 가했다. 베트남, 호주는 중국의 권고를 무시하고 중국에 대한 여행금지조치를 내렸다. 한국과 이탈리아 같은 나라들은 여행을 계속 허락했다. 67세인 훈센 캄보디아 총리는 여행금지조치를 내리면 중국과의 관계가 완전히 단절될 것이기 때문에 그렇게 하지 않겠다고 했다. 심지어 그는 바이러스 위기가 한창인 1월에 우한을 방문하겠다는 의사를 밝히기도 했다. 자신의 권력을 공고히 하는 데 큰 역할을 해준 중국 측에게 보답하겠다는 제스처가 분명했다.[49]

위기사태 초기에 유럽연합EU은 조심스레 인도적인 지원을 중국에 보냈다. 그 자체로는 중요한 일이었다.(중국의 입장을 고려해 조심스레 지원한 것이었다.) 에마뉘엘 마크롱 프랑스 대통령은 자기 보좌관에게 때가 되면 중국이 이번에 보여준 호의를 기억할 것이라고 했다.[50] 3월 팬데믹이 유럽을 휩쓸자 중국은 보답하듯 지원품을 보내기 시작했다. 중국 당국은 유럽으로 보낸 물품이 대대적인 환영을 받았고, 받은 나라들로부터 지원에 감사하는 공개적인 선언이 이어졌다고 주장했다. 중국의 지원을 공개적인 일로 보이도록 한 것이었다. 중국이 보낸 물품이 원조물자인지 수출품인지 불분명한 경우가 많았다. 한 번은 이탈리아가 중국에 30톤의 물품을 기부했는데 중국은 나중에 그 물건을 되돌려 보내고는 이탈리아 정부에 대금지불을 해달라고 요구했다.[51] 독일마셜펀드German Marshall Fund 보고서에 따르면 중국과 우호적인 관계를 긴밀하게 맺고 있는 나라들은 그렇지 않은 나라들보다 더 많은 지원품을 받았다.[52] 중국이 보낸 물자가 하자품인 경우들도 있었다. 스웨덴은 중국산 마스크 60만 장을 되돌려 보냈고, 스페인은 중국산 검사 키트 5만 개를 폐기처분했다.[53]

EU의 외교안보정책 고위대표인 조셉 보렐Josep Borrell은 "선전술과 관용정책을 통해 영향력을 행사하려는 의도를 포함해 지정학적인 의도가 들어 있다."고 경고했다.[54]

2020년 중국은 이전과 달리 경제, 정치적인 영향력을 노골적으로 내세우며 국제무대에서 목소리를 더 키웠다. 이런 태도는 중국의 인기 액션영화 제목을 본떠 '전랑戰狼외교'로 불렸다. 영화에서 주인공 렁펑은 문제아이지만 우수한 군인이다. 그는 중국인민군 특수부대에 들어가 미군이 포함된 용병조직과 맞붙는다. 그가 특수부대에 들어간 날 지휘관이 병사들에게 왜 자기들이 하는 의식이 중요한지 묻자 병사들은 이렇게 소리친다. "우리는 특별하기 때문입니다!" "우리 모토가 뭐지?"라고 지휘관이 묻자 병사들은 활짝 웃으며 "겸손입니다!"라고 소리친다.[55]

전랑외교는 유럽에서 위력을 발휘했다. 루샤예卢沙野 Lu Shaye 프랑스 주재 중국대사는 바이러스가 미국에서 유래되었다는 식으로 음모론을 트위터에 올렸다.[56] 프랑스 주재 중국대사관은 '파리 주재 중국 외교관의 관찰'이라는 제목으로 익명의 논문 5편을 대사관 웹사이트에 올렸다. 이 논문들은 프랑스 정치인들을 인종차별적이라고 비난하고, 바이러스가 미국에서 유래되었다는 음모론을 주장하고, 유럽의 요양원 근무자들이 '밤에 자리를 비우고 집단으로 근무를 태만해서 수용자들이 허기와 병으로 죽게 만들었다'고 욕했다.[57] 장 이브 르드리앙Jean-Yves Le Drian 프랑스 외무장관은 4월 14일 루샤예 대사를 불러 이 일에 대해 항의했다.[58]

EU가 중국의 압력에 굴복하는 듯이 보이는 우려스러운 징조들도 있었다. 5월 초 중국에 주재하는 EU 회원국 대사 27명이 중국의 영자신문 차이나데일리China Daily에 EU와 중국의 협력관계를 요구하는 공개 의견서를 실었다. 의견서는 중국에 대해 매우 긍정적인 입장이었다. 하지만 중국 당국이 내용 중에서 중국 정부의 코로나19 대처방식에 대해 비판적인 내용이 담긴 부분을 삭제한 뒤에야 의견서가 보도되는 걸 허가해 주었다는 사실이 금방 드러났다. 중국공산당은 또한 이 의견서가 중국어로 게재되는 것은 불허했다. 내용 중에서 문제가 될 소지가 있는 부분은 모두 삭제한 다음에도 그랬다.

초반에 오락가락했지만 유럽 국가들은 얼마 안 가서 중국의 행동에 반대입장으로 돌아섰다. 중국 기업이나 중국이 후원하는 단체가 팬데믹으로 인한 경기침체를 틈타 유럽의 자산을 저가에 주워 담아 이득을 취하지 못하게 금지하는 투자규제를 발동했다. 몇몇 국가들은 자국의 5G 인프라에서 중국의 거대 통신장비 업체인 화웨이를 밀어내기 시작했다. 앞서 회의적인 시각으로 보던 미국의 요구를 받아들이기로 한 것이다. 유럽의 정책 입안자들이 처음으로 국제관계를 다변화해서 중국에 대한 의존도를 낮출 필요성에 대해 말하기 시작했다. 특히 홍콩의 학생 시위대 진압, 신장지역의 위구르족 무슬림에 대한 집단 탄압 등 중국의 억압적인 행동에 대해 보다 확실하게 반대입장을 밝히기 시작했다.

지구 반대편에서도 중국은 비슷하게 반응했다. 코로나19의 기원에 대한 국제조사를 실시하자고 요구했을 때 쳥징예成競業 Cheng Jingye 호주 주재 중국대사는 인터뷰에서 이렇게 말했다. "여러분이 지금 하는 짓을 보고 중국 국민은 좌절하고 당황하고 실망했다. 장기적으로 이런 분위기는 더 악화될 것이다. 사람들은 중국에게 그렇게 비우호적인 나라에 왜 우리가 가겠느냐고 생각할 것이다."[59] 그러면서 그는 중국 국민들이 계속해서 호주 와인을 마시고 호주 소고기를 먹으려고 할지 모르겠다고 했다. 그로부터 2주 채 지나지 않아서 중국은 호주 소고기와 보리에 수입관세를 부과했다. 그리고 얼마 지나지 않아서부터 호주는 여러 정치적인 기구와 민간단체들로부터 대대적인 사이버공격을 지속적으로 당하기 시작했다. 호주 총리는 이 단체들을 '국가가 지원하는 행동주체들'이라고 지칭했다. 중국을 염두에 두고 한 말이었다.[60]

이런 일들이 갑자기 벌어진 것은 아니다. 중국은 여러 해 전부터 이 지역에서 미국의 핵심 동맹인 호주를 표적으로 삼고 있었다. 호주가 자국의 5G 통신망 시스템에서 화웨이 장비를 배제하기로 하고, 자국의 민주주의에 대한 중국의 불법적인 개입을 저지하기로 한 방침은 다른 민주주의 국가들도 뒤따를 하나의 본보기가 되었다. 이런 조치들은 중국을 격분시켰다. 호주는 겁먹지 않고 중견국가로서의 역할을 수행했다. 실제 능력에 비해 과분한 임무였다. 호주는 물러서지 않고 계속 조사를 실시하자고 요구했다. 5월 중순 WHO는 국제적 압력을 받아들여 팬데믹에 대한 '종합평가'를 실시하는 데 동의했다. 하지만 제12장에서 보여주듯이 중국은 다양한 수법을 동원해 조사를 지연시키고 방해했다.[61]

중국은 아프리카에서도 반발에 직면하게 되었다. 4월 초 광저우에서 나이지리아인 5명이 코로나19 양성판정을 받은 뒤 광저우에 사는 아프리카인 모두가 사는 집에서 강제로 쫓겨났다는 말이 광범위하게 퍼졌다.[62] 바이러스의 기세가 다소 잠잠해지자 중국인들은 외국인들에게 의심의 눈초리를 보냈다. 맥도널드는 광저우에 있는 한 매장 출입문에 '지금부터 흑인은 출입을 금하라는 지시가 있었다.'고 쓴 쪽지를 임의로 붙였다가 사과문을 냈다.[63] 온라인에는 인종차별적인 만화가 인기를 끌었다. 중국인 청소부가 외국인들을 피부색깔별로 분류해 쓰레기통과 재활용품 용기에 담는 내용이었다.[64] 중국에 주재하는 아프리카 국가 대사들은 외교부장 앞으로 서한을 보내 "중국 안에서 벌어지는 아프리카인에 대한 차별과 낙인찍기를 실망스런 심정으로 지켜보고 있다."고 했다. 이들은 서한에서 아프리카인들이 호텔과 주거지에서 쫓겨나고 합당한 이유 없이 강제검사를 당하고 여권을 압수당하고, 가족 중에 아프리카인이 포함돼 있으면 다른 가족 구성원들로부터 떼어놓는 등 당국의 시달림이 계속되고 있다고 지적했다. 대사들은 강제검사와 격리 등 아프리카인을 상대로 자행되는 비인도적인 처사를 즉각 중단해 달라고 요구했다.[65]

중국은 지난 10여 년간에 걸쳐 아프리카에 수십억 달러를 투자했다. 미국 대신 중국이 영향력을 키울 수 있는 지역으로 생각한 것이다. 그렇게 되면 천연자원 개발에 우선권을 확보할 수 있게 되는 것이었다. 중국은 과거에 여러 아프리카 국가들을 상대로 감염병 문제를 해결하고, 전반적인 의료보건 상태를 개선하기 위한 의료지원을 제안했다. 그런데 코로나19 위기 중에 일어난 중국의 태도는 과거의 이런 제안들을 위험에 빠트렸다. 아프리카 부채에 대한 중국의 입장도 주요 논점으로 떠올랐다. 중국은 세계 최대 채권국이다.(채권 액수가 세계은행보다 많다.) 팬데믹이 닥친 시점에 아프리카 국가 전체 대외채무의 거의 20퍼센트를 중국이 갖고 있었다. 그밖의 나머지 나라들에 빌려준 빚을 다 합한 것보다도 훨씬 더 많은 규모이다.[66] 국제통화기금IMF에 따르면 2020년 아프리카 19개 나라가 채무 스트레스를 받고 있거나 채무 고위험 상태에 놓여 있었다.[67] 놀라운 일도 아니지만 아프리카를 비롯한 여러 지역이 코로나바이러스로 인한 경제적 어려움을 지원하기 위해 중국이 이들의 채무 부담을 완화해 주어야 한다는 목소리가 그동안 많이 있었다. 하지만 중국 관리들은 그동안 극히 일부분에 대해 채무 완화조치를 해주겠다는 약속만 내놓으며 대단히 모호한 입장을 유지했다.[68]

팬데믹이 전 세계 모든 지역에서 중국의 평판과 대외적인 영향력에 손상을 준 것은 아니다. 2020년 1월과 2월에는 코로나19 때문에 중국과 러시아의 사이가 틀어질 것이라는 게 중론이었다. 두 나라는 지난 10여 년간 지정학적으로 한층 더 긴밀한 관계를 유지했다. 두 나라는 4,000킬로미터가 넘는 국경을 맞닿아 있고, 러시아는 조만간 바이러스가 국경을 넘어올 것이라고 확신하고 있었다. 블라디미르 푸틴 대통령은 1월 말 사태를 예상하고 모든 중국인들의 입국을 금지시켰다.[69] 양측의 신경이 날카로워진 가운데 모스크바 주재 중국대사관은 2월 24일 중국 국민에 대한 '전방위적인 감시'를 비판하는 성명을 냈다. 중국 측은 성명에서 "이런 행위는 미국을 비롯한 서방국가 어디에서도 하지 않는다."고 지적했다.[70] 하지만 놀랍게도 코로나19가 중국을 통해 러시아로 전파되는 일은 일어나지 않았다. 바이러스는 중국이 아니라 유럽에서 러시아로 넘어갔다. 아이러니하게도 4월 중순 러시아에서 귀국하는 자국민들을 통해 코로나 바이러스가 전파되는 경우가 많다는 사실을 감안해 중국이 러시아와의 국경을 봉쇄했다.[71]

하지만 이런 사소한 불화는 중국과 러시아의 관계에 별 손상을 가하지 않았다. 2020년 겨울에서 봄 사이 푸틴 대통령과 시진핑 주석은 긴밀하게 연락을 주고받으며 서로 비난하는 일이 없었다. 모스크바 주재 중국대사관은 며칠 만에 중국인에 대한 차별대우는 잘못된 정보라며 비판 성명을 취소하고 러시아 당국의 입장을 옹호해 주었다.[72] 미국과 중국의 관계가 급속히 악화되며 러시아와 중국은 서로 가까워졌다. 양국 고위관리들은 서방의 공격을 받으면 서로 옹호해 주었다. 중국이 우군을 잃으면서 러시아가 한층 더 소중한 파트너가 되어 준 것이다. 팬데믹과 유가 하락으로 경제가 급속히 악화되며 러시아는 중국의 수입과 투자에 대한 의존도가 더 높아졌다.[73]

하지만 봄이 되면서 바이러스에 대한 중국의 초기 대응 잘못이 전 세계에 미친 결과가 뚜렷이 나타나기 시작했다. 중국의 분석가들은 자국이 지정학적인 영향력을 너무 과도하게 행사하려고 했다고 생각했다. 예를 들어 2020년 4월에 나온 중국의 최고 상위 정보기관인 국가안전부 보고서는 글로벌 반중국 정서가 1989년 톈안먼天安門 시위 무력진압 이후 최고조에 달했다고 경고했다. 이러한 적대감 고조로 중국과 미국이 정면대결 상태로 나아갈 수 있다고 보고서는 지적했다.[74] 신종바이러스가 중국에서 유래되었고 이후 은폐행위가 있었다는 사실은 중국 정권의 평판에 큰 타격이 되었다. 전 세계 대부분의 사람들은 지정학적인 문제에 별로 관심을 두지 않고 산다. 하지만 이번에는 중국에서 발생한 어떤 일 때문에 자신들의 삶이 완전히 뒤집혀 버린 경우였다. 전 세계 많은 나라들이 중국에서 내놓는 정보는 지금은 물론이고 앞으로도 믿을 수 없다고 생각하게 된 것이다.

## 가짜 정보 퍼트리기

중국은 소위 마스크 외교에다 대대적인 글로벌 가짜 정보 캠페인을 추가했다. 이 캠페인의 핵심은 바이러스의 기원에 관해 여러 가지 의문을 제기하는 것이었다. 2월 27일 중국 전염병학자 중난산钟南山 Zhong Nanshan 박사는 기자회견을 열고, "감염 사례가 중국에서 처음 나왔다고 하더라도 바이러스가 중국에서 유래한 것은 아닐 수 있다."고 주장했다.[75] 3월 8일에는 남아공 주재 중국대사가 트위터에 이런 글을 올렸다.

> 감염병이 중국에서 처음 발생했다고 하더라도 그걸 가지고 '바이러스가 중국에서 유래했다.'고 말할 수는 없다. 바이러스가 중국에서 만들어졌다는 주장은 더 말할 것도 없다.[76]

매우 거칠고 고집이 센 외교관인 자오 리젠赵立坚 Zhao Lijian 중국 외교부 대변인은 3월 12일 30만 명의 팔로어를 가진 자신의 트위터 계정에 이렇게 썼다.

> 미국질병예방통제센터CDC가 현장에서 딱 걸렸다. 미국에서 최초 감염자가 나온 게 언제인가? 감염자 수는 얼마인가? 이들이 치료받은 병원은 어디인가? 미군 병사들이 전염병을 우한에 가져온 것일 수도 있지 않은가. 투명하게 공개하라! 당신들이 가지고 있는 자료를 공개하라! 미국은 우리에게 설명할 의무가 있다![77]

그날 늦은 시간에 그는 또 트위터에 친크렘린 웹사이트에 올라온 기사를 한 건 올리면서 다음과 같은 추천 글을 덧붙였다.

우리 모두에게 매우 중요한 기사이다. 부디 읽고 리트윗하기 바람. '코로나19 바이러스가 미국에서 유래되었음을 보여주는 추가 정보.'[78]

5월에는 중국공산당 대변인 역할을 하는 영자신문 글로벌타임스 Global Times가 자오 리젠 대변인의 주장을 뒷받침하는 사설을 실었다. "미국 내 코로나바이러스 발생에 대한 시간표를 바꿔놓을 새로운 사실들 이 밝혀졌다. 코로나19 감염 사례들이 대량으로 일반 독감으로 잘못 분 류된 사실이 드러났기 때문이다. 감염 환자와 사망자가 대량으로 나오 는데다 초기 감염 사례가 새로 밝혀짐에 따라 바이러스의 기원과 확산과 관련해 미국이 어떤 역할을 했는지가 주요 관심사로 떠올랐다."[79] 또한 차이나 글로벌 텔레비전China Global Television Network은 중동 시청자들을 겨냥해 아랍어를 일부 넣은 짧은 비디오 영상을 제작했다. 이 영상은 스 포츠 대회에 참가한 미군이 바이러스를 우한에 퍼트렸을 가능성을 시사 하는 '새로운 팩트들'을 소개했다.[80] AP와 어틀랜틱 카운슬Atlantic Council 의 디지털포렌식연구소Digital Forensic Research Lab는 공동 조사보고서를 통해 중국의 외교관과 국영언론이 손잡고 바이러스 기원에 미국의 책임 이 있다는 음모론을 확산하고 증폭시키는 역할을 하고 있음을 알아냈다 고 밝혔다.[81]

중국 관리들은 또한 바이러스 사태에 대한 미국의 반응을 직접 겨냥 해 공세를 폈다. 왕이王毅 중국 외교부장은 이렇게 주장했다. "신종코로나바이러스가 초래한 피해 외에 미국이 퍼트리는 정치적 바이러스가 피해를 주고 있다. 이 정치적 바이러스는 기회만 있으면 중국을 공격하고 비방했다. 미국의 일부 정치인은 기본적인 사실관계를 완전히 무시하고 중국을 겨냥해 수없이 많은 거짓을 조작해 내고 음모론을 퍼트렸다."[82]
트럼프 대통령이 백악관 기자회견에서 살균제를 몸 안에 주사하면 코로나19 치료제로 효능이 있을지 궁금하다는 말을 한 뒤 중국공산당 대변인은 트위터에 이렇게 올렸다.

대통령의 말이 옳다. 살균제를 주사 맞거나 아니면 살균제로 가글이라도 해야 될 사람들이 있다. 그렇게 하면 말할 때 바이러스, 거짓말, 증오를 퍼트리지 않을 것이다.

중국 외교부의 화춘잉華春瑩 대변인은 마이크 폼페이오 미국 국무장관의 트위터에 "이빨 사이로 거짓말을 그만 내뱉으라."고 썼다. 폼페이오 장관이 폭스뉴스에 나와서 중국 정부가 "귀중한 시간을 흘려보냈고, 수십만 명이 우한을 떠나 이탈리아를 비롯한 다른 나라로 가도록 방치했다."고 비난한 데 대한 반박이었다.[83]
중국은 미국 안에도 불만의 씨를 뿌리려고 했다. 미국 정보기관들은 2020년 3월 중순 중국이 거짓 문자를 미국 시민들에게 대량으로 발송해 자기 친구의 친구, 혹은 친척의 친구가 말하기를 군대에서 실행 준비만 갖추면 연방정부가 전국적인 봉쇄조치를 내린다고 하더라는 식의 소문을 적극 퍼트린 것으로 파악하고 있었다.[84] 거짓 루머에 대응하기 위해 국가안보회의는 이런 메시지를 트위터에 올렸다. "전국적인 격리조치 관련 루머 메시지는 가짜이다. 전국적인 봉쇄조치는 없을 것이다."[85] 하지만 트럼프는 개의치 않는 것 같았다. 폭스뉴스에서 중국의 가짜 정보 캠페인에 대한 질문을 받고 그는 이렇게 대답했다. "그 사람들도 하고 우리도 한다. 서로 다르게 부를 뿐이다. 어느 나라든 다 하는 일이다."[86]

독일마셜펀드에서 '민주주의 확보를 위한 연합프로젝트' 책임자이던 로라 로젠버거Laura Rosenberger는 가짜 정보 캠페인의 목적을 "자신들이 잘못해서 듣는 비난을 왜곡하고 다른 나라의 잘못은 부각시켜서 마치 중국이 다른 나라들이 본보기로 삼거나 제일 먼저 참고로 하는 나라라는 인상을 주려는 것"이라고 했다. 그녀는 또한 중국 관리들이 객관적인 진실과 팩트에 대해 사람들이 갖고 있는 신뢰를 깎아내리기 위해 "허무주의를 연상시키는 러시아 정보작전 교본에 나오는 전술을 실행에 옮겼다."고 했다.[87] 중국의 온라인 캠페인은 갑자기 시작된 게 아니다. 예를 들어 트위터 운영진은 2019년 홍콩 시위 이후 중국의 소셜미디어 이용량이 급등하고 매우 공격적으로 바뀌었다는 사실을 알고 있었다. 트위터 계정을 가진 중국 관리들의 수가 기하급수적으로 늘고 이들 모두가 대단히 전투적인 어투를 쓴다.[88] 2020년 6월에 트위터는 '여러 조작과 조직적인 활동에 가담하고, 중국공산당에 유리한 지정학적인 주장을 퍼트려 서비스 정책을 위반한 계정' 2만 3,750개를 폐쇄했다.[89]

유럽 국가들은 처음에 중국의 가짜 정보 캠페인에 대해 복합적인 반응을 보이다가 시간이 지나면서 강경한 자세로 바뀌었다. 예를 들어 2020년 4월 EU는 가짜 정보에 관한 보고서를 부드럽게 작성했다. 중국으로부터 '격렬한 항의'를 받고 나서 중국이 연루된 사실과 중국이 수행한 정보작전에 대해서 명시적으로 언급하지 않았다. EU 대외관계청 External Action Service의 모니카 리히터Monika Richter 분석관은 내부 메일에 이렇게 썼다. "그런 유화적인 입장은 끔찍한 선례를 남겨 앞으로도 중국으로 하여금 유사한 억지를 부리도록 부추기게 될 것이다." 보고서를 물렁하게 썼다는 소식은 금방 외부에 알려졌고 격렬한 정치적인 비난이 쏟아지는 가운데 EU는 중국을 비난하는 내용을 넣은 보고서를 다시 작성해 발표했다.[90] 6월에 EU가 내놓은 보고서에서는 중국을 코로나19 '가짜 정보 행상'이라고 강하게 비판했다.[91]

## 체제 우월성
## 선전 기회로 삼다

의문은 여전히 남는다. 중국은 왜 이런 식으로 반응한 것일까? 사스 사태 이후 중국 정권은 자신들의 잘못을 인정하고 공중보건 시스템을 정치적 압력으로부터 분리시킬 다양한 방안을 도입했다. 새로 손본 시스템은 신종플루H1N1 위기 때 상당히 효과적으로 작동했다. 2014~2016년 에볼라 사태에 국제사회가 대응할 때 중국도 건설적인 역할을 했다. 하지만 2020년에는 전혀 달라졌다. 사스 사태 때 한 일을 되풀이했을 뿐만 아니라 마치 보복하듯이 그렇게 했다.

의사와 활동가, 그리고 기자들에 대한 탄압이 이전보다 더 고약해졌다. 시카고대학교의 달리 양Dali Yang 교수는 먼저 우한 지역 공산당에 문제가 있었다고 설명한다. 이들이 시스템을 가동하는 데 늑장을 부렸고, 그런 다음 지역 언론과 의사들이 경고음을 내자 이들의 입을 틀어막았다는 것이다. "감염병 경고 시스템은 병원과 지방 보건당국이 적극적으로 참여하고 정보를 제공해 주어야 비로소 작동된다. 우한에서는 이런 시스템이 어처구니없을 정도로 불통이었다. 그러면서 지역 공산당 간부들에게 정치적으로 의지하는 보고 시스템에 내재해 있는 문제점들이 적나라하게 드러난 것이다."[92]

하지만 이런 설명은 그렇게 설득력이 없다. 우선 보고 내용은 2019년 12월 말 중국의 소셜미디어에 넘쳐났기 때문에 중앙 정부가 알았을 가능성이 높다. 하지만 더 중요한 것은 시진핑 주석은 상황을 장악한 후 처음인 1월 7일에는 비공개리에, 그다음 1월 23일에는 공개리에 메시지 통제 전략을 강화했다. 만약 시진핑 주석이 용기 있게 발언한 의사들을 격려하고 싶었다면 이들의 행동에 대해 '실망스럽다'고 하거나 무시하는 대신 상을 주었을 것이다. 더구나 잘못을 공식적으로 인정하지 않고, 2020년에 벌어진 일들에 대해 어떤 책임도 인정하지 않았기 때문에 이제는 중국 안에서나 국제적으로나 중국 정부의 공식 메시지를 아무도 믿으려 하지 않을 것이다. 이제는 중국 정부가 더 많은 투명성을 가지고 믿을 수 있게 움직이려고 해도 사람들이 믿지 않게 되었다. 시진핑의 반응은 앞으로 불편한 진실을 용납하지 않겠다는 분명한 메시지를 보낸 것이었다.

국내와 해외에 내보낼 메시지 내용을 모두 중국공산당이 결정했다. 저널리스트인 자일스 휘텔Giles Whittell은 중국 정부의 이런 행동을 '바이러스 억제보다 정보통제가 더 우선인 체제임을 보여주는 분명한 증거'라고 평가했다.[93]

중국 안에서도 당국의 대응이 잘못되었다고 생각하고, 잘못을 솔직히 인정하지 못하는 체제가 안고 있는 위험성을 인식한 사람들이 있었다. 야오양姚洋 Yao Yang 베이징대 경제학부 교수도 그런 사람들 가운데 한 명이다. 그는 위스컨신대에서 박사학위를 받았다. 한 인터뷰에서 야오양 교수는 "일단 팬데믹이 잠잠해지고 나면 서방이 중국의 정치체제에 대해 새로운 시각을 갖게 될 가능성이 아주 높다. 그리고 서방이 단합해서 중국 체제에 본격적으로 맞설 것이다." 새삼스러울 것도 없는 시각이다. 진짜 놀라운 것은 그의 다음 발언이다.

벼랑 끝에서 물러설 시간은 아직 있다. 중국으로서는 우한 바이러스 상황에 대해 종합적인 설명을 내놓거나 백서를 발간하는 방법을 써야 한다. 그렇게 해서 12월 말부터 1월 23일 사이에 벌어진 일을 솔직하게 설명해야 한다. 우리가 무슨 짓을 했고 무슨 잘못을 저질렀는지 모두 털어놓아야 한다. 이 기간 동안 우리가 늑장대응하고 이해득실을 저울질했지만 고의로 은폐행위에 가담하지는 않았다는 점을 분명하게 밝혀야 한다. 처리과정을 명확히 설명하고 우리의 잘못과 늑장대응을 인정해야 비로소 서방의 콧대를 꺾을 수 있다. 그래도 그 사람들이 우리 말을 곧

이곧대로 받아들이지 않는다면 우리를 믿게 만들 방법은 없다.[94]

하지만 이런 시각이 주류를 이루는 것은 아닌 것 같다. 중국 지도부는 바이러스를 물리치기 위해 기울이는 대대적인 노력이 성공을 거두면 초기의 실수와 은폐행위는 상쇄될 것이라고 기대했고, 지금도 그런 희망을 갖고 있는 게 분명하다. 공공연히 드러난 미국의 실패 사례들과 비교하면 중국은 성공하고 있다고 생각했다. 트럼프가 코로나19 대처과정에서 보인 요란하고 재앙에 가까운 실책들에 대해 국제사회도 부정적인 반응을 보일 수밖에 없을 것이라고 생각했다. 중국공산당 입장에서 보면 중국의 대응은 자신들이 내세우는 전체주의 체제가 민주주의보다 우수하다는 것을 보여주는 구체적인 사례이다. 더 정확히 말하면 미국 모델보다 자기들이 더 우수하다는 증거이다.

제6장에서 설명하듯이 전 세계의 다양한 정치체제와 각 체제가 팬데믹에 대응하는 방법 사이에는 상관관계가 거의 없다. 그럼에도 불구하고 중국 정부의 고위간부들은 중국 모델의 우수성을 보여주었다고 믿었다. 2020년 6월 중국의 한 고위관리는 우리에게 이렇게 말했다. "미국은 대단히 심각한 어려움에 처했다. 미국 모델은 실패했다. 중국에서 300만 명의 감염자가 발생했다고 상상해 보라. 뉴욕을 보면 우한은 충분히 용서해 줄 만하다. 뉴욕은 당시 우리에게 없던 정보를 모두 가지고 있으면서도 완전히 손 놓고 있지 않은가. 초기에 우리는 맞서 싸우는 상대의 정체가 무엇인지도 몰랐다."[95]

이런 현실은 중국이 승리감에 도취해 세계무대에서 점점 더 당당해지고 있음을 보여준다. 중국 외교부와 학자들이 내놓는 자료와 발언 내용은 내부적으로 이런 입장이 광범위하게 공유되고 있음을 시사한다. 푸잉傅穎은 전국인민대회 외교위원장이라는 다소 관료 냄새가 나는 직책을 가지고 있지만 그녀 역시 시진핑 권력 주변에 포진하고 있는 지식인 가운데 한 명이다. 그녀는 호주, 영국, 필리핀 대사를 지내는 동안 강경파에다 까다로운 협상 상대라는 평판을 얻었다. 코로나19 위기사태 기간에 발표한 여러 편의 글을 통해 그녀는 팬데믹을 중국의 부상과 미국의 쇠퇴로 규정되는 장기적인 역학관계의 변화라는 관점에서 분석했다. 이코노미스트Economist에 쓴 글에서 그녀는 2001년 9월 11일이나 2008년 금융위기 때와 달리 미국은 "연대와 협력에 대한 약속이 없고, 글로벌 리더십을 발휘할 의지나 능력도 보여주지 못했다."고 지적했다.[96] 다른 글에서는 이러한 입장 변화 때문에 "미국의 헤게모니는 축소되고, '신호기 효과'beacon effects도 수그러들기 시작했다."고 했다. 또한 "중국의 발전과 미국의 퇴조는 하나의 글로벌 체제 아래서 두 나라가 서로 정반대 방향으로 나아가는 현실을 보여준다."고 주장했다.[97]

같은 맥락에서 중국현대국제관계연구원 원장을 맡고 있는 위엔펑袁鵬 Yuan Peng 연구교수는 2020년 여름 두 편의 글을 통해 바이러스와 관련한 자신의 입장을 밝혔다. 그는 바이러스 사태를 미국이 주도하는 국제질서의 퇴조와 새로운 세력의 부상이라는 '한 세기에 한 번 올까 말까 한 대사건'의 일부분으로 나타난 것이라고 했다. 이러한 대변화는 2020년 이전부터 진행되고 있었는데 코로나19가 하나의 촉매제가 되었다고 했다. 그는 '팬데믹은 세계대전만큼 무서운 것'이라며 이렇게 주장했다.

팬데믹을 겪고 난 세계는 1차세계대전 이후와 흡사할 것이다. 당시 대영제국은 자신의 야욕을 충족시킬 수단이 없어졌다. 태양이 지지 않는다고 했던 제국은 수평선 밑으로 급속히 사라지고 있었다. 이번 팬데믹 때는 트럼프의 미국이 세계 지도국으로서의 책임을 다하지 않았을 뿐만 아니라 자기 머리만 모래 속에 처박으며 숨어 버렸다. 그뿐만이 아니라 정책 실패로 인해 미국은 세계적인 팬데믹이 초래한 대재앙의 주요 중심지가 되고 말았다. 이는 미국의 소프트파워와 하드파워 모두에 큰 타격을 가했고 미국의 국제적 영향력은 심각한 손상을 입었다.[98]

중국 입장에서 보면 정권의 존립을 위태롭게 할 뻔한 위기가 순식간에 국가의 부상을 공고하게 하고 가속화 할 기회로 바뀐 것이다. 중국은 자기들이 어떤 실책을 범했건 범하지 않았건 관계없이 미국의 실책이 만들어 준 기회가 너무 매력적이어서 그냥 지나칠 수가 없었다.

━━━━━━ 제5장 ━━━━━━

# 기회를
# 놓치다

에볼라 첫 감염자는 2014년 3월 기니, 시에라리온, 라이베리아를 비롯한 서아프리카에서 발생했다. 증상이 매우 고약한 바이러스로 체액을 통해 감염되며 발열, 복통, 통증, 피로감 등의 증상에다 시간이 지나며 심한 설사, 구토, 복통, 출혈 등의 증상을 보이고 사망에 이르는 경우도 많았다. 초여름이 되자 많은 아프리카 국가 뿐만 아니라 전 세계로 급속히 전파될 것이 분명했다. 미국을 포함한 국제사회는 초기에 느슨하게 대응했다. 세계보건기구WHO는 능력 밖의 일을 만난 것처럼 보였다. 대응을 주도하기보다 조언을 제공하는 데 주력했다. 많은 나라들이 초기 대응을 의사들이 알아서 하도록 맡겼고 오바마 행정부도 처음에는 그랬다.

기니, 시에라리온, 라이베리아 정부는 눈앞에서 벌어지는 상황을 비밀에 붙이려고 했다. 자국 국민들이 직접 피해를 보는 상황에서 그들은 외국 투자자들이 겁먹고 빠져나갈 것을 걱정했다. 공개적으로 경고신호를 내면 이들이 놀랄 것이기 때문이었다. 하지만 8월이 되자 공중보건 전문가들이 바이러스가 '통제불능의 상태로 확산되고 있다.'는 우려를 하기 시작했다.[1] WHO는 8월에 회의를 열었지만 지상의 상황을 개선시킬 수 있는 아무런 조치도 취하지 않았다. 반기문 유엔사무총장은 걱정이 되었다. 그는 자신의 임기 중에 또다시 르완다 같은 사태가 일어나는 것을 보고 싶지 않다는 말을 강조했다. 1994년 르완다에서 발생한 인종청소를 가리키는 말이었다. 그런데 지금 아프리카에서 또 대규모 인도주의적인 위기가 서서히 만들어지고 있었던 것이다. 그로부터 일주일 뒤 공개적으로 많은 압박을 받던 WHO는 마침내 에볼라 사태를 '국제적 공중보건 비상사태'로 선포했다. 전 세계적으로 대책이 필요하다는 사실을 알린 매우 중대한 결정이었다.[2]

하지만 비상사태 선포는 선언에 그치고 말았다. WHO는 여전히 아무런 조치도 취하지 않았다. 초조해진 반기문 총장은 계속 압력을 가했다. 시간은 자꾸 흘러가고 그대로 가다가는 자신에게 오점으로 남을 수 있다고 생각한 그는 9월 중순 세계 지도자들이 참석한 가운데 열리는 유엔총회를 전 세계에 행동을 촉구하는 기회로 삼기로 했다. 버락 오바마 미국 대통령이 적극적으로 나섰다. 2014년 9월 10일 수전 라이스 대통령 국가안보보좌관은 백악관 상황실에서 각료들과 고위관료들이 참석한 회의를 주재했다. 9/11 테러 13주년 하루 전날이었지만 테러리즘을 의제로 모인 게 아니라 에볼라 위기사태에 대한 대응책을 논의하기 위해 모인 것이었다. 에볼라가 테러리즘보다 더 심각한 위협이 될 수도 있는 상황이었다. 미국질병예방통제센터CDC의 톰 프리든Tom Frieden 소장은 앞으로 수개월 안에 확진자가 '하키스틱' 모양처럼 급등할 것임을 보여주는 차트를 보여주었다. 본격적인 조치를 취하지 않으면 2015년 1월까지 이 지역을 포함해 전 세계적으로 1백만 명 이상이 감염되고 수십만 명이 사망할 수 있다고 프리든 소장은 설명했다. 라이스 보좌관은 오바마 대통령이 에볼라 사태를 '1급' 국가안보 비상사태로 보고 있다는 점을 분명히 했다. 얼마 전 ISIS가 영토의 많은 부분을 차지한 이라크, 시리아 사태와 동등하게 보고 있음을 보여주는 말이었다.[3] 그로부터 6일 뒤 오바마 대통령은 조지아주 애틀랜타에 있는 CDC를 방문해 미국 행정부의 대응전략을 내놓았다. 미국 외교관들이 앞장서서 의료지원을 위한 글로벌 협력체제를 구축하고 미국의 개발 전문가와 보건 전문가들이 서아프리카로 가서 수천 명의 미군 병력과 함께 방역활동에 참여하도록 했다. 국내에서는 입국하는 여행객의 검사를 단계별로 강화하는 조치를 취하고, 에볼라가 미국 영토에 상륙할 경우에 대비해 각급 병원이 준비태세를 갖추도록 한다고 했다. 오바마 대통령은 미국이 적극적으로 나서지 않으면 수천만 명이 사망하고 여러 나라가 불안정 상태에 빠져들 것이라고 경고했다. 그로 인한 파장은 아프리카 대륙 이외의 지역으로 퍼져나갈 것이기 때문에 에볼라 사태는 "지역 안보뿐만 아니라 글로벌 안보에 위협이 될 수 있다."고 강조했다.[4]

일주일 뒤 오바마 대통령은 반기문 총장, 아베 신조 일본 총리와 함께 유엔총회에서 강력히 밀어붙여 유엔에볼라비상대응단UNMEER을 중심으로 활동하는 국제연대를 구성했다. 여러 나라가 상당수의 병력과 보건 관리들을 서아프리카로 보내 질병 극복에 힘을 보탰다. UNMEER의 토니 밴버리Tony Banbury 단장은 "2014년 9월 이전에는 제대로 협력이 이루어지지 않았지만 그때부터 우리는 최상의 협력 모델을 만들어냈다."고 말했다.[5] 에볼라가 처음 발생한 3월 이후 2014년 전 세계가 대응에 나설 때까지 6개월이 걸렸다. 코로나19 위기 때도 2019년 12월부터 2020년 5월 세계가 나설 때까지 반년이 걸렸다. 60일 만에 UNMEER은 3개국에서 에볼라 감염 환자의 70퍼센트를 격리시키는 큰 진전을 이루었다. UNMEER은 2015년 7월에 바이러스 억제 임무를 완수했다. 2009년 신종플루H1N1 인플루엔자 대유행 때처럼 에볼라 사태를 통해서도 교훈을 얻은 오바마 행정부는 국가안보회의NSC에 글로벌보건안보국을 신설했다. 그리고 2017년에는 대통령 권력 이양기에 팬데믹 모의훈련을 실시하고 트럼프 행정부에서 일할 30여 명의 전문가에게 글로벌 인플루엔자 위기를 가정한 가상 시나리오를 설명했다. 국가보건 시스템이 마비되고 여행 금지조치가 내려지는 상황이 포함되었다.[6]

트럼프 행정부는 임기를 시작하자 퇴역 해군소장 티모시 지머 Timothy Ziemer 제독을 글로벌보건안보국장에 임명했다. 그는 선교사인 아버지를 따라 어린 시절을 지금의 베트남인 프랑스령 인도차이나의 중부 고원지대에서 보냈다. 해군 파일럿으로 베트남전쟁에 참전했다. 해군에서

30년 복무하고 전역한 뒤 소액금융, 식량안보, 에이즈HIV/AIDS와 말라리아를 비롯한 여러 분야에서 활동하는 비정부 구호단체 월드릴리프World Relief에서 활동했다. 이후 계속 글로벌 공중보건 분야에서 일했다. 2006년 조지 W. 부시 행정부 때 대통령 말라리아 이니셔티브 조정관에 임명된 뒤 오바마 행정부 때까지 계속 재임했다.[7]

트럼프 행정부의 NSC에 합류한 지머 국장은 트럼프 대통령의 두 번째 국가안보보좌관이 된 H. R. 맥매스터McMaster 중장에게 계절 독감과 에볼라를 비롯한 감염병 관련 주례보고를 하게 되었다. 첫 번째 국가안보보좌관 마이클 플린Michael Flynn은 임명된 지 24일 만에 물러나야 했다. 지머 국장은 공중보건과 감염병이 국가안보를 위협하는 상위목록에 계속 자리해야 한다는 점을 강조했다. 쉽지 않은 일이었다. 맥매스터는 팬데믹이나 기후변화와 같은 비의도적인unintentional 사건이 아니라 국가와 비국가적인 주체들이 저지르는 의도적인intentional 사건들 위주로 세계를 바라보았다.

하지만 조금씩 나아졌다. 그가 자료를 제시하면 맥매스터 보좌관은 수첩을 꺼내 수치를 받아 적었다. 한번은 지머 국장이 정보기관 사람들과 NSC 동료 두어 명이 참석하는 글로벌 위험평가 회의에 참석하라는 통지를 받았다. 회의가 예상 전사자 수로 위협의 정도를 측정하는 데 집중되자 테러를 비롯해 다른 주요 강대국과의 충돌 쪽으로 관심이 모아졌다. 20분 정도 지난 뒤 지머 국장이 끼어들어서 이렇게 말했다. "희생자 수와 예상 전사자 수를 기반으로 위험의 수준을 판정한다면 나는 할 일이 없어진다. 팬데믹의 위험과 위협으로 미국 시민 수만 명이 죽을 수 있다." 그는 야유회 장소에 나타난 스컹크가 된 기분이 들었지만 팬데믹을 의제로 회의가 진행되었다.[8] 2017년 12월 NSC에서 국가안보전략 보고서를 발표했는데 강대국 간 대결을 미국의 최우선 전략적 도전이라고 밝혔다. 그러면서 글로벌 공중보건 문제도 심각한 위협이라고 적시했다.[9]

지머 국장은 계속 자기 할 말을 했다. 예를 들어 2017년 테워드로스 아드하놈 거브러여수스가 WHO 사무총장에 선출될 때 트럼프 행정부는 그가 WHO 개혁에 적임자가 아니라는 이유로 반대 입장을 나타냈다. 그가 선출된 뒤 지머 국장은 트럼프 대통령을 만날 수 있도록 그의 초청을 주선했다. 미국 관리들은 그에게 WHO 사무총장 재임 중 다음의 세 가지 일을 해달라고 주문했다. WHO의 관료주의 개혁에 박차를 가해 줄 것, 국제보건규정IHR에 부합하는 완전한 투명성 확보, 대만에 옵서버 자격을 부여해 달라는 세 가지 요구였다. 지머 국장은 세 가지 주문이 받아들여질 것으로 생각하지 않았다. 중국의 지지를 받는 테워드로스 사무총장이 중국의 입장에 반하는 행동을 할 것으로 생각되지 않았기 때문이다.

지머 국장은 또한 몇 년 뒤 논란이 될 결정에 관여하게 되었다. 2000년대 초부터 CDC는 직원 수십 명을 베이징에 주재시켜서 중국질병예방통제센터와 협력하도록 했다. 이들의 주재 비용은 'AIDS 구제를 위한 대통령긴급계획'PEPFAR을 통해 충당했다. PEPFAR는 조지 W. 부시 대통령이 내세우는 대표적인 업적으로 미국 역사상 가장 성공적인 공중보건 계획으로 간주되고 있다. 그런데 의회에서 PEPFAR의 중국 내 활동지원금을 삭감하고 전반적인 활동이 축소되면서 주재원들은 이들을 더 필요로 하는 다른 나라들로 이동 배치되었다. 우간다를 비롯해 PEPFAR가 초기부터 관심을 많이 기울여 온 나라들이었다. 나중에 중국 안에서 무슨 일이 벌어지는지 미국이 새까맣게 모르게 된 것도 이 인력 재배치 때문이라고 전문가들은 지적한다. 하지만 코로나19가 우한에서 발생했을 때는 11~13명의 미국 CDC 감염병 전문가가 베이징에 주재하고 있었다.

지머 국장으로서는 불운하게도 맥매스터 보좌관의 재임기간이 그리 길지 못했다. 트럼프는 자기가 시키는 대로 하는 국가안보보좌관을 원했는데 맥매스터는 그렇게 일하는 사람이 아니었다. 그는 여러 관점을 서로 비교하고 기관 간 검토를 정식으로 거치는 등 철저한 검토과정을 거쳐서 정책을 결정하려고 했다. 트럼프 대통령은 이런 업무 스타일이 마음에 들지 않았고 그런 사람이 맥매스터 보좌관뿐만이 아니었다. 국무장관 렉스 틸러슨Rex Tillerson, 국방장관 짐 매티스Jim Mattis, 국가경제위원회 개리 콘Gary Cohn 위원장 같은 이들이 모두 국제무대에서 트럼프의 즉흥적인 행동을 제지하고 중심을 잡으며 '어른들의 축'Axis of Adults으로 불렸다. 매티스 장관은 매우 평판이 좋은 해병대 장성 출신으로 공화당 의원들로부터 워낙 존경받는 인물이어서 한동안 건드릴 수 없었지만 다른 사람은 그렇지 못했다. 4월에 맥매스터 보좌관이 콘 위원장, 틸러슨 장관과 함께 물러났다. 트럼프는 맥매스터 보좌관의 후임으로 폭스뉴스에 자주 등장한 존 볼턴John Bolton을 불러들였다. 볼턴은 이란과 북한을 상대로 예방 공격preventive attacks을 공개적으로 주장하고 워싱턴에서 초강경파로 널리 알려진 인물이었다. 그는 국가안보는 의도적인 위협을 상대해야 한다는 생각이 맥매스터 장관보다도 더 강했다. 그리고 그는 여러 해 동안 NSC의 인원이 너무 많아졌다고 생각해 줄이고 싶어 했다. 그래서 NSC 안의 글로벌 보건 부서를 없애고 핵비확산 및 대량파괴무기를 다루는 부서로 통합시켜 버렸다. 지머 국장은 밀려나서 정부의 대외원조를 담당하는 국제개발처USAID로 전보되었다. NSC의 그가 맡은 팀은 하던 업무를 계속했지만 대량파괴무기와 군축 업무 경력이 있는 다른 사람이 그의 자리로 옮겨 왔다. 2020년에 발간된 회고록『그 일이 일어난 방』The Room Where It Happened에서 볼턴은 "당시 중첩되는 업무를 줄여서 더 효율적으로 운영하려고 직제를 개편했다."고 주장했다.[10] 지머 국장도 NSC의 직제 개편 필요성에 대해서는 이견이 없었으나 글로벌 보건을 위해 탁자를 내리치며 국가안보보좌관을 설득하는 사람이 없어지는 사태를 우려했다.

다른 일들도 어긋나기 시작했다. 맥매스터 보좌관은 장성 출신으로 당시 국제개발처USAID를 이끌던 마크 그린Mark Green과 정기적으로 의견을 교환했다. 하지만 볼턴은 그린의 후임인 로버트 오브라이언Robert O'Brien과 의견조율을 하지 않았다. 핵심 커뮤니케이션 채널 하나가 또 멈춰 버린 것이다.

그런 가운데 NSC에서 적어도 고위간부 한 명은 경고사인을 지켜보고 있었다. 국가안보회의 부보좌관 매튜 포틴저Matthew Pottinger는 사스 팬데믹 기간인 2003년에 월스트리트저널 특파원으로 중국에 주재하고 있었다. 그는 중국의 은폐를 폭로하는 기사를 쓰고 중국공산당의 사악함을 뼈저리게 절감하며 결국 중국을 떠났다.

앞서 9/11 사태 이후 포틴저는 해병대에 들어가 아프가니스탄에서 나중에 국가안보보좌관이 된 플린과 함께 복무했고, 이후 두 사람은 계속 친밀한 관계를 유지해 왔다.[11] 2016년 트럼프가 예상을 깨고 대통령에 당선되자 플린은 포틴저를 발탁해 백악관에서 아시아팀을 이끌도록 맡겼다.

포틴저는 중국 문제에서 신중한 매파라는 평판을 들었고 중국의 글로벌 야욕을 억제하는 방향으로 미국의 대외정책을 이끌었다. 그는 중국공산당을 지금의 국제질서를 뒤엎고 중국식 전체주의로 끌고 가기 위해 이념적으로 경도된 집단으로 본다. 흥미로운 것은 그의 아내 옌Yen은 중국질병통제센터CDC에 근무한 바이러스학자이고, 그의 동생 폴Paul은 감염병 전문가이다. 이런 배경 때문에 그가 국가안보회의의 다른 전문가들보다 중국발 코로나바이러스의 위험성에 특히 좀 더 민감했을 수 있다.[12]

2019년 12월 트럼프 대통령은 네 번째 국가안보보좌관 로버트 오브라이언을 들들 볶았다. 공식적인 절차는 거의 무시되었고, 트럼프는 그때그때 기분에 좌우되고 자세한 내용에는 관심도 없었다. 이런 와중에도 백악관 국가안보팀은 중국에서 벌어지는 사태의 심각성과 전 세계에 미칠 위협을 누구보다도 먼저 파악했다. 대부분 포틴저 부보좌관이 애쓴 덕분이었지만 오브라이언 보좌관도 이 사안에 처음부터 관심을 가졌다.

유럽 국가들이 사태를 파악한 것은 이들보다 한 달쯤 늦었다.

트럼프 행정부는 중국공산당을 철저히 불신하고 두려워했다. 트럼프 행정부가 팬데믹의 위험을 알게 된 것은 원래부터 중국공산당에 대해 불신과 두려움을 갖고 있었기 때문이다. 이것은 이후 미국이 취할 코로나19에 대한 국제적인 대응도 중국 정책이라는 프리즘을 통해, 다시 말해 시진핑 정권이 안고 있는 위험성을 감안해서 파악되고 만들어질 것임을 의미했다. 국제개발처USAID는 핵심에서 배제되었다. 트럼프 행정부의 한 고위관리는 지머 국장을 물러나게 한 것은 미국 정부가 글로벌 공중보건 분야에서 '나무랄 데 없이 성실하고 병참에 천재적인 재능을 가진' 인재를 한 명 잃어버린 것이라고 했다. 이 관리는 이어서 "포틴저 부보좌관이 사태의 심각성을 알았지만 그는 다른 할 일이 너무 많았다."고 했다. 트럼프 행정부와 긴밀히 협조한 동맹국 외교부의 한 고위관리도 같은 입장을 나타내며 우리에게 이렇게 말했다. "포틴저는 중국과 글로벌 공중보건이라는 두 가지 관점에서 사태를 바라보았다. 하지만 그 당시에는 업무 시스템이 완전히 망가져서 그 사람 혼자서 정부의 입장을 온전하게 굴러가도록 만들 수가 없었다. 미국 정부는 자기들이 아주 익숙한 길을 가려고 했고 그런 곳에다 관심을 집중시켰다."

미국 행정부가 신종코로나바이러스 팬데믹 초기 대응책을 마련하려는 중대한 시기에 국내외적으로 종합적인 접근법을 해야 한다고 주장하는 사람이 핵심에서 배제된 것이다. 그 결과로 트럼프 행정부는 글로벌 공중보건 정책을 꼼꼼하게 수립하고 팬데믹 대응을 위해 세계 각국의 역량을 총집결하는 데 힘을 모으기보다 중국의 책임을 묻고, 중국에 대한 의존도를 줄이는 데 더 골몰했다. 그런 자세는 미국을 많은 파트너 국가들과 충돌의 길로 나아가게 만들었다.

## 비상벨이 울리다

2019년 12월 30일 자정이 되기 직전 플로리다에 사는 샤론 샌더스Sharon Sanders라는 블로거가 온라인에서 중국 후베이성의 공중보건 관리들이 쓴 글을 보고 깜짝 놀랐다. 그녀는 플루 트래커스Flu Trackers라는 이름의 사이트를 운영하는데 전 세계 자원봉사자들이 하루 24시간 일주일 7일 내내 쉬지 않고 블로거 운영에 참여했다. 원래 재무분석가인 그녀는 합당치 않은 일이 있으면 면밀히 주시하도록 훈련을 받은 사람으로 14년 동안 중국에서 일어나는 감염병을 추적하고 있었다. 이후 반나절 동안 샌더스는 다른 사람들과 함께 수상한 신종바이러스가 등장했다고 추정하는 10여 건의 메시지를 포스팅했다.[13] 이들은 플루 트래커스를 통해 코로나19의 출현을 알아채고 일반 사람들에게 알린 최초의 미국인들이었다.

그해 마지막 날인 이튿날 이른 아침 미국질병예방통제센터CDC의 과학자들도 같은 이야기를 듣고 서로 이메일을 주고받았다. "혹시 '정체불명 폐렴'에 대해 아는 사람 있어요?" 그중의 한 명이 이렇게 물었다.[14] 그날 오후 중국 당국은 WHO 중국 사무소에 정체불명의 폐렴이 발생했다는 사실을 통보했다. 앤서니 파우치 국립알레르기·전염병연구소NIAID

소장과 로버트 레드필드 CDC 소장은 위험이 닥쳤다는 사실을 즉각 알아챘다. 신종사스일 가능성이 있었던 것이다. 1월 1일 CDC는 '정체불명 중국 폐렴'에 관한 상황 보고서를 돌렸다. 나중에 SARS−CoV−2로 불리게 되는 코로나19를 일으키는 신종바이러스에 관한 첫 번째 일일보고서였다. 보고서는 그때까지 알려진 기본적인 팩트들을 소개했다. 바이러스는 우한의 수산물도매시장에서 유래됐고, 사스로 의심되나 아직 확인된 것은 아니며 지금까지 27명의 환자가 발생했다는 내용이 적혀 있었다.[15]

1월 3일 레드필드 소장은 중국 측 카운터파트인 중국질병예방통제센터의 가오 푸 주임과 연락이 닿았다. 그는 여러 해 동안 긴밀한 협력관계를 유지해 온 가오 주임에게 "폐렴과 호흡기 감염병 관련해 중국 정부와 협력하겠다."며 기술 전문가들을 보내 도와주겠다고 제안했다. 그런데 놀랍게도 가오 주임은 완강히 거절했다. 계속 제안해 봤지만 같은 반응이었다. 무언가 달라졌다. 연락이 되지 않기 시작했다.[16] 이후 10일 동안 파우치 소장과 레드필드 소장은 중국 안에서 바이러스가 확산되고 있다는 사실을 알고 놀랐다. 1월 10일 중국 과학자들이 바이러스의 게놈 서열을 발표하자 파우치 소장은 곧바로 백신 개발을 지시했다. 하지만 1월 13일 태국에서 첫 환자가 발생했다는 보고가 있고 나서야 사람 간 전파와 관련해 중국 관리들이 거짓말을 하고 있다는 사실을 알아챘다. 탐사보도 기자인 밥 우드워드Bob Woodward는 저서 『분노』Fear에서 당시 파우치 소장이 보인 반응을 이렇게 쓰고 있다. "젠장, 이자들이 우리한테 거짓말을 하고 있어. 사람 간 전파가 아주 잘 되고 있잖아."[17]

파우치 소장과 레드필드 소장은 열심히 애썼음에도 불구하고 그때 이미 신종코로나바이러스가 미국 영토 안에 들어와 있다는 사실은 모르고 있었다. 전염병학자들이 1월에 코로나19 증상을 보였던 오하이오주 주민 13명을 나중에 다시 검사해 본 결과 이들 모두 코로나바이러스 항체가 만들어져 있었다. 1월에 감염된 사람들이었던 것이다. 첫 번째 환자는 1월 2일 발병한 40대 여성이었다. 이는 미국 관리들이 중국에서 바이러스 발생 사실을 알기 며칠 전이었다. 바이러스가 이미 국경을 넘었다는 사실을 몰랐을 뿐만 아니라 이미 미국 안에서도 모르는 사이에 전파가 이루어지고 있었던 것이다. 미국 안에서 1월 7일과 13일에 추가 사례가 발생했고, 15일에 2명, 18일에 한 명이 더 추가되었다.[18] 1월 19일에 35세 남성이 워싱턴주 스노호미시 카운티에 있는 응급 클리닉으로 걸어 들어와 기침과 고열에 시달리고 있다고 했다. 우한에 있는 가족을 방문하고 돌아오고 나서부터 아프기 시작했는데 나흘째라고 했다. 이튿날 그는 코로나19 양성판정을 받았다.[19]

미국 이민국 관리들은 1월 17일부터 우한에서 귀국하는 승객들을 검사하기 시작했지만 별 도움이 되지 않았다. 중국 내 다른 지역이나 다른 나라에서 오는 승객은 조사대상에서 제외시켰기 때문이다. 다시 말해 미국 관리들은 자기들이 어디를 살펴봐야 하는지 안다고 생각했지만 바이러스는 감지되지 않은 채 미국으로 들어오고 미국 안에서 돌아다녔던 것이다.

포틴저는 중국질병예방통제센터와는 협력해 봐야 별 도움이 안 된다고 생각했다. 완전히 비핵심 부서라는 걸 알았기 때문이다. 가오 주임은 12월 30일 소셜미디어를 통해 알기 전까지는 코로나19 발생 사실조차 몰랐다. 중국의 유명한 감염병 학자가 블로거 샤론 샌더스가 한 것과 같은 방법으로 코로나19 발생 사실을 알아냈다.[20] 포틴저는 이 일을 더 큰 문제의 일단으로 보았다. 미국 공중보건 전문가들은 중국이 보다 투명하게 행동할 것으로 믿는다고 그는 생각했다. 중국은 투명한 대응을 요구하는 국제보건규정IHR 서명국이다. 하지만 이를 강제할 수단이 없어 이 규정은 있으나 마나 했다. 더 좋지 않은 점은 미국은 중국이 IHR 서명국이라 안심하고 있다는 사실이었다. 포틴저는 사스 때와 똑같은 상황이 반복되고 있다고 보았다. 미국 관리들은 자기들이 우한바이러스연구소에 자금지원을 하고 있기 때문에 거기서 일어나는 일은 낱낱이 안다고 생각했다. 하지만 중국공산당은 은폐와 통제수단을 동원해 정권의 생존에 필요한 일만 했다. 2003년 사스 사태 때도 똑같이 그렇게 했다.

1월 중순 코로나 위기가 계속 확산되자 백악관국가안보회의NSC는 시민들의 외출금지령과 모든 도시를 봉쇄하는 조치를 검토하기 시작했다.[21] 하지만 행정부에 있는 한 명이 도무지 관심을 보이지 않았다. 1월 들어 두 주일 동안 트럼프 대통령은 중국과의 무역협상에 몰두했다. 그는 2020년을 자신이 중국과 큰 협정을 마무리한 해로 만들고 싶었다. 자신이 협상 주역으로서 미국의 국익을 위해 치열하게 싸우고 적시에 베팅했다는 점을 내세워 외교정책에 대한 민주당의 공격을 무색하게 만들 생각이었다. 그는 이란, 탈레반, 그리고 가능하다면 러시아와도 협정을 체결하고 북한과도 다시 협상을 시작하려고 했다. 그 가운데서도 중국은 왕관의 보석처럼 제일 중요한 협상 대상국이었다.

중국과의 1단계 협상은 1월 15일 마무리되었다. 트럼프는 중국의 무역관행을 요란하게 비판하며 대통령에 당선되었다. 그리고 중국에 대한 관세 부과로 재임 2년째를 시작했다. 추가 무역제재를 가할 수 있다고 수시로 위협했다. 따라서 1월에 이루어진 1단계 합의 서명은 여러 해 계속해 온 중국과의 어려운 협상에서 하나의 정점을 찍은 것이었다. 1단계 합의로 중국의 산업보조금과 국유기업 문제 등 미중 무역분쟁에 잠복해 있는 문제들이 다 해소된 것은 아니지만 중국에게 미국 물품 2,000억 달러어치를 구매할 것을 요구하고, 미국 농산물의 중국시장 진출을 상당한 수준으로 늘리고, 지적재산권을 보호하기 위한 안전장치 마련을 포함하고 있었다.[22]

이후 몇 주 동안 트럼프 행정부는 우한 사태를 지켜보며 대응전략 수립에 착수했다. 트럼프 대통령은 무역협상에서 자신이 거둔 업적을 가릴까봐 우한 사태에 관한 공식성명 발표를 주저했다. 중국 당국이 코로나19 대응에서 국제사회와 투명하게 협력하지 않고 있다는 증거가 늘어나는데도 그는 공개적으로 시진핑 주석에 대한 칭찬을 늘어놓으며 중국의 대응에 신뢰감을 나타냈다. 2월 7일 그는 트위터에 이렇게 올렸다.

방금 시진핑 주석과 장시간 매우 멋진 통화를 나누었다. 그는 강하고 날카롭게 그리고 강력한 지도력으로 전력을 다해 코로나바이러스 퇴치를 이끌고 있다. 시진핑 주석은 자신들이 아주 잘 대처하고 있다고 생각하고 있고 병원 여러 곳을 세우는 일도 불과 며칠 만에 뚝딱 해낸다. 중국에서 위대한 규범이 실행되고 있으며 시진핑 주석이 막강한 지도력으로 대단히 성공적인 작전을 수행해 내고 있다. 우리는 중국과 긴밀히 협력하며 도울 것이다![23]

　백악관 관리들은 1월 7일부터 시진핑 주석이 비상회의를 주재한다는 사실을 무역협상이 타결되기 일주일 전인 2월 중순에야 알았다.[24] 미국 관리들은 시진핑 주석이 사람 간 전파에 관해 이미 분명히 알고 있었을 것이라고 말한다. 그런데도 류허劉鶴 부총리 일행이 1월 15일 1차 무역협정에 서명하기 위해 워싱턴을 방문했을 때 그에 대한 이야기를 일체 하지 않았다.

　트럼프 대통령이 코로나19에 관해 처음으로 보고를 받은 것은 미국 내에서 첫 환자가 확인되고 이틀 뒤인 1월 23일이었다.(당시 미국 관리들은 1월 초부터 바이러스가 전파되고 있었다는 사실을 몰랐다.) 대통령 일일보고PDB는 국제정세와 위협요소들을 정보 부서에서 취합해 만드는 극비 일일평가 보고서로 트럼프 대통령에게 새로 부상하는 위험에 관해 우려하는 의견을 보고했다. 하지만 그는 서면 보고서는 원래 읽지 않았고 팬데믹에 대해 아는 지식도 없었다. 그래서 그는 PDB 내용을 구두보고로 받았는데 당시 보고자는 신종바이러스를 '독감과 유사하며' 글로벌 팬데믹으로 발전할 것 같지는 않다고 보고했다.[25] (1월 23일은 시진핑 주석이 중국의 바이

러스 대응 지휘권을 완전히 거머쥔 날이기도 하다.) 오브라이언 국가안보좌

관과 포틴저 부보좌관은 정보 부서가 바이러스의 위험성을 매우 과소평

가했다며 PDB 보고자에게 크게 화를 냈다. 하지만 구두로 보고 받은 내

용이 바이러스에 관해 트럼프가 아는 전부였다. 그는 구두보고의 내용이

실제 보고서 문건과 차이가 있는지 여부를 따져보는 사람이 아니었다.

그것과는 상관없이 이후 대통령의 기분을 상하게 할 뿐만 아니라 조

치를 취하도록 만든 일이 있었다. 1월 28일 또 다른 PDB 보고에서 오브

라이언 국가안보좌관은 트럼프 대통령에게 '코로나19가 각하의 재임

기간 중에 마주하게 될 가장 큰 국가안보 위협이 될 것'이 분명하다고 강

조했다. 포틴저 부보좌관도 '1918년과 같은 상황이 벌어질 것'이라고 거

들었다. 그 말에 트럼프는 "이런 제기랄!"holy fuck!이라고 대꾸했다. 이후

트럼프 대통령은 그런 일이 없었다고 부인했지만, 밥 우드워드 기자에게

자기가 코로나바이러스를 주목하기 시작한 것은 '1월 말경'이었다고 말

했다.[26] NSC 관리들이 볼 때 미국 정보기관은 완전히 직무태만을 한 것

이고 팬데믹 위기사태를 우선순위에 올려놓고 살펴보지 않았다. 제3장

에서 소개한 것처럼 국가정보위원회NIC가 오래전부터 글로벌 감염사태

가 초래할 무서운 결과에 대해 경고해 왔음에도 불구하고 이런 일이 벌

어진 것이다. 내용이 서로 엇갈리는 정보들을 접하자 백악관은 책임을

CDC로 넘겨버렸다. 중국에서 일어나고 있는 글로벌 보건과 관련된 위

기사태에 대한 정보수집 능력도 없었다. 글로벌 코로나19 사태가 어디

로 향해 나아가고 있는지 보여주는 공개 정보들이 늘고 있었지만 이를

받아들여 분석하는 속도도 느렸다.[27] 1월 29일 행정부는 보건복지부 장관 알렉스 아자르Alex Azar를 책임자로 하는 코로나바이러스 태스크포스를 만든다고 발표했다. 이튿날 트럼프 대통령은 "우리는 중국을 비롯한 다른 나라들과 매우 긴밀히 협력하고 있으며 아주 좋은 결과가 나올 것으로 생각한다."고 말했다.[28] 1월 31일 트럼프 대통령은 파우치, 레드필드, 오브라이언, 포틴저를 비롯한 보좌관들과 만났다. 이들 모두가 중국에 대해 여행금지조치를 내려야 한다는 입장을 내놓았다. 귀국하는 미국 시민만 받아들이고 나머지는 모두 막으라고 했다. 트럼프가 이를 받아들였고 그것은 상당히 중대한 조치였다. 트럼프는 이후 몇 개월 동안 수시로 그 조치를 자화자찬했다. 미국의 주요 민항기 항공사인 유나이티드 에어라인United Airlines은 이미 그 전에 중국발 항공기 운항을 중단시켰다.[29] 그날부터 중국에서 귀국한 4만여 명의 미국인들은 아무도 제대로 검사를 받거나 격리조치를 받지 않았다.[30] 나흘 뒤 트럼프 대통령은 연례 상하원 합동연설을 했는데 6,300개의 단어를 나열하면서 코로나19와 관련한 단어는 39개밖에 되지 않았다. 그는 이렇게 다짐했다. "중국에서 발생한 코로나바이러스 위기사태와 관련해 우리는 중국 정부와 협력해서 긴밀히 대처하고 있다. 미국 행정부는 이 위협으로부터 우리 국민을 보호하기 위해 필요한 모든 안전조치를 취할 것이다."[31]

## 잃어버린 한 달

트럼프 대통령이 중국에 대해 여행

금지조치를 내린 것을 두고 행정부 안의 두 세력 간에 치열한 공방이 벌어졌다. 한 세력은 포틴저, 오브라이언, 무역자문관 피터 나바로Peter Navarro가 속한 '1918년 파'였다. 이들은 앞서 대통령에게 말한 것처럼 미국이 지금 한 세기 전 겪었던 '스페인 독감' 때와 같은 위험한 상황으로 나아가고 있다고 생각했다. 이들은 유럽에 대해서도 여행금지조치를 내려야 한다고 주장했다. 다만 완전한 금지 대신 특정한 루트에 대해서는 여행금지조치를 내리고, 나머지 루트는 사람들에게 여행 자제를 권고하는 '레벨3'으로 가자고 했다. 이들은 의료물품 공급과 방역, 백신 개발, 검사에 대대적인 지원을 해야 한다고 주장했다. 다시 말해 다가오는 위기에 대비해야 한다는 사람들이었다.

다른 세력은 '일단 사태를 지켜보자.'는 사람들이었다. 믹 멀베이니 Mick Mulvaney 백악관 비서실장, 스티브 므누신Steve Mnuchin 재무장관, 그리고 펜스 부통령의 비서실장인 마크 쇼트Marc Short가 이 부류에 속했다. 이들은 추가 여행금지조치를 취할 경우 초래될 경제적 파장을 우려하며 사람들에게 정보를 제공하되 어떻게 할지는 각자 판단에 맡기자는 입장이었다. 이들은 의료물품 공급에 대한 지원에도 크게 반대하지는 않았지만 적극적으로 지지하지도 않았다. 2월 내내 트럼프는 사실상 이 두 번째 그룹 편에 서 있었다. 그는 여행금지조치는 할 만큼 했다고 생각하고 경제에 부정적인 영향을 미칠 조치는 더이상 하지 않으려고 했다.

2월 6일 트럼프 대통령은 시진핑 주석과 통화하면서 중국에 대한 전문가 기술지원을 제안했지만 시진핑 주석은 아무런 답변을 주지 않았다.

트럼프가 재차 독촉했지만 소용이 없었다. 그래서 다른 쪽으로 화제를 돌리고 말았다. 트럼프 대통령이 달리 무슨 조치를 취해 보려고 한 증거는 없다.[32] 그가 밥 우드워드와 나눈 대화 내용을 보면 이후 두 주 동안도 트럼프에게는 급속히 확산 중이던 감염병이 우선적으로 다룰 급선무가 아니었다. 2월 15일 미국 내 첫 집단감염 사례가 확인되었음에도 불구하고 트럼프의 태도는 바뀌지 않았다.(중국 여행을 하지 않았고 양성반응자와 밀접접촉을 한 적이 없는 여성이 확진 판정을 받았다.) 우드워드는 2월 19일 대통령과 가진 전화통화를 소개하며 "(트럼프에게) 코로나바이러스는 아직 주요 관심사가 아니었다."고 썼다. 이란, 법무장관 빌 바Bill Barr, 소셜미디어의 정치적 영향 등에 대해 트럼프와 이야기를 나누었다고 했다.[33] 백악관의 권력 핵심부 인사들도 코로나바이러스 사태를 경시했다. 웨스트윙에 근무하는 이들 누구도 마스크를 쓰지 않았다. 백악관에서 골목 하나 건너에 있는 아이젠하워 이그제큐티브 오피스 빌딩에 있는 국가안보회의NSC 직원들 가운데서 마스크 쓴 사람은 조롱거리가 되었고 보스가 좋아하지 않을 거라는 말을 들었다.[34] 트럼프는 2월 7일 밥 우드워드에게 이 바이러스가 "독감보다 훨씬 더 치명적이며, 5배 이상으로 더 치명적일 것"이라고 했다. 그러면서도 트럼프는 공개적으로 대수롭지 않다는 반응을 보였다.(트럼프는 우드워드에게 국민들이 공포감을 갖지 않도록 하려고 그랬다고 했다.)[35] 2월 27일 트럼프는 바이러스에 대해 공개적으로 이렇게 말했다. "하루아침에 싹 사라질 것이다. 기적처럼 사라질 것이다."[36]

바이러스가 미국 전역으로 확산되면서 감염 여부 검사를 진행하기가 점점 더 어려워졌다. 2월 8일 CDC는 자체 개발한 초기 코로나19 진단 도구에 결함이 있음을 알게 되었다. 서두르느라 필요한 절차들이 지켜지지 않았고 바이러스 입자에 오염된 물질이 생산되었다.[37] 다른 문제점들도 있었다. 미국 행정부는 인공호흡기와 방호복PPE이 부족한 주가 있으면 각주별로 직접 물품을 보내주려고 했다. 그런데 문제는 각주에 효과적으로 바이러스에 대처할 방안을 알려주고, 개별 주에서 얻은 경험을 다른 주에 알려주는 식의 '양방향 학습'이 되지 않는다는 것이었다. 팬데믹은 또한 미국의 보건 인프라가 안고 있는 근본적인 취약점을 드러내보였다. 예를 들어 공중보건 데이터 시스템이 각급 병원과 실험실에서 감염 사례를 최초로 확인하며 수집한 데이터를 서로 공유할 수 없게 되어 있었다. 핵심 정보망이 이렇게 단절되다 보니 연방정부가 신속히 대처하고 주 정부에 대응 방안을 알려주는 데 문제가 있었던 것이다.[38]

데보라 벅스Deborah Birx 박사는 미국의 글로벌 에이즈 조정관 겸 글로벌 보건외교 특별대표였다. 직업 공무원인 그녀는 오바마 행정부 때부터 이 직책을 수행해 왔다. 2월에 그녀는 에이즈 관련 업무차 남아공에 머물고 있었다. 매일 저녁 CNN을 통해 미국 관리들이 바이러스가 관리되고 있다고 주장하는 브리핑을 들으며 그녀는 "이건 팬데믹으로 갈 거야!"라고 소리를 질렀다. 그녀는 CBS 뉴스의 마거릿 브레넌 앵커에게 당시 자기 생각을 이렇게 말했다. "HIV 때도 세계가 이렇게 하다 실패했다. 환자들만 보면 수면 아래서 진행되는 많은 일을 못 보게 된다." 코로나의 경우에는 지역사회 확산 가능성이 매우 높았다. "우리는 입국하는 사람들을 모두 검사하지 않고 증상에 대한 질문을 했는데 나는 그걸 보고 정말 걱정했다." '1918년 파'는 행정부가 여행금지에 이은 추가조치를 하지 않는 것을 보면서 점점 더 걱정이 되었다. 이들은 특히 정부가 분명히 다가오고 있는 위기에 대처하기 위해 필요한 예산 요청을 하지 않는 것을 보고 좌절감을 느꼈다. 태스크포스도 제대로 작동되지 않고 있었다. 스티븐 한Stephen Hahn 미국식품의약국FDA 국장은 태스크포스에 포함되지도 않았는데, 트럼프 행정부 고위관리의 말에 따르면 그것은 '끔찍한 실책'이었다. FDA는 긴급사용승인과 검사, 치료, 백신 개발 등 할 일이 수두룩했다.

포틴저 부보좌관은 백악관 안에서 주의를 촉구하고 공중보건에 대해 전문적인 조언을 해줄 사람이 필요했다. 그는 2월 내내 벅스 박사에게 와서 도와달라고 계속 부탁했다. 두 사람은 여러 해 전부터 아는 사이였다. 두 사람 모두 사스 사태 때 아시아에 있었고 코로나19의 위험에 대해 보는 시각이 서로 통했다. 그녀는 '스무 번쯤' 거절하다가 행정부에서 검사를 포함해 대응책 마련에 필요한 중요한 조각들을 맞추지 못하고 있는 것을 보고 마침내 생각을 바꾸기로 했다. 그렇게 해서 벅스 박사는 백악관에서 코로나바이러스 대처에만 전념하는 유일한 정직원이 되었다. 일이 순조롭게 진행되지는 않았다. 인원을 늘려달라는 그녀의 요청은 거부되었다. 그래서 시간을 두고 다른 기관으로부터 파견근무 희망자를 받아들였다.[39] 2월 말이 되자 '1918년 파'에서 때를 놓쳤다는 말이 나오기 시작했다. 충분히 준비가 안 된 상태에서 주사위가 던져진 것이었다. 포틴저 부보좌관이 한 달 전 트럼프 대통령에게 경고한 것처럼 1918년의 재판이 될 조짐들이 나타났다.

2월 26일 백악관 내부에서 벌어지는 코로나19 정치는 비등점에 도달했다. 그날 CDC 산하 국립면역및호흡기질병센터 소장인 낸시 메소니어 Nancy Messonnier 박사는 기자회견에서 "이 신종바이러스가 공중보건에 엄청난 위협이 되고 있다."고 말하고 부모들에게 주의를 당부했다. "감당하기 힘든 상황이 벌어질 수 있다. 일상생활이 어려워질 수 있다. 사람들이 상황을 심각하게 받아들일 때가 되었다. 나는 오늘 아침 식탁에서 아이들에게 지금 당장 위험이 닥친 것은 아니지만 온 가족이 우리 삶이 심각하게 흔들릴 경우에 대비할 필요가 있다고 말했다."[40] 팬데믹이 미국을 강타할 것이라는 인식이 확산되면서 2월 마지막 주 주식시장이 곤두박질쳤다.

트럼프 대통령은 취임 후 처음으로 인도를 방문 중이었다. 타지마할 앞에서 10만 명이 모인 집회 참석을 포함해 36시간의 정신없이 바쁜 일정이었다. 귀국길에 그는 주식시장 폭락 소식을 듣고 화가 나 아자르 장관을 불러 메소니어 박사에 대한 불만을 쏟아냈다.[41] 이튿날 트럼프는 마이크 펜스 부통령에게 코로나바이러스 태스크포스 지휘권을 맡겼다. 당시 펜스 부통령을 도와 태스크포스에서 일한 올리비아 트로이Olivia Troye 보좌관은 이렇게 말했다. "백악관의 반응은 한마디로 '우리가 메시지를 통제하겠다.'는 것이었다. 메시지에 대한 불만 때문에 부통령을 태스크포스에 불러다 앉힌 것이었다."[42] 그때부터 트럼프 대통령은 태스크포스의 업무를 정치적으로 만들어 버렸다고 트로이 보좌관은 말했다. "트럼프의 행동은 이런 수준의 팬데믹 위기에서 매우 해로운 것이었다. 국민의 목숨을 위태롭게 하는 대단히 중요한 이슈를 놓고 대통령이 나라를 근본적으로 편가르기 해버렸다."[43] 태스크포스는 메시지의 수위조절을 함으로써 트럼프와 같은 편에 섰고, 메소니어 박사와 같은 목소리는 침묵시켜 버렸다. 그래도 펜스 부통령은 한 가지 잘못은 바로잡았다. 행정부의 한 고위관리가 전한 말에 따르면, 태스크포스를 맡고 주재한 첫 회의에서 펜스 부통령은 참석자들을 한번 둘러보고는 "FDA 국장은 안 보이네?"라고 물었다.[44]

트럼프는 계속해서 바이러스의 위험성을 과소평가했다. 그는 2월 24일 트위터를 통해 코로나19가 "전적으로 잘 통제되고 있다."고 선언했다. 그리고 "내가 보기에는 주식시장도 아주 좋아지고 있다."고 했다. 하지만 그의 보좌관들 몇 명은 개인적으로 훨씬 더 비관적인 평가를 내놓았다.[45] 이후 몇 개월 동안 백악관과 아자르 보건장관은 팬데믹을 이기기 위해 기업과 국민을 상대로 펼치는 CDC의 업무와 노력을 기를 쓰고 통제하고 관리하려고 했다. 이들은 거리두기 대상에서 종교행사를 제외시키고 술집, 레스토랑에만 국한시키려고 했다. 또한 유람선 운항금지조치 발동을 연기시켜 버렸다. 백악관은 마침내 CDC가 주도적으로 해오던 병원에서의 바이러스 관련 데이터 수집 업무까지 빼앗아가 버렸다.[46]

3월 초 상황이 점점 더 암울해지며 극적인 조치가 필요했다. 3월 1일 일일 확진자 수가 66명이던 것이 두 주 후에는 그 수가 기하급수적으로 늘어 일일 평균 1,682명이 되었다.[47] 이 기간 중 주식시장은 증시 역사상 최대 손실을 기록했고, 공식 집계상으로 확진자 수와 사망자 수가 급격히 늘었다. 뉴욕과 워싱턴주에서 가게들이 문을 닫기 시작했다.[48] 3월 11일 트럼프 대통령은 집무실에서 긴급연설을 통해 유럽에서 들어오는 모든 여행객에 대해 입국금지조치를 내렸다. 재임 두 번째 긴급연설이었다.[49] 연설 내용은 한마디로 재앙 그 자체였다. 미국 국민들이 귀국하지 못하고 유럽과의 모든 무역거래는 중단되게 되었다. 국민들은 놀라서 우왕좌왕했다. 유럽에 가 있는 가족들에게 연락하느라 사람들은 밤잠을 설쳤다. 어떤 이들은 2만 달러를 주고 귀국 편도티켓을 사기도 했다. 그 주에 아내와 함께 파리로 여행 갔던 뉴욕타임스 기자는 그날 밤 티켓을 사려고 뛰어다닌 일을 이렇게 묘사했다. "반딧불이를 잡으려고 하는 것 같았다. 반딧불이는 눈앞에서 뱅뱅 돌다가 내가 잡으려고 하면 윙크를 한 번 찡긋해주고는 날아가 버렸다."[50] 뒤늦게 백악관에서는 대통령이 한 발언의 내용을 분명히 설명했다. 미국 시민과 그린카드 소지자, 비즈니스 목적의 여행자는 입국금지 대상에서 제외된다고 밝혔다. 하지만 곳곳에서 피해사례가 이미 속출한 뒤였다. 항공편과 공항 출국장은 유럽에서 귀국하려는 여행객들로 꽉 들어찼다. 당연히 이런 소동 속에 바이러스는 계속 미국 영토로 들어오고 시장은 다시 곤두박질쳤다.

3월 15일 트럼프 대통령은 파우치 소장과 벅스 박사의 권고에 따라 전국적으로 셧다운 조치를 내리기로 했다. 15일 동안 속도를 늦추기로 한 것이다. 국민들에게 가급적 집에서 나오지 말도록 하고, 10명 이상 집합금지, 사회적 거리두기 실천 등이 시작되었다. 트럼프의 보좌관들은 이 정도로 미흡할 것이라는 점을 알았지만 자기들이 얻어낼 수 있는 대책은 그게 전부였다. 4월 초 보좌관들은 방역조치를 확대해서 연장해야 한다고 요구했으나 트럼프는 안달이 나서 부활절까지는 완전히 해제해야 한다고 주장하기 시작했다. 그러다가는 또 태도가 누그러져서 연장에 동의했고, 그러다 얼마 지나지 않아서는 또 태도가 바뀌어 해제를 주장했다.[51] 트럼프의 이런 변덕이 별 의미가 없는 경우들도 있었다. 미국은 연방국가이고 주 정부에 상당한 권한이 부여되어 있기 때문이다. 트럼프가 전국적인 록다운을 실시하기 전인 3월 초부터 캘리포니아, 뉴욕, 워싱턴을 포함한 여러 주에서 학교와 비필수 분야 점포 문을 닫고 대규모 집합금지, 여행금지 같은 과감한 조치들을 취했다. 아칸소, 아이오와, 네브레스카, 노스다코다, 사우스다코다 같은 주는 주 단위와 도시 단위에서 어떤 형태의 외출자제령도 내리지 않았다.[52] 트럼프가 연방정부의 메시지를 정치도구화한 반면 주 정부들은 각자 눈치껏 방역조치를 취한 것이다.

4월 중순부터 트럼프 대통령은 바이러스의 위험성이 별것 아니라고 우기며 의료 분야 보좌관과 주 정부를 비난했다. 그리고 정상으로 돌아가야 한다고 더 완강하게 우겼다. 행정부 안에서 대통령의 뜻에 동의하는 세력도 있었다. 이들은 경제를 재개하고 팬데믹과 더불어 사는 법을 배워야 한다고 주장했다. 그 가운데서도 특히 트럼프 대통령의 사위로 선임보좌관인 재러드 쿠슈너Jared Kushner와 래리 쿠드로Larry Kudlow 경제보좌관은 과학자들에게 정부의 조치를 어떻게 하라고 맡기는 것은 "보건교사가 교장에게 학교 운영에 대해 이래라저래라 하는 것과 마찬가지"라고 했다.[53] 한편 확진자 수는 계속 늘어나 매일 3만 명대의 신규 확진자와 2,000명대의 사망자 수가 유지됐다.[54]

이후 몇 개월 동안 트럼프는 코로나19와 싸우는 데 흥미를 잃었다. 파우치 소장과 레드필드, 벅스를 비롯한 과학 분야 전문가들에게 계속 물으면서도 그는 이 사태를 공중보건 위기로 보지 않고 정치적인 문제로 취급했다. 경제 침체가 계속될 경우 11월로 예정된 재선에 어떤 영향을 미칠지에 대해 점점 더 집중하기 시작했다. 그는 록다운을 시행하고 있는 주지사들에게 어서 해제하라고 요구했다. 그는 정상으로 돌아가고 있다고 계속 주장하며 5월 초에는 코로나바이러스 태스크포스를 해체하려고 했다. 하지만 거센 반발에 부딪쳐 입장을 바꾸어야 했다.[55] 제12장에서 설명하고 있듯이 그는 모든 희망을 백신 개발에 걸었다. 트럼프 대통령의 거리낌 없는 발언은 다른 사람들의 입을 막는 결과를 가져왔다. 톰 코튼Tom Cotton 상원의원처럼 초기에 국가가 강력히 대응해야 한다고 주장했던 공화당 의원들은 팬데믹과 관련한 공개 발언을 멈추어 버렸다. 팬데믹의 위험이 있다고 말한 주지사들은 대통령으로부터 트위터 공격을 당했다. 4월 초 트럼프는 "미시간을 해방하라.""미네소타를 해방하라."고 트위터에 올렸다.[56] 바이러스가 정치적인 리트머스 시험지가 되었고, 트럼프 대통령은 공화당 내부와 자신의 권력 기반에서 영향력이 너무 막강했기 때문에 사람들은 가급적 얽히지 않으려고 했다.

## 중국 때리기

트럼프 행정부는 팬데믹이 초래한 피해를 집계하면서 한 가지 분명한 결론에 도달했다. 이것은 지진이나 쓰나미처럼 하느님의 뜻이 아니라 적의 공격으로 생긴 재난이라는 것이었다. 중국 정부가 국제사회와 협력하지 않아서 초래된 피해라는 결론을 내렸다. 그리고 바이러스가 수산물시장이 아니라 실험실에서 유출된 것이 분명하다고 의심했다. 그리고 중국 정부가 팬데믹을 세계 전역에서 지정학적인 영향력을 확대하는 기회로 활용하고 있다고 보았다. 그건 사실이었다. 중국은 마스크 외교로 지원을 필요로 하는 소국들에게 압력을 가하고, 불편한 의문을 제기하는 나라들을 협박했다. 홍콩에서 학생시위를 진압하고 남아 있던 정치적 자치를 사실상 끝장내 버렸다. 그게 전부가 아니다. 중국은 대만에 압력을 가하고 인도와 유혈 국경분쟁을 일으켰다.

트럼프 행정부는 국제적으로 코로나19를 글로벌 보건 위기사태가 아니라 중국 문제로 보았다. 그러한 프레임은 국제정치적으로 심각한 결과를 초래했다. 트럼프는 처음 태스크포스를 꾸리면서 마크 그린Mark Green 미국국제개발처USAID 처장을 제외시켰다. 이 위기사태의 글로벌적인 측면을 제대로 이해하고 전 세계적으로 적절한 대응을 이끌어낼 인물을 아무도 포함시키지 않은 것이다. 질병예방통제센터CDC, 국무부와 USAID의 하위급 레벨에서는 업무 협의가 이루어졌다. 하지만 태스크포스의 최고위급 레벨에서는 전 세계적으로 미국 정부의 글로벌 보건 프로그램을 집행하고 해외의 인도주의적인 위기사태에 대응하는 기관 책임자들의 목소리를 듣지 않은 것이다. 그린 처장은 그러한 결정에 당황했다. 그는 USAID가 글로벌 보건 위기 사태를 다루며 쌓은 능력과 경험이 충분히 발휘되어야 한다고 생각했다. 그는 3월에 처장직을 사임했다. 그는 물러나면서 코로나 대응과는 무관한 결정이라며 "전혀 상관없는 일"이라고 기자에게 말했다. 하지만 그를 잘 아는 어떤 인사는 태스크포스에서 배제된 게 그가 사임하게 된 중요한 요인이라고 우리에게 말했다.[57]

트럼프 행정부에는 중국에 대한 매파들이 많았다. 하지만 이들도 코로나 문제를 둘러싸고는 입장이 나뉘었다. 2월에 팬데믹 대응에 나라 전체가 나서야 한다고 주장한 1918년 세력과 국민들에게 정보만 제공하고 일단 지켜보자고 한 관망파들로 입장이 나뉜 것과 유사했다. 트럼프는 수시로 중국을 비난했지만 문제를 전적으로 상거래라는 렌즈를 통해 보았다. 재무장관 므누신, 경제보좌관 쿠드로, 미국무역대표부 밥 라이트하이저Bob Lighthizer 대표 같은 경제관료들은 중국과의 경제관계에서 진전을 이루기를 바랐지만 기본적으로 더 강력한 방역조치는 필요치 않다는 트럼프와 입장을 같이했다. 또 하나의 집단으로 폼페이오, 포틴저, 마크 에스퍼 국방장관, 나바로 백악관 정책국장 같은 강경파 그룹이 있었다. 이들은 미국이 중국과 장기적인 경쟁관계라고 보고 미국의 정책을 그 방향으로 재설정하려고 했다. 강경파들은 중국공산당 존재 자체를 위협으로 간주하고 이들과 맞서기 위해 대규모 군사력 증강이 필요하다고 강조했다. 그리고 기술, 공급망, 금융 분야에서 중국에 대한 의존도를 줄여나가야 한다고 주장했다.

바이러스가 미국을 휩쓸면서 트럼프 대통령의 중국에 대한 정치적 계산은 강경파 쪽으로 기울었다. 사태의 심각성을 깨닫고 자신의 행정부와 자신의 정치적 장래에 큰 위협이 된다는 사실을 알고부터 입장이 바뀐 것이다. 트럼프의 생각이 바뀐 것과 관련해 비강경파인 윌버 로스Wilbur Ross 상무장관은 11월 대선 직전 월스트리트저널에 "빅뱅처럼 단번에 확 바뀐 게 아니라 조금씩 진화가 이루어진 것"이라고 했다. 반면에 익명의 한 관리는 같은 신문에 이렇게 말했다. "중국 외교부가 3월 중순 미군이 우한에 바이러스를 옮겨왔다고 암시하는 발언을 내놓은 게 트럼프에게는 하나의 티핑 포인트Tipping Point가 되었다."[58] 트럼프 행정부관리들 중에서 강경파들과 달리 중국에 대해 관여정책을 선호하는 사람들은 코로나19 이전까지는 트럼프가 중국에 대해 어느 정도 온건한 입장이었다고 했다. 그러다 중국이 자신의 재선 전망을 위태롭게 만들었다는 사실을 알고 나서부터는 강경파들이 원하는 대로 모두 따라갔다는 것이다.

직접적인 원인이 무엇이건 간에 그의 입장이 바뀐 것은 분명했다. 어느 강경파 인사는 인터뷰에서 이렇게 말했다. "팬데믹과 팬데믹을 이용하려는 중국의 행동이 미국으로 하여금 일사불란한 대응을 하도록 만든 자극제가 되었다는 것은 의문의 여지가 없다." 이 관리는 그때부터 미국은 "팬데믹과 중국의 부정적인 대응에 대해 훨씬 더 공격적이고 직접적인 대응을 하기 위해 동맹국들과 협력하기 시작했다."고 말했다. 미국 행정부는 아시아에서부터 소위 쿼드(미국, 호주, 인도, 일본이 참여하는 비공식 안보회의체) 참여국들과의 협력을 강화해 공급망을 다변화하고 중국의 가짜 정보에 맞대응하기 시작했다. 곧이어 유럽을 비롯한 다른 지역에서도 이와 같은 협력체를 만들기 시작했다. 중국의 전랑외교로 점점 주변으로 밀려나는 유럽의 국가안보 전문가들을 중심으로 호응의 목소리가 높았다. 중국은 지나치게 욕심을 보였다. 미국 행정부도 국내에서 중국에 대해 강경하게 대응했다. 중국 주재 미국대사의 충고를 무시하고 휴스턴에 있는 중국 영사관을 폐쇄하고 중국의 혁신기술 기업 바이트댄스 **ByteDance**에 대해 규제조치를 내렸다. 아자르 보건복지부 장관을 대만에 보내 대만에 대한 무기판매를 승인했다. 그리고 홍콩의 '일국양제' 모델을 무시하고, 신장지구에서 저지르는 대규모 인권침해 사례를 문제 삼아 중국에 새로운 수출규제조치를 부과했다. 이 관리는 우리에게 이렇게 말했다. "코로나가 아니었더라면 굳이 하지 않아도 될 일들이었다. 이런 조치는 2020년 봄부터 급속히 늘어 이전 3년 동안 이루어진 것보다 그 수가 더 많아졌다."

팬데믹을 중국과의 지정학적인 경쟁구도 속에서 접근하면서도 포틴저와 오브라이언 두 사람은 초기부터 코로나19에 대해 걱정을 많이 했다. 그래서 이들은 검사수를 늘리고 감염경로 추적 등 국내외적으로 보다 체계적인 대응책을 추진해야 한다고 주장했다. 하지만 외교정책팀의 다른 멤버들은 그런 데는 관심이 없고 위기를 이용해 중국을 때려잡자는 쪽이었다. 폼페이오 국무장관이 가장 두드러진 사례였다. 그는 트럼프가 집권하고 나서 하원의원에서 CIA 국장, 국무장관으로 빠르게 출세한 사람이다. 그의 출세 비결은 트럼프를 정치적으로 이용하는 능력에 있었다. 그는 트럼프와 사이가 틀어진 적이 한 번도 없었다. 트럼프를 상대하는 데는 그것 자체가 큰 장점이 되었다. 트럼프는 어느 기자에게 폼페이오는 각료 중에서 한 번도 자기와 언쟁을 벌인 적이 없는 유일한 인물이라는 말을 한 적이 있다고 한다. 이런 점 때문에 폼페이오는 초기 '어른들' 그룹(맥매스터, 매티스, 틸러슨, 트럼프의 두 번째 비서실장인 존 켈리)으로부터 멀어졌고, 행정부에서 트럼프와 수시로 부딪친 볼턴, 에스퍼와도 멀어지게 되었다. 이 두 사람은 물러난 다음에는 트럼프와 크게 맞부딪쳤다.

트럼프 행정부에서 일한 두 명이 관료가 우리에게 폼페이오 장관은 2018년 10월 첫 중국 공식 방문 이후 심한 반중으로 입장이 바뀌었다고 했다. 그는 중국과 협력관계를 모색하기 위해 갔다가 쓴소리를 듣는 등 냉대를 받았다. 이 관료들은 이후 폼페이오 장관에게 중국 관계는 지극히 개인적인 사안이 되었다고 했다. 뿐만 아니라 트럼프 못지않게 폼페이오도 각료들 중에서 가장 정치적인 인물이었고, 행정부 내에서 자신의 정치적 입지를 위해 중국 비난에 앞장섰다고 이 관료들은 믿고 있었다. 트럼프 행정부와 긴밀히 일한 유럽 관료들 중 몇 명은 포틴저, 오브라이언 같은 중국 매파들과 달리 폼페이오 장관은 펜데믹이 갖는 공중보건적인 측면에 아무런 관심도 보이지 않았다고 했다. 그는 계속해서 바이러스와 관련해 중국을 비난하는 데만 몰두했지, 에볼라 에피데믹 때 미국이 한 것처럼 세계 각국과 협력해서 코로나바이러스 극복에 앞장서자는 식의 발언은 단 한 마디도 한 적이 없었다. 그는 팬데믹이 국제질서를 뒤흔들 무수히 많은 가능성에는 아무런 관심도 보이지 않았다. 폼페이오는 팬데믹으로 중국의 악행이 드러났다는 데만 관심을 집중했다고 유럽 관리들은 말했다. 이들은 또한 폼페이오 장관이 공중보건 분야에서 협력을 증진시키는 데 개인적으로 관심을 두지 않았다고 했다. 이는 국제적으로 심각한 위기사태에 미국의 최고위 외교관이 보인 태도에 대한 신랄한 비판이다.[59]

시작하는 글에서 본 것처럼 3월 26일 폼페이오 장관은 G7 각료회담 공동성명에 '우한 바이러스'라는 표현을 써야 한다고 고집을 부려 결국 공동성명도 채택하지 못하게 만들어 버렸다. 그가 회의를 방해한 게 그때만이 아니다. 4월에 프랑스가 유엔안보리 상임이사국인 미국, 중국, 러시아, 프랑스, 영국 등 5개국이 모여 코로나19 대책과 팬데믹 기간 중 모든 분쟁을 잠정 중단하자는 글로벌 휴전협정을 논의하려고 했다. 하지만 이 제안도 미중 갈등 때문에 무산되고 말았다. 트럼프 행정부는 중국을 비난하는 결의안 채택을 원한 반면 중국은 자신들의 책임이 없다는 내용의 결의안 채택을 원했기 때문이다. 프랑스는 비상임이사국인 튀니지와 협력해 수주간 돌파구 마련을 위해 매달렸다. 유럽의 2차세계대전 종전 75주년 하루 전인 5월 7일 니콜라 드 리비에르**Nicolas de Rivière** 유엔 주재 프랑스대사가 결의안 초안에 대해 15개 안보리이사국의 전원 합의를 이끌어냈다. 그동안 WHO의 입장이 중국과 너무 가깝다고 비난해 온 미국은 WHO가 분쟁지역에서 팬데믹 종식을 위해 노력했다고 한 문구에 반대했고, 중국은 그 문구를 넣자고 했다. 두 나라는 두루뭉술하게 '특정 보건기구들'이라는 표현에 합의했다. 드 리비에르 대사는 켈리 크래프트Kelly Craft 유엔 주재 미국대사와 합의한 초안을 '언더 사일런스' under silence에 부쳤다.(언더 사일런스는 회원국 가운데서 72시간 안에 반대하는 나라가 없으면 합의가 이루어진 것으로 보는 외교용어) 결의안은 5월 8일 오후 2시가 지나면 자동적으로 효력을 발휘하게 되어 있었다. 그런데 오후 1시에 미국이 성명을 통해 결의안에 찬성할 수 없다고 밝혔다. 대부분 사람들이 폼페이오 장관이 그 성명을 직접 작성했거나 그의 뜻에 따라 작성되었을 것으로 생각했다. 결의안은 이렇게 마지막 순간에 부결되고 말았다.

프랑스 고위관리의 말에 의하면 프랑스는 믿을 수 없는 일이 벌어진데 대해 화가 단단히 났지만 방법이 남아 있었다. 미국과 중국 모두 "인도주의적인 차원에서의 휴전 합의가 무산된 데 대해 마음이 편치 않았고 서로 상대방에게 책임을 떠넘기려고" 했다. 프랑스는 양측에 모두 압력을 가한 끝에 6월에 마침내 합의안을 이끌어냈다. WHO를 직접 거론하지는 않고, WHO를 언급한 유엔총회 결의안을 언급하는 방식을 택했다. 구속력은 없지만 외교에서 간혹 임시방편으로 차용하는 방법이다. 미국과 중국이 서명하고 결의안이 채택되었다. 제9장에서 소개하듯이 이 결의안으로 전 세계에 적대행위가 종식된 것은 아니고, 유엔이 인도주의 임무가 수행되도록 분쟁지역에 대한 접근을 허용하도록 분쟁 당사국들에게 압력을 가했다. 무엇보다도 이 휴전결의안은 미중 갈등이 고조되는 상황에서 국제적으로 무슨 일을 하기가 얼마나 어려운지 실감케 했다.[60]

트럼프 행정부는 코로나19 기원에 대해 철저한 조사를 하자고 계속 밀어붙이는 한편, 바이러스가 중국의 한 실험실에서 흘러나왔다는 의혹을 계속 제기했다. 미국 관리들은 2018년 우한바이러스연구소에 제대로 훈련받은 인력이 없다는 내용으로 중국 주재 미국대사관에서 보낸 전문을 근거로 제시했다.[61] 그뿐만 아니라 미국의 많은 분석가들이 바이러스가 우한수산물도매시장에서 동물로부터 인간에게 옮겨왔다는 중국의 공식발표 내용에 심각한 의문을 제기했다. 이들은 상황증거가 많다고 설명한다. 이 시장에서는 박쥐를 팔지 않기 때문에 감염된 박쥐를 잡아먹은 동물로부터 사람에게 전염되었을 가능성이 높았다. 박쥐 코로나바이러스는 유전자상으로 SARS−CoV−2 바이러스와 유사하며 우한에서 멀리 떨어진 곳에 사는 박쥐에게서 발견되었다. 우한수산물도매시장은 박쥐 코로나바이러스를 연구하는 연구소에서 몇 블록 떨어진 곳에 있다. 우한의 코로나19 첫 감염자는 이 수산물시장에서 나오지 않았다. 그리고 미국대사관은 이전부터 우한바이러스연구소가 안전수칙을 지키지 않고 있다는 우려를 표명해 왔다. 워싱턴에서는 우한바이러스연구소에서 사고로 바이러스가 유출되었다는 설이 돌아다녔다.[62]

기어코 기밀정보를 알아내서 이런 설이 사실임을 입증하는 데 활용하겠다는 사람들이 트럼프 행정부 안에 있었다. 예를 들어 5월 초 폼페이오 장관은 ABC 선데이쇼 디스위크This Week에 출연해 "코로나가 실험실에서 나왔음을 보여주는 증거가 얼마든지 있다."고 했다.[63] 나중에 그는 그 발언에 대한 반박을 받고 한발 물러섰다.[64] 트럼프 대통령 역시 바이러스가 우한바이러스연구소에서 흘러나왔다는 '확실한 믿음'을 갖고 있다고 언론에 말했다. 하지만 자세히 말해달라는 요청을 받자 "그건 말해줄 수 없다. 그걸 당신한테 말하면 안 되도록 되어 있다."고 대답했다.[65] 국가안보회의 관리들도 구체적인 증거는 없고 상황증거만 있을 뿐이라고 했다. 이들은 우한수산물시장 의심설 역시 구체적인 증거가 아니라 정황증거에 의존하고 있다는 점을 지적한다. 1년이 지나면서 이들은 정황증거의 균형이 실험실 쪽으로 기운다고 생각했다. 트럼프 행정부 말기인 2020년 12월 말 포틴저 부보좌관이 영국 의원들에게 가장 믿을 만한 설명이라며 말한 내용이 이것이었는데 중국 외교부는 이에 대해 격하게 반발했다.[66]

실험실 의심설에 동조하는 정보분석가들은 사실 여부를 확실히 알 수는 없을 것이라는 점을 인정했다. 생물보안 분야에서 일한 전직 정보분석가는 "수산물시장에서 바이러스가 전파되었다면 좋지 않은 징조이기 때문에 전파경로를 정확히 규명할 필요가 있다."고 우리에게 말했다. 바이러스가 박쥐에서 다른 동물로 넘어갔다가 다시 사람에게 옮겨가고, 몇 주 만에 글로벌 팬데믹을 초래했다면 매우 불길한 일이다. 반면에 "만약 바이러스가 실험실 사고로 유출되었다면 전혀 다른 의문과 과제를 던져준다."고 분석가들은 말했다. 전직 정보분석가의 말에 따르면 만약 그게 실험실 사고라면 이해하기가 한결 수월해지지만 그렇더라도 진실을 정확히 알아내는 게 중요하다. 미국 동맹국의 국가안보 고위관리로 트럼프 행정부와 우호적인 관계를 유지한 어느 인사는 자기 정부의 생각을 이렇게 소개했다. "트럼프 행정부가 특정한 말을 너무 믿은 것 같다. 증거가 아직 온전한 모습을 드러내지 않았다. 폼페이오 국무장관이 중요한 의문들을 제기했지만 우리는 아직 실험실 의심설이 설득력 있는 수준에 이르지 못했다고 생각한다. 이에 대한 판단을 내리기에는 아직 이르다는 게 우리의 일관된 입장이다."

다른 나라들이 보기에 바이러스의 기원을 둘러싼 논란은 주의력을 분산시키는 결과를 초래했다. 미국은 코로나19가 초래한 위험한 현실과 싸우는 대신 SARS-CoV-2 바이러스의 기원에 대한 허접한 이론을 전파하는 데 자원을 쏟는 것 같아 보였다. 이런 의문은 앞으로 따져볼 시간이 언제든지 있지만 바이러스 확산을 막는 일은 뒤로 미루면 안 되는 급선무였다. 하지만 트럼프 행정부는 중국을 비난하는 일이 더 급했다. 이런 자세는 중국 정부에게 조사에 응하라는 요구를 정치적인 동기에서 비롯된 것이라고 무시할 명분을 제공했다.

## 트럼프와 WHO의 갈등

WHO를 둘러싸고 심각한 충돌이 벌어졌다. 4월 14일 기자회견에서 트럼프 대통령은 WHO에 대한 자금지원을 (미국 행정부가 WHO의 역할에 대한 검증을 진행하는 동안)중단한다고 선언했다. WHO가 '코로나바이러스 확산을 은폐하고 심각하게 잘못 관리했기 때문'이라는 이유였다.[67] 트럼프 행정부는 WHO가 중국의 행위를 눈감아 준 데 대해 격분했다. 포틴저는 사스 사태 때 WHO의 압력에 굴복해 중국이 사태의 진상을 실토하고 인정하게 만들었다고 생각했다. 하지만 백악관이 보기에 이번에는 테워드로스 사무총장이 그때와 정반대로 행동했다. 트럼프 대통령의 국가안보팀 사람들 다수는 현재 WHO가 하는 행태는 넓은 차원에서 진행되는 지정학적 추세를 상징적으로 보여 준다고 생각했다. 그리고 이런 행태는 즉각 바로잡아야 한다고 이들은 생각했다.

트럼프 대통령이 중국공산당의 사악한 행동이 팬데믹을 초래한 주범이라는 의심을 개인적으로 얼마나 믿었는지는 확실치 않다. 그는 자신이 내린 여행금지조치에 WHO가 냉랭한 반응을 보인 데 대해 불만을 나타냈다. 트럼프 자신이 바이러스를 과소평가한 실책을 덮고 시진핑을 추켜세운 일을 만회하는 데 중국이 유용한 차단막 역할을 했다. 미국 행정부의 WHO 비판과 트럼프 대통령의 정치적 일정이 결합하며 강력한 정책 추진력을 발휘했다. 대통령이 어떤 충동에 휩싸이면 관리들이 대통령이 하는 일을 완전히 제어할 수 없게 되는데 트럼프 대통령의 경우에는 그런 일이 자주 일어났다. 그는 사전경고나 아무런 상의 없이 갑자기 극적인 행동을 하는 경향이 심했다. WHO와의 관계도 그런 경우였다.

미국이 WHO를 떠난다는 뉴스에 유럽 동맹국들은 충격에 휩싸였다. 이들은 WHO가 어려운 여건에서도 최선을 다하고 있다고 보았다.[68] 테워드로스 사무총장은 중국에게 싫은 소리 하기를 꺼려한 게 사실이었다.

하지만 그도 어려운 입장이었다. WHO가 무슨 조치를 취하려면 회원국들의 동의가 있어야 하고, 중국은 가장 막강한 힘을 가진 회원국이었다. 유럽 국가들은 WHO의 개혁 필요성을 인정하면서도 한 세기만에 닥친 최악의 팬데믹이 진행 중인 와중에 개혁 문제를 부각시키며 탈퇴 위협을 가하는 것은 미친 짓이라고 생각했다. 테워드로스 총장은 별로 동요하지 않았다. 그는 WHO 주재 미국 상임대표인 앤드류 브렘버그Andrew Bremberg 대사를 찾아가 트럼프의 팬데믹 대응조치를 추켜세우고, 그가 언론으로부터 매우 부당한 취급을 당하고 있다는 발언을 공개적으로 하면 어떻겠냐고 제안했다. 그렇게 하면 도움이 될까? 하고 테워드로스 총장은 물었다. 그런데 놀랍게도 미국의 경우 그게 먹히는 것 같았다. 테워드로스 총장은 자기는 시진핑을 근거 없이 추켜세운 적이 없다고 말했다. 그러면서 똑같은 짓을 트럼프에게도 하겠다고 약속한 셈이었다. WHO 직원들은 테워드로스 총장을 다르게 생각했다. 일관된 사람이고 공개석상에서 다른 지도자들에게 고분고분하지만 사적으로는 실질적인 협력을 얻어내기 위해 압박을 가하는 사람으로 생각했다.

5월 초 미국이 중국이 내는 액수만큼 자금지원을 일부 재개하기로 진전이 있었다. 하지만 5월 15일 폭스뉴스 진행자인 터커 칼슨Tucker Carlson이 이런 내용을 담은 제안서가 대통령에게 제출되었다며 대통령은 그런 제안을 거부해야 할 것이라고 말했다.[69] 폭스 비즈니스의 진행자인 루 답스Lou Dobbs가 이 내용을 받아 트위트에 이렇게 올렸다.

백악관 고위관리들은 도대체 누구를 위해 일하는가? 그들이 적어도 역사적인 인물인 우리 대통령이나 위대한 조국을 위해 일하지 않는 게 분명하다.[70]

트럼프는 트위터로 이렇게 응답했다.

루, 이건 우리가 오랫동안 지원해 온 금액의 10퍼센트에 불과하고 중국이 내는 돈보다도 훨씬 적은 돈이다. 그리고 여러 제안들 가운데 하나에 불과하다. 최종 결정이 내려지지 않았고 현재 모든 지원금은 동결돼 있다. 쌩스![71]

백악관의 한 고위관리는 미국의 지원금 금액을 중국이 내는 돈과 맞추자는 제안서는 트럼프 대통령이 직접 지시해서 만들어졌다고 했다.

이 관리의 말에 따르면 백악관 예산실의 고위관리들과 피터 나바로 Peter Navarro 고문은 WHO에 대한 지원을 재개하는 것에 강력히 반대했다. 대통령이 지시해서 만들었다는 제안서는 터커 칼슨과 자금지원을 막으려는 자들의 손에 들어가서 그들이 원하는 결과대로 끝났다. 트럼프가 강력 부인한 것이다. 제네바에 있는 WHO 관리들은 폼페이오 국무장관이 그 제안서 작성을 지휘했고 이 문제에 있어서 매우 실용주의적인 입장을 갖고 있다고 생각했다. 그런데 폭스뉴스 보도가 나온 뒤 자금지원을 재개하려는 움직임을 비난하고 WHO에 대해 이전보다 훨씬 더 비판적인 자세를 취했다.

5월 18일 트럼프 대통령은 세계보건총회 개막식 때 테워드로스 사무총장에게 보낸 서한을 통해 기존의 자기 입장을 공식적으로 밝혔다. 트럼프는 서한에서 불만사항을 상세히 적은 다음 이렇게 경고했다. "만약 WHO가 앞으로 30일 안에 대대적이고 본질적인 개선조치를 취하지 않는다면 나는 WHO에 취하고 있는 미국의 자금지원 잠정중단 조치를 영구 동결로 바꾸고, 미국이 회원국으로 남아 있을지 여부를 재고할 것이다."[72] 세계보건총회는 중국이 무엇을 잘못했는지 평가하고 WHO의 개혁을 촉구하는 결의안을 채택했다. 브렘버그 대사는 후속 조치로 이어진다면 결의안 채택이 긍정적인 조치가 될 것으로 생각했다. 하지만 WHO는 트럼프를 추켜세워 주겠다는 제안 말고는 미국의 복귀를 유도하기 위한 어떤 양보도 할 의사가 없어 보였다. 브렘버그 대사는 처음에는 테워드로스 사무총장이 받아들이기 곤란한 요구사항 목록을 발표하지 않으려고 했다. 하지만 시간이 흘러가자 그는 뜻을 같이하는 나라들과 의논해 몇 가지 요구사항을 담은 메모를 작성했다. 메모에는 팬데믹 기간 중 WHO가 한 업무실태를 조사하고 테워드로스 총장이 중국에 바이러스 샘플 제출을 요구하고, 미국의 여행금지조치를 비난한 게 잘못이었다는 점을 인정하고 대만에 조사단을 보내 코로나19의 성공적인 대응 현황을 조사할 것 등의 내용이 들어 있었다. 브렘버그 대사는 이런 요구사항들에 진전이 이루어진다면 트럼프 대통령에게 타협하라고 설득해 볼 수 있을 것이라고 생각했다.

30일의 시한을 명시한 최후통첩 후 11일이 지난 5월 29일 브렘버그 대사는 WHO 관리들과 트럼프 대통령의 요구사항을 충족시킬 수 있는 방법을 찾기 위한 협의를 가졌다. 그런데 그로부터 불과 몇 시간 뒤 트럼프 대통령은 브렘버그 대사를 비롯해 그 일에 관여한 누구에게도 알리지 않은 채 WHO 즉각 탈퇴를 선언해 버렸다. 자기가 제시한 30일 시한을 스스로 걷어차 버린 것이다.[73] 백악관 고위관리들은 놀라면서도 크게 실망하지는 않았다. 어떤 일이 있었는지는 정확히 알 수 없다. 그 전날 밤 앙겔라 메르켈 총리가 트럼프와 통화하면서 캠프 데이비드에서 열기로 한 G7 정상회담에 참석하지 않겠다는 뜻을 전달해 트럼프가 크게 화를 낸 일이 있었고, 그 일로 트럼프의 심기가 뒤틀려 있었을 가능성이 있다. 복수의 백악관 관리들이 우리에게 말하기를 그날 트럼프의 깜짝 연설은 원래 중국에 대해 말하기로 되어 있었는데 트럼프가 그날 아침 연설문 원고를 받아보고는 내용이 맘에 들어 하지 않았다고 했다. 그래서 실제 탈퇴 의사도 없으면서 좀 더 튀게 보이려고 WHO에서 즉시 탈퇴한다는 내용을 트럼프가 직접 원고에 추가했다는 것이었다.

그 뒤 트럼프는 브렘버그 대사와의 통화에서 "당신이 원하는 모든 지렛대를 다 주었으니 이제 가서 나 대신 제대로 협상해 보라."고 말했다. 브렘버그 대사는 테워드로스 사무총장과 바로 그 주말에 두 번, 그다음 토요일에도 4시간 동안 만나 협상 타결을 모색했다. 그는 이전 사례를 따라서 했다. 2018년에 트럼프는 만국우편연합UPU에서 탈퇴한다고 선언했다. 미국은 UPU에서 정한 국제우편요금 체계가 미국 기업보다 중국 기업들에 더 유리하게 책정되어 있다며 이를 고쳐달라고 요구했으나 그동안 아무런 성과를 얻어내지 못했다. 트럼프의 탈퇴 선언을 계기로 다른 회원국들이 적극 나서게 되었다. 브렘버그 대사는 UPU 문제에 트럼프 대통령을 끌어들이고 협상전략을 짜는 데 핵심적인 역할을 했다. 2019년 말 여러 나라가 합동으로 미국이 요구하는 개편안과 거의 같은 내용의 요금 개편안을 제출했고, 이 개편안은 만장일치로 통과되었다.[74]

하지만 5월 29일 트럼프 대통령의 WHO 탈퇴 선언은 UPU 때와 같은 효력을 발휘하지 못했다. WHO와의 협상은 질질 끌면서 아무런 진전을 보이지 않았다. 테워드로스 총장과 WHO 측은 양보안을 제시하거나 돌파구가 될 만한 제안을 내놓은 적이 단 한 번도 없었다. 다른 회원국들도 미국을 붙잡기 위해 개입해서 개편 조치를 밀어붙이지도 않았다. 유럽의 미국 동맹국들을 비롯한 다른 나라들이 트럼프가 정말 탈퇴할 것으로 믿지 않은 것도 이유가 되었다. 트럼프는 탈퇴한다는 말을 한 번이 아니라 두 번이나 했다. 그리고 재선 운동 중 WHO와 중국 때리기는 그에게 정치적으로 이득이 되었다. 트럼프는 정말 탈퇴할 생각은 아니고 UPU 때처럼 협상을 하려고 했다. 하지만 협상을 위한 시간은 그대로 지나가고 말았다. 7월 6일 협상에 진전이 없자 미국은 탈퇴 의사를 담은 공식문서를 제출했다. WHO 관리들은 글로벌 팬데믹이 한창인 때에 WHO 탈퇴를 UPU 때처럼 밀어붙이는 것은 어리석은 짓이라고 보았다. 그들이 보기에는 미국이 WHO의 무조건 항복을 요구하는 것이었다. 자기들이 무슨 협상안을 내놓아도 트럼프가 받아들이지 않을 것으로 보았다. 자기들이 아무리 협상의지를 가지고 임해 봐야 트럼프는 마지막 순간에 모든 것을 걷어차 버릴 인물이었다. 유럽 국가들은 트럼프가 2018년 이란 핵합의에서 탈퇴할 때도 똑같이 이렇게 했다고 보았다. 미국과 유럽 대표단 간에 협상이 거의 마무리 단계에 와 있었는데 그가 일방적으로 탈퇴를 선언해 버렸기 때문이다. 그래서 WHO 측은 트럼프에 대한 기대를 접은 가운데서 미국 측과의 협상을 이어갔다.

브렘버그 대사는 협상이 타결될 가능성이 있다고 믿었지만 WHO 관리들은 실질적인 기대를 하지 않았기 때문에 트럼프를 움직일 만한 협상안을 제시하지 않았다. 미국이 공식 탈퇴를 선언하고 사흘이 지나자 브렘버그 대사는 좌절감에 빠졌고 그때 테워드로스 사무총장이 미국의 요구 가운데 하나를 받아들이겠다고 했다. 앞서 WHO 측이 완강히 거부한 안이었다. 전 세계 팬데믹에 대비하고, 대응태세를 조사하기 위한 독립 조사 패널을 구성하고 2020년 후반에 중간 보고서를 발표하자는 안이었다. 만약 WHO가 트럼프와 협상을 계속하고 싶었다면 이 발표를 협상 칩으로 활용했을 것이다. 하지만 WHO 관리들은 트럼프와의 협상은 자기들이 원하는 게임이 아니라는 결론을 이미 내려놓고 있었다.[75]

포틴저 부보좌관은 트럼프가 하는 방식으로 미국이 탈퇴하는 것에 대해 다른 사람들과 함께 불안감을 느꼈다. 그러는 한편 그는 WHO를 대신할 기구의 설립 필요성을 느꼈고 이미 한 가지 안을 구상하고 있었다. 정부 내 다른 인사들과 함께 '대유행에 대한 미국의 대응계획'(ARO, arrow로 읽음)을 출범시키기로 한 것이었다. 성공적인 HIV/AIDS 대응 프로그램으로 널리 알려진 PEPFAR(에이즈 퇴치를 위한 대통령 비상계획)를 모델로 한 것으로 거기에 탄탄한 다국적 틀을 갖추었다. G7 국가들 외에 호주, 브라질, 인도, 한국, 대만도 포함시키기로 했다. 이 계획도 PEPFAR와 마찬가지로 신종병원체에 대한 감시를 강화하고 공중보건 예산으로 국제보건규약IHR 규정을 준수하는 국가들에 대한 자금지원을 약속했다. 반면에 이 규정을 지키지 않는 나라들에 대해서는 집단 처벌을 가할 수 있도록 했다. ARO 설립안을 놓고 관리들 사이에 치열한 논쟁이 오갔다. 백악관은 이 계획의 운영을 국무부에 맡기고 싶었지만 미국국제개발처USAID는 자기 관할로 두고 싶어 했다. 백악관 예산관리국OMB은 예산이 많이 들어가는 옥상옥 기구라며 설립에 부정적인 입장이었다. ARO 출범을 둘러싼 부처 간 논란은 그 해 내내 계속되었다. 11월 대선이 끝난 뒤 국가안보회의NSC는 다른 외교정책 관련 계획들을 일괄 발표하면서 ARO 출범에 대한 합의도 거의 마무리되었다고 판단했다. 하지만 대선 패배 이후 트럼프는 이런 일들에 대해서는 일체의 관심이 없어져 버렸고 대신 선거결과를 뒤집는 데 모든 관심을 집중했다.

## 진단장비 확보 경쟁

2020년 후반에 접어들며 트럼프 대통령은 보좌진들에게 중국에 대한 강경책을 밀어붙이라고 지시했다. 하지만 그는 수시로 관심이 여기저기로 옮겨 다녔다. 어떤 날 색다른 토끼가 우연히 눈에 띄면 그 놈을 잡으러 쫓아갔다. 다른 대부분의 나라들처럼 미국도 외교채널을 모두 동원해 필수 의료제품과 의약품을 확보하는 데 집중하기 시작했다. 위기사태가 발생하자 미국이 개인보호장비PPE 부문에서 얼마나 중국에 의존하고 있는지 드러났다. 미국으로 수출되는 PPE의 절반 정도가 중국 제품이었다. 미국으로서는 전략적인 취약점이었다.[76] 장기적으로 미국도 PPE를 국내 생산하게 될 것이지만 단기적으로는 세계 각국에서 물품 공급을 확보해야 할 처지였다. 그런데 이런 일에도 트럼프 개인의 예감과 변덕이 반영되었다.

3월 중순 트럼프는 말라리아 치료제인 하이드록시클로로퀸HCQ을 코로나19 치료에 탁월한 효과가 있는 '게임 체인저', '신의 선물'이라며 홍보했다.[77] 의사들은 약효에 회의적이었다. 하이드록시클로로퀸은 코로나바이러스 치료제로 효과가 입증되지 않았을 뿐만 아니라 심각한 후유증을 유발할 수도 있었다. 하지만 트럼프의 입장은 확고했다. 하이드록시클로로퀸은 대부분 세계 최대 복제약품 생산국인 인도에서 만들어졌다. 3월 25일 인도 당국은 인도적인 경우와 미리 주문받은 물량을 제외하고는 이 약의 수출을 모두 금지시켜 버렸다. 트럼프의 발언으로 국제적인 수요가 급등해 국내 공급이 위태로워질 수 있다는 우려 때문에 나온 결정이었다.[78] 4월 4일 인도 정부는 한 발 더 나아가 이 약의 수출을 전면 중단해 버렸다. 트럼프는 몇 시간 뒤 나렌드라 모디 인도 총리에게 전화를 걸어 결정을 재고해 달라고 부탁했다. 인도 외무부가 공개한 공식 대화 기록에는 두 사람 간 오간 입씨름 내용이 한 마디도 들어 있지 않았다. 대신 두 지도자가 팬데믹이 글로벌 경제에 미친 영향에 대해 논의하고 "지금같이 힘든 시기에 요가와 (인도의 전통의학인)아유르베다가 신체 건강과 정신건강에 얼마나 중요한지에 대해 의견을 나누었다."고 소개했다.[79] 이틀 뒤 트럼프는 기자회견에서 이렇게 말했다.

하이드록시클로로퀸 수출을 전면 중단한 조치는 유감이다. 그동안 인도는 미국과 좋은 관계를 유지해 왔기 때문에 모디 총리가 그런 결정을 내린 것을 보고 놀랐다. 여러 해 동안 인도는 무역 부문에서 미국으로부터 이득을 취해 왔다. 따라서 총리가 그런 결정을 내렸다면 매우 놀라운 일이다. 나는 그에게 전화를 걸어 "공급 물량이 우리에게 보내지도록 허락해 주면 고맙겠다."고 부탁했다. 만약 그가 내 부탁을 들어주지 않는다면 그건 좋다. 하지만 그에 상응하는 보복이 뒤따를 것이다. 마땅히 그렇지 않겠는가?[80]

이 발언 내용은 인도 측에 큰 압박으로 작용했고 며칠 뒤 인도는 결정을 번복했다. 4월 말에 인도는 하이드록시클로로퀸 5,000만 정을 미국으로 실어 보냈다. 그동안 인도가 다른 나라로 수출한 의약품 가운데 최대 물량이었다.[81] 이 결정에 대해 트럼프는 트위터에 이렇게 올렸다.

친구 사이에도 더 긴밀히 협력해야 특별한 시간을 누릴 수 있다. HCQ과 관련해 내려준 결정에 대해 인도와 인도국민에게 감사한다. 우리는 이 일을 잊지 않을 것이다![82]

몇 주 뒤 트럼프 대통령은 인도에 산소호흡기 200대를 기증했다.[83]

큰 그림을 보여주는 좋은 사례였다. 2004년에 인도양에서 일어난 쓰나미나 2014년 에볼라 사태 때처럼 보통은 국제적인 위기 때 미국이 국제적인 지원을 먼저 제공하고 다른 나라들에게도 그렇게 하도록 부추기는 식이었다. 하지만 미네소타대학교 정치학 교수 타니샤 파잘Tanisha Fazal이 말한 것처럼 코로나19 기간 중 미국 보건외교의 두드러진 특징은 다른 나라들로부터 해외원조를 받는 수혜국이 되었다는 점이다. 그원조는 인도주의적인 지원이 아니라 파잘 교수의 말에 의하면 "미국과의 관계를 강화하고, 트럼프 행정부의 환심을 사기 위한 것"이었다.[84] 터키는 4월 말 마스크, 얼굴가리개, 고글, 소독제 등 50만 점을 실은 수송기를 앤드루스 공군기지로 보냈다.[85] 심지어 중국에까지 도와달라고 손을 내밀었다. 3월 27일 트럼프 대통령의 사위 재러드 쿠슈너는 마스크 확보를 위해 미국 주재 중국대사 추이톈카이崔天凱와 접촉했다. 그는 추이 대사에게 이렇게 말했다.

우리가 이번 사태에서 벗어날 때쯤 많은 사람들이 중국에 대해 화를 많이 낼 것이다. 여러분이 지금 중국에서 생산하는 많은 물품을 어떻게 처리하느냐를 미국과 전 세계가 아주 면밀히 지켜볼 것이다. 나는 중국에서 생산하는 마스크를 공급받기 위한 작업을 시작하고자 한다. 우리가 중국에서 구매하는 마스크를 공급받는 데 아무런 제약도 없기를 분

명히 해두고자 한다.[86]

쿠슈너는 또한 아랍에미리트에도 검사장비를 긴급 요청했다. 350만 개의 진단키트가 4월에 인도되었는데 미국의 검사소에서 이 진단장비들이 '오염되어 쓸 수 없는 것'으로 판명되었다.[87] 이런 노력들은 크게 성공을 거두지 못했는데 국제적인 관행에 경험이 전무한 사람이 전면에 나선 것도 영향을 미쳤다. 5월 중순 트럼프 행정부는 8,500만 장의 마스크를 확보했는데 당시 인구가 미국의 5분의 1인 프랑스는 4억 장을 확보해 놓았다.[88] 미국의 개별 주들은 각자도생의 길을 걷고 있었다. 연방정부에서 주지사들에게 필요하면 도움을 요청하라고 했지만 그런 제안은 정치적인 제스처로 받아들여졌다. 일부 주지사들은 자기들이 알아서 대처해 나가기로 했다. 공화당 소속의 래리 호건Larry Hogan 메릴랜드 주지사는 백악관의 일처리가 나무 못마땅해서 한국 교포인 아내 유미씨의 도움을 받아 한국 정부와 직접 한국산 진단키트 구매협상을 마무리했다. 호건 주지사는 국무부와 식품의약국의 허락도 받아냈지만 선적해 온 화물이 연방정부 손에 압수당할까 우려해서 50만 회분의 진단키트를 지키기 위해 메릴랜드 주방위군과 경찰을 활주로에까지 내보냈다. 호건 주지사는 "엄청나게 소중한 화물이었다. 주민 수천 명을 살려낼 것이라는 점에서 우리에게는 '포트 녹스'Fort Knox 같았다."고 말했다.(켄터키에 있는 군사기지인 포트 녹스는 미 연방정부의 금괴 보관소가 있는 곳이다.) 그는 또한 "한국에서 항공기가 안전하게 이륙해 미국에 안전하게 도착하기를 바랐으며, 우리가 필요한 주민에게 전달하는 것을 누구도 방해할 수 없도록 화물을 경비했다."며 진단키트를 실은 항공기가 도착한 날 주방위군과 경찰을 공항에 배치한 배경에 대해서도 설명했다.[89] 하지만 호건 주지사의 이런 노력은 물거품이 되고 말았다. 진단키트에 결함이 발견돼 한 번도 못 쓰고 모두 폐기했기 때문이다.

## 미국에 거는
## 기대는 접어라

세계적으로 따져보면 코로나19 사태에 대한 미국의 대응 미숙은 한층 더 분명해진다. 팬데믹 첫해에는 전 세계 코로나 사망자의 거의 20퍼센트를 계속해서 미국이 차지했다. 인구 비율로 미국은 전 세계 4퍼센트에 불과하다.[90] 컬럼비아대학교가 내놓은 연구결과에 따르면 미국 사망자 가운데 13만 명에서 21만 명은 트럼프 행정부가 다른 선진 민주국가들이 취한 방역조치를 취했더라면 죽음을 피할 수 있었던 것으로 나타났다.[91] 예를 들어 만약 독일과 같은 조치를 취했더라면 11월까지 미국 내 사망자는 22만 5,000명이 아니라 4만 명에 머물렀을 수 있었다.[92] 제12장에서 보듯이 2020년 말과 2021년 초 유럽의 사망자 수가 급속히 늘고 백신 접종으로 미국 내 상황이 호전되면서 이러한 사정은 바뀌기 시작했다. 그렇지만 트럼프 행정부가 저지른 초기 실책들로 인해 전 세계적으로 미국에 대한 부정적인 이미지가 심어진 것은 부정할 수 없다. 국가전략이라는 게 아예 없었다. 사회적 거리두기와 마스크 착용에 대해서도 정부의 일관된 메시지가 나오지 않았다.

질병예방통제센터CDC 같은 핵심 기구들은 백악관에서 시시콜콜 간섭하고 입을 틀어막았다. 연방정부와 주 정부 모두 적절한 검사, 감염경로 추적, 격리 프로그램 개발에 실패했다. 잡지 디 어틀랜틱The Atlantic의 조지 패커George Packer는 2020년 6월 글에서 이 문제를 신랄하게 지적했다. "팬데믹이 언제 끝날지 모를 것 같던 3월  매일 아침 미국인들은 자신들이 실패한 국가의 시민임을 실감하며 눈을 떠야 했다."[93] 이런 미국의 모습을 세계가 지켜보았다. 케빈 루드Kevin Rudd 전 호주 총리는 포린 어페어스Foreign Affairs에 쓴 글에서 이렇게 꼬집었다. "국제사회가 '아메리카 퍼스트'가 실제로 어떤 의미인지 지켜보았다. 진짜 글로벌 위기가 터지면 미국의 도움을 기대하지 말라는 것이다. 왜냐하면 미국이 제 앞가림도 못하기 때문이다."[94]

미국이 저지른 실책의 상당 부분은 트럼프 개인 때문에 빚어진 것이다. 처음부터 그는 보건 분야 보좌관과 국가안보 보좌관들의 경고에도 불구하고 팬데믹 위기를 과소평가했다. 벅스 박사가 말했듯이 트럼프 대통령은 3월과 4월에 사태가 심각하다는 사실을 알았다. 그런데 팬데믹이 장기화되자 자기 관심권 밖으로 밀어내 버린 것이다.[95] 그는 계속해서 사태의 중요성을 축소하고 바이러스를 물리칠 책임을 주 정부에 떠넘겨 버렸다. 벅스 박사나 파우치 소장, 레드필드 같은 전문가들의 말을 듣기보다는 실제보다 상황이 좋다고 하는 데이터와 정보를 제공하는 일부 보좌관들에게 힘을 실어주었다. 트럼프는 또한 자기가 직접 나서서 바이러스의 기원, 전파 범위, 대책에 이르기까지 적극적으로 가짜 정보를 퍼트렸다. 그는 말라리아 치료제를 복용하면 코로나바이러스 감염을 예방할 수 있다는 말도 해서 구설수에 올랐다. 코로나바이러스는 가만히 두면 저절로 사라질 것이라는 말도 했다. 코넬대학교 얼라이언스 포 사이언스Alliance for Science가 9월에 발표한 연구결과에 따르면 2020년 상반기 5개월 동안 영문 매체에 실린 코로나19 관련 가짜 정보 보도 건수는 110만 건이 넘는다. 전체 보도의 3퍼센트에 이르는 수치이다. 이 가운데 트럼프가 직접 언급한 가짜 정보가 37.9퍼센트를 차지했다. 연구의 주요 저자들은 "미국 대통령이 전 세계적으로 코로나19 관련 가짜 정보 '인포데믹'을 퍼트린 최대 유포자라는 결론을 내렸다.[96]

미국의 대응은 트럼프의 입장과 동일시되었다. 이 바이러스와 효과적으로 싸워서 이길 마법의 공식은 없지만 많은 나라들이 한 가지는 분명히 알게 되었다. 그것은 바로 미국처럼 하지는 말라는 공식이었다.

# 제6장

# 국가별 성공과 실패를
# 가른 요인들

유럽 국가들은 비슷한 경고가 있었음
에도 불구하고 코로나19 사태의 심각성을 받아들이는 데 미국보다도 더
느렸다. 사스 대유행 2년 뒤에 출범해 스톡홀름에 위치한 유럽질병예방
통제센터ECDC는 새해 전날 밤 우한에서 정체불명의 폐렴 환자가 발생했
다는 소식을 WHO로부터 전해 들었다. 미국은 고위관리들이 경보음을
울리고 국가안보 부보좌관이 적극적으로 나선 반면 ECDC는 권한이 없
기 때문에 행동이 위축되었다. ECDC는 유럽연합EU의 공식 기구로 과학
적인 조언을 할 수 있지만 실질적인 권한은 없었다. EU는 1957년 6개 회
원국이 경제통합 실현을 목적으로 하는 유럽경제공동체EEC를 탄생시키
며 출발했다. 이후 28개 회원국으로 확대되었다가 브렉시트로 27개국이

되었다. EU는 환율, 독점규제법, 교육, 인프라, 규제정책 등 회원국들의 국내정치 전반에 공식적으로 영향을 미친다. EU는 위기가 발생하면 브뤼셀이 정책결정을 내리는 수도 역할을 하는 단일국가처럼 인식되었다. 회원국들끼리 정책결정을 둘러싸고 심각한 불화를 겪는 일이 수시로 있었다. 2009년 시작된 유로 위기는 6년 넘게 EU를 거의 와해시켜 놓았다. 그러는 가운데서도 회원국들 간에는 활발한 의견교환이 이루어졌다.

보건문제는 개별 국가가 전적인 책임을 지는 몇 안 되는 분야 가운데 하나였다. 회원국 정부 각자가 자국 내 병원을 운영하고 의약품을 조달하고, 언제 공중보건 비상사태를 선포할지 결정했다. 어떤 제한조치를 취할지도 각자 알아서 했다. EU는 거의 아무런 권한 행사를 하지 못했다.[1] 이러한 맹점 속에 2020년 코로나 사태가 시작되면서 개별 회원국의 집합체라는 EU의 독특한 지위가 갖는 문제점이 총체적으로 노출되었다.

1월 17일 유럽연합 기구인 EC보건안보위원회가 컨퍼런스콜을 통해 회원국들에게 코로나바이러스 출현에 관해 설명했다. 27개 회원국 가운데 절반 미만인 12개국이 화상회의에 응했다. 이탈리아 정부는 급한 일이 아니라고 생각해 참여하지 않았다. 하지만 상황은 급변했다. 1월 30일 로마에 있던 중국인 관광객 2명이 양성판정을 받자 이탈리아 정부는 신속히 조치를 취해 중국행 항공편을 모두 취소하고 긴급 EU보건장관 회의 소집을 요청했다. 하지만 이 긴급회익는 2월 13일이 되어서야 개최되었다. EU이사회 순회의장국인 크로아티아가 국내문제로 정신이 없었기 때문이기도 하지만 왜 늦느냐고 문제 삼는 나라가 아무도 없었다. 급할 게 뭐 있어? 라는 식이었다. 당시 EU는 더 급한 일에 몰두해 있었다. 2020년 1월 31일을 기해 영국이 공식적으로 EU를 탈퇴한 것이다. 영국은 3년 반의 협상을 끝내고 47년에 걸친 회원국 기간을 마침내 마무리했다. 새로운 시대가 시작된 것이다. 하지만 그 새로운 시대는 그들이 기대한 모습처럼 시작되지 않았다.[2]

우한사태가 악화되자 EU는 50톤에 달하는 보호장비를 중국으로 실어보냈다.[3] 유럽 관리들은 중국의 체면을 생각해 가급적 말을 아꼈다. 마크롱 프랑스 대통령은 보좌관에게 중국 정부가 유럽이 보여준 호의와 지지를 기억할 것이라고 했다.[4] 이탈리아에서 감염자가 발생했음에도 불구하고 다른 유럽국 관리들은 코로나바이러스를 심각한 문제라고 생각하지 않았다. 2월 7일 EU의 외교안보 고위대표(외무장관 역할을 함)인 조셉 보렐 Josep Borrell이 취임 후 처음으로 미국을 방문해 마이크 폼페이오 국무장관과 트럼프 대통령의 사위 재러드 쿠슈너를 만났다. 이들은 중동평화와 이란, 아프리카 등 현안을 논의했지만 양측 모두 코로나19 문제는 꺼내지도 않았다.[5]

2월 14일 중국은 뮌헨안보회의에 소규모 대표단을 보냈다. 매년 유럽과 미국의 국가안보 엘리트 1,000여 명이 참석하는 회의였다. 중국 대표단은 왕이 외교부장과 푸잉傅瑩 Fu Ying 전국인민대표대회 외사주임이 이끌었다. 중국 대표단은 첨단기술, 일대일로一帶一路 정책 등을 놓고 미국 대표단과 계속 충돌했다. 왕이 부장과 푸잉 주임은 폼페이오 장관, 낸시 펠로시 의장과 설전을 주고받았다. 당시 유럽 대표들은 미중 갈등의 골이 그렇게 깊은 것을 보고 놀랐다. 두 나라의 불화는 다른 주제들을 뒤덮어 버릴 만큼 심각했다. 코로나바이러스는 주요 의제가 아니라 본회의 대신 분과별로 진행된 보건안보 세션에서 다루어졌다. 돌이켜보면 그 뒤 3월 대서양 양쪽에서 록다운 조치가 취해졌다. 당시 미국 참석자들은 회의에 참석하는 게 너무 위험한 일 아닌가 하는 걱정을 했는데 실제상황은 그들이 생각한 것보다 더 심각했다. 회의 개막 며칠 전 바이러스 학자들은 감염된 두 명의 환자 사이에 바이러스 전파가 이루어졌다는 사실을 알아냈고, 1월 말 뮌헨 자동차공장에서 무증상 감염이 이루어졌음이 입증되었다.[6] 바이러스는 이미 뮌헨에 들어와 있었던 것이다. 회의 주최 측은 당국, WHO와 긴밀히 연락을 취했다. 하지만 안보회의가 슈퍼전파 회의가 되지 않은 건 순전히 운이 따른 덕분이었다. 하마터면 전 세계 지도자와 국방장관, 의회의원들을 집단 감염시킬 뻔했다.

바이러스는 얼마 지나지 않아 이탈리아에서 가장 부유하고 선진 보건의료 시스템을 갖춘 롬바르디주로 확산되었다. 130건의 감염사례가 발생하고 난 다음인 2월 23일 이탈리아 정부는 군과 경찰을 동원해 11개 도시를 봉쇄했다. 그로부터 2주 뒤 이탈리아 정부는 전국을 록다운시켰다. 하지만 록다운 계획은 사전에 국민들에게 알려졌고 감염자가 집중된 북부 지역 주민 수만 명이 남부 지방으로 탈출했다.[7] 그런 가운데 이탈리아 정부는 코로나 대유행과 싸우고 경제적 어려움을 이겨내는 데 EU가 별 도움을 주지 않는다고 생각했다. "바이러스 확산을 막는 건 우리 임무가 아니다."라고 말한 크리스틴 라가르드Christine Lagarde 유럽중앙은행

ECB 총재에 대한 불만이 끓어올랐다. 라가르드 총재의 발언은 이탈리아의 늘어나는 부채 부담을 해소해 주지 않겠다는 분명한 신호로 받아들여졌다.[8] 이탈리아, 스페인 같은 남부 EU 회원국들은 유로 위기에 대한 아픈 기억이 있다. 독일과 발트해 국가, 네덜란드를 비롯한 북부 회원국들이 엄격한 긴축정책을 시행했을 때 남부 국가들은 부당하고 불공평한 조치라고 느꼈다. 유로 위기는 유럽을 채권국과 채무국으로 갈라놓았다. 이러한 갈등은 성장세가 회복되면서 누그러졌지만 남부와 북부 국가들 모두 서로를 의심하는 가운데 아직 수면 아래 잠복해 있었다. 라가르드 총재의 발언이 있은 뒤 세르죠 마타렐라Sergio Mattarella 이탈리아 대통령은 대국민 연설을 통해 경고를 보냈다. ECB가 이탈리아의 채무부담을 완화해 주지 않겠다는 태도를 보인 데 대해 그는 EU가 이탈리아의 앞길에 장애물을 놓아서는 안 된다며 "너무 늦기 전에 유럽에 닥친 위협의 심각성을 모두가 제대로 인식해 주기 바란다."고 했다.[9]

3월이 되며 유럽 대륙 전체가 혼란에 빠져들었다. 마스크, 산소호흡기를 비롯한 필수품이 심각하게 부족했지만 EU 지도자들은 현실을 제대로 파악하지 못하고 있었다. 큰 일이 닥치자 각자 살길을 찾아나섰다. 몇십 년 전 EU 회원국 절대 다수가 국경을 없애고 셍겐지역이라는 공동여행지역을 창설했다. 그런데 이제 다시 국경을 걸어 잠그기 시작했다. 국경 폐쇄에는 독일이 앞장섰다. 독일은 긴급구호가 필요한 아주 드문 경우를 제외하고는 의료보호장비 수출도 금지시켰다.[10] 독일은 이어서 오스트리아와 스위스로 보내는 마스크 수출을 금지시켰다. 독일 고위관리는 독일국민들은 해외로 나가지 못하게 막고 독일에 남아 있는 다른 EU 회원국 국민들은 자국으로 돌려보내는 협의를 하느라 외무부가 '거대한 영사업무 기관'으로 바뀌었다고 말했다. 오래전 사라진 민족주의 시절로 되돌아 간 것이다.

3월 3일 마크롱 대통령은 국민들에게 나누어주기 위해 '마스크 재고 품과 생산품 모두를 국유화' 한다고 발표했다. 하지만 일반국민들은 대부분 위기를 인식하지 못하고 있었다. 프랑스 북서부의 작은 마을 랑데르노에서는 스머프 축제에 최대 인파가 모여 세계기록을 갱신했다. 3,500명이 얼굴에 푸른색 페인트를 칠하고 모여 콩가춤을 추었다. 패트릭 레 클레르크 랑데르노 시장은 "삶을 멈추어서는 안 된다. 우리가 살아 있다고 말할 수 있는 기회였다."고 AFP 통신에 말했다. 한 축제 참석자는 이렇게 말했다. "아무 위험이 없다. 우리는 스머프다. 그렇다. 우리는 스머프로 코로나바이러스를 물리칠 것이다."[11] 하루 뒤 프랑스는 1,000명 이상 집합금지령을 내렸다. 3월 14일에는 레스토랑, 카페를 비롯한 비필수 업종 영업장이 모두 문을 닫았다. 마스크 생산 국유화는 이후 일어날 일들의 예고편이었다.

3월과 4월이 되자 모든 유럽 국가들이 필수장비와 물품 확보에 경쟁적으로 나섰다. EU에서 모든 수술에 사용되는 보호장비의 20퍼센트 정도가 스웨덴 의료기기 회사 멘리케Mölnlycke를 통해 아시아에서 수입되는데 유럽, 벨기에, 네덜란드로 내보내는 멘리케 물류센터가 프랑스 제2의 도시 리옹에 있었다. 마크롱 대통령의 지시에 따라 프랑스 정부는 리옹 물류센터에 보관돼 있던 이탈리아, 스페인, 스위스, 벨기에, 포르투갈, 네덜란드로 보내려던 마스크 600만 장을 압류해 버렸다. 프랑스 국내용도 포함돼 있었다. 이 조치에 스웨덴은 격분했다. 스웨덴은 록다운이나 제한조치 대신 자체적으로 집단면역을 추진하며 팬데믹에 온건한 대응을 하고 있었다. 스테판 뢰벤Stefan Löfven 스웨덴 총리는 마크롱 대통령에게 직접 이 문제를 제기했다. 스웨덴의 한 관리는 아이리시타임스Irish Times에 이렇게 말했다. "프랑스는 EU의 단합을 해치는 일을 자주 한다. EU 안에서 상품의 자유로운 이동이라는 기본원칙이 무너졌다."[12]

불만을 품은 나라는 스웨덴뿐만이 아니었다. 제4장에서 소개하듯이 중국은 팬데믹 지원을 이용해 유럽에서 자신의 영향력을 키우려고 많은 노력을 기울였다. 그리고 몇몇 나라는 EU가 중국에 비해 이런 면에서 뒤떨어진다고 생각했다. EU 회원국 가입 협상을 진행 중인 세르비아의 알렉산드르 부치치Aleksandar Vučić 대통령은 유럽 국가들의 제한조치에 대해 이렇게 비판했다. "지금은 우리를 도와주는 나라가 중국밖에 없다. 이제 유럽의 단합이라는 건 존재하지 않는다는 사실을 여러분 모두 알 것이다. 그건 동화책에나 나오는 이야기였을 뿐이다. 나는 나의 형제이자 친구인 시진핑 주석을 믿고 중국이 우리를 도와줄 것임을 믿는다."[13]

유럽에서 감염 일번지가 된 이탈리아의 지도자들 역시 EU에 대한 불만이 많았고 적극적으로 중국 쪽으로 기울었다. 마치 EU를 질책하는 것처럼 루이지 디 마이오Luigi Di Maio 이탈리아 외무장관은 구호품을 싣고 도착하는 중국 항공기를 환영하는 비디오를 포스팅했다.[14] 이탈리아의

EU 상주 대표는 언론 기고문에서 이렇게 썼다. "이탈리아는 EU의 시민 보호 메커니즘을 가동시켜서 우리 국민들을 보호하기 위한 의료장비를 공급해 달라고 이미 요청했다. 하지만 유감스럽게도 EU 회원국 단 한 나라도 집행위원회의 요청에 응하지 않았다. 중국만 상호주의에 입각해 지원에 응했다. 이는 유럽의 단합을 위해 분명히 좋은 징조가 아니다."[15]

이탈리아인들이 보기에 EU는 위기가 확산되는 가운데서도 이탈리아를 돕는 데 관심을 보이지 않았다. 3월에 실시한 테크네Tecnè 여론조사 결과 이탈리아 국민 67퍼센트가 EU 회원국 자격이 이탈리아에 불리하다고 응답했다. 이 비율은 2018년도의 47퍼센트에서 더 올라갔다.[16] 유럽집행위원회의 위기관리 담당 집행위원인 자네즈 레나르치치Janez Lenaršič는 가디언에 이렇게 말했다. "이탈리아와 집행위원회에서 도와달라고 하는 요청에 회원국 누구도 응답하지 않았다. 이탈리아도 위기에 대응할 준비가 되어 있지 않았고 회원국 가운데서 준비가 갖춰진 나라가 하나도 없었다. 이탈리아의 요청에 아무도 응답하지 않은 것은 단결심이 부족해서라기보다는 모두 다 장비가 부족했기 때문이다."[17]

3월 16일 마크롱 프랑스 대통령은 대국민 연설에서 이렇게 말했다. "우리는 눈에 보이지 않는 적과 전쟁을 하고 있다." 이동금지령이 내려져 프랑스 시민들은 불가피한 이유가 있는 경우에 한해 집 바깥으로 나갈 수 있게 되었다. 외출 때는 정부 홈페이지에서 다운받은 서식에 본인 사인을 해서 지참하고 경찰이 요구할 경우에는 제시하도록 했다. 마크롱은 2017년 선거에서 자신이 몸담고 있던 사회당과 결별하고 신생 정당을 창당해서 성격이 모호한 친 EU 정강으로 대통령에 당선되었다. 그의 전임 대통령 두 명이 재선에 실패했고 2020년 2월 마크롱 대통령의 개인 지지율은 30퍼센트 대에 머물러 있었다.[18] 그는 신념과 야망을 가진 젊은 지도자였기 때문에 EU를 진정한 슈퍼파워로 만들고 말겠다는 목표 의식이 가득 차 있었다. 그런데 코로나19 팬데믹이 그 비전을 위협한 것이다. 3월 마크롱이 겁에 질린 채 주위를 둘러보니 EU 회원국 모두가 각자 자신의 길을 가고 있었다. 자기들이 내리는 결정이 다른 나라에 어떤 영향을 미칠지에 대해서는 전혀 개의치 않는 모습들이었다. 메르켈 독일 총리도 팬데믹이 독일에 초래한 어려움에 관해 감동적인 대국민 연설을 하며 EU는 언급하지 않았다.[19]

이탈리아와 프랑스뿐만 아니라 유럽 전역이 처음 두 달 동안 팬데믹으로부터 강타당하고 있었다. 스페인은 3월 초 대규모 집회를 잇달아 가지면서 감염자 수가 폭발적으로 늘었다. 3월 말이 되면서 스페인의 코로나바이러스로 인한 사망자 수는 이탈리아를 앞질렀다.[20]

그런데도 EU 회원국 모두 코로나19를 심각한 위협으로 생각하지 않았다. 스웨덴 정부는 자국 보건부의 권고를 받아들여 처음부터 사실상 집단면역 전략을 채택했다. 보건부는 경제 록다운에 반대하고 술집과 나이트클럽, 레스토랑, 체육관 문을 열어두자고 했다. 스웨덴 공중보건 관리들은 바이러스 확산을 막기 위한 사소한 조치에도 반대했다. 스웨덴은 민주국가들 중에서 2020년 내내 제한적인 마스크 사용 의무화 조치도 취하지 않은 유일한 나라였다. 그러면서 스웨덴 정부는 다른 부국들처럼 활발한 감염경로 추적과 검사 시스템을 구축하지 못했다. 집단면역 실험은 실패한 것처럼 보였다. 8월 중순까지 항체가 생긴 사람은 전체 인구의 20퍼센트에 불과했다. 집단면역이 달성되는 데 필요한 70퍼센트에 한참 못 미치는 수치였다. 6월 중순 기준으로 스웨덴은 사망자가 5,000명을 넘으며 인구 대비 사망자 비율에서 세계 5위를 차지했다.[21] 집단면역 시도는 경제적인 면에서도 뚜렷한 혜택을 가져다주지 못했다. 2020년 2분기 스웨덴 경제는 8.7퍼센트 하락해 인근 나라들 가운데서 가장 높은 하락률을 기록했다.(덴마크 7.4퍼센트 하락, 노르웨이 약 7퍼센트, 핀란드는 3.2퍼센트 하락했다.)[22]

체코공화국, 헝가리, 폴란드, 슬로바키아를 포함한 중동부 유럽 대부분의 나라들은 초기에 거의 피해를 입지 않았다. 서유럽 국가들과 달리 신속하게 학교 문을 닫고 비필수 업종 영업장을 폐쇄했기 때문이다.[23] 하지만 이들이 누린 행운은 오래 가지 않았다. 이들 가운데 몇몇 나라는 6개월 뒤 닥친 2차 대유행 때 가장 큰 타격을 받았다.

1차 대유행 때 가장 두드러진 모범 사례는 독일이었다. EU에서 가장 인구가 많은 경제대국인 독일은 사태를 장악하고 피해곡선을 완만하게 유지해 나갈 수 있었다. 독일 정부는 광범위한 경로추적 시스템을 가동시키고 여러 분야에서 일하는 수천 명의 자원봉사자로 확산차단 스카웃 containment scouts이라는 소규모 감염 추적단을 조직했다. 감염자와 2미터 거리 안에 15분 이상 머문 사람은 격리에 들어가고 감염 추적단의 일일점검을 받도록 의무화했다. 필요한 경우에는 감염 추적단이 식료품 장도 대신 봐주도록 했다. 6월에 출시된 감염 추적 앱은 한 달 만에 다운받은 횟수가 1,600만 회에 달했다. 독일은 검사 부문에 일찍 대응에 나서서 나중에 따라잡히기는 했지만 초기에는 다른 주요 유럽 국가들보다 훨씬 앞서갔다. 이런 노력들 덕분에 초반에 확산곡선을 완만하게 그릴 수 있었던 것이다. 6월에 독일은 사망자가 인구 10만 명 당 10.3명이었다. 프랑스는 43명, 이탈리아 55.4명, 영국 57.9명이었다. 일일 신규 감염자는 4월에 5,595명(일주일 평균)으로 정점을 찍은 다음 7월에는 344명으로 줄어들었다.[24]

다른 유럽 국가들의 경우 심각한 문제 가운데 하나는 보건 분야가 EU 차원에서 역할을 거의 하지 못하는 새로운 정책 분야라는 점이었다. 그래서 개별 국가들이 각자 책임을 지고 문제를 해결해 나가야 했다. EU 회원국들은 주권을 통합해서 협력한 경험은 있지만 보건 분야에서의 협력 경험은 거의 전무했다. 하지만 신속히 배워나갔다. 코로나 위기가 시작되고 몇 주 뒤 독일은 알자스 지방의 프랑스령 주민들은 프랑스 병원보다 독일 병원이 이용하기가 더 가깝다는 사실을 알았다. 그래서 코로나19 환자들을 독일의 라인란트팔츠주, 바덴뷔르템베르크주, 자를란트주에 와서 치료받을 수 있도록 했다. 이러한 조치는 매우 상징적인 의미를 지녔다. 유럽인들이 힘을 합쳐서 이 질병과 싸울 수 있다는 것을 보여준 것이다.[25]

유럽 지도자들은 EU를 창설하고 나서 거의 30년 동안 노력해서 이루어 온 것을 코로나19가 일순간에 망가뜨릴 수 있다는 사실을 깨달았다. 우르줄라 폰 데어 라이엔Ursula von der Leyen 유럽연합EU 집행위원장은 "우리는 잠깐 심연을 들여다보았다."고 털어놓았다.[26] 마리오 센테노 Mario Centeno 유로그룹 의장은 유로존이 붕괴위기에 처했다고 경고했다. 메르켈 총리는 "유럽연합이 창설 이후 최대의 시련에 직면했다."고 인정했다.[27] 메르켈 총리는 "우리는 우리의 유럽을 지키고 더 강하게 만들 준비가 되었음을 조만간 보여줄 것"이라고 강조했다.[28] 페드로 산체스Pedro Sánchez 스페인 총리는 "만약 EU가 코로나바이러스에 맞서 싸우지 않는다면 실패한 연합이 되고 말 것이다. 우리는 지금 결정적인 순간을 맞이하고 있다."고 경고했다."[29] 그는 이어서 "스페인처럼 다른 유럽 국가들과 매우 친밀한 관계를 유지하는 나라도 약속을 이행하는 실질적인 증거를 보일 필요가 있다."고 했다.[30] 마크롱 대통령은 파이낸셜타임스에 이렇게 말했다. "우리는 지금 유럽연합이 정치적 결사체인지 아니면 단순한 시장 결사체인지를 결정하는 진실의 순간에 서 있다. 나는 유럽연합이 정치적 결사체라고 생각한다. 우리는 재정지원과 단합 모두가 필요하다. 그렇게 해야 유럽이 유지될 수 있다."[31] 긴박했던 4월 프랑스와 독일은 EU의 공동대응을 위해 본격적으로 움직이기 시작했다. 주목할 만한 일은 많은 독일인들이 이번에는 이탈리아, 스페인을 비롯해 팬데믹의 피해를 심하게 겪은 나라들에 대해 그들의 잘못이 아니라는 점을 이해했다는 점이다. 2008~2009년 금융위기 때는 많은 독일인들이 어려움을 겪는 채무국들을 보며 그들이 잘못해서 그런 것이라고 비난했다.[32]

제7장에서 알 수 있듯이 유럽 경제를 강하게 만드는 데 유럽중앙은행

ECB이 중요한 역할을 했다. 미국 연준이 민간 자산을 매입해 경기를 부양한 것과 비슷한 방법을 썼다. 하지만 5월 초 이런 전략이 위기를 맞았다. 독일연방헌법재판소가 독일중앙은행인 분데스방크의 채권 매입에 제약을 가하는(ECB의 채권 매입에도 적용) 매우 중요한 결정을 내린 것이다.[33] 메시지는 분명했다. ECB가 경제회복을 시켜 줄 것이라는 기대는 버리라는 메시지였다. 정치인들도 행동에 나설 필요가 있었다. 5월 중순 메르켈 총리와 마크롱 총리는 함께 나와 5,000억 유로 규모의 코로나19 경제회생기금을 창설하자고 EU에 제안했다. 회생기금은 EU집행위원회가 회원국 재정을 담보로 자금시장에서 돈을 조달해 회원국에 지원하는 방식이었다. 이런 방안에 오랫동안 반대해 온 독일이 입장을 바꿔 이를 받아들였기 때문에 실로 루비콘강을 건너는 것 같은 순간이었다.

이 구상으로 EU가 '해밀턴의 순간'Hamiltonian moment을 맞았다는 평가가 나왔다. 과거 미국의 재무장관 알렉산더 해밀턴Alexander Hamilton은 새로 탄생하는 연방이 개별 주들의 부채를 떠안은 다음 그 부채를 통합해 연방부채로 전환시켰다. 이는 미국이 단일 연방국가로 출범하는 데 엄청난 역할을 했다.(그를 소재로 만든 블록버스터 뮤지컬 '뮤지컬 해밀턴'이 있다.) 파스칼 도노후Paschal Donohoe 아일랜드 재무장관은 유럽이 취한 조치를 '필요성이 상상력을 발휘하도록 만든 순간'이라고 평가했다.[34] 유럽 경제회생기금이 모든 면에서 평가에 합당한 효력을 발휘한 것은 아니었다. 부채탕감의 경우 아주 고액은 해당되지 않고 코로나 위기 기간 동안에만 임시로 적용하기로 했다. 그리고 EU는 회원국 국민에게 직접 세금을 부과할 권한을 갖지 않는다. 그럼에도 불구하고 이 조치로 인해 유럽은 역사적인 한 발을 앞으로 내디딘 것이었다.

만약 영국이 유럽연합 회원국으로 남아 있었더라면 과거의 불화를 극복하고 해밀턴의 순간을 향해 나아가려던 프랑스와 독일의 노력은 가능하지 않았을 것이다. 영국은 과거 여러 차례 조약협상에서 거부권을 행사했다. 2011년에는 데이비드 카메론 총리 혼자서 반대표를 던져 유로존 구하기 협상을 무산시켰다. 영국이 사라진 지금은 네덜란드, 오스트리아, 덴마크, 스웨덴 등 '검소한 4개국'Frugal Four을 비롯한 새로운 반대자들이 등장했다. 이들 4개국은 보조금이 아니라 대출금 형태라야 회생기금안을 받아들이겠다는 입장이었다. 길고 힘든 협상 끝에 타협안이 받아들여졌지만 부채탕감의 핵심 아이디어는 그대로 유지됐다.

회생기금에 대한 합의가 이루어지면서 갑자기 전망이 밝아진 것처럼 보였다. 팬데믹의 재앙을 딛고 하나의 유럽대륙이 탄생할 것처럼 보였다. 여름이 오면서 유럽인들은 카페와 레스토랑이 문을 열고 휴가를 가는 등 일상으로 돌아갔다. 스페인 북부에서 바이러스 유행이 새로 시작되고 크로아티아, 불가리아, 마케도니아, 세르비아 등 남동부 유럽 일부 지역에서 감염자가 급증했다. 하지만 대부분 지역에서 정상을 되찾았기 때문에 이들 지역은 예외로 간주됐다. CNN 방송의 여행 프로그램에서는 "사람들은 그리스 각지를 마치 코로나19를 한 번도 겪지 않은 것처럼 돌아다니고 있다."고 보도했다.[35] 감염자 수가 계속 늘어나는 미국과는 완전히 대조적인 모습이었다. 유럽인들은 의기양양했다. 독일 CDC 격인 로버트 코흐 연구소Robert Koch Institute의 로타르 빌러Lothar Wieler 소장은 "많은 시민들이 행동양식을 바꾸어서 에피데믹의 1차 파도를 막았기 때문에 상황이 호전된 것"이라고 설명했다.[36] 하지만 제12장에서 보듯이 유럽인들이 거둔 성공은 그해 여름을 넘기지 못했다.

## 초기 대응에 성공한
## 동아시아 국가들

대만은 중국 본토에서 불과 177킬로미터 떨어져 있지만 코로나19가 아예 발을 붙이지 못하게 만들었다. 우자오세吳釗燮 Joseph Wu 대만 외교부 장관은 2020년에 효과적인 대응을 할 수 있었던 것은 2003년 사스 때 얻은 경험 덕분이라고 말했다. 대만은 사스 위기 때 668명이 감염되어 그 가운데 181명이 사망했다. "당시 큰 피해를 입었고 그만큼 교훈을 배운 것"이라고 그는 말했다.[37] 연구소 여러 곳을 새로 설립했다. 대만질병통제센터는 전 세계 보건기구 중에서 유일하게 중국 인터넷에 떠도는 루머를 모니터해서 우한사태가 새로운 팬데믹으로 발전할 가능성이 있다고 판단했다. 그렇게 해서 대만은 12월 31일 WHO에 이메일을 보내 '비정형성 폐렴'atypical pneumonia에 대해 경고했다. 아쉽게도 당시 미국을 비롯해 아무도 대만의 경고에 주의를 기울이지 않았다. 미국 관리들은 나중에 당시 상황에 대해 후회했다.

대만 정부는 초기부터 상황을 매우 심각하게 받아들였다. 1월 11일로 예정된 총통 선거와 국회의원 선거가 다가오고 있었고 수만 명이 참가하는 집회들이 예정돼 있었다. 하지만 당국은 우한과 베이징에서 들어오는 승객을 면밀히 관찰하면 위험을 차단할 수 있을 것으로 생각했다. 중국 당국이 의도하지 않게 대만의 조치를 도와주는 셈이 됐다. 중국은 2019년 대만에 압력을 가하기 위해 중국인들의 개별 대만 관광비자 발급을 중단시켰다. 대만 선거는 별 탈 없이 진행되었다. 대만은 1월 12일부터 15일까지 보건 전문가들을 우한으로 파견했다. 모두 미국 CDC에서 훈련받은 전문가들이었다. 하지만 이들은 현장 접근이 허용되지 않아 크게 실망했다. 더 고약한 것은 이들이 현장에서 겪은 일을 WHO에 알렸지만 WHO는 중국을 자극할 것을 두려워한 나머지 관련 사실을 인정하지도 않고 이들이 보낸 경고를 공개하지도 않았다는 사실이다.[38]

구정인 1월 25일이 다가오며 대만은 비상상태가 되었다. 모든 정부 부처가 단일 대응체제에 들어갔다. 보건장관이 매일 브리핑을 하고 이런 조치들이 일반국민들로부터 높은 신뢰를 받았다. 대만은 기술적인 준비를 서둔 덕분에 전면 록다운을 피할 수 있었다. GPS 기반 지능전자펜스 시스템Intelligent Electronic Fence System을 통해 격리 중인 사람의 위치를 10분마다 파악했다. 당국이 휴대폰 이용자들의 협조를 얻어 가동한 시스템이었다. 격리 중인 사람이 격리 지역을 벗어나거나 두 번 연속으로(20분 동안) 소재파악이 되지 않을 경우 관련 사실이 해당 개인과 경찰, 지방 당국에 자동으로 통보됐다.[39]

우한 위기의 심각성이 드러나면서 몇몇 나라들이 중국과 대만 모두를 여행금지국가로 지정했다. 두 나라를 하나로 본 것이다. 그런 가운데 중국은 대만에 무덤이 무더기로 생겨나고 시체 소각이 대량으로 이루어지고 있으며 당국이 진실을 은폐하고 있다는 식의 가짜 정보를 퍼트렸다. 하지만 대만은 그런 전술에 면역이 되어 있기 때문에 쉽게 이겨낼 수 있었다. 대만은 다른 나라들에게 지원과 조언을 제공하고 중국보다 더 많은 양의 마스크를 아무런 조건을 달지 않고 해외로 내보냈다. 대만 외교부는 온라인에서 #TaiwanCanHelp라는 해시태그를 사용했다.[40]

한국도 성공 스토리를 기록한 나라 가운데 하나였다. 1월 20일 미국과 한국 두 나라 모두 동시에 코로나19 첫 환자 발생 사실이 보고됐다. 그로부터 한 달 뒤 한국은 중국을 제외하고 가장 확실한 감염 발생 지역이 됐다. 문재인 대통령은 마스크 부족 사태로 국민들에게 사과했다. 이후 바이러스가 세계 전역으로 확산되는 가운데 한국은 본격적으로 팬데믹 대응조치를 시작했다. 한국은 2015년에 메르스(중동호흡기증후군) 사태를 겪었다. 메르스는 동물원성動物原性 바이러스로 중동지역의 낙타에서 생긴 바이러스가 사람에게 이종감염된 것으로 추정되었다. 당시 한국은 사우디아라비아를 제외한 다른 어떤 나라보다도 심각한 피해를 입고 36명이 사망했다. 메르스 사태를 계기로 한국은 신종감염병 대응 강화를 위해 '검사, 경로추적, 격리'를 골자로 하는 법률 개정안을 통과시켰다. 월스트리트저널은 한국이 초기에 코로나19 확산 방지에 성공할 수 있었던 것은 '실패에 대한 계속되는 두려움' 덕분이라고 했다.[41]

신종코로나바이러스의 위협이 심각해지면서 한국은 준비한 계획들을 신속히 실행에 옮겼다. 코로나19 최초 사례가 발견된 지 일주일이 채 지나기 전에 보건 관리들은 20여 개의 제약사와 접촉해 진단키트 생산과 승인 절차에 돌입했다. 그로부터 2주 정도 지난 2월 4일 한국 정부는 6시간 만에 결과를 알 수 있는 진단키트를 승인하고 배포했다. 그리고 위기가 시작되고 한 달 만에 드라이브 스루 검사소를 설치, 운영하기 시작해 수십 군데로 늘렸다. 3월 초 한국은 전국의 검사소 600곳에서 모두 14만 5,000명을 검사했다. 검사에 10분이 걸리는 신속 검사였다. 그리고 몇 주 뒤에는 하루 20만 명을 검사할 수 있는 능력을 갖추었다. 이렇게 해서 한국은 전 세계적으로 가장 적극적이고 성공적인 검사전략을 구사한 나라가 되었다. 한국은 또한 매우 적극적인 접촉자 추적 프로그램을 시행했다. 술집이나 나이트클럽, 영화관에 간 사람은 모두 입장 때 휴대폰으로 QR코드 스캔을 거치도록 했다. 감염자가 발생했을 때 방역 당국이 동선추적을 할 수 있도록 한 것이다.[42] 확진자는 증상에 관계없이 모두 격리조치하고 병원이나 정부에서 운영하는 격리시설에서 치료 받도록 했다. 마스크 착용은 거의 보편화되었다.

이런 조치들이 합쳐져서 한국은 코로나19 확산을 효과적으로 멈출 수 있었다. 그래서 전국적인 록다운을 피하고 경제적인 충격도 줄일 수 있었다. 봄과 여름을 지나는 동안 한국에서는 시민들의 삶이 정상화되기 시작했다. 많은 학교가 다시 문을 열고 수영장, 미술관, 해수욕장도 방역 수칙을 지키도록 하면서 다시 사람들을 반아들였다. 4월에는 2,900만 명에 달하는 유권자가 총선에서 투표했다. 30년 만에 최고 투표율을 기록했다. 그러면서 선거기간 중 코로나 전파 사례는 단 한 건도 보고되지 않

았다. 11월에는 수천 명의 야구팬이 프로야구 플레이오프 경기를 보기 위해 야구장을 찾았다.[43]

미국이 겪은 과정과는 놀라울 정도로 대비되었다. 4월부터 9월까지 한국은 신규 확진자 수가 하루 평균 77명에 머물렀다. 같은 기간 미국은 하루 평균 3만 8,000명이었다. 한국 인구가 미국의 6분의 1이라는 사실을 감안하더라도 같은 시기에 팬데믹이 덮친 두 나라 사이에 이러한 불균형은 놀랍다. 2020년에 미국의 코로나 사망률은 한국의 500배가 넘는다. 미국 경제는 2020년에 3.5퍼센트 줄어들며 깊은 침체를 겪었다. 반면에 한국 경제는 1퍼센트 미만 역성장에 그칠 것으로 전망됐다.[44]

대만과 한국이 사태 초기에 바이러스 확산을 효과적으로 억제할 수 있었던 반면 일본의 코로나19 대응은 세계가 놀랄 정도로 서툴렀다. 일본, 아르헨티나, 호주, 캐나다, 영국인 승객을 태운 영국 유람선 다이아몬드 프린세스호Diamond Princess는 1월 20일 요코하마항을 출발했다. 나중에 코로나19 양성반응을 보인 홍콩인 승객도 타고 있었다. 이 남성이 대유행의 시발점이 되었다. 3주 되지 않은 기간에 탑승객 621명과 (탑승객의 20퍼센트 정도 되는)승무원들이 바이러스에 감염되었다. 프린세스호는 요코하마로 다시 돌아와 격리되었다. 배 안의 상황은 혼돈 자체였다. 건강한 사람과 환자 사이에 적절한 격리조치도 이루어지지 않았다. 2주 뒤 일본 당국은 음성반응이 나온 승객 1,000명을 배에서 내리도록 허락했다. 문제는 검사결과가 믿을 수 없다는 점이었다. 잠복기가 5일이기 때문에 배에서 감염된 승객들 가운데 무증상으로 배에서 내렸다가 나중

에 양성판정을 받는 사람이 나올 수 있었다. 미국과 홍콩 관리들은 일본의 결정을 비난했다.[45]

다이아몬드 프린세스호는 거의 알려지지 않은 국제법상의 허점 덕분에 해상을 떠돌게 된 여러 척의 유람선 가운데 첫 번째 사례였다. 승객은 일단 승선한 다음에는 국적을 초월하게 되고, 선박에서 감염병 환자가 발생할 경우 각국 정부는 그 환자의 입국을 거부할 수 있다. 같은 기간에 또 다른 유람선 웨스테르담호Westerdam는 일본, 필리핀, 태국에서 모두 입항을 거부당해 남지나해 해상을 오락가락하고 있었다. 이 배는 마침내 캄보디아에서 입항허가를 받았는데 총리가 직접 나와 이들을 맞이했다. WHO는 국제적인 연대를 보여준 행동이라며 캄보디아의 조치를 칭찬했다.(하선한 승객들은 마스크를 착용하지 않고, 사회적 거리두기도 지키지 않은 가운데 인파들로부터 환영을 받았다.) 승객 가운데 한 명은 이후 말레이시아로 여행을 가서 코로나 증상을 보인 다음 양성판정을 받았다.

다이아몬드 프린세스호 처리과정에서 보여준 실책은 일본에게 약이 되었다. 이 일은 확산 초기에 바이러스의 위험성에 대한 경각심을 크게 높여주었다. 일본 전문가들은 선박에 접근한 경험을 통해 바이러스에 대해 더 많은 것을 알게 되었다. 초기 선박을 직접 살펴본 경험이 여러 모로 도움이 되었다. 다이아몬드 프린세스호에 대한 경험을 토대로 일본은 국민들에게 밀폐된 공간closed spaces, 인구밀집 장소crowded places, 밀접접촉 환경close-contact settings을 피하자고 촉구하는 '3C 전략'을 채택했다. 이러한 전략은 전 국민 마스크 쓰기, 4월 7일 자발적인 전국 록다운,

그로부터 9일 뒤 전국 비상사태 발령과 함께 일본이 제1차 대유행의 큰 파고를 넘는 데 도움이 되었다.[46]

다이아몬드 프린세스호 경우를 제외하고 일본이 바이러스에 대한 초기 대응을 비교적 잘한 것은 의외였다. 한국과 달리 일본은 사실상 검사 인프라가 갖춰져 있지 않았다. 5월까지 검사 받은 사람이 전체 인구의 0.185퍼센트에 불과했다. 중국과 달리 일본은 과거 군국주의 시절 억압 정치에 대한 두려움 때문에 전국적인 록다운 조치를 취하기가 법적으로 어렵게 되어 있었다. 그런 이유로 일본의 코로나 대응은 대단히 규범적인 수준에 머물러 있었다. 사람들은 정부의 조치를 따르는 게 옳다고 생각해서, 그리고 이웃사람들이 지키기 때문에 자발적으로 응했다. 사람들이 정부의 사회적 거리두기 권고를 철저히 따른 덕분에 팬데믹 초기 몇 달 동안 사회적인 대면 접촉이 70~80퍼센트 줄어들었다. 5월 26일 아베 신조 총리는 긴급사태를 해제했고 그로부터 몇 주 뒤 PBS 뉴스아워에서 "확산을 막았다."고 자신 있게 말했다.[47]

하지만 아베 총리의 그 말은 너무 성급했다. 일상생활이 정상으로 돌아오고 스모 경기와 프로야구 경기가 잇따라 열리면서 감염자 수는 금방 다시 늘기 시작했다. 정부의 서투른 재개방 전략과 국내경기 활성화에 초점을 맞춘 정책은 비싼 대가를 치르게 되었다. 앞뒤가 서로 맞지 않는 메시지를 내보내는 것도 문제였다. 초여름에 일본 정부는 '고 투 트래블'Go to Travel 캠페인을 시작했다. 관광산업 활성화를 위해 국내여행에 인센티브를 부여했다. 하지만 이 캠페인은 코로나19 전파가 늘어나면서 12월에 중단되었다. 8월에 일본은 2차 대유행의 한가운데 서 있었다. 1차 대유행 때보다 기세는 약했지만 최장수 총리인 아베 총리가 지병으로 갑작스레 사임하면서 일본은 지도력 부재상태에 놓였다. 일본 정부에 코로나19 대응을 조언하는 전문가 회의인 코로나19 대책 분과회의 오미 시게루尾身茂 회장은 여름에 파이낸셜타임스와 가진 회견에서 한국과 대만이 일본보다 더 잘 대응했다는 점을 인정했다. 그 두 나라는 사스와 메르스 사태를 겪은 경험이 있고 더 경각심을 가진 덕분이라고 했다. 일본은 준비를 갖췄지만 그 두 나라 만큼 잘 대비하지 못했다고 시인했다.[48]

아시아에서 또 하나의 성공 사례인 베트남은 1월 말에 단호하고 신속하게 대응에 나서며 곧바로 중국과의 항공편을 중단시켰다.(중단하지 말라는 압력이 있었다.) 그리고 조기에 효과적인 검사방법을 개발했다. 이런 조치들은 대부분 1월 중순에 가진 코로나 전략회의에서 논의되었는데 이후 몇 개월 뒤 다른 나라들이 뒤따라 채택했다. 베트남은 또한 자신들이 가진 장점을 살려 한국처럼 예산이 많이 소요되는 대량 검사체제를 구축하는 대신 대대적인 접촉자 추적과 엄격한 록다운, 격리시설 운영 등 예방에 중점을 둔 방법을 택했다.(1월 말부터 5월 사이 20만 명을 격리수용했다.) 많은 예산이 들어가는 방법은 자신들이 감당할 수 있는 능력 밖이었다. 2월부터 3월에 걸쳐 22일 동안 베트남에서는 코로나19 신규 확진자가 단 한 명도 나오지 않았다. 9,500만 명이 넘는 인구와 서로 맞닿은 국경이 1,290킬로미터에 달하는 중국과의 지리적 근접성에도 불구하고 베트남에서 코로나로 인한 첫 사망자가 발생한 것은 2020년 7월 31일이 되어서였다. 한국, 대만과 마찬가지로 이전의 경험이 도움이 되었다. 베트남은 2003년 사스 위기 때 대처한 경험이 있고 그 덕분에 이번에 신속한 대응을 할 수 있었던 것이다.[49]

멀찌감치 떨어진 섬나라인 뉴질랜드는 2020년 2월 28일이 되어서야 첫 번째 코로나19 환자가 발생했다. 하지만 뉴질랜드 정부는 그보다 앞선 2월 2일부터 전국적인 코로나바이러스 대응계획을 만들어 실행에 들어갔다. WHO가 코로나바이러스 위기를 글로벌 보건 비상사태로 선포한 며칠 뒤였다. 뉴질랜드 정부는 검사, 접촉자 추적, 격리 등에서 WHO의 권고를 철저히 따랐다. 간혹 지나치게 엄격한 면이 있었지만 뉴질랜드는 감염자가 100명 미만이던 3월 말 전국적인 록다운에 들어갔다. 뉴질랜드 정부가 내세운 '신속하고 강력하게'라는 방역 슬로건은 세계에서 가장 효과적인 방역전략에 속했다. 인구 500만의 뉴질랜드는 2020년 2월부터 2021년 1월 사이 코로나 사망자가 25명에 그쳤다. 그리고 여름에 경제활동을 다시 재개했는데 102일 동안 단 한 명의 신규 환자도 발생하지 않았다. 뉴질랜드의 성공에는 여러 가지 요인이 작용했는데 그 가운데 하나는 비상상황 관리에 꾸준히 관심을 기울여 온 것이다. 뉴질랜드가 관심을 갖는 비상상황은 질병이 아니라 산불, 지진 같은 자연재해에 집중돼 있기는 하지만 '재해에 강한 국가'를 만들기 위해 오랜 기간 많은 투자를 해왔다. 뉴질랜드 정부는 국민들에게 '500만 국민이 한 팀으로 뭉쳐서 싸울 것'을 주문해 왔고, 그렇게 해서 비상상황에 필요한 행동 규율과 집단행동 수칙을 지키는 오랜 전통을 확립했다.[50]

이처럼 아시아와 오세아니아 국가들 대부분이 다른 지역보다 팬데믹에 좀 더 효과적으로 대응했다. 대응방식에서도 다른 지역과는 다른 점이 있었다. 두드러진 차이점은 (뉴질랜드를 제외하고)대부분이 전국적인 록다운을 취하지 않고 팬데믹을 관리할 수 있었다는 점이다. 이들은 대대적인 검사와 적극적인 감염경로 추적 프로그램, 감염자를 고립시키는 타깃격리를 결합한 공격적인 방역 프로그램을 가동시켰다. 그리고 예외 없이 외부와의 문을 사실상 걸어 잠그는 철저한 여행금지조치를 취했다. 감염률이 아무리 낮더라도 일단 감염자가 발생한 나라에 대해서는 무조건 문을 걸어 잠갔다. 무엇보다도 이들은 이전에 이런 위기사태에 대응을 잘못한 경험이 있었고 필요한 개선조치를 취한 정치적 과정을 거친 나라들이었다. 나라마다 정도의 차이는 있지만 아시아에서 방역에 성공한 나라들은 심리적으로 위기에 맞설 준비를 갖추고 있었다.

## 자국우선주의 지도자들

지난 10여 년간 세계는 자국우선주의 경향을 강하게 보였다. 많은 지도자들이 서로 비슷한 경향을 나타냈다. 이런 지도자들은 서로 유사점이 많다. 엘리트를 싫어하고 국가 주권에 병적으로 집착하고, 기후변화와 관련해 회의적인 입장을 갖고 있고, 그리고 하나같이 트럼프 행정부와 좋은 관계를 유지했다. 코로나19 사태를 겪으며 이들 사이에 차이점도 드러났다. 하지만 정도의 차이는 있지만 거의 모두가 어려움을 겪었다. 자이르 보우소나루 브라질 대통령 같은 이들은 트럼프 대통령이 하는 대처방식을 따라 바이러스의 심각성을 대수롭지 않게 보고 정부 대응이 뒤늦게, 일관되지 않게, 그리고 조율하지 않은 상태에서 이루어지도록 만들었다.

인도의 나렌드라 모디 총리 같은 이들은 조기에 자신감을 갖고 대응을 시작했지만 전문가의 조언을 듣지 않고 일관된 계획도 없이 행동에 나섰다. 이스라엘의 베냐민 네타냐후 총리도 곧바로 자신 있게 행동에 나섰지만 발을 너무 일찍 뗐고, 이후 코로나 대유행 때 제대로 대응하지 못했다. 보우소나루 대통령과 트럼프 대통령처럼 보리스 존슨 영국 총리도 처음에 바이러스를 대수롭지 않게 생각했다. 그러다 자신의 초기 대응이 처참하게 실패하고 나서야 보다 적극적인 대응으로 자세를 바꾸었다. 트럼프와의 친분 때문에 국가우선주의 지도자로 분류되기도 하지만 스콧 모리슨 호주 총리는 적극적으로 나서서 세계에서 가장 성공적으로 대응한 지도자군에 들었다.

브라질은 2월 26일 라틴아메리카에서 최초로 코로나19 감염자가 확인되었다.(이탈리아에서 귀국한 브라질 국민이었다.) 다행스럽게도 수백만 명이 길거리와 술집을 무리지어 휩쓸고 다니는 카니발 축제가 끝난 직후였다. 라틴아메리카 전역을 통틀어 브라질은 특별히 팬데믹에 대한 대비가 잘되어 있는 나라였다. 보편적인 의료보건 관리 프로그램을 갖추고 있고 지역별로 활발한 보건 프로그램을 갖추고 원주민 커뮤니티까지 보살피고 있었다. 브라질 관리들은 태아에 영향을 미치는 지카바이러스와 HIV/AIDS 같은 감염병 위기를 관리해 본 경험이 있었다. 루이즈 엔리케

만데타라는 열정적이고 유능한 보건장관도 있었다.[51] 딱 하나 문제가 있었는데 바로 대통령인 보우소나루였다.

보우소나루 대통령은 3월 초 트럼프 대통령을 만나러 플로리다로 갔다. 며칠 뒤 공보비서관을 포함해 대통령을 수행한 브라질 대표단 여러 명이 코로나 양성반응을 보였다. 보우소나루 대통령은 이 치명적인 바이러스를 '환상'이고 '가벼운 감기'에 지나지 않는다며 경제 셧다운을 할 필요가 없다고 했다.[52] 미국처럼 브라질도 국가적 대응을 사실상 27개 주지사들에게 떠넘겨 버렸다. 공중보건에 관한 조치를 지역화시킨 것이다. 각주에서 외출금지령을 발동하면 보우소나루 대통령은 2015~2016년 금융위기에서 아직 헤어나지 못하고 있는 국가경제를 '초토화하는' 조치라고 맹비난했다. 그는 3월과 4월 내내 쉬지 않고 팬데믹의 심각성을 깎아내리는 행동을 계속했다. 효력을 발휘하지는 못했지만 주 정부가 주민들의 이동의 자유를 제한시킬 수 있도록 하는 권한을 박탈하는 행정명령을 발동하기도 했다. 나아가 대통령의 대응조치가 미흡하다고 비판한 만데타 보건장관을 해임해 보건부를 무력화시켜 버렸다. 3월 말 브라질 전역의 여러 도시들에서 정부의 무능한 팬데믹 조치에 항의하는 국민들의 시위가 시작됐다. 주민들은 매일 저녁 8시 30분 전후해서 창밖으로 냄비를 두드리는 시위를 벌였는데 사망자가 늘어나며 이런 시위는 여러 달 계속됐다.[53] 브라질은 순식간에 이 지역의 팬데믹 진원지로 부상했다. 5월에는 확진자가 10만 명을 넘어서고 사망자도 1만 명이 넘었다. 그런 가운데서도 보우소나루 대통령은 지지자들에게 외출금지령을 무시하라고 부추겼고, 그가 참석하는 대규모 군중집회에는 지지자들이 버스를 타고 떼거리로 모여들었다. 그러다 7월 중순 보우소나루 자신이 코로나19에 걸렸다. 그래도 그는 WHO의 방역지침을 따르지 않았다. 감염된 동안에도 마스크를 쓰지 않고 사람들과 이야기하는 장면이 목격됐다.

10월에 브라질은 감염자 500만 명을 돌파하고 사망자도 15만 명을 넘겼다. 사망자 수가 미국에 이어 세계에서 두 번째로 많았다. 보우소나루 대통령은 굴하지 않고 브라질 국민들에게 "계집애처럼 찌질한 나라가 되면 안 된다!"고 외치며 코로나를 경시하는 언행을 계속했다.[54] 심지어 "우리는 모두 한 날 한 시에 같이 죽을 것"이라는 말까지 했다.[55] 그런데도 불구하고 그의 대중적인 인기는 줄어들지 않았다. 연말에 보우소나루 대통령의 지지율은 재임 중 최고치를 기록했다. 브라질 국민 37퍼센트가 그의 직무수행 능력이 탁월하다고 했고, 나쁘다고 답한 사람은 33퍼센트, 보통이라고 답한 사람은 28%였다. 브라질 국민 절반 이상(52퍼센트)이 코로나19 사망자가 많은 게 그의 잘못이 아니라고 답했다. 얼핏 보면 보우소나루 대통령의 지지율이 엄청나게 높은 것으로 보였다. 하지만 AS/COAAmericas Society and Council of the Americas의 브라이언 윈터Brian Winter는 그가 위기사태를 이용해 인구의 절반에게 매달 115달러를 지급하는 방식으로 인기를 유지했다고 설명했다. 미국에서와 마찬가지로 많은 노동자 계층 시민들은 경제 록다운을 재택근무가 가능한 소수의 혜택받은 사람들에게만 이득을 주는 조치라고 생각했다.[56]

지구 반대편에 있는 인도는 3월 마지막 주 기준으로 확진자 수가 500

명(인구는 14억 명에 육박)에 머물며 초기에는 상대적으로 팬데믹의 영향을 덜 받는 것처럼 보였다. 그러다 3월 24일 모디 총리는 전 세계적으로 가장 강력한 전국 록다운을 발령했다. 불과 4시간 전에 알린 다음 바로 시행에 들어갔다. 대혼란이 일어났고 수십만 명에 달하는 저소득 이민자들이 인도 전역의 도시에 발이 묶여 고향으로 돌아갈 수 없게 되어 버렸다. 실업수당으로 얼마 안 되는 돈과 음식을 나누어 주었지만 4억 명의 노동자들이 극빈상태에 놓이게 되었다. 인도 정부는 검사나 감염경로 추적을 할 능력을 갖추지 못했다. 모든 경제활동이 사실상 멈췄지만 공중보건에 미치는 효과는 극히 미미했다. 코로나 확진자가 꾸준히 느는데도 모디 총리는 6월 1일을 기해 록다운 1단계 조치를 종료한다고 성급하게 발표했고 바이러스는 통제불능 상태로 확산되었다. 6월이 되며 확진자는 20만 명을 넘어섰고 한 달 뒤에는 거의 4배로 늘어 72만 명에 달했다. 9월 말이 되자 확진자 수는 600만 명을 돌파해 미국(700만 명에 육박)에 이어 세계 2위가 되었다. 많은 공중보건 전문가들이 인도 보건 시스템의 뒤떨어진 검사능력을 감안하면 실제 감염자 수는 공식집계보다 훨씬 더 많을 것이라고 주장했다.[57]

인도의 혼란스러운 코로나 대응은 권력을 지극히 개인적인 것으로 생각하는 모디 총리의 지도자관과 맥을 같이한다. 코로나19와 관련한 모든 발표는 각료나 다른 관료에게 맡기지 않고 모디 총리가 직접 했다.

4월 1일부터 9월까지 팬데믹을 핑계로 기자회견을 중단하고 의회 토의 절차도 모두 생략시켜 버렸다. 그의 팬데믹 대응방식에 의문을 제기할 공간을 일체 허용하지 않고 다른 의견도 내놓지 못하게 만들어 버렸다. 국가기관을 동원해 협박하고 위기사태를 보도하는 전국의 언론인들을 검열하는 방식으로 강압전략을 강화했다.[58] 이와 함께 모디 총리는 중상류층 지지자들 사이에 지지율을 끌어올리면서 취약계층은 점점 심각해지는 경기침체에 그대로 방치하는 전략을 구사했다. 모디 총리는 국내총생산GDP의 10퍼센트에 달하는 경기부양책을 내놓으며(실제로는 1~2퍼센트인 것으로 드러남) 공공자산 사유화를 서둘렀다. 방위산업에 외국인 직접투자FDI 한도를 상향조정하고 공항 6곳을 민영화하기로 했다. 한편 모디 총리가 소속된 집권 인도인민당BJP은 코로나19 백신 무료접종을 공약으로 내세웠다. 다만 자기들이 지방선거에서 승리할 경우에만 무료접종을 하겠다고 했다.[59]

인구의 14퍼센트를 차지하는 인도 무슬림들은 코로나바이러스의 희생양이 되었다. 무슬림 커뮤니티를 '슈퍼전파자'로 지목하기 시작한 것은 4월 초 정부 대변인이 코로나19 신규 확진자가 증가한 것을 3월 중순 8,000명이 모인 무슬림 종교집회와 연관지으면서였다. 이슬람 선교단체인 타블리기 자마아트Tablighi Jamaat가 주최한 대규모 행사였다. 무슬림이 의도적으로 힌두교도들을 감염시킨다는 보도가 이어지면서 인도 트위터에서는 'CoronaJihad'(코로나지하드)라는 해시태그가 퍼져나갔다. 무슬림들이 음식에 침을 뱉고 식수 공급원에 독을 뿌리고, 코로나19를 퍼트리려고 혀로 식기를 핥는 식의 가짜뉴스를 담은 그림이 페이스북, 트위터, 왓츠앱WhatsApp 그룹에 올라왔다. 모디 총리의 인도인민당BJP 소속 정치인들은 자마아트 집회는 탈레반이 저지른 범죄행위라며 음모론을 더 부추겼다. 이런 주장들이 이어지면서 무슬림 소유 기업에 대한 사회적, 경제적 보이콧 주장이 광범위하게 번졌다. 힌두교도들이 사는 지역에 무슬림의 출입을 금지한다는 포스터가 나붙고 모스크는 수시로 공격 목표가 되었다. 크리슈나강에서 물고기를 잡던 무슬림 남자들이 욕을 먹고 발로 차여 쫓겨나는 영상이 돌아다녔다. 사람들은 이들에게 '병을 퍼트리는 자들'이라고 욕했다. 코로나와 관련된 이슬람 혐오는 인도사회에서 이미 주변으로 밀려난 이들에게 신체적으로 경제적으로 피해를 입힐 뿐만 아니라 팬데믹 대응에도 방해가 되었다. 가혹행위를 당할 것을 두려워한 무슬림들이 검사장에 가는 걸 꺼렸기 때문이다.[60]

이스라엘에서도 자신감이 넘치는 지도자가 효과적인 대응을 하기 위해 애를 썼다. 코로나바이러스는 오랜 기간 정치적으로 불안상태에 놓인 이스라엘을 덮쳤다. 1년 새 세 번째 총선이 치러진 3월 2일 이스라엘 정국은 네타냐후 총리가 이끄는 리쿠드당과 베니 간츠 장군이 이끄는 야당인 청백연합 간의 정치적 대립이 계속되고 있었다. 팬데믹에 대한 공포감이 커지는 가운데 네타냐후 총리는 위기를 자신의 국정장악 능력을 과시하고, 이런 시기에 지도자를 교체하는 것은 말도 안 되는 일이라는 점을 보여주는 기회로 삼고자 했다. 그는 3월에 가진 연설에서 지금의 현실을 "흑사병, 콜레라, 스페인 독감을 떠올리게 하는" 암울한 상황이라고 규정하고, "우리 국민은 모진 폭풍우를 이겨냈다. 우리는 파라오의 폭정에서도 살아남았다. 물러설 수 없는 힘겨운 싸움이 되겠지만 이번에도 우리는 코로나를 이겨낼 것"이라고 말했다. 총리의 이런 언행은 이스라엘이 안고 있는 심리적인 불안감을 자극하는 것이라고 고위관리들은 생각했다. 이스라엘 국민들은 나쁜 일들은 언제든지 갑자기 일어날 수 있다는 생각을 하면서 살고 있기 때문이었다.

코로나 대응에 있어서 이스라엘은 약간의 자연적인 이점을 안고 있다. 이스라엘은 작은 국토에 보안이 철저한 국경을 가지고 있다. 모든 여행객의 95퍼센트가 하나의 공항을 통해서 들어오고 나간다. 또한 선진 보건 시스템과 누구에게도 뒤지지 않는 보급체계를 갖추고 있다. 그리고 전국민 의무병제를 실시하고 있다.[61] 이스라엘 국민 모두가 철저한 록다운을 지지하는 것은 아니었다. 대학총장과 CEO들을 비롯해 정부와 밀접한 관련이 있는 영향력 있는 그룹이 집단면역을 지지했다. 이들은 경제적인 이유로 규제를 완화해야 한다고 주장했다. 하지만 네타냐후 총리는 다른 나라들에 비해 감염자 수가 적을 때도 과감한 조치를 취했다. 국경을 폐쇄하고 해외여행을 금지시키고 엄격한 외출금지령을 내렸다.

그런데 미국에서 들어오는 항공편을 어떻게 할 것인지가 어려운 문제였다. 트럼프 행정부로부터 항공기 운항을 중단시키지 말라는 압력을 받았다. 결국 이스라엘 내 신규 감염자의 50퍼센트는 미국에서 입국한 사람들 때문에 발생하게 되었다. 하지만 며칠 뒤 미국발 항공편도 중단시켰다. 그리고 민주국가들 가운데서는 처음으로 국내의 코로나 경로추적에 정보기관을 투입시켰다. 이스라엘 정보기관 신베트Shin Bet가 운영하는 프로그램은 카운터 테러리즘 기술과 '더 툴'the Tool로 알려진 극비 데

이터베이스에 저장된 정보자료들을 활용해 바이러스 대응에 나섰다.[62]

이런 초기 대응이 큰 효력을 발휘하며 이스라엘의 코로나 신규 감염자는 아주 미미한 수준에 머물렀다.[63] 3월 말 네타냐후 총리의 지지율은 60퍼센트에 달해 야당 지도자 베니 간츠를 크게 앞섰다.(권력분담 합의에 따라 베니 간츠는 국방장관이 되고, 비상시 총리대행을 맡기로 함) 처음에는 네타냐후 본인의 정치적 이익과 국익이 서로 일치하는 것처럼 보였다. 하지만 얼마 안 가 그 두 가지 이익이 서로 달라지기 시작했다. 총리는 팬데믹 대응을 자신이 직접 끌고 가려고 했다. 그는 정보기관과 군 기관을 다루는 데 익숙했고, 이들은 총리의 명령을 신속하고 정확하게 수행했다. 하지만 총리는 그다지 신속히 움직이지 않는 민간 기구들을 다루는 데는 서툴렀다. 전문가들은 말할 기회가 없어지고 주변으로 밀려났다. 예를 들어 보안기관의 감시기술을 활용하겠다는 것은 정부가 감염경로를 추적하는 민간 시스템을 개발하지 않았다는 의미였다. 민간 시스템을 운용하려면 훈련받은 민간 요원들이 필요하고 지방에서 감염자가 발생할 경우 이들이 나서서 신속하게 대응할 수 있게 된다. 이스라엘의 어느 보건관리는 우리에게 이렇게 말했다. "기술은 게임에서 극히 일부분에 불과하다. 기술은 우리가 필요로 하는 정보의 30퍼센트 정도를 담당한다. 제대로 대응하기 위해서는 효율적으로 접촉자를 추적하는 능력을 갖춘 인력이 필요하다. 그런 인력이 아주 시급히 필요했다. 하지만 우리는 3월부터 6월까지 몇 개월을 허비하며 그런 인적 능력을 갖추지 않았다." 한편 이스라엘 정부는 팬데믹에 효과적으로 대응한 대만, 한국을 비롯한

여러 아시아 국가들의 관리들로부터 자문을 구했다. 하지만 자문 받은 내용대로 따라하지는 않았다.[64]

5월 말 네타냐후 총리는 이스라엘의 성공적인 코로나 대응을 자축하며 시민들에게 "커피나 맥주를 한 잔씩 들며 즐거운 시간을 보내라."고 했다.[65] 학교가 다시 개학하고 대규모 집회가 허용되었다. 6월 15일부터 6월 25일 사이 이스라엘 전역에서 2,000건이 넘는 결혼식이 진행됐다. 하지만 이스라엘의 운은 금방 끝났다. 7월 초 신규 감염자 수가 급증하면서 이스라엘은 인구 대비 세계 최악의 일일 신규 감염률을 기록했다. 네타냐후는 방역규제를 너무 빨리 해제한 사실을 인정하며 "돌이켜 보건데 시행착오를 저지른 점이 있다. 이 마지막 단계는 너무 서두른 감이 있다."고 말했다. 네타냐후 총리는 곧바로 두 번째 전국적인 록다운을 생각했지만 록다운이 실제로 실행에 옮겨진 것은 9월 말이 되어서였다. 일일 신규 확진자 수는 9,000명을 넘겨 최고조에 달해 있었다. 그동안 이룬 성과를 모두 허물어뜨리고도 남을 기록이었다.[66]

국가우선주의 지도자가 이끄는 나라들이 다른 나라보다 대응을 더 잘한 경우들이 있다. 그 이유를 이해하는 데는 영국과 호주를 비교해 보는 게 큰 도움이 된다. 두 나라 모두 섬으로 이뤄져 있어서 육지로 둘러싸인 나라들보다는 국경 통제가 더 용이하다. 보리스 존슨 영국 총리와 스콧 모리슨 호주 총리는 모두 중도우파 지도자로 도널드 트럼프를 좋아하고 자신들의 국가주의적인 성향을 떳떳이 드러낸다. 존슨 총리는 브렉시트를 '공포의 프로젝트'Project Fear라고 부르는 전문가들의 경고를 무시하고 EU로부터의 탈퇴를 주도했다. 모리슨 총리는 기후변화론에 회의적이고 글로벌리스트들을 비난했다. 하지만 이 두 나라가 팬데믹에 대응하는 방식은 서로 크게 달랐다. 영국은 확진자와 사망자 수에 있어서 세계 최악의 국가 가운데 하나인 반면 호주는 최상의 대응을 한 나라에 속했다.

2월에 존슨 총리는 브렉시트 바람을 타고 의기양양해 있었던 반면 영국의 의료 전문가들은 자국의 코로나바이러스 퇴치 능력과 점차 다가오는 위기에 대처하는 능력에 모두 회의적이었다. 영국의 의료전문가들은 1월 22일부터 코로나19 관련 회의를 했다. 중국 당국이 상황의 심각성을 인정한 때부터 위기대응과학자문회의SAGE를 비롯한 여러 관련 위원회를 통해 대응책을 논의하기 시작한 것이다. 하지만 이들은 중국이 취한 과감한 조치들이나 앤서니 파우치, 로버트 레드필드 같은 미국 보건관리들이 주장한 조치를 취하는 것을 계속 거부했다.

이들은 1차 대유행을 막기 위해 대책을 쏟아 부었다가 그보다 더 큰 2차 대유행이 왔을 때 대응능력이 떨어질 수 있다는 점을 우려했다. 그래서 이들은 대규모 집회금지조치에 반대했다. 그렇게 하면 더 작은 장소에서 소규모 집회가 열릴 것이라는 이유를 들었다.(소규모 집회까지 금지할 생각은 하지 않았다.)

트럼프 행정부관리들은 영국이 바이러스의 위험성을 과소평가하고 집단면역을 바람직한 해결책으로 생각하는 것을 보고 특히 큰 충격을 받았다. 한 관리는 우리에게 이렇게 말했다. "그들을 보고 정신 나간 사람들이라고 생각했다. 그건 팬데믹 대응에서 정말 재앙을 초래하는 방식이 될 것이라고 말해주었다. 우리는 그들을 한심하다고 생각하고 그들은 우리를 멍청하다고 생각했다. 결국 우리가 그들보다는 조금 더 옳았던 것으로 드러났다."

존슨 총리는 3월 2일에 가서야 코로나19에 대한 본격적인 대응책 마련에 나서기 시작했다. 하지만 그는 개인의 자유를 침해하는 조치는 취하기를 꺼렸다. 그는 이런 재담을 한 적이 있다. "영화 '조스'에서 진짜 주인공은 시장이다. 거대한 상어가 시민을 모두 먹어치우는데도 시장은 계속 시민들에게 해변을 개방해두기 때문이다." 팬데믹 기간 동안 존슨 총리의 철학을 짐작해 볼 수 있는 단서로 사람들 사이에 이 말이 다시 회자되었다.[67] 그렇게 해서 영국은 다른 유럽 국가들보다 규제조치가 훨씬 더 늦게 취해졌다.

3월 중순 영국 정부는 유증상자들에게 일주일 동안 집에 머물고 고령층에게는 유람선 여행을 자제하라고 권고했다. 그것 외에는 달라진 게 거의 없었다. 3월 10일부터 13일까지 15만 명이 첼트넘 경마축제에 참가했다. 그리고 축구 명문 구단인 아틀레티코 마드리드의 팬 3,000명이 챔피언스리그 경기 때 리버풀로 원정응원을 하러 왔다. 당시 마드리드는 이미 부분 록다운에 들어가 있었다. 첼트넘 축제와 리버풀 경기는 나중에 슈퍼전파 행사로 간주되었다. 3월 12일 기자회견에서 존슨 총리의 과학수석비서관은 점진적인 집단면역을 달성하기 위해 전국적으로 '시연' 정책을 시작한다고 발표했다. 영국 정부의 수석의료담당 관리는 사망률이 1퍼센트 이하로 떨어질 것이라고 예상했다. 하지만 이 지연 정책은 주말을 넘기지 못하고 끝장나고 말았다. 영국의 주요 대학들이 존슨 총리의 지연 정책은 사망자가 25만 명까지 나올 수 있는 반면 병원의 부담을 줄이는 효과는 거의 없다는 전망을 내놓았다. 3월 16일 존슨 총리는 입장을 바꿔 검사를 강화하기로 하고 국민들에게 술집, 레스토랑 방문과 불필요한 여행을 자제해 달라고 했다. 그로부터 한 주일 뒤 영국은 전국적인 록다운에 들어갔다.[68]

록다운이 시작되고 불과 나흘 뒤 존슨 대통령이 코로나바이러스 확진 판정을 받았다. 그는 입원한 다음 중환자실에서 여러 날을 보내야 했다. 그런 가운데서도 영국의 늑장대응은 계속 이어졌고, 검사 진행상황은 다른 선진국과 유럽의 우방국들에 비해 크게 뒤졌다. 4월 초 로이터 통신이 조사한 자료에 따르면 존슨 총리의 과학수석비서관과 의료비서관이 3월 중순까지도 철저한 록다운 모델을 검토하지 않은 것으로 드러났다. 위원회 회의기록을 보면 '대규모 검사 프로그램을 준비하는 일에는 관심을 일체 갖지 않은 것'으로 나타났다.[69]

4월 말 존슨 총리는 영국에서 "바이러스 사태가 고비를 넘겼다."고 주장했다.[70] 정부는 5월에 단계적 재개방 계획을 내놓고 6월에는 학교 문을 다시 열었다. 바이러스 재확산 우려가 있었음에도 불구하고 여름철의 재개방은 성공적이었다. 신규 감염 수치는 올라가지 않았고 옥스퍼드대 연구자들이 코로나19 백신 개발에 의미 있는 진전을 이루었다.[71] 하지만 제12장에서 보여주듯이 EU처럼 영국의 운도 오래가지 못했다.

한편 남반부의 한여름철인 2019년 12월 중순 호주의 모리슨 총리는 오래전부터 예정돼 있던 휴가를 하와이로 떠났다. 호주에서 최고 인구밀집 지역인 뉴사우스웨일스주에서는 산불이 번져 이미 여러 명의 사망자가 발생했다. 트위터에 #wheresScotty(스콧 총리는 어디 있나), #Wherethebloodyhellareyou(당신은 도대체 어디에 있는 거냐)와 같은 해시태그가 쏟아지기 시작했다. 위기가 커지고 있는데 총리가 해외로 떠난 것에 대해 호주인들은 분노를 쏟아냈다. 기온이 화씨 107도(섭씨 41.9)를 기록하며 기후변화의 위험에 대해 회의적인 입장을 가진 모리슨 총리에 대한 불신을 실시간으로 높여주었다. 그는 하와이에서 조기 귀국했으나 대응을 제대로 못한 데 대한 비난이 쏟아졌다. 산불은 4,600만 에이커를 폐허로 만들고 주택 3,500채를 태우고 33명의 사망자를 내고 꺼졌다. 이후 연기 흡입으로 인한 호흡기 질환으로 400명이 추가로 사망했다.[72]

보수적이고 종교적인 성향의 모리슨은 흔히 트럼프, 존슨, 보우소나루와 같은 부류로 취급받았다. 하지만 산불로 인해 가해진 혹독한 정치적인 타격과 위기상황에서 대처가 늦다는 국민들의 인식이 광범위하게 퍼져 있었다. 국민들의 이런 평가는 산불이 진화되고 불과 몇 주 뒤에 닥친 코로나19에 대한 그의 대응방식에 엄청나게 큰 영향을 미쳤다. 그는 다시 욕을 먹지 않기 위해 결심을 단단히 했다. 호주의 작가 리처드 플래너건Richard Flanagan은 이를 가리켜 모리슨 총리의 '일생일대의 결정적 순간'이라고 불렀다. "이후 생각지도 못한 엄청난 일들이 당연지사처럼 일어났다."는 것이었다.[73]

한때 관광업계에서 임원을 지낸 모리슨 총리는 데이터에 익숙한 사람이다. 그래서 다른 포퓰리스트 지도자들과 달리 가능한 한 많은 데이터를 입수해서 그것을 바탕으로 정책을 결정하려고 했다. 3월 13일 그는 야당과 함께 2차세계대전 이후 처음으로 거국내각을 출범시키며(이전에는 야당을 사회주의자들이라고 욕했다.) 이렇게 선언했다. "지금은 이념을 따질 때가 아니다. 그런 건 문간에다 걸어두기로 했다." 존슨 총리를 비롯한 다른 나라의 우파 지도자들이 집단면역을 믿고 있을 때 모리슨 총리는 집단면역을 '사형선고'나 마찬가지라고 하며 과학자들의 말에 귀를 기울였다.[74] 호주 정부는 대규모 경기부양책을 시행하고 수백만 가구를 대상으로 무료 아이 돌봄 서비스를 제공하고 실업수당을 두 배로 올렸다.[75]

초반에는 몇 가지 시행착오가 있었다. 3월 19일 시드니항에 정박한 유람선 루비 프린세스호Ruby Princess의 승객 2,700명에게 아무런 제한을 두지 않고 배에서 내릴 수 있도록 허락했다. 그때 이미 승객 가운데 코로나19 감염자가 있었다. 이것이 호주의 1차 대유행을 초래한 가장 큰 감염원이었다. 하지만 이후 호주는 코로나19 확산을 저지하기 위해 신속히 강력한 조치를 취했다. 각 주마다 여행금지조치를 내리고 캔버라의 중앙정부는 감염자 추적용 코로나 세이프Corona Safe 앱을 내놓았다. 그리고 외국인의 입국을 금지시키고 호주국민들도 예외판정을 받는 경우를 제외하고는 출국하지 못하게 막았다. 또한 해외에서 귀국하는 자국민에 대해서는 자비로 2주간의 엄격한 격리기간을 거치도록 의무화했다. 격리시설이 충분치 않기 때문에 여행객들은 미리 방을 신청해 배정받아야 했다. 그래서 제때 귀국하지 못한 사람이 수천 명에 달했다. 놀라운 결과가 나타났다. 6월에 인구 2,500만의 나라인 호주에서 일일 신규 확진자 수는 20명에 불과했다. 3월 말에 하루 400명이던 신규 확진자가 이렇게 줄어든 것이다. 여론조사 결과 호주 국민의 54퍼센트가 연방정부를 신뢰하는 것으로 나타났다. (2019년에는 25퍼센트였다.) 국민의 69퍼센트가 모리슨 총리가 코로나바이러스를 잘 관리하고 있다고 답했다.[76]

## 성공과 실패를 가른
## 여러 요인들

코로나19가 전 세계를 휩쓴 2020년에는 나라마다 각자 자신의 길을 갔다. 위기에 대처를 잘한 나라도 있지만 많은 나라들이 힘든 시간을 보냈다. 제12장에서 보여주듯이 초반에 바이러스 관리를 잘한 나라들도 가을과 겨울에 찾아온 2차 대유행 때 어려움을 겪었다.

뒤로 한발 물러서서 나라마다 대응에 차이를 보이게 만든 요인이 무엇일까에 대해 생각해 보자. 중국 관리들의 행동을 보면 체제의 차이가 핵심 변수라는 생각이 든다. 국내에서 코로나바이러스를 어느 정도 통제하게 되자 중국 관리들은 곧바로 '중국 체제의 제도적인 우월성'을 내세웠다. 다시 말해 톱다운 방식의 강력한 통제가 효율성을 가져온 핵심 요소라는 말이었다. 이런 체제는 특히 미국을 비롯한 선진 민주국가 지도자들이 보인 느리고 혼란스러운 대응과 선명한 대조를 이루었다. 하지만 현실을 들여다보면 사정이 그렇게 간단하지는 않다. 이탈리아, 스페인,

영국, 미국이 큰 어려움을 겪은 데 비해 중국, 르완다, 싱가포르, 태국, 베트남의 권위주의 정권들이 코로나19에 잘 대처한 것은 사실이다. 그런가 하면 이란, 러시아, 베네수엘라 같은 권위주의 국가들이 바이러스 억제에 실패한 반면 호주, 캐나다, 코스타리카, 독일, 일본, 뉴질랜드, 한국, 대만 같은 민주국가들은 적어도 초반에는 대처를 잘했다. 따라서 독재 대 민주의 이분법을 그대로 적용하는 것은 크게 도움이 되지 않는다고 말할 수 있다.[77]

국가별 차이를 설명하는 데 이보다 더 중요한 요소들이 있다. 첫 번째는 속도이다. 코로나19 대유행 초기에 감염사례들이 나타나자 선제적으로 신속히 움직인 나라들은 더 효과적으로 대응할 수 있었다. 검사, 감염경로 추적, 격리와 마스크 쓰기, 손 소독 같은 방역조치들이 곧바로 시행되었다. 그리고 국경통제와 여행제한, 대중집회 금지, 학교와 상업시설 폐쇄를 비롯해 사회적 거리두기에 필요한 여러 조치가 시행되었다. 이와 달리 당국의 공중보건 개입 속도가 바이러스 확산속도보다 더딘 나라들에서는 정부가 어려움을 겪었다. 그리고 많은 경우에 '확산속도를 늦추기 위해' 더 혹독한 록다운 조치를 시행하게 되었다.[78]

국가의 신속하고 효과적인 대처능력은 코로나 발생 이전에 갖추어놓은 제도적 역량, 그리고 기본적인 사회경제적 조건들과 관계가 있지만 그것이 결정적인 요인은 아니다. 2005년에 신종감염병 확산 대응과 세계 각국이 투명성을 강화하고 '감시와 대응이라는 핵심적인 공중보건 능력을 강화하고 유지하기 위해' 세계보건규정IHR이 개정되었다.

194개 WHO 회원국들에서 이러한 능력을 향상시키는 일이 속도가 나지 않자 오바마 행정부는 각국이 IHR 규정을 준수하도록 돕고 보건 능력 구축을 지원하기 위해 2014년 국제보건안보구상GHSA을 출범시켰다. 하지만 코로나19 사태가 일어나기 전까지 제대로 준비를 갖춘 나라는 하나도 없었고 준비가 잘된 것 같은 나라도 대응이 서툴렀다.

2019년에 존스홉킨스대학교, 핵위협방지구상Nuclear Threat Initiative, 이코노미스트 정보유닛Economist Intelligence Unit이 공동으로 글로벌보건안보지수GHS Index를 발표했다. 펜데믹 대비와 관련해 6개 분야 140개 문항을 기준으로 작성한 안보지수이다. 감염병의 발생과 전파에 대한 대비태세, 세계적으로 우려할 만한 감염을 조기에 진단하고 이를 보고하는 대비태세, 신속한 위기대응력, 국가보건 시스템이 어느 정도 충분하고 튼튼하게 갖추어져 있는지, 국제보건규정을 준수하고 미비한 부분을 개선할 의지, 생물학적인 질병발생에 취약한 위험환경 요소의 6개 분야이다. 매우 인상적인 지수이기는 하지만 결과적으로 위기발생 때 해당 국가가 신속하고 철저한 대응을 할 것인지를 알려주는 좋은 예측변수 역할을 하지 못한 것으로 드러났다. GHS지수 순위가 높은 나라들이 비교적 신속하게 잘 대응했다. GHS지수가 상위권인 나라들 가운데서 대응을 잘한 나라는 4위 호주, 5위 캐나다, 6위 태국, 8위 덴마크, 9위 한국, 10위 핀란드 등이다. 하지만 지수 순위가 높으면서 대응을 제대로 못한 나라들도 있다. 종합순위 1위인 미국, 2위 영국, 3위 네덜란드, 7위 스웨덴 등이 대응을 제대로 하지 못했다.[79]

신속하게 과감한 조치를 취한 나라들을 보면 효율적인 정부조직을 갖추고, 중앙정부와 지방정부 간에 원활한 협력관계가 이루어지고, 팬데믹에 효과적으로 대응하고, 격리된 시민을 돌볼 충분한 자원을 갖춘 나라들이 바이러스 확산을 효과적으로 차단했음을 알 수 있다. 이런 제도적 준비가 미흡한 나라들은 훨씬 더 힘든 시기를 보냈다. 제8장에서 보듯이 중저소득 국가들 다수는 신속히 대응에 나섰음에도 불구하고 많은 어려움을 겪었다. 검사능력과 감염추적능력이 미흡하고, 사회적 거리두기와 봉쇄조치가 실질적인 효력을 발휘하지 못하고, 강력히 시행하기도 어려웠기 때문이다.[80]

위기대응에서의 이와 같은 차이를 문화적인 차이로 설명하는 학자들이 있다. 특히 동아시아의 '집단주의적'인 문화가 시민들로 하여금 권위에 복종하도록 했고, 그래서 '개인주의적'인 성향이 더 강한 서방국가들보다 공중보건 수칙을 더 잘 지킨다는 설명이다.[81] 하지만 문화적인 설명은 다른 두 가지 요인만큼 설득력이 있지는 않다.

첫째는 정부에 대한 신뢰의 차이이다. 세계가치조사World Values Survey에 따르면 국가에 대한 신뢰수준이 낮은 나라들이 1차 대유행 때 코로나19 사망자가 많은 것으로 나타났다. 국가에 대한 신뢰가 국민들의 연령구성, 팬데믹이 닥친 시기와 정도 같은 요소들을 압도했다. 반면에 정부에 대한 신뢰수준이 높은 나라들에서는 손 자주 씻기, 대규모 모임 금지, 격리와 같은 방역수칙을 준수하는 비율이 더 높은 것으로 나타났다. 더 나아가 국민들이 정부가 조직적으로 대응하고 분명한 메시지를 내놓고, 코로나19에 대한 정보를 충분히 파악하고 있고 공중보건 정책을 효과적으로 수행한다고 생각하는 나라들에서는 신뢰수준이 더 높았다.[82]

최근에 감염병을 경험한 적이 없는 나라들에서는 정부에 대한 국민들의 신뢰가 특히 더 중요한 것으로 나타났다. 미국외교협회의 토마스 J. 볼리키Thomas J. Bollyky와 사만타 키넌Samantha Kiernan, 워싱턴대학교의 자료분석 전문가인 소여 크로스비Sawyer Crosby는 "국민들이 감염병을 처음 겪고 그 위협을 실감하지 못하는 나라에서는 정부에 대한 신뢰가 대단히 중요한 역할을 한다."고 했다.[83] 이들은 또한 감염병과 팬데믹을 최근에 겪어보지 않은 경우에는 "보건 담당 관리나 정부 지도자가 위험을 제대로 인식하고 예방조치의 필요성을 강조하는 경우 국민들도 마스크 착용이나 사회적 거리두기와 같은 방역수칙을 따르는 경향을 보였다. 감염병 대응에 성공하기 위해서는 정부가 국민들로부터 신뢰를 유지하는 게 반드시 필요하다."고 강조했다.[84]

국민들의 신뢰는 양날의 칼이 될 수 있다는 점도 드러났다. 예를 들어 미국의 경우 공화당 성향의 카운티와 민주당 성향의 카운티를 대상으로 주민들이 외출금지 명령을 얼마나 잘 지키는지를 조사한 결과 후자의 경우가 외출금지를 더 잘 지킨 것으로 나타났다.(민주당 지지자들은 전문가와 관료에 대한 신뢰가 더 높다.) 반면 전자의 경우는 외출금지 명령을 덜 따른 것으로 나타났다.(공화당 지지자들은 전문가와 관료에 대한 믿음이 낮은 데서 오는 결과였다.) 한편 정부관리의 입장이나 전반적인 사회 분위기가 코로나19의 위험성에 대해 회의적인 경우 주민들이 방역조치를 잘 따르지 않고 불신하는 결과를 낳기도 했다.[85] 이는 리더십이 중요한 역할을 한다는 의미이다. 지도자가 신뢰를 잃었거나 국민의 신뢰를 악용한 나라들에서는 더 나쁜 결과가 나왔다. 특히 코로나바이러스의 위협을 심각하게 생각하지 않거나 과학적인 조언을 무시한 포퓰리스트 지도자를 가진 많은 나라들의 경우 리더십 부재로 인해 끔찍한 결과가 초래되었다.

그리고 코로나바이러스에 대처하는 데 있어서 국민의 신뢰가 있다고 해서 궁극적인 성공을 보장해 주는 것도 아니다. 이스라엘과 독일의 경우에는 정부에 대한 국민의 높은 신뢰가 있었다. 하지만 이들은 조기 대응에 성공한 이후 2차대유행 때 큰 고통을 겪었다. 지속적으로 성공적인 대응을 한 나라들은 직전에 겪은 감염병 때 위기대응을 제대로 못한 경험을 가진 나라들이다. 사스, 신종플루H1N1, 메르스 같은 감염병을 겪은 캐나다, 중국, 홍콩, 일본, 싱가포르, 한국, 대만, 태국, 베트남의 경우 과거의 실패 경험에서 얻은 교훈으로 제도적 장치를 갖추고 사회적 대응능력을 키운 덕분에 2020년 위기 때는 보다 신속하고 철저하게 대응할 수 있었다.[86] 제11장에서 보듯이 HIV/AIDS와 에볼라 사태를 겪은 르완다도 이와 같은 경우에 속한다. 호주의 경우에는 총리가 재앙을 초래한 대규모 산불에 적절히 대응하지 못한 경험에서 교훈을 얻었다. 실패의 경험과 같은 실패를 되풀이해서는 안 된다는 두려움이 코로나바이러스 위협에 제대로 대처하도록 하는 데 도움이 되었다.

제3부

# 무너진 세계질서

# 제7장

# 대봉쇄

정치 지도자들을 비롯해 전 세계 인구 수십억 명이 공중보건에 즉각적인 위협을 가하고 일상생활을 완전히 뒤집어놓은 팬데믹 위기에 초미의 관심을 집중시켰다. 그러는 가운데 팬데믹의 파장은 계속 퍼져나가 개발도상국과 분쟁지역에 경제적 위기를 가중시키고, 나아가 민주주의와 기술의 미래까지 위협했다. 당장 금융시장에 문제가 나타났다. 세계 금융시장이 마지막으로 위기를 겪은 것은 2008년이었다. 숨은 원인은 알 수 없었지만 서브프라임 모기지론이 부실화되면서 문제를 촉발시켰다. 이후 확실하게 드러났지만 금융 분야의 규제완화, 복잡한 단기 금융시장, 광범위한 리스크 분산 등이 시장의 취약성을 키웠다. 2020년의 경우에는 원인이 분명했다. 팬데믹과 그로 인해 어쩔 수 없이 취한 경제 록다운이 경기침체의 원인이었다. 하지만 그 파장은 복잡하고 놀라울 정도로 심각했다.

수요일인 2020년 2월 19일 미국과 유럽의 증권시장은 사상 최고치를 갱신했다. 시장은 구름 밖으로 고개를 내밀고 있는 신종코로나바이러스의 위험성을 알고 있었지만 중국 당국이 우한에서 바이러스의 확산을 차단한 것처럼 보였다. 다우존스 산업평균지수가 사상 처음으로 30,000고지를 돌파하고 마감하자 월스트리트저널은 'BMW용 고급 번호판보다 주식시장 호황을 더 적나라하게 보여주는 것은 없을 것'이라며 펀드 매니저들이 DOW40K라고 쓴 장식용 번호판을 산다는 기사를 실었다.[1] 이튿날 이탈리아 당국은 북부 이탈리아의 여러 도시에 격리조치를 실시한다고 발표했다. 주말에 먹구름은 맹렬한 폭우로 바뀌었다. 2월 24일 다우지수는 1,000포인트 급락했고 이어서 이튿날도 800포인트 더 떨어졌다. 다우 역사상 10대 낙폭 가운데 8번이 2020년 2월부터 6월 사이에 기록됐다. 3월 중순 월스트리트의 '공포지수'를 나타내는 VIX지수Cboe Volatility Index는 사상 최고치를 기록했다.[2]

전 세계 GDP를 3.5 포인트 하락하게 만들며 팬데믹은 현대 글로벌 경제를 최고도로 위축시켰다.[3] 수요와 공급이 동시에 하락하는 독특한 침체였다. IMF는 '대봉쇄'Great Lockdown가 주요 경제 부문을 위축시키고 공급망을 뒤흔들어 놓았으며 실업과 임금 삭감, 그리고 절박한 위기감이 소비에 악영향을 미쳤다고 분석했다.[4] 통상적인 경제위기라기보다 전시 상황에 가까웠다. 전시에는 무기, 탄약을 비롯한 군수물자로 생산이 전환된다. 선진국과 신흥시장, 개발도상국들까지 동시에 경기침체로 빠져든 것은 대공황 이후 처음이었다.

봉쇄라는 메커니즘 자체가 전례가 없고 경제에 직접적인 영향을 미쳤다. 3월 중순이 되자 실제로 주요 선진국 거의 모두가 시민의 목숨을 지키고 바이러스 확산속도를 늦추려면 사람이 많이 모이는 것을 막아야 한다는 사실을 알게 되었다. 하룻밤 사이에 경제 분야 상당 부분이 멈춰 버렸다. 식당, 유흥업소, 여행, 관광을 비롯해 많은 제조업 분야가 여기에 포함됐다. 특히 서비스 분야는 대부분 비대면으로 바뀌었다. 사회적 거리두기가 권장됐다. 미국질병예방통제센터는 감염 예방을 위해 6피트(1.8미터) 거리두기를 권장했다. 나라마다 대봉쇄로 인한 경제적 파장을 줄이기 위해 다양한 방법을 동원했다. 미국 의회는 2조 2,000억 달러 규모의 경기부양법CARES Act을 통과시켰다. 실업수당을 주당 600달러 인상하고, 연간소득 7만 5,000달러 미만 성인들에게 1,200달러의 일회성 현금지급이 포함되었다.[5] 유럽에서는 고용보조금을 지급하고 외출 자제를 권고하는 등 가벼운 록다운 조치를 취한 나라들이 있는가 하면, 프랑스는 외출시 반드시 필요한 서류를 소지하도록 엄격한 조치를 취했다.

팬데믹은 미국 금융시스템을 12년 만에 다시 붕괴 직전으로 몰아넣으며 제롬 파월 미국 연방준비제도Fed 연준 의장을 비롯해 중앙은행들의 긴급 개입을 불가피하게 만들었다. 많은 이들이 신속한 V자형 회복을 희망했지만 시간이 걸리는 완만한 U자형이나 L자형(새로운 침체), W자형(단기 회복에 이은 두 번째 침체)이 될 것으로 전망하는 전문가들도 있었다. 결국은 K자형의 형태를 보일 것으로 나타났다. 어떤 경제 부문이나 사회적 계층은 신속히 회복되거나 번창하는 반면 큰 타격을 입고 2019년 말 수준으로 회복하려면 수년이 걸릴 부문도 있을 것이다. 그나마 회복되면 다행이다. 세계경제가 탈진상태에 빠지자 에너지 수요가 고갈되었다. 사우디아라비아와 러시아는 유가 방어를 놓고 서로 다투게 되었다. 러시아는 세계 경제위기를 이용해 미국의 셰일산업에 큰 타격을 가하려고 했다. 혼란 속에 처음에는 유가가 하락세를 보였다. 국경이 봉쇄되고 공급망이 와해되자 이코노미스트는 '코로나19로 세계화는 사망한 것인가?'라는 물음을 제기했다.[6]

## 급소를
## 강타당하다

연준은 신종코로나바이러스의 존재를 2월에 알았지만 다른 나라 경제에 위험이 되지 미국 경제에 치명적인 위협을 가할 것으로는 생각하지 않았다. 2월 말 연준 고위인사들은 여러 국제회의에 참석했다. 파월 의장은 리야드에서 열리는 G20 재무장관회의에 참석하고 라엘 브레이너드Lael Brainard 연준 이사는 암스테르담에서 열린 재무안정위원회 회의에 참석했다. 두 사람 모두 사태가 매우 심각하다는 같은 결론을 안고 돌아왔다. 파월 의장은 2월 28일 월례 정례 브리핑에서 "코로나바이러스가 경제활동에 심각한 위험요인이 되고 있으며 사태의 추이를 면밀히 관찰하겠다."라며 한 달 전과 같은 말을 되풀이했다. 하지만 연준은 최악의 상황에 대비하기 시작했다. 3월 초 연준 인사들은 시장이 완전히 얼어붙었다는 사실을 알고 이제 미국 국채가 더 이상 안정적인 도피처가 되지 못한다고 생각했다.

미국 국채는 세계에서 가장 안전하고 유동성이 좋은 자산으로 이것을 참고로 해서 다른 유가증권의 가격이 책정된다. 이상적으로 말하면 주식 시장과 국채시장은 서로 반대로 움직인다. 주가가 오르면 국채금리는 하락하고, 주가가 하락하면 국채금리는 올라간다. 상황이 좋지 않을 때 투자자들은 가장 안전한 국채에 투자하고 상황이 좋아진다 싶으면 그 반대 현상이 일어난다. 코로나 사태가 시작된 초기에 투자자들은 가장 안전한 도피처인 미국 국채에 투자했다. 하지만 코로나는 보통의 위기와는 완전히 다른 것이어서 이런 투자 경향은 오래가지 않았다. 얼마 지나지 않아 투자자들 대부분이 금융자산을 피하고 현금 확보에 나섰다. 국채 매각은 외국 중앙은행들이 시작했다. 자국 화폐 방어를 위해 달러 현금을 확보할 필요가 있었기 때문이다. 확보한 현금 대부분은 그대로 쌓아두었다. 국내 기관들도 동시에 채권 매각에 나섰다. 원래 위기 때는 안전자산인 국채를 매입하는 게 정상이지만 이들은 대규모 매각에 나섰다. 한 가지 이유는 포트폴리오의 균형을 맞출 필요가 있었기 때문이다. 70퍼센트는 주식, 나머지는 채권에 투자하는 식이다. 주가가 떨어지면서 이런 포트폴리오를 재구성해야 했다. 그런데 블랙록BlackRock 같은 월스트리트의 거대 자산운용사들은 전례 없는 수준으로 국채를 대거 매도했다. 많은 이들이 뮤추얼 펀드가 자산 매입으로 충격을 흡수해 시스템 유지에 도움을 주어야 한다고 생각했지만 이들은 그 반대로 패닉에 동참해 불안감을 증폭시켰다. 예상보다 더 많은 펀드 투자자들이 투자비 회수를 원하면서 뮤추얼 펀드들은 '유동성 갭'liquidity gap을 맞게 되었다. 다른 보유 자산은 신속하게 처분할 수 없기 때문에 포트폴리오에서 국채를 매각한 것이다. 헤지펀드들도 여러 방법을 동원해 봤지만 매일 반복되는 엄청난 하락을 견디지 못하자 전례 없이 대량으로 국채를 매각했다.

연준Fed은 이런 경제위기에 대해 전통적인 대응 방법과 비전통적인 대응 방법을 모두 갖고 있다. 전통적인 방법은 대출비용을 조절하는 것이다. 이를 위해 연준은 금리를 낮춰 경제를 활성화시킬 수 있다.(금리를 올려서 경제를 둔화시킬 수도 있다.) 2008년 이후 연준은 이런 수단을 자주 사용했고 지난 10년 동안 비교적 저금리 기조가 유지되었다. 하지만 2020년 초에는 금리를 낮출 여지가 조금 더 남아 있었고 그래서 금리를 0.5퍼센트 포인트 인하했다.[7] 뉴질랜드, 일본, 한국, 호주 중앙은행들도 자체적으로 금리인하를 단행했다.[8]

하지만 그 정도로는 부족했다. 각국 중앙은행은 12년 전 금융위기 때 했던 것처럼 보다 혁신적인 방안을 강구해야만 했다. 경제가 서서히 멈춰서기 시작했기 때문에 신용 흐름을 유지하는 게 절대적으로 중요했다. 그에 따라 연방준비제도법 제13조에 따라 비전통적인 방법으로 연준이 비상권한을 이용해 작동을 멈춘 신용시장 대신 신용을 제공해 금융시장을 안정시키도록 했다.[9] 이에 따라 연준이 민간자산 매입뿐만 아니라 은행, 기업, 가계에 직접 대출해 줄 수 있게 되었다. 3월과 4월 이 방법을 대대적으로 시행했고 그 과정에서 연준은 중앙은행이라기보다는 일반 상업은행 같은 역할을 했다.

3월 15일 일요일 결단의 순간이 왔다. 연준은 기준금리를 인하해 7,000억 달러의 국채와 주택저당증권MBS을 매입하기로 했다. 하지만 이 조치에 시장은 겁을 먹었고, 팬데믹이 경제에 얼마나 큰 손실을 끼칠 수 있는지 보여주었다. 월요일 아침 개장하자 매수세는 거의 실종됐다. 국 채시장이 위기에 처했다는 사실을 깨달았다. 시장 유동성이 위기에 처한 것이다.

기업들은 급여지급 때 의존하는 단기 대출시장에 접근하려고 기를 썼 다. 그날 다우지수는 하루 하락폭으로는 사상 두 번째로 큰 13퍼센트 하 락을 기록했다. 연준의 한 관리는 우리에게 이렇게 말했다. "자정능력을 상실한 대규모 금융문제가 발생했다. 핵심이 강타당하기 시작한 것이다. 심연으로 빠져들고 있었다." 연준은 그보다 훨씬 더 극적인 방법을 택해 야만 했다.

3월 23일 연준은 국채 무제한 매입 방침을 밝혔다.[10] 미국 기업에 직 접 대출해 주고 회사채와 리스크가 큰 정크본드를 대규모 매입하고 전 세계적으로 유동성 확대를 위해 외국 중앙은행과 협력해 나가기로 했다. 연준은 이전에도 국채를 대규모로 사들인 적이 있지만 이번에 특히 다른 점은 구매 범위를 훨씬 더 넓혀 다양한 형태의 민간자산을 사들인 것이 다. 연준은 3월 초부터 4월 중순까지 불과 6주 만에 2조 달러를 미국 경 제에 쏟아 부었다. 2008년 리먼브라더스 파산 이후 6주 동안 넣은 돈의 거의 두 배였다.[11] 파월 의장은 3월 26일 "돈을 빌려주는 일이라면 우리는 실탄이 떨어지는 일은 없을 것"이라고 말했다.[12] 연준은 또한 다른 나라들이 미국 국채를 보유하기 쉽게 해주기 위해 다양한 조치를 취했고 그런 조치들이 국제 금융 시스템 안정화에 도움이 되었다.

하지만 작가 세바스티안 말라위Sebastian Mallaby는 2020년의 대응조치는 여러 면에서 연준이 2008~2009년에 취한 조치의 연장선상에 놓여 있다고 지적했다. 말라위는 이렇게 썼다. "우리는 '매직 머니'의 시대에 살고 있다. 연준을 비롯한 소수의 부국이 시스템을 구하기 위해 필요한 실탄을 얼마든지 끌어모을 수 있는 시대이다. 중앙은행들의 신규 화폐 발행을 오랫동안 억제해 온 인플레이션의 망령이 거의 사라져 중앙은행들이 재정적자를 감당할 뿐만 아니라 그것을 조장하기까지 할 수 있게 되었기 때문이다."[13]

어떤 이들은 시스템을 구하기 위해 취한 연준의 조치가 의도하지 않게 이중경제를 강화하는 결과를 낳았다고 지적한다.[14] 라파엘 샤프Raphaële Chappe와 마크 블리스Mark Blyth 두 사람은 포린 어페어스에 이렇게 썼다.

미국은 통화정책 정부가 된 것 같다. 정부는 수입의 대부분을 국가가 보호하는 금융자산으로부터 얻고, 낮고 불안정한 임금에 의존하는 일반인들의 자산으로부터 수입을 얻는 경제 상층부에 가해진 규제를 완전히 풀어주었다. 그렇게 해서 금융자산으로부터 고소득을 얻는 대기업과 개

인은 영구 보호장치를 갖게 되었다. 나머지 사람들은 위기 때 겨우 일시적인 도움을 얻는 데 그쳤다.[15]

## '각국이 알아서
## 해결하라'

유럽중앙은행ECB은 2009년 시작된 유로권 금융위기에 신속히 대응하지 않았다. 2012년 유로존이 위기에 처하자 당시 마리오 드라기Mario Draghi ECB 총재는 필요한 모든 조치를 다 취하겠다고 약속했다. 그는 전면적 통화거래Outright Monetary Transactions라는 프로그램을 시작해 ECB가 크레딧 라인(신용대출)을 맺고 있는 국가들의 국채를 매입해 주도록 했다. 이 프로그램은 실제로 시행되지는 않았지만 필요한 메시지 효과를 충분히 발휘했다. 2020년 2월 말 ECB는 또 하나의 폭풍우가 몰려오는 것을 감지하고 있었다. 당시 총재는 프랑스 재무장관을 지낸 크리스틴 라가르드였다. 이탈리아는 롬바르디아주의 의료체계가 붕괴되며 바이러스에 포위돼 있었다. 라가르드 총재는 재정적인 대응을 하도록 유럽 지도자들을 압박했다. 시장이 급락하자 ECB는 행동에 나섰다.

3월 12일 ECB는 중요한 장기 금융대책을 발표했다. 유동성 증가를 목표로 유로존 지역에서 1,200억 달러의 채권을 매입키로 한 것이다. ECB 회의가 진행되는 중에 참석자들의 핸드폰에는 WHO가 코로나바이러스 확산을 팬데믹으로 선포했다는 뉴스가 들어오고 있었다. ECB의 조치가 어느 정도 도움이 되기는 했지만 이탈리아에게는 별 의미가 없었다. 자본조달비용은 상승하고 유로존 위기에 대한 목소리가 높아지고 있었다.

제6장에 소개하듯이 라가르드 총재는 이러한 결정을 발표하면서 ECB는 "차이를 없애기 위해 여기 온 게 아니다"(not here to close spreads)라고 했다. 유로존 국가들 사이에 자본조달비용의 차이가 있는 점을 언급한 말이었다.[16] 라가르드 총재는 CNBC 방송과의 회견에서 한발 물러서긴 했지만 전달하려는 메시지는 분명했다. 각국이 자기 문제는 자기가 알아서 해결하라는 것이었다.

그게 목요일이었다. 미국 중앙은행인 연준의 제로금리 채택 발표로 미국 시장은 3월 16일 월요일 급락했다. 이탈리아의 자본조달비용은 또 오르기 시작해 이틀 만에 1.8퍼센트에서 2.37퍼센트로 뛰었다.[17] 더 큰 문제가 시작되는 것처럼 보였다. 유럽 주식시장은 11퍼센트 하락했다.

주세페 콘테Giuseppe Conte 이탈리아 총리는 유럽중앙은행 측에 "뭘 못하게 막지 말고 무엇이든 해달라."고 주문했다.[18] 에마뉘엘 마크롱 프랑스 대통령도 중앙은행을 공개적으로 비판했다. 상황은 계속 악화되고 있었다.

ECB 마지막 회의 이후 6일 사이에 유럽 각국 정부는 잇달아 록다운을 발표했다. 시장은 혼란으로 빠져들었고 전 세계가 대재앙을 맞이하고 있다는 분위기였다. 3월 18일 수요일 ECB는 긴급회의를 열었다. ECB의 고위관리는 우리에게 이렇게 말했다. "우리는 금융위기와 관련해 미국과는 다른 차원의 걱정을 했다. 우리의 관심은 좀 더 거시적인 문제에 있었다. 앞으로 엄청난 침체가 닥칠 텐데 과연 어떻게 대처해야 할 것인가 하는 문제였다." 그렇게 생각하는 이유는 유럽 금융시장은 규모 면에서 미국의 10분의 1 정도여서 만약 미국 국채시장이 무너지면 유럽연합보다는 미국에 훨씬 더 큰 문제를 안겨다 줄 것이기 때문이었다.[19]

하지만 미국과 마찬가지로 옛날 방식만 가지고는 부족했다. 무언가 새로운 방법이 필요했다. 그리스 국책은행의 야니스 스토르나라스Yannis Stournaras 총재는 이렇게 말했다. "우리도 미래에 대비해 무슨 무기를 준비해야 하는 것 아니냐는 분위기였다. 다만 그 미래가 그처럼 빨리 닥칠 줄은 우리도 몰랐다."[20] ECB 이사회는 7,500억 유로 규모의 자산 매입 프로그램 실행을 만장일치로 결의했다. 각국별 부채 매입 상한도 없었다. 자정 직전에 발표한 성명을 통해 라가르드 총재는 '아무런 조건 없이 모든 조치'를 취해나갈 것이라고 했다. 라가르드 총재도 드라기 전임 총재와 같은 생각을 한 것이었다. 회의 직후 알려진 바로는 세 명의 이사가 강력한 반대의사를 나타냈다. 두 주 뒤 르파리지엥과의 인터뷰에서 라가르드 총재는 이렇게 말했다. "3월 이전에는 사람들이 내게 '공구 박스가 텅 비었다. 남은 게 아무것도 없다. 금융 수단은 쓸 수 있는 게 하나도 없다.'고 했다. 그런데 그 수단을 쓰게 된 것이다!"[21]

초기에 유보적인 입장이던 다른 나라들도 행동에 나섰다. 3월 초 영국중앙은행영란은행 Bank of England의 존 컨리페Jon Cunliffe 부총재는 팬데믹은 "순전히 (공급 측이 영향을 받는)서플라이 쇼크supply shock가 되었기 때문에 우리가 할 수 있는 일이 별로 없다."고 했다.[22] 하지만 얼마 지나지 않아 영국중앙은행은 곧바로 행동을 취해 '최대 규모로 가장 신속하게' 자산 매입 프로그램을 가동했다. "영국 GDP의 거의 10분의 1에 해당되는 2,000억 파운드 규모의 자산 매입 프로그램을 가동해 정부 채권과 대기업 채권을 구입하기로 한 것이다."[23] 일본은 연말연시에 이미 경기 하강 국면에 들어갔다. 소비세 인상으로 2020년 4분기에 실질 GDP 급락을 초래한 것이다.(연 6.3퍼센트 감소) 그에 따라 경기부양책을 고려하고 있었다.[24] 금리는 이미 낮아서 추가 인하 여지가 없기 때문에 일본은행은 일찍이 정부 채권을 무제한 매입하고 시중은행에 제로금리로 자금지원을 해주어서 기업에 대출해 줄 수 있도록 하는 대규모 통화 부양책을 발표했다.[25] 하지만 팬데믹이 디플레이션을 끝내겠다는 일본의 장기 목표에 부정적인 영향을 미쳤다. 수요 감소에 저유가, 여행업계 자금지원, 10년 내 가장 빠른 속도로 진행된 물가 하락 등의 문제를 겪었다.[26]

다시 말해 미국 연준을 비롯한 G7 중앙은행들은 불과 8개월 만에 자산이 7조 달러 증가했다. 2008년 리먼브라더스 파산 이듬해의 자산 증가액보다 두 배가 더 넘었다. 2008년 때와 달리 이번에는 각국 중앙은행들끼리 조정작업을 거치지 않고 각자 독자적으로 이런 조치를 취했다.[27] 그 이유 가운데 하나는 미국이 G7이나 G20이 나서서 집단 대응을 하도록 요구하지 않았기 때문이다. 하지만 ECB의 고위관리는 집단 대응 필요성이 2008년보다 그렇게 높지 않았다고 했다. "모두가 전력투구해야 할 입장이기 때문에 실제로는 조정이 필요하지 않았다. 모두가 다른 나라 걱정할 게 아니라 각자 자기 앞가림을 위해 최선을 다해야만 하는 처지였다." 물론 모든 나라가 미국이나 유로존, 영국, 일본처럼 할 수는 없었다. 이 나라들은 그저 대차대조표에 추가하기만 하면 되었다. 앞으로 보게 되겠지만 빈국들은 주머니에 손만 넣으면 돈이 나오는 '매직 머니' magic money의 시대에 살고 있지 못하다. 이들은 어렵게 돈을 빌리고, 절약하고, 기업 도산, 어쩌면 몇 해 뒤 국가부채 위기를 겪게 될 수도 있다. 그리고 운이 좋은 몇 나라 가운데서도 특히 미국은 단연 독보적인 존재감을 보였다. 세계 최고 부국들 가운데 몇 나라 중앙은행이 그처럼 전례 없이 대규모로 개입한 것은 매우 중대한 사건이었다. 그 덕분에 대봉쇄가 더 끔찍한 금융위기로 발전되는 것을 막을 수 있었는지도 모른다. 전 세계 많은 나라에서 팬데믹 정치가 재앙을 초래했지만 주요 국가들이 내린 경제적 결정이 위기 가운데서 보호막이 되어주고 한 줄기 희망의 불빛이 되어주었다.

## 부채 쓰나미

하지만 신흥시장과 개도국은 선진 부국들이 누리는 이점을 하나도 맛보지 못했다. 이들의 경제는 팬데믹이 시작되기 전부터 이미 취약한 상태였다. 만성적인 빈곤, 심각한 불평등, 사회안전망이 없는 대규모 비공식 경제 부문, 빈약한 보건의료 인프라, 심각한 외채 의존도 등의 문제를 안고 있기 때문이었다. 금융 중심지인 G7 국가들과 달리 이들은 중앙은행이 돈을 더 찍어내면 화폐가치를 하락시켜 수입과 부채상환에 부정적인 영향을 초래해 자칫 지불준비금 고

갈 사태를 초래할 수도 있다. 이런 상황에서 팬데믹이 더 많은 압박을 가했다. 3월 한 달 동안 투자자들은 신흥국 주식 및 채권 시장에서 830억 달러가 넘는 자금을 빼내갔다. 이 가운데 일부는 미국 및 유럽이 개도국에 진출한 자국 기업들의 유동성을 확충해 주는 방식으로 보충됐다. 하지만 그 정도로는 재정 악화를 피할 수 있을 정도에 못 미쳤다. 개도국 정부들은 교역, 물품, 관광을 통해 벌어들이는 수입과 해외송금이 모두 급락한 가운데 자신들의 경제 모델이 붕괴되는 것을 지켜보아야 했다. 2020년 전반 9개월 동안 글로벌 부채가 15조 달러 증가했다. 신흥국 시장의 부담이 특히 더 높아져 이들의 부채는 26퍼센트 증가해 국내총생산 **GDP** 대비 채무비중이 250퍼센트에 육박했다. 그에 따른 '부채 쓰나미'를 피하도록 도와주기 위해 세계은행, IMF, 그리고 지역 개발은행을 비롯한 주요 국제 금융기구들이 나서서 2,370억 달러 규모의 긴급지원을 승인했다. 하지만 이 가운데 저소득 국가들에게 돌아간 자금은 116억 달러 (총지원금의 5퍼센트)에 그쳤다.[28]

2008~2009년 금융위기 때 세계는 세계 주요 20개국**G20**을 통해 신속히 행동에 나섰다. 하지만 이번에는 그런 대응이 취해지지 않았다. 사우디아라비아는 2020년 G20 의장국을 맡았으나 연초 확정된 의제가 없었다. 사우디의 무함마드 빈 살만**MbS** 왕세자는 2018년 워싱턴포스트 칼럼니스트 자말 카슈끄지Jamal Khashoggi를 잔인하게 살해한 배후로 지목되며 국제적 기피인물로 간주돼 왔다.(카슈끄지는 사우디 비밀요원들에 의해 터키 이스탄불에 있는 사우디 영사관으로 유인돼 피살됐고, 미국 정보기관은 빈 살만

이 살해음모를 승인한 것으로 결론내렸다.) 3월 26일 열린 G20 화상 정상회담에서 각국 지도자들은 이 공동의 위협에 맞서 '연대'와 '단합된 전선 구축'을 주장했으나 실제 행동에 나서기보다는 선언적인 수준에 그쳤다.[29] 4월에 G20은 전 세계 73개 빈곤국에 대해 연말까지 공식 양자 대출의 채무상환을 유예해 주기로 합의했다. 재정에 숨통을 터주어 의료보건, 긴급구제, 빈곤계층 지원 등에 투자할 수 있도록 해주려는 의도였다. 하지만 이 금액은 2020년 신규차입비용의 10퍼센트 미만에 그쳤다.[30] 2009년 세계 금융위기 때 G20 의장국 영국의 총리였던 고든 브라운Gordon Brown 은 6월에 이렇게 썼다. "이것은 G20이 무단결근을 한 셈이다. 이후 6개월 내내 온라인 회의든 무엇이든 일체 개최할 계획이 없었고, 그것은 책임을 포기하는 것일 뿐만 아니라 세계 극빈국 국민들에게 사실상 사형선고를 내린 것이나 마찬가지이다."[31]

미국 대통령선거 몇 주 뒤인 11월에 (화상회의로)G20이 다시 모였을 때는 에콰도르, 레바논, 벨리즈, 수리남, 아르헨티나, 잠비아 등 6개국이 채무불이행을 선언한 상태였다. 팬데믹 위기와 직접적인 연관이 있는지 여부는 분명하게 드러나지 않았다.[32] 트럼프 대통령은 개막식에 참석했으나 팬데믹 대응을 다루는 세션을 포함해 대부분의 회의에 참석하지 않고 골프를 즐겼다. 일부 의미 있는 진전이 있었다. G20은 팬데믹 피해를 가장 심하게 입은 나라들에게는 최소한 2021년 중반까지 채무상환을 연장해 주기로 하고, 아주 심각한 경우에는 부채를 탕감해 주기로 했다고 발표했다. 하지만 공적 양자 채무의 단기 상환 의무를 완화해 주는 외에 민간 채권단이 어느 정도 참여할지 여부는 불분명했다. 2020년 상환해야 할 부채비용의 20퍼센트 가까이를 민간 채무가 차지하고 있었다. 어려움에 처한 나라들은 민간 채권자들과 만나 더 좋은 조건을 얻어내기 위한 협상을 시작해야 하나 신용도 하락에 대한 우려 때문에 꺼리는 실정이었다. 많은 개도국들에게 일대일로一帶一路 전략 등을 통해 단일 국가로는 최대 채권국이 된 중국은 채무경감 조치에 참여하기를 주저하고 있었다. 2020년 말까지 G20의 채무상환 유예 금액은 46개국에서 겨우 57억 달러 정도에 그쳤다. 브루킹스 연구소 분석가들은 2021년에 만기되는 공적 부채와 공적으로 보증된 부채 규모가 3,560억 달러이고, 2022년 만기되는 부채 규모가 3,290억 달러라는 점을 감안하면 이런 정도의 유예 조치는 충분하지 않다고 했다.[33] 크리스탈리나 게오르기에바Kristalina Georgieva IMF 총재는 12월에 신흥시장과 관련해 "파장이 전 세계로 확산되지 않도록 신속한 부채조정이 필요하다."고 경고했다.[34] 2021년 초 세계은행은 역사적으로 전례 없이 높은 부채 수준 때문에 '글로벌 경제가 금융시장 불안에 특히 취약해졌다.'고 평가했다.[35]

## 경제적
## 불평등 심화

전 세계적으로 수십억 명이 기본적인 생활을 영위할 수 있을까에 대한 걱정을 했다. 일자리를 잃을지 모르고 임금이 깎일지 모르고, 아이들을 돌보기 위해 직장을 그만두어야 할지 모르고, 아이들이 학교에 못 가게 될지 모르고, 원격수업을 할 때 집에서 인터넷이 안 될지 몰라 걱정했다. 이런 사람들에게는 대봉쇄가 글로벌 금융위기보다 훨씬 더 좋지 않았다. 카르멘 라인하르트Carmen Reinhart와 빈센트 라인하르트Vincent Reinhart는 포린 어페어스에 이렇게 썼다. "공황이라고 불러도 좋을 정도로 암울한 상황이다. 팬데믹 공황이다. 깊이와 기간 면에서 1930년대에 버금가는 침체인데도 대공황의 기억 때문에 경제학자와 전문가들이 이 용어를 쓰는 것을 꺼릴 뿐이다."[36]

주요 민주국가들은 2020년에 전례 없이 큰 경제적 타격을 입었다. 미국 경제는 2/4분기에 31.4 퍼센트 하락했다가 3/4분기에 33.4 퍼센트 상승하고, 연말에 3.5 퍼센트 하락으로 마감했다. 대공황 이후 최악의 연간 성적표였다.

유로존 경제는 2020년 2.8퍼센트 하락하고, 영국은 9.9퍼센트 하락해 연간 성장률에서 1709년대 혹한 이래 가장 큰 폭의 하락을 기록했다.(지금도 그때 겨울이 최근 500년 이래 유럽 최악의 혹한 기록이다.) 일본 경제는 4.8퍼센트 하락, 남아공은 7퍼센트 하락했다. 호주는 하반기에 강한 성장을 기록한 덕분에 1.1퍼센트 마이너스로 하락을 거의 면할 수 있었다. 이처럼 가파른 하락세를 기록했지만 대부분의 어려움이 팬데믹이 선포된 2020년 상반기 6개월에 치우쳤고 하반기에는 활발한 성장세를 보였다.[37]

각국 정부는 고통을 줄이기 위해 여러 조치를 취했다. IMF에 따르면 2020년 전 세계적으로 바이러스로 인한 경제적 손실을 해소하기 위해 풀린 돈이 14조 달러에 달한다. GDP 대비 세계 공공부채 규모가 98

퍼센트에 달했다.[38] 그 가운데 절반가량은 추가 지출과 세수 손실로 인한 것이고 나머지 절반은 대출, 담보 대출, 공공 부문의 담보대출 등 유동성 지원 형태로 발생했다. 미국에서는 코로나 경기부양법 케어즈 액트CARES Act를 통해 2조 2,000억 달러 규모의 예산을 투입해 기업들에게 상환면제가능 대출을 해주는 급여보호프로그램Paycheck Protection Program을 만들었다. 기업들이 저리로 대출을 받아 직원 급여 등에 쓸 수 있도록 하고, 많은 미국인들에게 직접 대출과 실업수당 등의 혜택이 돌아가도록 했다. 뉴욕타임스가 보도한 보고서에 따르면 3월부터 11월까지 9개월 동안 '취업 지원금 지급은 불과 0.5퍼센트 감소'한 것으로 나타났다. 다른 부문과 달리 식료품 가게와 같은 일부 부문에서 선전했고 케어즈 액트 덕분이기도 했다. 그 9개월 동안 실업보조금 4,990억 달러가 지급됐다. 2019년 같은 기간에 비해 25배 많은 금액이다. 하지만 시간이 흐르며 케어즈 액트 시행은 흐지부지되었다. 12월에 오래 끌어온 600달러를 현금 지급하는 추가 경기부양책이 합의되어 연방의회에서 통과되었다.[39]

미국 전역에서 일반적으로 백인 근로자들은 초기 충격을 넘긴 다음부터 잘 적응해 나갔다. 재택근무가 가능했고 많은 분야에서 이전보다 2020년에 더 좋은 실적을 냈다. 이들은 이전보다 소비는 줄고 저축은 더 늘었다. 더 크고 더 비싼 주택을 구입했고 팬데믹 때문에 집안에서 보내는 시간이 더 늘었다. 온라인 부동산 중개업체 레드핀Redfin이 낸 보고서에 따르면 전년 대비 세컨드 하우스에 대한 수요가 두 배로 늘었다. 유명

휴가지가 있는 레이크 타호, 케이프 코드, 팜 스프링스, 저지 쇼어 같은 곳이 특히 인기가 높았다.[40] 이와 달리 레스토랑, 소매점, 사무실 관리, 제조공장에서 일하는 사람들은 사회적 거리두기 때문에 일을 할 수 없게 되거나 이들이 하는 일의 수요가 사라졌다. 미국 전역에서 전체의 6분의 1에 해당하는 대략 11만 개의 레스토랑이 폐업하거나 장기 휴점에 들어 갔다. 유명 소매점 브룩스 브라더스Brooks Brothers, 제이 크루J. Crew 제이시페니JCPenney, 록시땅L'Occitane, 니만 마커스Neiman Marcus가 파산보호 신청을 했다.[41]

미국 내 저소득 근로자들이 특히 큰 타격을 입었다. 2020년 4월 실업률은 고졸 미만 근로자가 21.2퍼센트, 고졸자는 17.3퍼센트, 대학 졸업자는 8.4퍼센트였다. 저임금 근로자 가운데 거의 절반이 팬데믹 기간 중 공과금 납부를 제대로 못한 반면 3개월 동안 생활비로 쓰기에 충분한 생활지원금을 받은 사람은 4분의 1 미만이었다. 중간소득 근로자들의 경우보다 두 배나 더 심각한 상황이었다. 한편 자녀들의 학교수업이 원격수업으로 전환된 저소득 부모들 가운데 59퍼센트가 자녀들이 인터넷 접속이나 컴퓨터 사용에 어려움이 있는 디지털 장애를 겪고 있다고 했다. 중간소득 부모들의 경우보다 사정이 두 배 가까이 더 나쁜 것이다. 시카고대학교, 노터데임대학교University of Notre Dame 중국의 저장대학浙江大學이 공동조사한 보고서에 따르면 2020년 6월부터 11월 사이 미국 내 실업률이 40퍼센트 하락했는데도 빈곤율은 매월 상승한 것으로 나타났다. 인종 요인도 있었다. 흑인 미국인 5명 가운데 1명 미만, 히스패닉계는 6

명 가운데 1명이 팬데믹 초기 재택근무가 가능했다. 2020년 말 기준으로 실업률은 흑인 9.9퍼센트, 히스패닉계 9.3퍼센트인 반면 백인은 6퍼센트였다.[42]

다른 선진 부국들도 이런 불평등한 현상을 겪었다. 유럽 맥킨지글로벌연구소 보고서에 따르면 단기적으로 코로나19에 취약한 직업군과 장기적으로 자동화에 취약한 직업군이 서로 겹치는 분야가 많은 것으로 나타나다. 예를 들어 고객응대 서비스와 세일즈, 외식산업, 건설현장 같은 분야이다.[43] 유럽 경제가 빠르게 회복되는데도 이 분야에 종사하는 근로자들은 일자리를 되찾을 가능성이 희박하다. 고용주들이 이 기회를 이용해 이미 진행 중인 변화를 가속화하기 때문이다.

2020년 말까지는 많은 대기업이 파산을 피한 정도가 아니라 실제로 호황을 누린 게 분명했다. 나이키 CEO 존 도나호John Donahoe는 초기 록다운 충격에서 벗어나 강한 반등을 보인 나이키의 성공과 관련해 "지금은 강한 기업이 더 강해지는 기회"라고 말했다.[44] 월스트리트의 큰손인 골드만삭스는 10년 내 최고의 해를 보냈다.[45] 2020년 말 스타벅스는 연초에 비해 점유율이 20퍼센트 상승했다. 팬데믹 때문에 미국에서만 해도 2,000개가 넘는 소형 커피매장을 영구 폐점했는데 그 공백을 메우기 위해 심혈을 기울인 결과였다.[46]

2008~2009년 금융위기 이후 10년 동안 미국을 비롯한 민주국가들은 좌우 양쪽에서 점증하는 경제적 불평등과 정치적 포퓰리즘의 소용돌이에 휘말렸다. 글로벌 시스템이 엘리트에 유리하고 일반 사람들은 뒤처지

도록 조작되었다는 인식이 광범위하게 번진 때문이었다. 그런데 코로나 19와 대봉쇄가 초래한 혼란과 불평등이 이러한 긴장상태에 터보엔진을 장착해 준 셈이 되었다.

## 유가전쟁

캘리포니아주 롱비치에서 바라보는 전경은 보통 깨끗하고 맑다. 2020년 4월 롱비치 앞바다에는 모두 합해 2,000만 톤에 달하는 원유를 실은 초대형 유조선들이 점점이 정박해 있었다. 전략비축유저장소SPR가 원유 저장을 위해 사용하는 멕시코 연안의 거대 암염동굴들은 저장 한계에 가까워지고 있었다.[47] 2020년 1월 2일 배럴당 61.18달러였던 유가는 2월 6일 50.95달러로 떨어졌고 3월 2일에는 20퍼센트 더 떨어졌는데 추가 하락이 불가피해 보였다. 어디가 바닥일지 누구도 짐작할 수 없었다. 분석가들은 비정상적인 문제가 있음을 알아냈다. 만약 생산국들이 계속 원유를 생산해 세제 경제에 풀어놓는다면 조만간 원유를 저장할 곳이 없어진다는 점이었다.[48]

인구 7,800명이 사는 오클라호마주 쿠싱 지역은 시장에서 WTI 거래로 알려진 서부 텍사스산 중질유 선물거래를 뒷받침하는 원유의 메인 저장소가 있는 곳이다. WTI는 브렌트 북해유와 함께 국제유가의 가격 결정에 기준이 되며 금융시장에서 여러 거래에 기준가 역할을 한다.[49] WTI 선물을 구매하는 사람은 특정일에 구매자를 찾지 못하면 구매한 배럴을 저장해야 하는데 4월 20일 원유 수요가 완전히 고갈돼 버렸다. 이튿날 만기되는 원유 선물을 보유한 사람은 쿠싱 저장소에 저장비용을 지불하고 맡기거나 아니면 웃돈을 주고라도 다른 사람에게 물건을 넘겨야만 했다. 쿠싱 저장소는 저장 용량이 찬 상태였다. 그 결과 WTI 선물 가격은 제로 밑으로 내려갔고, 배럴당 마이너스 37.63달러까지 떨어졌다. 어찌 보면 그렇게 놀랄 일도 아니었다. 저장할 곳이 없는 수천 배럴의 원유를 떠안게 되는 상황을 피하기 위해 트레이더들은 웃돈을 얹어서라도 팔지 않을 수 없었다. 하지만 원유가격이 마이너스로 떨어지는 상황은 세계를 경악케 했고 이미 위기에 처한 글로벌 경제에 또 한 번 타격을 가했다.

대봉쇄를 말하는 그레이트 록다운Great Lockdown은 쉽게 말해 사람들의 이동이 멈추는 것이다. 출퇴근을 멈추고, 출장이나 휴가를 가기 위해 비행기 타는 것을 멈춘다. 그리고 많은 이들이 직접 장보러 가는 것도 멈추고 온라인으로 주문한다. 이와 같은 수요의 급격한 폭락은 지정학적으로 심각한 영향을 초래했다.

석유업계 입장에서는 격동의 10년을 보내고 연이어서 팬데믹이 닥친 것이었다. 2011년부터 2014년 9월까지 유가는 배럴당 100달러 안팎에서 거래됐다. 2000년대 초와 비교해 가격이 5배나 뛴 것이다. 사우디아라비아 같은 산유국은 특수를 누렸다. 하지만 2014년부터 가격이 떨어지기 시작했다. 프래킹fracking 공법으로 미국산 셰일 오일이 시장에 나오고 아시아에서 석유 수요가 둔화되기 시작한 데 따른 결과였다. 과거처럼 산유국 카르텔인 석유수출국기구OPEC가 세계 유가를 좌지우지하던 시대는 지났다. 2012년 OPEC는 1조 2,000억 달러를 벌어들였으나

2015년에는 수입이 그 절반에도 미치지 못했다.[50] 러시아와 미국 같은 새로운 에너지 강국들은 OPEC 회원국이 아니고, (베네수엘라, 리비아, 나이지리아 등)일부 회원국들에서는 국내 소요와 내전 등 여러 가지 이유로 생산량이 급감했다.

영향력을 유지하기 위해 OPEC는 당시 최대 산유국인 러시아와의 협력이 필요했지만 러시아는 OPEC에 가입할 의사가 없었다. 가격은 계속 떨어져 2016년 배럴당 30달러 밑으로 내려갔다. 산유국 모두가 재정 압박을 받게 되자 블라디미르 푸틴 러시아 대통령과 당시 사우디아라비아 부왕세자였던 무함마드 빈 살만은 2016년 중국 항저우에서 열린 G20 회담장 한편에서 만나 무언가 필요한 대책을 세워야 한다는 데 합의했다. 그로부터 몇 개월 후 10개 OPEC 회원국과 러시아가 이끄는 OPEC 비회원국 11개국이 감산에 합의했다. 이 합의는 OPEC 플러스OPEC+ 혹은 합의가 이루어진 장소 이름을 따서 빈 동맹Vienna Alliance으로 불린다. 많은 이들이 이를 독재국가인 사우디와 러시아 두 나라 사이에 파트너십이 시작된 것으로 보았다. 두 나라 지도자 모두 야심은 크지만 미국의 영향력과 민주혁명이 일어날 것을 걱정하는 불안정한 지도자들이었다. 칼리드 알 팔리 사우디 에너지부 장관은 이 동맹을 '앞으로 수십년, 수 세대' 지속될 동맹이라고 극찬했다.[51]

사우디-러시아 석유동맹은 팬데믹이 세계를 휩쓰는 2020년까지 겨우 3년 지속되었다. 3월에 유가가 급락하자 OPEC 회원국들의 걱정이 깊어졌다. 사우디아라비아는 연간 재정수지를 맞추려면 배럴당 80달러 수준은 유지되어야 한다고 요구했다.[52] OPEC 카르텔은 하루 150만 배럴 감산 안을 제시했다. 하지만 러시아가 이를 받아들이려고 하지 않았다.[53] 러시아는 나름대로 계산이 있었는데 저유가가 미국의 셰일 산업에 타격을 주는 데 도움이 될 것이라고 생각했다. 미국은 셰일 산업의 활황에 힘입어 2008년, 2009년 세계 최대 원유 생산국이 되었다. 2010년부터 2019년 사이 미국의 원유 생산량은 두 배로 뛰어 하루 1,300만 배럴까지 되었다.[54] 러시아는 러시아 최대 국영 에너지 기업인 로스네프트, 그리고 러시아와 독일을 연결하는 노르트 스트림-2 가스관 사업에 내려진 미국의 새로운 제재조치에 좌절감을 느꼈다. 러시아는 1,700억 달러의 국부 펀드를 조성해 가격전쟁으로 인한 유가 충격을 흡수하려고 했다.

사우디는 완전한 유턴으로 응답했다. 감산 대신 증산을 택해 러시아와의 가격전쟁을 시작했다. 3월 9일 개장하고 채 몇 분이 지나기도 전에 유가는 30퍼센트 폭락했다. 로스네프트 대변인은 미국산 셰일이 2016년 이후 시행된 감산 분을 모두 대체했다며 사우디와 맺은 동맹의 의미가 없어졌다고 평가했다.[55] 러시아 국영 통신사 사장 드미트리 키셀료프는 소셜미디어에 이런 내용의 글을 포스팅했다. "이제는 우리에게 필요한 만큼 생산해서 파는 것뿐만 아니라 미국산 셰일을 문밖으로 내던져 버려야 할 때이다. 우리 재정은 사우디아라비아보다 훨씬 더 튼튼하기 때문에 사우디와 달리 저유가를 충분히 견딜 수 있다."[56]

도널드 트럼프 대통령은 처음에는 자동차 운전자들에게 유리하다며 가격전쟁을 환영했다. 하지만 노스다코타, 펜실베이니아, 텍사스 등 공화당 텃밭인 주들의 에너지 부문이 타격을 받을 것이 분명해지자 곧바로 입장을 바꾸었다.[57] 케빈 크래머Kevin Cramer 노스다코다주 공화당 상원 의원은 사우디에 대해 분노를 나타내며 워싱턴의 분위기를 이렇게 말했다. "우리는 그들의 입장을 지켜주고 있는데 그 사람들은 지난 한 달 내내 미국의 원유 생산 기업들을 상대로 전쟁을 벌였다. 이건 친구 사이에 할 짓이 아니다. 솔직히 말해 그들이 하는 행동은 변명의 여지가 없다고 나는 생각한다. 그들이 하는 행동은 쉽게 잊히지 않을 것이다."[58] 트럼프 대통령은 곧바로 푸틴 대통령, 빈 살만 왕세자MbS와 전화통화를 하고 미국의 석유산업이 가격전쟁의 '포위공격'을 당하고 있다고 강조했다.[59] 그로부터 몇 주 뒤 글로벌 원유 공급량을 10퍼센트 가까이 줄이기로 하는 협상안이 타결되었다.

트럼프가 막판 포퓰리스트 정치인인 안드레스 마누엘 로페스 오브라도르Andrés Manuel López Obrador 멕시코 대통령을 직접 설득해 동참하도록 만들었다.[60] 오브라도르 대통령은 그동안 멕시코는 감산을 하지 않고 협상이 타결되어야 한다는 입장을 완강하게 고수했다.[61]

협상이 타결되고 나서도 OPEC 플러스 내부에 긴장은 여전히 높았다. 4월 합의로 러시아와 사우디아라비아는 승자가 된 반면 아랍에미리트 UAE, 이라크, 쿠웨이트는 큰 피해를 보았다.[62] 러시아가 할당량보다 초과 생산을 계속해도 사우디는 이를 묵인했다. 반면에 아랍에미리트가 초과 생산을 하자 사우디는 '격분해서 아랍에미리트의 수하일 알 마즈루이 에너지부 장관을 리야드로 불러' 공개적으로 항의했다.[63] 아랍에미리트는 원유 생산과 관련해 오랜 우방인 사우디아라비아와 거리를 두고 차츰 러시아 측과 가까워지기 시작했다.

여름에 중국 경제가 되살아나고 유럽이 록다운을 완화하면서 유가는 어느 정도 회복되었다. 미국의 실업률 수치도 기대 이상으로 나타났다. 하지만 코로나바이러스 2차 유행이 닥치며 그해 말까지 유가는 상대적으로 낮은 가격을 유지했다. 세계 경제가 회복되더라도 미국 석유산업이 받은 타격은 심각할 것 같았다. 컨설팅 기업 딜로이트Deloitte가 2020년 6월에 낸 보고서는 국제유가가 배럴당 35달러 안팎에서 움직일 경우 미국 셰일 업체의 절반가량이 도산하거나 '금융 스트레스'를 받을 것이라고 했다.[64] 실제로 2020년 가을에 많은 업체가 도산했다. 코노코필립스ConocoPhillips와 셰브론Chevron 등이 미국의 대형 셰일 업체들을 인수했다.[65] 9월 산업 보고서는 유가가 50달러 선을 회복해야 셰일 원유 채굴이 재개될 수 있다는 전망을 내놓았다.[66] OPEC 산유국들은 배럴당 60달러 안팎으로 유가가 유지되어야 손익분기점에 이를 수 있다는 입장이고, 그 가격이면 셰일은 재기에 필요한 강한 힘을 얻을 수 있을 것이었다.[67]

2020년 말 유가는 배럴당 50달러 턱밑까지 치솟으며 9개월 만에 최고치를 기록하고, 2021년 3월 말에는 배럴당 60달러까지 올랐다. OPEC 플러스 앞에 닥친 과제는 명백했다. 유가를 끌어올려 수익을 창출하되 경쟁 상대인 미국 셰일 산업이 회복하는 것은 막아야 했다. 2021년 초반 몇 개월 동안 이들은 공급 억제와 경제 활성화에 대비한 공급 확대 사이에서 지그재그 횡보를 했다.[68] 하지만 유가가 배럴당 60달러 선으로 올라간다고 해도 미국 셰일 산업의 입장에서는 충분하지 않은 가격이었다. 투자자들은 이런 산업에 돈을 넣어두는 데 대해 회의적인 시선을 거두지 않았다. 경제적 허리케인을 겪은 지 얼마 되지 않았고, 팬데믹이 닥치기 전 여러 해 동안 워낙 변동성이 심했고, 경제회복 전망도 불확실하고, 그리고 OPEC 플러스가 언제 유가를 떨어뜨리려고 할지 알 수 없는 상황이었다. OPEC 플러스는 그럴 능력과 의지를 갖고 있었기 때문이다.

## 지구화의 종말인가

2020년 3월 2일 트럼프 대통령과 펜스 부통령을 비롯해 미국 행정부 고위관리 몇 명이 독일 제약회사 큐어백CureVac의 CEO인 다니엘 메니헬라Daniel Menichella를 만났다. 큐어백은 독일 튀빙겐에 본사를 두고 보스턴에 지사가 있는데, 당시 코로나19 백신 개발 초기 단계에 있었다.[69] 이 만남 직후 독일 일간지 디벨트Die Welt는 트럼프 행정부가 백신이 개발될 경우 10억 달러 규모의 독점구매를 큐어백에 제안했다고 보도했다.[70] 독일국민들은 경악했다. 중국이나 할 짓이지 가장 가까운 동맹인 미국이 그런 행동을 하리라고는 상상도 못한 것이다.(2016년 중국 가전업체 메이디美的 Midea그룹이 독일의 산업로봇기업 쿠카Kuka를 인수해 논란이 되었다.) 호르스트 제호퍼Horst Seehofer 독일 내무장관은 이 구매거래를 '국가안보에 영향을 미치는 사안'이라며, 정부는 국경안보와 마찬가지로 '의료제품과 의약품안보'도 지켜야 한다고 말했다. 비난이 쏟아지자 메니헬라 CEO는 결국 사임했다. 이 사건이 있은 직후 큐어백은 7월에 나스닥에 기업공개IPO를 신청한다고 발표했다. 독일 정부가 자산 안보를 확보하는 측면에서 큐어백 지분 23퍼센트를 인수하기로 했다. 피터 알트마이어Peter Altmaier 연방 경제부장관은 "국가의 핵심 산업을 지키고 발전시키는 것은 연방정부가 해야 할 기본적인 임무이다. 우리는 국가적인 기업을 헐값에 팔지 않을 것이다."[71]

코로나19 팬데믹은 여러 면에서 냉전 이후 처음으로 맞은 진짜 글로벌 사태였다. 중국의 한 도시에서 시작된 바이러스가 지구촌 전역으로 확산되며 불과 몇 달 사이에 수십억 명의 삶을 뒤흔들어 놓은 것이다. 이 위기사태는 지구화로 정의되던 한 시대의 종말을 알리는 것 같았다. 모두 자택에 발이 묶인 채 지내야 했고, 호텔은 텅텅 비고 비행기는 멈추고 붐비던 도시들이 정적에 잠겼다. 이코노미스트는 이렇게 경고했다. "팬데믹은 여행과 이민을 정치문제로 만들고, 모두가 독자적인 행보를 취하도록 만들 것이다. 이런 내부지향적인 경향은 회복력을 떨어트리고 경제를 취약하게 만들며 지정학적인 불안정을 확산시킬 것이다."[72]

하지만 이 가운데 하나, 각국 정부가 지구화를 정치문제화 할 것이라는 이코노미스트의 전망은 틀렸다. 지구화를 정치문제화 하는 게 아니라 많은 나라들이 진짜 두려움에 휩싸였다. 제6장에서 보듯이 유럽 국가들은 의약품 수출을 금지시켰다. 미국도 마찬가지였다. 미국 구매업자들이 상하이 공항에서 프랑스로 가는 마스크를 가로챘다. 이들은 프랑스가 지불한 대금의 세배를 웃돈으로 제시했다.[73] 방콕의 3M 공장에서 만든 마스크 20만 장이 당초 독일로 가기로 되어 있었는데 미국으로 행선지가 바뀐 일도 있었다.[74] 많은 나라가 자국민 보호라는 가장 기본적인 임무를 제대로 수행하지 못할까 걱정하게 되었다.

베라 요로바Věra Jourová 유럽연합 집행위원회 부위원장은 유럽 국가들의 경우 "코로나19 위기는 제약 부분에서 중국과 인도에 대한 의존도가 지나치다는 사실을 드러내 보여주었다."고 했다.[75] 마크롱 대통령은 파이낸셜타임스에 "팬데믹이 지난 40년간 우리가 살아온 글로벌화의 성격을 바꿔놓을 것이며 이런 글로벌화는 이제 유통기한이 다했다."고 말했다.[76] 일본은 중국에 있는 생산시설을 이전하는 기업들을 위해 22억 달러 규모의 특별지원금을 책정했다.[77] 3월에 캐나다는 필요한 개인보호장비PPE 가운데 0.2퍼센트를 국내에서 조달했는데, 9월에는 국내 구입 장비 수가 250배 늘며 전체 구입 PPE의 절반을 차지했다.[78]

팬데믹은 쉽게 이동하는 사람들의 삶에 가장 큰 영향을 미쳤다. 손쉬운 이동은 지구촌 많은 곳에서 현대인들의 삶에 매우 핵심적인 요소이다. 그런데 국내여행과 해외여행 모두 갑자기 멈춰 버렸다. 4월 중순에는 전 세계 민항기 일일 평균 운항 횟수가 1년 전의 11만 1,000번에서 2만 8,000번으로 줄어들었다. 국제선 운항은 전년대비 66퍼센트 급감했다가 9월이 되며 48퍼센트로 약간 회복됐다.[79] 하지만 실제로 항공업계가 입은 타격은 이런 수치보다 훨씬 더 심각하다. 항공기들이 사실상 좌석이 텅텅 빈 채로 운항되었기 때문이다. 조종사들이 면허를 유지하는 데 필요한 비행시간을 채워야 하기 때문에 운항을 계속하는 것뿐이었다. 또 한편으로는 비행기 좌석이 텅텅 빈 것은 업무를 보러 다니는 사람이 없고, 휴가지로 떠나는 사람, 학교로 돌아가는 학생들이 없다는 말이었다. 5월 중순이 되자 유엔세계관광기구UNWTO가 조사한 유명 여행지들 가운데 70퍼센트가 관광객의 발길을 완전히 막은 것으로 나타났다.[80]

하지만 시간이 지나며 글로벌화는 완전히 무너져 내리기보다는 상황에 따라 부침을 거듭하는 것이 분명해 보였다. 2020년 9월에 전 세계 교역규모는 코로나바이러스 사태 이전과 비교해 불과 2퍼센트 줄어든 수준이었다.(연간 감소규모는 9퍼센트였다.)[81] 11월에는 외국인의 입국을 금지한 나라의 수가 27퍼센트로 떨어졌고 전 세계 75퍼센트가 입국제한을 완화한 것으로 나타났다.[82] 그러는 한편 기업들이 가능한 한 줌Zoom을 비롯한 다양한 비디오컨퍼런스 플랫폼을 이용하면서 많은 업무가 가상공간에서 이루어지게 되었다. 글로벌 물류기업 DHL과 뉴욕대 스턴비즈니스스쿨이 공동조사한 DHL 글로벌 연결지수Global Connectedness Index 보고서에서 팬데믹이 사람의 이동과 교역, 자본, 정보의 4개 분야에서 미친 영향을 조사한 결과 글로벌화 수준이 2008~2009년 세계금융위기 때보다 더 떨어질 가능성은 없다는 결론을 내렸다.[83]

글로벌화의 하락 수준은 나라별로 차이가 났다. 대부분 선진국이 타격을 많이 입었다. 2020년 상반기 글로벌 해외직접투자FDI는 2019년과 비교해 49퍼센트 감소했다. (중국을 비롯한)개발도상국들은 16퍼센트 감소한 반면 선진국들은 75퍼센트 급감했다. 주목할 점은 이 기간 중 아시아 개도국들로 향한 글로벌 FDI가 전체 글로벌 FDI의 거의 절반을 차지했다는 사실이다.[84] 교역 분야의 회복은 대부분 중국과 라틴아메리카가 주도했다. 미국으로 유학 온 해외유학생 수는 43퍼센트, 호주로 유학 온 해외유학생은 50퍼센트 줄어든 반면 영국은 9퍼센트 늘었는데 영국의 경우 유학생 비자 받기가 더 쉽기 때문이었다.[85]

2020년 글로벌화에 진짜 타격을 가한 것은 팬데믹이 또다시 닥칠 경우 어떻게 회복력을 키울 것이냐는 문제가 아니라, 미국과 중국의 관계가 악화되고 양국 사이의 경쟁이 점점 더 치열해지고 있다는 사실이다. 제4장과 5장에서 설명하는 것처럼 두 나라는 이미 상당한 수준의 지정학적 충돌을 하고 있었고 경제를 서로 분리하기 위한 조치를 취하고 있었다. 당시 외교관계위원회Council on Foreign Relations의 줄리안 거위츠 Julian Gerwitz교수는 시진핑 주석이 국가안보의 개념을 확대해서 미국을 비롯한 선진 민주국가들에 대한 경제적 의존이 초래하는 위험을 안보 리스크에 포함시켰다고 설명한다.[86] 중국의 안보 개념 확대는 트럼프가 대통령이 되기 전부터 시작되었지만 트럼프 재임 중 미국 행정부가 고율 관세와 중국 기업에 대한 제재조치를 중국에 대한 압박 무기로 사용하며 더 가속화됐다. 예를 들어 중국 은행들은 미국의 금융제재조치를 피하기 위해 국제 달러 결제 및 송금 시스템인 국제은행간통신협회SWIFT와 별도의 독자적인 시스템 구축도 고려했다.[87] 한편 미국에서는 여러 분야에서 중국에 의존하는 현실에 대한 우려가 커졌다. 중국은 특히 첨단기술 분야에서 미국 시장을 이용해 인공지능 같은 전략적으로 중요한 기술 분야에서 큰 발전을 이루었다. 팬데믹으로 중국에 대한 일반국민들의 분노가 커지며 미국은 중국과의 관계를 단절시키기 위한 여러 조치를 쏟아내

기 시작했다.[88]

25년 넘게 세계는 경제적으로 유익하다고 생각되면 언제든 서로 통합되고 연결되었다. 기업들은 복잡한 공급망을 구축하고 대학은 글로벌화되었다. 정보는 싼값으로 얼마든지 활용할 수 있게 되었다. 자본은 수익이 보장되는 곳이면 어디든 찾아갔다. 여기에는 국제사회에서 다수가 용인하는 극히 예외적인 경우를 제외하고는 관련국끼리 지정학적인 이유로 상대에게 해를 가하지 않는다는 가정이 전제되어 있다. 그런데 강대국간 경쟁이 격화되면서 세계가 점차 미국과 중국을 중심으로 한 두 블록으로 나누어지고 있다. 이 두 블록은 경제, 기술, 군사, 그리고 이념적인 면에서 구분되는데, 5G 기술처럼 경계가 흐릿한 분야도 있다. 냉전 때와 달리 이 두 블록 간에는 서로 소통이 이루어지고 영역이 중첩되기도 한다. 예를 들어 호주는 미국의 확고한 동맹이면서 중국과 활발한 경제교류를 하고 있다. 하지만 2020년부터는 이 두 모델의 구분이 더 명확해지고 있다. 세계가 이전과 완전히 다른 이분화 된 글로벌화의 형태를 하기 시작한 것이다.

## 빠른 회복세
## 보인 중국

20세기는 스페인 독감과 1차세계대전의 고통 속에 시작됐다. 이번 세기에도 같은 일이 되풀이될까? 2021년 이른 봄 글로벌 경제는 회복될 기미를 보였지만 문제는 남아 있다. 코로나19의 여파로 사람의 왕래가 줄고, 긴급한 위기가 지나면 각국 정부가 지출을 줄이고 세금을 올리기 시작할 것인가? 사람들이 절약해서 외식과 여행, 여가생활에 지출을 줄일 것인가? 그렇게 되면 관련 분야는 완전히 회복하는 데 여러 해가 걸릴지 모르고, 고용불안과 불평등 심화에 치명적인 타격을 가할 것이다. 아니면 억눌렸던 수요가 터져 나오고 일상회복에 대한 열망이 분출하며 이런 분야의 회복이 빠르게 이루어질 것인가? 어떻게 될지는 누구도 알 수 없다. 빠른 회복이 이루어진다고 하더라도 2022년 이후 어느 시점에 가서야 2019년 수준으로 겨우 회복될 가능성이 높다.

2020년에는 전 세계 주요 경제 대국 대부분이 피해를 입었는데 중국만 예외였다. 중국은 그해 연말 당초 시장 전망치인 2퍼센트대의 경제성장을 달성했다. 자기들 기대에는 못 미치는 수치지만 경쟁국들에 비해 강한 성장세를 보인 것이다. 2020년 말 미국과 유럽의 항공 여객은 전년 대비 각각 41퍼센트, 68퍼센트 감소한 반면 중국은 8퍼센트 증가했다.[89] 경제경영연구소Centre for Economics and Business Research 보고서는 코로나19의 영향으로 중국이 당초 예상한 2033년보다 앞당긴 2028년에 미국의 세계 1위 경제 대국 자리를 차지할 것으로 예측했다.[90] 2020년 섣달 그믐날 밤 중국 우한에서는 새해맞이를 위해 수천 명이 거리와 술집, 클럽으로 몰려나온 반면 타임스퀘어 광장은 1907년 이후 처음으로 정적에 싸여 있었다.[91] 중국은 초기에 바이러스 확산 방지를 위한 조치를 취하지 않아 전 세계의 비난을 받았다. 그리고 고압적인 외교정책과 홍콩 시위대의 무자비한 진압으로 유럽 국가들의 비난을 받았고 미국 내 반중 정서도 더 악화되었다. 하지만 경제적인 면에서만 본다면 중국은 세계 전역을 강타한 대혼란에서 벗어났고, 어느 면에서는 대혼란의 수혜자라고도 할 수 있게 되었다.

# 취약한 국가,
# 위기에 처한 사람들

옷장에서 갭Gap 티셔츠나 H&M 블라우스, 리바이스Levi's 청바지, 마크스앤스펜서Marks & Spencer 드레스, 자라Zara 스웨터를 꺼내 보면 '메이드 인 방글라데시' 태그가 붙어 있을 가능성이 매우 높다. 이 남아시아 국가는 중국에 이은 세계 2위 의류 수출국이고, 의류 수출은 방글라데시 전체 수출의 무려 80퍼센트를 차지한다. 방글라데시 인구 중 약 400만 명이 의류 생산에 종사하고 이들 가운데 다수는 재봉사로 일하는 여성 근로자들이다. 이들은 일당으로 월 110달러 정도씩 벌어서 기아선상에 있는 가족을 부양한다. 코로나19가 글로벌 교역과 공급망을 무너뜨리고 소매업체들의 문을 닫게 만들고, 소비수요를 마비시키며 닥친 전 세계 경제위기는 방글라데시의 의류산업과 방글라데시 국민들을 함께 침몰시켜 버렸다.[1] 다카에서 의류생산 근로자로 일하다 2020년 3월에 직장을 잃은 파티마 아크터는 "나 혼자 벌어서 온 가족이 먹고 산다. 앞으로 우리 가족이 어떻게 살아야 할지 막막하다."고 했다.[2] 파티마의 경우는 코로나19로 생계와 삶 자체가 위기에 처한 수백만 방글라데시인들이 겪는 고통을 극명하게 보여주는 사례이다.

팬데믹이 닥치기 전부터 밀집된 인구와 허술하기 짝이 없는 보건 시스템 때문에 방글라데시는 신종감염병에 매우 취약한 상태였다. 이 나라는 미국 아이오와주 만한 영토에 인구는 1억 6,500만 명으로 아이오와주 인구의 52배에 달한다. 1평방킬로미터당 1,240명이 살고 있는 셈이다.(1평방미터당 인구수는 인도 455명, 파키스탄 275명, 중국 148명, 미국 36명이다.) 이처럼 인구가 밀집돼 있다 보니 사회적 거리두기는 시행이 불가능하다. 다카의 경우를 예로 들어 보자. 시내에 거주하는 인구가 1,000만이 넘고, 광역 다카 지역을 포함하면 인구는 2,150만 명에 달해 지구상 최악의 인구밀집지역 가운데 하나이다. 도시 전역에 산재해 있는 5,000여개의 빈민촌에 거주하는 인구가 400만 명이 넘고, 이들 가구 가운데 75퍼센트가 단칸방에 산다. 주거환경이 이렇다 보니 위생상태는 최악이고 감염병 확산이 수시로 일어난다. 치명적인 바이러스가 급속히 확산되기에 최적의 조건인 것이다.[3]

국가의 의료보건 시스템 역시 대규모 확산을 막기에 터무니없이 역부족이다. 2019년 발표된 글로벌 건강안보지수Global Health Security Index에서 방글라데시는 190개국 가운데 113위를 차지했다. 1,000명당 병상 수는 0.8개(미국 2.9개, 중국 4.3개), 전국에 있는 중환자 병상이 1,169개에 불과했다.(공립병원에 432개, 민간병원에 737개) 나아가 환자당 의사 비율도 남아시아에서 가장 낮았다.[4]

이런 상황을 감안해 방글라데시 정부는 코로나19 사태가 발생하자 최대한 신속하게 행동에 나섰다. 2020년 1월 31일 방글라데시 정부는 특별기를 보내 우한에 머물고 있는 자국민 341명을 데려왔다. 우한에는 이미 봉쇄조치가 내려진 후였다. 5주 뒤인 3월 7일 방글라데시에서 최초의 코로나19 환자 발생이 확인되었다. 3월 17일부터 모든 학교가 문을 닫았다. 셰이크 하시나Sheikh Hasina 총리가 이끄는 방글라데시 정부는 곧바로 더 강력한 억제조치들을 취했다. 10개국의 항공편 운항을 중단시켰다.(중국, 홍콩, 태국, 영국편은 일부 운항을 허용했다.) 3월 26일, 방글라데시 정부는 전국적인 봉쇄조치를 내려 긴급 업무시설을 제외한 모든 민간 영업장과 공공시설의 문을 닫았다. 국내항공, 해운, 철도 여행도 금지되었다. 시민들에게 외출금지와 사회적 거리두기를 지키도록 하고 대규모 모임도 금지됐다. 최근 귀국한 수십만 명은 2주 자가격리를 지키도록 했다. 군병력이 동원돼 출입금지 구역을 지키고 시민들의 외출을 막았다. 전국적인 봉쇄는 원래 2주 예정으로 시작되었으나 봉쇄조치 대부분이 5월 말까지 시행됐다.[5]

하지만 당국은 공중보건 조치들을 시행하는 데 처음부터 애를 먹었다. 3월 말 대규모 집회 금지령이 내려지고 불과 며칠 뒤 방글라데시 남부 라크십푸르 지방의 라이푸르에서 개최된 종교집회에 2만 5,000명이 모여 코로나바이러스 퇴치를 위한다며 코란의 치유 구절인 하트메 시파 기도를 올렸다.[6] 봉쇄기간 동안 시장과 구호품 배급소 등에는 사람이 북적였고 갑자기 일자리를 잃고 다카를 떠나 고향마을로 돌아가는 사람들로 곳곳이 붐볐다.[7] 무슬림이 인구의 다수를 차지하는 나라에서 저명한 종교 지도자들이 당국의 경고를 무시하고 사람들에게 모스크 집회에 참여하라고 독려했다.[8] 사람들이 봉쇄조치를 집단으로 어기는 경우들도 있었다. 4월 중순 다카에서 동쪽으로 62마일 떨어진 베르톨라에서는 수만 명이 외출자제령을 무시하고 유명한 이슬람 지도자 마우라나 주바예르 아마드 안사리의 장례식에 참석했다.[9] 당국은 이런 집회를 단속할 능력이나 정치적인 의지가 없어 보였다.

방글라데시 경제도 대규모 봉쇄조치를 취하면 엄청난 대가를 치러야 하는 구조를 갖고 있었다. 지난 수십 년 동안 방글라데시는 지구화의 혜택을 입은 전형적인 케이스였다. 지속적인 경제성장에 힘입어 방글라데시 국민 수천만 명이 빈곤에서 벗어날 수 있었다. 2000년대 초부터 글로벌 섬유의류 밸류 체인apparel value chain에 편입되며 300만 개의 일자리가 새로 만들어졌고, 그것은 지속적인 경제성장과 대대적인 빈곤감소를 위한 하나의 촉매제로 받아들여졌다. 방글라데시 통계청에 따르면 2000년 49퍼센트에 육박하던 국민빈곤수준은 2018년에 거의 22퍼센트로 떨어졌다. 한때 세계 극빈국 가운데 하나였던 방글라데시는 2010년부터 2016년 사이 연평균 경제성장률 6.5퍼센트를 기록해 2015년에는 중저소득국 반열에 올라섰다.(현재 세계은행은 방글라데시를 일인당국민소득 1,036

달러에서 4,045달러 사이의 국가로 분류하고 있다.)[10] 하지만 이런 발전은 여전히 위태로운 상태이고 많은 문제점을 안고 있다. 소득 향상에도 불구하고 방글라데시 국민 수백만 명이 일상생활에서 빈곤과 저축 부족 상태에 놓여 있다. 팬데믹 이전에도 전체 인구 5분의 1 이상이 빈곤선 이하의 생활을 하고, 14.5퍼센트 정도가 하루 1.90달러 미만으로 생활하는 극빈층 extreme poverty에 속했다. 근로인력의 89퍼센트가 일용직으로 힘들게 일하거나 자영업에 종사하고, 작업시간에 관계없이 성과에 따라 임금을 받는 등의 비공식 경제에 종사하고, 기타 다른 형태로 고용되거나 임금 없이 일하는 가족노동에 종사한다. 다카 같은 도시에서는 인력거 릭샤를 끌거나 짐을 머리에 이고 나르는 사람, 건설 근로자, 이발사, 수선공, 청소부, 폐지 수집, 과일, 채소, 고기를 파는 노점상이 비공식 경제 종사자들이다. 이들 대부분은 적정한 수익이 보장되지 않고 근로환경은 열악하며 사회적 보호를 받지 못한다. 하루 500타카(5.9달러) 이상 버는 사람은 전체 인구의 15퍼센트에 불과하다. 인터넷 이용자는 전체 인구의 13퍼센트에 불과하고, 그 가운데서도 원격근무는 거의 생소한 수준이다.[11]

이처럼 전반적으로 열악한 상황 때문에 팬데믹으로 인한 글로벌 경기 침체와 열악한 국내 질병통제 정책은 방글라데시에 끔찍한 인적 피해를 초래했다.

방글라데시에서 생산한 의류 판매는 수입국의 주요 소매업자들이 수십억 달러에 달하는 주문을 취소하거나 연기함으로써 초토화되다시피 했다.[12] IMF에 따르면 방글라데시의 전체 의류 수출은 2020년 4월 기준

으로 전년도 대비 거의 55퍼센트 감소했다.[13, 14]

4월 초에는 (4명 중 한 명 꼴인)의류 근로자 1백만 명이 일시해고 내지 정리해고 되었다. 이들 가운데 72퍼센트는 위로금을 한푼도 받지 못하고 집으로 갔다.[15] 장기 경제봉쇄를 감당할 수 없어서 정부는 다카 외곽에 있는 산업벨트에 위치한 의류공장 수백 곳에 대해 작업재개를 허용했다. 미국과 유럽 브랜드를 생산하는 일거리를 더이상 잃으면 안 된다는 절박감 때문이었다. 방글라데시 니트웨어 생산수출협회의 모하마드 하템 부회장은 이렇게 말했다. "코로나와 함께 살 수밖에 없다. 공장을 돌리지 않으면 경제위기를 맞게 된다." 많은 근로자들도 일터로 복귀하는 것 외에 다른 방법이 없다고 생각했다. 다카 교외 아슐리아에 있는 공장에서 일하는 모파잘 호세인은 AFP통신에 "코로나바이러스의 위험은 여전하지만 그보다 일자리를 잃고 임금과 여러 가지 혜택을 잃게 될 것이 더 겁난다."고 말했다.[16] 전 세계 쇼핑몰에서 팔리는 청바지 바느질을 해서 생계를 꾸려가는 다카 주민 삼파 아크테르도 같은 생각이었다. "언제 일거리가 끊어질지 몰라 너무 불안하다. 나와 같이 일하는 동료들도 모두 같은 처지이다."[17]

공장이 재가동을 시작했지만 팬데믹으로 인해 글로벌 수요는 계속 줄고 유명 패션 브랜드들의 주문 취소는 계속됐다. 많은 공장의 가동률이 생산능력의 절반을 겨우 웃돌 정도에 그쳤다.[18] "최근 석달치 월급을 못받았다. 실제로 굶어죽을 지경이다." 5월에 섬유공장 근로자인 압둘 라힘은 이렇게 말했다.[19] 9월이 되어서야 주문이 다시 늘기 시작했고, 2020

년 말에는 취소된 주문의 90퍼센트까지 되살아났다. 하지만 글로벌 의류 소매업자들의 가격인하 정책과 수입의류에 대한 대대적인 가격할인 요구로 인해 수출 이익은 크게 줄어들었다.[20] 방글라데시 전역의 거대한 비공식 부문에 종사하는 근로자들의 일거리와 수입도 연기처럼 사라졌다. "코로나바이러스가 급격히 확산되며 사람들이 겁을 먹고 일을 맡기려고 나오지를 않는다." 수선일을 하며 하루 300~500타카(3.50~5.90달러)를 겨우 버는 임란 호세인은 이렇게 말했다.[21]

해외에 거주하는 방글라데시인들이 고국으로 보내오는 송금도 고갈되었다. 팬데믹 이전에는 해외에 나가 일하는 방글라데시인의 수가 1,000만 명에 달했다.[22] 이들이 고국으로 보내오는 돈은 가계에 생명줄 역할을 할 뿐만 아니라 2019년 기준으로 국내총생산GDP의 6퍼센트 정도를 차지했다.[23] 방글라데시 해외 이민자들의 70퍼센트는 사우디아라비아, 아랍에미리트연합 같은 걸프 산유국들에 나가서 일한다. 이들은 매년 평균 1,100달러 안팎의 돈을 고국에 있는 자기 가족들에게 송금한다.[24] 하지만 갑자기 유가가 하락하고 걸프 국가들도 록다운에 들어가면서 많은 이민자들이 일자리를 잃고 고국으로 돌아올 수밖에 없게 되었다. 이들이 해외에서 보내오는 송금액은 3월에 12퍼센트, 4월에 23퍼센트, 5월에는 13퍼센트씩 줄어들다가 그 뒤 다시 반등했다.[25](2020년 말 기준으로 공식 해외송금 총액은 방글라데시 새 정부가 공식 채널을 이용한 송금에 현금 인센티브를 주고, 디지털 뱅킹 서비스의 확대 덕분에 실제로 상승했다. 하지만 이렇게 송금액이 늘어난 또 다른 이유는 팬데믹으로 인한 여행금지 때문에 사람이 직접 현금을 가지고 국경을 넘던 비공식 송금 방법이 은행 간 이체라는 공식적인 수단으로 바뀌면서 투명하게 집계되었기 때문이기도 하다.)[26]

경제 살리기를 위해 정부는 관련 산업, 특히 수출 관련 업종 위주로 수십억 달러 규모의 지원안을 승인했다. 그리고 저소득 근로자와 빈곤층 가구들에 대한 현금지원과 함께 식량 불안정 해소를 위해 극빈층에게는 시장가격보다 더 싼값에 쌀을 구입할 수 있도록 했다. 하지만 극심한 어려움에 처한 방글라데시 국민들이 정부보조금을 한 푼이라도 더 받으려고 매달리면서 큰 혼란이 벌어졌다. 여기에는 보조금 지급 대상자를 정확히 산정해내지 못한 정부의 무능, 각 지방 조직에서 구호품 분배가 제대로 이루어지지 않은데다 만연한 부패가 한몫했다.[27]

이런 상황은 빈곤층에 고스란히 영향을 미쳐 재앙에 가까운 결과를 초래했다. 다카 인근 산업지구인 루프간지 구역에서 아이를 키우는 여성 2,000명을 무작위로 조사한 결과 외출자제령이 내려진 다음 8주 동안 가구당 월평균 소득중간값은 212달러에서 59달러로 떨어지고 극빈을 겪은 가구수는 0.2퍼센트에서 47.3퍼센트로 급등했다. 팬데믹 이전에는 5.6퍼센트가 약한 수준의 식량 불안정을 겪고, 2.7퍼센트가 심각한 수준의 식량 불안정을 겪은 것으로 나타났다. 6월 중순 이 수치는 각각 36.5퍼센트, 15.3퍼센트로 올라갔다.[28] 다른 조사에서는 록다운이 한창 진행된 2020년 3월부터 5월 29일 사이 방글라데시의 전국 평균 가구소득이 74퍼센트 하락한 것으로 나타났다.[29] 2020년 6월 다카에 있는 남아시아경제모델링네트워크South Asian Network of Economic Modelling는 팬데믹의 영향으로 2019년 20.5퍼센트이던 국민빈곤율이 41퍼센트로 오른 것으로 추산했다. 15년 동안 이룬 경제발전을 단번에 날려버린 것이다.[30] 유엔은 2019년 8.4퍼센트이던 방글라데시의 경제성장률이 2020년에는 0.5퍼센트를 기록한 것으로 추산했다. 그 결과 수천만 명의 방글라데시인이 다시 빈곤층으로 내던져졌다.[31]

경제난이 심화되며 방글라데시 정부는 5월에 무슬림 성월인 라마단 기간 동안 기도 집회를 허용하는 등의 단계적인 제재완화조치를 단행했다. 6월 말에는 국제노선 항공편 운행도 재개했다.[32] 경제적으로 필요하고 문화적으로도 수긍할 만한 조치들이었다. 하지만 이러한 완화조치는 코로나19 확진자 수가 다시 증가하는 결과를 가져왔다. 2020년 5월 1일 방글라데시는 전체 확진자 수 8,200명에 사망자는 170명으로 보고됐는데, 규제완화가 이뤄진 다음인 한 달 뒤에는 확진자 5만 명에 사망자는 672명으로 증가했다.[33] 12월 말 전체 확진자가 50만 명을 넘어서고 사망자가 7,600여 명에 이르며 방글라데시는 인도에 이어 남아시아에서 팬데믹의 영향을 두 번째로 많이 받은 나라가 되었다.[34] 하지만 높은 인구밀도를 감안하면 인구 10만명 당 사망자 수는 놀라울 정도로 낮았다. 확진자 치명률(case fatality rate, 확진자 중 사망자 비율)은 1.5퍼센트 내외로 선진국들보다 크게 낮은 수치를 보였다.[35] 인구 전체가 전반적으로 젊고(2019년 기준으로 65세 이상 인구가 전체의 5.2퍼센트에 불과) 이들이 회복력이 강한 면역체계를 갖고 있어 코로나19뿐만 아니라 다른 질병군과 싸우는 데 유리하고, 비교적 약한 코로나바이러스 변종이 전파된 것 등이 이런

차이를 만든 원인일 것이라는 추측이 있었다.[36]

하지만 실제 피해규모가 어느 정도인지는 알 수 없었다. 검사 횟수가 적기 때문에 공식적으로 집계된 확진자와 사망자 수가 실제보다 크게 적을 수가 있었다. 이런 문제는 6월 말 정부에서 일반시민들이 감당하기 힘들 정도로 비싼 검사비를 부과하면서 더 심각해졌다. 그 결과 6월 말에 하루 1만 8,000명을 웃돌던 검사자는 가을이 되자 하루 1만 2,000~1만 5,000명으로 줄어들었다. 수도권 바깥에서는 검사자가 더 적었다. 그러면서 자연스레 수치상 불일치가 나타나기 시작했다. 예를 들어 전국적으로 검사 건수가 줄면서 9월에는 확진율이 12퍼센트로 올라갔다. 보건 담당 관리들이 목표로 하는 7~8퍼센트보다 훨씬 높은 수치가 나타난 것이다. 다카 전역의 묘지 관리인들이 들려주는 현장 이야기는 사망자 수가 공식통계보다 최고 4배는 더 많을 것이라는 추측까지 나왔다.[37]

더이상 나빠질 수 있을까 싶은데도 상황은 계속 더 나빠졌다. 5월에는 20년 이래 가장 심각한 기후 재앙인 사이클론 암판이 덮쳐 해안 마을을 초토화시키고 50만 명의 이재민이 발생케 했다. 6월에는 엄청난 몬순 폭우가 이어지며 10년 내 최악의 홍수 피해를 냈다. 7월 말까지 육지의 24~37퍼센트가 물에 잠기고 100만 채 가까운 주택이 침수되는 등 방글라데시 국민 470만 명이 피해를 입었다. (보통 6월부터 9월까지 계속되는)몬순 시즌에는 많은 양의 폭우가 쏟아지는데 이는 서아시아 농업에 꼭 필요한 자연 요소이다. 하지만 최근 들어 극심한 기후변화로 몬순 시즌이 되면 사이클론과 큰 홍수가 함께 닥쳤다. 악천후를 모두 인간이 초래한 지구온난화 탓으로 돌리기는 어렵지만 데이터 상으로 심각해지는 글로벌 기후위기가 방글라데시에서 홍수의 빈도와 강도가 점점 더 심각해지는 사실과 연관이 있는 것으로 나왔다. 2020년에도 그랬다.[38]

팬데믹의 충격을 입은 많은 사람들이 갑자기 환경재해의 최전방으로 내몰리며 설상가상의 상황이 벌어졌다. 코로나19와 홍수는 서로 악순환 효과를 만들어냈다. 홍수는 사람들이 사회적 거리두기와 손 자주 씻기 같은 공공보건수칙을 준수하기 더 어렵게 만들었다. 일자리가 사라지고 해외송금이 줄어들며 이미 한계상황으로 내몰린 사람들에게 더 감당하기 힘든 사회경제적 압박이 가해진 것이다. 그런가 하면 팬데믹 때문에 홍수에 효과적으로 대처하기도 더 어려웠다. 코로나19 이전에는 많은 농촌 주민들이 몬순 기간에 도시에 나가 일하며 홍수가 물러나기를 기다렸다. 팬데믹과 록다운이 이런 패턴을 완전히 뒤집어버렸다. 도시에 거주하던 많은 이들이 홍수에 범람하기 쉬운 시골 고향집으로 돌아오는 상황이 된 것이다.[39] 22살의 모하마드 수몬도 그런 경우였다. 다카에 있는 의류공장에서 일하던 그와 아내는 4월에 두 사람 모두 일자리를 잃었다. 코로나바이러스 때문에 주문이 끊어졌기 때문이다. 그래서 부부는 수도에서 100마일 떨어진 남편 모하마드의 고향 자말푸르로 돌아갔다. 모하마드가 그곳에서 파트타임 기계공으로 일하며 생계를 꾸려갈 생각이었다. 하지만 마을이 침수되며 집밖으로 나올 수가 없어 그 계획마저 물거품이 되고 말았다. "어떻게 살아갈지 막막하다."고 모하마드는 말했다.[40]

## 빈곤국들의
## 통계 착시효과

보통은 감염병 발생과 팬데믹이 개발도상국가에서 시작된 다음 선진국으로 전파되어 나가는 것으로 생각한다. 하지만 코로나바이러스 위기 초기에 팬데믹은 중저소득 국가들에게 비교적 경미한 피해를 입힌 것처럼 보였다. 저개발국가들이 중국과 서방이 입은 초기 피해를 피할 수 있었던 이유는 무엇일까? 처음 일부 학자들은 열대지방과 아열대지방 국가들의 습한 기후와 비교적 젊은 연령층 인구가 바이러스를 억제하는 데 도움이 되었을 것이라는 주장을 내놓았다. 실제로 팬데믹 초기에는 온대지방 국가들에 감염이 집중됐다. 팬데믹의 초기 중심축은 중국에 이어서 이탈리아, 그다음 미국으로 이어졌다. 개발도상국들의 감염사례는 극히 적었다.[41]

하지만 3월 말이 되면서 팬데믹은 지구촌 전역으로 번져나갔다. 많은 나라들이 엄격한 록다운과 이동제한조치를 취했음에도 불구하고 4월이 되면서 코로나19는 마침내 많은 빈곤국가들에도 자리를 잡았다. 여름이 되자 저개발국가들 모두가 세계적인 초토화 대열에 동참하게 되었다.[42] 왜 그렇게 되었을까?

초기의 일시적인 안전지대는 글로벌 경제체제와의 낮은 연계성 때문에 나타난 결과로 보인다. 이는 항공편 운항노선을 통해 충분히 설명된다. 제일 먼저 중국을 왕래하는 항공편이 많은 나라들이 영향을 받았다. 국제항공노선을 보면 행선지들이 팬데믹이 자리를 잡고 이동하고 확산된 나라와 정확하게 일치한다. 중국에서 시작해 유럽과 미국으로 간 다음 다른 지역으로 번져갔다. 세계와 많이 연결된 지역에서 덜 연결된 지역으로 이동해 간 것이다.[43]

하지만 빈곤국에 일단 상륙하고 나면 그곳은 바이러스가 빠르게 확산될 여건이 성숙돼 있었다. 사람들로 북적이는 도시와 가난에 찌든 빈민촌이 들어찬 개도국들에서는 사회적 거리두기가 사실상 무의미했다. 시골에서는 한 집에 많은 가족이 북적이고 공동주거가 많다. 불량한 위생관리와 보건관리체계 미비가 확산 방지 노력을 더 어렵게 만들었다. 거기다 열악한 보건 인프라도 한몫했다. 2017년 세계은행과 세계보건기구WHO는 적어도 전 세계 인구의 절반이 필수적인 보건 서비스 혜택을 받지 못하는 것으로 추산했다.[44] 의료 인력, 병상 수, 핵심 의료장비, 의사와 간호사 수 등 모든 면에서 많은 후진국들이 코로나19에 대한 대비가 미흡했다. 예를 들어 4월에 WHO는 41개 아프리카 국가들이 운영하는 공공병원 전체에서 수억 명을 대상으로 제대로 작동하는 인공호흡기가 2,000대가 안 된다는 보고서를 냈다. 그 가운데 10개국은 인공호흡기가 단 한 대도 없었다.[45]

광범위한 검사가 이뤄지지 않아 전 세계 후진국들에서 일어나는 정확한 인적 피해를 집계하기는 어렵다. 후진국들에서 코로나19 감염자와 사망자 대다수가 누락되었을 가능성이 높다. 그럼에도 불구하고 집계된 자료들을 보면 개발도상국의 인구 10만 명 당 사망자 수가 선진국들보다 낮은 것으로 나타난다. 통계상 오류일 수 있겠지만 많은 개발도상국의 경우 선진국에 비해 인구 연령대가 훨씬 젊고 비만율이 낮은 것도 부분적으로는 영향을 미쳤을 가능성이 있다.(비만은 코로나 환자에게 주요한 위험 요인이다.)[46]

## 더 큰 충격 받은
## 빈곤국가들

크리스탈리나 게오르기에바Kristalina Georgieva 국제통화기금IMF 총재는 4월 9일 "코로나19 보건 위기가 취약한 사람들에게 가장 큰 피해를 입히는 것처럼 경제적 위기는 취약한 나라들에게 제일 큰 충격을 가한다."고 직설적으로 말했다.[47] 코로나바이러스가 지구촌 전역을 강타하면서 일부 빈곤 국가들은 초기에 최악의 상황을 피할 수 있었지만 이런 행운은 이후 경제적이고 인도주의적인 재앙에 훨씬 더 취약하게 만드는 다른 요인들에 의해 뒤집히고 말았다. 특히 우려스러운 것은 전반적인 인력구조였다. 팬데믹 이전 신흥시장과 개발도상 경제권에서 일하는 인력의 70퍼센트가 비공식 부문에서 생계를 이어갔다. 코로나라는 폭풍우를 견딜 경제적 완화수단을 가진 가구는 극히 일부에 지나지 않았다.[48] 정부에서 경제 록다운을 취하면서 길거리 노점상, 일용직 건설 근로자, 농업 종사자, 청소부, 가사 도우미들은 생계를 꾸려나갈 수 없게 되었다. 디지털을 비롯한 원격 생계수단이 없는 상태에서 이들은 순식간에 살아갈 방도를 잃고 말았다. 외출금지는 바로 수입이 없어지는 것을 의미했다. 그리고 가족을 먹여 살리기 위해 부득이 외출하는 것은 바이러스에 노출되는 위험을 감수하는 것이었다. 하지만 이들에게는 다른 선택의 여지가 없다.

겨우 살아가는 수백만 명에게 팬데믹 위기가 초래한 극심한 딜레마는 그 깊이를 가늠하기 어려울 정도였다. 1990년에 전 세계 인구의 36퍼센트가 극빈층에 속했다. 2015년에는 극빈자 수가 10퍼센트로 줄어 7억 3,600만 명이 되었다.[49] 일부 진전에도 불구하고 이러한 수치는 코로나 19 위기가 닥쳤을 때 하루하루 생계를 이어가는 사람이 여전히 수억 명이나 있었다는 말이다. 일생에 한번 겪을까 말까 하는 팬데믹으로 인한 전면 록다운이 아니라 조그마한 위기만 닥쳐도 이들에게는 사형선고나 다름없다.

글로벌 경제위기는 개발도상국들 모두에게 심각하고 강력한 외부 충격을 가했다. 무역과 공급망 혼란은 멕시코, 태국, 튀니지, 베트남 같은 나라들을 강타했다. 에티오피아, 몰디브, 모리셔스, 네팔, 세이셸군도, 스리랑카, 태국을 비롯해 카리브해 소국들은 관광객 감소로 큰 타격을 입었다. 부국들에 나가 일하는 이민자들이 평상시 고국으로 보내오던 해외송금은 그 액수가 크게 줄어들었다. 엘살바도르, 감비아, 과테말라, 아이티, 온두라스, 레소토, 니카라과, 네팔, 베네수엘라 같은 나라들에서는 해외송금액이 급감하며 많은 가구가 생계에 큰 타격을 입었다. 앙골라, 아제르바이잔, 볼리비아, 가봉, 이라크, 이란, 카자흐스탄, 리비아, 니카라과, 남수단, 베네수엘라는 유가 급락으로 큰 위험에 봉착했다. 글로벌 수요 급감으로 인한 상품 가격 하락으로 콩고민주공화국, 모잠

비크, 페루 같은 나라에서는 수출로 벌어들이는 수입이 크게 줄어들었다.[50] 설상가상으로 이들 개발도상국들에 들어와 있던 자본이 빠져나가기 시작했다. 상황이 계속 악화되는 것을 지켜보던 투자자들이 위기감을 느끼고 리스크 회피를 위한 조치를 취한 것이다. 그 결과 많은 나라가 위기 해소를 위해 역사상 전례 없이 많은 재정지출을 해야 하는 시기에 재원조달 방안이 줄고 자본조달비용은 상승했다. 많은 빈국들이 헤어나기 힘든 재정난에 빠져들었다.[51]

외출자제, 점포 폐쇄, 격리 등 선진국에서는 상황을 진정시키기 위한 시간을 버는 데 효력을 발휘한 공공보건 조치들이 개발도상국들에서는 국내적으로 별 효과를 보지 못했다. 많은 중저소득 국가들은 록다운 기간을 이용해 코로나 검사를 신속히 늘리고, 접촉자 추적(이를 위해 대규모 보건의료 인력이 필요), 효과적인 격리조치 방안을 수립하는 등의 행정능력을 갖추고 있지 않다. 그리고 보건의료 인프라를 신속히 구축하고 필요한 의료장비를 구입할 역량도 없다.[52] 전 세계적인 검사 키트 부족현상과 보호장비 구입을 위한 경쟁으로 인해 빈국들은 필수장비를 구하려면 마지막까지 순서를 기다려야 하는 처지에 놓였다.[53] 그 결과 전 세계 후진국들에서는 매우 견디기 힘든 일이 벌어졌다. 초기 방역조치들이 바이러스를 억제하는 데 필요한 기능을 다하지 못한 것으로 드러났다. 그러면서 취약계층 국민과 이미 팬데믹이 초래한 세계적인 경기후퇴로 인해 휘청거리는 경제에 심각한 타격을 가한 것으로 드러났다.

그래서 규제조치를 지속할 수 없고 그럴 명분도 없게 되었다. 수백만 명의 생계가 위협받는 상황에서 점포 문을 닫고 사람들에게 오랫동안 외출자제를 요구하는 건 가능하지 않고 인도적인 처사도 아니고, 강제로 집행할 수도 없는 일이었다.[54] 예를 들어 사하라 이남 아프리카의 형편없는 보건의료 체계와 소득이 미치는 결과를 주제로 6월 남아프리카공화국에서 발표된 한 보고서는 록다운 조치가 연장되면 그로 인해 발생하는 사망자 수가 질병 자체로 인한 사망자보다 더 많을 것으로 예측했다.[55]

정부에서 제공하는 지원금이나 각종 실업혜택을 연장해 주는 등의 적절한 사회보장망도 거의 갖춰져 있지 않았다. 예를 들어 G20 국가들은 GDP의 평균 22퍼센트에 달하는 지원 패키지를 국민들에게 직접 지원하거나 경제 각 분야를 지원하는 형태로 내놓았다. 이와 달리 사하라 이남 아프리카 국가들의 경우는 평균 3퍼센트밖에 지출할 여력이 되지 않았다. 세계은행 추산에 따르면 빈곤계층 지원의 경우 선진국은 1인당 평균 695달러를 지출한 반면 개발도상국들은 1인당 평균 4달러를 지출했다.[56]

WHO는 가이드라인을 내놓으면서 개발도상국들이 직면하고 있는 심각한 공중보건 문제와 경제적인 딜레마 때문에 고심한 것으로 드러났다. 하지만 WHO가 내놓은 메시지는 뒤죽박죽에다 일관성을 결여하고 있었다. 1월 23일 WHO 베이징사무소 대표는 중국이 우한에서 1,100만 명을 봉쇄한 것에 대해 "대유행을 억제하겠다는 의지를 보여주는 매우 중요한 조치이며 공중보건 역사상 전례가 없는 조치"라고 높이 평가했다.[57] 그로부터 한 달 뒤 WHO 사무 부총장은 중국의 조치가 "코로나바이러스의 방향을 바꾸어놓았다"고 추켜세웠다. 다른 나라들은 "록다운이 아니더라도 그만큼 강력한 의지로 다른 조치를 취하고 있는지 숙고해 달라."
는 권고를 받았다.[58] 2020년 3월 11일 테워드로스 아드하놈 거브러여수
스 WHO 사무총장은 코로나19를 팬데믹으로 선포하며 각국에 바이러스
를 억제하고 통제하기 위한 '긴급하고 적극적인 조치'를 취해 달라고 요
구했다.[59] 그로부터 2주 뒤 다카 사우스시티 코퍼레이션Dhaka South City
Corporation의 사예드 코콘Sayeed Khokon 시장은 다카에서 WHO와 회담
을 가진 뒤 WHO가 방글라데시 측에 록다운 조치를 취해 줄 것을 권고
했다고 밝혔다. 하지만 WHO는 즉각 그런 사실을 부인하고, "몇 가지 대
안을 제시한 것일 뿐"이라고 밝혔다.[60]

그 뒤 4월 14일 WHO는 개발도상국가들이 매우 엄격한 방역조치를
취하는 데 대해 주의를 당부하는 코로나19 가이드를 새로 내놓았다. 바
이러스가 엄청난 속도로 확산되는 많은 나라들에서 확산을 늦추고 여러
통제조치들이 효과를 내도록 하기 위해 전 국민을 대상으로 광범위한 사
회적 거리두기와 이동제한조치를 취했다. 거리두기와 이동제한조치들
은 '셧다운' 혹은 '록다운'이라고도 하며 사람 간 접촉을 제한함으로써 코
로나19의 전파속도를 늦추는 효과가 있다. 하지만 이러한 방안들은 사회
활동과 경제활동을 거의 멈추게 함으로써 개인과 커뮤니티, 사회에 매우
부정적인 영향을 미칠 수 있다. 이런 조치들은 빈곤층과 이민자, 국내 이
재민과 난민 등 소외된 집단들에게 더 많은 영향을 미친다. 이들은 대부
분 밀집되고 자원이 부족한 지역에 거주하며 일용직으로 생계를 이어가
는 사람들이다.[61]

하지만 같은 날 WHO 동남아시아 지역 담당 이사는 인도가 취한 '단호하고 시의적절한' 전국 셧다운을 잘한 조치라고 칭찬하며 "앞으로 바이러스 확산을 차단하기까지는 먼 길을 더 가야 할 것"이라고 했다.[62] 늦봄에서 여름이 되기까지 WHO는 개발도상국들에게 자칫하면 코로나바이러스가 걷잡을 수 없을 정도로 확산될 수 있기 때문에 외출금지 명령을 해제할 때는 신중하게 하라고 당부했다. 맛시디소 모에티Matshidiso Moeti WHO 아프리카 지역 담당 이사는 5월 "이런 조치들은 특히 가장 취약한 사람들이 사회적, 경제적으로 큰 대가를 치르게 만들었다. 이런 조치들이 시행되면 곧바로 최대한 빨리 해제해 달라는 납득할 만한 압력이 가해진다."는 점을 시인했다. 모에티 박사는 WHO는 각국이 규제조치를 다시 해제할 때 "단계적인 접근방식을 택할 것을 권고한다."고 덧붙였다.[63] 그리고 규제가 풀리면 코로나 환자 수는 다시 증가할 수밖에 없다. 그러면 WHO는 각국 정부에 확산 방지를 위해 수시로 록다운을 취하라고 다시 권고한다.[64]

다시 말해 WHO는 바이러스의 대규모 확산을 억제하는 데 필요한 긴급 공중보건조치들과 개발도상국 대부분이 처한 힘겨운 경제 현실과의 사이에 놓인 긴장관계를 조화롭게 풀어나가는 데 어려움을 겪은 것이다. 2020년 10월 8일 WHO의 데이비드 나바로David Nabarro 코로나19 특사는 WHO의 지침을 이렇게 분명하게 설명했다. "우리가 록다운이 정당하다고 유일하게 믿는 때는 여러분이 가진 자원을 재조직 재구성하고, 균형을 조정하는 데 필요한 시간을 벌기 위해서이다. 그리고 지친 보건 종사자들을 보호하기 위해서이다. 전반적으로 록다운은 취하지 않는 편이 좋다."[65] 하지만 많은 빈국들이 엄격한 록다운이라는 비싼 대가를 치르고도 필요한 시간을 벌지 못하는 비극적인 현실에 처해 있었다.

2021년 1월 세계은행은 2020년 신흥시장과 개발도상국의 경제활동이 2.6퍼센트 감소한 것으로 추정했다. 적어도 (자료수집이 가능한 가장 빠른 연도인)1960년 이후 개도국 세계가 기록한 경제성적표로는 최악이다. 중국을 제외하면 예상 하락폭이 무려 5퍼센트에 달했다. 신흥시장과 개도국 경제권의 80퍼센트 이상이 침체를 겪었다. 2008~2009년 금융위기 때보다 더 심한 어려움을 겪은 것이다. 팬데믹은 신흥시장과 개도국 경제의 1인당 소득을 90퍼센트 이상 감소하게 만들었다. 이들 가운데 절반 이상의 나라들이 5년 넘게 올린 소득을 한꺼번에 날렸고, 4분의 1이 넘는 나라들에서 최소한 10년치 1인당 소득이 사라져 버렸다.[66]

그 결과 2020년에는 개도국 전체 빈곤율이 1998년 이후 처음으로 상승했다.[67] 보건계량평가연구소Institute for Health Metrics and Evaluation는 팬데믹 위기가 시작되고 첫 6개월 동안 이미 전 세계 극빈 인구는 7퍼센트 증가해 3,700만 명이 늘어난 것으로 추산했다.[68] 세계은행은 2021년 말까지 극빈자 수는 1억 1,000명에서 1억 5,000만 명 정도 더 늘어날 것으로 전망했다. 세계은행이 통계를 내기 시작한 이래 최대폭의 증가를 기록하는 것이었다. 유엔개발계획은 팬데믹으로 극빈자가 2억 700만 명 더 늘어날 것으로 예상했다. 유엔도 팬데믹이 4억 9,000만 명을 빈곤으로 몰고 갈 것으로 추산했다. 이때 빈곤은 깨끗한 물과 적절한 음식, 주거를 확보하지 못하는 넓은 의미에서의 빈곤을 말한다.[69] 더 나아가 세계 경제가 대봉쇄로부터 회복하더라도 심화된 빈곤은 앞으로 여러 해 동안 계속될 수 있다. 브루킹스연구소의 호미 카라스Homi Kharas 선임연구원은 늘어날 것으로 예상되는 극빈자의 절반은 영구 극빈상태로 남게 될 것으로 예상했다.[70] 유엔은 극적인 조치가 취해지지 않는 한 세계 빈곤율은 2030년까지 7퍼센트대를 유지하게 될 것이라고 경고했다. 팬데믹 이전에는 3퍼센트였다.[71]

어린이 교육과 영양, 식수, 위생 분야에서의 문제와 다른 질병에 대한 백신 접종 중단 등이 발전과 불평등에 미칠 장기적인 파급효과 또한 심각할 수 있다. 2020년 11월 유니세프UNICEF 보고서는 '다면빈곤' multidimensional poverty 상태에 놓인 어린이들의 수가 팬데믹으로 인해 2020년 중반에 이미 15퍼센트 증가했다고 밝혔다. 1억 5,000만 명이 더 늘어난 것이다. 다면빈곤이란 교육, 보건, 주거, 영양, 위생, 식수를 제대로 제공받지 못하는 상태를 말한다. 보고서는 이어서 "미래 고용 가능성 상실, 폭력 증가, 빈곤 증가, 정신건강 문제, 영양 부족과 취약계층 어린이들의 코로나와 관련한 장기 질병 증가 등 겉으로 드러나지 않은 영향이 더 있다."고 했다.[72] 유엔인도주의업무조정국은 12월 팬데믹 때문에 핵심적인 보건 서비스 분야에서의 업무 소홀로 인해 HIV/AIDS, 결핵, 말라리아와 20년 싸워 이룬 성과가 물거품이 될 수 있다고 경고했다. 그러면서 이들 질병으로 인한 연간 사망자 수가 두 배로 늘어날 수 있다고 했다.[73]

한마디로 코로나19가 초래한 경제적 고통의 규모는 거의 상상을 초월한다. 그럼에도 불구하고 국제사회는 아직 가장 위험에 처한 사람들을 돕는 일에도 손을 놓다시피 하고 있다. 주요 기부국들은 팬데믹 이전부터 인색한 태도를 보여왔다. 2019년 전 세계 인도주의 지원규모는 16억 달러 감소해 300억 달러 미만이 되었다. 이렇게 감소한 것은 2012년 이후 처음이다. 인도주의 지원의 필요성은 더 절실해졌는데도 그랬다.[74] 그러는 와중에 팬데믹이 사태를 아수라장으로 만들어 놓았다. 대부분의 부국들이 국내 위기 극복에 매달리며 세계 극빈국들을 지원하기 위한 국제협력은 드물게 되었다. 2020년 3월 유엔은 세계에서 가장 취약한 60여 개 국을 대상으로 단기적인 문제를 해결해 주기 위해 코로나19 국제인도주의대응계획GHRP을 발표했다. 20억 달러 규모의 초기 기금으로 유엔 기구들이 세계 비정부 기구들과 협력해서 대응에 나서기로 했다. 5월에는 67억 달러, 7월에는 103억 달러로 기금 규모가 늘어났다.[75] 2020년 유엔은 다른 인도주의 지원계획과 합쳐서 모두 390억 달러를 기부해 달라고 회원국들에게 요청했다. 기부금 규모로 사상 최고 액수였다. 하지만 11월까지 모인 기부금은 170억 달러에 그쳤다. 유엔은 2021년에 인도주의 지원이 필요한 사람이 2억 3,500만 명에 달할 것으로 예상했다. 2020년의 1억 6,800만 명에서 40퍼센트가 늘어난 것이다.[76]

# 허망하게 무너진
# 페루의 성공 스토리

빈국들만 팬데믹으로 얻어맞은 건 아니다. 급속 성장을 보이던 많은 나라들의 사정도 나을 게 없었다. 가장 단적인 예가 바로 페루였다.

코로나19 위기가 닥치기 전 수십 년 동안 페루는 라틴아메리카에서 진정한 성공 스토리의 주인공이었다. 내전과 독재의 그늘에서 벗어나 지역에서 가장 역동적인 경제 국가로 일어선 것이다. 자유시장 개혁과 재정규율, 광물과 농산물 수출 호조에 힘입어 2002년부터 2013년 사이 페루 경제는 연평균 6.1퍼센트 성장을 기록했다. 페루는 이 지역의 모든 나라를 능가하는 경제 성적표를 내며 중소득 국가들의 상층부로 진입했다.(세계은행은 1인당 소득 4,046달러에서 1만 2,535달러 사이를 중소득 국가로 분류한다.) 1인당 소득이 늘며 빈곤층은 줄고 중산층이 크게 늘었다.[77]

페루에서는 3월 6일 코로나 첫 확진자가 보고되었다. 스페인, 프랑스, 체코공화국을 여행하고 온 25세 청년이 검사결과 양성반응을 나타낸 것이다.[78] 전형적인 사례였다. 초기에 코로나19는 해외여행에서 갓 돌아온 부유한 시민들을 통해 라틴아메리카에 들어왔다.[79] 하지만 얼마 안 가서 무차별적으로 감염이 진행되기 시작했고 빈곤층과 소외계층이 가장 큰 피해를 입었다. 5월 들어 코로나19가 라틴아메리카 전역으로 확산되며 WHO는 라틴아메리카를 팬데믹의 새로운 글로벌 진원지로 선언했다.[80]

브라질, 멕시코와 같은 지역 강국과 달리 페루는 처음부터 이 사태를 심각하게 받아들였다. WHO가 코로나19를 글로벌 팬데믹이라고 공식 선언한 3월 11일 페루는 국공립 및 사립학교 수업을 모두 취소시켰다. 그로부터 나흘 뒤 확진자 수가 71명에 불과하고 사망자가 아직 나오지 않았는데도 마틴 비스카라Martín Vizcarra 대통령은 국가비상사태를 선포하고, 국경을 봉쇄하고 국내여행을 제한하고 비필수 업종의 영업을 금지시켰다. 라틴아메리카에서 가장 먼저, 그리고 가장 강력하게 취한 록다운 가운데 하나였다. 격리조치를 지원하기 위해 군경이 동원되고, 방역규정을 위반한 수천 명이 구금됐다. 7월이 되어서야 정부는 경제활동을 단계적으로 재개하기 시작했다. 페루의 사정은 양호한 것 같았다. 초기 전국적인 셧다운을 통해 인공호흡기와 전국에 중환자용 병상 수백 개를 새로 확보할 시간을 벌었다. 페루는 또한 라틴아메리카에서 가장 높은 검사율을 보였다.[81]

20년 동안 인상적인 경제성장을 기록한 페루는 이웃 국가들이 갖지 못한 여러 가지 자원을 갖고 있었다. 그래서 경제회생을 위한 이 지역 최대 규모의 긴급 패키지를 신속히 내놓았다. 기업과 정규직 종사자를 위한 지원뿐만 아니라 빈곤층과 비공식 경제에 종사하는 근로자들을 위한 현금지원까지 포함돼 있었다. 페루 정부는 우선적으로 록다운 기간 동안 취약 가구를 대상으로 약 70억 솔(GDP의 1.1퍼센트에 해당하는 금액)을 직접 송금하는 방식으로 지원했다. 그리고 7월 말에는 64억 솔(GDP의 0.9퍼센트에 해당하는 금액)을 추가로 현금 지원했다.[82]

다시 말해 당시 페루 정부는 올바른 조치를 많이 취하는 듯이 보였다.

물론 그 정도 대책으로 충분하지는 않았다. 7월에 공중보건 규제가 느슨해지며 전체 인구 3,300만 명 가운데 코로나 확진자는 28만 8,000명, 사망자는 9,860명이 나왔다. 세계 최악의 코로나바이러스 감염지가 된 라틴아메리카 전체에서 브라질에 이어 두 번째로 높은 수치를 기록한 것이다. 8월 중순이 되자 사태는 걷잡을 수 없을 정도로 악화되고 정부는 새로운 제한조치를 도입할 수밖에 없게 되었다. 12월 말에 감염자 수는 100만 명을 넘고 사망자는 3만 7,000명을 넘었다. 인구 10만 명 당 사망자 수에서 세계 6위였다.[83] 페루의 운명도 아르헨티나, 볼리비아, 브라질, 콜롬비아, 에콰도르, 멕시코 등 라틴아메리카의 다른 중소득 국가들과 마찬가지로 인구당 사망자 수와 확진자 사망률이 매우 높았다. 더구나 페루의 경우는 공식 사망자가 많이 나왔지만 실제 사망자는 그 두 배는 될 것이란 분석이 있었다.[84]

어떻게 해서 이런 일이 벌어지게 되었을까? 간단히 말하면 이렇다. 코로나바이러스 확산 방지를 위해 페루 정부가 취한 조치로는 이 나라의 뿌리 깊은 여러 구조적인 문제들을 이겨내기에 부족했던 것이다. 많은 개도국들도 사정은 마찬가지였다. 인구가 밀집된 도시 지역, 자원이 빈약한 보건의료 체계, 심각한 불평등, 대규모 비공식 근로인력, 끝이 보이지 않는 빈곤 등. 라틴아메리카 전역에 걸쳐 거의 전체 인구의 5분의 1은 사회적 거리두기가 잠꼬대에 지나지 않는 현실에서 살고 있다. 코로나 이전 수도 리마를 비롯한 도시 지역에서는 인구의 3분의 1이 밀집된 빈민가에서 살았다. 목재판자와 고철, 벽돌로 지은 판잣집이 빼곡히 들어찬 이런 빈민 지역에는 대부분 위생시설이 제대로 되어 있지 않고 깨 끗한 물을 마시기 어렵고 보건의료 혜택을 받기도 어렵다.[85] 페루의 연구 소 그룹 그레이드Grade의 경제학자 우고 노포Hugo Ñopo는 "우리더러 손 을 자주 씻으라고 하지만 빈곤 가구 세 집 가운데 한 집은 수도가 없다." 고 했다.[86]

수십 년 동안 페루는 라틴아메리카 전역에서 보건 분야의 공공투자 수준이 가장 낮은 나라들 가운데 하나였다. 그 결과 기능이 떨어진 노후 한 시스템에다 필수장비 부족, 보건 서비스 혜택을 받는 데 있어서의 불 평등 심화 등이 만연했다. 정부는 신속히 움직였지만 시스템 미비라는 핵심 문제가 너무 깊이 뿌리내리고 있어서 극복하기 힘들었다.

경제적 불평등도 매우 심각한 요인이었다. 빈부격차와 불평등을 나타 내는 페루의 2018년 지니계수는 0.43이었다.(라틴아메리카와 카리브해 지역 전체의 지니계수는 0.46) 지니계수 0은 완전평등을 나타내고, 지니계수 1은 완전불평등을 나타낸다. 고소득 국가들의 2018년 평균 지니계수는 0.32 였다. 페루의 불평등 상황은 (사하라 이남 아프리카에 이어)세계에서 두 번 째로 불평등한 지역인 라틴아메리카 전체의 수준을 전형적으로 보여준 다.[87] 결론적으로 말해, 여러 해에 걸친 경제성장에도 불구하고 빈곤은 여전히 해결해야 할 큰 과제로 남아 있었다. 2018년 기준으로 페루 국 민의 16.8퍼센트가 빈곤선 이하이고 극빈인구 비율은 3.7퍼센트였다.[88] "팬데믹은 그동안 우리 눈에 보이지 않았지만 아직도 많은 국민이 빈곤 속에 살고 있다는 현실을 드러내 보여주었다. 이들은 힘든 여건에서 하루하루 힘들게 벌어서 살아가고 있다." 페루에서 비공식 근로자들을 대변하는 국제 비정부기구에서 고문으로 일하는 사람은 2020년 6월 이렇게 말했다.[89]

더구나 페루 국민들 가운데 기술적으로 빈곤으로 분류되지 않지만 실제로는 매우 불안정한 여건에서 일하는 사람이 많다. 라틴아메리카와 카리브해 일대의 근로인력 가운데 54퍼센트가 길거리 노점상, 구멍가게, 파트타임 건설 근로자, 가사 도우미 등 비공식 경제에 종사한다. 팬데믹 이전 페루에서는 그 수가 거의 70퍼센트에 육박했다.[90] "정부의 록다운 조치는 페루 국민 가운데 공식 부문에 종사하는 30퍼센트에만 해당된다. 공식 부문은 경제적으로 성장 추세에 있다." 리마에 있는 정부 및 공공경영연구소의 이반 히달고 로메로 연구 부문 소장은 이렇게 말했다. "하지만 페루 국민 가운데 비공식 부문에 종사하는 나머지 70퍼센트는 보건, 교육, 영양, 연금, 재정안전망 등의 기본적인 혜택을 누리지 못하고 있다."[91] 이런 이중적인 현실은 페루 국민 수백만 명이 팬데믹과 록다운이라는 이중파고 앞에서 아무런 완충장치를 제공받지 못한다는 것을 의미한다. 급속 경제성장이라는 허울 좋은 허상에 가려 현실을 제대로 못 보고 있었는데 코로나19가 그걸 드러내 보여준 것이다.

정부의 경제 지원책은 도움이 되지만 위기의 정도가 워낙 심각하다 보니 이런 노력이 효력을 발휘하지 못한 것이다. 빈곤 가계들에 대한 제대로 된 최신 정보가 확보되지 않아 가장 필요한 사람들을 지원하겠다는 정부의 노력은 실패하고 말았다. 더구나 수만 명이 도시를 떠나 시골의 고향집으로 돌아가는 바람에 이들에게 필요한 경제적 지원을 해주기가 더 어렵게 되었다.

페루 국민 가운데 은행구좌를 갖고 있는 사람이 43퍼센트에 불과하다는 점도 현금지급을 어렵게 만들었다. 그리고 지방관료들의 부패도 지원 프로그램의 효과를 떨어뜨렸다. 빈곤층에게 나눠주기로 한 지원금을 관리들이 횡령한 사건에 대해 반부패 검사들이 수사한 게 6월까지 500건이 넘었다.[92]

사회경제적 여건도 정부가 실행에 옮긴 팬데믹 확산 방지 전략의 설계상 결함을 더 증폭시켰다. "가만히 앉아 굶어죽든지, 병에 걸리지 않도록 요행을 바라며 나가라고 한다면 당연히 격리 명령을 어기고 가족을 먹여 살리러 나가야 하는 것 아닌가요."라고 리마에서 노점상으로 일하는 루이스 데이비드 아리아스 구티에레스는 말했다.[93] 엄격한 록다운이 시행되면서 사람들은 특정한 시간에 시장과 은행에 몰려들게 되었고 그게 바이러스 확산을 더 부추겼다. 페루 전체 가구의 40퍼센트 이상이 냉장고가 없어 이들에게는 매일 시장을 오가는 게 생활화되어 있다. 그래서 대부분 집안에 가만히 있지 못한다. 그런데 정부 조치로 식료품을 구입할 수 있는 시간과 날짜를 제한하고 배달 서비스를 금지하고 식당에서 테이크아웃도 못하게 막았다. 그러자 가게가 문을 여는 시간에 사람들이 한꺼번에 몰려 북새통을 이루었고, 그렇게 해서 전국의 시장들이 '주요 감염원'이 되었다. 비스카라 대통령도 BBC에 출연해 이런 사실을 인정하며 말했다. "시장 상인들의 40, 50, 80퍼센트가 감염자들이다. 장을 보러 가면 거기서 감염되고 바이러스를 집으로 가져오고, 그걸 가족 모두에게 전파하는 것이다."[94] 또한 은행구좌를 가진 사람이 드물기 때문에 정부 지원금을 받아 생계에 보태려고 은행창구로 사람이 몰려들었다.[95] 코로나바이러스가 이런 틈새를 찾아 스며들며 페루 경제는 사실상 붕괴되고 말았다. 록다운이 시행된 첫 달인 4월에는 경제활동 전반이 40퍼센트 이상 줄고 2분기에는 72퍼센트 하락했다. 10월에 IMF는 페루 경제가 2020년에 13.9퍼센트 감소할 것으로 예상했다. 12월에 국제노동기구ILO 는 2020년 페루에서 150만 개의 일자리가 줄어들 것으로 예상했다.[96] 라틴아메리카와 카리브해 일대에 닥친 재앙적인 상황이 반영된 결과였다. IMF는 2020년 팬데믹으로 인한 경제력 감소가 7.4퍼센트에 이를 것으로 예측했는데 이는 그동안 이 지역이 겪은 사상 최악의 경제력 감소였다.[97]

이런 상황이 계속되며 페루 경제의 성공 스토리는 금방 창밖으로 내던져질 위기에 처했다. 2020년 말까지 페루 국민 가운데 빈곤층이 25.8퍼센트에 이를 것으로 전망되었다. 전년도 대비 9퍼센트 증가한 것으로 그 가운데 극빈층은 3.7퍼센트에서 7.6퍼센트로 두 배 이상 늘어날 것으로 예상되었다.[98] 리마에 있는 퍼시픽대학교의 경제학자인 파블로 라바도Pablo Lavado 교수는 이렇게 말했다. "페루도 드디어 중산층 국가가 되기 시작했다고 자축하던 때였다. 하지만 우리의 중산층은 너무도 취약하고 쉽게 무너진다는 사실이 드러나고 말았다."[99] 라틴아메리카 전역이 사정은 마찬가지였다. 2005년부터 2020년까지 미주개발은행 총재를 지낸 루이스 알베르토 모레노Luis Alberto Moreno는 이렇게 설명했다.

라틴아메리카의 코로나19 위기는 무엇보다도 불평등의 위기이다. 전 세계적으로 코로나바이러스는 인종적으로 사회경제적으로 취약한 집단에게 가장 큰 충격을 주었다. 교육, 보건을 비롯한 여러 자원 혜택을 누리는 데 있어서 심각한 불평등을 드러냈다. 이러한 불평등은 수십 년 동안 잠복해 있던 문제로 치료제나 백신으로도 해결하지 못한다.[100]

## 바이러스보다 더 무서운
## 경제 충격

"당분간 취약한 국가들에게 제일 큰 피해를 입히는 건 분명히 바이러스 자체가 아닐 것이다." 마크 로코크 Mark Lowcock 유엔 인도주의 업무 및 긴급구호조정 담당 사무차장은 2020년 12월 이렇게 강조했다. "가장 큰 피해는 바로 후속조치로 취해지는 록다운과 글로벌 경기후퇴로 초래되는 2차 충격이다. 많은 나라에서 코로나바이러스가 끔찍한 피해를 초래한 것은 사실이다. 하지만 그것은 장기 유혈분쟁과 기후변화의 피해, 그리고 한 세대 동안 계속된 메뚜기떼의 피해에다 설상가상으로 새로운 충격이 더 가해진 것이다."[101]

케냐의 경우를 보자. 2020년 초 수억 마리의 사막 메뚜기떼가 동부 아프리카 일대에 내려앉았다. 농작물을 해치는 이 곤충은 보이는 것을 닥치는 대로 먹어치웠다. 70년 만에 일어난 최악의 곤충 습격이었다. 메뚜기떼 창궐은 직전 가을 발생한 인도양 쌍극자Indian Ocean dipole 현상 때문에 이례적으로 많이 내린 폭우로 더 심각했다. 인도양 쌍극자는 지구온난화로 인도양의 해수면 온도가 올라가며 발생하는 현상인데 고약하게도 이 현상이 메뚜기의 번식력을 높인 것이다. "놈들은 이리저리 몰려다니며 닥치는 대로 먹어치웠다. 푸르던 논밭이 순식간에 사막으로 변하고 말았다." 음위칼리 은조카는 2월 케냐 동부 마세케 마을에 있는 8에이커에 달하는 자신의 농장을 바라보며 이렇게 말했다.[102]

코로나19 사태가 시작되기 전 5년 동안 케냐 경제는 연평균 5.7퍼센트 성장을 기록하며 사하라 이남 아프리카에서 가장 빠르게 성장한 나라들 가운데 하나였다.[103] 그렇지만 4,600만 인구 가운데 3분의 1 이상이 아직 극빈 상태에 있고, 1,450만 명은 일정 수준의 식량 불안정을 겪었다. 인구의 4분의 3이 수입의 전부 혹은 일부를 농작물을 키워 벌어들이는 나라에서 메뚜기떼의 습격과 기후변화의 영향은 그것만으로도 엄청난 재앙이었다. 거기다 팬데믹이 덮친 것이다.[104]

코로나19 확진자가 그렇게 많지 않던 3월 말 우후루 케냐타Uhuru Kenyatta 대통령이 이끄는 케냐 정부는 항공편 운항을 대부분 중단시키고 국경통제 강화, 학교와 교회, 모스크 폐쇄, 대중집회 금지, 그리고 국내 이동을 철저히 제한하는 조치를 취했다. 도시 지역에는 야간통행금지령을 발동했다.[105] 하지만 인터넷을 사용하는 집이 케냐 전체 가구의 23퍼센트에 불과하고 근로인력의 거의 84퍼센트가 비공식 근로자인 점 때문에 이런 조치가 효력을 갖기에 한계가 있었다. 방글라데시와 페루에서와 마찬가지로 나이로비, 몸바사 같은 도시 슬럼가에 거주하는 케냐인 상당수에게 사회적 거리두기는 잠꼬대 같은 이야기였다. 많은 이들이 고향을 떠나 도시로 나와 근근이 생계를 이어가고 있었다. 록다운을 시행하는 과정에서 케냐 경찰이 시장에서 장을 보거나 일을 마치고 돌아가는 사람들에게 길거리에서 발포하거나 구타했다가 시민들의 항의를 받거나 거세게 충돌하는 사태가 자주 일어났다.[106]

다른 많은 나라들과 마찬가지로 글로벌 경제위기는 케냐를 재앙 직전 상황으로 몰고 갔다. 수출과 관광 수입, 해외송금이 타격을 입고 개인소득은 줄어들었다. 케냐 재무장관은 코로나19로 2020년 한때 놀라운 성장을 보인 케냐의 경제성장률은 0.6퍼센트로 떨어질 것으로 전망했다. 이 정도 성장으로는 가파른 인구성장률을 따라가기도 어렵다.[107]

경제적 주변화가 심화되며 선진국에서는 당연한 것으로 생각하는 물건을 차지하기 위해 싸움이 벌어졌다. 바로 식량 쟁탈전이었다. 록다운 시행으로 나이로비를 비롯한 여러 지방 도시에서 옥수수, 콩 가격이 단기 급등세를 보였다. 수요가 증가하고 국경무역이 지장을 받은 때문이었다.[108] 4월에 나이로비 인근에 있는 케냐 최대 슬럼가 키베라 지역에서 굶주린 주민 수천 명이 한꺼번에 필사적으로 구호식량 배급소로 몰려가는 사태가 벌어졌다. 많은 사람이 부상 당하고 두 명의 사망자가 발생했다. 경찰은 사태를 진압하기 위해 최루탄을 발사했다.[109] 같은 달 몸바사에서는 세탁소 일을 하는 미망인이 일거리가 없어 생활고를 호소하는 비디오가 사람들 사이에 퍼졌다. 비디오에는 홀로 8명의 아이를 키우는 이 여인이 아이들이 먹을 것을 기다리다 지쳐 잠들 때까지 냄비에 돌멩이를 넣고 끓이는 장면이 들어 있었다.[110]

장마는 케냐의 농산물 생산량을 높이는 데 도움이 되었다. 하지만 수입이 줄며 많은 주민의 농산물 구매력이 감소했다. 6월 국제적십자사가 라무 지역에서 실시한 조사에 따르면 응답자의 85퍼센트가 현지 시장의 농산물 가격이 올랐다고 답했고, 응답자의 82퍼센트가 팬데믹으로 수입이 줄어 식품 구매력이 줄었다고 했다.[111] 다시 말해 아프리카 대륙에서 무력분쟁 지역도 아닌 케냐가 360만 명이 기아에 직면해 인도적인 지원이 긴급한 나라 명단에 포함된 것이다.[112] 케냐 이웃 에티오피아, 남수단, 수단, 소말리아 등지의 사정은 더 열악했다.

피로감이 쌓이며 케냐 경제는 4월 말부터 단계적으로 재개되기 시작했고 7월 초에는 많은 규제조치가 해제되었다. 감염률이 높은데도 불구하고 봉쇄조치는 뒷전으로 밀려났다. 7월 초 6,700명이던 확진자(사망자 149명)가 9월에 3만 4,000명으로 (사망자 577명) 늘더니, 연말에는 9만 6,000여 명으로 늘었다.(사망자 1,670명) 흥미로운 것은 이때까지도 치명률CFR은 대단히 낮은 편이었다.(12월 기준으로 1.7 내외였는데 이는 세계평균보다 한참 낮은 수치였다.) 아마도 코로나19가 매우 기승을 부리는 나이로비와 몸바사 인구에서 젊은층이 차지하는 비율이 높기 때문으로 보였다.[113] 케냐만 그런 것은 아니었다. 9월에 WHO는 사하라 이남 아프리카 전역에서 코로나로 인한 사망률이 비교적 낮은 것으로 분석했다. 가을과 겨울에 닥친 2차 대유행 때도 12월 아프리카 대륙 54개 나라 거의 모두 전체 사망자가 미국의 1일 사망자 수보다 적었다.[114] 하지만 아프리카 전역에서 팬데믹과 이를 막으려는 조치로 인해 초래된 경제적 주변화와 식량 불안정은 질병 그 자체보다도 훨씬 더 심각한 결과를 만들어냈다.

## 인도주의의 위기

전 세계적으로 1990년부터 2015년 사이 만성적인 기아상태에 놓인 사람의 수는 거의 4분의 1로 줄었다. 하지만 2020년에 그 수는 7억 9,600만 명에서 8억 2,100만 명으로 늘고, 극심한 기아acute hunger를 겪는 사람은 1억 3,500만 명으로 70퍼센트 늘었다.[115] 라틴아메리카와 같은 농업국가들에서도 굶주림에 시달리는 사람이 많았다. 2019년 유엔식량농업기구FAO 보고서에 따르면 라틴아메리카와 카리브해 일대는 전 세계 농업 및 어업 수출의 23퍼센트를 차지하는데도 3명 중 1명꼴로 식량 불안정을 겪었다.[116] 전 세계적으로 이런 흐름을 이끄는 가장 큰 요인은 무력분쟁과 기후변화, 경제적 취약성 등이다. 팬데믹이 이런 기존의 추세와 뒤엉키며 충격을 극대화시켰다. 식량 불안정은 아프가니스탄, 부르키나파소, 중앙아프리카공화국, 차드, 콩고민주공화국, 에티오피아, 과테말라, 아이티, 온두라스, 케냐, 레바논, 레소토, 미얀마, 니제르, 팔레스타인, 파키스탄, 소말리아, 남수단, 수단, 우간다, 예멘 등지에서 악화되었다.

코로나 사태 초기에는 이로 인해 전 세계 식량 공급이 줄어들지 모른다는 우려가 있었다. 예를 들어 영국의 비영리 단체들은 코로나바이러스로 인한 이민자 노동력 감소로 농작물 수확량 3분의 1이 줄어들 것이라는 경고를 내놓았다.[117] 일부 개도국에서는 가축을 제때 먹이와 물 있는 곳으로 이동시키지 못해 가축의 건강을 해치고 그래서 가축의 매매가가 떨어졌다.[118] 하지만 전 세계적으로 3대 주요 작물인 쌀, 밀, 옥수수 생산량은 팬데믹에도 불구하고 비교적 높은 상태를 유지했다.[119]

코로나19가 세계 식량 교역에 초래한 지장도 초기에 걱정한 만큼 심각하지는 않았다. 2020년 4월 말 세계 최대 밀 수출국인 러시아를 포함한 17개국이 곡물 일시 수출제한조치를 내놓았다.[120] 수출금지조치가 정점에 이르렀을 당시 수출금지된 곡물의 양은 전 세계적으로 유통되는 곡물 칼로리 량caloric value의 약 5퍼센트를 차지했다.[121] 이는 현지 곡물생산 부족분을 수입에 크게 의존해서 채우는 사하라 이남 아프리카 지역에 특히 심각한 위험으로 작용했다.[122] 하지만 이런 제한조치들 대부분은 오래 가지 않았고(9월까지 이런 금지조치를 시행하는 나라는 키르기스스탄 한 나라뿐이었다), 일반적으로 글로벌 곡물 교역은 다른 품목에 비해 회복력이 더 강하다는 게 입증됐다.[123] 하지만 기아 위기가 총공급상의 문제로 인해 일어나는 경우는 드물다는 사실에 주목해야 한다. 그보다는 필요한 사람에게 공급이 제대로 이루어지지 않는 문제 때문에 생긴다. 기아는 또한 식량가격 급등이나 수입 하락으로 빈곤층의 식량 구입에 어려움이 생기는 등 경제 환경의 갑작스런 변화에 영향을 받는다. 팬데믹이 식량 불안정에 가장 큰 영향을 미친 것도 바로 이런 경우였다.

2020년 12월에 FAO는 7개월 연속 세계 곡물가격이 상승해 곡물, 기름을 짤 수 있는 오일시드oilseed, 유제품, 육류, 설탕 가격이 거의 6년 만에 최고치를 기록했다고 보고했다. 세계은행은 2020년 세계 곡물가격이

14퍼센트 상승했고, 이와 함께 많은 이들이 소득감소로 식품 구입에 큰 어려움을 겪고 있다고 밝혔다.[124] 시리아에서는 식품가격이 월평균 240퍼센트 급등했고, 수단에서도 주요 곡물 가격이 두 배로 뛰었다.[125] 이런 불안정은 주로 팬데믹을 억제하기 위해 시행된 여러 봉쇄조치의 결과로 나타났다. 농식품 공급망과 관련된 농부와 상인, 근로자들은 록다운과 제한조치에서 예외가 된 경우가 많았다. 하지만 야간 통행금지가 농산품을 시장에 공급하는 농부와 상인들의 업무시간을 제한했고 길거리 노점상과 노천 시장들까지 문을 닫으며 지방의 식품가격이 치솟았다. 다시 말해 소득이 줄어든 데 반해 농산품 가격은 올랐다. 그러면서 개도국에 사는 수백만 명이 꼭 필요한 필수 식품을 구입할 수 없게 된 것이다.[126] 한편으로는 상품 수출가격이 하락하고 관광객은 감소하는 등 점증하는 여러 경제적 불안요인이 개도국들로 하여금 인도주의적인 어려움을 해소하는 데 필요한 현금 사정을 더 악화시켰다. 전 세계 자본 공여국들이 자국의 경제위기로 관심을 국내로 돌리면서 어려움에 처한 나라를 돕는 데 필요한 자금과 정치적 의지를 확보하기 어렵게 되었다.

2020년 8월 미국 농무성은 코로나19가 소득에 미친 충격으로 중저소득 국가에 사는 8,350만 명이 만성적인 기아상태에 내몰릴 것으로 예상했다.[127] 유엔세계식량계획WFP은 자기들이 활동하는 나라에 사는 주민 가운데 2억 7,200만 명 정도가 코로나19로 인해 심각한 식량 불안정을 겪거나 그럴 위험에 처해 있다고 추정했다. 2019년에 비해 그 수가 두 배로 늘어난 것이다. WFP는 앞으로 국제적인 노력이 없으면 팬데믹이 많게는 35개 나라에서 기아를 발생시킬 것으로 전망했다.[128] 인도주의 단체 옥스팜Oxfam도 "무력분쟁과 점증하는 불평등, 커지는 기후위기의 충격에 코로나19 위기가 가세하며 이미 와해된 세계 식량체계를 근본부터 뒤흔들어 수백만 명 넘는 사람을 기아로 내몰았다"고 했다.[129]

2020년 10월 9일 WFP는 팬데믹 와중에 점증하는 전 세계 기아와 맞서 싸운 노력을 인정받아 노벨평화상 수상자로 선정됐다. 노벨위원회가 WFP의 지원 노력을 인정하는 한편 코로나19로 인해 심각해진 식량위기에 세계의 관심을 모으려는 의도도 선정 배경으로 작용한 것 같았다. 선정 발표 직후 데이비드 비슬리David Beasley WFP 사무총장은 국제사회와 특히 전 세계 수십억만장자들을 상대로 50억 달러의 추가 기부금을 만들어달라는 긴급호소문을 발표했다. 그는 "필요한 추가 지원금이 마련되지 않으면 여러분은 앞으로 전 세계 수십 곳에서 엄청난 규모의 기아를 목격하게 될 것"이라고 했다. 그는 또한 앞으로 팬데믹으로 촉발된 위기가 지금의 불안정과 무력분쟁, 대규모 이주사태를 더 악화시켜서 전 세계적으로 이미 궁핍한 생활을 영위하는 수백만 명을 더 큰 위험에 빠트리는 악순환을 목격하게 될 것이라고 경고했다.[130] 이후 12월 비슬리 사무총장은 2021년은 "70여 년 전 유엔 창설 이후 맞는 최악의 인도주의적인 위기의 해가 될 것"이라고 경고했다.[131]

# 제9장

# 분쟁과 팬데믹

2020년 2월 24일 알리 라비에이Ali Rabiei 이란 정부 대변인이 연단에 올랐다. 그가 등장한 목적은 간단했다. 정부가 코로나19를 막아냈다고 국민들을 안심시키려는 것이었다. 그의 옆에는 코로나 사태 해결 책임자인 이라즈 하리르치Iraj Harirchi 이란 보건부 차관이 함께 서 있었다. 두 사람 모두 단호하게 국민들을 안심시키는 말을 했다. 하지만 기자회견을 중계하는 비디오 화면에는 다른 모습이 비쳤다. 하리르치 차관은 브리핑 내내 연신 얼굴과 두 눈의 땀을 닦아냈지만 땀은 계속 흘렀다. 하루 뒤 국민들은 그가 코로나19에 걸린 사실을 알았다. 정부의 말과 달리 감염병은 통제되지 않고 있었다.[1] 코로나바이러스는 이란 전역으로 확산되었을 뿐만 아니라 정부 권력 내부까지 침투한 것이었다.

성지인 곰Qom을 찾은 중국 유학생이나 중국인 근로자들을 통해 바이러스가 이란 국내로 전파되었을 가능성이 있었다. 이란 정부는 2월 19일 코로나로 인한 최초 사망자가 발생했다고 공식발표했지만 코로나19는 이미 여러 주 전부터 성지인 곰 전역에 거침없이 확산되고 있었다. 곰은 이란 성직자들의 정신적인 중심지이기 때문에 순례자와 공적인 방문객이 계속 찾아오는 곳이다. 그래서 이곳에서 감염병이 발생하면 곧바로 다른 인구밀집 지역을 향해 사방으로 퍼져나가고 이란 지도부 내부로도 전파될 가능성이 높았다. 얼마 못 가 커지는 위기를 계속 감추기는 불가능하게 되었다. 곰 시내 공동묘지에 시신을 담은 비닐백이 쌓이는 장면을 담은 비디오가 소셜미디어를 통해 광범위하게 퍼져나가고 대규모 공동묘지를 파는 장면이 담긴 위성 영상까지 등장했다.[2] 3월 중순에는 정부관리와 저명한 종교 지도자 수십 명을 비롯해 이란 국민 수만 명이 감염되었다. WHO는 당시 이란의 공식 사망자가 수천 명으로 발표되었지만 실제로는 그 다섯 배가 넘을 것으로 추정했다.[3]

성지 곰에서 일어나는 일을 국민들에게 솔직하게 털어놓지 않은 것은 이란 정부의 대응이 뒤죽박죽이었음을 보여준다. 우한에서 바이러스가 한창 기승을 부릴 당시 이란 정부는 곧바로 중국으로의 여행금지조치를 취하지 않고 망설였다. 최대 교역국이자 이란산 석유의 유일한 구매국이 된 중국과의 관계가 손상될 것을 우려해서였다. 이란 정부는 초기의 의심 사례들을 무시하고 국가의 보건의료 시스템을 정비해 대비태세를 갖추지 않았다.[4] 그러다 2월 초 마침내 중국발 여객기에 대한 운항금지를 발표했다. 그러면서도 군대 조직인 이슬람혁명수비대IRGC가 경영에 관여하는 민영항공 마한에어Mahan Air는 비밀리에 중국 여러 도시를 오가며 운항을 계속했다.[5] 상황이 정상이라는 것을 보여주려고 이란 관리들은 이란혁명 41주년이 되는 2월 11일 대규모 축하 퍼레이드를 독려하고 2월 11일 의회선거를 예정대로 밀어붙였다. 두말할 것도 없이 바이러스를 확산시키는 조치들이었다.

이슬람혁명수비대는 코로나19를 억제하기 위한 공식적인 노력은 하지 않으면서 국가의 적들을 비난하고 혁명수비대를 국가의 영웅으로 추켜세우는 일에 몰두했다. 혁명수비대 장교들은 코로나바이러스를 '미국의 생물학무기 침략', '시온주의자들의 생물학무기 테러공격'이라고 불렀다. 혁명수비대가 운영하는 바키야툴라의과대학의 어느 교수는 이란 국영 텔레비전에 나와 코로나 감염병이 미국과 이스라엘인들이 이란 국민의 DNA를 공격하기 위해 만든 '인종 생물학무기'라고 선언했다. 최고지도자 아야툴라 알리 하메네이도 이런 음모론을 따라서 주장했다.[6] 이슬람혁명수비대는 자신들을 조국의 보건 수호대로 자처하며 적에게 포위된 의사와 간호사들을 돕기 위해 나서겠다고 선언했다. 3월 초 이란 당국은 혁명수비대와 민병대 바시즈 병력 30만 명을 전국에 배치해 공공장소 방역과 교통정리, 환자 검사와 치료를 지원하겠다고 발표했다.[7]

코로나19가 확산되며 이란은 경제적 대혼란에 휩싸였다. 2015년 이란은 오바마 행정부를 비롯해 중국, 프랑스, 독일, 러시아, 영국으로부터 경제제재 완화를 약속받는 대신 핵 개발을 자제한다는 내용의 비핵화 방안에 합의했다. 하지만 정부의 부패와 미숙함으로 인해 이란은 제재완화의 과실을 제대로 거두지 못했다. 그러다 2018년 5월 트럼프 대통령이 이란과의 핵합의를 파기하고 포괄적인 경제제재를 재개했다. 트럼프 대통령은 2016년 대통령 선거운동 기간 중 이란과의 합의를 '재앙'이며 '사상 최악의 합의'로 불렀다. 미국의 제재로 이란은 세계 금융체제에서 퇴출되고 이란산 원유 수출 길까지 막히게 되었다. 트럼프 대통령은 이런 '최대한의 압박'을 통해 이란 정부로 하여금 더 강력한 핵합의를 체결하도록 하고 앞으로 이란이 중동지역에서 테러리즘과 무력활동을 지원하지 못하도록 막겠다고 공언했다. 하지만 이와 달리 이란은 핵합의에서 금지시킨 핵 개발 활동을 재개하고 중동지역에서 군사적 도발 수위를 높였다. 페르시아만에서 선박을 나포하고 드론을 띄우고, 사우디아라비아 석유수출단지에 대한 미사일 공격을 감행했다. 그리고 이란이 후원하는 시아파 민병대의 이라크 주둔 미군에 대한 로켓포 공격을 승인했다. 그럼에도 불구하고 트럼프 대통령의 제재조치는 이란 경제의 숨통을 조이는 데 효과를 발휘했다. 이란 경제의 근간을 차지하는 원유 수출은 2018년 하루 250만 배럴에서 2020년 초 하루 몇 십만 배럴로 급락했다. 이란 정부의 재정수입도 따라서 곤두박질했다. 인플레이션은 천정부지로 치솟았고 이란 화폐가치는 바닥으로 가라앉고 실업률은 터질 듯이 팽창했다. 2019년 이란 경제는 7퍼센트 이상 하락했고 팬데믹 위기가 오기 전에도 이란의 2020년 전망은 암울하기 그지없었다.[8] 제재조치는 이란의 코로나바이러스 대처도 힘들게 만들었다. 인도주의 지원과 의료 지원은 기술적인 예외조항을 만들어 놓았지만 트럼프 행정부가 취한 최대한 압박 전략은 팬데믹 기간 중 해외 단체들이 그런 지원을 제공하는 것도 눈치를 보게 만들었다. 이러한 사정은 2020년 10월 미국이 이란의 금융체제 전반을 완전히 동결해 버림으로써 극도로 악화되었다.[9]

경제적으로 이미 생명유지장치에 매달린 처지였던 이란은 코로나19 사태가 글로벌 원유 수요를 무너뜨리고 러시아와 사우디아라비아가 감산을 거부함으로써 더 막대한 타격을 입었다. 유가 급락은 모든 산유국들에게 큰 피해를 입혔지만 제재조치 때문에 시장가격 이하로 원유를 내다팔 수밖에 없는 처지인 이란은 비교가 되지 않을 정도로 큰 타격을 입었다.[10] 더구나 그동안 완전한 록다운 정책을 시행한 적이 없었기 때문에 이란 정부가 코로나19 확산 방지를 위해 규제조치를 강화하자 가뜩이나 암울하던 경제상황이 더 어렵게 되었다. 이란 정부는 2월 말부터 3월 중순까지 종교집회와 학교, 상점들에 대한 제한을 단계적으로 강화했다. 이란 국민 수백만 명이 일자리를 잃고, 수입이 줄고 일하는 시간이 줄어들었다. 점포들이 문을 닫고 제재조치로 세수가 줄어 정부는 국민들에게 제공할 적절한 안전망을 위해 필요한 재정적인 수단을 마련할 방도가 없었다.[11] IMF는 이란 경제가 2020년에도 5퍼센트 추가 하락할 것으로 전망했다.[12]

이란은 경제적 사망 상태에서 벗어나기 위해 점점 더 중국에 기댔다. 트럼프 대통령이 제재조치를 재개하며 두 나라의 교역관계는 이미 깊어져 있었다. 2019년 8월 자바드 자리프Javad Zarif 이란 외무장관의 베이징 방문 기간 중 중국의 왕이 외교부장은 두 나라 관계를 '포괄적이고 전략적인 동반자 관계'로 불렀다. 팬데믹이 이런 관계가 현실화되도록 만드는 인센티브를 제공해 주었다. 7월에 공개된 문서는 이란과 중국이 무역과 정치적, 문화적, 군사적 관계를 확대하는 25년 전략적 협력확대협정을 체결하기 직전에 와 있음을 보여주었다. 이 협력협정은 2021년 3월에 체결되어 중국이 이란 인프라 구축을 위해 향후 25년간 4,000억 달러를 투자하고, 이란이 중국의 일대일로一帶一路 정책에 합류하는 데 필요한 길을 열어 주었다. 그 대신 중국은 이란산 원유를 안정적으로 공급받는 것으로 알려졌다.[13]

하산 로하니 이란 대통령은 경제를 살리기 위한 필사적인 노력으로 국내의 규제조치를 완화할 수밖에 없었다. 팬데믹이 시작되기 여러 달 전부터 경제적 어려움과 정부에 대한 불만으로 전국에서 광범위한 시위가 벌어졌다. 2019년 11월에는 이란 전역에 있는 100여 개의 크고 작은 도시에서 약 20만 명의 시민이 거리로 몰려나왔다. 시위는 대규모 검거 사태로 이어졌고 이슬람혁명수비대를 비롯한 보안병력의 발포로 수백 명이 사망했다. 혁명 이후 정치적 소요에 대한 가장 무자비한 대응이었다. 2009년의 반정부 녹색운동Green Movement 시위 때를 능가하는 유혈진압이었다.[14] 그러던 차에 코로나19 사태가 시작되며 더 혼란스러운 양상이 벌어졌고 이란 정부는 존립을 위협하는 새로운 도전에 직면하게 된 것이다. 2020년 4월 초 상황이 매우 위태롭게 돌아가자 경제학자 50명이 로하니 대통령에게 서한을 보내 팬데믹과 그로 인한 경제적 상황이 사회적 격동을 촉발시킬 수 있다고 경고했다. 그 직후 로하니 대통령은 영업장과 정부 관련 기관들의 활동이 정상화되도록 규제를 완화하며 '국가를 위해 필요한 조치'라고 말했다.[15]

코로나바이러스가 통제되기 전에 이렇게 규제를 완화하면 치명적인 2차 대유행을 부르는 것은 충분히 예견된 일이었다. 4월에 록다운이 해제될 당시 코로나19 공식 감염자는 7만 명, 사망자는 4,400명이었다. 7월에는 이 수치가 천정부지로 급등해 확진자 23만 명에 사망자는 거의 1만 1,000명에 이르렀다. 그때까지 중동 전역에서 가장 높은 수치였다. 그나마도 공식집계된 숫자가 그랬고, 실제 수는 그보다 훨씬 더 많을 가능성이 높았다.[16] 로하니 대통령은 혈청검사 결과 많게는 2,500만 명(이란 인구는 8,300만 명)이 감염되었을 가능성이 있다는 말을 하기도 했다.[17] 이란 정부는 10월 초가 되면서 몇 개월 전 테헤란을 비롯한 일부 도시에서 완화한 봉쇄조치 일부를 다시 시행하지 않을 수가 없었다. 공공장소를 폐쇄하고, 행사를 금지하고 학교와 모스크, 영화관, 박물관, 결혼식장, 미용실, 헬스장, 카페, 수영장 문을 다시 닫았다.[18] 그해 말 이란은 코로나19 확진자 120만 명에 사망자 5만 5,000명을 기록했다.(불과 6개월 만에 확진자 426퍼센트, 사망자 404퍼센트가 증가한 것이다.) 이것만으로도 너무도 놀라운 수치이지만 보건 관리들은 실제 수치는 이보다 두 배는 더 많을 것이라는 점을 인정했다. 이란최고의학위원회의 한 고위인사는 사망자 수가 공식집계보다 서너 배 더 많을 것이라고 했다.[19]

## 이란에서 아프간으로
## 넘어간 코로나

　　이란에서 코로나바이러스가 최초로 발생한 다음 몇 주 동안 피난처를 찾아 혹은 일자리를 찾아 이란에 와 있던 아프간인들이 아프가니스탄으로 되돌아갔다. 두 나라는 500마일에 달하는 국경을 맞대고 있고 많은 아프간인들이 여러 해 전부터 내전을 피해, 마약밀매를 하러, 그리고 경제적인 어려움을 피해 이란으로 넘어왔다. 이 사람들이 되돌아가는 것이었다. 이란과 국경을 마주한 아프간 북서부 헤라트 지방에 있는 난민수용소에서 만난 젊은 아프간 근로자는 가디언에 이렇게 말했다. "이란 내 상황이 날로 악화되고 있다. 격리조치 때문에 더이상 일할 수가 없게 되었다. 그리고 코로나바이러스에 걸릴까 겁도 난다."[20] 대규모 탈출이 이어지며 난민들을 막는 국경검문소가 새로 만들어졌다. 하지만 이들은 바이러스 감염 여부에 대한 의료검사를 전혀 받지 않고 아무런 제지 없이 아프가니스탄으로 돌아갔다. 2월 25일 헤라트에서 아프가니스탄 최초의 코로나19 감염자가 보고되었고, 곧이어 헤라트는 아프가니스탄 팬데믹의 진원지가 되었다.[21] 이란의 감염병이 국경을 넘은 것이다.

　아프간 정부는 신속히 바이러스 차단을 위한 조치에 착수해 학교를 폐쇄하고 대규모 집회와 축하모임을 금지시켰다. 3월 말 카불을 비롯한 지방 주도들에 있는 정부 관공서와 모든 비필수 업종 영업장을 폐쇄조치하고 국내항공은 운항 중지시키고 자동차 운행도 제한했다. 이렇게 조치를 서둔 이유는 명확했다. 아프가니스탄의 열악하기 그지없는 보건의료 시스템을 감안할 때 코로나19와 맞서 싸워 이길 가능성이 전무해 보였기 때문이다. 인구 3,500만 명의 나라에 쓸 수 있는 인공호흡기가 전국적으로 불과 몇 백 대밖에 되지 않았다.

많은 저소득 국가들의 경우와 마찬가지로 아프간 국민 다수도 비공식 부문에 종사하고 빈곤선 이하의 생활을 했다. 그래서 사회적 거리두기는 가능해 보이지 않고 강제로 시행할 수도 없었다. 정부가 이를 강제로 집행할 여력도 갖고 있지 않았다. 국민들의 낮은 건강지식과 마스크 부족, 손 씻기에 대한 이해 부족 등이 상황을 더 어렵게 만들었다. 모스크 집회 등 신앙 관련 행사와 수십 년에 걸쳐 쉼 없이 이들을 괴롭힌 재앙을 견디며 쌓인 숙명론적인 문화도 한몫했다. 거기다 허점투성이의 국경과 계속되는 내전 등의 요인을 감안하면 이들이 코로나19를 억제하기는 불가능한 일처럼 보였다. 그래서 6월까지 초기 봉쇄조치는 거의 포기한 상태였다.[22] 연말까지도 공중보건 관련한 권고사항은 야유의 대상이었고, 많은 아프간 국민들이 마스크를 쓰지 않고 사회적 거리두기도 지키지 않았다. "코로나바이러스 따위는 없다. 그건 정부에서 우리한테 하는 거짓말일 뿐이다." 카불 시내에서 중고 신발 장사를 하는 젊은이는 뉴욕타임스에 이렇게 말했다.[23]

아프가니스탄의 제한된 검사능력을 감안하면 이 나라가 어느 정도 피해를 입었는지 정확하게 알기는 불가능하다. 3월부터 12월 사이 전국적으로 검사를 받은 사람의 수가 18만 명에 불과했다.[24] 4월에 공중보건부는 아프간 국민 2,500만 명이 코로나바이러스에 감염되고, 그 가운데 11만 명이 사망했을 것이라는 추정치를 내놓았다. 2001년 미군 침공 이래 아프가니스탄에서 사망한 민간인 수를 모두 합한 것보다 더 많은 사망자가 난 것이다.[25] 그로부터 4개월 뒤 WHO와 존스홉킨스대학교는 아프간 전역에서 약 9,500명을 대상으로 공동실시한 항체검사를 통해 전 국민의 31.5퍼센트, 500여 만 명의 카불 시민 가운데 53퍼센트가 감염되었을 것이라는 추정치를 내놓았다. 당시 공식집계는 감염자 3만 7,000명, 사망자 1,300명에 그쳤지만 실제 수는 그보다 훨씬 더 많을 것으로 보였다. 또한 계속되는 질병과 분쟁에 시달리다 보니 이 나라의 의료보건 시스템으로는 코로나19로 인한 사망자와 다른 원인으로 인한 사망자를 구분하는 데 큰 어려움을 겪었다.[26]

팬데믹은 또한 가뜩이나 불안정한 아프가니스탄 경제에 추가 부담을 안겨주었다. "전쟁은 경제적 타격을 안겨다 주었지만 전투 중에도 상거래는 계속되었다. 하지만 코로나바이러스는 모든 것을 멈추어 버렸다." 2019년 1월부터 2020년 4월까지 헤라트 주지사를 지낸 압둘 카윰 라히미는 뉴욕타임스에 이렇게 말했다.[27] 7월에 세계은행은 2019년 2.9퍼센트 성장을 기록한 아프간 경제가 2020년 상반기에 급속히 위축됐다는 보고서를 냈다. 또한 소매업, 길거리 노점상과 시장 판매수입 하락, 건설 근로자, 농업, 개인 서비스 업종이 타격을 받아 빈곤율이 61~72퍼센트로 상승한 것으로 추산했다. (마지막으로 집계한 2017년 빈곤율은 55퍼센트)[28] 그리고 이미 심각한 식량부족에 시달려온 나라에서 팬데믹으로 인해 식품가격이 급등하자 취약계층이 위험에 처해졌다. 통합 식량안보 단계분류Integrated Food Security Phase Classification initiative의 추산에 따르면 아프간 국민 가운데 심각한 식량 불안정을 겪는 사람은 2020년 초 1,200만 명에서 11월에는 1,315만 명으로 늘었다. 그리고 추가로 1,056만 명이 식량 불안정에 처할 위기에 놓이게 됐다. 종합적으로 전 인구의 절반 이상이 생계 지원이나 식량 지원이 필요한 실정이었다.[29]

수십 년간 지속되어 온 전쟁에서 벗어나기 위해 노력 중인 나라에게 코로나19 발생은 특별히 어려운 시기에 닥친 일이었다. 최초 확진자가 발생하고 일주일 뒤 트럼프 행정부는 탈레반 민병대와 카타르의 도하에서 평화안에 합의했다. 이 평화안에 따라 탈레반은 알카에다와의 관계를 단절하고 아프가니스탄이 다른 국제 테러범들의 은신처가 되지 않도록 하며, 아프간 정부와 대화를 시작하기로 약속했다. 이러한 조건으로 미군도 14개월 안에 철수하기로 했다. 하지만 이후 양측이 포로석방을 놓고 다투면서 3월에 열기로 한 평화협상은 9월까지 늦춰졌다. 봄부터 여름에 이르는 기간 동안 아프간 보안군에 대한 공격은 더 거세졌다. 반면에 아프간 주둔 미군 병력은 1만 3,000명에서 8,600명으로 줄어들었다. 11월에 트럼프 행정부는 2021년 1월까지 병력을 2,500명으로 줄이겠다고 발표했다.[30] 미군 병력이 줄어드는 것과 함께 코로나바이러스가 아프간 정부 보안군을 거세게 덮쳤다. 6월에 전투가 치열한 낭가하르, 가즈니, 로가르, 쿤두즈 주에 주둔하는 보안군 장교들은 자기들 병력 가운데 60~90퍼센트가 코로나19에 감염되었다고 워싱턴포스트에 말했다. 미

군과 나토군은 추가 확산을 우려해 아프간 전역의 보안군들에게 실전 훈련을 대부분 중단하라고 권했다.[31]

이런 문제들이 한꺼번에 몰려들며 탈레반은 협상에서 자신들의 입지를 강화할 좋은 기회를 얻게 되었다. 팬데믹이 기회를 가져다주었고, 오랜 전쟁에 시달린 아프간의 사정 자체가 기회가 되어 주기도 했다.[32] 탈레반은 바이러스를 억제하겠다는 자신들의 의지를 과대 선전하면서 아프간 정부가 채우지 못한 공백을 파고들었다. 3월 탈레반 대변인은 "보건위원회를 통해 모든 국제 보건기구와 WHO 측에 앞으로 코로나바이러스 퇴치를 위해 기꺼이 협력하고 협조할 준비가 되어 있음을 약속한다."는 글을 트위터에 올렸다.[33] 하지만 실제로 탈레반은 자기들이 점령한 지역에서 공중보건을 위해 필요한 조치를 거의 취하지 않았다.[34] 탈레반 고위인사들 사이에도 코로나바이러스와 관련한 중증환자와 사망자가 발생하고 있다는 보도들이 나왔다. 탈레반 최고지도자가 코로나에 감염되었다는 미확인 보도까지 나와 평화협상 지지파와 강경파 사이의 세력균형에 불확실성이 커질 것이라는 우려를 키웠다.[35]

## 코로나를 기회로 활용한
## ISIS

이란과 서쪽으로 맞닿은 이라크는 초기에 운이 좋았다. 이라크의 첫 확진자는 아프가니스탄보다 하루 먼저 나왔는데 초기 발생은 이란에서 입국한 사람들과 관련이 있었다. 이라크는 사회적, 종교적, 경제적으로 이란과 밀접하게 관련되어 있어서 매우 위태로웠다. 이런 취약점과 함께 자신들의 낙후된 보건의료 시스템으로는 감당하기 어려울 것이라는 점을 알기 때문에 이라크 당국은 24시간 통행금지령과 국내여행 제한, 종교축제 중단, 국경과 공항, 학교, 영업장 폐쇄 등의 조치를 신속히 취했다. 이런 조치들이 이른 봄 까지는 바이러스 확산을 억제해 주었다. 하지만 4월 말 라마단에 맞춰 이동제한이 느슨해졌다. 그리고 코로나 관련 규제조치들에 사람들의 원성이 쏟아지고 원유가격이 급락하며 이라크 당국은 경제 규제조치와 국경통제를 완화할 수밖에 없었다. 원유 수출로 벌어들이는 돈은 이라크 정부 수입의 90퍼센트를 차지한다. 사회적 거리두기와 청결 유지, 마스크 쓰기 등이 권장되었지만 많은 사람들이 이를 무시했다. 생계 때문에 외출을 자제해 달라는 권고를 따르지 않는 이들도 많았다.[36]

무스타파 알 카드히미 총리가 이끄는 새 정부가 들어서며 이라크에서는 감염자가 폭증했다. 5월 초까지 확진자 2,100여 명에 사망자는 100명 미만에 머물러 있었다. 그런데 6월에는 확진자가 6,900명에 육박하고 사망자는 215명으로 늘어났다. 7월에는 확진자 5만 1,000명에 사망자 2,050명이 되고 이 수치는 매달 거의 두 배씩 뛰었다. 그해 연말에는 확진자 60만 명에 사망자는 1만 3,000명에 육박했다.[37] 오랜 전쟁과 경제난으로 심하게 망가진 보건의료 시스템은 과부하가 걸린 상태였다. 유엔 이라크 특사는 8월에 팬데믹으로 이라크의 빈곤 수준이 10퍼센트 상승한 것으로 추정했다. 전체 인구의 3분의 1이 빈곤선 아래로 떨어지고(전

체 인구 4,000만 명) 그 가운데 300만 명이 먹을 것을 구입할 형편이 안 된다고 했다.[38]

　팬데믹은 또한 이라크와 시리아에 진출한 무장테러 단체 이슬람국가 ISIS와의 투쟁을 소홀하게 만들었다. 이라크 보안군은 군대 내 감염병이 발생할 가능성을 막기에 급급했고, 통행금지와 차량이동 제한 등 정부의 코로나19 대응조치를 지원하느라 테러와의 전쟁에는 소홀해질 수밖에 없었다.[39] 이라크의 군사행동을 지원하는 미군을 비롯해 다른 동맹군도 몸을 사렸다. 이란과의 긴장이 고조되면서 미군은 기지 안에 웅크리고 들어앉아 있었다. 1월 3일 이란의 엘리트 비밀군사조직인 혁명수비대 쿠드스군 사령관 거셈 솔레이마니를 드론으로 타격해 제거하는 작전을 트럼프 대통령이 승인함으로써 양측의 긴장관계는 극도로 고조됐다. 이란의 후원을 받는 민병대가 미군이 주둔하는 기지를 로켓포로 공격하고 바그다드 주재 미국대사관을 포위해 습격한 데 대한 보복으로 진행된 이 작전은 '억제력 회복'을 목표로 실행에 옮겨졌다.[40] 하지만 억제력 회복은 뜻대로 이루어지지 않았다. 코로나19와 관련한 여러 이동제한조치 때문에 이라크 내 프락치 민병대 병력에 대한 이란의 병참 및 재정 지원은 어렵게 되었다. 하지만 그래도 이란 정권은 미군의 약점을 알고 이를 파고들었다. 이란은 '거대한 사탄'인 미국의 위협을 과장해 선전함으로써 코로나바이러스 대처를 잘못한 데 대한 국민들의 관심을 다른 곳으로 돌리려고 했다.[41] 그에 따라 이란은 미군과 근로자 이동차량에 대한 민병대의 로켓포 공격과 폭탄공격을 더 강화했고, 반면에 아군 병력의 안전을 우

려한 미군은 이라크 전역에서 활동이 위축됐다.[42]

코로나19 상황이 악화되며 캐나다, 체코공화국, 프랑스, 뉴질랜드, 포르투갈, 영국 등 반 ISIS 연합전선에 가담한 나라들도 선제조치로 병력을 철수시켰다. ISIS 병력을 상대로 한 미군의 군사작전은 계속되었지만 이라크군과의 접촉은 크게 줄어들었다. 실전훈련과 교육, 훈련은 모두 온라인으로 대체됐다.[43] 8월에 트럼프 행정부와 카드히미 정부는 이라크 주둔 미군 병력을 5,200명에서 3,000명으로 3분의 1 줄이기로 합의했다. 미국과 이란의 긴장이 고조되며 이라크 주둔 미군을 줄여달라는 요구가 있었다. 합의에 따라 트럼프 행정부는 이라크 주둔 미군을 2,500명으로 줄이기로 하고 추가 철군을 발표했다. 9월에는 폼페이오 국무장관이 카드히미 정부가 이란이 후원하는 민병대에 의한 공격을 중단시키기 위한 조치를 취하지 않으면 바그다드 주재 미국대사관을 폐쇄하겠다고 위협했다.[44]

트럼프 대통령이 2018년 이슬람국가IS에 대한 승리를 선언했다. 하지만 실제로 ISIS는 세력이 약화되기는 했지만 완전히 근절된 것은 아니었다. 그리고 갑자기 다시 일어설 기회를 갖게 된 것이었다. 3년에 걸쳐 치열한 전투 끝에 ISIS는 2017년 말 이라크와 시리아 일대에 확보하고 있던 근거지를 대부분 잃었다. 하지만 미군이 이들이 앞세운 이란 프락치들과의 싸움에서 몸을 사리면서 2019년 중반을 기점으로 ISIS의 공격은 횟수와 규모 면에서 대폭 늘기 시작했다.[45] 팬데믹으로 미군의 전략이 더 소극적으로 바뀌며 이러한 흐름은 한층 더 강화되었다.

"지금 전개되는 상황은 이 지역에서 큰 변화가 일어나고 있음을 보여주는 징후들이다. 이 변화들은 지난 10년간 가져 보지 못한 엄청난 기회를 우리에게 안겨줄 것이다." ISIS 지도자 아부 이브라힘 알쿠라시Abu Ibrahim al-Qurashi는 5월에 이런 글을 온라인에 포스팅했다.[46] 이슬람국가는 코로나바이러스를 퍼트리고 공격에 박차를 가하라고 지지자들을 독려했다.[47] 미군 지휘관들은 2020년 여름에 ISIS의 움직임이 활발해진 것을 감지하고 "ISIS가 이라크 보안군이 코로나19 억제에 전념하는 것을 비롯해 여러 요인들을 종합적으로 활용하는 것"이라고 분석했다.[48] 이슬람국가IS는 또한 온라인을 새로운 기회의 수단으로 활용했다. 소셜미디어 플랫폼들이 지하드를 공격하는 내용에서 팬데믹 관련 가짜 뉴스 퇴치로 관심을 돌림에 따라 ISIS는 사이버 공간을 이용한 선전과 지지세력 확장 활동을 강화했다. 이들은 팬데믹 위기를 이용해 후원금을 모으고 가짜 'FDA 승인' N95 마스크와 병원, 요양원, 소방서에서 쓸 개인보호장비를 판매하는 웹사이트를 구축하기도 했다.[49]

## 팬데믹이 평화 중재의
## 손발을 묶다

"세계는 지금 공동의 적인 코로나19와 마주하고 있다." 안토니우 구테흐스António Guterres 유엔 사무총장은 3월 23일 이렇게 말했다. 그리고 분쟁지역에 사는 취약한 사람들이 팬데믹으로 인한 심각한 위험에 노출되어 있다며 즉각적인 글로벌 휴전을 선언해 달라고 요청했다. 여성과 어린이, 장애를 가진 사람들, 소외된 사람들, 살 곳을 잃은 사람과 난민들 모두 위험한 상황으로 내몰렸다. 구테흐스 총장은 "바이러스의 창궐은 전쟁의 어리석음을 적나라하게 보여주고 있다. 지루한 전쟁을 끝내고 우리가 사는 지구촌을 유린하고 있는 질병과 맞서 싸우자."고 호소했다.[50] 6일 뒤에는 프란치스코 교황이 구테흐스 총장의 말에 힘을 실어주며 이렇게 호소했다. "모든 형태의 적대행위를 반드시 끝내야 한다. 인도주의 지원이 전달될 수 있도록 통로를 만들고 외교를 가동하고 취약한 상황에 처한 사람들에게 관심을 가져야 한다." 프란치스코 교황은 이탈리아의 록다운으로 폐쇄된 성베드로광장 대신 교황청 사도궁도서관에서 행한 주례 강복에서 이렇게 선언했다. "힘을 합쳐 팬데믹과 싸우는 우리의 노력이 각국 지도자들과 관련 당사자들에게 반목을 극복할 새로운 의지를 불어넣어 주기를 기원한다."[51]

비교적 팬데믹 초기에 나온 호소들이다. 코로나19가 아직 중국과 유럽에 집중돼 있을 때였다. 팬데믹이 결국 분쟁지역과 취약한 사람들과 보건의료 시스템이 붕괴된 지역으로 확산되어 끔찍한 충격을 가하게 될 것을 미리 예상하고 내놓은 호소였다. 하지만 외부에서 닥친 공동의 적을 맞아 인류 공통의 인도주의에 호소하는 노력은 결실을 맺지 못했다. 세계 전역의 많은 분쟁 당사국들이 이런 생각에 동의했다. 하지만 2020년 세계은행이 '고강도' 분쟁 중인 것으로 분류한 4개국(아프가니스탄, 리비아, 소말리아, 시리아)과 '중강도' 분쟁 중인 13개국(부르키나파소, 카메룬, 중앙아프리카공화국, 차드, 콩고민주공화국, 이라크, 말리, 모잠비크, 미얀마, 니제르,

나이지리아, 남수단, 예멘) 가운데 어느 한 나라도 휴전에 응하지 않았다.[52]
어느 정도의 내분, 분리주의, 조직적인 극단주의, 폭력적인 범죄에 시달
리는 나라들(방글라데시, 콜롬비아, 이집트, 에티오피아, 인도, 멕시코, 파키스탄,
필리핀, 수단, 태국, 터키, 우크라이나)에서도 갈등은 계속됐다.

어느 한쪽이 인도주의적인 차원에서 전투를 줄이자는 입장을 제시하
면 다른 편에서 반대해 치열한 전투가 재개되었다. 예를 들어 콜롬비아
에서는 좌익 반군 국민해방군ELN이 4월에 일방적인 휴전을 선언했지만
보고타의 콜롬비아 정부가 응하지 않았다.[53] 마찬가지로 카메룬에서도
남카메룬 방위군(대표적인 영어권 분리주의 단체)이 자신들이 장악하고 있는
지역에 의료 지원품이 전달될 수 있도록 전 세계적인 2주간 휴전을 수락
했지만 암바조니아 방위군(최대 영어권 분리주의 단체)이 휴전을 거부했고,
프랑스어권이 주류인 카메룬 정부도 휴전 선언을 거부했다. 적대행위는
계속되었고 카메룬이 아프리카 전역에서 가장 높은 코로나19 감염률을
기록하는 가운데서도 분쟁 당사자 모두가 구호요원을 공격하며 인도적
물품의 수송을 방해했다.[54]

유엔이 글로벌 휴전을 요청한 직후 곧바로 무력충돌이 격화된 곳들도
있다. 분쟁 및 테러 관련 자료를 분석하는 ACLEDArmed Conflict Location
and Event Data Project의 6월 자료에 따르면 팬데믹이 시작된 이후 43개국
에서 정치적 무력충돌이 증가하고 45개국에서는 충돌이 계속됐다.[55]

예를 들어 리비아에서는 유엔이 지원하는 리비아통합정부GNA와 상대
세력인 리비아국민군LNA 양측 모두 유엔의 요청이 있기 전부터 코로나

19 대처를 위한 인도적 휴전을 지지했다. 하지만 외부 후원세력(터키, 카타르는 GNA를 지원하고, 아랍에미리트연합, 이집트, 프랑스, 러시아는 LNA를 지원)이 보내는 무기 유입은 더 늘어났고, 수도 트리폴리에서 주거지에 대한 포격도 더 늘어났다. 트리폴리 주민들에게는 방공호 대피령이 내려지고 팬데믹 환자를 돌봐야 하는 병원들에 대한 공격은 계속됐다.

9월에 스테파니 윌리엄스Stephanie Williams 유엔 리비아 특별대표는 전쟁과 코로나19로 고통이 가중되며 상황이 '통제불능의 상태로 치닫는 결정적인 전환점'에 도달했다고 경고했다.[56] 팬데믹은 휴전을 중재하고 긴장완화를 모색하는 중재자들에게도 힘든 상황을 만들었다. 유엔이 중재하는 협상도 철저히 공중보건 수칙을 지키거나 가상공간에서 진행했다. 한 서방 외교관은 "줌Zoom으로는 진지한 정치적인 대화를 진행하는 게 불가능하다."고 카네기국제평화기금의 프레더릭 위리Frederic Wehrey 에게 말했다.[57] 10월 말 제네바에서 유엔이 중재한 공식 평화협정이 체결되며 어느 정도 상황이 진정되었다. 평화안에 따라 GNA와 LNA는 향후 정치적 로드맵을 만들어 총선을 실시하기로 합의했다. 그리고 2021년 2월 합의에 따라 새로운 통합 정부가 탄생했다.[58]

오랜 전쟁에 찢긴 예멘에서도 충돌은 더 격화되었다. 사우디가 주도하는 동맹군은 유엔이 휴전을 호소한 몇 주 뒤 공습강도를 30퍼센트 더 올렸다. 이에 맞서 이란의 지원을 받는 후티 반군은 수도 사나와 북부 지역 상당 부분을 장악하고 중부 예멘의 원유 생산지 마리브 주에 대대적인 공격을 감행했다. 4월 초 사우디는 2주 간의 일방적인 휴전을 선언한

다음 이어서 라마단 기간까지 휴전을 연장했다. 코로나바이러스 대책에 집중하기 위한 조치로 보였다. 하지만 전투는 계속되었고 휴전 위반 책임을 놓고 양측 모두 상대방을 비난했다. 사우디아라비아와 아랍에미리트연합이 국내 코로나바이러스 위기와 유가하락으로 인한 경제적 파장에 대처하기 위해 차츰 국내문제로 관심을 돌리면서 이들이 후원하는 예멘의 반 후티 부족 연합전선은 무너지고 말았다. 아랍에미리트연합의 지원을 받는 남부의 분리주의 세력은 사우디가 지원하는 압드라부 만수르 하디 정부를 무너뜨리고 '전쟁 속 전쟁'을 시작했다. 양쪽 당사자들 모두 이동의 자유 제한처럼 코로나19 확산방지를 위해 취해진 공중보건 조치들을 이용해 영토 쟁탈전을 벌이고 인도적 물품의 분배를 막았다.[59]

내전이 한창이던 4월 예멘에서 첫 코로나19 확진자가 나왔다. 검사장비 부족으로 바이러스가 어느 정도 전파되었는지는 알 수 없었다. 후티 점령지역에서는 의료진들에게 바이러스 확산과 관련된 정보를 발설하지 말라는 압력이 가해졌다.[60] 하지만 이미 세계 최악의 인도적 비상사태에 처한 나라에서 바이러스와 관련된 실상은 암담할 게 분명했다. 당시 리즈 그란데Lise Grande 예멘 담당 유엔 인도주의 조정관은 예멘 국민 1,600만 명(전체 인구 2,800만 명)이 감염될 가능성이 높다고 경고했다. 전쟁으로 보건의료 시스템이 망가져 전국에 중환자실 병상은 어린이용 60개를 포함해 700개, 산소호흡기는 500대밖에 없었다.[61] 7월까지 최소한 97명의 예멘 보건의료진이 코로나바이러스에 감염되면서 코로나19뿐만 아니라 영양실조, 디프테리아, 뎅기열 등 다른 질병과도 싸워야 하는 나머지

의료진들에게 부담을 가중시켰다.[62] 그런데 조정관은 6월에 이렇게 말했다. "최악의 시나리오는 코로나바이러스 사망자가 지난 5년간 예멘에서 일어난 전쟁, 질병, 기아로 인한 전체 사망자를 넘어서는 것인데 지금 바로 그 최악의 시나리오가 전개되고 있다."[63] 사나에 사는 28세의 프리랜서 저널리스트 아말 만수르는 "우리에게는 지금 죽음이 일상이 되었다. 그래도 코로나바이러스는 여전히 두렵다."라고 말했다.[64] 9월에 유엔은 국제사회가 충분한 기금지원을 해주지 않아 예멘 전역에 있는 300곳의 보건센터에 대한 핵심적인 지원을 줄일 수밖에 없다고 발표했다. 트럼프 행정부, 사우디아라비아, 아랍에미리트연합의 지원 삭감으로 연말까지 예멘 국민 400만 명이 꼭 필요한 인도적 원조를 받지 못해 전국이 기아 상태로 빠져들고 있었다.[65]

크게 보면 충돌 당사자들에게 무기를 내려놓고 코로나바이러스에 대항해 함께 싸우자고 한 호소가 먹혀들지 않은 데는 몇 가지 이유가 있다. 첫째, 역사적으로 국내 무력충돌이 일어나게 만든 거의 모든 배후 여건들이 코로나19로 더 악화됐다.[66] 정치학자들은 내전은 국가 실패가 현실화되는 시점에 일어난다고 주장한다. 다시 말해 정부가 국민에게 필수 서비스와 안보를 제공하지 못할 때 일어난다는 말이다. 이러한 경제적, 사회적, 정치적 불만을 기회주의적인 반군 세력이나 정치 엘리트들이 포착한다. 연구에 따르면 높은 수준의 취약성과 열악한 보건상태, 낮은 개인소득, 원유를 비롯한 천연자원에 의존하는 경제적 취약성, 미미한 수준의 국제교역, 정부의 차별정책, 민주주의 후퇴, 이웃나라의 불안정한 정세 등이 관련 지표로 등장한다. 이런 모든 지표들이 팬데믹으로 더 악화되었다. 예를 들어 7월에는 덴버대학교 코르벨국제대학원Korbel School of International Studies 연구자들이 코로나19가 미치는 영향을 포함시킨 최신 통계학적 내전 모델을 발표했다. 팬데믹 사태가 일어나기 전에 이들이 연구한 통계학적 시뮬레이션은 2020년부터 세계 전역에서 진행 중인 무력충돌 다수가 안정상태에 들어가거나 줄어들 것으로 예상했다. 2020년대 말까지 이런 추세가 이어질 것으로 내다보았다. 하지만 코로나19 사태가 미칠 영향을 포함시켜 연구한 새로운 내전 모델에서는 전혀 다른 결과나 나왔다. IMF가 내놓은 경제전망, 팬데믹 확산과 사망률에 관한 가설 등이 연구에 사용됐다. 새로운 연구 모델은 무력충돌이 차츰 줄어들 것이라는 예측 대신 2020년까지 13개국에서 내전이 새로 시작되어 최근 30년 사이 가장 높은 불안정성을 보일 것으로 내다봤다.[67]

둘째는 전 세계 분쟁 당사자들 다수가 팬데믹 휴전을 불신하고 나아가 이 기회를 이용해 상황을 자신에게 유리하게 바꿀 생각을 하는 게 분명했다. 아프가니스탄의 탈레반과 이라크의 ISIS가 한 것처럼 일부 반군과 테러 세력은 보안군 병력이 팬데믹 대책에 투입되고 동맹군이 철수하는 상황을 반격의 기회로 악용했다. 마찬가지로 멕시코에서는 바이러스에 감염된 경찰, 의료센터 경비에 투입된 보안병력, 군부대가 코로나19 진료소로 바뀌면서 만들어진 빈 공간을 마약 카르텔 조직이 활용했다.[68]

정부가 직접 나서서 코로나 위기를 이용해 불리한 전세를 반전시키는 기회로 삼으려고 한 곳도 있다. 시리아에서는 바샤르 알 아사드 대통령 정부가 치열했던 9년 전쟁에서 승리한 기쁨을 만끽하는 시점에 코로나19가 덮쳤다. 정부는 공식발표를 통해 감염자 수가 얼마 안 된다고 주장했지만 코로나바이러스는 수도 다마스쿠스를 비롯해 정부가 통제하고 있는 지역들에 심각한 타격을 가했다.[69] 이란이 경제적 어려움을 겪으면서 아사드 정권을 위해 싸우는 아프간과 파키스탄 출신 전사들에 대한 재정지원이 줄었다. 팬데믹으로 인해 이란이 후원하는 이라크와 레바논 출신 민병대 병력도 각자의 고국으로 돌아가게 되었다. 그렇게 되자 시리아 북서쪽 이들리브 주에 모여 있던 저항세력들은 숨 쉴 여유를 갖게 되었다. 시리아 주민 400만 명이 살고 있는 이들리브 주는 공습으로 보건의료 인프라가 완전히 파괴되었다. 주민들의 고통을 줄여주기 위해 가까스로 휴전이 이루어진 가운데 아사드 정권을 지지하는 러시아와 중국은 7월 유엔안보리에서 강력히 주장해 시리아로 들어오는 국경의 합법적인 출입국 통로를 (터키를 경유하는)한 군데만 허용하도록 하고 시리아 국내에서 이루어지는 모든 인도적 지원 배분도 아사드 정부를 통하도록 만들었다. 아사드 정권은 이들리브로 가는 인도적 지원의 규모를 줄여서 반군의 마지막 거점인 그곳이 코로나19의 영향을 극심하게 받도록 만들었다. 늦여름부터 겨울까지 피난길에 오른 시리아 주민 수십만 명이 수용소에 모여 사는 이들리브 주의 감염자 수는 급등했다. 사회적 거리두기는 아예 지킬 수가 없고, 소독도 제대로 이루어지지 않고 있었다.[70]

마지막으로 휴전은 가까스로 이루어졌지만 이것이 제대로 이행되도록 이끌어 줄 국제적인 지원체제가 마련돼 있지 않았다. 코로나19의 확산을 억제하기 위해 도입된 여행과 이동제한조치가 교전 당사자들을 상대로 한 국제적인 중재 노력에 지장을 초래했다.[71] 팬데믹이 유엔의 평화유지 임무 수행을 방해하고 병력 순환배치를 동결시키고 현지 주민들과의 접촉을 어렵게 만든 것이다.[72] 유엔안보리 내부의 의견차로 인해 평화노력에 큰 지장이 초래되었다. 미국과 러시아는 휴전이 되더라도 테러진압작전은 계속 허용해야 한다는 입장을 고수해 초기 글로벌 휴전을 위한 노력의 손발을 묶어 버렸다. 그리고 WHO가 팬데믹과의 싸움에서 한 노력을 평가하는 문제를 놓고 미국과 중국이 충돌했다. 5월에 트럼프 행정부는 WHO를 간접적으로 언급한 사소한 문항을 문제 삼아 나머지 14개 안보리이사국이 찬성한 결의안 채택을 무산시켰다.[73] 프랑스는 결의안 채택이 어렵더라도 평화로 나아가기 위한 안보리의 대화노력은 계속돼야 한다고 생각했다. 프랑스는 이런 노력이 실패하자 그 책임을 물어 미국, 중국, 러시아를 비판했다.[74] 안보리는 7월 1일 마침내 글로벌 인도주의 휴전을 결의했다. 구테흐스 사무총장의 긴급호소가 나온 뒤 석 달이 넘는 진통 끝에 휴전 결의문이 채택되었지만 그 효과는 미미했다.

팬데믹이 초래한 국제적인 불화와 무관심 때문에 장기간 휴면상태에 있던 무력충돌이 재발한 예가 적어도 한 곳 있다. 9월 27일 아제르바이잔군은 나고르노카라바흐 지역으로 공격해 들어갔다. 이곳은 아르메니아 주민이 다수를 차지하고 있지만 국제적으로는 아제르바이잔 영토로 인정되고 있다. 하지만 오랫동안 사실상 독립국으로서의 지위를 누리고 있다. 1990년대 초 아제르바이잔과 아르메니아는 이 지역의 지위를 놓고 충돌해 수천 명의 사망자가 발생했다. 이후 유럽안보협력기구OSCE 민스크그룹(프랑스, 러시아, 미국이 공동의장)이 휴전을 지속시키기 위한 방안을 모색해 왔다. 하지만 공동의장국들은 2020년 1월 이후 아르메니아, 아제르바이잔 외무장관들과의 대면접촉을 할 수 없었고, 4월에 OSCE 민스크그룹은 팬데믹 때문에 아르메니아군과 아제르바이잔군의 군사분계선을 따라 수행하던 지상 휴전 감시활동을 중단할 수밖에 없었다. 그리고 7월에 양측 충돌로 수십 명의 사망자가 발생했을 때도 국제사회는 양측을 중재하는 데 실패했다. 9월 공격을 감행하기 불과 이틀 전에 일함 알리예프 아제르바이잔 대통령은 유엔총회에 참석해 양측의 분쟁 해결에 진전이 없다며 불만을 토로했다. 알리예프 대통령은 협상이 교착상태에 빠져 있고 강대국들의 관심이 멀어진 틈을 타 협상 테이블에서 얻지 못한 것을 무력으로 얻을 승산이 있다는 계산을 했던 것 같다.[75]

결과적으로 아르메니아와의 국가 간 전면전으로 발전할 위기감이 고조되었다. 아제르바이잔과 인종, 문화적으로 유대감을 가진 터키는 자국의 영향력을 확대할 기회로 보고 알리예프 대통령의 입장을 지지했다. 반면에 러시아는 긴장을 해소하기 위한 시도를 했지만 집단안보동맹을 맺고 있는 아르메니아 편에 기울어져 있었다. 무력충돌이 더 격화되는 것을 막으려는 국제적인 노력을 팬데믹이 모두 가로막았다. 이코노미스트는 이렇게 썼다. "예전에는 평화를 축구하는 여러 기구와 관련국의 중재노력이 많았다. 모두들 분쟁 당사자들로부터 신뢰를 쌓는 노력을 했다. 그런데 코로나19 사태로 인해 전 세계 분쟁지역에서 그런 식의 외교를 시도하기가 훨씬 더 어렵게 되었다."[76] 충돌이 격화되며 수천 명의 사망자가 발생했다. 그리고 11월에 아제르바이잔군이 러시아군 헬기를 격추하는 일이 일어나자 러시아가 직접적인 무력개입을 하겠다고 나섰다. 이런 상황에서 양측은 마침내 유혈사태를 종식하고 러시아 평화유지군을 받아들이기로 합의했다.[77]

## 갈 곳 잃은
## 난민들

그리스령 레스보스는 터키 해안에 가까이 있는 섬으로 전쟁에 시달리는 중앙아시아와 중동 지역 난민들이 유럽으로 가기 위해 몰려드는 거점 역할을 오랫동안 해왔다. 9월 2일 그리스 당국은 섬에 있는 모리아수용소에서 코로나19 첫 확진자가 나왔다고 발표했다. 모리아수용소는 난민 3,000명을 수용할 수 있도록 만들어졌으나 아프가니스탄, 이라크, 시리아 등지에서 1만 3,000여 명의 난민이 몰려들어 유럽 최대 규모의 난민수용소가 되었다.

수용소의 난민들은 텐트에 빼곡하게 모여 살았고 화장실, 샤워, 건강의료 서비스 시설은 매우 부족했다. 코로나바이러스가 모리아수용소에 확산되는 것을 막기 위해 그리스 당국은 2월에 엄격한 이동제한조치를 취했다. 수용소에 새로 도착하는 사람들에게는 검사를 실시하고 양성반응자는 격리시켰다. 이런 조치를 통해 몇 달 동안 수용소는 코로나19의 위험에서 안전할 수 있었다. 하지만 8월 중순부터 섬의 수도로 수용소와 멀리 떨어지지 않은 미틸레네에서 확진자가 늘기 시작했다. 틈새로 바이러스가 침투한 것이다.[78] 바이러스가 급속히 확산될 가능성이 높다고 판단한 당국은 철저한 방역조치를 단행했다.

9월 8일 코로나 양성반응자가 35명이 넘으면서 수용소 전역을 격리조치하자 난민들이 이에 항의하는 소요를 벌였다. 일부 성난 시위대가 지른 불이 강풍을 타고 순식간에 수용소 거의 전부를 태워버렸다.[79] 전쟁으로 집을 잃고 경제난 때문에 고국을 떠난 사람들이 다시 오갈 데 없는 신세가 되고 말았다. 잠잘 곳이 없어 도로변, 인근 슈퍼마켓 주차장, 주유소, 묘지로 내몰렸다. 그런 와중에 검사결과 양성반응을 받은 난민 35명이 자취를 감추어 주민들은 이들이 레스보스 섬 전역에 바이러스를 전파하는 것 아니냐며 불안에 떨었다. 살 곳을 잃은 난민들은 어서 유럽으로 보내달라고 요구했지만 콘스탄티노스 코스타코스 그리스 이민국장은 "그리스 정부는 협박에 굴복하지 않을 것이며 이처럼 불 지르고 떠나겠다는 행위는 용납하지 않을 것"이라는 입장을 분명히 했다.[80] 소요가 연이어 일어나고 폭동진압 경찰이 최루가스를 쏘며 진압했다. 난민과 이민자들은 급조한 카라페테수용소로 옮겨졌지만 모리아수용소보다 더 지저분하고 살기 열악한 곳이었다.[81]

유엔 자료에 따르면 2000년부터 2019년 사이 전 세계 국제 이민자 수는 1억 7,400만 명에서 2억 7,200만 명으로 증가했다.[82] 많은 이민자들이 경제적으로 더 나은 기회를 찾아 고향을 떠났고, 많은 이들이 내란을 피해, 그리고 나라가 망하거나 끔찍한 범죄의 폭력, 박해와 환경재앙을 피해 조국을 떠났다. 유엔난민고등판무관실은 2020년 초 전 세계적으로 거의 8,000만 명이 실향민으로 떠돌고 있는데 그 가운데 국내 실향민이 4,600만 명에 이르고, 난민이 약 3,000만 명, 그리고 망명 신청 결과를 기다리는 사람이 약 400만이라고 했다. 전 세계 인구의 1퍼센트 이상이 실향민임을 보여주는 것으로 2차세계대전 이후 가장 높은 수치이다. 실향민 가운데 3분의 2가 시리아, 베네수엘라, 아프가니스탄, 남수단, 미얀마 등 5개국 사람들이었다. 그리고 난민의 85퍼센트는 개도국에서 수용되고 있었는데 대부분 이들이 살던 곳의 이웃나라들이었다.[83]

코로나19가 개도국 전역으로 확산되자 국제사회는 최악의 상황에 대비했다. 대부분의 전문가들은 코로나바이러스가 일단 난민수용소 내부에 들어오면 확산을 막는 건 불가능하다고 생각했다. 난민을 받아들인 중저소득 국가들 다수는 평소에도 기본 서비스를 제공하기가 버거운 처지였다. 더구나 위생상태도 나쁘고, 비누나 깨끗한 물도 거의 없이 복닥거리는 수용소에서 생활하는 난민들 대다수는 재앙에 처할 최적의 상황에 내던져진 것이었다.[84] 데이비드 밀리밴드**David Miliband** 국제구호위원회 회장 겸 CEO는 '엄청난 규모의 사망자가 나올 것'이라고 예견했다.[85]

2020년 가을 전 세계적으로 난민과 국내 실향민을 위한 수용소 수십 곳에서 코로나바이러스 감염자가 나왔다. 미얀마의 로힝야족 난민 74만 5,000명을 수용한 방글라데시의 콕스 바자르 난민촌을 비롯해 그리스, 이라크, 요르단, 케냐, 레바논, 팔레스타인, 시리아 등지의 난민촌에서 코로나 환자가 발생했다. 하지만 가을부터 겨울까지 코로나 확진자와 사망자 수는 크게 늘지 않았다. 세계적으로 규모가 큰 난민촌 가운데서 코로나19 대유행이 보고된 곳은 한 군데도 없었다. 난민촌들이 고립된 지역에 위치해 있기 때문일 가능성이 높았다.[86] 하지만 감염자 수가 적은 것은 검사 수가 적어서일 뿐이고 바이러스가 대대적으로 수면 위로 모습을 드러내는 것은 시간문제라는 사람들이 있었다. "커뮤니티 간 전파가 이루어지고 있는 것은 분명한데 전파 규모가 어느 정도일지는 알지 못했다. 완전히 시한폭탄이었다." 케어Care의 머시 레이커Mercy Laker 남수단 담당 부국장은 이렇게 말했다.[87] 그럼에도 불구하고 대규모 전파가 일어나지 않은 것은 암울한 소식으로 가득한 나라에서 일단 희소식이었다.

하지만 실향민들이 더이상 걱정하지 않아도 된다는 말은 아니었다. 전혀 그렇지 않았다. 난민들이 처한 사정은 극도로 불안정하고 처참했다. 많은 망명 신청자들의 청원이 기각되었다. 팬데믹이 절정에 오르며 168개국이 국경을 봉쇄했고 그 가운데 90개국은 망명 신청자들에 대해 어떤 예외도 허용하지 않았다.[88] 이들은 팬데믹 대책과 경제침체에 대응하는 지원 프로그램을 시행하면서 자국의 취약 인구를 보호하기 위해 난민들을 지원 대상에서 제외하는 경우가 많았다. 난민에게 돌아가는 일자리와 수입도 없어졌다.

난민들은 어렵게 일자리를 구하더라도 비공식 부문의 일자리들뿐이었다. 그리고 앞 장에서 보았듯이 그나마 코로나19 위기로 사라질 위기에 처한 일자리들뿐이었다. 난민들에게는 팬데믹과 경제위기의 영향을 크게 받는 일자리가 돌아갈 가능성이 다른 사람에 비해 60퍼센트 더 높다는 연구결과도 있다.[89] 9월 노르웨이 난민위원회가 14개국의 국내 실향민 및 난민을 조사한 결과 2020년 3월 이후 일자리와 수입을 잃은 사람이 77퍼센트에 달하는 것으로 나타났다. 71퍼센트는 거주지 임대료를 감당하는 데 어려움을 겪고 70퍼센트가 끼니 수를 줄일 수밖에 없게 되었다고 했다.[90] 예를 들어 터키에서는 경제적인 어려움 때문에 많은 시리아 난민이 일거리를 잃고 얼마 되지 않는 수입도 끊겼다. 코로나19 감염 위험 때문에 다른 사람들이 꺼리는 일을 이들이 맡아서 했다.[91] 유엔 자료에 따르면 터키의 시리아 난민 가운데 극빈층 비율은 팬데믹 이전 55퍼센트에서 9월에는 75퍼센트로 올라갔다.[92]

취약한 국가와 위험한 환경에 놓인 주민들의 어려움이 커지면서 유엔 기구와 비정부 단체, 그리고 관련 단체들이 심각한 위기에 처한 취약 난민들에 대한 지원을 강화했다. 팬데믹 때문에 취해진 여행제한과 록다운 조치가 난민들에게 보내는 구호물품 운송에 지장을 주었다.[93] 그리고 비정부 단체들은 바이러스를 전파시킬 것을 우려해 난민촌으로 보내는 인력을 줄일 수밖에 없었다.[94] 예를 들어 방글라데시에 있는 로힝야족 난민촌에서 일하는 인도주의 단체 직원들은 코로나19 확산 방지를 위해 인력을 80퍼센트나 줄였다. 이들이 제공하는 지원 규모가 그만큼 줄어들 수밖에 없게 된 것이다.[95] 난민촌에서의 확진자 발생률은 낮았지만 밀집된 공간에서 바이러스 전파속도가 빨라질 경우 무슨 일이 일어날지 모른다는 두려움은 그대로 남아 있었다. "밀집한 대규모 난민촌과 팬데믹이 결합하면서 완전히 새로운 위험이 만들어진 것이다. 구호기관과 국가가 모두 큰 도전에 직면하게 되었다." 파블로 페르첼시**Pablo Percelsi** 국제적십자사 방글라데시 대표는 9월 이렇게 말했다.[96]

더 나아가 여행제한과 국경봉쇄로 지구촌 많은 지역에서 일시적으로 이동이 막혔고 그에 따라 많은 사람이 오도가도 못하고 발이 묶이게 되었다.[97] 많은 나라가 국경을 걸어 잠그고 유엔이 난민들이 정착지를 찾아 옮겨 다니지 못하게 막아 망명을 원하는 사람들도 발이 묶였다. 1990년대는 매년 평균 150만 명의 난민이 고국으로 돌아갈 수 있었다. 하지만 지난 10년간 이 숫자는 38만 5,000명으로 줄어들었다. 트럼프 대통령이 집권하면서 미국은 난민을 받아들이는 숫자를 크게 줄였고, 이는 다른 나라들에게도 제한주의 이민정책을 권하는 하나의 기준점이 되었다. 이런 암울한 상황이 팬데믹으로 더 좋지 않은 쪽으로 바뀌었다.[98]

이런 문제들은 빠른 시일에 해소될 것 같지 않다. 많은 분쟁지역과 빈곤국가들에 아직도 바이러스가 남아 있고 팬데믹으로 인한 경제적 여파로 지구촌 전역이 높은 실업률을 겪고 있다. 이에 따라 이민자와 난민을 받아들이지 말라는 정치적 압력은 계속될 것이다. 이런 점 때문에 경제적 어려움과 폭력을 피해서 나온 많은 실향민과 난민들이 몇 년 안에 새로운 정착지를 찾기는 불가능하지는 않더라도 상당히 어려울 전망이다.

# 제10장

# 선동과
# 민주주의

2020년 3월 남미의 산악국가 볼리비아에 신종코로나바이러스가 상륙할 당시 이 나라는 정치적 과도기를 보내고 있었다. 적어도 겉으로는 그렇게 보였다. 2019년 11월, 14년 동안 장기집권 해온 볼리비아의 사회주의 대통령 에보 모랄레스**Evo Morales**가 해외로 망명했다. 포퓰리스트에다 독재 성향을 가진 좌파 지도자인 그는 볼리비아 최초의 원주민 출신 대통령으로 이 나라의 뿌리 깊은 불평등과 불의를 해소하는 데 앞장서 많은 지지를 받았다. 재임 기간 중 그는 극빈층을 절반 이하로 줄이고 백인 엘리트들에 의해 오랫동안 소외되었던 많은 원주민을 포함 수백만 명의 생활수준을 끌어올렸다.[1] 하지만 볼리비아와 라틴아메리카 전역이 좌우 이념으로 양극화된 상태에서 모랄레스

본인도 매우 극단적인 인물이었다. 재임기간이 길어지며 부패혐의와 야당 탄압, 언론인 감시, 사법부 독립권 침해 등 권력남용 의혹이 계속 늘어났다.

그는 해외로 망명하기 몇 주 전 볼리비아 사상 유례없는(위헌 소지도 있음) 4선 대통령이 되기 위한 선거에 출마해 아슬아슬하게 승리를 거두었다. 하지만 미주기구OAS 감시단은 선거가 부정 및 불법으로 점철됐다며 그를 당선시키기 위한 컴퓨터 개표 집계 조작 가능성을 제기했다.[2] 전국 대도시에서 파업과 소요가 일어나 도로가 막히고 모랄레스를 지지하는 시위대와 반대하는 시위대가 격렬하게 충돌했다. 보안기관들 안에서 반란이 일어나고, 경찰관이 시위에 가담하고 군경 지휘관들이 대통령 하야 요구에 동참했다. 안전에 위기감을 느낀 모랄레스 대통령은 11월 10일 사임을 선언하고 자신의 지지기반인 볼리비아 중부의 코카 재배지 차파레로 피신했다. 그는 이튿날 같은 좌파 포퓰리스트인 안드레스 마뉴엘 로페스 오브라도르Andrés Manuel López Obrador 멕시코 대통령이 보낸 전용기를 타고 멕시코로 갔다. 12월에 모랄레스는 아르헨티나로 망명 허가를 받았다. 혁명과 군사 쿠데타가 190번이나 일어난 나라에서 모랄레스 지지자들은 그의 퇴진을 기회로 또 한 번 군부가 정권을 빼앗을 것으로 보았다. 하지만 그를 반대하는 사람들은 그를 쫓아냄으로써 서서히 진행되던 사회주의 독재로부터 나라를 구했다고 생각했다.[3] 나라가 변곡점을 맞은 것은 사실이지만 미래가 어떻게 전개될지는 지극히 불투명했다.

모랄레스가 물러나면서 권력승계 서열 3위까지의 인사들이 줄줄이 물러났다. 모두 모랄레스가 이끄는 사회주의운동당MAS 소속이었다. 그렇게 해서 자닌 아녜스Jeanine Áñez 상원 제2부의장이 임시 대통령직을 승계했다. 이름이 알려지지 않은 극우파 상원의원인 아녜스는 관리형 정부로 국민통합을 이끌고 2020년 5월 예정된 대통령 선거를 자유롭고 공정하게 치르겠다고 밝혔다. 그리고 자신은 대통령 선거에 출마하지 않고 새 지도자가 선출되면 곧바로 물러나겠다고 약속했다.

하지만 아녜스 임시 대통령은 곧바로 계속 권좌에 머물 방법을 궁리하기 시작했다. 국가기관을 동원해 사회주의운동당MAS의 반대세력을 공격하고, 보안군에 질서회복을 위한 전권을 부여해 모랄레스 지지 시위대에 대한 무력진압을 승인했다. 이에 따라 보안군은 거리낌없이 원주민 반정부 시위대 23명을 사살했다.[4] 정부 안에서 아녜스 대통령은 내각을 보수적인 각료들로 바꾸고, 헌법에서 볼리비아를 세속국가로 명시하고 있음에도 불구하고 국정운영에 가톨릭 정신을 수혈했다. 이런 조치들은 보수적인 종교 단체들이 대통령 측근에 포진토록 만든 반면 국민 다수를 차지하는 토착인들 사이에는 큰 반감을 불러일으켰다.[5] 우파 동료들과 미디어 앞에 서서 대통령궁을 향해 걸어 들어가던 첫날 아녜스 대통령은 가죽 표지 성경책을 당당하게 머리 위로 치켜들고 "성경이 대통령궁으로 다시 돌아왔다."고 외쳤다.[6]

그리고 곧바로 그동안 모랄레스가 이 지역에서 추진한 좌파 지정학적 판도를 뒤엎는 조치에 착수했다. 볼리비아에서 공공의료 활동을 하는 쿠바 의사 700명을 추방하고 미국, 이스라엘과 완전한 외교관계를 복원했다. 그리고 베네수엘라의 니콜라스 마두로Nicolás Maduro 정권을 압박하는 트럼프 행정부의 입장을 옹호했다. 모랄레스가 남긴 유산은 남김없이 지우려고 했다.

임시 대통령 임기를 시작하고 두 달 남짓 지난 2020년 1월 24일 아녜스 대통령은 자신이 한 약속과 달리 차기 대통령 선거에 출마하겠다고 발표했다. 그리고 코로나19 사태가 터졌다. 아녜스로서는 대통령직을 계속 이어나가야겠다고 내세울 명분이 생긴 것이었다.[7] 볼리비아에서 두 명의 확진자가 나온 직후인 3월 17일, 아녜스 임시 대통령은 전국적으로 엄격한 방역조치를 단행하며 대중교통 운행 중단과 외출금지령을 내렸다.(가구당 한 명에게 매주 한 번만 외출이 허용됐다.) 일주일 뒤에는 5월로 예정된 대통령 선거를 팬데믹 때문에 무기한 연기한다고 발표했다. 그리고는 최고통치령 4200호를 발동해 '정부조치에 불복종을 선동하고', '사람들에게 거짓 정보를 전하거나 불안감을 조성하는 행위'는 범죄혐의를 적용해 처벌할 것이라고 했다. 이번에도 팬데믹 대응을 명분으로 내세웠다.[8] '거짓 정보' 유포 조항은 이후 '인쇄 매체, 온라인, 예술적 표현행위를 포함해 어떤 매체를 통해서든 불안감을 조성하고 공중보건을 위태롭게 한다고 정부가 판단하는 정보를 유포하는 모든 개인'을 대상으로 확대 적용되었다.[9]

코로나바이러스가 전국으로 서서히 번져나가는 동안 정부는 감염병 확산을 막기 위한 노력보다는 반대세력 탄압에 더 집중하는 것처럼 보였다. 최고통치령 4200호가 발동되고 한 달 만에 정치인 67명이 체포됐다.[10] 4월 말에는 폭동진압경찰이 MAS 소속 상원의원 후보의 집을 급습해 후보를 비롯해 함께 있던 일행 여러 명을 격리조치 위반 혐의로 체포했다.[11] 또한 검찰에는 MAS 소속 전직 관료와 지지자 100여 명을 부패, 선동, 테러 혐의로 잡아넣으라는 압력이 가해졌다. MAS가 다수 의석을 차지하고 있는 의회에도 군부 고위인사들이 나서서 임시 대통령의 뜻을 따르라는 압력을 가했다.[12]

4월 30일 볼리비아 의회는 90일 이내에 대통령 선거를 실시하라는 법안을 통과시켰다. 아녜스 임시 대통령은 국가권력을 도로 빼앗기 위해 국민의 목숨을 위태롭게 만들고 있다고 야당인 MAS를 비난했다.[13] 아녜스 임시 대통령은 법안 통과에도 불구하고 계속 선거를 막았다. 하지만 아이러니하게도 아녜스 임시 대통령은 코로나19 위기를 이용해 자신의 권력을 다지려고 했지만 정부의 미숙한 대응으로 사태가 악화되는 것을 막지 못하며 입지가 흔들렸다. 록다운 기간 동안 경제적 안전망 없이 비공식 부문에서 힘들게 일하는 수백만 명의 볼리비아 국민들은 정부로부터 아무런 지원도 받지 못했다. 이들이 국가 근로인력의 83퍼센트를 차지했다.[14] 이 때문에 정부에 대한 지지율은 떨어지고 어려움에 처한 국민들 다수가 생계유지를 위해 정부의 외출금지 명령을 어기게 되었다. 5월 초 볼리비아의 코로나19 전체 감염자 수는 1,200여 명에 사망자는 66명이 되었다. 6월에 경제난을 줄이기 위해 볼리비아 정부는 공중보건 제한조치를 일부 완화할 수밖에 없었다. 그러자 예상한대로 감염자 수는 폭증했다. 제한조치를 완화하기 직전 전국 감염자 수는 1만 500명에 사망자 343명이었다. 제한조치 완화 한 달 뒤 이 수치는 감염자 3만 4,000명에 사망자 1,200명으로 훌쩍 뛰었다. 바이러스가 통제불능 상태로 확산되면서 기적의 치료제가 개발되었다는 루머가 나돌기 시작했다. 정치인과 유명인사들이 나서서 이산화염소(수영장이나 바다 청소용으로 쓰는 소독제)를 마시면 바이러스가 치료된다는 소문을 퍼트렸다. 병원 치료를 받을 기회가 거의 없는 사람들은 이 기적의 영약을 사기 위해 약국 앞에 장사진을 이루었다.[15] 8월이 되자 코로나19 감염자는 7만 9,000명, 사망자는 3,000명으로 폭발적으로 늘었다. 인구 1,150만 명의 나라에서 이러한 수치는 전 세계적으로 가장 높은 사망률이었다. 예산 부족에 시달리는 보건 시스템은 눈코 뜰 새 없을 지경이고 장례식장과 묘지는 시신으로 넘쳐났다. 실제 사망자 수가 얼마인지는 알 방법이 없었다. 뉴욕타임스는 3월부터 8월 사이 볼리비아에서 코로나로 인한 실제 사망자 수는 공식집계보다 거의 5배는 될 것으로 분석했다.[16] 경제적 충격도 끔찍했다. 세계은행은 2020년 볼리비아 경제는 7.3퍼센트 하락하고 빈곤율은 22퍼센트에서 31퍼센트로 9퍼센트 가까이 올라갈 것으로 예상했다.[17]

아녜스 임시 대통령이 동원한 여러 가지 정치적 책략은 볼리비아가 감염병 대유행에 일관적인 대응을 하는 데 방해된다는 인식이 광범위하게 퍼졌다. 펜실베이니아 디킨슨칼리지 정치학 및 라틴아메리카 학부의 산티아고 안드리아 교수는 뉴욕타임스와의 인터뷰에서 "아녜스 임시 대통령은 합당한 지도자라는 인정을 받지 못했기 때문에 팬데믹을 막는 데 필요한 복합적인 대응을 하기가 대단히 어려웠다."고 했다.[18] 부패로 정부의 신뢰는 더 바닥을 드러냈다. 5월에 아녜스 임시 대통령 내각의 마르셀로 나바야스 보건장관이 병원용 산소호흡기 구입용으로 국제 기부자들로부터 받은 기금을 실제 가격보다 두 배로 부풀려 지출해서 횡령한 혐의로 체포됐다.[19]

전 세계 많은 나라 지도자들처럼 아녜스 임시 대통령도 7월 초 코로나 19 확진 판정을 받았다. 마리아 에이디 로카 신임 보건장관을 비롯한 각료 절반이 양성 판정을 받았다. 감염병이 권력 내부로 전파되면서 볼리비아 국민들 사이에는 나라 전체가 팬데믹에 휘말렸다는 인식이 팽배했다.[20] 아녜스 대통령은 코로나바이러스로부터 회복되었지만 그녀의 정치적 입지는 계속 내리막길을 걸었다.

아녜스 임시 대통령은 권력을 강화하기 위한 일환으로 같은 달 선거 관리위원회를 통해 9월 6일로 예정된 선거를 10월 18일로 연기시켰다.[21] 반응은 즉각적이고 격렬하게 터져 나왔다. 거의 15만 명에 달하는 노조원, 광부, 코카 재배농가, 원주민 활동가, MAS 지지자들이 거리로 쏟아져 나왔다. 이들은 산악국가인 볼리비아 전역에서 모래주머니와 나무를 쌓아놓고 타이어에 불을 질러 도로 수십 군데를 막아 가뜩이나 사경에 이른 경제를 완전히 마비시켜 버렸다. 앰뷸런스 통행이 막히고 환자들에게 보내는 필수 의약품 공급도 끊어졌다. 그 결과 산소 및 필요한 장비 부족으로 사망한 환자가 30명이 넘었다.[22]

시위대는 그래도 물러서지 않았다. "우리는 지금 독재 치하에 살고 있다. 그래서 민주주의 회복을 위해 거리로 나온 것이다. 아녜스 대통령은 팬데믹을 핑계로 권력을 유지하고 있다. 우리는 즉각 선거를 실시하기를 원한다." 코카잎 재배농협회의 세군디나 오렐라나 사무총장은 워싱턴포스트에 이렇게 말했다. "우리는 이 나라에서 다수를 차지하고 있다. 그들이 우리를 이처럼 함부로 다루는 걸 가만두지 않을 것이다."[23]

4월까지 아녜스 대통령은 8명의 후보가 난립한 가운데 전 국민의 69퍼센트가 대통령의 코로나 위기관리를 긍정적으로 평가해 지지율 선두를 달렸다. 하지만 사망자가 늘며 지지율은 내리막길을 걷기 시작했다.[24] 시위가 시작되며 아녜스 대통령의 지지율은 보수당 선두 주자인 카를로스 메사 후보와 모랄레스 대통령 때 재무장관을 지낸 루이스 아르체Luis Arce MAS 후보에 크게 뒤지는 것으로 나타났다.[25] 자신이 보수 유권자들의 표를 분산시킨다고 판단한 아녜스 대통령은 9월 17일 후보직에서 사퇴했다.[26]

모랄레스 대통령이 망명길에 오르고 거의 1년만인 2020년 10월 18일 실시된 선거에서 루이스 아르체 후보가 압승을 거두었다. 그가 내세운 공약은 모랄레스 집권 시절의 반민주적인 정책들을 피하며 볼리비아 국민들의 지지를 받았다.[27] 2019년 대선을 부정선거라고 규탄했던 미주기구OAS는 2020년 선거는 '모범적'인 선거라고 평가했다.[28] 국가는 안정을 되찾고 MAS가 다시 권력을 되찾았다. 모랄레스를 기소하자는 여론이 진정되며 얼마 뒤 전직 대통령 모랄레스는 귀국했다.

볼리비아가톨릭대학교의 페르난다 완데를레이 사회경제연구소장은 10월 선거가 끝난 뒤 이렇게 말했다. "지난해 우리가 겪은 위기는 볼리비아 민주주의에 큰 손상을 입혔다. 일종의 누적과정accumulative process을 겪은 것이다. 하지만 결국 볼리비아는 위기를 극복할 길을 찾았고 깨끗하고 합법적인 선거를 치를 수 있었다. 유권자들의 표로 승자가 결정되었다. 볼리비아에서 민주주의가 승리를 거둔 것이다."[29]

제10장과 11장에서 보듯이 전 세계 많은 나라에서 비자유주의적인 지도자들이 팬데믹을 이용해 자신의 권력을 강화하고, 반대세력을 탄압하고 시민의 자유를 침해하고 부정선거를 자행하려고 했다. 하지만 사람들은 강압적인 상황에서도 이런 시도를 물리쳐 전 세계적으로 수백만 명이 더 많은 자유와 민주주의를 누릴 수 있다는 희망을 갖게 만들었다.

## 글로벌 민주주의의 후퇴

고인이 된 하버드대 정치학자 새뮤얼 헌팅턴Samuel Huntington 교수는 1970년대와 1980년대에 시작되어 전 세계적으로 붐을 일으켰고, 1989년 베를린 장벽 붕괴와 그로부터 2년 뒤 소련 연방 해체로 더 거세게 불어닥친 정치적 자유화와 민주적 거버넌스의 바람에 대해 1991년 '제3의 물결'이라는 용어를 붙였다. 헌팅턴 교수에 따르면 제1의 물결은 19세기 민주주의의 점진적인 확산이었고, 제2의 물결은 2차세계대전 종전 이후 10년 만에 몰려왔다. 그러나 다시 독재로 회귀하는 나라들이 생기는 등 두 물결 모두 반작용을 겪었다. 하지만 2보 전진 1보 후퇴하는 식으로 발전이 이루어졌고 전 세계적으로 민주국가의 수는 늘어났다.[30] 그리고 냉전이 끝나며 옛소련 연방공화국과 동구권 공산국가들은 더 많은 정치적 자유를 누리게 되었다. 그리고 강대국의 비호 아래 있던 개도국 세계의 여러 군사정권과 일당독재 국가들이 민주국가로 변모했다. 그 결과 제3의 물결이 밀어닥친 것이다.

스탠퍼드대학교의 래리 다이아몬드 교수는 국제 인권 감시 단체인 프리덤 하우스Freedom House 자료를 인용해 1993년 기준으로 인구가 최소 100만 명이 넘는 나라들(모두 77개국) 가운데 다수가 민주국가라고 추산했다. 프리덤 하우스는 정치적 자유 10개 항목과 시민의 권리 15개 항목 등을 기초로 매년 국가별 점수를 매겨 발표한다. 다이아몬드 교수에 따르면 민주국가의 수는 2006년에 86개국으로 최고점을 찍었다.[31] 브이뎀 V-Dem 연구소는 1789년부터 현재까지의 정치지표를 가지고 만든 더 상세한 데이터베이스를 근거로 민주국가의 수가 2010년에 98개국으로 가장 많았다는 사실을 알아냈다.[32]

그러다가 상황이 바뀌었다. 2010년대 들어와 '제3의 독재화 물결'이 자리를 잡은 것이다.[33] 팬데믹이 시작되기 직전에는 특히 분위기가 암울했다. 프리덤 하우스에 따르면 1985년부터 2005년까지 지속적으로 '자유국가' 등급을 받은 41개국 가운데 22개국이 코로나19가 발생하기 이전 5년 동안 자유지수가 감소한 것으로 분류됐다.[34] 브이뎀 연구소는 2019년 한 해 동안 26개국에서 민주주의가 후퇴한 것으로 분석했다. 2001년 이후 처음으로 다수의 국가(92개국)가 독재국이고, 냉전 종식 이후 처음으로 전 세계 인구 가운데서 민주국가에서 살지 않는 인구가 다수(54퍼센트)를 차지했다. 모든 추세가 잘못된 방향으로 나아가는 것 같았다. 전 세계 인구 가운데 35퍼센트는 독재화가 진행 중인 나라에 사는 반면 민주화가 진행 중인 나라에 사는 인구는 8퍼센트에 불과했다.[35]

이 기간 중 일부 민주정부가 봉기와 쿠데타로 무너졌다. 예를 들어 2013년 이집트 군부는 국민들의 반정부 시위에 편승해 민주선거로 선출된 모하메드 모르시 정부를 전복시켰다. 2014년 태국에서는 군부가 허약한 민주정부를 전복시키고 군사정권이 들어섰다. 하지만 적법한 절차를 거쳐 선출된 비자유주의 성향의 지도자들에 의해 민주주의의 후퇴가 이루어지는 경우가 더 흔하다. 블라디미르 푸틴 러시아 대통령, 우고 차베스 베네수엘라 대통령, 빅토르 오르반 헝가리 총리, 레제프 타이이프 에르도안 터키 대통령, 세이크 하시나 방글라데시 총리, 나렌드라 모디 인도 총리, 폴란드의 야로슬라프 카진스키 총리와 안제이 두다 대통령, 로드리고 두테르테 필리핀 대통령, 자이르 보우소나루 브라질 대통령 등으로 이들은 자유사회의 토대를 이루는 견제와 균형의 원칙, 규율, 시민의 자유를 조금씩 훼손해 나갔다. 이들은 양극단으로 나뉜 정치적 목소리와 국민들의 경제적, 문화적 불안감을 이용하고 민족주의 정서와 기득권에 대한 반감, 인기영합주의, 외국인 혐오 정서에 호소해 선거에서 승리했다.[36] 이들은 일단 집권에 성공하고 나면 비자유주의적인 각본에 따라 움직였다. 공권력 강화와 입법부의 견제기능 축소, 사법부와 군부를 비롯해 여러 정부 기관의 독립성 약화, 야당과 시민사회, 언론 탄압, 그리고 거짓 정보를 선동에 이용하는 한편 정보는 통제한다.[37] 앞으로 알게 되겠지만 이런 각본은 팬데믹 같은 국가적 위기도 정치적으로 이용할 수 있도록 입맛에 맞게 맞춤형으로 만들어져 있다.

미국을 비롯한 선진 민주국가들에 대한 러시아와 신흥 중국처럼 목소리 큰 나라들의 도전이 점점 더 거세지는 글로벌 세력균형의 변화로 민주주의의 퇴조 추세는 더 복잡하게 진행되고 있다. 이 두 권위주의 국가는 여러 가지 중요한 면에서 서로 다르다. 러시아는 국력이 장기간에 걸쳐 쇠퇴해 왔음에도 불구하고 여전히 보유하고 있는 상당한 규모의 전략적 자산을 이용해 자신을 내세우고 있다. 반면에 중국은 신흥 강대국으로 급성장하고 있는 나라이다. 그렇지만 두 나라는 서로 비슷한 목표를 추구한다. 각자 자신들이 있는 지역에서 군사적, 정치적, 경제적 영향력을 발휘하려고 하는 것이다. 그리고 자칫 국내에서 정권의 장악력을 위태롭게 할지 모를 인권과 민주적 규범은 무시한다. 그리고 냉전 종식 이후 등장한 미국의 패권을 끝장내고 싶어 한다.[38]

푸틴의 러시아는 크림반도를 불법으로 합병하고 우크라이나 동부의 분리주의 세력을 지원하며 지역 패권을 추구해 왔다. 그곳에서 자라고 있는 민주주의의 싹을 자르고 우크라이나가 서방의 편에 서는 것을 막으려는 의도에서이다. 크렘린은 또한 서구 민주국가들 사이에 불화를 조장하기 위해 사이버 공격을 하고, 공개적으로 혹은 비밀리에 가짜 정보를 유포한다. 그리고 좌우 불문하고 포퓰리즘 정권에 대한 재정지원을 해왔다. 푸틴 대통령은 범대서양 동맹에 회의적인 단체와 지도자들에게 힘을 실어주기 위한 목적으로 영국과 미국, 프랑스 등의 선거와 국민투표에 영향력을 미치려고 했다. 그리고 러시아가 보유한 광대한 원유 및 가스 자원을 지렛대로 삼아 여러 나라 정부에 압력을 가하고 동서 유럽 모두에 영향력을 행사하려고 한다.[39]

시진핑이 집권하는 중국은 아시아의 패권국이 되고자 하고 있다. 그러면서 미국을 비롯해 미국 동맹국들과의 관계를 훼손해 가면서 남중국해, 동중국해, 대만해협에서 힘을 과시했다. (70개국을 아우르는)중국의 일대일로一帶一路 전략구상, 아시아인프라투자은행Asian Infrastructure Investment Bank, 그리고 새로운 무역자유화를 위한 15개국 다자협정인 역내 포괄적 경제동반자협정Regional Comprehensive Economic Partnership 등은 모두 글로벌 영향력 확대를 적극 추구하는 중국의 의지를 보여준다. 중국은 5G와 인공지능 같은 국내 신기술 개발에 대규모로 투자하고, 이런 기술을 해외로 수출하는 데 적극 나섰다. 이를 통해 중국은 이런 신기술이 관리, 운용되는 방법을 결정하는 글로벌 규칙이 자국의 규율 및 관리 원칙에 부합하도록 만들기 위해 영향력을 행사하려고 했다. 시진핑 주석은 권력을 공고히 하면서 중국공산당의 억압적인 통치장치를 강화하는 조치를 취했다. 그리고 국가 자본주의와 디지털 권위주의를 합친 중국식 통치체제를 자유민주주의보다 우월한 통치모델이라고 내세우고 있다. 중국의 이런 움직임은 서방이 2008년~2009년 글로벌 금융위기 이후 경제적, 정치적으로 어려움을 겪는 틈을 타서 크게 약진했다.[40]

한편 수정주의적인 권위주의 강대국을 상대로 반격을 가할 미국의 능력은 줄어들었다. 지난 수십 년 동안 미국은 자신을 소위 자유세계의 지도국으로 자처했다. 냉전 이후 등장한 미국 행정부들은 막강한 군사력과 경제력, 이상주의를 내세워 인권과 민주주의를 적극 증진하는 정책을 추구했다. 하지만 민주주의 확장 프로젝트는 간단한 일이 아니고 국내외적으로 미국이 거둔 성과에는 문제점이 많았다. 그럼에도 불구하고 1990년대 민주화 물결은 상당 부분 미국이 세계무대에서 적극 활동한 산물이었다. 하지만 9/11 사태 이후 아프가니스탄을 비롯해 특히 이라크에서 미국이 주도한 국가 재건 작업이 대실패를 겪으며 미국의 민주주의 증진 노력의 효과와 적법성은 크게 퇴색하고 말았다.[41]

하지만 코로나19 사태가 일어나기 전 여러 해 동안 미국이 전 세계 민주주의를 지키기 위해 일어서서 로널드 레이건 대통령이 좋아한 표현인 '언덕 위의 빛나는 도시' 역할을 할 능력에 대한 가장 큰 도전은 대부분 미국 자신에게 있었다. 도널드 트럼프가 대통령이 되기 전부터 극단적인 진영논리, 양극화, 불평등 심화, 금전이 정치를 좌우하는 현실 때문에 미국은 점차 대표성을 상실하고 무기력해졌다. 2016년 선거에서 트럼프가 승리하면서 이런 문제점들이 한층 더 분명하게 겉으로 드러나게 되었다. 비극적인 일이지만 트럼프 본인이 따른 비자유주의적인 교본 내용은 다른 나라 독재자들이 하는 행동을 그대로 따랐다. 포퓰리즘과 자국우선주의를 내세우고 외국인 혐오증과 인종주의를 부추겨 대통령 선거에서 승리한 다음에는 의회의 감시기능을 무시하고, 사법부의 독립을 공격하고, 법 집행기관, 정보기관, 군의 정치적 중립을 훼손했다. 그는 법치를 깡그리 무시하고 언론의 자유를 폄하하고, 거짓 정보를 앞장서서 퍼트렸다.

트럼프의 등장으로 미국은 전 세계의 인권과 민주주의를 수호해 온 오랜 전통을 포기했다. 유럽과 아시아에 있는 미국의 긴밀한 동맹국들은 튼튼한 안보공약을 제공해 주는 대가로 자릿세를 뜯어내는 상거래 관계로 전락했다. 그러는 한편 푸틴, 시진핑, 에르도간, 오르반, 두테르테, 보우소나루, 북한의 김정은, 사우디의 무함마드 빈 살만, 이집트의 아브델 파타알 시시 같은 세계 각국의 독재자, 스트롱맨들은 자신들의 별난 리더십을 인정해 주려고 안달이 난 미국 대통령을 만나게 되었다.[42]

## 팬데믹을 이용해
## 독재를 강화한 지도자들

이 책에서 다룬 많은 글로벌 트렌드처럼 코로나19는 전 세계적으로 이미 위태로운 상황에 놓인 민주주의의 현주소를 더 분명하게 드러내보여 주었다. 대부분의 선진 민주국가들에서는 비상 방역조치를 취하더라도 자유 민주주의의 원칙을 근본적으로 훼손하지는 않았다. 하지만 민주적 제도가 제대로 갖추어지지 않은 일부 국가의 비자유주의 지도자들은 팬데믹을 자신의 권력을 다지는 기회로 활용하려고 했다. 자니네 아녜스는 볼리비아에서 이런 시도를 했다가 실패했다. 어느 정도 성공을 거둔 지도자들도 있었다.[43]

로드리고 두테르테 필리핀 대통령은 여러 해 동안 국가의 민주주의 제도를 훼손하고 시민의 자유를 공격해 온 지도자였다. 그는 팬데믹을 핑계로 3월 중순 자신이 전권을 가지고 위기에 대처하고, 국가의 공식 메시지를 따르지 않고 '거짓 정보'를 퍼트리는 사람들을 처벌하도록 하는 법안을 통과시켜 달라고 의회에 요청했다. 두테르테가 전권을 내세워 '보건 위기 기간 중 필리핀 국민의 안전과 이익을 위해 조치하고 결정하고 마음대로 행동하겠다.'고 하는 것을 보고 필리핀의 유명한 인권단체는 '독재에 버금가는 행동'이라고 말했다.[44] 이런 공권력 확대는 8월에 이어 9월까지(1년간) 연장되었다. 두테르테가 민주주의 기반이 허약한 필리핀에서 영구 비상사태를 선포하려는 것 아니냐는 우려가 나왔다.[45]

인도에서는 나렌드라 모디 총리가 자신이 이끄는 힌두교 국가주의 바라티야 자나타당BJP의 지지로 비상조치를 단행해 권력을 강화했다. 정부 조치로 지방 정부의 권한을 약화시키고 의회 내 야당을 무력화시켰다. 모디 총리의 록다운 조치를 비판하는 언론, 운동가 그룹들은 수시로 괴롭힘을 당했다. 바라티야 자나타당BJP 소속 인사들은 인도의 무슬림 주민들을 슈퍼전파자들이라고 부르며 이들을 희생양으로 만들려고 했다. 세계 최대 민주주의 국가인 인도의 민주주의는 모디 총리와 BJP 당이 집권한 2014년 이후 후퇴를 거듭하다 이번 사태를 계기로 후퇴 속도가 더 가팔라졌다.[46]

이웃 스리랑카에서도 비슷한 일이 벌어졌는데 그 중심에는 권력에 굶주린 두 형제가 있었다. 팬데믹이 스리랑카에 상륙하기 두 달 전인 2019년 11월 고타바야 라자팍사가 스리랑카의 새 대통령으로 선출됐다. 그는 2005년부터 2015년까지 국방장관을 지냈는데 2009년에 타밀 타이거 분리주의자들을 초토화시킨 작전을 총지휘했다. 타밀 분리주의자들은 26

년 동안 내전을 치르며 자살폭탄테러까지 감행해 격렬히 저항했다. 그를 국방장관에 임명한 사람은 당시 대통령이던 그의 형 마힌다 라자팍사였다. 마힌다 라자팍사 대통령은 집권 10년 동안 의회와 사법부의 권한을 약화시키며 법치를 무시하고 자신의 통치권력을 강화했다. 2015년 두 형제 모두 권좌에서 물러나면서 스리랑카는 역사의 한 페이지를 넘기고 더 민주적이고 보다 책임 있는 정부를 향해 나아갈 것으로 보였다.[47]

하지만 그로부터 4년 뒤 부활절 일요일에 이슬람국가IS 게릴라들이 연쇄 폭탄테러를 일으켜 고타바야 라자팍사가 명성에 걸맞게 테러범들을 물리치는 데 큰 활약을 펼쳤고, 그 덕분에 형제는 다시 권력을 잡게 되었다.[48] 이번에는 동생 고타바야가 대통령이 되고, 형 마힌다는 총리에 임명됐다. 하나 남은 문제는 형제가 행정부 권력을 모두 차지했지만 의회 의석 과반수를 확보하지 못했다는 것이다. 그래서 3월 초 고타바야 대통령은 의회를 해산하고 4월 25일 새로 선거를 실시해 자기가 이끄는 스리랑카 인민전선당SLPP이 3분의 2 의석을 차지하도록 만들었다.

라자팍사 형제가 이처럼 스리랑카 정치에서 자신들이 누리던 영광을 되찾기 위해 바삐 움직이는 중에 팬데믹 사태가 일어난 것이다. 팬데믹은 이들에게 비상권한을 휘두를 황금 같은 기회를 가져다주었다. 스리랑카에서 코로나19 첫 확진자가 나온 것은 1월 27일이었다. 스리랑카를 방문한 중국인 관광객이 증상을 보여 양성판정을 받으면서 시작되었고 3월에는 국내에서 확산되기 시작했다. 정부는 곧바로 한 달 간 전국에 통행금지령을 내렸다.[49] 3월에 의회를 해산한 다음 몇 주 동안 코로나 대유행 상황이 계속 악화되자 국가선거관리위원회는 4월로 예정된 의회선거를 코로나 확산 위험 때문에 무기한 연기하기로 결정했다. 그러면서 나라 전체가 전대미문의 혼란으로 빠져들었다. 스리랑카 헌법에는 의회 해산 뒤 새로 선거가 실시되기까지 3개월을 넘기면 안 된다고 규정하고 있기 때문에 국가가 정치적으로 어정쩡한 상태에 놓이게 되었다. 근대 이후 스리랑카 역사상 처음으로 대통령이 의회의 견제를 받지 않고 국정을 이끌 수 있게 된 것이다.[50]

라자팍사 대통령은 이 정치적 진공상태를 이용하려고 옛 군부 지휘관들을 내각의 핵심 자리에 신속히 임명했다. 그리고 바이러스를 억제하는 데 비교적 효과가 있는 것으로 입증된 록다운 조치를 언론인, 변호사, 인권운동가를 비롯한 반정부 인사를 탄압하는 데 이용했다.[51] 코로나바이러스와 관련해 정부를 비판하거나 정부의 공식 입장과 다른 말을 하면 누구든 잡혀갈 수 있었다. 인도에서처럼 스리랑카에서도 소수 무슬림 주민들이 코로나19를 전파한다는 비난을 들었다. 정부 인사들이 앞장서서 싱할라인이나 타밀인들이 고유의 새해 축제를 하지 못하게 된 것도 무슬림 때문이라고 했다.[52]

의회선거는 결국 8월에 실시됐다. 형인 마힌다 라자팍사 전 대통령이 스리랑카 인민전선당SLPP의 선거운동을 앞장서서 지휘해 (연립 정당들과 합쳐서) 의석수 3분의 2 이상을 확보하는 압승을 거두었다. 의회선거 압승으로 라자팍사 대통령 일가는 스리랑카를 전보다 더 독재국가로 끌고 갈 수 있게 되었다.[53] 의회는 개원하고 두 달이 채 안 돼 제20차 헌법 개정안을 통과시켜 총리와 의회의 권한을 축소하고 대통령에게 사실상 무한 권한을 부여했다. 특이하게도 개정헌법은 이중 국적자도 의회 의원이나 대통령으로 선출될 수 있도록 해서 동생인 바실 라자팍사가 의회에 진출할 수 있도록 했다. 가족 왕국의 권력 토대를 한층 더 단단하게 다진 것이다.[54]

스리랑카에서 지구 반 바퀴쯤 떨어진 헝가리는 독재 성향의 지도자가 팬데믹을 악용한 가장 확실한 사례이다. 세기가 바뀔 시점에 헝가리는 활기찬 자유민주국가였다. 하지만 코로나19 사태가 일어나기 전 10년 동안 빅토르 오르반 총리와 그가 이끄는 대중영합적 민족주의를 내세운 피데스당Fidesz은 법률과 규정을 바꾸고 헌법을 수정하는 등 헝가리의 민주적 규범과 제도를 조직적으로 와해시키는 여러 조치를 취했다. 행정 권력은 강화된 반면 사법부와 여러 핵심적인 국가기구들이 독립성을 잃었고, 독립적인 언론인과 언론기관들을 협박하고 검열하기 위한 여러 가지 방법이 동원됐다. 그러는 내내 오르반 총리는 외국의 영향으로부터 기독교 문명을 수호하고 이민자와 난민이 (특히 무슬림 국가들로부터)몰려오는 것을 막아야 한다고 주장했다. 그는 헝가리를 자신이 말하는 '비자유주의 민주국가'로 바꾸는 것에 자부심을 갖고 있었다.[55]

하지만 2020년이 되면서 오르반 총리의 국가 구상 가운데 민주주의 부문에 대해 많은 회의감이 제기되었다. 코로나19가 국내에 들어온 시점에 헝가리는 이미 유럽연합 최초로 독재정권으로 탈바꿈하는 전환점에 와 있었다.[56] 3월 30일 60명 가까운 확진자가 나오자 오르반 총리는 코로나바이러스를 물리치기 위해서라는 명분을 앞세워 방대한 권한을 부여받았다. 기존 법률의 효력을 정지시키고 무기한 칙령통치를 할 권한과 '거짓 정보를 퍼트리는 사람은 누구든 처벌할' 권한도 포함됐다.[57] 럿거스대학교Rutgers University의 R. 다니엘 켈레멘 정치학 및 법학 교수에 의하면 헝가리는 세계 최초의 '코로나바이러스 독재국가'가 되었다.[58] 6월 18일 헝가리 의회는 표결을 통해 대통령의 이런 비상권한을 종결시켰다. 하지만 정상국가로 되돌아갈 것이라는 희망은 헛된 꿈이 되고 말았다. 새로 제정된 법률에 따라 정부가 공중보건 비상사태를 선포하면 국회 동의 없이 언제든지 칙령통치를 다시 시작할 수 있도록 되어 있었다. 다시 말해 대통령의 비상권한을 중지시킨 게 아니라 오히려 정상적인 권한으로 만들어 준 셈이었다. 부다페스트에 있는 민주주의 옹호 단체인 카롤리 외트뵈스연구소Károly Eötvös Institute 소장 겸 법학교수인 졸탄 플렉Zoltán Fleck 교수는 뉴욕타임스에 이렇게 말했다. "이제 더이상 물러날 곳도 없다. 이 자들은 그런 비상상황의 핵심적인 요소들을 아주 성공적으로 계속 끌고 나가고 있다."[59] 11월에 팬데믹 2차 유행이 유럽 전역을 휩쓸자 다시 비상사태를 선포하며 오르반 총리는 "정치적 논란은 접어두고 적기에 신속한 대응조치를 취할 필요가 있다."고 말했다. 코로나바이러스 감염자가 폭등할 것이라는 전망을 인용해 칙령통치의 필요성을 다시 역설한 것이다.[60]

## 코로나를 선거에 이용한
## 지도자들

팬데믹 와중에 선거를 실시한다는 것은 아무리 좋게 말해도 위험천만한 일이다. 하지만 코로나 위기 속에서 총선을 치른 최초의 나라인 한국은 성공한 사례였다. 제6장에서 소개한 것처럼 한국은 초기에 효과적인 대응을 해서 전 세계에서 몇 안 되는 모범 사례에 속했다. 2020년 4월에 치른 총선은 모범적인 사례였다. 한국 정부는 유권자들이 안전하게 투표할 수 있도록 미리 조치를 취했다. 선거 당일 많은 유권자들이 투표소에 몰려드는 걸 막기 위해 우편투표와 사전투표를 확대했다. 50만 명이 넘는 공무원과 자원봉사자들이 전국 1만 4,000개의 투표소에서 방역작업을 했다. 코로나19 환자들을 위해 병원에도 별도 투표소가 마련됐다. 유권자들은 마스크를 써야 하고 투표소에 도착하면 손세정제와 소독장갑이 제공되었다. 유권자들은 체온측정을 하고, 체온이 너무 높게 나오는 사람은 특별 투표소로 안내했다. 사람들이 투표를 하려고 기다리는 바닥에는 거리두기를 위해 일정한 간격으로 스티커를 붙여두었다. 투표소 바닥에는 바이러스에 감염되지 않도록 천을 깔았다. 그리고 투표소에서는 온종일 청소와 소독작업이 진행됐다. 그 결과 선거는 안전하게 진행되었다.[61]

하지만 많은 나라 정부들이 선거를 안전하게 치르는 것보다는 코로나19 상황을 자신들에게 유리하게 만들기 위해 선거 실시 여부와 선거 시기를 저울질하는 데 더 관심이 많았다. 예를 들어 부룬디는 독재자 피에르 은쿠룬지자Pierre Nkurunziza 대통령의 15년 집권을 끝내고 민주적인 통치 시대로의 전환을 예고하는 대통령 선거가 실시될 예정이었다. 하지만 2020년 봄 부룬디 정부는 팬데믹을 이용해 은쿠룬지자 대통령이 후계자로 지목한 에바리스트 은데이시미예Évariste Ndayishimiye에게 유리하게 판을 짰다. 5월 20일 선거일을 앞두고 정부는 코로나바이러스의 위험이 별로 없다고 주장하며 유세장에 대규모로 사람이 모이는 것은 위험하다고 우려를 제기하는 WHO 대표단을 추방해 버렸다. 투표소에도 방역조치는 거의 취하지 않았다. 투표 당일에는 소셜미디어를 완전히 차단하고 코로나19 방역수칙이라고 주장하며 공정선거를 감시하기 위해 파견된 지역선거 참관단의 투표소 출입을 막아 버렸다. 대규모 부정이 저질러졌다는 주장이 제기되었지만 은데이시미예가 당선자로 발표되었다.[62]

같은 달 폴란드에서는 집권 여당인 법과정의당PiS의 지원을 받는 현직 대통령 안제이 두다Andrzej Duda가 선거를 예정대로 실시하기를 원했다. 록다운 조치로 야당의 선거운동이 사실상 봉쇄돼 있다는 점이 자신에게 유리하다고 본 때문이다. 반면에 자신은 마음대로 공개행사에 참석하고 국가가 장악한 언론을 통해 자신에게 우호적인 보도가 계속되었다.[63] 코로나 사태에 대한 사람들의 우려를 잠재우기 위해 법과정의당PiS은 우편투표 방식을 급히 제안했다. 하지만 야당의 반대로 선거는 6월 말로 연기되었다. 유권자들의 안전이 확보된 다음에 실시하자는 취지였다. 하지만 사정은 별로 달라지지 않았고, 이후 몇 주 동안 록다운 조치는 다소 느슨해진 가운데 대규모 모임 금지는 계속 유지했다. 두다 대통령은 이런 조치에 관계없이 선거운동을 계속하며 상당히 유리한 입장에 있었다. 11명의 후보가 난립한 가운데 1차 투표에서 두다 대통령은 득표율 44퍼센트를 기록하고, 경쟁 후보인 자유진영의 라파우 트샤스코프스키 바르샤바 시장은 30퍼센트 득표에 그쳤다. 2주 뒤에 치른 결선투표에서 두다 후보는 51퍼센트 대 49퍼센트의 근소한 표차로 트샤스코프스키 후보를 누르고 당선됐다. 이로써 폴란드는 비자유주의적인 포퓰리즘을 향해 나아가기 위해 필요한 더 튼튼한 발판을 마련하게 되었다.[64]

이들뿐만이 아니다. 국제 민주주의 및 선거지원기구IDEA에 따르면 2020년 2월 말부터 2021년 3월 사이 모두 합쳐 적어도 41개 나라와 영토에서 코로나19 때문에 전국적인 선거와 국민투표를 연기했다.[65] 많은 경우 이러한 결정은 임시로 취해졌고 공공보건에 대한 우려 때문에 정당화되었다. 예를 들어 2020년 9월 뉴질랜드는 코로나19 신규 감염자가 급증하자 선거를 연기했다. 그리고 한 달 뒤 아무 문제 없이 선거가 실시되어 저신다 아던Jacinda Ardern 총리와 그녀가 이끄는 노동당이 압도적으로 승리해 재집권에 성공했다. 아던 총리의 성공적인 팬데믹 대응도 유권자들의 호응을 얻는 데 도움이 되었다.[66] 하지만 지도자들이 권력을 유지하려는 목적으로 선거를 연기한 경우도 많았다.

에티오피아도 그런 경우 같았는데 그로 인해 끔찍한 결과가 초래되었다. 2018년 봄 시민들의 대규모 반정부 시위로 개혁적인 아비 아흐메드 총리가 집권했다. 아비 총리는 곧바로 에리트레아와 평화협정을 체결하고(이 공로로 2019년 노벨평화상을 수상했다.) 민주적인 개혁정책을 추진했다.

이와 함께 1991년 이후 에티오피아를 통치해 온 4대 정당 연합체인 집권 에티오피아인민혁명민주전선EPRDF을 해체했다. 이런 조치는 에티오피아의 소수인종인 티그레이족들에게 큰 상처를 입혔다. 에티오피아 최북단에 위치한 티그레이 지역의 주민은 에티오피아 전체 인구 1억 1,000만 명 가운데 6퍼센트에 불과하지만 티그레이인민해방전선TPLF이 오랫동안 EPRDF 연합을 지배해 왔다. TPLF는 티그레이 출신 관료들이 공직에서 숙청되어 쫓겨나고 TPLF 관련 인사들이 부패 등의 혐의로 대거 체포되자 아비 총리가 새로 만든 번영당에 가담하기를 거부했다. 2019년 내내 티그레이 지역과 아베 총리의 새 정부 사이에 불화가 쌓였다.[67]

압제와 부정선거의 오랜 역사를 가진 나라에서 아비 총리는 15년 만에 처음으로 2020년 8월 자유롭고 공정한 선거를 실시하겠다고 약속했다. 하지만 그해 3월 코로나19 위기 때문에 선거가 연기되었다. 당시 에티오피아의 확진자는 불과 25명에 불과했다.[68] 그리고 6월에는 선거를 무기한 연기한다고 발표했다. 선거는 보건 관련 책임자들이 팬데믹이 완전히 통제되었다고 발표하고 나서 9개월 내지 12개월이 지난 다음에 실시하겠다고 했다. 그렇게 하면 지금의 에티오피아 연방 및 지방정부는 (10월에 임기가 끝남) 헌법에 정한 5년 임기를 넘긴다는 말이었다. 비상상황에 대한 불가피한 조치라고 설명했지만 TPLF를 비롯한 비판세력들은 아비 총리가 비헌법적으로 권력을 연장하려는 술수로 받아들였다.[69]

이에 맞서 9월 티그레이 지역에서는 자체적으로 지방선거를 강행했고 아비 총리의 연방정부는 이 선거를 인정하지 않았다. 이에 맞서 티그레이 지역은 원래 임기 만료일인 10월 5일 이후에는 아비 정부를 인정하지 않겠다고 선언했다.(아비 총리는 임기 연장을 일방적으로 선언했다.) 연방정부는 티그레이 지역에 대한 예산지원 중단과 함께 모든 관계를 단절했다. 티그레이 정부는 이를 '선전포고'로 간주했고, 이후 양측 사이에 무력충돌이 시작되었다. 11월 4일 연방정부는 TPLF가 티그레이 서부 지역에서 연방군 기지를 공격했다고 비난하며 이들에 대한 포 공격과 함께 지상군 공격을 시작했다.[70] 2주 뒤 매우 괴이한 일이 벌어졌는데 에티오피아군 참모총장이 텔레비전에 나와 테워드로스 아드하놈 거브러여수스 WHO 사무총장이 티그레이 군인들에게 무기를 제공했다고 비난하는 연설을 한 것이다. 테워드로스 사무총장은 과거 TPLF 연합 소속으로 에티오피아 보건장관을 지냈다.[71] 국가는 내전상태로 들어갔고 수천 명이 사망하고 200만 명(티그레이 지역 전체 주민의 3분의 1에 해당)이 집을 잃고 떠돌이 신세가 되었다. 그 가운데 수만 명이 이웃 나라인 수단으로 피신했다. 11월 말 마침내 에티오피아 연방군이 티그레이 지역 수도 메켈레를 장악했다. 하지만 TPLF는 산악지대로 피신해 저항을 계속하겠다고 다짐했다. 이에 따라 에티오피아는 장기간의 값비싼 내전에 빠져들게 되었다.[72]

—————— 제**11**장 ——————

# 코로나 독재가
# 시민의 자유를 위협하다

육지로 둘러싸인 소국 르완다는 코로

나19를 특히 두려워해야 할 이유가 많았다. 미국 매사추세츠주 만한 크

기의 영토에 인구 1,300만 명이 모여 살아 아프리카 대륙에서 (모리셔스

에 이어)두 번째로 인구밀도가 높은 나라이다. 그래서 바이러스가 급속

하게 전파될 우려가 매우 높았다. 그리고 전 국민에게 거의 보편적 의료

혜택을 부여하고 있기는 하지만 워낙 국민소득이 낮은 탓에 의료자원이

적어 의사 수가 주민 1만 명당 1명에 불과하고 중환자실 수도 극도로 부

족했다. 그렇다 보니 초기 봉쇄에 집중할 수밖에 없었고[1], 폴 카가메Paul

Kagame 대통령 정부는 신속하게 움직였다.

첫 확진자가 나오기 몇 달 전인 1월에 르완다 정부는 모든 국경검문소

에 열감지기와 손세정제를 배치하고, 키갈리 국제공항에 의료진을 파견해 여행객들의 코로나바이러스 감염 여부를 체크했다. 위험이 커지며 정부는 신속히 움직여 전 세계 어떤 곳보다도 더 엄격한 방역조치를 시행했다. 3월 초에는 종교집회와 학교, 결혼식, 스포츠 행사에 사람이 모이는 것을 금지했다. 비필수 영업매장은 문을 닫고 전국적으로 사회적 거리두기와 소독을 의무화했다. 농산물 출하단지 등 활동이 허락된 곳에는 특별방역조치가 취해졌다. 국경은 봉쇄되고 항공기 입국은 금지됐다. 국내 도시 간 여행도 중단되었다. 정부는 대면접촉을 줄이기 위해 국민들에게 모바일 송금앱과 온라인 뱅킹을 권장했다. 3월 21일 정부는 전국적으로 외출금지령을 발동했다. 그리고 4월 말에는 록다운 조치가 완화되었지만 정부는 모든 공공장소와 다가구 주택 등에서 마스크 착용을 의무화했다. 야간 통행금지도 계속 유지하고 예배장소와 학교에 대한 폐쇄조치도 계속됐다.[2]

신속히 조치에 나선 다른 나라들처럼 르완다 정부도 다른 감염병을 퇴치하기 위해 노력한 경험이 신속대응에 도움이 되었다. 특히 르완다는 에이즈 바이러스를 물리치기 위해 싸운 경험이 있고, 2019년 에볼라 바이러스 창궐 때 콩고민주공화국에서 바이러스가 국경을 넘어 들어오지 못하게 성공적으로 막은 경험이 코로나19 대응을 신속하고 효과적으로 하는 데 도움이 되었다.

카가메 대통령 정부는 또한 코로나바이러스를 막는 데 필요한 여러 가지 창의적인 방법을 고안해 냈다. 예를 들어 코로나19 검사능력이 부족한 것을 보완하기 위해 정부는 신속 '풀 검사'pool testing 방식을 썼다. 그룹별로 샘플 검사를 한 다음 그 안에서 양성이 나오면 그 그룹에 속한 개인들만 모두 검사를 받도록 하는 방식이다. 르완다 정부는 또한 특수 알고리즘을 고안해서 전문가들이 얼마나 많은 샘플을 풀에 포함시킬지, 양성반응이 나올 경우 얼마나 많은 개인에게 검사를 실시할지 등을 결정하도록 했다. 9월 말까지 르완다 정부는 백만 명 당 3만 7,000명을 검사했는데 검사비율로 아프리카 전역에서 3위에 해당된다. 양성반응자는 의무적으로 정부에서 운영하는 코로나19 진료소에서 치료를 받게 하고 밀접 접촉자는 격리했다.[3]

르완다는 코로나바이러스에 대한 감시와 예방조치에서 재래식 방법과 첨단기법을 혼용하는 전략을 취했다. 정부는 보안기관을 동원해 사람들이 록다운과 이동제한조치를 준수하는지 여부를 감시하도록 했다. 그리고 보건의료 근로자, 경찰, 심지어 대학생들까지 접촉자 추적에 투입했다. 그러는 한편 첨단기술도 사용했는데, 예를 들어 사람 크기의 로봇을 코로나19 진료소에 투입해 환자의 체온 측정과 의약품을 나르고 마스크를 착용하지 않는 환자를 적발해 내는 등의 일을 맡겼다. 르완다 수도 키갈리 상공에는 경찰이 드론을 띄워서 대규모 집회 금지령을 비롯한 방역수칙 위반 사례를 적발해 냈다. 드론은 공중보건 관련 메시지를 전달하는 역할도 수행하고(관영 TV와 라디오의 홍보 역할을 보조함), 보호장비, 검사 샘플, 의료 물품을 도시에서 도시로, 그리고 시골 지역으로 전달하는 일을 맡았다.[4]

공중보건이라는 측면에서 보면 르완다의 적극적인 방역전략은 큰 이득을 가져다준 것으로 보였다. 시민들의 호응도가 높았는데 휴대폰 자료를 보면 르완다는 아프리카 대륙에서 남아공에 이어 두 번째로 사회적 거리두기를 잘 지키는 것으로 나타났다.[5] 2020년 말 르완다의 코로나19 감염자는 8,383명, 사망 92명에 불과했다. 다른 많은 나라들처럼 르완다는 이듬해 2차 유행을 맞았다. 다시 록다운을 취했지만 2021년 3월 감염자는 2만 2,000명 가까이 급등했다. 그럼에도 불구하고 르완다에서 그때까지 확인된 사망자는 307명에 그쳤고, 사망률은 전 세계적으로 가장 낮은 수준에 머물렀다.[6]

하지만 르완다 정부의 대응에 문제될 소지가 있었는데 바로 카가메 대통령과 그가 이끄는 르완다애국전선당RPF의 억압적인 장기집권이 보이는 유형의 문제였다. 이들은 1994년 르완다에서 벌어진 인종학살 때 투치족과 온건 후투족 주민 80만 명을 대량살상한 후투족 극단주의자들을 몰아내고 집권했다. 카가메는 2000년 대통령에 취임하고, 2003년에는 새 헌법을 제정해 광범위한 권한을 확보하고 2034년까지 대통령직을 유지할 수 있도록 했다. 그로부터 20년에 걸쳐 카가메 정부는 장기간의 안정과 경제적 발전을 이루어냈다. 빈곤은 크게 줄었고 보건과 교육, 여성의 권익 향상에도 큰 발전을 이루었다. 하지만 이들의 통치는 시민에 대한 광범위한 감시와 정치적 반대세력의 철저한 탄압에 바탕을 두었다.[7]

팬데믹 기간 중 시행된 비상조치들은 이런 권위주의적인 성향을 강화하는 데 기여했다. 2020년 늦여름까지 7만 명이 넘는 사람이 통행금지,

마스크 착용 같은 코로나 관련 규제조치 위반 혐의로 체포되었다. 잡혀 간 사람들은 대부분 대형 스포츠 경기장에서 무장병력의 감시 아래 심문을 받고 밤새 코로나바이러스의 위험성에 대한 강의를 들었다. 마스크 착용을 두 번 이상 위반하면 최고 1년 이하의 징역에 처하도록 했다. 르완다 정부는 또한 정부의 규제조치를 집행하는 과정에서 경찰이 권한을 남용한 사실을 보도한 언론인과 인권운동가들을 체포했다. 르완다 경찰은 앞으로 팬데믹이 끝나더라도 공중보건 조치들을 시행하는 데 쓴 감시기술을 법질서 유지를 위해 쓰겠다는 의중을 내비쳤다.[8] 경찰 대변인은 9월 월스트리트저널에 이렇게 말했다. "첨단기술을 활용하면 경찰 업무를 더 효율적으로 수행할 수 있다. 이제 이전보다 훨씬 더 상황을 효과적으로 통제할 수 있게 되었다."[9]

## 억압받는
## 시민의 자유

르완다는 팬데믹으로 야기된 근본적인 딜레마를 상징적으로 보여주는 사례이다. 심각한 공중보건 비상사태는 그 성격상 정부의 단호한 조치를 필요로 한다. 이 책 제2부에서 소개했듯이 사회적 거리두기를 시행하고, 필요한 경우 외출금지조치를 취하고 이동제한, 광범위한 검사와 접촉자 추적, 감염자 격리조치를 신속히 취한 나라들은 코로나19 확산속도를 늦추는 데 유리한 입장에 설 수 있었다. 하지만 적극적으로 대처해서 공중보건 조치를 엄격하게 시행하다

보면 시민의 권리를 침해하기 쉽다. 치명적인 감염병의 위협과 방역조치는 그 특성상 독재 성향의 지도자들에게 반대세력을 탄압하도록 유혹하고 탄압의 수단까지 제공할 수 있다. 민주주의가 확고하게 자리잡은 국가들에서는 코로나19 위기 중에도 대부분 헌법이 허용하는 범위 안에서 비상조치를 시행했다. 하지만 기본적인 자유가 보장되지 않고 법치 기반이 취약한 나라들의 경우는 그렇지 못했다.[10]

세계 전역에서 팬데믹이 시민의 권리를 더 침해하는 기회로 악용되었다. 방글라데시, 가나, 인도, 나이지리아, 필리핀, 러시아, 세르비아, 탄자니아, 터키, 짐바브웨 같은 나라에서 언론인들이 팬데믹과 관련해 정부의 공식 입장과 다른 정보를 보도하면 '가짜 뉴스'를 퍼트린다고 벌금을 물리고 압력을 행사하고 체포했다. 언론인들은 이런 정보를 보도하려면 숨어서 해야 했다.[11] 2020년 가을까지 전 세계 국가의 47퍼센트가 코로나바이러스 보도와 관련해 어떤 형태로든 언론에 제약을 가했고, 38퍼센트는 팬데믹 관련해 표현의 자유와 정부 비판에 제약을 가하는 조치를 취했다.[12]

몇몇 나라들에서는 코로나19 대유행과 관련해 경고를 보내고 진실을 알리려고 한 보건의료 종사자들이 타깃이 되기도 했다. 제4장에서 보았듯이 중국 관리들은 신종코로나바이러스 발생 초기에 동료들에게 이를 알리려고 한 의사들을 탄압했다. 이집트, 키르기스스탄, 러시아, 베네수엘라 정부도 팬데믹과 관련해 정부의 공식 입장과 다른 정보를 유포시킨다고 비난하며 보건의료 종사자들을 침묵시키고 체포했다.[13] 극단적인 예로 러시아에서는 정부의 코로나 대응방식에 비판적인 입장을 표명해 온 현장 의사 3명이 병원 창문에서 의문의 추락사고를 당했다. 그 가운데 두 명은 죽고 나머지 한 명은 중태인 상태로 병원으로 실려갔다.[14] 아제르바이잔, 방글라데시, 발칸반도 국가들, 캄보디아, 태국, 베네수엘라, 짐바브웨 등에서는 코로나 대응 대책이 정부 비판세력, 시민운동 지도자, 야당 인사들을 탄압하는 데 이용되었다.[15] 엘살바도르, 케냐, 라이베리아, 나이지리아, 필리핀, 남아프리카공화국, 우간다를 비롯한 여러 나라에서 대규모의 자의적 체포와 공권력 남용, 록다운을 집행하는 데 있어서 군경을 동원한 과도한 무력사용 사례가 보고되었다.[16] 프리덤 하우스는 10월 최소한 66개국에서 팬데믹 대응 과정에서 구금 및 체포 사례가 발생했으며 최소 59개국에서 경찰이 시민을 상대로 폭력을 행사한 증거가 나왔다고 밝혔다. 이런 공권력 남용은 권위주의 국가와 민주주의가 부분적으로만 실행되는 나라들에서 흔하게 일어났다.[17]

## 코로나 추적 앱을
## 사회통제에 쓰는 나라들

많은 나라들이 코로나19의 동향을 감시하고 바이러스의 확산 속도를 늦추기 위해 새로운 첨단기술 장비들을 활용하고 있다. 일부 나라들에서는 보건의료 종사자들이 코로나19에 노출될 가능성을 줄이기 위해 비교적 단순한 수단인 의료 로봇을 사용한다. 3월 초 중국은 전적으로 로봇을 비롯해 사물인터넷 장비들로만 운영

되는 '스마트 야전병원'을 우한에 건설했다.[18]

보다 우려스러운 것은 로봇 감시장비를 배치한 것이다. 중국은 드론의 용도를 바꾸고 프로그램을 다시 해 소독약 살포와 의료 샘플 수송, 외출자 감시와 마스크 미착용자 감시 등의 임무를 수행하도록 했다. 그리고 열화상을 비롯한 여러 모니터를 활용해 원거리 체온 측정을 실시하고 전 세계적으로 가장 철저한 격리조치를 시행했다.[19] 델리를 비롯해 인도 전역에서는 드론을 이용해 대규모 지역을 소독하고 교통 통제와 록다운 위반자 감시를 실시했다.[20] 스페인 경찰은 3월 전국적인 비상사태 기간 중 외출금지와 공공 공원 출입을 삼가라는 경고 메시지를 드론을 이용해 내보냈다.[21] 같은 달 프랑스의 니스 시는 사람들이 여행자제령과 사회적 거리두기를 지키는지를 드론으로 감시했다. 그로부터 두 달 뒤 프랑스 최고 행정법원 꽁세이데따Conseil d'État는 사유지에서 드론을 이용한 코로나 관련 감시활동을 금지시켰다.[22]

이보다 더 광범위하게 쓰인 것은 공중보건 관련 안내문을 발송하고 개별 건강상태 점검, 접촉자 추적, 감염자 격리상태 점검 등의 목적으로 개발한 모바일 스마트폰 앱이다. 예를 들어 폴란드에서는 경찰이 정기적으로 방문해 격리사항을 준수하는지 점검하도록 할 것인지 아니면 셀카 사진으로 자신의 소재를 수시 보고할 것인지 격리 대상자가 하나를 선택하도록 했다.[23] 2020년 가을에 발표된 보고서에 따르면 71개국에서 모두 120개의 코로나 앱이 이용되었다.[24]

스마트폰의 블루투스나 글로벌 위치추적시스템GPS 기술을 이용한 이런 디지털 도구는 팬데믹의 확산을 억제하는 데 반드시 필요하다는 사실이 입증되었다. 하지만 이들은 또한 국가의 감시기능을 강화시킨다는 장기적인 의문을 갖게 만들었다. 이런 앱을 통해 수집된 자료들(누가 어디서 누구와 함께 살고 누구와 접촉하는지, 어떤 행동을 하고 어떤 생활패턴을 갖고 있는지, 그리고 이들의 건강상태 등)은 매우 민감한 정보일 뿐만 아니라 정부와 범죄자들에 의해 악용될 소지가 매우 높다. 에스토니아와 미국 같은 나라에서는 앱 개발자들이 프라이버시 보호 측면을 강화한다. 하지만 다른 지역에서는 일부러 그렇게 하는 경우도 있고, 상황이 긴박하다 보니 데이터의 프라이버시 보호원칙을 간과하는 경우가 많다.[25]

비판론자들은 바레인, 중국, 러시아, 사우디아라비아, 터키 같은 독재국가에서 코로나19 앱으로 수집한 데이터를 사회적 통제를 강화하는 데 악용할 수 있다고 경고한다.[26] 하지만 예를 들어 한국 같은 민주국가에서도 붉은 경고등이 켜졌다. 격리 중인 사람들의 소재를 실시간으로 추적하는 앱이 널리 활용되고 있는데, 연구결과 해커가 다양한 개인정보에 접근할 가능성을 비롯해 이 앱에 여러 가지 취약점이 있는 것으로 드러났다. 한국 정부는 앱의 보안에 허점이 있다는 사실이 알려지자 "사람의 목숨을 구하는 게 급하다 보니 보안보다 개발 속도에 더 신경을 쓴 것"이라고 해명했다.(보안 문제는 그 뒤 해결되었다.)[27]

인도에서는 아로기야 세투Aarogya Setu 앱을 둘러싸고 더 심각한 우려가 제기되었다. 이 모바일 앱은 유저의 이름, 전화번호, 나이, 성별, 직업을 비롯한 여러 가지 신상 정보를 수집하고, 사는 위치, 본인이 신고하는 증상, 병력, 여행 이력을 기반으로 유저의 감염 위험도를 평가했다. 접촉 경로를 알아내기 위해 핸드폰의 블루투스와 GPS를 이용해 유저의 위치를 15분 단위로 추적했다. 이렇게 수집한 데이터는 자동으로 당국이 공유했다. 또한 유저가 감염자와 접촉하면 곧바로 유저에게 경고를 보냈다. 그리고 기기가 있는 곳에서 반경 6마일 이내에 감염 집중 발생 지역이 있으면 이를 다른 유저들이 알 수 있도록 했다. 4월에 인도는 전 세계 민주국가 가운데서는 처음으로 수백만 명의 시민들에게 이 앱 설치를 의무화했다. 처음에는 음식 배달 근로자를 비롯한 서비스 종사자들과 연방정부 공무원 전원에게 이 앱을 설치하도록 했다. 5월에는 공공 분야와 민간 분야 종사자 전원, 열차 여행객 전원과 감염 위험 지역 거주자도 모두 의무적으로 앱을 설치하도록 했다. 델리 교외의 한 지역에서는 앱 설치를 하지 않는 주민들에게 벌금을 물리고 징역형에 처할 것이라고 경고했다. 그렇게 해서 아로기야 세투 앱은 8월 말까지 1억 5,200만 회 다운로드를 기록해 전 세계적으로 가장 많이 이용되는 코로나19 앱이 되었다. 인도 정부는 앱의 투명성을 높이고 데이터 안전도를 개선하는 장치를 마련하겠다고 약속했다. 하지만 국가 차원에서 프라이버시 보호법이 마련되어 있지 않아 아로기야 세투 앱을 비롯해 인도 전역에서 이용되고 있는 수십 개의 유사한 앱을 둘러싼 우려는 사라지지 않고 있다.[28]

또한 전 세계 많은 나라들이 팬데믹을 핑계로 정보통신을 통해 수집된 정보에 더 손쉽게 접근하고 있다. 프리덤 하우스는 2020년 10월 보고서에서 조사 대상 65개국 가운데 최소한 30개 나라가 휴대폰 위치 추적 자료에 대한 접근권을 확대하려고 했다고 밝혔다.[29] 내세운 이유는 그럴 듯해 보였다. 정부는 이런 자료를 통해 접촉자 추적을 더 효과적으로 수 행하고, 그를 통해 사회적 거리두기와 격리조치 실행도 추진할 수 있다 는 논리였다. 그리고 사람들의 움직임과 행동 패턴을 이해하고 거시적으 로 예측하는 빅데이터 분석법 이용도 촉진할 것이라고 했다. 아울러 공 중보건 조치의 효과를 평가하고 그에 따른 자원의 효율적인 배분에도 도 움이 된다는 것이다. 하지만 인권단체들은 정부의 이러한 조치들에 투명 성, 적절성, 그리고 프라이버시 보호가 결여되어 있어 남용의 위험이 크 다는 점에 주목했다. 그리고 국가의 감시기능이 코로나 비상사태 이후에 도 계속될 것이라는 점도 우려했다.[30]

브라질은 이런 움직임을 보여주는 좋은 사례이다. 팬데믹이 시작되기 몇 달 전부터 보우소나루 대통령 정부는 연방기관들에게 시민들의 건강 기록, 안면 프로필, 지문을 비롯한 생체 정보에 대해 수집한 자료를 공유 하라는 지시를 내렸다. 광범위한 통합 데이터베이스를 구축하기 위한 목 적에서였다. 통합 데이터베이스 구축은 정부의 업무 효율성을 높이고 정 부의 서비스를 더 효과적으로 제공하겠다는 취지에서 추진된 것이었다. 그런데 정부가 과연 이 데이터를 정당하게 다룰 것으로 믿을 수 있느냐 는 의문이 제기됐다. 그러던 차에 코로나19 사태가 일어났다. 보우소나 루 대통령은 일관되게 팬데믹의 위험성을 과소평가했지만(본인이 코로나 19에 감염되고 나서도 그런 입장을 고수했다.) 그가 이끄는 정부는 코로나 위 기를 핑계로 대규모 데이터를 한 곳에 집중적으로 수집하는 작업에 속도를 냈다. 자국 정보통신 기업들에게도 보유하고 있는 브라질 국민 2억 2,600만 명의 자료를 의무적으로 넘기도록 했다.[31]

한편 많은 나라 정부들이 이전에 국가안보라는 한정된 목적으로 이용하던 첨단기술 및 정보통신 데이터를 코로나19 대응 목적으로 전용해서 쓰도록 허용했다. 예를 들어 파키스탄은 지하드 추종자들을 추적하는 데 쓰던 시스템을 코로나바이러스 감염자 추적에 쓰도록 용도를 변경했다. 원래 파키스탄 정보기구InterServices Intelligence에서 개발한 시스템이었다.[32] 베냐민 네타냐후 이스라엘 총리도 비상권한을 발동해 국내 정보기관 신베트Shin Bet가 테러범 추적용 프로그램을 코로나19 확진자나 감염 의심자의 핸드폰을 추적하는 용도로 쓸 수 있도록 승인했다.[33]

아마도 가장 불길한 것은 이런 기술들이 나중에 팬데믹 대응전략이란 핑계로 도처에 설치된 감지기, 안면인식을 비롯한 여러 생체인식 기술, 인공지능AI 알고리즘 등으로 구성된 더 광범위한 생태계로 합쳐질지 모른다는 가능성이다. 예를 들어 파리에서는 당국이 시민들의 마스크 쓰기가 지켜지고 있는지를 측정하기 위해 시내 메트로 시스템에 CCTV 카메라, 안면인식 프로그램, AI를 도입했다. 여름에는 뉴욕시도 같은 시스템 도입을 검토했다.(실제로 도입하지는 않았다.)[34]

중국은 이 디스토피아적인 미래를 앞당기는 데 팬데믹을 이용할 각오가 특히 더 잘 되어 있는 것 같다. 디지털 독재 면에서 중국은 전 세계적으로 최고 선두주자이고 제1의 수출국이다. 중국은 코로나19 대유행과 싸우는 데 있어서 자국이 보유하고 있는 대규모 디지털 감시 프로그램을 적극 활용했다. 전국적으로 수백만 대에 달하는 보안 카메라 네트워크, 안면인식 기술을 비롯한 여러 가지 생체정보 기술, 정보통신 추적기, 디지털 승객 정보, 인터넷, 채팅, 소셜미디어 모니터링 시스템 등이 활용됐다. 팬데믹은 보안 카메라 대수를 늘려 격리조치를 감시한다는 핑계로 공공장소뿐만 아니라 시민들의 문 앞까지 진출하고(집안까지 들어가기도 함), 교통 허브를 비롯한 공공장소들에 열상 스캐너와 안면인식 기술 장비를 설치했다. 그러는 한편 새로 개발한 침입식intrusive 모바일폰 앱을 비롯한 코로나 관련 여러 정보수집 노력을 통해 중앙정부와 지방정부로 엄청난 양의 추가 정보가 흘러들어오기 시작했다. 그리고 이렇게 수집된 추가 정보들은 모두 AI로 작동되는 빅데이터 분석 시스템으로 통합되어 당국으로 하여금 시민들의 사회적 행동을 훨씬 더 선명하게 파악할 수 있게 했다.[35] 이런 조치들의 단기적인 목표는 감염병 확산을 막는 것이다. 하지만 이런 조치들은 사회적 통제를 통해 중국공산당의 보다 장기적인 목표인 지속적인 안정 확보에도 기여했다.[36] 호주의 저명한 싱크탱크인 로이연구소Lowy Institute의 리디아 칼릴Lydia Khalil 연구원은 "팬데믹이 중국공산당에게 그들의 '중국식' 기술이 효력이 있으며, 비상상황에서는 이런 대규모 감시기능이 효과적으로 작동된다는 개념증명을 해주었다."고 했다.[37]

이런 조치들이 가져올 파장은 중국에 국한되지 않는다. 코로나19 사태가 시작되기 이전부터 감시 시스템과 감시 수법을 수출하는 데 중국이 앞장서 있었던 게 사실이다. 하지만 중국은 국내에서 바이러스를 억제하는 데 이 감시 기술을 효과적으로 이용함으로써 디지털 독재 장비의 효용성을 해외에 더 부각시킬 수 있게 되었다. 잠재적인 고객으로 기존의 독재국가들만 있는 게 아니었다. 예를 들어 에콰도르에서는 카메라 수천 대를 (에콰도르 경찰에서 사용하고 있는)위치정보 시스템과 결합시킨 중국식 감시 시스템이 코로나19 추적 앱을 통해 보내오는 데이터를 신속하게 처리해 팬데믹 퇴치에 응용했다.[38]

## 홍콩 민주화의
## 싹을 자르다

글로벌 보건 위기가 사회적 통제의 기회를 제공해 주어서 나타난 결과는 첨단기술을 이용한 감시가 심해진 것뿐만이 아니다. 많은 국가가 이 기회를 핑계로 전 세계적으로 더 많은 자유와 더 나은 거버넌스를 요구하며 거리로 나왔던 수백만 명의 시민들을 거리에서 자취를 감추게 만들었다. 코로나19 사태가 일어나기 전 10년은 전 세계적으로 2차세계대전 이후 그 어느 때보다도 집단 시위가 더 많이 벌어진 시기였다. 2019년에는 민주화를 요구하는 시위가 역대 가장 많이 일어났다. 브이뎀V-Dem 연구소 자료에 따르면 전 세계 국가의 44퍼센트가(10년 전의 27퍼센트에서 늘어남) 민주화를 요구하는 심각한 시위를 겪었다.[39] 그해 알제리, 칠레, 프랑스, 홍콩, 인도, 이라크, 레바논 같은 곳에서 시위대 수백만 명이 불평등 심화와 생활고, 국가 서비스 불만, 부패, 정부의 탄압, 경찰력 남용 등에 항의하며 거리로 몰려나왔다.

하지만 각국이 팬데믹 대응을 명분으로 대규모 집회 금지와 외출자제령을 발동하면서 항의시위는 잠잠해질 수밖에 없었다. 그 덕분에 궁지에 몰려 있던 많은 나라가 정치적 부담에서 벗어났다. 칠레에서 자원봉사자 구급요원으로 시위대를 돕는 일을 하는 안토니오 쿠에토는 워싱턴포스트에 이렇게 말했다. "코로나바이러스가 정부 측에는 가뭄의 단비 같은 역할을 했다. 그들에게 잠시 숨 쉴 틈을 만들어 준 것이다."[40] 마찬가지로 인도의 나렌드라 모디 총리는 전국적인 록다운 실시로 무슬림 시민을 차별하는 정책에 가해지던 광범위한 비판과 항의를 효과적으로 끝냈다.[41] 모디 총리는 또한 반테러법을 제정해 자신에게 반대하는 언론인, 정치운동가, 시민사회 운동가 수백 명을 기소했다. 2020년 초부터 반정부 평화시위를 벌이던 시위 주모자들도 기소 대상에 포함됐다.[42]

팬데믹은 또한 여러 지역에서 지도자들에게 민주화 운동을 진압하는 기회의 창을 제공해 주었다. 알제리 정부는 코로나로 시위가 잠잠해진 틈을 타 1년 가까이 계속된 반정부 시위를 끝내기 위해 대대적인 검거작전을 벌였다.[43] 필리핀의 두테르테 대통령은 보안병력에게 록다운 조치를 위반하거나 이에 불만을 제기하는 트러블메이커들은 '사살해도 좋다'는 지시를 내리고 대대적인 검거작전을 벌였다. 두테르테 대통령은 4월 시위대를 향해 "정부에 도전하지 말라. 여러분이 진다."고 경고했다.[44]

홍콩은 팬데믹 사태가 시작되기 전까지 전 세계적으로 가장 드라마틱한 시위가 진행된 곳이다. 민주주의를 요구하는 시위는 2019년 3월부터 시작되어 거의 1년 가까이 계속되었다. 중국의 특별행정구로 부분적으로 자치권을 인정받고 있는 홍콩에서 시위대는 시민의 기본적인 권리를 보장해달라고 요구하며 거리로 쏟아져 나왔다. 750만 명에 달하는 홍콩 주민 가운데 200만 명 가량이 2019년 내내 계속된 시위에 가담했다. 직접적인 원인은 홍콩 주민을 중국 본토와 대만으로 보낼 수 있도록 허용하는 송환법 제정 움직임에 대한 불만이었다. 보다 근원적인 원인은 '일국양제'一國兩制 원칙을 소멸시키려는 본토의 중국공산당과 홍콩 정부가 갈등을 벌이면서 주민들의 우려가 커진 데 있었다. 홍콩 기본법에는 홍콩 정부의 자유와 정치적 자율이 보장돼 있다. 이 기본법은 1997년 홍콩의 지위를 영국 식민지에서 중국으로 이양할 당시 합의된 것으로, 2047년까지 일국양제를 인정하도록 되어 있다. 그런데 이 합의 내용의 효력이 소멸될 위기에 놓인 것이었다.[45]

홍콩의 자유 언론은 코로나19 사태를 외부 세계에 처음으로 알리는 데 핵심적인 역할을 했다. 그리고 중국 관리들이 바이러스 발생을 은폐하고 의사 이원량李文亮 같은 의료 종사자들에게 침묵을 강요한 데 대해 사람들의 관심을 집중시킨 것도 그들이었다. 지리적으로 본토와 가깝기 때문에 홍콩 정부는 1월 3일 감염 여부 검사를 비롯해 코로나바이러스의 확산 가능성을 최소화하기 위한 조치를 선행적으로 시행했다. 1월 22일 최초 확진자가 나오기 거의 3주 전이었다.[46] 그리고 1월 말 홍콩은 13곳의 국경검문소를 폐쇄하고 학교 문을 닫았다.[47] 검사와 접촉자 추적, 여행자 감시를 강화하고 주민들에게 인터랙티브 온라인 맵을 제공해 확진자 추적에 이용했다. 이를 통해 양성 반응자의 동선을 시간대별로 파악했다. 3월 말 감염자 411명에 4명의 사망자가 나오며 홍콩은 국경을 완전히 봉쇄하고 모든 입국자는 격리조치했다. 실내외를 가리지 않고 4명 이상 모임을 금지하고(7월에는 모임 가능 인원을 2명으로 줄임) 관공서와 비디오 게임 오락실, 영화관, 헬스장, 노래방, 나이트클럽, 마작 게임장을 비롯한 오락시설을 폐쇄했다. 홍콩 주민들은 2003년 사스 대유행을 겪은 경험이 있기 때문에 코로나바이러스 사태를 심각하게 받아들였다. 마스크 쓰기를 철저히 지키고 사회적 거리두기 지침도 잘 따랐다.[48]

정부의 조치가 시행되고 코로나19에 대한 주민들의 걱정이 커지며 1월 들어 민주화 시위 규모는 줄어들기 시작했다. 사회적 거리두기 규제가 민주화 운동가들을 집중 겨냥하면서 소규모 산발적인 집회도 철저히 단속했다. 민주화 시위를 지원하는 현지 운동가인 로이 탐은 "당국은 홍콩에서 집회의 자유를 억압하기 위해 이 조치들을 정치적으로 이용하고 있다."고 말했다.[49] 코로나바이러스 때문에 사람들이 모이지 못하자 홍콩 경찰은 대규모 저항을 걱정할 필요도 없이 반정부 인사들을 탄압했다. 원로 정치인으로 활동가인 리척얀李卓人은 4월 가디언과의 인터뷰에서 "홍콩 주민들은 감염 가능성에 대한 걱정이 매우 많아 당국은 팬데믹을 좋은 기회로 이용하고 있다. 그들로서는 황금 같은 기회를 맞은 것이다."라고 말했다.[50]

홍콩 당국은 4월 지도자급 시위 주동자와 민주화를 지지하는 야권 인사 15명을 체포한 것을 시작으로 연말까지 계속 민주화 운동가들을 잡아들였다. 정치적 이유로 수백 명이 잡혀갔다.[51] 중국공산당과 밀접한 관계를 맺고 있는 분석가는 중국 당국이 당시 "시위가 잠잠해진 틈을 이용해 홍콩의 혼란상을 완전히, 그리고 영구적으로 종식시키려고 했다."고 말했다.[52] 홍콩 민주당을 창당한 마틴 리Martin Lee는 4월 18일 체포되고 사흘 뒤 칼럼을 통해 이렇게 엄중히 경고했다. "홍콩 주민들은 지금 중국 본토에서 온 두 가지 역병과 싸우고 있다. 하나는 코로나바이러스이고 다른 하나는 우리의 기본권에 대한 공격이다. 코로나바이러스에 대해서는 조만간 백신이 개발될 것이라는 희망을 가질 수 있지만 홍콩의 인권과 법치가 무너지면 전체주의라는 치명적인 바이러스가 이곳에 자리를 잡고 눌러앉게 될 것이다."[53]

세계의 관심이 팬데믹과 글로벌 경제위기에 쏠려 있던 6월 중국 당국은 무시무시한 홍콩 국가보안법을 기습적으로 제정했다. 민주화 시위가 다시 시작되기 전에 반정부 세력의 싹을 잘라 버리겠다는 목적으로 만든 법이다. 이 법에 따라 대규모 보안기관이 홍콩 영토에 창설되고, 중국공산당이 막강한 권한을 가지고 홍콩에 있는 각급 학교와 사회단체, 언론, 인터넷을 감시 감독하고 '국가 분열, 국가 전복, 테러리즘 활동, 외국 세력과 결탁한 활동'을 근절하고 처벌한다는 명분을 내세워 정치적 반대세력을 단속할 수 있도록 했다. 홍콩 보안법은 시행되자마자 곧바로 언론의 자유를 비롯해 민주화를 요구하는 주장과 소셜미디어를 비롯한 여러 형태의 평화적인 표현의 자유까지 탄압했다. 그리고 많은 지도자급 민주화 운동가와 정치인을 체포했다.[54]

7월 말 홍콩 정부 수반인 캐리 램Carrie Lam 행정장관은 팬데믹 확산을 우려해 9월로 예정된 입법회 선거를 1년 연기함으로써 민주파가 세력을 확대할 수 있는 기회를 봉쇄했다. 바이러스 확산에 대한 우려를 명분으로 내세웠으나 홍콩은 당시 코로나바이러스 감염자 3,000명, 사망자는 20여 명을 기록하고 있었다.[55] 8월에는 출마 준비 중이던 민주파 후보 12명의 출마를 금지시켰다. 11월에는 홍콩 입법회의 민주파 의원 전원이 중국 정부가 보안법을 적용해 동료 의원 4명의 의원직을 박탈한 데 항의해 의원직을 집단 사퇴했다.[56] 그해 연말 홍콩에서 민주주의와 자치권이 겉으로라도 지켜질 전망은 과거 그 어느 때보다도 더 암담해 보였다.

## 팬데믹 독재에
## 저항하다

이처럼 분명한 후퇴가 진행되었지만 그래도 지구촌 곳곳에서 저항의 움직임이 완전히 꺼지지 않고 상황에 맞춰 바뀌고 있었다. 코로나 사태와 팬데믹으로 인해 초래된 경제적, 사회적 문제에 커뮤니티 별로 조직적으로 대응해 나가기도 했다. 록다운 상황에서는 성별 차이에 따른 폭력이 크게 늘어나는 등의 사회적 문제가 증가했다. 자동차 행렬 시위를 벌이거나 집안에서 양동이를 집단으로 두드리고, 필수작업이지만 안전하지 않은 일터에서 과감하게 걸어 나가는 등의 행위를 통해 대중 저항운동을 전개했다.[57]

정부에서 뉴 디지털 도구를 투입해 록다운을 집행하면 활동가들은 창의적인 방법으로 대응했다. 러시아 활동가들은 디지털 공간에서 관공서

건물 앞에 자신들의 이미지를 태그해 놓았다. 칠레에서는 더 강력한 팬데믹 대책을 세워달라고 요구하며 수천 명이 소셜미디어로 온라인 벽화를 공유했다. 어떤 이들은 과거 시위 이미지와 국가의 탄압으로 희생된 사람들의 이미지를 수도 산티아고 시내 건물에 비추었다. 홍콩 운동가들은 인기 비디오 게임 '동물의 숲'Animal Crossing을 활용해 민주화 시위 이미지를 만들어 공유하고 온라인 시위도 진행했다. 그 때문에 중국의 온라인 몰에서 팔리던 '동물의 숲' 게임 칩이 갑자기 자취를 감추었다.[58]

전통적인 방식의 시위도 다시 등장했다. 정부의 두드러진 부패와 어설픈 팬데믹 대책에 대한 불만, 정부가 코로나19 상황을 이용해 노골적으로 시민의 자유를 억압하고, 선거결과를 조작하고, 코로나 여파로 불평등이 심화된 데 대한 불만이 사람들을 거리로 내몬 것이다. 예를 들어 수단에서는 '백만 명 행진'Million Man March 운동을 통해 민주화로의 이행 속도가 느린 것을 비난했다. 키르기스스탄에서는 시위대가 부정투표와 부패 혐의를 받고 있는 수론바이 진베코프Sooronbay Jeenbekov 대통령을 끌어내렸다. 앞 장에서 보았듯이 볼리비아에서는 정부가 팬데믹을 이용해 정치적 이득을 취한다는 사실에 분노한 사람들이 거리로 몰려나왔다. 이스라엘, 세르비아, 우간다에서도 유사한 시위가 벌어졌다.[59]

한편 벨라루스에서는 8월 선거에서 알렉산더 루카셴코 대통령이 80퍼센트 득표율로 6번째 임기를 시작하게 되었다고 승리를 선언한 뒤 대규모 시위가 시작됐다. 유럽에서 가장 권위주의적인 국가에서 앞서 치러진 선거들과 마찬가지로 이 선거도 광범위한 탄압과 부정이 저질러진 가운데 진행됐다. 하지만 이번 선거의 배경 상황은 이전과 달랐다. 루카셴코 대통령이 코로나19에 제대로 대처하지 못하면서 한때 궁지에 몰렸던 야당 세력에게 숨 쉴 공간을 만들어 준 것이다. 3월에는 전 세계적으로 여러 나라에서 엄격한 공중보건 조치를 취하는 가운데 루카셴코는 이미 어려움에 처한 경제가 더 어려워질 것을 우려해 그렇게 하지 않았다. 앞서 2월에 러시아가 에너지 보조금을 줄이고 전 세계적으로 원유가격이 급락하면서 벨라루스 경제는 어려움을 겪고 있었다.[60] 루카셴코는 록다운 조치를 '광란이자 정신병'이라고 규정하고, 대신 보드카를 마시고 사우나에 가고, 트랙터를 몰고 일하면 코로나를 몰아낼 수 있다고 주장했다.[61] 7월에는 루카셴코 본인이 코로나19에 걸렸지만 정부에서는 아무런 진지한 조치를 취하지 않고 각 지방 공무원과 시민사회가 각자 알아서 팬데믹에 대처하라고 방치했다. 그 결과 코로나 확진자는 급증해 선거일 무렵에는 일일 신규확진자가 6만 8,000명에 이르렀다. 4월 초 영국의 싱크탱크 채텀 하우스Chatham House의 벨라루스 분석가인 료르 아스타페냐 연구원은 "루카셴코가 공중보건뿐 아니라 자신의 정치적 역할을 놓고 위험한 게임을 하고 있다."고 말했다.[62] 정권에 대한 불만이 일반국민들뿐 아니라 기득권층 사이에까지 높아졌다.[63] 토론토대학교 정치학부의 루칸 아흐마드 웨이 교수는 "선거를 앞두고 국민들 사이에 참을 만큼 참았다는 생각이 팽배했다."고 했다.[64]

부정으로 얼룩진 선거 바로 다음날부터 시위가 시작됐다. 8월 중 수도 민스크에서는 매주 10만 명이 넘는 시위 인파가 거리로 나와 자유롭고 공정한 선거를 다시 실시할 것을 요구했다.[65] 마구잡이 연행과 보안병력을 동원한 과도한 무력행사, 고문 등 정부의 무자비한 진압에도 굴하지 않고 민주화를 요구하는 대규모 시위가 여러 달째 계속됐다. 블라디미르 푸틴 러시아 대통령은 루카셴코를 돕기 위해 러시아가 개입하겠다고 위협했다.[66]

세계 도처에서 코로나19로 인한 불만이 쌓여 갔다. 국가가 코로나바이러스를 제대로 심각하게 받아들이지 않는다고 항의시위를 벌이는 곳이 있는가 하면 너무 과도하게 대응한다고 불만을 나타내는 곳도 있었다. 예를 들어 2020년 봄부터 여름 사이 미국에서는 시위대가 록다운 조치를 집행하는 연방 및 주 정부관리들에게 불만을 쏟아냈다. 폭도들이 연방의회 의사당을 점거해 미국 민주주의의 심장을 위협한 2021년 1월 6일의 오싹한 전주곡처럼 2020년 4월 30일에는 무장한 시위대가 미시간주 의사당을 공격해 들어갔다. 트럼프 대통령은 이 일이 일어나기 며칠 전 지지자들에게 '미시간을 해방시켜라.'라고 부추기는 글을 트위터에 올렸다. 몇 명은 전투복장을 하고 소총을 소지한 시위대는 주의사당 내 출입을 허가해 달라고 요구하며 "우리를 들여보내 달라."고 외쳤다. 10월에는 FBI가 미시간 주 정부를 전복하려는 음모를 적발해냈다. 그레첸 휘트머 주지사를 납치하고 주의사당을 폭파한다는 계획도 포함돼 있었다. 이 시위대 가운데 다수는 4월과 5월, 6월에 있었던 코로나 봉쇄 반대 시위에도 참가한 사람들이었다.[67]

카네기국제평화재단의 벤자민 프레스Benjamin Press와 토마스 캐러더스Thomas Carothers에 의하면 2020년 말에는 최소한 26개국에서 봉쇄에 반대하는 시위가 벌어졌다. 미국 외에도 호주, 독일, 멕시코, 나이지리아 같은 나라에서 통행금지와 외출금지령에 반대하는 시위가 일어났다.[68]

팬데믹 이전부터 있었던 정부에 대한 불만이 코로나바이러스로 더 악화되어 시위가 촉발된 곳도 있었다. 레바논이 바로 그런 경우이다. 중동에 있는 이 소국은 코로나19가 일어나기 전부터 재정, 금융, 환율 문제로 사상 최악의 경제난이라고 할 만큼 심각한 어려움에 처해 있었다.[69] 악화되는 빈곤과 정부의 무능, 광범위한 부패, 국정을 마비시킬 정도로 분열적인 정치 시스템에 대한 불만이 2019년 가을 대규모 항의시위로 터져나와 사드 하리리Saad Hariri 총리가 사임했다.[70] 정부가 코로나바이러스를 막기 위해 3월 중순 록다운을 시작하며 시위는 어쩔 수 없이 수그러들었다. 정부의 신속한 조치로 코로나19 감염률은 호주, 뉴질랜드, 한국에 버금갈 만큼 성공적으로 관리되었다.[71] 하지만 이러한 보건의료 규제조치는 바이러스의 확산을 성공적으로 억제한 반면 가뜩이나 어려운 경제에 다시 치명적인 타격을 가했다. 점포는 문을 닫고, 일자리는 사라지고, 환율은 떨어지고, 인플레는 급등했다. 정부의 지원정책 미비로 시민들의 생계가 위협받고, 극빈층을 더 어렵게 만들며 광범위한 기아가 발생했다.[72] 6월에 단계적인 일상회복이 결정되며 거리에는 시위대가 다시 등장했다.[73]

점점 더 폭발적인 상황이 되어 갔다. 그러다 8월 4일 진짜 폭발이 전국을 뒤흔들었다. 베이루트항 창고에 쌓아둔 2,750톤의 암모니아가 관리부실로 폭발한 것이다. 엄청난 폭발로 반경 10킬로미터 내 건물이 대거 파괴되고 240킬로미터 떨어진 곳에서도 폭발음이 들렸다. 최소 180명 넘게 사망하고 부상자는 6,500명을 넘었다. 30만 명이 살 곳을 잃고 7만 명이 일자리를 잃었다. 정부의 무능과 부패 때문에 대참사가 일어났다며 수천 명의 시위대가 베이루트 시내로 몰려나왔다. 시위대와 보안병력이 충돌하며 수백 명의 부상자가 발생했다.[74] 국민들의 비난이 거세지며 결국 하산 디아브 총리를 비롯한 내각이 총사퇴했다. 1년 전 물러났던 사드 하리리 전 총리가 10월에 새 정부 구성 임무를 부여받았다.[75]

이런 정치적 혼란으로 인해 레바논의 팬데믹 대응은 완전히 무방비 상태였다. 길거리 시위대와 오갈 곳 없는 사람들이 넘쳐나고, 사고 잔해를 치우고 인도적 지원을 제공하기 위해 오가는 자원봉사자들로 북적이고, 병원들은 부상자들로 초만원을 이루었다. 여기다 정부에 대한 불신이 워낙 커서 사회적 거리두기는 아예 관심권 밖이었다. 코로나바이러스 신규 확진자 수는 천정부지로 치솟아 항구에서 폭발사고가 일어난 날 5,000명이던 것이 불과 두 달 만에 하루 4만 5,000명 가까이로 늘었다. 연말에는 인구 680만 명의 레바논에서 일일 신규확진자 수가 16만 명이나 되었다. 초기 잠깐 보였던 방역 효과는 모두 물거품이 되었다.[76]

서구 민주국가들도 더 많은 정의와 책임감을 보여달라는 국민들의 요구로부터 자유롭지 못했다. 미국에서는 팬데믹이 심각한 인종차별을 부추기고 부각시켜 2020년 여름 내내 전국적으로 인종차별에 반대하는 시위가 일어났다. 바이러스 사태는 흑인, 라틴계, 아메리카 원주민들에게 가장 큰 충격을 가했다. 유색인종들은 록다운 기간에도 문을 여는 필수 서비스 분야에 종사하는 비율이 높기 때문에 코로나바이러스에 감염될 위험이 매우 높다. 흑인을 비롯한 소수 인종들은 원격근무를 할 수 없는 업종에 종사하는 경우가 많고, 유급휴가를 가기도 어렵고 경제적 충격을 완충해 줄 수단을 갖기도 어렵다. 그리고 가족 중에 수입이 있는 사람이 여럿일 가능성도 백인들에 비해 낮다. 도시 밀집지역에 거주하며 대중교통 수단을 이용할 가능성이 높다.[77] 그리고 감염될 경우 흑인과 라틴계 미국인들은 입원치료를 받을 가능성이 백인보다 4.7배 더 높고, 코로나로 사망할 가능성도 백인보다 두 배 더 높다. 이런 차이의 주된 원인은 기저질환이 있는 경우가 많고, 의료 혜택을 받을 가능성도 백인들보다 더 낮기 때문인데, 이 또한 제도화된 인종 간 불평등의 산물이다.[78]

소득과 자산 수준이 훨씬 낮고 높은 실업률, 낮은 저축률, 열악한 식생활과 주거 불안정 등 팬데믹 이전부터 있었던 인종 불평등 또한 흑인들을 팬데믹이 초래한 심각한 경제위기에 훨씬 더 취약하게 만들었다. 2020년 4월 미국 내 흑인 실업률은 16.7퍼센트인 반면 백인 실업율은 14.2퍼센트였다. 5월에는 흑인 실업률이 16.8퍼센트로 상승한 반면 백인 실업률은 12.4퍼센트로 내려갔다.[79]

보건 위기와 경제 위기라는 두 가지 위기가 덮치며 수 세기 지속돼 온 미국 내 인종 간 불평등을 더 악화시켜 놓았다. 그런 와중에 5월 25일 조지 플로이드라는 흑인이 20달러짜리 위조지폐를 사용하려 한다는 신고를 받고 출동한 미네아폴리스 경찰에 체포되는 과정에서 끔찍하게 사망한 사건이 화약 심지에 불을 붙인 격이 되었다. 플로이드는 4월에 코로나19 확진 판정을 받은 적이 있고, 부검 결과 코로나 감염 흔적이 신체에 남아 있는 것으로 확인됐다. 하지만 그의 사인은 코로나바이러스가 아니라 사람이었다.[80] 행인이 그가 체포되는 끔찍한 과정을 비디오로 촬영했는데, 경찰관 데릭 쇼빈이 플로이드를 바닥에 눕히고 목을 무릎으로 짓눌러 제압하자 플로이드는 저항하며 "숨을 못 쉬겠어요!"라고 소리쳤다. 행인이 촬영한 체포 당시 영상을 집안에 갇혀 지내는 수백만 명의 미국인이 케이블 방송과 소셜미디어를 통해 보았다.

곧바로 경찰 개혁과 인종차별 시정을 요구하는 대규모 시위가 미네아폴리스 전역에서 일어났고, 시위는 순식간에 미국은 물론 전 세계로 번졌다. 모든 게 열악하고 경찰력이 과도하게 행사되는 지역에서의 삶에 지친 흑인들의 분노를 다인종, 다세대 연합 세력이 지원하고 나섰다. 인종차별에 대한 광범위한 분노가 동력이 되었다. 하지만 외출금지와 경제적 어려움의 파장이 인종을 불문하고 젊은층들에게 집중적으로 가해졌고, 좌절감에 휩싸인 젊은이들이 흑인들의 분노에 가세했다.[81] 이후 여러 주 동안 시위는 미국 전역의 140개 도시를 휩쓸다시피 했다. 시위가 절정에 달한 6월 6일에는 550개 지역에서 50만 명이 거리로 나왔다. 6월과 7월에 실시된 4곳의 여론조사 결과를 보면 '흑인의 목숨도 소중하다' **Black Lives Matter** 운동과 경찰의 잔인한 행동에 항의하는 시위 참여자는 모두 1,500만 내지 2,600만 명에 달했다. 미국 역사상 최대 규모의 저항 운동이 일어난 것이다.[82] 8월 말까지 50개 주와 워싱턴 DC를 포함한 미국 전역의 2,440 지역에서 7,750회가 넘는 항의 시위가 일어났다는 연구결과가 있었다. 트럼프 대통령과 미국의 보수 언론들은 이 저항운동을 무정부 상태를 방불케 하는 폭력사태로 규정하려고 했지만 시위의 93퍼센트 이상이 평화적으로 진행되었다고 이 연구는 결론지었다.[83]

뿐만 아니라 전 세계가 미국의 민주주의 운명과 밀접하게 연결되어 있음을 보여주는 뼈아픈 일들이 벌어졌다. '흑인의 목숨도 소중하다' 운동을 지지하는 저항운동이 베를린, 브뤼셀, 코펜하겐, 요하네스버그, 런던, 멕시코시티, 나이로비, 리우데자네이루, 파리, 서울, 시드니, 그리고 이밖에도 전 세계 수십 곳이 넘는 도시와 지방에서 벌어졌다. 조지 플로이드를 죽게 만든 경찰의 만행에 분노를 나타내기 위해 몇 백 명에서부터 수만 명에 이르기까지 다양한 규모의 시위대가 팬데믹도 두려워하지 않고 거리로 몰려나온 것이다. 사람들은 조지 플로이드 사망 사건을 인종차별 반대 운동과 결부시켰고, 미국은 스스로 내세운 이상을 지켜야 한다고 주장했다.[84] 6월 중순 도쿄에서 수천 명이 참석해 열린 한 시위에는 '인종차별도 팬데믹이다.'라는 구호가 내걸렸다.[85]

10월에 프리덤 하우스는 팬데믹이 시작되고 나서 전 세계적으로 최소한 90개 나라에서 큰 규모의 항의시위가 벌어졌다고 추산했다.(158개 나라에서 코로나 관련해 집회 금지조치를 새로 내렸음에도 불구하고 그랬다.) 민주국가의 39퍼센트, 부분적인 민주국가의 60퍼센트, 독재국가의 43퍼센트가 시위를 겪었다.[86]

결론적으로 말해 2020년 말을 기준으로 독재 진영과 민주 진영의 대결은 여전히 진행 중이고 최종적으로 어느 쪽이 승리하게 될지는 매우 불확실하다. 새로운 비상권한, 의회주의에 대한 방해와 선거 부정, 시민의 자유에 대한 광범위한 위협, 경찰력의 과도한 행사, 디스토피아적인 첨단기술, 팬데믹 관련 국가의 대응을 비판하는 사람과 활동가들에 대한 공격 등이 종합적으로 작용해 80개국에서 정치적 자유를 약화시켰다.[87] 하지만 보다 많은 자유와 보다 유능하고 대의성을 가진 정부에 대한 사람들의 열망은 어디서나 마찬가지다. 많은 나라에서 보다 정의로운 미래에 대한 희망을 지키기 위해 사람들이 일어섰다. 때로는 큰 위험을 무릅쓰면서 일어나 싸웠다.

AFTERSHOCKS

제4부

# 코로나 이후의 세계

제12장

# 변이 바이러스와
# 백신

코로나19 감염증을 일으키는 바이러스의 정식 명칭은 SARS-CoV-2이다. 감염병 전문가들은 SARS-CoV-2는 범위가 넓은 개념으로 오리지널 코로나바이러스가 확산되고 진화되는 과정에서 자연스럽게 발생하는 다양한 변이를 모두 포괄한다고 말한다. 그러다 보니 팬데믹 중에 여러 차례 유행이 오는데 그때마다 같은 바이러스가 오는 게 아니다. 새로운 변이의 출현은 간혹 합병증을 동반하며 위험을 가중시킨다. SARS-CoV-2 바이러스의 게놈(유전코드)은 약 30만 가닥의 리보핵산RNA을 가지고 있는데, 이를 통해 인체에서 29종의 단백질을 합성하도록 해서 바이러스를 전파하고 인체를 감염시킨다. 바이러스는 복제과정에서 가끔 사소한 복제 에러를 발생시키는데 돌연변이를 일으키는 것이다. 바이러스가 널리 확산되며 많은 감염을 유발하면 변이의 가능성도 높아진다. 분명한 돌연변이 한두 종을 가진 바이러스는 변종이라고 불린다. 새로운 변종이라고 해서 오리지널 바이러스가 가진 감염 능력과 사람을 죽이는 능력이 달라지는 것은 아니지만, 능력이 달라지는 변종도 간혹 발생한다.[1]

SARS−CoV−2 바이러스의 최초 변이는 614G로 이름 붙은 단일 변이로 팬데믹 아주 초기 단계인 2020년 1월 중국 동부에서 발견되었다. 전문가들은 614G 변이가 오리지널 우한 변이보다 더 감염력이 높은 것으로 의심한다. 이 변이는 이탈리아로 건너 간 다음 다시 뉴욕으로 가서 미국 전역으로 전파되었다.[2]

2020년 11월 말 과학자들은 다른 변이보다 감염력이 30퍼센트 내지 50퍼센트 더 높고 사망위험도 더 높다고 생각되는 새로운 변이 B.1.1.7을 영국에서 발견했다.[3] B.1.1.7 변이로 확인된 최초 감염 사례는 9월 20일에 나왔는데 11월 중순이 되자 런던 감염자의 거의 4분의 1을 이 변이가 차지했다.[4] 그리고 12월 말 미국에 상륙했고 2021년 2월 초에는 미국에서 감염자가 열흘마다 두 배씩 늘었다.[5] 3월에는 전 세계 90여 개 나라에서 이 변이 바이러스 감염자가 확인되었다. B.1.1.7이 감염력과 치사율 모두 높다는 증거가 계속 나오는데도 불구하고 2020년 말 화이자−바이오엔테크, 모더나, 아스트라제네카에서 개발해 승인받은 백신이 효과를 보이는 것 같았다. 존슨앤존슨 백신은 2021년 초에 승인되었다. 2021년 2월 이스라엘에서 행한 실험에 의하면 이 변종이 전체 샘플의 거의

80퍼센트에서 확인되었지만 광범위한 백신 접종으로 위력이 감소된 것으로 나타났다.[6]

거의 같은 시기에 변이 바이러스 2종이 더 발견되었는데 브라질에서 P.1 변이, 남아프리카공화국에서 B.1.351 변이가 나왔다. 두 종은 서로 유사한 변이를 일으키고 더 빠르게 전파되는 것으로 나타났다. 우려스러운 것은 P.1 변이가 영국 변이와 달리 백신의 효과를 떨어트리고, B.1.351 변이는 백신 효과를 심각하게 떨어트린다는 점이었다. 초기 연구 결과 특히 아스트라제네카 백신의 경우 남아프리카공화국 변이에 대해서는 효과가 86배나 떨어지는 것으로 나타났다.[7] 2021년 3월 말까지 P.1 변이는 최소한 25개국으로, B.1.351 변이는 48개국으로 빠르게 확산되었다.[8]

코로나19 감염이 세계 전역으로 확산되는 가운데 이 우려스러운 3대 변이가 주목을 받았다. 2020년 9월 초 전 세계 코로나19 확진자 수는 2,577만 명을 기록했고, 연말이 되자 그 수는 8,356만 명으로 늘었다.

불과 4개월 만에 224퍼센트 증가율을 나타낸 것이다. 이 기간 동안 높은 증가세를 보인 곳은 유럽(549퍼센트 증가, 유럽연합은 699퍼센트 증가), 북미(219퍼센트 증가, 미국 231퍼센트 증가), 아시아(187퍼센트, 공식 증가율 7퍼센트에 그친 중국을 제외하면 189퍼센트) 순이었다. 반면에 아프리카(119퍼센트), 남미(107퍼센트)는 비교적 완만한 증가세를 나타냈고, 오세아니아(불과 12퍼센트)는 매우 경미한 증가율을 보였다.[9]

2020년 말이 되자 한편에서는 변이 바이러스의 확산과 감염자 증가,

그리고 다른 한편에서는 백신이 속속 개발되면서 팬데믹이 끝날 것이라는 새로운 희망이 서로 힘겨루기를 하는 양상이 전개되었다.

## 2020년 여름의
## 오판

2020년 여름이 되면서 많은 나라들이 이제 더이상 코로나19 감염자 수가 기하급수적으로 증가하는 패턴은 보이지 않을 것이라고 생각했다. 신종코로나바이러스가 어떻게 전파되고 감염이 이루어지는지 안다고 생각했다. 초기 방역조치가 효과를 발휘했다고 생각했고, 2차 유행이 오면 사전경고를 충분히 할 수 있을 것이라고 믿었다. 그래서 공중보건 조치들을 완화하고 숨 쉴 여유를 조금은 가질 수 있었다. 하지만 많은 나라에서 이러한 판단이 위험한 오판을 한 것으로 드러났다.

특히 유럽에서 더 그랬다. 유럽인들은 최악의 팬데믹 상황은 이제 지나갔다고 생각했다. 봄에 철저한 록다운을 실시한 뒤 상승곡선이 매우 완만해졌다. 유럽연합은 팬데믹이 절정을 이룬 4월 1일 전후 코로나19 신규 확진자 수가 하루 3만 명에 육박한 다음 7월 중순까지 그 수준을 유지했다.[10] 그러자 유럽 지도자들은 기다렸다는 듯이 여름이 되자 코로나바이러스 제한조치를 완화했다. 유럽인들이 휴가를 떠나는 8월을 고려한 조치였다.[11] 4월 18일 우르줄라 폰 데어 라이엔 유럽연합 집행위원장은 "휴가를 갈 수 있는 스마트 솔루션을 찾아낼 것"이라고 선언했다.[12] 호르스트 제호퍼 독일 연방 내무장관은 5월 13일 기자들에게 "6월 중순이면 유럽 내 여행을 자유롭게 할 수 있도록 하는 게 우리의 확고한 목표"라고 말했다.[13]

아니나 다를까 그로부터 한 달 뒤 유럽연합 집행위원회는 6월 15일까지 유럽연합 국경 내 여행을 재개할 것을 권고하고, 비필수 여행의 경우 적용해 온 유럽연합 국가로의 입국 제한조치도 6월 30일 이후 점차 해제할 것이라고 했다.[14] 물론 그들도 바이러스가 아직 사라진 것은 아니며 가을과 겨울이 오면 뒷마당으로 돌아올 것이라는 점을 알고 있었다. 하지만 당시 유럽인들은 봄에 실시했던 철저한 록다운이 계속 좋은 결과를 가져다 줄 것이라고 믿었다. 이는 아시아와 오세아니아에서 취한 접근방법과는 뚜렷한 대조를 이루었다.

중국은 7월 26일 신규 확진자가 61명이라고 발표했다. 다른 나라들에 비하면 얼마 안 되지만 중국으로서는 3월 초 이후 가장 많은 수였다. 같은 시기 베트남에서는 4월 이후 (사람 간 감염을 뜻하는)지역 감염이 인기 관광지 다낭에서 최초로 발생했다. 뉴질랜드는 102일 만인 8월 11일에 코로나19 신규 확진자가 나왔다고 밝혔다. 이 나라들은 이런 사소한 증가세에도 놀라울 정도로 확고한 태도로 대응했다. 지역 봉쇄와 감염자 격리, 검사, 접촉자 추적조사, 그리고 사실상 해외로부터의 입국을 차단하는 엄격한 여행 제한조치를 취했다.[15]

유럽 국가들은 이들처럼 하지 않겠다는 의지가 강했다. 스페인은 2020년 4월부터 6월 사이 외국 관광객 수가 99퍼센트 감소한 어려움을 맛보고 나서 7월과 8월에는 4백만 명이 넘은 관광객을 받아들였다.[16] 야간 유흥시설과 해변에는 사람들이 떼거리로 몰려들고, 봄에 입은 경제적 손실을 만회하려고 클럽과 디스코장은 새벽까지 문을 열었다.[17] 말라가 교외에 있는 해변 클럽에서는 북적이는 댄스 플로어에서 DJ가 손님들에게 침을 뱉는 장면이 영상으로 찍히기도 했다.[18] 그리스의 섬들도 다시 문을 열어 유럽, 이스라엘, 일본, 호주, 뉴질랜드 등지에서 오는 관광객을 선별적으로 받아들였다.[19]

그리스는 유럽의 감염 위험 국가에서 들어오는 관광객들은 공항을 비롯한 입국장소에서 의무적으로 검사를 받도록 했지만 실제로 검사를 비롯한 방역조치는 거의 시행되지 않았다. 7월 말이 되면서 코로나바이러스가 다시 확산되는 게 분명해졌다. 의외로 이탈리아를 제외하고는 유럽대륙 전역에서 방역조치가 제대로 지켜지지 않았다.[20] 3월에 코로나19 문제를 관할하는 프랑스 국가과학위원회 수장으로 임명된 장-프랑수아 델프레시Jean-François Delfraissy 위원장은 "프랑스국민들은 사회적 거리두기와 주의 의무에 대한 개념 자체를 잊어 버렸다."고 한탄했다.[21]

많은 경우 젊은이들이 바이러스를 전파했다. 7월 말 스페인의 마리아 헤수스 몬테로 재무장관 겸 정부 대변인은 "바이러스 발생이 야간 유흥업소 등 사람이 많이 모이는 장소와 관련 있는 경우들이 있어" 주의가 요구된다고 했다.[22] 8월 중순에는 WHO도 같은 입장을 내놓았다. WHO의 카사이 다케시 서태평양 지역 국장은 온라인 브리핑에서 "20대, 30대, 40대들이 점차 확산을 주도하고 있다."고 했다.[23] 그리고 서유럽의 끔찍한 1차 유행 때 용케 비켜나 있었던 세르비아, 루마니아, 폴란드 등 중동부 유럽 국가들에서 감염자 수가 크게 늘어났다.[24]

그럼에도 불구하고 EU 지도자들은 여름 무렵까지 앞으로 2차 대유행이 오더라도 충분히 대처할 수 있다고 믿었다. 9월 1일 일일 신규 확진자는 봄철 피크 때보다 적었다.(4월 1일 일일 신규 확진자는 거의 3만 명 가까웠던 반면, 9월 1일 확진자는 2만 명을 약간 넘는 수준이었다.) 증가속도도 3월 말보다 느려졌다.[25] 4월 초순부터 중순까지 거의 3,000명으로 피크에 달했던 일일 사망자도 6월부터 9월 중순까지는 하루 200명을 넘지 않았다.[26] 유럽인들은 봄 위기에서 배운 교훈 덕분에 그렇다고 생각했다. 의료품을 둘러싼 쟁탈전은 더이상 벌어지지 않았고, 이제는 EU 차원에서 보다 밀접한 공조체제가 이루어지고 있었다. 상황이 관리되는 것처럼 보였다.

무엇보다도 각국 지도자들은 EU 회원국 간 국경을 계속 열어두고 싶어 했다. 이동의 자유는 단일 유럽시장을 지탱해 주는 핵심적인 받침대이기 때문이었다. 9월 초 권위 있는 EU 소식지는 이렇게 썼다. "각국이 스스로 알아서 자국에 적합한 조치를 취하는 게 옳지만 앞서 그랬던 것처럼 나라마다 서로 단편적인 대응에 그치지 않도록 일관성 있는 접근을 하는 게 매우 중요하다. 솅겐조약 국가 간 통합이 유지되기 위해서도 그렇다."[27] EU는 이후 몇 개월 동안 2차 대유행의 충격으로 휘청거리는 가운데서도 국경을 계속 열어두었다. 이와 관련해 폰 데어 라이엔 유럽연합 집행위원장은 12월 초 파이낸셜타임스에 이렇게 말했다. "EU가 이룬 가장 큰 업적 가운데 하나는 단일 시장 개막과 솅겐조약에 따라 회원국

간 여권 없이 자유로운 여행이 가능하도록 만든 것이다. 코로나바이러스로 인해 국경이 봉쇄됨에 따라 이런 자유들이 사라지고 제대로 작동되는 게 아무것도 없다.[28]

　가을로 접어들며 유럽 국가들은 자신들이 한번 겪었던 코로나바이러스와 다시 싸우면 되는 게 아니라는 사실을 미처 깨닫지 못했다. 이제부터는 더 전파력이 강하고, 각국이 세워놓은 대응계획들을 무력하게 만드는 새로운 변이들과 맞서 싸워야 했다.

## 고요하지 못한
## 크리스마스

　　　　　12월 20일 영국과 EU 사이에 브렉시트 이후 무역협정 체결을 위한 협상이 교착상태에 빠진 가운데 프랑스가 국경을 봉쇄해 영국에서 건너오는 승객과 차량의 입국을 막아 버렸다. 그 때문에 영국해협에서 가장 좁은 곳에 위치한 도버항에는 트럭 행렬이 길게 늘어섰다. 일부 영국 관리들은 이 조치가 무역협정이 체결되지 않은 채 브렉시트가 이루어지면 영국이 어떤 혼란을 겪게 되는지 맛보게 하려는 음모일지 모른다고 의심했다. 하지만 프랑스 관리들은 순전히 영국에서 발생한 B.1.1.7 변이 바이러스에 대한 우려 때문에 취해진 조치라고 주장했다. 48시간 뒤 영국은 이튿날 (트럭 운전자들을 포함)코로나19 음성반응이 나온 모든 방문자들에게 국경 봉쇄가 해제될 것이라고 발표했다. 하지만 국경 봉쇄는 앞으로 다가올 사태의 전주곡에 불과했다.[29]

아일랜드는 12월 중순 6주 동안의 록다운을 끝낸 뒤 일일 신규 확진자 수가 인구 10만 명 당 10명에 그치며 유럽에서 가장 낮은 수준을 유지하고 있었다. 그런데 1월 11일 아일랜드는 일일 신규 확진자 수가 10만 명 당 132명으로 세계에서 가장 높은 수치를 기록했다. B.1.1.7 변이가 크리스마스를 맞아 영국에서 건너오는 여행객들과 겹친 것이다. 아일랜드인 중에서 2020년 3월부터 10월 사이에 감염된 사람보다 2021년 1월 초 일주일 동안 감염된 사람(4만 6,000명)이 더 많았다.[30] 크게 놀란 아일랜드 정부는 신속하게 철저한 록다운 조치를 취해 이후 수개월 동안 지속시켰다. 아일랜드에서 일어난 일은 다른 EU 회원국들에게 하나의 경고가 되었다. 신종 변이가 사회적 거리두기 완화와 결합하면 행운이 순식간에 재앙에 가까운 불운으로 바뀔 수 있다는 것이었다.

2021년 1월에 독일, 프랑스를 비롯한 여러 유럽 국가들이 뒤따라 록다운 조치에 들어갔다. 네덜란드는 2차세계대전 이후 처음으로 취해진 야간통행금지에 항의해 여러 도시에서 대부분 젊은이들인 수천 명이 거리로 몰려나와 전례 없이 폭력적인 시위를 벌였다. 시위대는 상점을 약탈하고 경찰관을 공격하고 코로나바이러스 검사소를 비롯한 여러 곳을 파괴했다.[31] 여러 나라가 국경을 다시 걸어 잠그기 시작했다. 독일은 체코공화국, 오스트리아와의 국경 통과를 엄격히 제한해 트럭 행렬이 길게 늘어서게 만들었다. 프랑스는 다른 EU 회원국 여행객들에게 코로나 검사 음성 확인서를 보여 달라고 요구했다. 그리고 비 EU 국가 거의 모두로부터 비필수 여행객의 입국을 막았다.[32]

유럽 정치 지도자들은 국경 봉쇄를 놓고 서로 설전을 주고받았다. 이를 보고 비평가들은 코로나19가 유럽통합에 또 하나의 타격을 가하고 국경 없는 유럽이라는 셍겐지역의 미래를 위태롭게 하고 있다고 했다. 우르줄라 폰 데어 라이엔 유럽연합 집행위원장은 언론에 이렇게 말했다. "지난봄에 17개 회원국이 국경 제한조치를 취했다. 그때 우리가 배운 교훈은 국경 제한조치가 바이러스 전파를 막는 대신 단일 시장을 믿을 수 없을 정도로 뒤흔들고 엄청난 문제를 야기시켰다는 사실이다." 그녀의 평가는 단호했다. "바이러스는 국경 봉쇄로는 자기들을 막을 수 없다는 사실을 우리에게 가르쳐주었다." 하지만 호르스트 제호퍼 독일 내무장관은 폰 데어 라이엔 집행위원장의 발언을 보고 흥분해서 독일의 타블로이드 신문 빌트에 이렇게 반박했다. "우리는 체코공화국, 오스트리아와의 국경에서 변이 바이러스를 막기 위해 힘겹게 싸우고 있다. 유럽연합 집행위원회는 부디 싸구려 충고로 재 뿌리는 일은 하지 말아 달라."[33]

## 초고속 백신
## 개발 작전

유럽과 달리 미국에서는 소강상태라는 게 없었다. 팬데믹은 북동부나 서부 해안에서 잠잠해지는가 싶으면 남부와 중서부에서 기승을 부렸다. 그래서 2020년 여름부터 가을까지 내내 상황이 좋지 않았다. 신규 확진자는 7월 16일 하루 평균 7만 5,687명으로 정점을 찍었다가 9월 초부터 하루 평균 3만 5,000명대로 떨어지기 시작했다. 하지만 그러다 다시 늘어나 11월 4일에 10만 명 선을 돌파하고 2021년 1월 8일 30만 669명이라는 엄청난 수치를 기록했다. 당시 7일 평균 하루 사망자 수가 3,300명을 넘었다.[34] 2020년에서 2021년으로 넘어가는 암울했던 겨울 동안 매일 9/11 때보다 더 많은 사람이 코로나19로 사망했다. 하지만 20년 전 일어난 테러 공격 때와 달리 팬데믹으로 인한 고통과 불편함 앞에서 나라가 하나로 뭉쳐지지는 않았다. 오히려 팬데믹을 둘러싸고 나라가 양분되는 양상을 보였다.

트럼프 행정부는 코로나와 관련된 결정권을 계속 주 정부에 넘겼고, 그렇게 해서 일관성 없는 조치들이 취해지도록 만드는 데 일조했다. 전국적으로 검사 실시 횟수는 크게 늘었으나 주에 따라 들쭉날쭉했다.[35] 마스크 쓰기 의무화, 사회적 거리두기, 외출금지령, 영업장과 학교 폐쇄 같은 조치도 주에 따라 지역에 따라 크게 차이가 났다. 트럼프 대통령은 코로나바이러스를 차단하는 데는 전혀 관심이 없는 것처럼 보였고, 모든 일을 정상으로 되돌리는 데만 신경을 썼다.

백악관은 경제 재개 지침을 모호하게 내리고, 어린이들이 학교로 돌아가는 데 따르는 위험을 평가절하하고, 코로나19 증상이 없는 사람은 검사를 받지 않도록 하라고 CDC(미국질병예방통제센터)에 압력을 가했다.[36] 그러는 한편 트럼프 대통령의 주요 보좌관들 가운데 일부는 코로나19가 국민들에게 확산되더라도 우선순위를 경제 재개에 두는 '집단면역' 방식을 선호했다.[37] 하지만 트럼프 행정부는 연방정부가 반드시 책임져야 하는 중요한 분야가 있다고 생각했는데 바로 백신 개발이었다.

2020년 1월 11일 장용전張永振 Zhang Yong-Zhen, 에드워드 홈즈Edward Holmes 같은 과학자들이 코로나19의 유전자 서열을 공개하자 전 세계 제약회사들은 곧바로 백신 개발에 착수했다.[38] 하지만 그들도 안전하고 효과적인 백신을 이처럼 빨리 개발해 낼 줄은 예상하지 못했다. 앤서니 파우치 미국국립알레르기·전염병연구소NIAID 소장은 2020년 3월 3일 상원에 출석해 백신 개발이 놀라운 속도로 빠르게 진행된다고 해도 "개발 전 과정이 마무리되어 일반에 공급되려면 12~18개월은 걸릴 것"이라고 했다.[39] 예일대 인간자연연구소의 니컬러스 크리스타키스Nicholas Christakis 소장은 2020년 10월에 발간한 코로나바이러스 관련 저서 『신의 화살Apollo's Arrow』에서 전통적으로 집단면역이 달성되기 전에는 백신이 개발되기 어려우며 2022년 이전에 코로나19 백신이 개발될 가능성은 희박하다고 말했다.[40] 역사적으로 예상되는 계산과 달리 2022년에 백신 개발이 이루어진다면 그것은 믿기 어려운 성공 사례가 될 것이었다. 코로나19 이전에 역사적으로 가장 빨리 개발된 백신은 볼거리mumps 백신으로 4년이 걸렸다.[41] 대부분은 10년 이상 걸렸고 HIV/AIDS 백신은 아직도 개발되지 않았다.

일단 백신 후보가 개발되면 실험실 테스트, 동물 실험, 인간 임상실험 등 여러 형태의 테스트를 3단계에 걸쳐 실시해서 사람이 백신 접종을 했을 때 예상되는 부작용을 감당할 수 있을지 여부를 결정한다. 1단계 테스트는 성인 그룹(20~80세)을 대상으로 한다. 2단계는 고위험도에 놓인 사람을 포함해 수백 명을 대상으로 실시하고, 3단계 테스트는 개발된 백신을 수천 명에게 직접 접종해서 실시한다.[42] 백신 후보 대부분은 이 테스트를 통과하지 못한다. 3단계 테스트에 적합한 대상자군을 모으는 데만 1년 넘게 걸리기도 한다. 미국의 경우 이 3단계 테스트를 무사히 통과한 백신 후보는 FDA(미국식품의약국)로 보내 그곳에서 자체적으로 철저한 검토과정을 거치도록 한다. FDA는 앞서 코로나19 백신이 사용승인을 받으려면 최소한 50퍼센트 이상 효과가 입증되어야 한다고 밝혔다.[43] 그리고 무엇보다도 대량 생산시설을 구축하는 게 엄청나게 비용이 많이 들고 시간이 걸리는 일이다. 투자자들도 백신이 철저한 실험을 거쳐 성공적이라는 게 입증되어야 거액을 투자하려고 할 것이었다.

　미국은 국가안보 위기와 분쟁 상황이 벌어지더라도 스스로 이를 벗어나는 방법을 찾아내는 것으로 오래전부터 정평이 나 있다. 물론 가장 유명한 예는 맨해튼 프로젝트Manhattan Project라는 비밀 프로젝트로 2차세계대전 때 원자폭탄을 개발한 것이다. 1959년에는 마이크로칩을 발명해 소련에 기술 경쟁력 우위를 확실하게 거머쥐었다. 냉전이 한창이던 1969년에 미국은 최초로 인류를 달나라에 보냈고, '문샷'moonshot이라는 말은 이제 과학기술 분야의 도약을 위해 국가가 앞장서서 기념비적인 노력을 기울이는 것을 가리키는 용어이다. 재앙에 가까운 이라크 침공 후에도 미국이 개발한 드론 기술이 분쟁과 글로벌 테러리즘과의 전쟁 양상을 바꾸어 놓았다. 글로벌 팬데믹과의 싸움에서도 같은 흐름이 전개되었다. 미국은 코로나19를 맞아 스스로도 힘겨운 시간을 보내고 있었지만 결국은 다른 어떤 나라들보다도 압도적으로 많은 돈을 백신 개발에 쏟아

부었고, 누구도 따라오지 못할 정도로 앞선 산업 기반을 구축해 놓았다.

2020년 5월 15일 트럼프 대통령은 초고속 작전인 '워프 스피드 작전' OWS을 구성한다고 발표했다. 보다 많은 기업이 대규모 백신 개발에 참여하도록 만들기 위해 관민이 합동으로 펼치는 야심찬 계획이었다.[44] 초고속 작전은 4월 경제회생 지원 패키지의 일환으로 의회에서 승인한 코로나19 긴급예산 지원을 대폭 받았다. 의회에서 책정한 지원금은 백신 개발 지원용으로 명시되지 않았지만 몇 개 항목에 보건복지부와 국방부에서 수행하는 백신 관련 활동에 쓸 수 있는 예산이 포함돼 있었다. 그다음 트럼프 행정부는 다른 공중보건 프로젝트 예산에서 수십억 달러를 초고속 작전OWS에 전용했다. 전국적으로 필요한 의료용 보호장비와 산소호흡기 재고를 유지하는 데 필요한 예산 등이었다. 10월 중순에 초고속 작전은 6개 백신 개발사와 지원 계약을 체결했다고 발표했다. 이에 따라 총 100억 달러를 지원하기로 했는데 이는 실제 가치로 180억 달러에 달할 것으로 추산되는 거금이다.[45] 초고속 작전의 아이디어는 간단하다. 백신 신속 개발과 테스트에 참여한 기업들의 금융 부담을 덜어주고 개발한 백신을 승인하고 배포하는 데 따르는 번거로운 절차를 간소화시킨다는 것이다. 백신의 효과가 입증되기 전 연방정부에서 기업들에게 생산 공장 건설비와 수백만 도즈dose 생산비를 선지급해 주었다. 이들 중 한 곳에서만 성공을 거두어도 그만한 투자가치가 있다는 계산이었다.[46]

트럼프는 모로코 출신의 몬세프 슬로위Moncef Slaoui에게 이 프로그램을 이끌도록 맡겼다. 그는 어렸을 때 여동생을 백일해로 잃었는데 그 비극으로 의학에 관심을 갖게 되었다고 한다. 그는 17세 때 브뤼셀리브레대학교Free University of Brussels에 입학해 분자생물학과 면역학을 전공하고 하버드대학교와 터프스대학교Tufts University에서 포스트 닥터 과정을 마쳤다. 이후 영국의 거대 제약회사인 글락소스미스클라인GSK에 들어가 연구개발 담당 부회장을 거쳐 2009년 글로벌 백신 담당 회장이 되었다. 2017년에 30년 근무한 GSK를 떠나 모더나 이사회로 자리를 옮겼다.[47]

초고속 작전은 옥스퍼드대학교에서 진행 중인 백신 개발을 직접 지원했다. 아스트라제네카, 모더나, 존슨앤존슨을 비롯한 몇 가지 백신이 여기에 포함됐다. 또 다른 개발 주역인 화이자(독일 기업 바이오엔테크와 합작으로)는 외부의 정치적 영향력을 배제하기 위해 자체 자금으로 독자 개발에 나섰다. 화이자는 그러면서도 2020년 7월에 19억 달러의 선구매 계약을 체결했다. 초고속 작전OWS은 슬로위를 비롯해 제약회사의 고위간부들을 프로그램 주요 자리에 선임한 다음 엄청난 금액을 이들이 몸담은 회사에 지원해 준 것 때문에 국내에서 비판을 받았다. 엘리자베스 워런Elizabeth Warren 상원의원은 슬로위가 GSK사 주식 수백만 달러어치를 보유하고 있어 이해충돌이 발생한다는 점을 지적하며 그의 사임을 요구했다. 논란이 될 결정들도 있었다. 메릴랜드주에 있는 노바백스Novavax는 2019년 당시 망하기 직전인 기업이었다. 33년 동안 (성공 직전까지 간 경우는 더러 있지만)성공적인 백신 개발을 한 건도 해내지 못했다. 당시 나스닥에서 상장폐지될 지경에다 공매도의 타깃이 되어 있었다. 이런 가운데 초고속 작전OWS은 5월에 16억 달러를 노바백스에 지원했다.[48]

놀랍게도 팬데믹이 시작되고 1년이 채 안된 2020년 11월 중순에 필요한 임상실험을 모두 성공적으로 마친 코로나19 백신이 선을 보이기 시작했다.[49] 화이자—바이오엔테크는 95퍼센트라는 놀라운 예방효과를 보였고, 모더나에서 개발한 비슷한 백신도 94퍼센트 효과를 보였다. 12월 중순 미국식품의약국FDA은 두 백신 모두에 대해 긴급사용승인을 내주었다. 화이자—바이오엔테크와 모더나 백신은 놀라운 효과뿐만 아니라 또다른 점에서도 주목을 받았다. 이 두 백신은 10년에 걸쳐 연구한 혁명적인 기술인 메신저 RNAmRNA를 이용해 개발한 것이다. 화이자의 최고과학 책임자인 필립 도미처Philip Dormitzer 박사는 mRNA 같은 유전자 기반 백신을 이렇게 설명했다. "바이러스는 단 한 조각도 주사하치 않는다. 일련의 지시를 주사하는 것이다. 이 지시가 여러분의 체내에 바이러스 단백질인 항원을 만들라는 지시를 내리고, 그다음 여러분의 인체 면역계가 이 바이러스 단백질의 존재를 인지해서 타깃으로 삼아 항체를 형성해 이 바이러스를 잡도록 유도하는 것이다."[50] 이러한 방식은 바이러스 표면에 돌기처럼 달린 '스파이크 단백질'에 초점을 맞추었다. 컴퓨터로 생성해 일반에 많이 알려진 SARS—CoV—2 바이러스의 이미지를 보면 왕관처럼 생긴 붉은색 스파이크들이 푸른색 바이러스 표면에 자리하고 있다.[51]

흥미로운 반전이 있었는데 화이자가 초고속 작전OWS에 참여하지 않기로 한 결정이 모더나의 백신 개발에 촉매제 역할을 했을 것이라는 점이다. 트럼프 행정부의 한 고위관리는 화이자가 자력으로 백신 개발을 강행하기로 결정한 것을 보고 화이자가 자신들이 가지고 있는 mRNA 방식이 통할 것이라는 확고한 자신감을 갖고 있는 것으로 보았다고 했다. 그보다 앞서 OWS에서 입김이 센 인사들은 모더나 백신 개발에 이용될 방식을 믿어도 되는 것인지에 대해 회의적이었다. 모더나 방식이 바로 화이자와 같은 방식이었다. 트럼프 행정부의 그 관리는 이렇게 말했다. "그걸 보고 우리는 제약회사들 간에 진짜 경주가 벌어지고 있구나 하는 확신을 갖게 되었다."

한편 옥스퍼드대학교와 영국—스웨덴 합작기업인 아스트라제네카가 공동연구로 개발한 세 번째 백신은 아데노바이러스에 기반한 기술을 사용했다. 연구팀은 코로나바이러스 스파이크 단백질 유전자를 일반 감기나 독감 같은 다른 바이러스에 붙였다. 옥스퍼드—아스트라제네카 연구팀은 이때 침팬지 아데노바이러스를 변형시켜서 사용했다.[52] 이 백신은 11월에 임상실험 결과를 발표했는데 63퍼센트라는 좋은 효과를 보였다. 이 백신은 2021년 1월 유럽의약청EMA으로부터 사용승인을 받았지만 미국 임상실험에 대한 FDA의 최종판단이 늦어지며 미국 내 긴급사용승인 허가가 내려지지 않고 있었다.[53] 그리고 2021년 2월에는 존슨앤존슨이 미국 내에서 평균 72퍼센트 효과가 입증된(남아프리카공화국 임상실험에서는 64퍼센트) 아데노바이러스 기반 백신을 개발해 FDA 긴급사용승인을 받았다. 이 백신은 2회 접종이 필요한 화이자—바이오엔테크, 모더나, 아스트라제네카와 달리 1회 접종만 하면 되기 때문에 보다 신속한 면역이 이루어질 수 있다는 기대감을 높였다.

초고속 작전OWS이 노바백스에 베팅한 것도 성과를 내기 시작한 것 같았다. 2021년 3월 노바백스는 오리지널 코로나19 바이러스에 96.4퍼센트 예방효과를 가진 백신을 개발했다고 발표했다. 화이자, 모더나보다도 효과가 더 높았다.(영국 변이와 남아공 변이에는 각각 86퍼센트, 49퍼센트로 효과가 더 낮았다.)[54] 그렇다면 트럼프 대통령은 과연 백신 개발에 공이 있는가 하는 의문이 남는다. 만약 공이 있다면 그가 저지른 여러 실수들을 보상할 만한 정도인가? 이 문제에 대해서는 면역학, 산업정책, 물류 등에 우리보다 더 전문가들이 명확한 판단을 내릴 수 있을 것이라고 생각한다. 그렇지만 몇 가지 잠정적인 결론을 내려보는 것은 가능할 것이다.

먼저 인정해 줄 점은 OWS가 허공에서 떨어진 것은 아니라는 사실이다. HIV, 사스, 메르스 등(이들도 코로나바이러스임)에서 스파이크 단백질에 관한 사전 연구가 진행돼 있었고 그것이 코로나19 백신 신속 개발에 도움이 되었다. 이런 사전 연구가 과학자들이 SARS-CoV-2 스파이크 단백질의 존재를 신속히 확인하고, 그게 백신의 공격 타깃이라는 것을 아는 데 도움이 되었다. 그리고 지난 10여 년 사이 mRNA 관련 기술이 놀랄 정도로 발전되었다. 코로나바이러스를 막기 위해 연구한 것은 아니지만 결과는 그렇게 나타났다. 슬로위 박사는 이렇게 말했다.

코로나바이러스, 독감, 헤르페스, 간염의 화학성분은 모두 100퍼센트 동일하다. 지난 10년간 이 분야에서 독성, 안전을 위한 임상실험, 제조전략과 관련해 이루어진 연구는 모두 코로나19 백신 개발과 관련이 있다. 코로나 백신 개발도 이들과 같은 과정을 거치기 때문이다.[55]

이와 함께 OWS도 큰 기여를 했다. 트럼프 행정부는 백신 개발에 어마어마한 거액을 쏟아 부었다. 이와 달리 미국보다 인구가 훨씬 더 많은 유럽연합EU은 불과 27억 달러를 지출했다. 트럼프 행정부는 제약산업에 사실상 백지수표를 발행해 주고 경영진을 전적으로 신뢰했다. 다른 지도자라면 하기 힘들었을 결정이다. 사이언스Science와의 인터뷰에서 슬로위 박사는 트럼프에 대한 입장을 이렇게 말했다.

나는 경청하는 능력, 다양성을 받아들이는 능력 등 한 인간으로서 그가 지닌 가치관과는 전적으로 다른 생각을 갖고 있다. 팬데믹 문제를 정치적으로 다루면서 그가 내린 많은 정책결정은 잘못되었다. 마스크 쓰기와 관련한 결정은 특히 더 그랬다. 하지만 그러면서도 나는 그가 초고속 작전OWS을 통해 학계, 정부, 군, 민간 부문을 함께 아우르고, 우리에게 전권을 준 것은 정말 선견지명을 가진 결정이었다고 생각한다.[56]

결론적으로 말해 백신 신속 개발을 통해 미국은 초강대국으로서의 핵심적인 국력을 보여주었다. 누구도 대적할 수 없는 정도의 최첨단 기술산업 기반, 민관 협업체계 구축 역량, 성공에 대한 담보가 전혀 없는 상황에서도 기꺼이 엄청난 투자를 할 수 있는 의지 등이 바로 초강대국으로서의 면모를 보여준 것이다. 하지만 엄청난 성취와 함께 새로운 문제와 과제, 지정학적인 어려움들도 나타났다. 백신을 원활하게 공급하는 것도 나라별로 차이가 났고, 주요 강대국들은 사람의 목숨을 좌우하는 백신 배분을 외교정책 목표를 관철시키는 도구로 사용했다. 그로 인해 심각한 글로벌 불균형 문제를 야기시켰다.

## 백신 구매를 둘러싼 유럽의 고민

2020년 봄 유럽인들의 주도로 WHO를 비롯한 여러 세계적인 단체들이 모여 코로나19 대응을 위한 글로벌 협력체 ACT−액셀러레이터ACT-Accelerator를 창설했다. 빌앤멜린다게이츠재단과 감염병대응혁신연합CEPI, 세계백신면역연합Gavi, 글로벌 펀드 Global Fund, 국제의약품구매기구Unitaid 같은 국제기구들이 참여했다. 이 다자 협력체는 코로나19의 검사, 치료, 백신, 그리고 팬데믹으로 무너진 보건의료 시스템 강화를 위해 수백만 달러를 지원키로 했다. ACT−액셀러레이터의 핵심 조직은 코로나19 백신 공급 글로벌 네트워크인 코백스 COVAX로 CEPI, Gavi, WHO가 공동운영했다. 코백스의 목표는 백신 연구개발을 촉진하고 신속한 생산 확대를 위한 인센티브를 제공하기 위한 것이다. 이를 위해 결과를 내지 못한 후보를 비롯해 다양한 백신 후보군에 선행투자를 하기로 했다. 그리고 코백스에 참여하는 모든 나라가 개발되는 백신을 빈부와 관계없이 동등하게 공급받도록 했다. 백신 배분을 감당할 능력이 되지 않는 빈국들에 대한 자금지원은 이들에게 생명줄 같은 역할을 해주었다. 코백스는 또한 백신 구매능력이 되는 부국들이 제약회사들과 일대일 구매계약을 못한 경우에도 백신을 구매할 수 있도록 도와주었다. 코백스는 2021년 말까지 전 세계적으로 20억 회분의 백신을 보급하겠다는 의욕적인 목표를 세웠다.[57]

테워드로스 아드하놈 거브러여수스 WHO 사무총장은 4월에 가진 ACT-액셀러레이터와 코백스의 온라인 출범식에서 이렇게 선언했다. "과거의 경험으로 보면 도구가 만들어지더라도 사람들이 공평하게 이용하지 못하는 경우가 많았다. 우리는 공동의 위협에 직면해 있고 이는 공동의 대응을 통해서만 물리칠 수 있다."[58] 앙겔라 메르켈 독일 총리는 이렇게 호응했다. "백신을 생산해서 세계 곳곳에 나누어주는 것은 전 세계에 공익이 되는 일이다." 하지만 이렇게 전 지구적인 노력이 진행되는 와중에 눈에 띄게 핵심 플레이어인 미국과 중국 두 나라가 참여하지 않았다. 제네바에 있는 WHO 미국대표부의 대변인은 트럼프 행정부가 참여하지 않기로 한 배경에 대해 설명했다. "우리는 WHO의 효율성에 대해 깊은 우려를 갖고 있다. WHO가 저지른 전반적인 잘못으로 팬데믹 사태가 지금처럼 더 악화되었다." 하지만 에마뉘엘 마크롱 프랑스 대통령은 중국과 미국도 결국 참여하게 될 것이라고 내다보았다. "이 공동의 대의에 중국과 미국도 참여하도록 만들 수 있을 것이라는 희망을 갖고 있다. 왜냐하면 코로나19를 물리치는 것은 인류 공동의 이익을 위한 일이고, 이 싸움에서 이기기 위해서는 우리가 분열하지 말아야 하기 때문이다."[59] 하지만 마크롱 대통령의 희망이 실현되는 데는 몇 개월이 걸렸다. 8월 말까지 172개국이 코백스COVAX 참여 의사를 나타냈다.(중저소득국 92개국과 자비로 구매 가능한 나라 80개국) 하지만 중국은 10월까지 참여하지 않았고, 미국은 트럼프 대통령이 물러난 2021년 2월까지 코백스 참여 결정을 내리지 않았다.[60] 각국이 코백스에 대한 자금지원을 시작한 다음에도 필요한 양의 백신을 공급하기 위한 돌파구는 마련되지 않았다.

미국과 중국이 남긴 글로벌 리더십의 빈자리를 유럽 국가들이 메워보려고 했지만 유럽연합 안에서도 백신 개발을 위한 노력은 혼란스럽기 그지없었다. 한동안 프랑스와 독일 같은 대국들은 독자적으로 백신 구매를 위한 공동협상에 나섰다. 곧이어 네덜란드와 이탈리아가 포괄적 백신 동맹을 만들어 대응에 나섰고, 이들은 2020년 6월 13일 아스트라제네카와 구매계약을 체결했다고 발표했다. 다른 유럽 국가들은 놀랐다. 이렇게 각개약진을 벌인다면 유럽연합 27개 회원국 사이에 엄청난 불평등이 생기게 될 것이기 때문이었다. 선진 대국들은 잘 헤쳐 나가는 반면 전문성이 떨어지는 소국들은 어려움을 겪게 될 것이었다. 유럽연합EU은 벌써 유로화 위기로 채권국과 채무국 사이에 균열이 생겨 붕괴 직전에 가 있었다. EU 지도자들은 백신 구매를 놓고 또 두 개의 유럽으로 쪼개지는 일은 막아야 된다는 생각을 했다.[61]

집단대응을 하면 몇 가지 유리한 점이 있었다. EU는 세계 최대 경제 블록으로 집단협상을 하면 시장규모를 협상의 지렛대로 협상을 유리하게 이끌 수 있다. 유럽 지도자들은 또한 만약 자신들이 백신 문제에 공동으로 대응하지 않으면 트럼프 대통령이 이끄는 미국에 의존하게 될 것을 우려했다. 당시 미국은 벌써 큐어백CureVac이라는 유럽 바이오테크 회사의 지분 인수를 노리고 있었다. 저항에 부딪치자 폰 데어 라이엔 유럽연합EU 집행위원장 주도하에 유럽연합 회원국 4분의 1이 모여 EU 차원의 공동노력을 펼치기로 합의했다. 회원국과 노르웨이의 백신 구매를 위해 27억 달러의 예산으로 긴급지원기구ESI가 6월 17일 출범했다.[62]

EU는 특히 보건의료 분야에서 주요 구매 프로젝트를 진행해 본 경험이 없었기 때문에 자신들이 자신 있는 분야에 기대기로 했다. EU의 최고 무역 협상가 중 한 명인 이탈리아의 산드라 갈리나Sandra Gallina EU 건강식품안전국장이 협상 책임을 맡았다. 갈리나 국장은 백신 구매를 무역협상처럼 진행하려고 했다. 그래서 좋은 가격에 몇 가지 백신을 구매 후보에 올려놓고, 또한 일이 잘못되면 제약회사가 모두 책임을 지게 하려고 했다. 그러다 보니 협상에 시간이 걸렸다. 9월에 있은 유럽의회 청문회에서는 발언자들마다 백신 구매와 관련해 일이 잘못되면 모두 제약회사가 책임을 지도록 해야 한다고 갈리나 국장을 다그쳤다. 그리고 수십억 유로를 철저한 검증이나 투명성을 확보하지 않은 채 제약회사에 지불하는 데 대한 위험성을 지적했다. 갈리나 국장은 이렇게 대답했다.

우리가 기존입장을 관철하려고 했기 때문에 협상은 매우 힘들게 진행되었다. 우리의 기존입장은 바로 유럽연합 시민들의 모든 권리는 전적으로 그대로 지켜져야 한다는 것이다. 나는 협상 초기에 우리의 이러한 기존입장이 지켜져야 한다는 입장이 확고했다. 우리의 기존입장에는 두 가지 요소가 있다. 법적 책임과 배상이다. 이 두 요소 모두에서 우리 입장은 조금도 바뀌지 않았다. 그게 바로 우리가 아는 시스템이다. 우리

는 이 시스템을 절대로 순순히 바꾸지 않을 것이다.[63]

　미국과 달리 유럽연합 집행위원회는 회원국 모두가 각자 배상 문제를 책임지겠다고 합의하지 않는 한 배상비용을 감당할 능력이 없었다. 그리고 회원국들이 그런 합의는 하지 않은 상태였다.[64]

　이런 법적인 접근방식은 무역협상을 연상케 하지만 글로벌 팬데믹이 한창이고, 제약회사들이 여러 구매자들과 협상을 하고 있는 상황에서 다른 나라들이 협상에 임하는 방식과는 크게 달랐다. 미국은 이런 문제를 돈으로 해결하고, 관련 기관에서 백신 사용승인을 해 줄 것이기 때문에 제약회사는 법적 책임을 질 일이 없을 것이라는 논리로 배상 문제를 해결해 주었다. 제약회사들은 각국 정부의 요청에 따라 생산일정을 빠르게 진행했다. 베냐민 네타냐후 이스라엘 총리는 화이자 CEO에게 서른 번이나 전화를 걸어 이스라엘을 백신 효과를 테스트하는 기회로 삼아달라고 호소하고, 다른 나라보다 더 높은 가격을 지불하고 모든 법적 책임을 면제해 주겠다고 했다. 영국은 제약회사 투자 전문 벤처 투자자와 전직 제약회사 임원, 101병참여단 출신 군인, 잠수함 구매청에서 일하는 공무원 등으로 백신 구매팀을 꾸렸다. 이들은 구매가격이나 법적 책임 문제 대신 공급과 생산 핵심 요소 납품, 공장 위치 등에 초점을 맞추었다.[65] EU가 각자도생의 길을 가는 동안 영국 백신 팀 책임자는 미국 초고속 작전 OWS의 슬라위와 2주마다 회의를 갖고 전략을 논의했다.[66]

　그렇게 해서 EU는 미국보다 낮은 가격에 백신을 확보했다. 도즈 당

구매가격이 아스트라제네카 2달러, 화이자 15달러 미만이었다. 미국은 각각 4달러, 20달러를 지불했다. 이스라엘은 화이자를 도즈 당 28달러에 구매했다. 하지만 불리한 점이 있었는데 EU는 계약을 마무리하기까지 시간이 많이 걸렸고, 공급 관련 조항이 애매하게 적시돼 있었다.[67] 생산과 공급 관련 문제가 발생할 경우 어떻게 해결할지에 대해 상세한 언급이 되어 있지 않았다. 또한 EU는 주로 옥스퍼드-아스트라제네카 백신에 투자했다. 독일 언론이 공개한 EU의 관련 대외비 문서를 보면 EU 회원국 절반 이상이 보다 '전통적인' 방법으로 만든 백신을 원한 반면 화이자-바이오엔테크와 모더나가 새로운 방식으로 만든 mRNA 백신에는 거의 관심을 보이지 않은 것으로 나타났다. 주된 이유는 mRNA 백신은 영하로 저온저장을 해야 하고 가격이 더 비싸기 때문이었다.[68]

EU로서는 안타깝게도 아스트라제네카는 생산 문제로 어려움을 겪었다. 2021년 1월 22일 아스트라제네카는 생산공장 건설에 차질이 생겨 3월까지 공급하기로 약속한 백신 물량의 3분의 1만 공급하겠다고 EU에 통보했고 이 때문에 큰 불만이 터져 나왔다. 아스트라제네카 측은 영국과 계약한 물량은 전량 공급하기로 했기 때문에 여기저기서 비난의 소리가 나왔다. 올라프 숄츠Olaf Scholz 독일 재무장관은 각료회의 석상에서 유럽연합 집행위원회의 백신 구입과 관련해 일처리가 '완전히 개판'이라고 했다. EU 지도자들은 아스트라제네카가 영국 정부에 특혜를 준 것을 두고 불만을 쏟아냈다. 영국은 계약한 백신을 전량 공급받아 자국민들의 백신 접종을 빠르게 진행했다. 브렉시트 이후 영국이 자국 내 백신 접종을 빠르게 실시하는 것과 큰 대조를 이루는 것에 대해 EU 회원국들은 불만이 컸다. 독일의 타블로이드 신문 빌트는 전면에 톱기사 제목을 '친애하는 영국, 우리는 그대가 부럽다'라고 달았고, 주간신문 디차이트Die Zeit는 '유럽연합 집행위원회가 의도하지 않았지만 최고의 브렉시트 홍보를 해주었다. 집행위원회는 관료화 되어서 더디게 움직이고 보호주의적인 방식으로 일을 처리했다. 그러다 일이 잘못되면 그건 우리 모두가 잘못해서 그런 것이 된다.'고 했다.[69]

하지만 아스트라제네카를 둘러싼 이런 드라마는 시작에 불과했다. 폰 데어 라이엔 집행위원장은 1월 28일 EU 역내에서 생산한 백신 수출을 일시 통제하겠다고 발표했다. 그는 그동안 백신 공급과 관련해 입장 표명을 자제해 오다 논란이 시작되자 갈리나 국장으로부터 업무 지휘권을 넘겨받아 직접 챙겼다.[70] 영국이 특별 대접을 받는다는 비난이 쏟아지자 집행위원회는 아스트라제네카를 직접 겨냥해 공격에 나섰다. 아이러니하게도 아스트라제네카 백신은 유럽연합 안에서의 사용승인을 아직 받지 못한 상태였다. 백신 수출통제 발표가 있은 바로 이튿날 사용승인이 내려질 예정이었다. 폰 데어 라이엔 집행위원장의 수출통제 발표는 큰 반발을 불러일으켰다. 무엇보다도 영국-EU 간 체결한 브렉시트 협정에 들어 있는 '비상 브레이크 절차'를 일방적으로 발동시킨 것으로 북아일랜드와 아일랜드공화국 사이에 실제 국경을 재설정하는 조치였다. 잘못 내린 결정임을 깨닫고, 또한 아일랜드 정부로부터 압력을 받아 집행위원회는 발표한 지 몇 시간 만에 수출통제 결정을 취소했다.

그런가 하면 아스트라제네카의 효과에도 의문이 제기되었다. 폰 데어 라이엔 집행위원장이 역내 생산 백신의 수출통제를 발표한 바로 그날 독일 백신자문위원회는 65세 이상 고령자에 대한 아스트라제네카 백신 처방에 반대한다는 경고를 내놓았다.[71] 이튿날 마크롱 대통령도 이 백신이 65세 이상 노령층에는 '효능이 없다'고 맞장구를 쳤다.[72] 그로부터 몇 시간 뒤 유럽의약품청EMA은 아스트라제네카 백신에 대해 '고령층(55세 이상)에서는 수치로 나타낼 만한 효과를 나타내지 않는다.'는 단서를 달아 조건부 사용승인을 내렸다. 아울러 다른 백신을 통해 얻은 경험과 이 연령대의 면역 사례를 증거로 삼아 이 백신이 효과가 있을 것으로 기대한다는 말을 덧붙였다.[73]

2021년 2월 말 유럽인들은 백신 공급이 늦어지고 아스트라제네카 백신을 둘러싼 논란이 계속되는 데 대해 진저리가 나기 시작했다. 영국과 EU는 아스트라제네카와 집중적으로 구매계약을 체결한 상태였다.

미국 14퍼센트, 영국 27퍼센트, 이스라엘 국민 53퍼센트가 1회 이상 코로나 백신 접종을 마친 반면, 그때까지 EU 국민의 백신 접종률은 겨우 5퍼센트에 그쳤다. 일부 EU 회원국들은 블록 차원의 집단구매 방식 외에 다른 독자적인 대안을 찾기 시작했다. 그렇게 해서 다시 먼 길을 돌아 그 전 해 봄 프랑스와 독일이 나섰던 '각자도생'의 길로 되돌아오게 되었다.[74] 뉴욕타임스가 보도한 유럽부패방지청 조사에 의하면 EU 일부 회원국들은 백신 구매를 위해 암시장 내지 회색시장으로 뛰어들었다. 제조회사와 직접 구매협상에 나서거나 자기들끼리 백신을 서로 교환하는 일까

지 한다는 것이었다.[75]

이런 문제들에도 불구하고 아스트라제네카는 코백스 프로그램의 중추적인 역할을 하게 되었다. 아스트라제네카 백신은 화이자나 모더나 백신과 달리 초저온 상태로 선적하고 저장할 필요가 없었다. 하지만 유럽 안에서 이 백신에 대한 신뢰는 너무 낮아서 극소수의 환자들(1,700만 명 중에서 37명)이 아스트라제네카 백신 접종 후 혈전이 생겼다는 보도가 있은 3월 중순 프랑스, 독일, 이탈리아를 비롯한 일부 국가에서 이 백신 접종을 일시 중단시켰다.[76] 지지부진한 공급이 더 이상 나빠질 것 같지 않자 유럽의약품청EMA은 곧바로 아스트라제네카 백신의 안정성을 확인해주었다. 안전성 발표가 나오자 유럽국들은 그 동안 가졌던 의혹을 재빨리 털어냈다. 하지만 그 전에 이 백신에 대한 일반의 신뢰를 더 악화시킨 사건이 한 번 더 일어났다.[77]

프랑스와 독일의 몇몇 관리들은 이런 여러 문제점들에도 불구하고 자기들은 EU의 백신 공동구매 방식이 잘못되었다고 생각하지 않는다고 우리에게 말했다. 그렇지 않고 다른 방식을 택해서 어떤 나라는 성공적으로 해나가고 어떤 나라는 어려움을 겪게 되었다면 그 때문에 EU가 찢어질 가능성이 높다는 것이었다. 그 말도 일리는 있다. 하지만 그럼에도 불구하고 이 일을 통해 배울 점이 있다. 근본적인 문제는 유럽연합이 너무 신중하고, 모험을 하지 않으려고 하고, 백신 개발에 관한 한 준비된 자원이 너무 없었다는 점이다. 유럽판 초고속 작전이 없었다. 유럽이 아스트라제네카와 최초 백신 구매 계약을 체결한 건 8월이 되어서였다. 미국이 OWS 프로그램을 시작하고 몇 개월 뒤였다. 그리고 유럽연합 집행위원회는 자체 자금조달 능력이 없었다. 그저 회원국이 내는 돈을 쓰는 것 외에는 다른 할 일이 없었다. 백신 개발비로 27억 달러를 책정했다. 인구는 유럽이 더 많은데 미국의 투입한 예산의 극히 일부분에 지나지 않았다. 회원국들은 집행위원회를 불신해서 엄하게 통제하려고 했다. 폰 데어 라이엔 집행위원장은 파이낸셜타임스와 가진 회견에서 "미국은 생물의약품첨단연구개발국BARDA이라는 기구를 갖고 있어 큰 이점을 누리고 있다. 유럽은 이런 인프라가 없다."고 말했다. BARDA는 OWS의 토대가 된 조직으로 백신 연구를 추진하는 대규모 건강 관련 국립 연구기관이다.[78]

EU의 백신 구매 협상을 이끈 갈리나 국장은 자기는 "이곳 유럽의 상황이 더 낫기 때문에 나는 미국의 경험을 부러워하지 않는다."고 했다. 하지만 폰 데어 라이엔 집행위원장은 미국 모델이 더 낫다는 점을 기꺼이 인정하고 2월 초 슬로위가 OWS 책임자 자리에서 물러나자 고문으로 영입했다.[79] 다음 달 슬로위 박사는 자신이 내린 기본적인 평가에 대해 뉴욕타임스에 이렇게 말했다. EU는 백신을 고객이 쇼핑하는 것처럼 사려고 하는 반면 미국은 기본적으로 제약회사들과 비즈니스를 한다는 것이었다. 이후 2021년 봄 폰 데어 라이엔 집행위원장은 네타냐후 이스라엘 총리의 전술을 따라 화이자 최고경영자CEO인 앨버트 부를라Albert Bourla와 직접 접촉해 유럽연합의 추가 백신 확보에 나섰다.[80]

# 러시아와
# 중국의 일탈

　　미국과 유럽이 개발 중인 백신을 확보하기 위해 관심을 쏟고 있음에도 불구하고 세계 최초의 코로나19 백신은 다른 곳에서 나왔다. 2020년 8월 11일 러시아는 스푸트니크Sputnik V 백신의 규제승인을 내주었다. 냉전시대의 우주경쟁을 연상시키는 이름이었다. 1957년 소련은 인류 최초로 인공위성 스푸트니크 1호를 발사해 궤도에 진입시키는 데 성공했다. 러시아의 규제 승인은 1단계, 2단계 임상시험을 마치고 불과 10일 뒤에 나왔다. 국립 가말레야 전염병 및 미생물학연구소에서 개발한 백신 후보는 불과 76명을 상대로 임상실험을 한 게 전부였다. 그럼에도 불구하고 러시아 보건부는 스푸트니크V의 등록확인을 해주어 일부 의료진과 코로나19 고위험군에 속한 사람들을 상대로 처방할 수 있도록 허가했다. 크렘린이 임상 3상을 거치지도 않고 스푸트니크V의 조기 사용승인을 해준 것에 대해 세계 전역의 과학자와 논평가들로부터 비난과 우려가 쏟아졌다. 그러나 푸틴 대통령은 각료회의에서 '약효를 충분히 발휘하고 있고' 자기 딸도 접종을 마쳤다며 백신 사용승인을 밀어부쳤다. 하지만 백신이 광범위하게 처방되기 시작한 것은 더 많은 임상실험을 마친 2021년 1월 1일이 지나서부터였다. 2021년 2월 2일에 나온 스푸트니크V 백신의 임상 3상 중간 분석결과 예방효과가 92퍼센트에 달해 화이자-바이오엔테크, 모더나에 견줄 만한 효과를 낸 것으로 보였다. 물론 서방 규제기구의 검토를 거친 자료는 아니었다.[81]

중국도 몇 가지 종류의 백신을 개발해 자국 내에서 긴급 사용승인이나 일반사용을 승인했다. 중국 정부는 시노백Sinovac이 개발한 코로나백CoronaVac 백신과 시노팜Sinopharm이 개발한 BBIBP-CorV 백신, 이 두 종류를 우선적으로 꼽았다. 코로나백은 2020년 중국 내에서 1단계와 2단계 임상을 성공적으로 마친 다음 7월 브라질, 인도네시아, 터키에서 3상을 시작했다. 같은 달 중국 정부는 백신 후보의 국내 긴급사용을 승인하고 12월에는 일반국민을 대상으로 한 사용을 승인했다. 브라질과 터키에서 실시한 3상 결과는 50.38퍼센트와 83.5퍼센트로 각각 다른 효과를 나타냈는데 서방에서 개발한 백신들보다는 낮은 수치였다. BBIBP-CorV 백신도 비슷한 궤적을 보였다. BBIBP-CorV 백신은 여름에 아랍에미리트, 모로코, 페루에서 3상 임상실험이 시작되는 것에 때맞춰 긴급사용승인을 받은 다음 그해 말 중국에서 일반 사용승인을 받았다.[82]

백신 개발을 향한 글로벌 경쟁이 벌어지며 미국 관리들은 러시아와 중국이 서방 제약회사들로부터 기술을 빼내려고 상당한 시도를 할 것이 분명하다고 생각했다. 예를 들어 2020년 7월, 미국 법무부는 다른 죄목들과 함께 바이오테크 기업들로부터 민감한 정보를 훔치려고 한 혐의로 중국인 해커 리샤오위Li Xiaoyu와 둥지아지Dong Jiazhi 두 명을 기소했다. 이들은 해당 기업이 코로나바이러스 백신 개발 작업을 하고 있다는 발표를 한 날을 비롯해 여러 차례 해킹을 시도했다.

이들에 대한 기소 사실을 발표하는 기자회견에서 데이비드 보우디치David Bowdich FBI 부국장은 중국 정부의 지시 아래 이루어지는 해킹의 규모와 범위가 "우리가 오늘날 직면하고 있는 다른 어떤 위협과도 비교가 되지 않을 정도로 위협적"이라고 했다.[83] 마이크로소프트를 비롯해 많은 대규모 제약회사들이 중국, 러시아, 북한, 이란 측으로부터 백신 관련 해킹을 경험하고 있다고 밝혔다.[84]

러시아와 중국은 또한 백신 관련 기술을 지정학적인 목적에 이용하려고 했다. 러시아는 백신의 국내 접종에도 어려움을 겪는 상황에서 백신의 해외 배포를 위해 애를 썼다. 2020년 말 내내 크렘린의 지원을 받는 언론 매체들이 나서서 스푸트니크V 백신의 효능을 선전하는 한편 서방 백신은 안전하지 않고 좋지 않은 후유증을 유발할 가능성이 있다는 식의 가짜 정보를 퍼트렸다. 이런 선전은 대부분 중동부 유럽 국가들을 겨냥해 진행됐다. 스푸트니크V 백신이 배포되기 시작하자 크렘린의 이런 노력이 성과를 냈다. 2021년 1월 20일 헝가리는 EU 법의 허점을 이용해 스푸트니크V 백신이 EMA의 정식 승인을 받기 전이라도 6개월 동안 사용할 수 있도록 허가했다. EU 법은 지시-2001Directive 2001을 통해 의료 긴급사태 발생 시 정식 승인 없이도 특정 의약품의 사용을 허가할 수 있도록 했는데, 코로나19는 바로 이 긴급사태에 해당되었다. 3주 뒤 헝가리는 EU 회원국 가운데 처음으로 러시아 백신을 처방했다. 2021년 2월 중순까지 스푸트니크V 백신 구매를 주문한 나라는 50개국이 넘었다.[85]

러시아의 전술을 똑같이 따라서 중국의 국영 매체들도 서방 백신의 효능을 깎아내리는 데 앞장섰다. 그러는 한편 중국 정부는 중국산 백신을 자국의 정치경제적 이익을 증대시키는 데 이용했다. 중저소득 국가들의 백신 구매를 돕기 위해 중국은 라틴아메리카와 카리브해 연안 국가들에게 10억 달러 차관을 제공했다. 중국은 2021년 3월 초 외교부를 통해 69개국에 무료접종을 제공하고, 추가로 28개국에 백신을 수출하기로 했다고 발표했다. 중국이 이 약속을 제대로 지킬지는 분명치 않다. 중국은 2020년 의료지원을 하면서 너무 고압적이고 상업적인 자세로 임하다 여러 나라에서 비난의 소리를 들었다. 그래서 이번에 개도국들에게 값싼 백신을 대량으로 제공하겠다는 약속을 하며 평판을 바꿀 기회로 삼았다.[86] 하지만 앞선 마스크 외교 때처럼 이번에도 중국 정부는 백신 외교에 여러 가지 조건을 붙인 것이 분명해 보였다. 파라과이가 좋은 사례인데, 파라과이 외교부는 3월 말 성명을 통해 중국산 백신을 제공해 주겠다는 제안에 대만과의 외교관계를 단절하라는 조건이 붙어 있었다고 했다.(파라과이 외교부는 이 제안을 전달한 것은 개인들이며, 그 개인이 '중국 정부와 어떤 관련이 있는지, 어떤 자격을 부여받았는지는 입증되지 않았다'고 밝혔다.)[87]

제일 분명하게 강대국들의 각축장이 된 나라는 코로나19가 계속 기승을 부리는 브라질이었다. 브라질은 2020년 마지막 3개월 동안 코로나바이러스 신규 감염자 수가 283만 명, 사망자 5만 명을 기록했음에도 불구하고 자이르 보우소나루 대통령은 '12월까지는 팬데믹이 끝장날 것'이라고 선언했다. 하지만 그의 말은 틀렸고, 2020년 말에는 P.1 바이러스가 아마존 지역에서 발견된 뒤 브라질 전역으로 빠르게 확산됐다. 2월 말에는 브라질 전국의 26개 주 가운데 21개 주에서 P.1 변이 확진자가 나왔다. 새 변이는 감염력이 더 강할 뿐만 아니라 코로나19에 감염되어 회복된 사람도 재감염시킬 수 있다는 초기 연구결과가 나왔다. 2021년 초 3개월 동안 브라질은 신규 확진자 500만 명에 신규 사망자 12만 6,000명이라는 기록적인 수치를 나타냈다. 팬데믹이 시작된 이래 전체 감염자 수 1,275만 명, 전체 사망자 32만 1,000명으로 브라질은(미국에 이어) 세계 2위 피해국이 되었다. 그리고 3월 말에는 신규 감염자와 사망자에서 미국을 제치고 세계 1위가 되었다. 의료체계가 무너지며 시간 당 브라질 국민 125명이 코로나19로 죽어갔다.[88]

2020년 가을 브라질 관리들은 국가면역프로그램의 일환으로 아스트라제네카 백신 구매 및 생산 계획과 함께 브라질에서 임상실험이 진행 중인 중국산 코로나백 백신 4,600만 회 접종 분량 구매 계획을 발표했다. 하지만 도널드 트럼프 대통령과 포퓰리스트 동맹관계인 보우소나루 대통령은 입장을 바꿔 중국산 백신을 깎아내리며 10월 21일 소셜미디어에 "브라질 국민은 누구의 기니피그도 되지 않을 것이다."라고 썼다.[89] 한편 트럼프 행정부는 러시아산 스푸트니크V 백신도 구매하지 말도록 브라질을 부추겼다. 미국 보건복지부는 보고서를 통해 러시아를 비롯한 일부 국가가 "미국의 안전과 안보를 손상시키며 지역에서 자신들의 영향력 확대를 위해 힘쓰고 있으며" 이에 따라 보건복지부 직원을 포함한 미국 정부기관들이 "해당 지역 나라들이 나쁜 의도를 가진 국가들이 제공하는 원조를 받아들이지 말도록 설득하고 있다."고 했다.[90]

1월 말 브라질 정부는 노년층과 보건의료 종사자들부터 백신 접종을 시작했다. 하지만 인구 2억 1,300만 명인 나라가 심각한 백신 부족 상태에 놓여 있었다. 코로나19 감염자는 늘고 미국을 비롯한 선진 부국들이 국내용으로 백신을 비축하는 것을 보고 보우소나루 대통령은 한 번 더 입장을 뒤바꿔 중국에 수백만 회 접종 분의 코로나백 백신을 신속히 선적해 달라고 요청했다. 아울러 브라질 안에서 대규모 백신 생산을 할 수 있도록 원료 공급도 해달라고 주문했다. 브라질에서 행한 임상실험 결과 중국산 백신의 효과가 50퍼센트를 간신히 웃도는 수준임에도 불구하고 브라질 정부는 다른 대안이 없기 때문에 기꺼이 중국에게 손을 내밀었다.[91] 브라질은 3월까지 2억 회 접종 분 백신 구매 계약을 체결했는데 그 가운데 절반은 코로나백 백신이고 나머지 절반은 아스트라제네카였다. 같은 달 브라질은 스푸트니크V 백신 1,000만 회 접종 분 구매 계약을 체결했다. 그때까지 러시아산 스푸트니크V 백신은 자국 보건 기관의 사용 승인도 받지 않은 단계였다.[92]

## '코로나에 겁먹지 말라!'고 외친
## 트럼프

백신 개발이 믿을 수 없을 만큼 빠른 속도로 진행되고 있었지만 2020년 11월로 예정된 미국 대통령선거일까지 바이러스 확산을 진정시킬 시나리오는 없었다. 물론 트럼프 대통령은 팬데믹의 향방에 자신의 정치적 명운이 걸려 있었다. 그는 팬데믹 탓도 있지만 여론조사에서 뒤져 있기 때문에 하루빨리 유세를 재개해 일상의 여러 제약에 지친 유권자들에게 직접 지지를 호소하고 싶었다.

트럼프 대통령은 2020년 6월에 두 차례 실내 유세행사를 가졌다. 한 번은 6월 20일 오클라호마주 털사에서였는데 대통령 선거 예비후보였던 허먼 케인Herman Cain이 참석했다. 케인은 유세 10일 뒤 코로나19 확진 판정을 받고 7월 30일 숨을 거두었다. 트럼프 대통령은 바이러스의 2차 유행이 정점에 달하며 유세일정을 잠시 중단했다. 하지만 8월 중순 유세를 다시 재개하고 매주 열리는 대규모 행사에 여러 번 참석했다. 그리고 8월 27일 백악관 사우스론에서 사람이 빼곡하게 모인 가운데 공화당 대통령후보로 공식 지명되었다.[93] 대부분 마스크를 쓰지 않았고, 사회적 거리두기를 지키는 사람도 거의 없었다. 9월이 되면서 트럼프 대통령은 더 많은 행사에 직접 참석했다. 그는 9월 26일 에이미 코니 배럿Amy Coney Barrett을 얼마 전 사망한 루스 베이더 긴즈버그Ruth Bader Ginsburg 전 연방대법관 후임으로 지명했다. 그는 이 지명식을 사람들이 빼곡하게 모인 로즈가든에서 갖고, 이후 실내 리셉션도 개최했는데 참석자들 가운데 마스크를 쓴 사람은 드물었다. 일주일도 지나지 않아 행사 참석자 가운데 11명이 코로나19 확진 판정을 받았는데 12일 후에는 확진자가 37명으로 늘었다. 톰 틸리스Thom Tillis 상원의원과 마이크 리Mike Lee 상원의원, 크리스 크리스티Chris Christie 전 뉴저지 주지사, 그리고 트럼프 대통령 본인도 확진자 명단에 포함됐다.[94]

9월 29일 트럼프 대통령은 오하이오주 클리블랜드에서 조 바이든 후보와의 첫 번째 후보 토론회에 참석했다. 두 사람의 거리는 4미터도 되지 않았고 마주보고 계속해서 소리를 질러댔다. 미국 역사상 가장 주장이 서로 첨예하게 대립하고 분위기가 어수선한 대통령후보 토론이라는 혹평을 받았다.[95] 마스크 쓰기에 대한 입장을 묻자 트럼프는 "OK!"라고 대답했다. 하지만 실제로 그는 자기가 필요하다고 생각할 때만 마스크를 썼다. "오늘이 바로 모범 사례이다. 참석자 모두 검사를 받았고 사회적 거리두기를 비롯한 모든 방역지침을 준수했다." 트럼프는 이렇게 말한 다음 조 바이든 후보는 항상 마스크를 쓴다고 조롱했다.[96] 트럼프가 말한 대로 그날 참석자들은 모두 클리블랜드 클리닉Cleveland Clinic에서 코로나 검사를 받기로 했다. 하지만 트럼프 대통령 일행은 그날 늦게 도착하는 바람에 검사를 받지 않았다.[97]

불과 사흘 뒤인 10월 2일 트럼프 대통령은 자신과 퍼스트레이디가 코로나19 양성반응을 받았다고 트위터에 올렸다. 마크 메도스Mark Meadows 백악관 비서실장은 기자들에게 트럼프 대통령의 상태는 '매우 우려할만한 수준'이며, 대통령은 곧바로 월터 리드 국군병원으로 후송돼 치료를 받고 있다고 했다. 당시 트럼프 대통령의 병세는 의사들이 발표한 내용보다 훨씬 더 위중했으며 '한때 혈중산소농도가 크게 떨어지고 코로나바이러스로 인한 폐렴 후유증으로 폐에 문제가 있었다.'고 몇 달 뒤 뉴욕타임스가 보도했다. 관리들은 대통령이 산소호흡기가 필요한 상태였을 것으로 생각했다. 월터 리드 국군병원에서 그는 일반국민은 접할 수 없는 실험용 치료제를 투여 받았고 며칠 뒤 회복됐다.[98]

한 세기 전 독감을 크게 앓고 정책결정 방향이 바뀐 것 같았던 우드로 윌슨과 달리 트럼프 대통령은 코로나바이러스를 잠깐 앓았다고 그의 행동이 근본적으로 바뀐 것 같아 보이지는 않았다. 바뀐 게 있다면 더 고집이 세졌다는 점이다. 그는 자신을 절대로 쓰러지지 않는 슈퍼맨으로 생각하며 더 완강해진 태도를 보였다. 21만 명의 미국인이 사망했음에도 불구하고 트럼프 대통령은 자신이 금방 회복된 것을 팬데믹이 별 게 아님을 보여주는 증거라고 했다. "코로나를 겁내지 마시오. 그게 여러분의 삶을 지배하도록 하지 마시오." 그는 10월 5일 월터 리드 국군병원을 떠나며 이같이 트위터에 썼다. "20년 전보다 지금 기분이 더 좋다!"[99]

트럼프 대통령은 이런 메시지를 가는 곳마다 내놓았고, 미국 내 코로나바이러스 환자 수가 계속 늘어나는데도 대규모 집회가 공중보건을 위태롭게 한다는 우려들을 계속 무시했다. 그는 재선 선거운동을 위해 전국을 돌며 10여 차례에 달하는 정치집회를 열었다. 모두 마스크를 쓰지 않고 진행해 슈퍼전파의 위험성이 매우 높았다. 선거 일주일 전 네브래스카주 오마하에서 열린 행사에서 트럼프는 이렇게 불만을 털어놓았다. "가짜 뉴스들이 돌아다니며 전부 코로나, 코로나, 코로나라고 떠든다. 내가 코로나에 걸린 사람인데 보다시피 멀쩡하다. 그렇지 않은가?"[100]

트럼프는 팬데믹 때문에 선거에서 패배할지 모른다는 걸 잘 알고 있었다. 그는 미국 현대사에서 가장 인기 없는 대통령이었다.[101] 2020년 초 그는 경제 호황기를 누리는 현직 대통령으로서 재선에 성공할 가능성이 제법 높아 보였다. 하지만 그건 코로나19로 모든 게 바뀌기 전의 일이었다. 10월 말 주요 경합지인 펜실베이니아주 이리에서 열린 대규모 집회에서 그는 직접 그곳으로 유세를 오게 될 줄은 꿈에도 생각하지 못했다고 했다. "전염병이 돌기 전에는 별 문제가 없었다. 솔직히 말해 내가 이곳까지 올 일은 없었다. 올 필요가 없었다. 여러분께 전화나 걸어서 '헤이, 이리 시민 여러분, 혹시 시간이 되면 투표장으로 가서 투표해 주세요.' 이렇게 말하면 우리가 이기게 되어 있었다."[102]

"만약 트럼프 대통령이 패하면 그건 코로나 때문이다." 선거일 며칠 앞두고 로나 맥대니얼Ronna McDaniel 공화당 전국위원장은 이렇게 말했다.[103] 입수 가능한 증거를 통해 보면 실제로 팬데믹이 어느 한쪽이 유리하도록 일방적으로 작용한 것은 아니지만 선거에서 중심적인 역할을 했음을 알 수 있다.

투표소에 가서 직접 투표할 경우의 안전에 대한 우려 때문에 미국 전역에서 우편투표가 엄청나게 늘었다. 우편투표의 편리함과 트럼프 대통령에 대한 첨예한 찬반 정서가 합쳐져 기록적인 투표율로 나타났다. 대선일인 11월 3일 직전에 진행된 여론조사는 미국민 다수가 트럼프 대통령의 코로나19 위기 대응방식을 불신하는 것으로 나타났다. 트럼프 대통령을 비롯해 이너서클 핵심 멤버들이 감염된 것은 이 행정부의 어설프고 잘못된 대응을 상징적으로 보여주었다. 트럼프가 제일 큰 업적으로 내세운 미국 경제의 호황은 팬데믹으로 인해 실직자가 폭증하고 폐점하는 업체들이 늘며 크게 위축되고 말았다.

한편 선거일에는 코로나바이러스가 미치는 영향이 복합적으로 나타났다. 트럼프에 반대하는 사람들에게는 팬데믹이 부정적인 영향을 미친게 분명했다. 그의 수석 여론조사관은 선거 뒤 보고서에서 트럼프의 코로나19 대응 잘못이 그에게 큰 타격을 입혔다고 분석했다. 특히 2016년 선거에서는 트럼프가 이겼지만 2020년 선거에서 바이든 쪽으로 넘어간 주들에서 코로나19 대응이 큰 영향을 미쳤다.[104]

AP통신 보트캐스트VoteCast가 집계한 자료에 의하면 유권자 41퍼센트가 코로나19를 미국이 당면한 가장 중요한 이슈라고 답했다.(다른 이슈는 근처에도 오지 못했다). 보트캐스트는 11월 3일 투표 마감시간까지 며칠 동안 유권자 11여만 명을 대상으로 인터뷰를 실시했는데 이 가운데 트럼프를 찍은 사람은 25퍼센트에 그친 반면 73퍼센트가 바이든을 찍었다. '팬데믹이 전혀 통제되지 않고 있다'고 응답한 사람들 가운데서는 83퍼센트가 바이든을 찍었고, 15퍼센트만 트럼프를 찍었다.[105]

그리고 트럼프를 찍은 사람이 기록적으로 많은 것에도 팬데믹이 영향을 미친 것으로 보인다. CNN 출구조사는 응답자의 61퍼센트가 선거 전 코로나바이러스 확진자 증가가 대통령 선거에 '중요한' 영향을 미쳤다고 답했는데 이 가운데 52퍼센트가 바이든 후보를 찍었다. 반면에 응답자의 79퍼센트가 선거 전 코로나바이러스 확진자 수 증가가 대통령 선거에 '어느 정도' 영향을 미쳤다고 답했는데 이 가운데 56퍼센트가 트럼프 후보를 찍었다.[106] 심하게 양극화된 정치 생태계에서 많은 공화당 지지자들이 팬데믹의 위험성을 경시한 트럼프의 입장에 동조한 것으로 보였다. 이들은 또한 경제난은 트럼프 행정부의 무능 때문이 아니라 주정부와 지방 관리들이 시행한 봉쇄조치들 때문이라고 한 트럼프의 주장에 동조하는 듯했다. 그리고 많은 공화당 지지자들은 바이든 후보가 코로나19를 통제하겠다고 내놓은 공약들이 학교와 사업장을 폐쇄해 경제 재개를 못하게 막을 것이라고 우려했다.[107] AP통신의 보트캐스트 조사에서 응답자의 28퍼센트가 경제와 일자리가 제일 큰 관심사라고 했는데, 이들 가운데 82퍼센트가 트럼프, 16퍼센트가 바이든 후보를 찍었다. '연방정부의 최우선 과제가 무엇이냐?'는 물음에 '코로나바이러스가 확산되더라도 경제에 대한 추가적인 손상은 가하지 말아야 한다.'고 답한 사람은 39퍼센트에 그쳤다. 하지만 이렇게 답한 사람들 가운데 86퍼센트가 트럼프에게 투표했다.[108] CNN 출구조사도 비슷한 결과를 나타냈다.[109]

최종적으로 바이든이 8,100만 표, 트럼프는 7,400만 표를 얻어 700만 표라는 큰 표차가 났다. 선거인단 수는 바이든 306명, 트럼프 232명이었다. 우연이지만 트럼프가 이긴 2016년 선거 때와 정확히 같은 차이로 바이든이 이겼다. 바이든이 압도적인 승리를 거두었음에도 불구하고 전례 없이 우편투표가 많아지면서 개표가 지연돼 최종 개표결과는 며칠 지나서 나왔다. 이처럼 개표가 지연되고 많은 경합주에서 바이든이 근소한 표차로 승리한 것을 빌미로 트럼프와 그의 지지자들은 거짓 정보를 퍼뜨렸다. 바이든이 선거를 '도둑질했다'고 거짓 주장을 펼친 것이다. 이들의 행동은 나중에 '새빨간 거짓말'이라는 뜻으로 '더 빅 라이'The Big Lie로 불렸다. 이들이 주장하는 혐의는 터무니없는 것으로 주 선관위에서 기각당했고, 공화당이 다수를 차지하는 선관위에서도 기각시켰다. 연방대법원도 대선 무효소송을 기각시켰다. 트럼프 측은 전국적으로 60건이 넘는 선거 관련 소송을 제기했지만 모두 패소했다.[110] 하지만 여론조사에서는 공화당을 지지한 유권자 다수가 부정선거 주장을 사실로 믿는 것으로 나타났다.[111] 트럼프는 평화적 정권교체라는 미국의 오랜 전통에 맞서 패배를 인정하지 않았다. 미국 역사상 가장 험난한 권력이양이 되었고 결국 2021년 1월 6일 트럼프 본인이 직접 부추겨서 미국 연방의사당 점거 폭력사태를 일으키고 말았다. 하지만 미국의 민주적인 절차는 결국 유지되었고 바이든은 1월 20일 대통령에 취임했다.

## 새로운 국면 맞은
## WHO와 중국의 관계

2021년 1월 5일, WHO의 신년 첫 기자회견에서 테워드로스 아드하놈 거브러여수스 사무총장은 기자들에게 코로나19의 기원을 조사하는 국제조사팀이 개별적으로 중국으로 출발했다고 밝히며 이렇게 말했다.

중국 관리들이 조사팀이 중국에 입국하는 데 필요한 최종 허가를 아직 내주지 않고 있는 것으로 안다. 조사단원 두 명은 이미 중국을 향해 출발했고, 다른 사람들은 마지막 순간에 출발을 못하고 있기 때문에 나는 이 소식을 접하고 매우 실망했다. 하지만 나는 중국 관리들과 접촉해왔고 이번 조사는 WHO와 국제조사팀에게 매우 중요한 임무라는 점을 한 번 더 분명히 밝혔다. 나는 가능한 빠른 시일 내에 조사가 이루어지도록 중국이 내부적인 절차를 서둘러 마무리해 줄 것으로 믿는다.[112]

놀라운 말이었다. 그 전 해에 테워드로스 총장은 중국 정부의 팬데믹 대응자세를 비판하는 것으로 해석될만한 말은 일체 하지 않으려고 완강히 버텼다. 테워드로스 총장은 그동안 WHO가 코로나바이러스 관련 핵심 샘플이나 데이터에 접근하는 것을 중국 정부가 거부해도 이를 공개 비난하지 않았다. 조사팀이 중국을 비판해야 한다는 입장을 내도 테워드로스 총장은 이를 받아들이지 않았다. WHO를 '중국의 꼭두각시'라고 부른 트럼프 대통령뿐만 아니라 미국 관리들은 테워드로스 총장의 이런 태도에 격분했다.[113] 하지만 2021년 초 트럼프 행정부가 물러나면서 테워드로스 총장은 입장에 변화를 보이기 시작했다. 트럼프 행정부의 고위관리는 이렇게 말했다. "지난 해 우리가 해달라고 사정했던 말을 한 것이다." 즉각 반응이 나타났고 1월 14일 WHO 국제조사팀은 우한에 도착했다.[114]

국제조사팀이 꾸려지기까지 많은 시간이 걸렸다. 제4장에서 본 것처럼 여러 해 동안 중국과 맞서는 글로벌 세력의 앞장에 선 호주 정부가 2020년 4월부터 미국과 함께 중국의 팬데믹 대응방식에 대한 조사실시를 요구했다.[115] 격분한 중국 정부는 이런 요구가 '중국 인민의 정서를 해친다.'고 맞섰다.[116] 중국은 보복으로 호주산 보리, 쇠고기, 석탄, 면화, 와인에 대해 연간 190억 달러에 달하는 관세를 부과했다.[117] 5월에 열린 세계보건총회에서 시진핑 주석은 마침내 팬데믹이 억제되고 나면 독립적인 조사를 받아들이겠다고 동의했다.[118] 하지만 이렇게 입장을 바꾸었다고 해도 중국 측의 지연전술, 조사 방해 등 적지 않은 난관이 뒤따랐다.

2020년 7월 트럼프 대통령이 미국의 WHO 탈퇴를 발표한 달에 중국은 WHO 관리 두 명의 입국을 허락했다. 하지만 이들은 중국 도착 즉시 14일 간 격리조치 됐다.[119] 중국 정부는 이들에게 고위급과의 가상 면담을 약속했지만 실제로는 하위급과의 알맹이 없는 회담만 이루어졌다. WHO 관리들은 조사팀이 임무를 제대로 수행할 수 있을지에 대해 회의적이었다. 테워드로스 총장은 중국 외교부장에게 전화를 걸어 중국 측과의 면담이 끔찍한 수준이고 조사를 제대로 진행할 수 없다고 불만을 표시했다. 상황이 조금 개선된 듯했지만 조사팀이 격리에서 벗어나자 이번에는 우한 방문을 막았다.[120] 7월 방문에서 WHO는 중국 정부와 신종코로나바이러스가 사람에게 전파된 과정을 밝히기 위한 추가 조사 계획을 세웠다. 이 계획에 따라 중국 전문가들이 병원기록과 하수 샘플, 헌혈 샘플 조사, 피해자 면담, 우한수산물시장 방문자 조사 등을 실시하기로 약속했지만 중국 측은 WHO의 후속 입국을 수개월째 미루었다.[121]

WHO 전문가 조사팀은 2021년 1월 14일 마침내 중국 입국허가를 받았다. 이들이 도착하기 이틀 전 '중국의 폭스뉴스'로 불리는 관영 타블로이드 환구시보環球時報는 '전문가'의 말을 빌려 WHO 조사팀의 중국 방문은 '중국이 투명하고 책임 있는 태도와 과학을 존중하는 자세로 팬데믹과 싸우는 글로벌 노력에 헌신적으로 기여해 왔음을 보여주는 사건'이라고 썼다.[122] WHO 조사팀은 도착 후 2주 동안 격리조치 된 다음 마침내 우한 호숫가에 있는 호텔로 이동했다. 우한에 있는 실험실, 시장, 병원을 찾아가 팬데믹의 기원에 관해 보다 정확한 해답을 구하는 것이 이들의 방문 목적이었다. 조사팀은 도움이 되는 축적된 자료 등 일부 새로운 정보를 얻을 수 있었다. 하지만 초기 감염 사례를 포함한 1차 자료 등 코로나바이러스가 언제, 어떤 경로로 중국 안에서 최초 전파되었는지 기원을 파악하는 데 도움이 될 다른 정보는 접하지 못했다.[123]

중국 관리들은 조사팀의 질문공세와 자료요청에 기분이 상한 나머지 중국 전문가들이 조사과정을 관장하도록 해야 한다고 요구했다.[124] 바이러스가 중국 바깥에서 발생했을 가능성을 비롯해 중국 관영 매체와 관료들이 하는 설명을 WHO 조사단이 들도록 해야 한다고도 했다.[125] 조사팀원인 덴마크의 면역학자 테아 콜젠 피셔Thea Kølsen Fischer는 뉴욕타임스에 이렇게 말했다. "조사 기간 내내 이 조사가 대단히 지정학적인 문제라는 느낌을 받았다. 중국 측에 조사에 투명하게 임하라는 압박이 얼마나 강한지, 관련된 비난이 얼마나 거셀지 모두들 잘 알고 있다."[126]

몇 주(격리기간 2주를 포함해)에 걸친 지상 조사가 끝난 뒤 WHO는 2월 9일 우한에서 기자회견을 갖고 1차 조사결과를 공개했다.[127] WHO의 동물질병 전문가로 조사단장인 피터 벤 엠바렉Peter Ben Embarek 박사는 SARS-CoV-2 바이러스가 실험실에서 유출되었다는 가설은 '가능성이 매우 희박하며 이와 관련한 추가조사는 필요하다고 생각하지 않는다.'고 말했다. 그는 이 바이러스가 인간에게 전염되기 전에 특정 동물에서 다른 동물로 전염이 이루어졌을 가능성은 있다고 설명했다. 이런 설명은 코로나바이러스의 기원과 관련해 널리 받아들여지고 있던 가설과 일치한다. 트럼프 행정부의 일부 관리들이 주장하는 우한바이러스연구소와의 관련 가능설은 부인하는 것 같았다. 그리고 조사팀은 중국 정부가 주장하는 다른 두 가지 설명에도 가능성을 열어두었다. 하나는 코로나바이러스가 냉동 음식물을 통해 중국으로 유입되었을 가능성이고, 다른 하나는 첫 발생지가 우한 혹은 중국 영토 바깥일 수 있다는 가능성이었다.[128] WHO 조사팀 일원으로 에코헬스 동맹EcoHealth Alliance을 이끌고 있는 피터 다새크Peter Daszak 박사는 기자들에게 어쩌면 다른 나라, 특히 동남아 국가들도 조사할 필요가 있을지 모른다는 말까지 했다. 우한 시장에서 팔리는 감염 동물이나 동물 제품이 그곳에서 유입되었을 가능성이 있다는 말이었다.[129]

엠바렉 단장이 실험실 유출 가능성을 공개적으로 배제하는 말을 듣고 제네바에 있는 WHO 본부의 직원들은 깜짝 놀랐다. 어떤 직원은 "모두 너무 놀라 의자에서 떨어질 뻔했다."고 우리에게 말했다. 제네바 본부에서는 조사단으로 간 전문가들이 실험실 가설에 대해 정확한 평가를 내릴 수 있을 만큼 충분한 조사가 이루어지지 않았거나 기초 자료를 제공받지 못했을 것이라고 생각했다. 조사팀이 돌아오자 테워드로스 사무총장은 그들이 어떤 판단을 내릴 만큼 충분한 정보를 확보하지 못했다고 말했다. 조사팀은 자신들의 입장을 방어하려고 했다. 그들은 실험실 관련해서 언급한 것만으로도 성과라고 생각했다. 조사에 참여한 중국 측은 연구실 관련해서는 한마디도 포함시키지 않겠다고 했다. 그래서 조사단은 실험실 유출 가설은 '가능성이 매우 희박하다'extremely unlikely는 정도로 표현해도 성과를 거두는 것이라 생각했다. 본인이 실험실에서 근무해 본적이 있는 테워드로스 총장이라면 그런 표현을 절대로 받아들이지 않았을 것이었다. 그는 조사단에게 그런 표현을 받아들이는 쪽으로 타협하지 말았어야 한다고 말했다.

조 바이든 대통령이 이끄는 미국 행정부는 WHO 조사팀의 공개 발언에 대해 신속하게 부정적인 반응을 나타냈다. 제이크 설리번 대통령 국가안보보좌관은 2월 13일 중국이 코로나19 초기 감염자들에 관한 데이터를 공유하지 않는 데 대해 이런 내용의 성명을 발표했다. "우리는 코로나19 조사팀이 알아낸 초기 정보가 소통되는 방식에 대해 깊은 우려를 갖고 있으며, 그러한 정보를 알아내는 데 이용된 과정에 대해 심각한 의문을 제기하는 바이다. 이러한 조사보고는 반드시 독립적으로 이루어져야 하며 중국 정부로부터의 어떠한 간섭이나 왜곡 없이 전문적으로 수행된 정보라야 한다." 이는 미국의 새 행정부가 트럼프 대통령이 내린 WHO 탈퇴 결정을 철회하고 다시 복귀하기로 했지만 지금의 WHO 입장을 그대로 받아들이지는 않겠다는 뜻을 시사하는 것이었다. 설리번 안보보좌관은 성명을 통해 이렇게 말했다.

WHO에 복귀하겠다는 것은 또한 이 기구를 최고의 수준으로 끌어올리겠다는 것을 의미한다. 지금처럼 중요한 시기에는 WHO의 신뢰도를 지키는 것이 가장 시급한 과제이다.[130]

조사를 마치고 6주 뒤인 3월 30일 WHO 조사팀은 최종 보고서를 발표했다. 실험실 관련 언급도 계속했는데 "실험실 사고로 인한 유출은 매우 가능성이 희박한 경로로 간주되었다."라고 썼다.[131] 테워드로스 총장은 좌절감을 느꼈다. 그는 보고서가 여러 모로 훌륭하게 작성되었다고 생각했지만 그런 결론은 내리지 말았어야 한다고 생각했다. 그는 조사팀에게도 그런 생각을 말해주었다. 그는 하루 전 가진 기자회견에서도 "(SARS-CoV-2 바이러스의 기원과 관련한)모든 가능성은 열려 있다."고 말하고 추가조사가 필요하다는 입장을 유지했다.[132] 보고서가 제출되자 그는 중국 정부의 비협조와 조사팀 보고서가 안고 있는 한계점을 부각시키는 데 초점을 맞추었다. 그는 "조사팀과 이야기해 보니 이들이 1차 자료를 분석 평가하는 데 많은 어려움을 겪었다고 했다. 앞으로 보다 시의적절하고 포괄적인 데이터 공유를 포함한 협력적인 연구가 진행되기를 기대한다."고 했다. 그리고 보고서에서 신종코로나바이러스의 실험실 유출 가능성을 배제한 데 대해 테워드로스 총장은 이렇게 덧붙였다.

나는 이 평가가 충분히 종합적으로 이루어지지 않았다고 생각한다. 보다 양호한 결론에 도달하기 위해 추가 데이터와 검토가 필요하다. 조사팀은 실험실 유출 가능성이 희박한 가설이라는 결론을 내렸지만 이 또한 추가조사가 필요하다. 관련 전문가들을 포함한 추가조사단 파견이 필요할 수 있고 언제든지 추가조사단을 파견할 용의가 있다.[133]

한편 미국의 앤서니 블링컨Antony Blinken 신임 국무장관은 '중국 정부가 보고서 작성에 분명히 도움을 주었는지를 비롯해' 보고서의 조사방법론과 조사과정에 의문을 제기했다.[134] 3월 30일 발표한 공동성명에서 미국, 호주, 캐나다, 체코공화국, 덴마크, 에스토니아, 이스라엘, 일본, 라트비아, 리투아니아, 노르웨이, 슬로베니아, 한국, 영국은 "(WHO가 실시한)SARS-CoV-2 바이러스의 기원에 관한 국제적인 전문가 조사가 심하게 지연되고 완전한 오리지널 데이터와 샘플에 대한 접근이 제대로 이루어지지 않은 점에 대해 공동의 우려를 표시한다."고 했다.[135] 유럽연합도 이어서 비슷한 내용의 성명서를 내놓았다.[136]

중국은 이런 비판에 기분이 좋지 않았다. 테워드로스 총장은 제네바에 있는 중국의 WHO 대사에게 의혹을 해소시킬 필요가 있다고 했다. 테워드로스 총장은 그에게 2020년에 다른 나라들이 WHO가 중국의 은폐행위에 동조했다고 비난할 때도 자신은 중국을 비난한 적이 없다는 점을 상기시켰다. 직접적인 정보가 없었기 때문에 그랬다고 했다. 이번에는 중국이 불편하더라도 보고서와 관련해 진실을 이야기하겠다고 했다.[137]

트럼프 행정부의 한 고위관리는 바이든이 선거에서 승리함으로써 그동안 테워드로스 총장이 누리던 우산이 사라졌다고 우리에게 말했다. 트럼프가 우스꽝스러운 악당 역할을 하며 기회 있을 때마다 WHO를 때리고 욕할 때는 다른 나라들이 자기들 나름대로 우려되는 점이 있더라도 사무총장의 편을 들어주었다. 하지만 트럼프가 물러남으로써 이제는 테워드로스 총장이 중국이 원하는대로 끌려다닌다는 식의 훨씬 더 넓은 비난의 장으로 끌려나오게 되었다. 이 관리는 계속해서 이렇게 말을 이었다. 이런 기류 변화를 감지한 테워드로스 총장이 전술을 바꾸기 시작했고 1월부터 중국이 방해행위를 하고 있다고 비난하기 시작했다는 것이었다. WHO 직원들은 이런 설명을 반박하며 테워드로스 총장의 입장이 2021년 초에 들어서며 2020년 초와 비교해 달라진 것은 팬데믹 상황이 바뀌고, 초기에는 중국의 협력을 확보할 필요가 있었기 때문이라고 설명했다. 초기에 테워드로스 총장은 코로나바이러스가 전 세계로 확산되지 않도록 막는 데 있어서 중국의 협조가 절실히 필요하다고 생각했고, 그래서 공개적으로 중국 정부를 비판하는 일을 피했다는 설명이었다. 반면에 2021년 들어서는 팬데믹의 양상이 달라졌고, 테워드로스 총장도 이제는 외교적으로 자기 입장을 밀어붙일 처지가 되었다는 말이다. 이와 함께 시간과 공간을 주었는데도 불구하고 중국이 계속 태도를 바꾸지 않자 테워드로스 총장도 이제는 지쳐서 달리 동원할 대안이 없어졌다고도 했다.

# 제13장

# 보다 나은
# 미래를 위한 노력

서방 선진 7개국 G7 지도자들은 2021
년 6월 영국 콘월에서 제47차 연례 정상회담을 열기로 되어 있었다. 하
지만 의장국인 영국은 그때까지 기다릴 수가 없었다. 그래서 개최 예정
일보다 4개월 앞선 2월 19일 긴급 화상 정상회의를 열자고 요구했다. 시
급히 논의할 의제가 많았다. 코로나19 팬데믹은 계속 기승을 부리고 있
었고, 혁신적인 방식으로 개발 중인 백신 관련 뉴스와 영국을 비롯한 몇
몇 나라에서 급증하고 있는 변이 바이러스 뉴스가 헤드라인을 장식하고
있었다. 여기에 다른 일까지 겹쳐 다우닝가는 머리가 아팠는데 그것은
바로 미국에 새 행정부가 출범한 일이었다.

보리스 존슨 영국 총리는 그동안 같은 류의 포퓰리스트 정치인인 도

널드 트럼프 대통령과 친분을 쌓는 데 많은 시간을 보냈다. 두 사람은 서로 통하는 점이 많으면서도 기후변화와 세계보건기구WHO, 코백스COVAX 프로젝트와 같은 다자기구의 중요성 등 몇 가지 핵심적인 사안에서 서로 입장을 달리했다. 더구나 존슨 총리는 트럼프 대통령이나 자이르 보우소나루 브라질 대통령과 달리 코로나바이러스 팬데믹을 매우 심각한 사태로 인식하고 대처했다. 이런 점에서는 큰 차이가 있었다.

하지만 존슨 총리는 백악관의 새 주인이 된 조 바이든 대통령에 대해서도 불안한 점이 있었다. 그는 미국 민주당이 자신을 트럼프와 친한 인물로 간주한다는 사실을 알고 있었다. 나아가 존슨 총리의 영국 정부는 유럽연합EU 탈퇴 협상 방식을 놓고 대통령 선거를 앞둔 조 바이든 후보 측과 의견 충돌이 있었다. 바이든 측은 영국이 유럽연합으로부터 탈퇴함에 따라 EU에 계속 잔류하는 아일랜드와 영국의 탈퇴로 EU를 떠나게 되는 북아일랜드 사이에 국경을 엄격히 통제하는 '하드 보더'hard border가 부활할 수 있다는 점에 우려를 나타냈다.

그렇게 되면 '트러블'Troubles로 불린 30년 유혈내전을 종식시킨 1998년의 '굿프라이데이 평화협정'Good Friday Agreement이 위협받을 수 있다는 점을 우려한 것이다. 2020년 9월 바이든 후보는 자신의 트위터에 이런 점을 경고하는 글을 올렸다. 영국 정부는 유럽연합 탈퇴 이후 경제적 안전장치 마련이 필요한 상황이었기 때문에 존슨 총리가 이런 경고를 심각하게 받아들일 것이라는 사실을 알고 올린 글이었다.

우리는 북아일랜드에 평화를 가져온 굿프라이데이 협정이 브렉시트의 희생양이 되는 걸 지켜보고만 있을 수는 없다. 앞으로 미국과 영국간에 체결될 어떤 무역협정도 굿프라이데이 협정이 지켜지고 실제 국경이 다시 세워지는 것을 허용하지 않는다는 점과 결부되어야 할 것이다.[1]

그로부터 몇 개월 뒤 열릴 예정인 G7 정상회의에서 영국이 의장국이라는 점 때문에 존슨 총리는 비장의 카드를 하나 확보해 놓고 있었다. 그는 바이든 행정부가 출범하고 바로 한 달 뒤에 회의를 개최할 권한을 갖고 있고, 그 기회를 이용해 미국의 새 대통령과 개인적인 친분을 쌓겠다는 생각을 하고 있었다. 그는 바이든이 가까운 민주주의 동맹국들과의관계를 회복시키고 트럼프 시대의 난맥상을 정리하겠다고 한 것을 기회로 활용하겠다고 생각했다. 새로운 공동의 목표를 찾을 기회가 다시 생긴 것 같았다. 팬데믹 퇴치와 경제난 극복을 비롯해 여러 공동 위협을 해소하기 위해 함께 노력하자는 것 등이었다. "전 세계에 걸쳐 있는 우리의우방 및 파트너 국가들과 가질 대화에 우리가 직면한 난제들의 해결책이달려 있다. 한 나라도 빠짐없이 모든 나라에 백신을 공급하는 지극히 어려운 과제에서부터 손상된 환경생태계 복원, 코로나바이러스로부터의지속가능한 회복 등이 우리가 해결해야 할 과제들이다." 존슨 총리는 화상 회의를 앞두고 이렇게 말했다.[2]

바이든 팀도 조기 정상회의 개최에 긍정적인 측면이 있다고 생각했다. 새 행정부 출범 초기에 G7에 집중하는 게 나을지 아니면 확대 G20

에 집중하는 게 더 나을지를 놓고 내부 논의가 있었다. G20 회의는 신흥 시장 부채위기와 같은 문제들의 해결책 모색에 매우 유익한 기회가 될 수 있을 것이었다. 하지만 G20 회의가 열리면 중국과 러시아가 보다 주도적인 역할을 하게 되어서 도움이 되지 않을 가능성이 있다는 문제가 있었다. 팬데믹으로 한층 더 격화된 지정학적인 경쟁관계를 감안할 때 존슨 총리가 제안한 조기 정상회의 개최는 미국의 새 행정부가 서방 선진국들로부터 즉각적이고도 일치된 지지를 확고히 얻어낼 좋은 기회가 될 수 있을 것 같았다. "우리가 수세가 아니라 공세적인 입장에 설 수 있는 하나의 기회였다."고 백악관 관리는 우리에게 말했다. 매우 의미 있는 말이었다.

2008~2009년 금융위기 이후 오바마 행정부는 의식적으로 G20와 협력하려는 노력을 기울였다. 신흥국들을 국제질서에 편입시킬 필요가 있다고 판단했기 때문이다. 2009년에 열린 G20 정상회의 기자회견에서 미국의 영향력이 쇠퇴했느냐는 질문을 받고 오바마 대통령은 이렇게 대답했다. "루스벨트와 처칠 두 지도자가 브랜디 잔을 앞에 놓고 만났다면 한결 수월한 회담이 되었을 것이다. 하지만 우리가 사는 세계는 그때와 다르며 그때와 같아서도 안 된다."[3] 하지만 그로부터 12년 뒤 바이든 행정부는 미국이 핵심이 되는 서방 선진 동맹국들과 먼저 컨센서스를 구축하지 않으면 보다 포괄적인 질서는 그렇게 효과적인 진전을 이루지 못할 것이라는 사실을 깨닫고 있었다.

존슨 총리의 도박이 먹혀든 것 같았다. 2020년 3월에 만난 G7 외무장관들은 팬데믹에 대한 공동대응에 합의하지 못했다. 트럼프 행정부가 코로나19를 '우한 바이러스'로 불러야 한다고 고집을 부린 것도 합의를 가로막은 하나의 원인이었다. 앞서 언급했듯이 그해 여름 미국에서 갖기로 한 G7 정상회의가 무산된 것도 G7 내부의 지극히 개인적인 불화 때문이었다. 하지만 이번에는 G7 지도자들이 적극적으로 나서서 서로 연대를 강조했다. "우리는 민주주의와 열린 경제, 열린 사회라는 우리가 가진 힘과 가치를 이용해서 2021년이 다자주의가 위력을 발휘하고 각국 국민과 지구촌 전체가 건강과 번영을 위해 나아가는 하나의 전환점이 되도록 다른 나라들과 함께 협력해 나갈 것이다." G7 정상들은 2월 19일 채택한 공동성명에서 이렇게 밝혔다. 정상들은 팬데믹 극복과 경제회복을 위해 "협력을 강화하고 글로벌 백신 개발과 공급에 박차를 가하고 WHO의 위상을 강화할 것"이라는 데 합의했다.[4]

주요 의제는 생명을 구하는 백신에 누구나 차별받지 않고 평등하게 접근할 수 있도록 하자는 것이었다. 안토니오 구테흐스 유엔 사무총장은 G7 정상회의가 시작되기 이틀 전 "불과 10개국이 전체 백신 접종량의 75퍼센트를 차지하고 있으며, 아직 백신 예방접종을 시작하지도 못한 나라가 130개국이 넘는다."고 말했다.[5] WHO 고위관리들도 같은 우려를 나타냈다. 테워드로스 아드하놈 거브러여수스 WHO 사무총장은 1월에 열린 이사회에서 이렇게 말했다. "직설적으로 말해 세계가 재앙에 가까운 도덕적 실패에 직면해 있다. 그 대가로 세계에서 가장 빈곤한 나라 국민들의 수많은 목숨과 생계가 위험에 처했다."[6] 정상회의의 최대 관심사는 바로 이 문제였다. 회의에 참석한 각국 지도자들은 저개발국들에게 줄 백신의 구매와 배분을 촉진하기 위해 코백스COVAX에 대한 추가 자금지원을 하기로 약속했다. 코백스 지원금 가운데 40억 달러를 미국이 부담하기로 했다. 트럼프 대통령은 코백스에 대한 지원을 거부했지만 2020년 12월 미국 의회의 승인을 받았다. 미국 새 행정부의 지원 약속은 의미 있는 진전이었다. 미국의 지원금 가운데 25억 달러는 즉시 집행 가능한 돈이었고 코백스에 대한 총지원금 규모는 86억 달러로 늘어났다. 그래도 전 세계 백신 공급에 필요한 전체 예산에는 31억 달러가 모자랐다. 하지만 미국이 지원키로 한 나머지 15억 달러가 마저 집행되면 2021년부터 2022년 사이에 전체 예산이 다 충당될 것으로 보였다.[7]

하지만 돈이 유일한 문제는 아니고, 제일 큰 문제도 돈이 아니었다. 국경없는의사회의 백신정책 자문관인 케이트 엘더Kate Elder는 진짜 문제는 미국, 영국 같은 선진국들이 자국민 접종용으로 구매계약을 선점해서 저개발국가들에게 돌아갈 분량의 백신까지 '모두 삼켜 버린 것'이라고 했다. 그 결과 코백스는 자기들한테 의지하고 있는 여러 나라들에게 나누어 줄 백신 양이 불과 얼마밖에 되지 않았다.[8]

G7의 유럽 국가 지도자들은 이러한 입장에 뜻을 같이했다. 에마뉘엘 마크롱 프랑스 대통령은 구매할 백신이 없다면 자금지원을 해도 공평한 분배를 할 수 없다는 점을 강조했다. 마크롱 대통령은 그래서 회원국들에게 현행 백신 공급분의 5퍼센트를 저개발국가들에게 할당하자고 제안했다. "수억 회 분량의 백신이 선진국들에게 돌아가고 있는 반면, 저개발

국들에서는 아직 백신 접종이 시작도 되지 못하고 있다는 사실을 무겁게 받아들여야 한다." 마크롱 대통령은 파이낸셜타임스와의 회견에서 이같이 말했다. "이러한 현상은 유례없는 글로벌 불균형을 초래하고 백신을 무기로 정치적 영향력을 키우려고 다투는 백신전쟁으로의 길을 열어 주고 있다." 마크롱 대통령은 만약 G7이 저개발국가들에 대한 백신 공급에 실패한다면 중국과 러시아가 백신 공급을 무기로 삼아 이들 나라들에 대한 지정학적인 진출 통로를 늘리려고 할 것이라고 경고했다. "중국과 러시아가 백신 공급을 무기로 취하고 있는 전략을 보라."[9]

하지만 미국의 입장은 해외에 대한 백신 공급이 이루어지기 전에 백신 접종을 원하는 미국민에게는 접종이 모두 완료되어야 한다는 데서 요지부동이었다. 바이든 행정부관리들은 국내 사정이 아직 심각한 상황에서 백신의 해외 지원이 이루어지는 경우 국민들의 불만이 클 것이라는 점을 알기 때문에 부담을 느끼는 것 같았다. 바이든 행정부는 백신 생산 물량을 최대한으로 늘린 다음 이를 저개발국들에게 가능한 한 신속히 나누어주어서 서로 공유하는 게 최선이라고 생각했다.[10] 이런 입장에 유럽연합[EU] 관리들은 짜증스러운 반응을 나타냈다. 제12장에서 설명하듯이 EU는 자국민들 백신 접종이 미흡한 상태에서 31개국에 3,400만 도즈의 백신을 공급해 주었다.

하지만 미국과 동맹국들 사이의 이런 현실적인 입장차는 트럼프 시절에 비하면 많이 줄어든 것이었다. 앙겔라 메르켈 독일 총리는 미국과의 이런 변화된 분위기를 특유의 직설적인 화법으로 이렇게 설명했다. "바이든 대통령이 당선된 이후 미국 내에서 다자주의가 강화되는 쪽으로 변화가 일어났다."[11]

메르켈 총리의 설명을 뒷받침하듯이 백악관은 G7 정상회의 직후인 3월 12일 화상으로 소위 쿼드Quad 첫 정상회담을 개최했다.[12] 바이든 미국 대통령과 스콧 모리슨 호주 총리, 나렌드라 모디 인도 총리, 스가 요시히데 일본 총리가 온라인 회담에 참석했다. 이들 민주주의 4개국은 글로벌 백신 생산능력 확대를 위해 투자하기로 합의했다. 백신 생산능력 확대 방안 가운데는 동남아시아 등지의 백신 부족을 해소하기 위해 인도 제약사 바이오로지컬EBiological E에 미국이 금융지원을 하는 방안도 포함되었다.[12] 그로부터 일주일 뒤 바이든 행정부는 대량의 아스트라제네카 백신이 미국 내에서 긴급 사용승인을 받지 못하고 있다는 비판을 의식해 캐나다와 멕시코에 백신 수백만 도즈를 빌려주기로 했다. 합의에 따라 이들 나라는 자국 백신 공급이 충분히 이루어진 다음에는 같은 양의 백신을 미국에 되돌려 주기로 했다.

4월이 되며 사태는 점점 더 악화되어 세계는 몇 주 동안 최악의 팬데믹 기간을 경험했다. 미국에서 코로나19로 인한 사망자 수가 스페인 독감 때를 넘어섰다는 보도가 나왔다. 하지만 신속하고도 성공적인 백신접종 프로그램이 실행된 덕분에 미국 내의 전반적인 공중보건 상황은 눈에 띄게 나아졌다. 그러나 다른 지역의 사정은 급속히 악화되었고 남미의 아르헨티나, 브라질, 콜롬비아, 페루, 우루과이에서는 기록적인 사망률을 나타내고 있었다. 인도에서는 정치행사와 종교행사가 슈퍼전파자 역할을 하고, 이중변이 바이러스가 번지면서 연일 수십만 명의 신규 확진자가 발생하는 공포의 지역이 되었다. 국가의 보건 시스템은 붕괴 직전의 상태에 이르렀다. 이런 사태 발전은 백신이 보급되고 있음에도 불구하고 팬데믹의 종식은 아직 요원하며, 인류가 빠른 시일 안에 포스트 팬데믹의 시기로 접어들 가능성은 없어 보이는 현실을 재확인시켜 주는 듯했다. 지구촌이 코로나19를 완전히 백미러로 뒤돌아보게 될 가능성은 점점 더 희박해지는 것 같아 보였다. 전 세계적으로 백신 공급은 여전히 부족한 상황이고, 이 바이러스는 아직도 많은 지역에서 새롭게 확산되고 변이를 일으키고 있었다. 코로나바이러스가 지구촌 여러 곳에서 새롭게 유행할 가능성은 여전히 남아 있었다.[13]

2021년 봄 바이든 행정부를 비롯해 모든 정부가 당면한 가장 시급한 임무는 코로나19를 억제하고 그 파장을 완화시키기 위한 다자적인 노력에 대대적으로 동참하는 것이었다. 백신 접종이 대규모로 이루어진 나라와 그렇지 못한 나라로 세계가 급속히 양분되고 있었다. 이런 양극화 현상은 기존의 불평등을 더 심화시키고, 백신 접종 블록과 미접종 블록 간의 소통을 더욱더 단절시켜 인류의 비극을 더 악화시킬 위험을 안고 있었다. 두 블록 간의 여행과 투자, 교역 모두 줄어들게 될 것이었다. 국제적으로 많은 압력을 받은 바이든 행정부는 4월 말에 이르러 백신 제조에 필요한 핵심 원재료를 긴급 수출하기로 하고 미국이 보유 중인 아스트라제네카 백신을 인도에 보내는 데도 동의했다. 5월 초 바이든 행정부는 백신 제조와 관련된 지적재산권을 면제하는 데 찬성한다는 입장을 발표했다. 미국 정부의 이러한 일련의 조치는 팬데믹과 싸우는 전 지구적인 노력의 토대를 놓는 데 기여할 것으로 보였다.[14]

이런 움직임들로 미루어 보면 앞으로도 우여곡절이야 있겠지만 트럼프의 재선 실패가 미국에게 방향을 새롭게 바꿀 기회의 창을 열어준 것 같았다. 미국 행정부는 이제 팬데믹을 보다 심각한 문제로 보고, 단순히 국내문제로 접근하지 않고 전 세계 안전을 위협하는 다면적인 문제로 인식하게 되었다. 하지만 '아메리카 퍼스트'America First에서 바이든이 좋아하는 '미국이 돌아왔다.'America is back로 성공적인 방향전환을 이루었다고 하더라도 예전의 국제질서가 회복되기는 힘들 것 같다. 코로나19로 더 거세진 자국우선주의 바람은 쉽게 사라지지 않을 것이다. 압도적인 미국 우선주의 시대는 이제 지나갔고, 글로벌 세력판도도 바뀌었다. 하지만 트럼프가 백악관을 떠났음에도 불구하고 미국이 과연 다자주의 약속을 지속적으로 지킬까 하는 의구심은 쉽게 사라지지 않을 것이다. 그리고 팬데믹 같은 인류 공동의 문제 앞에서도 세력을 넓히고 자기 목소리를 더 키우는 데 열중하는 중국과 협력관계를 유지하는 일은 대단히 어려울 것이다. 미국이 아직도 국제적인 사건에 영향을 미칠 상당한 수준의 능력을 보유하고 있는 것은 분명하다. 다른 선진 민주국가들과 보조를 함께 할 경우에는 특히 더 그렇다. 하지만 미국도 이제 과거와 같은 시절로 쉽게 되돌아갈 수는 없다. 국제무대에서는 명백히 그렇다. 만약 다시 주도권을 발휘하고 싶다면 미국은 이제부터 새로운 현실과 새로운 제약에 맞는 새로운 길을 모색해야만 할 것이다.

그 새로운 길은 코로나19가 초래한 파장과 그로 인해 파생된 팬데믹 정치를 이해하는 것에서부터 출발해야 한다.

## 복구되기 힘든
## 미국의 지도적 지위

코로나19 팬데믹이 인류가 21세기 들어와서 처음으로 맞는 글로벌 위기는 아니다. 2008~2009년의 국제금융위기 때 세계는 대공황 초기 몇 년간보다도 더 큰 폭의 주식시장 대폭락과 세계 무역의 둔화, 경제성장률 하락을 경험했다. 하지만 주요 선진국들이 서로 협력해서 경기부양책 공조, 보호주의 자제, 금융기관에 공적자금을 투입해 보호하는 등의 바람직한 정책 공조를 한 덕분에 제2의 디플레이션을 피할 수 있었다. 대니얼 드레즈너Daniel Drezner 미국 터프츠대학교Tufts University 국제학부 교수는 자신의 저서 『시스템이 작동하다』The System Worked에서 당시 상황을 상세히 기술하며 '시스템이 작동했다.'고 했다.[15] 시스템 작동은 우연히 이루어진 게 아니다. 지정학적으로 2008년 당시 세계는 조용했다. 물론 이라크 전쟁이 진행 중이고 러시아가 조지아를 침공했지만 주요 선진국들 사이의 관계는 비교적 좋은 편이었고, 글로벌 경제 상황에 대한 컨센서스가 형성돼 있었다. 미국은 중국이 국제질서에서 책임 있는 일원이 되는 길로 나아가고 있다고 인식했다. 포퓰리즘에 입각한 자국우선주의는 과거의 일이거나 과거의 일처럼 보였다.

그런데 2020년에는 이런 시스템이 작동되지 않았다. 한 세기에 한 번 올까 말까 한 팬데믹과 글로벌 경제 대재난 앞에서 국제협력이 거의 이루어지지 않았다. 각국이 각자도생의 길을 모색하고 국내 정책은 나라마다 제각각 서로 다른 방향을 향했다. 위기 대응에 성공한 나라는 극히 드물고 미국 같은 초강대국도 대실패를 기록했다. 실로 충격적인 일이었지만 돌이켜 생각해 보면 놀랄 일도 아니다. 국제질서는 코로나19가 발생하기 10년 전부터 눈에 뻔히 보이게 악화일로를 걸었다. 실패한 국가들과 심화되는 불평등, 세계화가 만든 그늘은 수억 명을 소외지역으로 내몰고, 살던 곳을 떠나 뿔뿔이 흩어지게 만들고 불만 세력으로 만들었다. 전 세계 민주국가들은 국내외적으로 특정 세력에 포위된 채 갑자기 수세에 몰렸다. 터키, 헝가리, 브라질, 심지어 미국에서조차 국수주의자와 포퓰리스트들이 권력을 잡았다. 그 밖에도 많은 나라에서 비자유주의적인 목소리가 커졌다. 중국은 전체주의 체제를 강화하면서 역내와 세계무대에서 국가적 야망을 확장시켜 나갔다. 러시아는 더 대담하게 이웃 나라들을 침공하고, 서방 전역에서 여러 나라의 민주적인 선거에 개입하고 가짜 정보 확산이라는 새로운 전략 분야를 개척했다. 트럼프가 대통령이 되고 나서부터 미국은 국제협력과 전통적으로 해오던 지도적인 역할에서 손을 뗐다. 다자주의적인 합의를 차례로 파기하고 전통적인 동맹관계를 훼손했으며 독재자들과 손을 잡았다. 그리고 여러 나라와 무역전쟁을 벌였다. 한편으로는 전 세계적으로 많은 나라들에서 양극화가 심해졌다. 정부, 언론, 기업, 심지어 과학적인 전문지식까지 모든 형태의 권위에 대한 신뢰가 급격히 무너지기 시작했다. 제3장에서 살펴보았듯이 코로나 19 위기가 닥쳤을 당시 국제사회의 집단면역 시스템은 이미 깊은 손상을 입은 상태였다.

2021년 들어서면서부터 전 세계가 팬데믹에 대해 보다 협력적인 대응을 추구하고 있다고 하더라도, 2020년은 국제적인 리더십과 집단 대응 체제가 갖춰지지 않은 상태에서 지구가 대규모 위기를 맞으면 어떤 일이 일어나는지 똑똑히 보여준 한 해로 영원히 기록될 것이다. 하지만 모두 부정적인 일만 일어난 것은 아니다. 제대로 작동된 곳도 있었다. 예를 들어 대봉쇄를 맞아 각국 중앙은행들은 유동성을 유지시켰고, 각국 정부는 다양한 경기부양책을 모색했다. 초기에는 G20 재무장관들조차도 경기부양을 위한 역할을 거의 아무것도 하지 않았다. 공식적인 협력이 광범위하게 진행된 대신 일방주의가 상호 강화된 형태로 진행되었던 것이다. 이것이 글로벌 경제를 지탱하는 데 큰 역할을 했다. 일부 G7 국가의 정부관리들은 이를 가리켜 '조정 없이 이루어진 상호작용'이라고 불렀다.

2020년 내내 전문가들은 백신 민족주의가 백신의 개발과 공평한 배분에 필요한 다자협력을 약화시킬 것이라고 경고했다. 처음에는 미국과 중국 모두 코백스에 참여하지 않아 이런 우려를 더 키웠다. 하지만 백신 개발을 둘러싼 경쟁은 복합적인 결과들을 낳았다. 백신을 확보하기 위해 국가 간에 벌어진 전례 없이 치열한 경쟁은 백신 개발의 시기를 앞당겼다. 미국의 경우 특히 더 그랬다. 그리고 예상했던 것보다 훨씬 더 빠른 시일에 전 세계적으로 접종 가능한 백신을 대량으로 공급할 수 있게 만들었다. 세계 지도자들이 뜻을 모아 다자적으로 협력했더라면 이런 성과를 낼 수 있었을까? 거의 그랬을 것이다. 미국이 초고속 백신 개발 작전인 초고속 작전OWS을 추진한다고 그것이 코백스COVAX에 참여하고, 최전선에서 활동하는 의료 종사자와 전 세계 취약 지역 주민들에게 백신을 나누어 주자는 취지와 양립하지 말란 법은 없다. 트럼프 행정부도 얼마든지 이런 길을 추구할 수 있었다. 하지만 미국을 비롯한 주요 핵심 국가들은 그렇게 하지 않고 독자노선을 고수했다. 물론 결과적으로 강대국 간에 벌어진 경쟁 때문에 백신 개발이 지장을 받았다고 말하기는 힘들다. 하지만 미국, 중국, 러시아가 백신을 어떻게 배분할지에 대해, 그리고 배분 과정에서 공중보건 우선이나 공평한 배분 같은 고려 대신 어떤 지정학적인 계산을 할지에 대해 심각한 의문을 제기하게 만들었다.

국가 간 경쟁이 있었다 하더라도 실제로는 과학자들끼리 협력하고, 업계에서 상당한 수준으로 협력이 이루어지는 과정을 통해 백신 개발이 가능했다는 점을 인정하는 것도 중요하다. 아무리 팬데믹 정치가 작동되고 있다고 하더라도 이런 협력은 개방되고 서로 연결된 세계에서만 가능한 일이다. 예를 들어 효능이 우수한 백신을 최초로 개발한 화이자를 이끄는 사람은 그리스 이민자로 미국 시민이 된 앨버트 불라Albert Bourla 회장이다. 화이자는 터키인 이민자들이 세운 독일 회사 바이오엔테크와 공동으로 백신을 개발했다. 화이자—바이오엔테크의 협력은 앙겔라 메르켈 총리와 트럼프 대통령이 서로 말도 섞지 않는 와중에도 활발히 진행되었다. 당시 미국 행정부는 파트너십을 맺을 대상으로 다른 독일 제약회사를 물색하고 있었다. 만약 개방적이고 상호협력적인 과학계가 혁신을 제로섬 게임으로 보는 블록 간 경쟁구도에 매몰된다면 그것이 글로벌 보건에 미치는 부정적인 영향은 심각할 것이다. 다행스럽게도 2020년에는 그런 일이 일어나지 않았다.

통화정책과 백신 개발은 매우 성공적으로 수행된 반면 다른 분야 대부분에서는 시스템이 제대로 작동되지 않았다. 극히 혼란스러운 방법으로 국경폐쇄가 이루어지는 바람에 수천만 명이 위기 중에 계속 발이 묶여 있었다. 최선의 결정과정이 보다 투명하게 공유되었더라면 이런 사태는 피할 수 있었다. 긴급한 의약품 공급 물량을 확보하기 위해 국가 간 경쟁이 치열하게 벌어졌다. 서로 더 비싼 값을 부르고, 필요하면 선적된 물품을 압류하기도 했다. 미국과 중국의 불화로 유엔안보리가 마비되어서 주요 강대국들이 협력해서 격렬한 분쟁을 완화하고 인도적인 구호활동에 나설 수 없게 되었다. 중국 정부의 홍콩 탄압, 중국-인도 국경 유혈충돌, 다시 점화된 아제르바이잔-아르메니아 전쟁, 에티오피아 유혈 분쟁 등 새로운 외교정책 위기가 빈번하게 발생했다. 이런 일이 모두 2020년에 일어났다. G7 정상들이 모여서 공동 행동수칙을 내놓는 것은 고사하고 메시지를 발표해 글로벌 위기상황을 잠잠하게 만드는 일은 기대할 수 없게 되었다. 초기 경기부양 노력은 여러 나라들이 심각한 경기침체 상황으로 빠져드는 것을 막기에 충분하지 못한 것으로 드러났다. 악화되는 빈곤과 식량 수급 불안정은 수억 명에 달하는 중저소득 국가의 궁핍한 주민들을 위협하고, 수십 년에 걸쳐 이룩한 발전을 역행시키고,

실향민 사태가 대규모로 일어나게 만들었다. 2020년 9월에 빌앤멜린다 게이츠재단Bill & Melinda Gates Foundation은 그동안 이룩한 개발을 "불과 25주 만에 25년 전으로 되돌렸다."고 했다.[16] 취약한 나라와 주민들이 절실히 필요로 하는 부채탕감이나 인도주의적인 지원 같은 국제적인 조치는 극히 미미한 수준에 그쳤다. 한편 전 세계적으로 코로나19가 발생하기 여러 해 전부터 크게 위축되고 있던 민주주의와 시민의 자유는 추가로 몸통 공격을 세게 당한 꼴이 되었다. 팬데믹으로 출력이 한층 강화된 디지털 테크놀로지가 개인의 자유에 새로운 위협을 가한 것이다.

이러한 위협은 앞으로도 여러 해 더 지속될 것이다. 이런 일들은 쉽게 끝나지 않을 것이다. 팬데믹이 남긴 충격파는 앞으로 여러 해 동안 우리 곁에 남아 있을 것이다. 2020년 12월 코로나19를 주제로 열린 유엔총회 화상 정상회의에서 안토니오 구테흐스 사무총장은 이렇게 강조했다.

팬데믹이 시작되고 일 년 가까이 지나면서 우리는 인류의 비극과 공중보건, 인도주의적인 면과 개발 면에서 위기 상황에 직면하고 있다. 1945년 이래 처음으로 국적과 인종, 종교를 불문하고 전 세계가 공동의 위협과 마주하게 되었다. 하지만 코로나19는 그것을 예방하고 억제하려는 우리의 노력에 맞춰 움직이지 않는다.

각국이 각자 자기 생각대로 움직인다면 바이러스는 사방으로 날뛰게 된다. 팬데믹이 미친 사회적, 경제적 충격은 이미 엄청나게 크고 앞으로 계속 더 커질 것이다. 세계 전역에서 과학자와 연구자들의 헌신적인 노력 덕분에 조만간 백신이 개발되고 접종이 이루어지게 될 것이다. 하지만 헛된 망상에 빠지면 안 된다. 백신이 개발되더라도 앞으로 몇 년, 몇십 년이 갈지도 모를 피해를 없는 것으로 만들 수는 없다.[17]

지정학적인 면에서 코로나19 위기는 힘을 키우고 있는 중국이 인류 공동의 문제에 대해 앞장서서 해결을 주도하려고 하지 않을 뿐만 아니라 다른 나라들과 협력도 하지 않는다는 사실을 전 세계에 어느 정도 보여주었다. 여러 점을 감안할 때 중국의 이런 자세는 팬데믹 이전부터 작동되고 있던 일련의 움직임이 자연스레 반영된 것이라고 할 수 있다. 시진핑은 2012년에 중국공산당 총서기, 2013년에 국가주석이 되었다. 시진핑이 권력을 잡고부터 중국은 더 독재적이고 더 억압적인 정권이 되었다. 그는 중국공산당 안에서 권력을 다진 다음 그 권력을 이용해 중국 사회 전반에 장악력을 키워나갔다. 중국 정부는 신장지역에서 소수 민족에 대한 인권유린을 대규모로 자행하고 홍콩의 민주화 운동을 무력으로 진압했다. 남지나해, 동지나해, 나아가 대만을 상대로 패권주의와 수정주의적인 입장을 강화하고 있다. 신 실크로드 전략구상으로 불리는 일대일로一帶一路를 통해 아프리카, 중동, 라틴아메리카 등에 영향력 확대를 꾀하고 있고 무역과 투자, 기술 지원을 앞세워 아시아와 유럽에 대한 영향력을 키우고 있다. 또한 새로운 경제기구 설립을 주도해 중국공산당의 이익과 가치에 부합하는 글로벌 규범 만들기에 나섰다.

하지만 중국은 세계 1위 인구 대국에 2위 경제 대국으로서 기후변화와 글로벌 보건, 금융위기와 같은 범국가적인 문제들을 해결하는 데 있어서 없어서는 안 될 파트너로 널리 인식돼 왔다. 코로나19 이전까지 많은 나라가 앞으로 새로운 위기가 닥치면 2008~2009년 글로벌 금융위기 때처럼 중국이 다른 나라들과 협조해서 대응할 것이라고 생각했다. 예를 들어 금융위기 초기에 러시아는 미국 경제의 불안정성을 더 악화시키려는 목적으로 미국의 대형 모기지 금융기관 프레디맥Freddie Mac과 패니메이Fannie Mae 주식을 공매도하자는 제안을 가지고 중국에 접근했다.(미국은 두 기관이 파산하게 둘 경우 닥칠 충격을 완화하기 위해 2008년 연방정부가 나서서 두 기관을 모두 국유화시켰다.) 당시 글로벌 경제 무대에서 주변 세력이었던 러시아는 금융위기를 다른 경제 강국들을 자기들 수준으로 끌어내릴 기회로 이용하려고 했다. 하지만 당시 중국은 러시아의 제안을 거절한 다음 곧바로 그런 사실을 행크 폴슨Hank Paulson 미국 재무장관에게 알렸다. 그리고 이후 몇 개월 동안 미국과 협력했다.[18]

미국을 비롯한 선진 민주국가들과 민간 재단들이 코로나19가 발생하기 전 여러 해 동안 중국과의 학문적인 교류에 상당한 규모의 자원을 투자했다. 앞으로 또 팬데믹이 닥칠 경우 중국이 2003년 사스 대유행 때보다 더 투명하고 더 효율적으로 대처해 주리라는 기대감 때문이었다. 중국의 태도에 약간의 진전이 있기도 했지만 코로나바이러스가 이러한 기대를 산산이 부숴버렸다. 중국 당국은 초기 대응에 실패한 팬데믹 위기관리 기능을 향상시키기 위해 체제를 총동원했다. 지방 당국이 나서서 국민들에게 코로나바이러스의 위험성을 알리려고 한 의사들의 입을 막았다. 당국이 통제에 나서면서부터 비밀주의와 탄압이 크게 강화되었다. WHO와의 협력은 최소한으로 제한했다. 유일한 희망의 빛은 중국 과학자 몇 명이 독자적으로 해외의 카운터파트들과 정보를 교류한 것이었다. 지난 10여 년 동안 개인 차원의 협력에 집중적으로 해온 투자가 가져온 긍정적인 결과라고 할 수 있을 것이다. 어쨌든 그렇게 해서 중국은 마침내 국내 대유행을 통제하는 데 성공했다. 하지만 그때부터 중국 당국은 국제적으로 대대적인 가짜 정보 선전 캠페인을 시작했다. 그리고 경제력과 중국이 장악하고 있는 핵심 공급망들을 앞세워 국내외 비판 세력을 억눌렀다. 선심성 마스크 외교를 동원하고 상대를 위협하는 전랑외교 Wolf Warrior 전략을 구사해 지정학적 이익을 키워나가려고 했다. 그리고 세계의 이목이 팬데믹에 집중되는 틈을 타 홍콩의 자치권을 사실상 끝장내 버렸다.

코로나19 팬데믹 기간 중 미국과 중국 관계가 악화된 것을 전적으로 트럼프의 탓으로 돌릴 수는 없다. 중국과 유럽연합, 호주, 아프리카 국가들과의 관계도 급속히 악화되었다. 중국에 대한 이런 부정적인 분위기는 선진 민주국가들 사이에서 특히 더 두드러졌다. 2020년 10월, 퓨Pew 리서치 센터가 선진 14개국에서 실시한 여론조사에 따르면 나라별 조사결과 대부분이 중국에 대해 부정적인 생각이 우세한 것으로 드러났다. 부정적인 생각은 일본 86퍼센트, 스웨덴 85퍼센트, 호주 81퍼센트, 한국 75퍼센트, 영국 74퍼센트, 네덜란드, 캐나다, 미국 73퍼센트, 독일 71퍼센트, 프랑스 70퍼센트, 스페인 63퍼센트, 이탈리아 62퍼센트 순으로 나타났다. 국제무대에서 시진핑 주석이 하는 행동에 대해서는 대부분이 신뢰하지 않는다는 입장을 나타냈다.(흥미롭게도 트럼프를 신뢰한다고 응답한 사람의 수는 이보다 더 적었다.) 그리도 대다수가 중국의 코로나19 대응이 잘못됐다고 응답했다.(그래도 미국보다는 잘했다고 했다.)[19]

중국 정부는 코로나19 초기에 보여준 서툰 대응에 대해 별로 개의치 않는 것 같다. 고위관리들은 중국이 대대적인 봉쇄조치를 시행한 것을 두고 자기들이 서방국가들, 특히 미국보다 더 단호하고 효과적으로 대응했음을 보여주는 증거라고 반복해서 강조한다. 중국 경제도 수직 상승 곡선을 그리며 다른 어떤 경제 대국보다도 더 빠르게 회복했다. 미국과의 격차 줄이기를 몇 년 앞당길 기세로 도약하는 것처럼 보였다. 물론 아무리 그래도 중국이 경쟁력을 키우기 위해서는 앞으로 수년에 걸쳐 상당 부분 미국의 대규모 투자에 의존해야 하는 처지이기는 하다.[20] 중국은 이번 위기가 중국 체제의 우월성을 확실하게 입증한 기회라고 생각하는 듯하다. 그런데 국제협력을 하려면 더 많은 투명성을 보여주는 게 마땅한데 왜 그걸 겁내는 것일까?

문제는 코로나바이러스가 중국에서 시작되었기 때문에(15년 전에는 사스가 중국에서 시작되었다) 중국 안에서 벌어지는 일은 전 세계적인 관심사가 될 수밖에 없다는 사실이다. 아무리 중국이 그건 다른 나라가 관여할바가 아니라고 주장해도 그건 결코 다른 나라가 모른 체 할 수 없는 문제이다. 초기에 중국이 팬데믹에 제대로 대응하지 않은 때문에 수십억 명에 달하는 세계인이 직접적으로 부정적인 영향을 입었다. 전 세계가 이런 사실을 기억할 것이다. 전랑외교를 비롯해 중국이 세계를 상대로 벌이는 도발행위는 협력과 참여를 선호하는 서방 국민들 사이에 중국에 대한 이미지를 약화시켰다. 이런 분위기는 유럽에서 특히 더 두드러졌다. 중국이 좀 더 책임 있게, 그리고 좀 더 솔직하게 행동했더라면 유럽은 트럼프 행정부의 일방주의를 상쇄하기 위해 중국과 보다 긴밀히 협력했을 것이다.

같은 맥락에서 중국이 제대로 행동했더라면 2020년 미국에게도 지정학적인 기회를 제공했을 수 있을 것이다. 하지만 미국은 글로벌 슈퍼파워 자리에 있으면서도 자리에 맞는 행동을 보여주지 않았다. 트럼프 행정부는 국내에서 팬데믹을 막는 데 실패했을 뿐만 아니라 미국의 글로벌 위상에도 지울 수 없는 흠을 남겼다. 너무도 수치스러운 일이었다. 코로나19가 발생하기 이전 30년 동안 미국은 모든 국제적인 위기사태에서 필수불가결한 강대국 역할을 수행했다. 오직 미국만이 전 세계를 동원해 공동의 문제를 해결하려는 의지와 능력을 갖춘 나라였을 뿐만 아니라 2008~2009년 금융위기 때는 미국이 앞장서서 대응을 주도했다. 2014년 서아프리카에서 에볼라 바이러스가 유행했을 때 국제연대를 만들어 바이러스의 확산을 성공적으로 막은 나라도 미국이었다. 극단주의 테러조직 ISIS가 기승을 부릴 때 60여 개 나라로 동맹군을 결성해 맞서 싸운 것도 미국이다. 크고 작고를 가리지 않고 문제가 생기면 미국은 항상 그것을 해결하기 위해 현장으로 달려갔다. 다른 나라들을 불러내고 국제적인 아젠다를 정하는 일을 할 수 있는 나라는 미국뿐이었다.

하지만 후퇴가 임박했다는 징조도 함께 있었다. 아프가니스탄과 이라크에서 계속되는 '끝없는 전쟁'에 지친 국민의 불만이 커지고 금융위기의 여파로 국내문제에 더 신경을 써달라는 요구가 국민들 사이에 커졌다. 트럼프 대통령은 이러한 분위기에 편승해 '아메리카 퍼스트'America First라는 미국 우선주의의 신고립주의 정강을 내걸고 2016년 선거에서 승리했다. 그는 미국이 앞장서서 국제사회를 이끌어야 한다는 생각을 거부했다. 그리고 그것을 다른 나라들이 미국민들에게 바가지를 씌우는 것으로 받아들였다. 그의 전임 대통령들은 2차세계대전 이후의 동맹과 미국이 주도해서 만든 국제기구들을 미국 국력의 핵심적인 구성요소로 생각했다. 하지만 트럼프는 소위 자유세계 질서를 미국의 국익에 반해서 만들어진 것으로 보았다. 그래서 파리기후협약, 이란핵합의, 환태평양경제동반자협정TPP·Trans-Pacific Partnership 같은 국제협약에서 탈퇴했다. 트럼프는 또한 가장 가까운 동맹국들에게 관세를 부과하고, 나토NATO, 한국 등에 대해 안보동맹을 유지하는 대가로 방위비 분담금을 대폭 증액해서 내라고 요구했다. 마치 폭력배가 자릿세를 갈취하는 것처럼 했다. 트럼프는 시리아 주둔 미군의 철수 결정을 트위터로 발표해 버렸다. IS에 맞서 함께 싸우던 동맹인 현지 반군조직을 헌신짝처럼 버린 것이다. 주한미군도 그렇게 해버리겠다는 위협을 수시로 입에 올렸다. 그리고 메르켈 총리와의 개인적인 불화 때문에 독일 주둔 미군을 사전예고도 없이 감축시켜 버렸다. 그는 매년 유엔총회에 참석해 다자주의 대신 자국우선주의를 강조하는 코미디 같은 연설로 청중들을 웃기고 유엔에 대한 지원을 줄였다. 진짜 글로벌 위기가 없는 가운데 위기에 대한 전망은 실제보다 더 부풀려지는 경우가 많았다. 트럼프의 예측불허 행동으로 위태위태한 가운데서도 국방부, 국무부, 재무부를 비롯한 미국의 정부기관들은 습관적으로 몸이 기억하는 것처럼 미국이 전통적으로 해오던 역할의 상당 부분을 그대로 유지하고 있었다.

하지만 신종코로나바이러스가 덮치자 트럼프의 행동이 초래한 결과들이 모습을 드러냈다. 세계가 뿔뿔이 흩어지며 미국의 자리는 변두리로 밀려났다. 미국이 앞장서서 G7이나 G20이 협력해 팬데믹에 집단대응하겠다는 어떤 시도도 없었다. 대신 미국 행정부는 바이러스 이름을 어떻게 부를지에 대한 사소한 입장차 때문에 G7의 공동대응 노력을 무산시켜 버렸다. 전 세계가 코로나19 대응을 위해 모든 분쟁을 중단하고 휴전에 들어가자는 내용의 유엔안보리 결의안을 놓고도 미국은 WHO의 긍정적 역할을 담은 문구가 맘에 들지 않는다고 결의안 채택을 거부했다. 미국 같은 강대국의 역할이 이처럼 쪼그라든 적은 일찍이 없었다. 백신을 개발하고 배분하는 일에 공동으로 나서자는 시도도 없었고 팬데믹으로 전 세계적으로 초래된 인도주의적인 재난에 함께 대응하기 위한 공동 노력을 이끌어내려고 하지도 않았다. 이런 일은 미국이 시작한 초고속 백신 개발 프로그램인 워프 스피드 작전OWS과 쉽게 병행할 수 있는 일이었다. 트럼프 행정부는 초고속 작전에 대대적인 투자를 하기 때문에 국제적인 협력과 지원을 이끌어낼 수 있는 특별한 위치에 설 수 있었다. 하지만 미국은 이미 안으로 문을 걸어 잠그려고 마음을 굳힌 것 같았다.

그리고 해를 넘기면서 팬데믹에 싫증이 난 트럼프 대통령은 국내외를 가리지 않고 이 일에 신경을 쓰지 않으려고 했다.

2020년 11월로 예정된 대통령선거가 임박하면서 다급한 나머지 정책 수정을 위한 리셋 버튼을 눌렀지만 이런 긴급한 노선수정으로 2020년 내내 코로나19에 제대로 대처하지 못한 장기적인 전략 실패를 만회하기에는 역부족이었다. 이러한 전략적 실패는 앞으로 여러 해 동안 미국의 글로벌 이미지에 영향을 미칠 것이다. 그럼에도 불구하고 트럼프는(바이든의 8,100만 표와 비교할 때) 7,400만 표를 득표해서 선전했다. 공화당 안에서 자신의 당내 영향력도 상당한 수준으로 계속 유지할 수 있게 된 것이다. 심각하게 양극단으로 나눠지고 당파성이 강한 미국 정치의 특성을 감안할 때 많은 나라들이 미국이 세계무대에서 영향력을 유지하고 책임감을 발휘할 수 있을지에 대해 계속 의문을 갖게 될 것이다. 바이든 행정부가 코로나바이러스를 억제하는 데 성공하고 세계무대로의 복귀를 우선적으로 내걸었더라도 이런 회의적인 시각은 쉽게 사라지지 않을 것이다. 유럽과 아시아에 있는 미국의 긴밀한 동맹국들은 트럼프 시대가 끝난 것을 환영하지만 2020년의 경험은 미국에 대한 이들의 의존도를 크게 축소시켰다. 앞으로 여러 중대 사안에서 보다 나은 국제적인 협력이 가능해지겠지만 미국이 주도적으로 나서서 상황을 지휘하는 시대는 아마도 다시 오지 않을 것이다.

각국이 독자적인 해결 능력을 키우는 징조는 이미 여러 곳에서 나타나고 있다. 많은 유럽 국가들이 코로나19가 덮치자 자신들이 대외공세적인 중국과 자국중심의 미국 사이에 끼인 신세임을 깨닫게 되었다. 바이든 행정부가 들어선 다음에도 유럽 국가들은 위기를 독자적으로 해결하고 자국의 이익은 스스로 지키고, 보건 분야에서는 자체 해결 능력을 더 충분히 갖출 필요성이 있다고 생각하게 된 것이다. 독일 정부의 어느 관리는 우리에게 이렇게 말했다. "자국 국경 안에 완전히 틀어박혀 지내는 건 불가능하지만 유럽 안에 머물러 있는 것은 가능할 것이다." 따라서 마크롱 프랑스 대통령이 바이든 행정부가 들어선 뒤에도 유럽의 '전략적 자율성'을 더 키워야 한다고 계속 강조하는 것은 놀랄 일이 아니다.[21]

## 다음 팬데믹에
## 대비하기

매년 동물에게서 인간에게 전염되는 인수공통 바이러스zoonotic viruses 2~5종이 새로 나타난다.[22] 전 세계적으로 도시화가 계속 진행되고 숲이 사라지면서 동물들은 살던 서식처를 점점 더 잃고 있다. 그리고 글로벌 공급망에서 육류가 차지하는 부분이 커지면서 새로운 팬데믹의 등장 가능성은 더 높아졌다.[23] 앞으로도 기후대가 바뀌면서 서식처에서 쫓겨나는 동물들과 사람과의 접촉 기회는 더 늘어날 것이다.(그와 함께 인수공통 바이러스의 위험성도 증가한다.) 그리고 모기를 비롯한 각종 매개체를 통해 번지는 매개체 전염병의 감염 범위도 계속 확대될 것이다. 한편 중증급성호흡기질환 사스-2SARSCoV-2와 뒤이어서 나온 코로나19 팬데믹의 발원지가 어딘지와 무관하게 실험실 사고의 위험성은 여전히 남아 있기 때문에 이는 반드시 해결해야 할 과제이다. 물론 현재까지는 이들 바이러스의 발원지가 어디인지 콕 집어 말하기에는 증거가 부족하다. 어쨌든 이런 위험요소들이 쌓이고 있기 때문에 우리는 중국을 비롯한 관련국들에게 철저한 투명성과 협조를 요구해야 한다.(물론 요구가 충족될 가능성은 크지 않지만) 그리고 가난한 나라들은 대부분 정치적 의지가 있다고 하더라도 바이러스를 초기에 발견해서 대처할 자원과 능력이 부족하다. 이들에게는 선진 부국들의 지원이 반드시 필요하다.

세계는 기록적으로 빠른 시간 안에 효능이 입증된 코로나 백신을 개발했다. 과학이 계속 발전되고 있기는 하지만, 다음 팬데믹 때는 백신 개발에 수년이 걸린다면 어떻게 할 것인가? 혹시라도 손을 쓸 수 없는 상황이 벌어진다면? 프랜시스크릭연구소Francis Crick Institute의 루퍼트 베일Rupert Beale은 런던 리뷰 오브 북스London Review of Books에 쓴 글에서 이런 상황에 대해 명쾌하게 설명한다.

이처럼 끔찍이 무서운 바이러스에 대해 매우 효능이 강한 백신을 1년이 채 안 되는 시간 안에 여러 종 개발한 것은 그동안 우리가 이룬 위대한 성취물 중에서도 정말 놀라운 성과에 속한다. 분자생물학 분야에서는 물론이고 인류가 이룬 업적 전반을 놓고 봐도 그렇다. 기술이 뛰어난 점이 사실이지만 운도 따랐다. SARS-CoV-2 백신은 상대적으로 개발하기가 쉬웠다. 하지만 다음 팬데믹을 몰고올 바이러스는 그렇게 녹록

치 않을 수도 있다.[24]

사스, 메르스, 신종인플루엔자H1N1를 비롯한 감염병을 겪은 나라들은 코로나19 위기 때 좀 더 효과적으로 대처했다. 이제 지구촌이 생각해야 할 문제는 모두가 겪은 이 재난으로부터 과연 어떤 집단 교훈을 배웠느냐는 것이다. 간단히 답할 문제도 아니고 해답이 명확하게 나오기도 힘든 문제이다. 2020년 이전에는 글로벌 차원에서 다가올 팬데믹에 대비한 계획이 있었고 각국 정부들이 나서서 전 세계 보건 분야에 대한 투자를 했다. 이런 종류의 위협에 대해 여러 해 전부터 수십여 차례에 달하는 경고도 있었다. 코로나19가 닥치기 전까지 미국은 전 세계에서 대비가 가장 잘 갖춰진 나라였고 그다음은 영국이었다. 중국은 사스 사태를 겪고 나서 대담한 개혁조치를 취했고 이제는 다른 나라들과 협조할 것처럼 보였다. 하지만 막상 일이 터지자 제대로 작동되는 게 하나도 없었다. 앞으로 10년 더 준비한다고 하더라도 유사한 일이 또 되풀이되지 않는다고 보장할 수 있을까?

우선은 전 세계가 고통스러울 만치 철저한 사후 훈련을 실시해야 한다. 누구도 예외를 두어서는 안 된다. 시진핑 주석과 트럼프 대통령처럼 금방 생각나는 악당들이 있다. 하지만 둘러보면 비난받아야 할 사람은 얼마든지 있다. 예를 들어 초기 경고를 무시하고 위기가 시작되고 나서 줄곧 바이러스의 위험성을 대수롭지 않게 평가한 지도자는 트럼프뿐만이 아니다. 브라질의 보우소나루 대통령, 헝가리의 오르반 총리 같은 포퓰리스트 지도자들도 똑같이 그렇게 했다. 그런가 하면 유럽 지도자들은 코로나바이러스가 이탈리아 전역을 휩쓸 때까지 거의 아무런 대책도 세우지 않은 채 손을 놓고 있었다. 팬데믹이 시작되기 전 서방국가들 대부분은 감염병은 개발도상국가들에서 확산되고 그 지역 안에서 억제될 수 있다고 생각했다. 하지만 코로나19는 세계에서 제일 밀집되고 발전된 선진국들에서 먼저 시작되고 전파되었다. 지구 남반부에 상륙하기 한참 전에 알프스의 스키장부터 먼저 덮쳤다. 감염이 중국에서 처음 발생했을 때 WHO를 비롯해 국가안보를 책임진 많은 전문가들이 중국의 눈치를 보느라 신속히 여행금지조치를 취하지 않은 것은 실책이었다. 많은 저소득 국가들에게 전국적인 록다운 조치를 긴급히 취하도록 권고한 것 역시 단견이었다. 국민 개개인이 사회적 거리두기를 지킬 처지가 되지 않고, 보건 관리 능력을 제대로 갖추지 않고, 일자리가 없는 노동자들을 위한 사회안전망이 제대로 갖춰지지 않은 상태에서 전국적인 록다운부터 취한 것은 잘못이었다. 앞으로 다가올 팬데믹에 대비해 필요한 개혁조치를 취하기 위해서는 철저한 자기반성의 과정이 필요하다.

미국민들 또한 팩트와 과학을 토대로 행동에 대한 컨센서스를 이루어야 한다. 1990년대 중반부터 글로벌 팬데믹의 위험성을 경고해 온 미국의 세계 보건 전문가인 로리 개럿Laurie Garrett은 2020년 11월 그동안 자신이 치명적인 분석오류를 범한 게 한 번 있다고 했다. 자기가 입안하고 참여한 모든 시나리오 플래닝scenario planning 훈련 과정에서 백악관이 방해 행위와 가짜 정보의 주요 근원지가 될 가능성을 단 한 번도 고

려하지 않았다는 것이다. 에이즈AIDS 에피데믹 때 로널드 레이건 대통령
이 그랬던 것처럼 준비부족과 늑장대응을 할 수는 있다고 생각했지만 대
통령 본인이 적극적인 방해꾼이 될 것이라는 생각은 미처 하지 못했다고
했다.[25]

트럼프 대통령은 감염율과 사망자 수가 천정부지로 치솟는 중에도 현
실부정과 가짜 정보로 가득한 공개성명들을 내놓아 수천만 명이 코로나
19가 무서운 질병이 아니라고 잘못 생각하도록 만들었다. 그는 심지어
팬데믹의 위험성을 인식하고 강력한 대응을 촉구하는 공화당 내부의 목
소리를 배척하고 침묵하게 만들었다. 트럼프는 여전히 공화당 안에서 가
장 강력한 정치세력이다. 그렇다면 나라의 절반이 계속해서 코로나바이
러스를 '가짜'라고 우기고, 마스크 쓰기와 같은 방역수칙을 개인의 자유
에 대한 당파적인 공격으로, 정부의 전문가들을 숨은 배신자로 계속 몰
아붙이지 않겠느냐는 것이다. 그렇게 되면 미국 인구의 상당수가 미래
의 생물학적 위협을 심각하게 생각하지 않겠다고 버티지 않을까. 그렇지
않고 의회 내 공화당 의원들과 미래의 공화당 출신 대통령은 앞으로 이
러한 위협에 대한 대응을 최우선적으로 생각하게 될까? 앞서 설명한 대
로 트럼프 행정부 내에도 위기의 심각성을 일찌감치 인식한 고위관리들
이 있었다. 공화당 소속 상원의원과 하원의원들 중에도 그런 이들이 있
었다. 문제는 이들이 트럼프를 비롯해 다른 순종적인 사람들과의 논쟁에
서 패했다는 것이다. 미국의 정치 지도자들이 과학과 확신, 철저한 준비
에 초점을 맞춰서 국가적으로 단일 대응체제를 갖추는 건 무척 힘들지만

꼭 필요한 일이다.

바이든 행정부는 출범 불과 며칠 만에 200쪽 짜리 '코로나19 및 팬데믹 대응 국가전략'을 발표했다. 이 전략계획은 일반국민들과의 신뢰관계 재구축을 목표로 하고 있다. 모든 국민의 무료검진으로 검사범위 확대, 신속한 백신 배분, 마스크 착용 의무화, 개인 보호구PPE 생산 증대, 공급망 확보 등의 계획을 담고 있다. 또한 긴급구호 확대, 학교와 소규모 사업장의 안전한 재개방 지원방안 마련, 안전한 여행 증진, 팬데믹이 초래한 피해를 극복하고, 취약계층 보호를 통한 형평성 증진과 경제적 파장 해소방안 마련도 주요 목표로 하고 있다. 또한 코로나19에 대응하기 위해 미국의 글로벌 리더십 회복을 주문하고 있다. 이를 위한 방안으로 WHO 회원국으로 남아서 내부 개혁을 촉구하고, 코백스COVAX와 감염병 대비혁신연합, 에이즈와 결핵, 말라리아 퇴치 국제기금에 참여하고, 저소득, 중간소득 국가들에 대한 국제백신면역연합인 개비Gavi 등 다자주의 활동을 강화하라고 주문했다. 전략계획은 또한 오바마 시절의 글로벌 보건안보구상GHSA을 비롯해 보건 인프라 구축과 팬데믹 대비를 위한 여러 다자주의 노력에 대한 지지를 강화한다고 했다. 아울러 코로나바이러스로부터 큰 피해를 당해 빈곤과 불안정이 심화된 나라들에 대한 인도주의 지원을 약속했다. 그러는 한편 바이든 행정부는 오바바 행정부 때 수립한 백악관 국가안보위원회 산하 국제보건안보팀을 즉각 다시 구성하기로 했다.(에볼라 에피데믹을 겪은 뒤 설립되었으나 트럼프 행정부 때 해체됐다.) 그밖에도 세균의 위협을 감시하고 이에 대응하기 위한 범 행정부 차원의 인프라 구축에 나서기로 했다. 바이든 행정부는 또한 국립 에피데믹 예보 및 발생 분석센터National Center for Epidemic Forecasting and Outbreak Analytics를 새로 설립하는 데 자금을 지원키로 했다. 글로벌 조기 경보 및 신종감염병 위험에 대한 대응태세를 현대화하기 위한 기구이다.[26]

모두 반드시 이행되어야 하고 사실은 이미 시행되고 있어야 할 조치들이다. 글로벌 팬데믹에 대한 대비와 범세계적인 위협에 맞설 능력을 강화하기 위해 미국이 긴급히 추진해야 할 정책들은 이밖에도 많다.

첫째, 국내적으로 팬데믹의 위협에 대해 어떻게 대응태세를 갖추고, 어떤 투자가 필요한지에 대해 초당적인 합의를 만들어 내야 한다. 팬데믹이 닥쳤을 때 미국이 안고 있는 가장 큰 취약점은 기본적인 사안들을 놓고서도 의견이 갈라져 있다는 사실이다. 양극단으로 나뉜 입장 차, 언론이 같은 생각만 계속 증폭시키는 미디어 에코 체임버 현상echo chambers, 가짜 정보의 난립이 공중보건 문제에 대한 불신을 키웠다. 객관적으로 볼 때 치명적인 사안인 팬데믹의 위험성이 묵살되었다. 누가 봐도 당연한 안전조치의 필요성이 당파적인 정쟁으로 치부되고 말았다. 이런 기본적인 문제와 팬데믹이 국민의 생존을 위협한다는 사실을 놓고도 의견이 분열된다면 이런 위협에 제대로 대비한다는 건 불가능할 것이다. 만약 트럼프가 계속 미국 정치를 이끌고, 자신의 재임 시절 행정부가 올바른 대응을 했고 백신 정책도 제대로 했다고 우기게 되었더라면 앞으로의 대응은 지금보다 훨씬 더 어려워졌을 것이다.

정부와 전문가들에 대한 국민의 신뢰를 하루아침에 바로잡는 건 불가능한 일이다. 하지만 코로나19 위기 막바지에 바이든 행정부가 들어서면서 연방정부가 효과적으로 대응할 수 있게 되었다. 백악관이 각국 정부관리들과 신뢰를 갖고 일관된 정책 소통과 협력관계를 구축하고, 정부 내 협력도 더 효과적으로 이루어지고, 국내외에서 코로나19 백신 분배를 보다 효과적으로 해나간다면 공중보건 정책에 대한 신뢰는 다시 회복될 수 있을 것이다. 또다시 글로벌 감염병 확산이 발생할 경우 보다 더 효과적으로 대응하기 위해 이런 정책 수정은 반드시 필요하다.[27]

두 번째로, 바이든 행정부는 세계보건기구WHO의 개혁을 추진하면서 코로나19 위기로 드러난 핵심적인 문제점들을 반드시 바로잡도록 해야 한다. 제4장과 제5장에서 지적했듯이 WHO는 팬데믹 기간 내내 지나치게 중국 입장에 순응하는 태도를 보였다. WHO가 내놓은 록다운과 여행 금지 권고들은 많은 아쉬움을 남겼다. 그렇지만 WHO가 미국과 중국 두 라이벌 강대국 사이에 끼어서 힘든 처지가 되었고, 어려운 상황에서 지치지 않고 열심히 일하고 있는 것도 사실이다.

WHO는 전 세계적으로 많은 회원국을 거느리고 인류가 최고의 건강 수준에 도달하는 것을 목적으로 활동하며, 국제적으로 합법성을 인정받고 있는 거의 유일한 국제기구이다. WHO는 이전에도 여러 차례 개혁조치를 단행했고 가장 최근에는 2014년 서아프리카의 에볼라 바이러스 대유행을 겪으며 개선조치가 이루어졌다. 에볼라 사태에서 WHO의 초기 늑장대응 문제가 드러난 뒤 위기관리 프로그램과 비상사태에 대비한 긴급대응기금CFE 신설을 비롯한 일부 개선책이 도입되었다. 위기 발생시

신속히 대응하고 인력을 배치하는 대응능력을 향상시키기 위한 조치들이다.[28] 이런 개혁조치들은 이후 2018~2020년 콩고민주공화국의 에볼라 발병 때 WHO가 보다 효과적으로 대응하는 데 도움이 되었다.[29]

트럼프 대통령이 WHO에 대한 자금지원을 중단하고 기구를 와해시키려고 시도한 것과 달리 바이든 행정부가 WHO 내부에서 추가적인 개혁조치들이 추진되도록 하겠다고 강조한 것은 방향을 제대로 잡은 것이다. 탈퇴를 선언하고, 탈퇴하겠다고 위협하고, 자금지원을 줄인다고 WHO가 와해되는 것은 아니고 미국의 구미에 맞는 대체 기구가 만들어지지도 않을 것이다. 그렇게 하면 투명성에 관심이 별로 없는 중국 같은 나라들의 영향력만 키워줄 뿐이다.

그렇다면 미국은 WHO가 보다 독립적이고 효율적인 기구가 되도록 하기 위해서 과연 어떤 개혁을 추구해야 할 것인가?[30] 앞으로 일어날 보건 긴급사태 때는 WHO가 정치적인 외압으로부터 벗어나 독립적으로 활동할 수 있도록 하는 게 대단히 중요하다. 또한 코로나19 사태를 교훈 삼아 모든 회원국이 의무적으로 더 높은 수준의 투명성을 가지고 협력하도록 해야 한다. 그러기 위해서는 WHO가 필요한 경우 회원국들에 대해 제재조치를 취할 수 있도록 하는 등의 추가적인 노력이 필요하다. 그래서 '국제적인 관심사가 된 공중보건 비상사태'가 발생할 경우 WHO 요원들이 즉각적으로 그리고 방해받지 않고 질병의 근원지에 접근하고 샘플 채취를 할 수 있도록 해야 한다.

WHO는 또한 회원국들이 내는 지원금에 대한 의존도를 더 줄이기 위해 자체 기부금 조성 규모를 대폭 그리고 지속적으로 늘릴 필요가 있다. WHO는 또한 감염국에 대한 여행제한 권고를 적시에 내놓도록 해야 한다. 코로나바이러스의 전파속도를 늦추는 데 여행금지조치가 유용한 역할을 했기 때문이다. 그리고 대만의 WHO 옵서버 자격도 부여되는 게 옳다. 대만은 2009년부터 2015년까지 세계보건총회World Health Assembly 에 옵서버 자격을 얻어 참석했다. 하지만 중국이 2016년 대만 총통선거 결과에 불만을 품고 대만의 옵서버 자격 부여에 반대하는 쪽으로 입장을 바꾸었다.[31] 대만은 코로나19 확산을 막는 데 뿐만 아니라 글로벌 공중보건 전반에서 중요한 역할을 해왔는데 정치적인 이유로 세계보건 분야에서 제외시켜서는 안 된다. 중단기적으로는 여러 지정학적인 제약 요소가 이런 개혁 일정 전반을 어렵게 만들 것이라는 점을 인정해야 한다.

그동안 WHO 업무에 대한 조사를 통해 위반행위를 한 것으로 드러난 일부 회원국들에게 제재를 권고했지만 제재조치가 이행된 적은 한 번도 없었다. 예를 들어 2011년 국제보건규정IHR 검토위원회가 제재권고를 하고, 같은 해 에볼라 임시평가 패널에서도 제재권고를 내놓았지만 이행되지 않았다.[32] 마거릿 챈Margaret Chan 전 WHO 사무총장은 WHO가 국제보건규정IHR을 지키지 않은 나라를 처벌할 수 있는 방법에 대해 연구했다.[33] 문제는 모든 나라가 IHR 규정을 의무적으로 준수하고, 이를 위반하는 경우 일괄적으로 적용되는 제재 메커니즘을 준수할 것으로 기대하기는 거의 불가능하다는 사실이다. 핵확산금지조약NPT에서 요구하는 의무사항 이행 여부를 모니터하고, 위반사항을 보고하는 국제원자력기구

IAEA도 해당 국가에 제재를 가하려면 유엔안보리의 표결로 승인을 얻어야 한다. 그런데 유엔안보리의 승인을 얻으려면 중국, 프랑스, 러시아, 영국, 미국이 모두 찬성해야 한다. 하지만 시진핑 주석이 투명성을 높일 신뢰할 만한 행동을 할 가능성은 대단히 희박하다. 또한 '아메리카 퍼스트'를 내세운 트럼프 대통령이 남긴 미국 우선주의의 그림자도 장기적으로 미국이 WHO의 위상 강화에 도움이 될지에 대해 의문을 갖게 한다. 그럼에도 불구하고 언젠가는 정치적인 제약이 완화될 것이라는 희망을 가지고 WHO의 개혁방침을 공개적으로 천명하는 것은 중요한 일이다.

바이든 대통령은 정기적으로 그리고 확고하게 시진핑 주석과 글로벌 보건협력을 강화해 나가야 한다. 코로나19 이전의 양국 협력 관계를 재평가해서 돌이켜야 할 부분은 돌이키고 바꾸어야 할 부분은 바꿔 나가도록 한다. 가능한 분야에서는 지도자 차원에서 개혁을 위한 보다 향상된 협력관계가 이루어져야 한다. 그래야 개혁이 성공하고 오래 갈 수 있다. 물론 이런 개혁 과정이 순탄할 것으로 기대하기는 어렵다. WHO는 앞으로도 여러 해 동안 미국을 비롯한 선진 민주국가들과 중국이 서로 맞붙는 싸움터가 될 가능성이 높은 게 냉엄한 현실이다. 민주국가들이 코로나19를 겪으면서 필요하다고 생각한 개혁조치를 모두 얻어낼 가능성은 높지 않다. 설혹 필요한 개혁조치들이 모두 이루어진다고 해도 이를 실행에 옮길 마땅한 수단이 없을 것이다. 다음에 또 위기상황이 닥치더라도 주요 강대국들이 자신들이 지켜야 할 의무사항을 준수할 것이라는 보장이 없다. 따라서 미국은 WHO의 활동에 적극 참여하더라도 필요하다면 WHO와 동등한 수준의 글로벌 보건협정을 별도로 만들어서 참여하도록 해야 한다.

세 번째 권고는 이와 관련된 것이다. 새로운 국제협정을 체결하고 뜻을 같이하는 나라들로 국제적 연대를 만들어서 WHO의 업무를 보완할 필요가 있다. 미국이 이러한 작업을 주도할 수 있다. 과거 조지 W. 부시 대통령은 2003년 에이즈 퇴치를 위한 대통령 비상계획President's Emergency Plan for AIDS Relief program을 출범시켜 HIV/AIDS와 맞서 싸우는 글로벌 투쟁력을 강화시킨 바 있다. 그리고 오바마 행정부는 2009년 H1N1 독감 팬데믹과 2014년 에볼라 에피데믹 때 국제보건안보구상GHSA을 통해 국제협력과 감염병 문제에 대한 국제적 대응능력을 향상시켰다. 트럼프 행정부가 코로나19 위기 때 자국우선주의 입장을 취함으로써 이러한 전통을 크게 약화시켰지만 바이든 행정부는 이 전통을 다시 소생시킬 기회를 갖고 있다.

일부 국가들이 팬데믹과 관련한 새로운 국제조약 체결을 제안했고 미국, 중국, WHO가 이 제안을 환영했다.[34] 추진해 볼 만한 제안이지만 길고 힘든 협상이 될 것이다. 지정학적인 라이벌 관계가 수시로 부상해서 걸림돌로 작용할 것이 분명하다. 그리고 국제사회의 모든 역량을 새로운 조약 체결을 성사시키는 데 쏟다가는 당장 글로벌 대응능력 향상에 필요한 외교적 자원을 분산시키는 결과를 초래하게 될 것이다. 부인할 수 없는 현실은 바로 다음과 같다. 앞으로 여러 해 동안 기존의 국제 공중보건협정들은 각국의 능력 부족과 위기상황이 벌어졌을 때 협조를 거부하는 나라들 때문에 제대로 개선되기 어려울 것이다.

그런 이유로 미국은 글로벌전염병대비동맹GAPP 구축을 고려해야 한다. 뜻을 같이하는 나라들이 '유지동맹'有志同盟 coalition of the willing을 결성해서 국가원수 정례회의를 개최하고 비정부 기구와 인도주의 단체, 민간 분야가 함께 활동하자는 것이다. GAPP에는 회원 의무를 수락하는 조건으로 어떤 나라든 가입할 수 있도록 한다. 하지만 가입조건은 엄격히 지켜져야 한다. 회원국들은 WHO의 철저한 조사를 허용하는 것을 포함해 국제보건규정IHR이 요구하는 수준 이상으로 투명성을 지키겠다는 약속을 한다. 국제원자력기구IAEA가 강대국들을 상대로 요구하는 사찰 수준과 다르지 않다. 결정적으로 중요한 것은 WHO가 국제 공중보건 비상사태를 선포하면 GAPP 회원들은 여행금지와 무역거래 제한에 관해 조율하고 공개 경고와 벌금, 제재조치 등도 함께 논의한다는 것이다. 처벌 규정을 담은 이 조항은 GAPP에 참여하지 않은 비회원국들이 충분한 조사를 허용하지 않거나 WHO에 협조를 제대로 하지 않을 경우에 적용된다.[35] GAPP는 또한 저개발국들의 팬데믹 대비와 대응능력을 키우기 위해 국제보건안보구상GHSA의 역할을 대폭 확대하게 될 것이다. 저개발국가들에 대한 해외 지원은 감염병에 대한 종합 조기경보 시스템을 구축하고 접촉자 추적능력을 키워 이들이 IHR 규정을 준수하도록 도우려는 것이다. GAPP는 WHO와 IHR의 기능을 대체하는 게 아니라 보완하려는 것이다. 새로운 동맹이 추구하는 목표 가운데는 의약품 공급망을 충격과 보호주의에 흔들리지 않고 더 잘 견딜 수 있도록 바꾸는 것도 포함돼 있다. 그리고 신종감염병과 싸워 이기도록 과학적, 기술적 협력을 증진시키기 위한 지속가능한 메커니즘을 구축하는 것도 목표에 들어 있다. 아울러 앞으로 또다시 팬데믹이 발생할 경우 진단약과 치료약, 백신을 신속히 개발해서 공평하게 분배하기 위한 메커니즘을 개발하는 것을 목표로 삼고 있다.(ACT-액셀러레이터와 코백스 사례를 참고한다.)

아울러 GAPP는 바이러스 확산을 막기 위해 각국 중앙정부가 지방 당국과 협력하는 데 필요한 업무조정과 소통체제를 만들고 관련 법률 인프라 구축에도 나서야 한다.[36] 이런 과정에서 필요하면 언제든지 신기술을 도입하도록 한다. 물론 신기술 도입으로 인권침해 소지가 발생하지 않도록 주의한다. 투자가 지속적으로 이루어지도록 하기 위해 미국을 비롯한 GAPP 회원국들은 국제 보건안보 금융 메커니즘 구성을 고려한다. 그리고 지원금을 책임 있게 사용한 수혜국에 대해서는 인센티브를 주도록 한다. 지원금을 팬데믹 대비태세를 갖추는 데 일정 기간 동안 효과적으로 사용한 기록이 입증된 나라들에게는 추가지원과 무상대출 등의 인센티브를 받을 자격을 부여한다.[37]

외국의 지원을 받는 데 대해 회의적인 시각을 갖고 있다면, 이 돈을 자선기금으로 생각하지 말고 자국에 유익한 '현명한 이해타산' 정도로 받아들이라고 권하고 싶다. 코로나19 위기가 생생하게 보여주었듯이 지금처럼 초글로벌화 된 세계에선 어느 곳에서 감염병이 발생하더라도 순식간에 전 세계 모든 곳에 재앙을 가져다 줄 수 있기 때문이다.[38]

마지막으로, 팬데믹에 대한 대비태세를 키우는 것에서 더 나아가 코로나바이러스와 글로벌 록다운에 의해 경제적인 면과 인도적인 면에서 큰 피해를 입은 개발도상국가들에게는 빠른 회복을 위해 일대일 지원과 다자주의적인 지원을 모두 동원해 신속히 지원할 필요가 있다. 빈곤을 줄이기 위해 기울여 온 수십 년의 노력이 무위로 돌아가게 되었다. 잃은 것을 되찾고 경제개발을 보다 탄탄한 기반 위에 올려놓는 일에는 도덕적 의무뿐만 아니라 우리의 전략적 이익도 걸려 있다. 미국은 쌍방 채무, 다자 채무, 민간 채무를 포괄하는 글로벌 채무 탕감 프로그램을 추진해야 한다. 중하위 소득 국가들의 가용자원을 풀어주어서 늘어나는 빈곤층과 비공식 경제 분야에서 위험하게 일하는 사람들을 위한 사회안전망을 강화하도록 해주려는 것이다.[39] 개발도상국들의 경우에는 코로나19를 극복하기 위해 노력하다 보니 수십 년 동안 공중보건 분야에서 이룬 진전이 후퇴하게 되었다는 사실을 국제사회가 인정해야 한다. 일상적인 예방접종과 아동건강, 모자보건, 결핵, 말라리아, HIV/AIDS 와 같은 분야에 쓰던 가뜩이나 부족한 자원이 코로나19 극복에 쓰였기 때문이다. 이 때문에 공중보건 인프라 확충을 위한 투자를 늘릴 필요성이 더 절실해졌다.

이와 함께 기후변화처럼 인류의 생존을 위협하는 위험을 줄이는 쪽으로 세계경제의 구조를 재편할 기회도 생겼다. 팬데믹이 초래한 글로벌 경제둔화로 인해 이산화탄소 배출량이 일시적으로 줄었다. 2015년에 역사적인 파리기후협약이 체결되었음에도 불구하고 그동안 이산화탄소를 비롯한 온실가스 배출량은 계속 증가해 왔다. 기후변화에 관한 최고 전문기구로 수천 명의 전문가가 모인 기후변화에 관한 정부간협의체IPCC

에 따르면 그대로 두면 지구의 온도는 이번 세기말까지 섭씨 3도 상승하게 된다. 기후변화의 속도와 수준을 지금처럼 두면 대재앙이 올 수 있다고 과학자들은 경고한다. 온도 상승폭을 섭씨 1.5도에서 2도 사이로 제한해서 기후변화로 초래되는 최악의 결과를 피하려면 국제사회가 수십년 동안 탄소배출량을 대폭 줄여서 이번 세기 중반까지 탄소중립을 달성해야만 한다.[40] 이런 과감한 협력적인 조치를 이행하지 않을 경우 세계는 가뭄으로 식량공급이 큰 타격을 입고 물 부족이 더 심각해지는 사태를 지켜보게 될 것이다. 더 강력한 허리케인과 폭풍우, 그리고 홍수와 큰 산불이 더 자주 발생할 것이다. 감염병 매개 지역이 늘고, 해수면 상승으로 많은 해안과 해발이 낮은 국가들이 침수되고 그로 인해 수억 명이 사는 곳을 잃게 될 것이다. 인간이 하는 다른 여러 활동에 의해 가뜩이나 한계 상황으로 내몰려 있는 대양과 지구 생태계는 더 황폐화 될 것이다.

코로나19가 남긴 경제적 충격에서 벗어나려면 앞으로 수십 년에 걸쳐 수조 달러가 소요될 것이다. 부양책과 경기회복에 자금이 들어감으로써 가뜩이나 위험한 기후상황이 더 악화될 수도 있고, 미국을 비롯한 많은 나라들에서 '그린 회복'green recovery의 중요성에 대한 관심이 엄청나게 커질 가능성도 있다. '그린 회복'에는 다음과 같은 프로젝트가 포함된다. 태양열과 풍력 같은 재생가능 에너지에 대한 투자, 저 배출 및 제로 배출 차량, 항공기, 기차, 선박 개발을 위한 기술 및 인프라 구축, 자원 사용을 과감하게 줄여서 쓰레기를 줄이는 재생가능한 '순환경제' 모델 활성화, 도시재생 사업, 숲 보존과 생태계 복원, 지속가능한 농업을 위한 새로운 프로그램을 도입하고 강화하는 프로젝트 등이다. 그리고 취약 커뮤니티들에게 기후변화 대응능력을 가리키는 '기후 복원력'을 키워주는 프로젝트 도입 등이 포함된다. 모두 상호원을 가능케 하는 방안들이다. 코로나19 피해로부터의 그린 회복 프로젝트는 장단기적으로 양질의 일자리를 만들고 최첨단 기술 분야에서 엄청난 혁신효과를 만들어낼 수 있다. 결과적으로 지구를 위협하는 온실가스 배출을 줄여서 많은 나라와 커뮤니티들이 지금 겪고 있는 기후변화의 불가피한 충격에 보다 효과적으로 적응하고 충격에서 헤어날 수 있게 해줄 것이다.[41] 2021년 2월에 열린 G7 정상회의에서 미국을 비롯한 동맹국들은 팬데믹의 충격에서 보다 효과적으로 회복하기 위해 "기후변화 문제와 생물 다양성 회복을 위한 전 세계적인 노력을 우리의 핵심 계획으로 삼기로 했다."고 천명했다.[42] 앞으로 여러 해 동안 이러한 새로운 집단 목표의식이 반드시 현실이 되도록 해야 한다.

## 코로나 이후 시대의
## 전략 프레임

코로나19 사태의 의미를 폭넓게 파악하고 그 충격파가 미국의 대외정책과 지정학적 환경, 국제질서의 미래에 미칠 영향을 따져보는 것은 대단히 중요한 일이다. 냉전 이후 미국의 대외정책은 경제적으로는 세계화, 정치적으로는 자유주의를 확산시키겠다는 열망에 의해 지배되었다. 중국, 러시아 같은 주요 강대국을 미국이 주도하는 국제질서에 편입시켜서 인도주의적인 재앙과 불량국가들이 제기하는 도전을 관리하려고 했다.[43] 그러던 차에 9/11 테러가 미국의 대외정책 방향을 소위 '범지구적 테러와의 전쟁' 중심으로 재설정하게 만들었다. 그로 인해 다른 여러 지역에 대한 관심과 우선순위를 제쳐두고 대★중동 지역에 과도한 투자를 하게 만드는 결과가 초래되었다.

　최근 들어서는 미국의 주요 전략 포커스가 강대국 간 경쟁으로 바뀌어야 한다는 쪽으로 새로운 컨센서스가 만들어졌다.[44] 이 새로운 컨센서스는 국제질서가 아시아와 유럽에서의 안정되고 자유로운 지역질서에 기초해야 한다는 점을 인정하고 있다. 이 지역에서의 질서가 깨지면 국제질서도 유지될 수 없다는 것이다. 중국은 국력이 급성장하면서 태평양 지역에서의 영향력 증대를 모색하고, 이 지역에서 미국의 영향력을 몰아내려는 시도를 하게 되었다. 세계무대에서는 중국 정부가 기업활동을 지원해서 인공지능, 안면인식, 5G와 같은 첨단기술 분야에서 앞장서 가도록 만들었다. 그리고 또한 여러 국제기구에서 비자유주의적인 가치를 적극 내세우고, 경제력을 앞세워 중소 규모 국가들에게 강압적인 영향력을 행사하려고 했다. 한편 러시아는 이웃국가들을 침공하고 미국을 포함해 민주국가들이 치르는 선거에 개입했다. 시리아 내전에 군사적인 개입도 했다. 미국의 전략적 사고에 변화가 일어난 것은 이런 수정주의적인 독재정권들에 맞서서 반격해야 할 필요성에 의해 동기부여가 되었다. 전통적인 자유주의 가치와 국내외에서 미국의 국가이익을 보호하고 유지해야 한다는 목표 때문이다.

이와 달리 인류가 직면한 가장 무서운 위협은 국가 차원의 요인이 아니라 팬데믹이나 기후변화 같은 범국가적인 위험요소라고 주장하는 목소리도 있다.[45] 2020년 한 해 동안 지구상의 모든 사람이 경험한 것처럼 이런 범국가적인 위협은 국경을 가리지 않는다. 그리고 수십 년에 걸친 글로벌화로 지금은 민족, 경제권, 국가의 운명이 서로 밀접하게 얽혀 있다. 범국가적인 위기사태의 충격파가 순식간에 국제 시스템 전반으로 퍼져나가게 된 것이다. 코로나19 팬데믹이 전 세계에 미친 파장으로 이런 범국가적인 위기사태의 위험성은 확실히 드러났다. 범국가적인 위협 중에서도 기후변화는 이보다 더 심각할지 모른다. 우리는 현재 진행 중인 기후변화 위기의 충격이 얼마나 무서운지 이미 목격하고 있다. 서로 밀접하게 연결된 세계에서 규제되지 않은 지구온난화가 인류의 건강, 사회, 경제, 국제안보에 미치는 심각한 불안정과 누적된 충격은 그리 멀지 않은 미래에 세상의 종말을 예고하는 것처럼 섬뜩하다.[46]

냉전종식과 9/11 테러 때처럼 우리는 이제 '포스트 코로나'라는 새로운 시대를 맞이하고 있다. 하지만 포스트 코로나 시대로 들어서고 있기는 하지만 그 시대를 어떻게 규정해야 할지, 미국의 대외정책이 새로운 현실에 어떻게 적응해 나가야 할지에 대해 우리는 아는 게 별로 없다. 그렇기는 하지만 2020년 인류를 덮친 팬데믹에 대한 전 세계의 대응은 우리에게 어떤 근본적인 통찰력을 제공해 준다.

코로나19를 겪으며 드러난 아이러니는 2020년의 세계에는 1918~1920년에는 없던 국제기구들이 많이 만들어져 있음에도 불구하고 각국 정부가 각자 독자적인 길을 걸었다는 것이다. 주로 전략적인 경쟁구도와 자국우선주의적인 추세 때문이기도 했다. 이런 식으로 코로나바이러스 위기는 강대국 경쟁과 범국가적인 위협 사이의 부정적인 시너지를 보여준다. 이 부정적인 시너지는 강대국 경쟁과 범국가적 위협 모두를 궁극적으로 더 좋지 않은 방향으로 몰고 간다. 팬데믹 대응에 영향을 미친 이런 지정학적인 측면은 정책 입안자들이 머리를 싸매고 그 의미를 파악해야 할 새로운 현상이다. 글로벌 보건 전문가인 미국 외교협회CFR의 데이비드 피들러David Fidler는 이렇게 설명한다.

글로벌 보건은 그동안 냉전시대가 종식되고 세력균형 정책이 사라짐에 따라 혜택을 입었다. 미국은 HIV/AIDS 극복을 위한 지원금을 늘리고 국제보건규정IHR 제정(2005년), 서아프리카의 에볼라 발생에 긴급대응하는 등 글로벌 보건을 위해 기꺼이 촉매역할을 했다. 하지만 2010년 들어서 국제체제에서 힘의 균형이 바뀌며 우려가 커지기 시작했다. 중국과 러시아의 미국에 대한 도전이 동력을 얻기 시작하고, 이런 지정학적인 세력 변화로 세력균형이라는 틀이 다시 부상하게 되었다. 그리고 이러한 변화가 글로벌 보건과 미국의 리더십에 어떤 영향을 미칠 것인지에 대한 의문을 불러일으키게 된 것이다.[47]

이런 의문에 대해 팬데믹이 답을 주었다. 이런 강대국 간 경쟁에서는 팬데믹이 더 발생하기 쉽고, 발생하면 극복하기 더 어렵게 되었다. 중국 당국은 국내에서는 팬데믹 극복보다 정권 안보가 더 우선이고, 대외적으로는 팬데믹을 영향력 확대에 이용했다. 트럼프 행정부는 팬데믹에 대응하면서 거의 중국과의 지정학적인 경쟁이라는 렌즈를 통해서만 국제적인 프레임을 짰다. 그러다 보니 다자주의적인 대응의 가능성은 아예 제거해 버렸다. 다른 나라들은 모두 자국의 보호막만 겨우 두른 채 두 강대국의 힘겨루기를 무력하게 지켜보아야 했다.

앞으로도 두 나라 관계는 계속 악화될 가능성이 높다. 쉽게 말해 중국과 미국은 서로 양립할 수 없는 세계관을 갖고 있고, 어느 한 쪽이 자신의 세계관을 포기하거나 그 세계관이 작동될 수 없다는 사실을 인정하지 않는 한 지금의 갈등 관계는 바뀌지 않을 것이다. 양측은 원하건 원하지 않건 서로 상대방에게 영향을 미치는 부정적인 외부효과를 만들어낸다. 예를 들어 미국의 언론자유는 중국공산당의 위상을 약화시킬 비밀 사항과 부패, 악행 사례들을 폭로한다. 그리고 중국의 수준 높은 신기술은 해외로 수출되어 민주국가들이 근본적으로 비자유주의적인 중국에 의존하도록 만들 수 있고, 이는 미국을 비롯한 여러 나라에서 자유를 위축시키는 결과를 초래할 수 있다. 외교적으로도 이러한 갈등은 미중 관계에도 고질적인 영향을 미치고, 앞으로 상당 기간 동안 국제질서 전반에 영향을 미칠 것이다. 냉정을 유지한다면 직접적인 충돌은 피할 수 있을지 모르나 전략적인 경쟁은 피하기 힘들다.

우리는 다음과 같은 명백한 딜레마에 처하게 되었다. 지금은 과거 그 어느 때보다도 국제적인 협력이 더 필요한 범국가적인 위협이 점점 많아지고 있는 시대이다. 그런데 주요 강대국인 두 나라 사이의 경쟁이 치열해지면서 우리가 절실히 필요로 하는 국제협력이 점점 더 이루어지기 어렵게 된 것이다. 이제는 더이상 여러 국가가 하나의 단일 목적을 향해 수렴하거나 글로벌 거버넌스 모델의 출현을 기대할 수 없게 되었다. 인정하지 않을 수 없는 실로 불편한 진실이다. 옛 국제질서에 대한 열망은 이미 한쪽 옆으로 치워졌다. 지금 우리가 처한 전략적인 환경을 규정하는 게 강대국 간 경쟁인지 아니면 범국가적인 위협인지를 놓고 논란이 있지만 두 가지 모두라는 게 정답이다.

따라서 미국으로서는 자국의 이익을 지키면서 범국가적인 위협을 해결할 접근법이 필요하다. 강대국 간 긴장관계가 계속되더라도 유효하게 작동할 접근법이 필요한 것이다.

미국 내에서는 2020년 위기를 겪으며 얻은 교훈을 긴요한 국내 투자와 미국의 글로벌 리더십을 재건하는 데 필요한 초당적인 컨센서스를 이루는 기회로 활용해야 한다. 팬데믹은 미국 경제의 상당 부분을 초토화시켰다. 그리고 미국이 적절한 대응을 하지 못함에 따라 중국의 상승세가 가속화되었다. 이 두 가지 현실을 반영해 핵심적인 투자가 이루어지도록 양당의 초당적인 지원이 이루어져야 한다. 단기 회복에 대한 지원뿐만 아니라 중국의 추격을 따돌리는 데 필요한 혁신에 박차를 가하고 범국가적인 위협을 이겨낼 수 있는 회복력을 키우는 방식으로 지원이 이루어져야 한다. 그러기 위해서는 보건의료, 교육(특히 과학, 기술, 공학, 수학을 가리키는 STEM 분야), 근로자 재교육, 기술향상, 디지털 및 클린 에너지 인프라에 과감한 투자를 해야 한다.

또한 기술 분야에 대한 연방 차원의 연구 및 개발 지원을 대폭 확대하도록 한다. 이번 세기의 남은 기간을 이 분야가 지배할 것이다.

코로나19가 인도주의적인 분야와 개발 분야에서 불러온 충격적인 결과는 앞으로도 장시간에 걸쳐 우리를 괴롭힐 것이다. 전 세계가 모두 충분한 백신 접종이 이루어지지 않을 경우 변이종이 계속 출현해 글로벌 위협을 가할 것이다. 팬데믹이 일시적으로 이민과 난민 유입을 중단시켜 놓았지만 개발도상국들에서 끔찍한 어려움을 겪으며 사는 수백만 명이 결국에는 필사의 탈출을 시도하게 될 것이다. 이들의 몸부림은 누구도 막을 수 없을 것이다. 특히 라틴아메리카와 카리브해 일대에 사는 많은 사람들이 미국 땅으로 몰려올 것이다. 미국의 정책 입안자들은 현명한 이해타산을 발휘해 이러한 문제들이 미국 국경까지 다다르는 대규모 이주사태로 발전하기 전에 미리 해결해야 한다. 중국이 대외적으로 불길한 영향력을 키워나가는 것을 견제하기 위해서라도 미국은 인도주의적인 개발 지원을 강력히 추진해야 한다. 더 넓은 차원에서는 가까운 동맹국들과의 관계를 다시 밀접하게 만들고 다시 국제문제에 깊이 관여하도록 해야 한다. 만약 미국이 이러한 기구, 제도, 규율 제정과, 사이버, 인공지능을 비롯한 여러 최신기술(ET, emerging technologies), 무역, 개발, 환경, 인권과 같은 중요한 문제들에서 다자주의적인 협력을 이끌지 못한다면 중국이 그 역할을 대신하려고 나서고, 또한 그렇게 될 것이다. 중국은 미국을 비롯한 자유세계가 추구하는 안보, 번영, 삶의 방식과는 도저히 양립할 수 없는 방식으로 그 일을 하려고 들 것이다.

## 자유세계가
## 단합해야

1920년대부터 1930년대에 걸친 전간기, 즉 전쟁 사이 기간은 경제적, 사회적으로 엄청난 대격변의 시기였다. 1차세계대전이 끝나고, 대규모 팬데믹을 마지막으로 겪고 난 시기였다. 민족주의가 득세하고 수정주의 야욕을 가진 독재정권들이 강대국들의 경쟁을 조정할 능력이 없는 허약한 국제기구들과 충돌했다. 미국은 자국 우선주의로 회귀하고 자유민주국가들은 뿔뿔이 흩어졌다. 세계는 다시 암흑천지로 굴러 떨어지고 있었다. 갈등을 잉태한 당시의 혼란상은 지금과 너무도 유사하다. 이런 유사함은 코로나19가 발생하기 이전부터 만들어졌고 팬데믹을 겪으며 이런 유사성은 오싹하게 놀라울 정도로 재확인되었다. 암흑의 역사가 또 되풀이되게 할 수는 없다.

국제주의로 돌아가는 것만으로는 안 된다. 미국이 적극적으로 나서서 '자유세계'에 새로운 활기를 불어넣어야 한다. 그렇다고 미국의 선교적 사명을 요구하거나 9/11 테러 이후처럼 자유수호를 위한 군사주의 십자군 운동에 나서라는 말은 아니다. 그보다는 민주세계의 최전선이 내외의 적으로부터 점점 더 큰 위협을 받고 있기 때문에 이를 지켜내야 한다는 사실을 인정하자는 것이다. 그것은 또한 민주주의 동맹국들과 협력하는 게 미국의 국익을 증진시키고 집단 도전을 해결하는 가장 효과적인 길이라는 사실을 인정하는 것이기도 하다. 우선은 유럽과 아시아의 동맹국들과 함께하고 이들 핵심 국가들을 주축으로 국제협력을 넓혀 나가도록 해야 한다.

이는 민주국가들과 협력 팀을 구성해서 러시아, 중국 같은 수정주의 독재국가들의 전통적인 군사침략에 맞서서 이를 저지하고 방어하는 것 이상의 의미를 지닌다. 다시 말해 사이버 안보, 가짜 정보 대응, 민주적 기구들에 대한 독재국가들의 간섭, 디지털 독재의 확산 방지, 인권 수호 등 자유세계의 공동 아젠다를 만들어 지켜나가자는 것이다. 무력적인 부패에 대항하고 인프라와 에너지를 앞세운 협박, 신기술 규제, 핵심기술 공급망 확보 등의 과제도 여기에 포함된다. 중국을 비롯한 독재국가들과의 공동보조가 절실한 공중보건, 기후변화, 핵 비확산, 국제경제 같은 분야에서는 먼저 선진 민주국가들과 공동 이해를 이루고, 이 합쳐진 힘을 발판으로 삼아 이들과 협상해 나가도록 해야 한다. 역사적으로 북미, 유럽, 아시아의 선진 민주국가들은 전 세계 GDP의 절반 이상을 차지하며 강력한 군사동맹 세력을 이루었다. 이들은 강제력을 갖춘 '하드 파워'와 매력적인 힘인 '소프트 파워'를 모두 갖춘 진정한 강대국들이다. 그렇기 때문에 이들이 집단적으로 힘을 합치면 보다 나은 미래를 만들어나갈 진정한 가능성이 생겨난다.

코로나19 팬데믹이 우리가 사는 동안 겪을 마지막 글로벌 감염 사태는 아닐 것이다. 기후변화를 비롯한 여러 범국가적 위험도 계속 커지고 있기 때문에 밀접히 연관된 세계에 사는 우리들로서는 앞으로 이런 대규모 충격을 또 겪을 가능성이 얼마든지 있다. 민주국가들은 이런 공동의 위협을 함께 해결하기 위해 힘을 모으고 다른 나라들을 동참하라고 압박할 수 있을 것이다. 그렇지 않고 각자도생의 길을 택한다면 불가피하게 다가오는 재앙의 싹을 자를 수 있는 가능성을 스스로 없애는 결과가 될 것이다.

코로나19가 초래한 대참사에도 불구하고, 달리 생각하면 첫 번째 글로벌 팬데믹으로 우리의 집단 방어태세와 준비태세를 점검해 볼 수 있었고 최악의 참사를 피했다는 점에서 운이 좋았다고 할 수 있다. 팬데믹은 정치적, 경제적, 지정학적인 면에서 우리가 가진 약점을 드러내보였다. 그러면서도 앞으로 다가올 더 무서울지 모르는 위기들에 대비할 기회를 제공해 주었다. 하지만 그건 우리가 교훈을 제대로 배워서 더 나은 미래를 위해 힘을 합쳐 싸워 나갈 때 그렇다는 말이다.

## 시작하는 글

───

1. Michael Crowley, "Trump Says He Is 'Considering' Hosting G7 Summit at Camp David," *New York Times*, May 20, 2020, https://www.nytimes.com/2020/05/20/us/politics /trump-g7-coronavirus.html.

2. These observations about Angela Merkel are derived from interviews with multiple German and French officials. Angela Merkel, "Commencement Address," Harvard University, May 30, 2019, https://www.americanrhetoric.com/speeches/angela merkelh arvardcommencementenglish.htm.

3. Jane C. Timm, "Trump Says He Is Postponing G7 Summit," NBC News, May 30, 2020, https://www.nbcnews.com/politics/donald-trump/trump-says-he-postponing -g7-summit-n1219896.

4. Johns Hopkins University & Medicine, Coronavirus Research Center, https://coronavirus.jhu.edu/; International Monetary Fund, "Transcript of the World Economic Outlook Press Briefing," January 26, 2021, https://www.imf.org/en/News/Articles/2021/01/28 /tr012621-transcript-of-the-world-economic-outlook-update-press-briefing.

5. "United States: Cumulative Confirmed Deaths: How Do They Compare to Other Countries?" Our World in Data, accessed March 30, 2021, https://ourworldindata .org/coronavirus/country/united-states.

6. Colin H. Kahl, *States, Scarcity, and Civil Strife in the Developing World* (Princeton, NJ: Princeton University Press, 2006).

7. Thomas Wright, *All Measures Short of War: The Contest for the 21st Century and the Future*

*of American Power* (New Haven, CT: Yale University Press, 2017).

8. Thomas Wright, "Stretching the International Order to Its Breaking Point," *The Atlantic*, April 4, 2020, https://www.theatlantic.com/ideas/archive/2020/04/pandemic-lasts-18-months-will-change-geopolitics-good/609445/; Colin Kahl and Ariana Berengaut, "Aftershocks: The Coronavirus Pandemic and the New World Disorder," *War on the Rocks*, April 10, 2020, https://warontherocks.com/2020/04/aftershocks -the-coronavirus-pandemic-and-the-new-world-disorder/.

## 제1장 1차세계대전 종전과 스페인 독감

1. Quoted in John M. Barry, *The Great Influenza: The Story of the Deadliest Pandemic in History* (New York: Penguin Books, 2004), 385. See also Alfred W. Crosby, *America's Forgotten Pandemic: The Influenza of 1918*, 2nd ed. (New York: Cambridge University Press 2003), 192–95.

2. Quoted in David Petriello, *Bacteria and Bayonets: The Impact of Disease in American Military History* (Havertown, PA: Casemate, 2015), 197. See also Barry, *The Great Influenza*, 383–88.

3. Raymond Poincaré, "Welcoming Address at the Paris Peace Conference," January 18, 1919, https://www.firstworldwar.com/source/parispeaceconf_poincare.htm.

4. Harold Nicolson, *Peacemaking 1919* (London: Faber and Faber, 1933), 25.

5. Quoted in Carol R. Byerly, *Fever of War: The Influenza Epidemic in the U.S. Army During World War I* (New York: New York University Press, 2005), 120.

6. Crosby, *America's Forgotten Pandemic*, 172.

7. Quoted in Crosby, *America's Forgotten Pandemic*, 181.

8. For the best recent account of the origins of World War I, see Christopher Clark, *The Sleepwalkers: How Europe Went to War in 1914* (New York: Harper Perennial, 2014).

9. Adam Tooze, *The Deluge: The Great War, America, and the Remaking of Global Order, 1916–1931* (New York: Penguin Books, 2014), 16, 53.

10. Quoted in Tooze, *The Deluge*, 54.

11. Woodrow Wilson, "Address to Congress Requesting a Declaration of War Against Germany," April 2, 1918, https://millercenter.org/the-presidency/presidential-speeches / april-2–1917-address-congress-requesting-declaration-war.

12. "President Woodrow Wilson's Fourteen Points," January 8, 1918, https://avalon.law .yale.edu/20th_century/wilson14.asp; Woodrow Wilson, "Address of the President of

the United States Delivered at a Joint Session of the Two Houses of Congress," February 11, 1918, https://history.state.gov/historicaldocuments/frus1918Supp01v01/d59; Woodrow Wilson, "Address Delivered at Mount Vernon," July 4, 1918, https://history .state.gov/historicaldocuments/frus1918Supp01v01/d206; Woodrow Wilson, "Ad- dress Opening the Campaign for the Fourth Liberty Loan, Delivered at the Metropolitian Opera House in New York City," September 27, 1918, https://history.state .gov/historicaldocuments/frus1918Supp01v01/d258.

13. G. John Ikenberry, *After Victory: Institutions, Strategic Restraint, and the Rebuilding of International Order After Major Wars* (Princeton, NJ: Princeton University Press, 2001), chap. 5.

14. Tooze, *The Deluge*, 67.

15. Hew Strachan, "Counting the Cost of the 1918–19 Pandemic," *Engelsberg Ideas*, June 24, 2020, https://engelsbergideas.com/essays/counting-the-cost-of-the-1918-19 -pandemic/.

16. Barry, *The Great Influenza*, chaps. 1–4; Laura Spinney, *Pale Rider: The Spanish Flu of 1918 and How It Changed the World* (New York: PublicAffairs, 2017), chap.11.

17. Barry, *The Great Influenza*, 130–31, 169–75.

18. Spinney, *Pale Rider*, chap. 3.

19. "History of 1918 Flu Pandemic," Centers for Disease Control and Prevention, accessed July 28, 2020, https://www.cdc.gov/flu/pandemic-resources/1918-commemoration /1918-pandemic-history.htm; Byerly, *Fever of War*, 4–5.

20. Howard Phillips, "Influenza Pandemic," *International Encyclopedia of the First World War*, October 8, 2014, https://encyclopedia.1914–1918-online.net/article/influenza _ pandemic.

21. John M. Barry, "1918 Revisited: Lessons and Suggestions for Further Inquiry," in *The Threat of Pandemic Influenza: Are We Ready? Workshop Summary* (Washington, DC: National Academies Press, 2005), 58–68, https://www.ncbi.nlm.nih.gov/books /NBK22148/.

22. "History of 1918 Flu Pandemic"; Byerly, *Fever of War*, 5.

23. Eliza McGraw, "Everyone Wore Masks During the 1918 Flu Pandemic. They Were Useless," *Washington Post*, April 2, 2020, https://www.washingtonpost.com/history /2020/04/02/everyone-wore-masks-during-1918-flu-pandemic-they-were-useless/.

24. Martin C. J. Bootsma and Neil M. Ferguson, "The Effect of Public Health Measures on the 1918 Influenza Pandemic in U.S. Cities," *Proceedings of the National Academy of Sciences* 104, no. 18 (April 2007): 7588–93.

25. Barry, *The Great Influenza*, 302.

26. Andrew T. Price-Smith, *Contagion and Chaos: Disease, Ecology, and National Secu- rity in the Age of Globalization* (Cambridge, MA: MIT Press, 2009), 63–64.

27. Quoted in Faith Karimi, "Before Trump, Another US President Downplayed a Pandemic and Was Infected," CNN, October 3, 2020, https://www.cnn.com/2020/10/03 /us/woodrow-wilson-coronavirus-trnd/index.html.

28. Price-Smith, *Contagion and Chaos*, 64–65.

29. Michael B. A. Oldstone, *Viruses, Plagues, and History* (Oxford: Oxford University Press, 2010), 305. For a detailed discussion, see David T. Zabecki, *The German 1918 Offensives: A Case Study in the Operational Level of War* (London: Routledge, 2006).

30. Erich von Ludendorff, *Ludendorff's Own Story, August 1914–November 1918* (New York: Harper & Brothers, 1919), 2:326, 332–33.

31. Norman Stone, *World War One: A Short History* (New York: Basic Books, 2007), 172–73.

32. Ludendorff, *Ludendorff 's Own Story*, 2:277, 282, 317.

33. Crosby, *America's Forgotten Pandemic*, 323.

34. Zabecki, *The German 1918 Offensives*, 237. See also J. H. Johnson, *1918: The Unexpected Victory* (London: Arms and Armour, 1997), 192.

35. Price-Smith, *Contagion and Chaos*, 68–69.

36. Oldstone, *Viruses, Plagues, and History*, 306; Zabecki, *The German 1918 Offensives*, 275.

37. Richard Bessel, *Germany After the First World War* (New York: Oxford University Press, 1993), 46.

38. Bessel, *Germany After the First World War*, 46–47; Byerly, *Fever of War*, 99; Price- Smith, *Contagion and Chaos*, 69.

39. Crosby, *America's Forgotten Pandemic*, 27; Price-Smith, *Contagion and Chaos*, 61.

40. Bessel, *Germany After the First World War*, 224.

41. Price-Smith, *Contagion and Chaos*, 74–76.

42. Byerly, *Fever of War*, 8–9, 99.

43. Crosby, *America's Forgotten Pandemic*, 49.

44. Price-Smith, *Contagion and Chaos*, 64–69.

45. Phillips, "Influenza Pandemic."

46. Quoted in Ikenberry, *After Victory*, 135.

47. Strachan, "Counting the Cost of the 1918–19 Pandemic."

48. Quoted in Margaret MacMillan, *Paris 1919: Six Months That Changed the World* (New York: Random House, 2001), 189.

49. Arthur S. Link, ed., *The Papers of Woodrow Wilson* (Princeton, NJ: Princeton University Press, 1966–1994), 56:312.

50. For an excellent discussion of this period in the negotiations, see MacMillan, *Paris 1919*, chaps. 14–16.

51. Link, ed., *The Papers of Woodrow Wilson*, 56:543. Also quoted in Barry, *The Great Influenza*, 383.

52. Barry, *The Great Influenza*, 382–83; Crosby, *America's Forgotten Pandemic*, 176–81.

53. Crosby, *America's Forgotten Pandemic*, 184–85.

54. MacMillan, *Paris 1919*, 201.

55. Link, ed., *The Papers of Woodrow Wilson*, 57:50–51.

56. Barry, *The Great Influenza*, 384–85; Crosby, *America's Forgotten Pandemic*, 189–92.

57. Treaty of Versailles, Article 231, June 28, 1919, https://www.loc.gov/law/help/us -treaties/bevans/m-ust000002–0043.pdf.

58. Quoted in MacMillan, *Paris 1919*, 467.

59. John Maynard Keynes, *The Economic Consequences of the Peace* (Brentwood, CA: Olive Garden Books, 2013) [originally published in 1919].

60. Barry, *The Great Influenza*, 385.

61. Link, ed., *The Papers of Woodrow Wilson*, 59:233.

62. Quoted in MacMillan, *Paris 1919*, 276.

63. Quoted in Barry, *The Great Influenza*, 386.

64. Quoted in Crosby, *America's Forgotten Pandemic*, 191.

65. Nicolson, *Peacemaking 1919*, 161.

66. MacMillan, *Paris 1919*, 465; see also 461–66.

67. Crosby, *America's Forgotten Pandemic*, 192.

68. MacMillan, *Paris 1919*, 481–83.

69. Nicolson, *Peacemaking 1919*, 153–54.

70. Ian Kershaw, *Hitler: 1889–1939: Hubris* (New York: W. W. Norton, 1998), 97; Joseph Maiolo, *Cry Havoc: How the Arms Race Drove the World to War, 1931–1941* (New York; Basic Books, 2010), 41.

71. Adolf Hitler, *Hitler's Words*, edited by Gordon William Prange (Washington, DC: American Council on Public Affairs, 1944), 117.

72. Kershaw, *Hitler*, 104.

73. Kershaw, *Hitler*, 136–37.

74. Norman A. Graebner and Edward M. Bennett, *The Versailles Treaty and Its Legacy: The*

*Failure of the Wilsonian Vision* (New York: Cambridge University Press, 2011), 109.

75. Office of the United States Chief of Counsel for Prosecution of Axis Criminality, *Nazi Conspiracy and Aggression* (Washington, DC: United States Government Printing Office, 1946), 1:185.

76. *The Speeches of Adolf Hitler, April 1922–August 1939*, edited by Norman Hepburn Baynes, vol. 2, part 1 (Oxford: Oxford University Press, 1994), 1041.

77. Office of the United States Chief of Counsel for Prosecution of Axis Criminality, *Nazi Conspiracy and Aggression*, 1:185.

78. Kershaw, *Hitler*, 426.

## 제2장 대혼란 속으로 빠져들다

1. Quoted in John Milton Cooper Jr., *Breaking the Heart of the World: Woodrow Wil- son and the Fight for the League of Nations* (New York: Cambridge University Press, 2001), 119; see also 117–18.

2. Adam Tooze, *The Deluge: The Great War, America, and the Remaking of Global Order, 1916–1931* (New York: Penguin Books, 2014), 333.

3. Cooper, *Breaking the Heart of the World*, 88.

4. Margaret MacMillan, *Paris 1919: Six Months That Changed the World* (New York: Random House, 2001), chaps. 23–24.

5. Norman A. Graebner and Edward M. Bennett, *The Versailles Treaty and Its Legacy: The Failure of the Wilsonian Vision* (New York: Cambridge University Press, 2011), 61–62.

6. Cooper, *Breaking the Heart of the World*, 156–57.

7. Arthur S. Link, ed., *The Papers of Woodrow Wilson* (Princeton, NJ: Princeton Univer- sity Press, 1966–1994), 63:111.

8. Quoted in Cooper, *Breaking the Heart of the World*, 188–89; see also chap. 4 for a discussion of Wilson's health on the trip.

9. Laura Spinney, *Pale Rider: The Spanish Flu of 1918 and How It Changed the World* (New York: PublicAffairs, 2017), 251.

10. MacMillan, *Paris 1919*, 491. See also Cooper, *Breaking the Heart of the World*, 200.

11. Cooper, *Breaking the Heart of the World*, chap. 6.

12. Warren G. Harding, "Americanism," address delivered before the Ohio Society of New York, January 20, 1920, https://millercenter.org/the-presidency/presidential

-speeches/january-20-1920-americanism.

13. Harding, "Americanism," 2. See also MacMillan, *Paris 1919*, 489; Tooze, *The Deluge*, 334–36.

14. Cooper, *Breaking the Heart of the World*, 422; see also 288–89, 316–20, 420–23.

15. Robert J. Barro, José F. Ursua, and Joanna Wang, "The Coronavirus and the Great Influenza Epidemic: Lessons from the 'Spanish Flu' for the Coronavirus's Potential Effects on Mortality and Economic Activity," CESifo Working Paper No. 8166, March 2020, 12–13, https://www.cesifo.org/en/publikationen/2020/working-paper / coronavirus-and-great-influenza-epidemic-lessons-spanish-flu. See also François R. Velde, "What Happened to the US Economy During the 1918 Influenza Pandemic? A View Through High-Frequency Data," Federal Reserve Bank of Chicago, Working Paper No. 2020–11, July 7, 2020, https://www.chicagofed.org/publications/working -papers/2020/2020-11.

16. Greg Ip, Danny Dougherty, and Anthony DeBarros, "Lessons for the Coronavi- rus Crisis from Six Other Disasters," *Wall Street Journal*, March 20, 2020, https:// www.wsj. com/articles/lessons-for-the-coronavirus-crisis-from-six-other-disasters -11584719497; Walter Scheidel, "The Spanish Flu Didn't Wreck the Global Economy," *Foreign Affairs*, May 28, 2020, https://www.foreignaffairs.com/articles/united -states/2020-05-28/ spanish-flu-didnt-wreck-global-economy.

17. Sergio Correia, Stephan Luck, and Emil Verner, "Pandemics Depress the Economy, Public Health Interventions Do Not: Evidence from the 1918 Flu," Social Science Research Network, June 5, 2020, https://papers.ssrn.com/sol3/papers.cfm?abstract _ id=3561560.

18. Steven J. Diner, *A Very Different Age: Americans of the Progressive Era* (New York: Hill and Wang, 1998), 241; David J. Goldberg, *Discontented America: The United States in the 1920s* (Baltimore: Johns Hopkins University Press, 1999), 66–71.

19. See, for example, the discussion of Chicago in Cameron McWhirter, *Red Summer: The Summer of 1919 and the Awakening of Black America* (New York: St. Martin's Griffin, 2012), chap. 12.

20. Alfred W. Crosby, *America's Forgotten Pandemic: The Influenza of 1918*, 2nd ed. (New York: Cambridge University Press 2003), 228–29; Helene Økland and Svenn- Erik Mamelund, "Race and 1918 Influenza Pandemic in the United States: A Re- view of the Literature," *International Journal of Environmental Research and Public Health* 16, no. 14 (July 2019): 2487, https://www.ncbi.nlm.nih.gov/pmc/articles /PMC6678782/.

21. Vanessa Northington Gamble, "'There Wasn't a Lot of Comfort in Those Days': Afri- can Americans, Public Health, and the 1918 Influenza Epidemic," *Public Health Reports* 125, no. 3 (April 1, 2010): 113–22, https://www.ncbi.nlm.nih.gov/pmc/articles / PMC2862340/.

22. Elizabeth Schlabach, "The Influenza Epidemic and Jim Crow Public Health Policies and Practices in Chicago, 1917–1921," *Journal of African American History*, Winter 2019, 42.

23. McWhirter, *Red Summer*; Christina Maxouris, "100 Years Ago, White Mobs Across the Country Attacked Black People. And They Fought Back," CNN, July 27, 2019, https:// www.cnn.com/2019/07/27/us/red-summer-1919-racial-violence/index.html.

24. McWhirter, *Red Summer*, 150–51.

25. W. E. B. Du Bois, "Returning Soldiers," *The Crisis*, May 1919, 13, https://glc.yale. edu /returning-soldiers.

26. Quoted in McWhirter, *Red Summer*, 106.

27. Bruce Bartlett, "Woodrow Wilson Was Even More Racist Than You Thought," *New Republic*, July 6, 2020, https://newrepublic.com/article/158356/woodrow-wilson -racism-princeton-university.

28. Link, ed., *The Papers of Woodrow Wilson*, 63:196.

29. McWhirter, *Red Summer*, 56.

30. W. E. B. Du Bois, *Darkwater: Voices from the Veil* (New York: Harcourt, Brace, and Howe, 1920), 36.

31. Graebner and Bennett, *The Versailles Treaty and Its Legacy*, 68.

32. Douglas A. Irwin, "The Pandemic Adds Momentum to the Deglobalization Trend," Peterson Institute for International Economics, April 23, 2020, https://www.piie.com /blogs/realtime-economic-issues-watch/pandemic-adds-momentum-deglobalization -trend#_ftnref2.

33. Barro, Ursua, and Wang, "The Coronavirus and the Great Influenza Epidemic."

34. Richard Overy, *The Inter-Wars Crisis*, 3rd ed. (London: Routledge, 2017), 54–55.

35. Overy, *The Inter-Wars Crisis*, chap. 3.

36. Spinney, *Pale Rider*, 253.

37. Spinney, *Pale Rider*, 253.

38. Spinney, *Pale Rider*, 203, 254.

39. Overy, *The Inter-War Crisis*, 90–93.

40. Christopher S. Rose, "The 'Spanish Flu' in Egypt," blog post, April 10, 2020, https:// christophersrose.com/2020/04/10/the-spanish-flu-in-egypt; Christopher S. Rose,

"Implications of the Spanish Influenza Pandemic (1918–1920) for the History of Early 20th Century Egypt," *Journal of World History* 32, no. 2 (March 2021); Spinney, *Pale Rider*, 254.

41.  Ida Milne, *Stacking the Coffins: Influenza, War and Revolution in Ireland, 1918–19* (Manchester: Manchester University Press, 2018), 14.

42. David Arnold, "Death and the Modern Empire: The 1918–19 Influenza Epidemic in India," *Transactions of the Royal Historical Society 29* (2019): 191–95; John M. Barry, *The Great Influenza: The Story of the Deadliest Pandemic in History* (New York: Pen- guin Books, 2004), 364.

43.  Arnold, "Death and the Modern Empire," 192; Spinney, *Pale Rider*,  255–56.

44. Arnold, "Death and the Modern Empire," 198–99; Soutik Biswas, "Coronavirus: What India Can Learn from the Deadly 1918 Flu," BBC News, March 18, 2020, https://www .bbc.com/news/world-asia-india-51904019: Amit Kapoor, "An Unwanted Shipment: The Indian Experience of the 1918 Spanish Flu," *Economic Times*, April 3, 2020, https:// economictimes.indiatimes.com/news/politics-and-nation/an-unwanted-shipment -the-indian-experience-of-the-1918-spanish-flu/articleshow/74963051.cms; Spinney, *Pale Rider*, 256–60.

45.  A. J. P. Taylor, *English History 1914–1945* (Oxford: Oxford University Press, 1965), 112–13, 152–53.

46. Nicholas Crafts and Peter Fearon, "Lessons from the 1930s Great Depression," *Oxford Review of Economic Policy 26*, no. 3 (Autumn 2010): 285–317; Overy, *The  Inter-War Crisis*, chap. 5.

47.  Overy, *The Inter-War Crisis*, chap. 6.

48. See Joseph Maiolo, *Cry Havoc: How the Arms Race Drove the World to War, 1931–1941* (New York; Basic Books, 2010); Richard Overy, *The Origins of the Second World War*, 2nd ed. (London: Longman, 1998), chaps. 2, 4; Tooze, *The Deluge*,  512–13.

49.  Overy, *The Inter-War Crisis*, 90–93; Overy, *The Origins of the Second World War*, 17.

50.  G. John Ikenberry, *After Victory: Institutions, Strategic Restraint, and the Rebuilding of Order After Major Wars* (Princeton, NJ: Princeton University Press, 2001), chap. 5; Tooze, *The Deluge*.

51.  Tooze, *The Deluge*, chaps. 21 and 24.

52.  Tooze, *The Deluge*, chap. 25.

53.  Overy, *The Inter-War Crisis*, chap. 7; Tooze, *The Deluge*,  515–16.

54.  Graebner and Bennett, *The Versailles Treaty and Its Legacy*,  59–60.

55. Tooze, *The Deluge*, 511.

56. Philip Roth, *The Plot Against America* (New York: Houghton Mifflin Harcourt, 2004).

57. Quoted in Frank Rich, "Trump's Appeasers," *New York Magazine*, October 31, 2016, https://nymag.com/intelligencer/2016/11/charles-lindbergh-is-a-cautionary-tale -for-republicans.html.

58. Charles A. Lindbergh, "We Cannot Win This War for England," April 23, 1941, http://www.ibiblio.org/pha/policy/1941/1941-04-23a.html.

59. Quoted in Susan Dunn, "The Debate Behind U.S. Intervention in World War II," *The Atlantic*, July 8, 2013, https://www.theatlantic.com/national/archive/2013/07/the -debate-behind-us-intervention-in-world-war-ii/277572/.

60. Overy, *The Origins of the Second World War*, 22.

61. United States Department of State, *Peace and War: United States Foreign Policy, 1931– 1941* (Washington, DC: United States Government Printing Office, 1943), 326.

62. Franklin D. Roosevelt, "Fireside Chat 14: On the European War," September 3, 1939, https://millercenter.org/the-presidency/presidential-speeches/september-3-1939 -fireside-chat-14-european-war.

63. Franklin D. Roosevelt, "Stab in the Back" speech, June 10, 1940, https://millercenter .org/the-presidency/presidential-speeches/june-10-1940-stab-back-speech.

## 제3장 재앙을 잉태하다

1. Alfred W. Crosby, *America's Forgotten Pandemic: The Influenza of 1918*, 2nd ed. (New York: Cambridge University Press, 2003).

2. G. John Ikenberry, *After Victory: Institutions, Strategic Restraint, and the Rebuilding of Order After Major Wars* (Princeton, NJ: Princeton University Press, 2000), chap. 6; G. John Ikenberry, *Liberal Leviathan: The Origins, Crisis, and Transformation of the Amer- ican World Order* (Princeton, NJ: Princeton University Press, 2011), chap. 5; Walter A. McDougall, *Promised Land, Crusader State: The American Encounter with the World Since 1776* (Boston: Houghton Mifflin, 1997), chaps. 7–8; Henry R. Nau, *At Home Abroad: Identity and Power in American Foreign Policy* (Ithaca, NY: Cornell University Press, 2002), 75–76; Tony Smith, *Why Wilson Matters: The Origin of American Lib- eral Internationalism and Its Crisis Today* (Princeton, NJ: Princeton University Press, 2017), chap. 5.

3. For an excellent discussion of the origins of the WHO and the associated global health

regime, see Charles Clift, *The Role of the World Health Organization in the Interna- tional System* (London: Chatham House, 2013), https://www.chathamhouse.org/sites /default/files/publications/research/2013-02-01-role-world-health-organization -international-system-clift.pdf.

4. Stewart Patrick, "When the System Fails," *Foreign Affairs*, July/August 2020, 42, https://www.foreignaffairs.com/articles/world/2020-06-09/when-system-fails.

5. COVID-19 Dashboard, Center for Systems Science and Engineering, Johns Hopkins University & Medicine, Coronavirus Resource Center, https://coronavirus.jhu.edu /map.html, accessed May 5, 2021.

6. Walter Scheidel, "The Spanish Flu Didn't Wreck the Global Economy," *Foreign Affairs*, May 28, 2020, https://www.foreignaffairs.com/articles/united-states/2020-05-28 /spanish-flu-didnt-wreck-global-economy.

7. Richard N. Haass, *A World in Disarray: American Foreign Policy and the Crisis of the Old Order* (New York: Penguin Books, 2018).

8. Douglas Irwin, "The Pandemic Adds Momentum to the Deglobalisation Trend," VoxEU, May 5, 2020, https://voxeu.org/article/pandemic-adds-momentum-deglobalisation -trend.

9. Esteban Ortiz-Ospina and Diana Beltekian, "Trade and Globalization," Our World in Data, revised October 2018, https://ourworldindata.org/trade-and-globalization.

10. Steven A. Altman, Pankaj Ghemawat, and Phillip Bastian, *DHL Global Connected- ness Index 2018: The State of Globalization in a Fragile World* (Bonn: Deutsche Post DHL Group, 2019), https://www.dhl.com/content/dam/dhl/global/core/documents /pdf/glo-core-gci-2018-full-study.pdf; Steven A. Altman and Phillip Bastian, *DHL Global Interconnectedness Index: Mapping the Current State of Global Flows—2019 Update* (Bonn: Deutsche Post DHL Group, 2019), https://www.dhl.com/content/dam /dhl/global/core/documents/pdf/g0-en-gci-2019-update-complete-study.pdf.

11. Michael T. Osterholm and Mark Olshaker, "Chronicle of a Pandemic Foretold," *Foreign Affairs*, July/August 2020, 19, https://www.foreignaffairs.com/articles/united -states/2020-05-21/coronavirus-chronicle-pandemic-foretold.

12. *Mapping the Global Future: Report of the National Intelligence Council's 2020 Proj- ect* (Washington, DC: National Intelligence Council, 2004), 9–10, https://www.dni .gov/files/documents/Global%20Trends_Mapping%20the%20Global%20Future %202020%20Project.pdf.

13. *Mapping the Global Future*, 27, 30, emphasis in the original.

14. *Global Trends 2025: A Transformed World* (Washington, DC: National Intelligence Council, 2008), 75, https://www.dni.gov/files/documents/Newsroom/Reports %20 and%20Pubs/2025_Global_Trends_Final_Report.pdf.

15. *Global Trends 2030: Alternative Worlds* (Washington, DC: National Intelligence Council, 2012), xi, https://www.dni.gov/files/documents/GlobalTrends_2030.pdf.

16. *Global Trends: The Paradox of Progress* (Washington, DC: National Intelligence Council, 2017), 51, https://www.dni.gov/files/documents/nic/GT-Full-Report.pdf. For further discussion of intelligence estimates over this period, see Paul Miller, "How the Intelligence Community Predicted COVID-19," *The Dispatch*, March 26, 2020, https://thedispatch.com/p/how-the-intelligence-community-predicted.

17. George W. Bush, "President Outlines Pandemic Influenza Preparations and Response," White House, November 1, 2005, https://georgewbush-whitehouse.archives.gov/news /releases/2005/11/20051101-1.html.

18. Barack Obama, "Remarks by the President on Research for Potential Ebola Vaccines," White House, December 2, 2014, https://obamawhitehouse.archives.gov/the-press -office/2014/12/02/remarks-president-research-potential-ebola-vaccines.

19. Daniel R. Coats, "Worldwide Threat Assessment of the U.S. Intelligence Community," Statement for the Record to the Senate Select Committee on Intelligence, January 29, 2019, 21, https://www.dni.gov/files/ODNI/documents/2019-ATA -SFR---SSCI. pdf; Andrew Kaczynski and Em Steck, "Top Administration Officials Said Last Year Threat of Pandemic Kept Them Up at Night," CNN, April 3, 2020, https:// www.cnn. com/2020/04/03/politics/kfile-officials-worried-over-pandemic-last-year /index.html.

20. "GDP (Current US$)," World Bank Data, accessed July 10, 2020, https://data. worldbank .org/indicator/NY.GDP.MKTP.CD.

21. *Poverty and Shared Prosperity 2018: Piecing Together the Poverty Puzzle* (Washington, DC: World Bank, 2018), 1, https://openknowledge.worldbank.org/bitstream/handle /10986/30418/9781464813306.pdf.

22. National Intelligence Council, *Global Trends: The Paradox of Progress*, 4.

23. *Global Economic Prospects* (Washington, DC: World Bank, 2020), 143, https:// openknowledge.worldbank.org/handle/10986/33748.

24. Christoph Lakner, "A Global View of Inequality," presentation, World Bank, September 16, 2019, http://pubdocs.worldbank.org/en/792141568662759167/World -Bank-Sep-2019-Lakner-2-public.pdf; *Poverty and Shared Prosperity 2016: Taking on Inequality* (Washington, DC: World Bank, 2016), https://www.worldbank.org/en /publication/

poverty-and-shared-prosperity-2016.

25. Larry Elliott, "World's 26 Richest People Own as Much as Poorest 50%, Says Oxfam," *The Guardian*, January 20, 2019, https://www.theguardian.com/business/2019/jan /21/ world-26-richest-people-own-as-much-as-poorest-50-per-cent-oxfam-report.

26. *Time to Care: Unpaid and Underpaid Care Work and the Global Inequality Crisis* (Oxford: Oxfam, 2020), https://oxfamilibrary.openrepository.com/bitstream/handle/10546 /620928/bp-time-to-care-inequality-200120-en.pdf.

27. Ronald Inglehart and Pippa Norris, "Trump, Brexit, and the Rise of Populism: Eco- nomic Have-Nots and Cultural Backlash," HKS Working Paper No. RWP16–026, Kennedy School, Harvard University, July 2016, http://dx.doi.org/10.2139/ssrn .2818659.

28. Francis Fukuyama, "American Political Decay or Renewal?," *Foreign Affairs*, July/August 2016, https://www.foreignaffairs.com/articles/united-states/2016-06-13/american -political-decay-or-renewal.

29. Edward Luce, *The Retreat of Western Liberalism* (London: Little, Brown, 2017), 12.

30. Bruce Jones and Torrey Taussig, *Democracy and Disorder: The Struggle for Influence in the New Geopolitics* (Washington, DC: Brookings Institution, 2019), 18–21, https:// www. brookings.edu/wp-content/uploads/2019/02/FP_20190226_democracy _report_WEB. pdf.

31. "Gove: Britons 'Have Had Enough of Experts,'" interview with Faisal Islam, Sky News, June 3, 2016, https://www.youtube.com/watch?v=GGgiGtJk7MA.

32. For an account of Brexit, see Tim Shipman, *All Out War: The Full Story of How Brexit Sank Britain's Political Class* (London: William Collins, 2016); Tim Shipman, *Fall Out: A Year of Political Mayhem* (London: William Collins, 2018).

33. The literature on Trump is vast, but these characteristics are carefully and vividly laid out in Philip Rucker and Carol D. Leonnig, *A Very Stable Genius: Donald J. Trump's Testing of America* (New York: Penguin Press, 2020), and Bob Woodward, *Rage* (New York: Simon and Schuster, 2020).

34. Bruno Carazza, "Will Brazil's Next President Be a Far Right Nationalist?," *Foreign Affairs*, July 12, 2018, https://www.foreignaffairs.com/articles/brazil/2018-07-12/will -brazils-next-president-be-far-right-nationalist.

35. Aurelien Breeden and Megan Specia, "Dispute over Amazon Gets Personal for Bolsonaro and Macron," *New York Times*, August 26, 2019, https://www.nytimes.com /2019/08/26/world/europe/bolsonaro-macron-g7.html.

36. Robert Zoellick, "Whither China: From Membership to Responsibility," speech, National Committee on U.S.-China Relations, September 21, 2005, https://www.ncuscr.org/sites/default/files/migration/Zoellick_remarks_notes06_winter_spring.pdf.

37. Thomas Wright, *All Measures Short of War: The Contest for the Twenty-First Century and the Future of American Power* (New Haven, CT: Yale University Press, 2017).

38. John Garnaut, "How China Interferes in Australia," *Foreign Affairs*, March 9, 2018, https://www.foreignaffairs.com/articles/china/2018-03-09/how-china-interferes-australia.

39. Javier C. Hernández, "Harsh Penalties, Vaguely Defined Crimes: Hong Kong's Security Law Explained," *New York Times*, June 30, 2020, https://www.nytimes.com/2020/06/30/world/asia/hong-kong-security-law-explain.html.

40. Thomas Wright, "Trump's 19th Century Foreign Policy," Politico, January 20, 2016, https://www.politico.com/magazine/story/2016/01/donald-trump-foreign-policy-213546/.

41. *National Security Strategy of the United States* (Washington, DC: White House, 2017), https://www.hsdl.org/?view&did=806478; *Summary of the National Defense Strategy of the United States of America* (Washington, DC: United States Department of Defense, 2018), https://dod.defense.gov/Portals/1/Documents/pubs/2018-National -Defense-Strategy-Summary.pdf. For a discussion of debates within the Trump ad- ministration on China, see Josh Rogin, *Chaos Under Heaven: Trump, Xi, and the Battle for the 21st Century* (Boston: Houghton Mifflin Harcourt, 2021).

42. John Bolton, *The Room Where It Happened: A White House Memoir* (New York: Si- mon and Schuster, 2020), 312.

43. *EU-China: A Strategic Outlook* (Strasbourg: European Commission and High Represen- tative of the European Union for Foreign Affairs and Security Policy, 2019), https://ec.europa.eu/info/sites/info/files/communication-eu-china-a-strategic-outlook.pdf.

44. G. John Ikenberry, "The Next Liberal Order: The Age of Contagion Demands More Internationalism, Not Less," *Foreign Affairs*, July/August 2020, 133, https://www.foreignaffairs.com/articles/united-states/2020-06-09/next-liberal-order.

45. Robert Kagan, *The Jungle Grows Back: America and Our Imperiled World* (New York: Alfred A. Knopf, 2018).

46. Edward Hallett Carr, *The Twenty Years' Crisis, 1919–1939: An Introduction to the Study of International Relations* (New York: Harper & Row, 1939), 63.

47. Richard Haass, "The Pandemic Will Accelerate History Rather Than Reshape It,"

*Foreign Affairs*, April 7, 2020, https://www.foreignaffairs.com/articles/united-states /2020-04-07/pandemic-will-accelerate-history-rather-reshape-it.

48. Carr, *The Twenty Years' Crisis, 1919-1939*, 92-93.

49. Sheri Berman, "Crises Only Sometimes Lead to Change. Here's Why," *Foreign Policy*, July 4, 2020, https://foreignpolicy.com/2020/07/04/coronavirus-crisis-turning-point -change/; Jeffrey W. Legro, *Rethinking the World: Great Power Strategies and Interna- tional Order* (Ithaca, NY: Cornell University Press, 2005).

## 제4장 비밀주의와 거짓말

1. "Severe Acute Respiratory Syndrome (SARS)," World Health Organization, https:// www.who.int/ith/diseases/sars/en/, accessed March 30, 2021.

2. John Pomfret, "Following the SARS Playbook, China Keeps a Dangerous Tight Leash on Coronavirus Information," *Washington Post*, January 23, 2020, https://www .washingtonpost.com/opinions/2020/01/23/following-sars-playbook-china-keeps -dangerous-tight-leash-coronavirus-information/.

3. Yanzhong Huang, "The SARS Epidemic and Its Aftermath in China: A Political Perspective," in *Learning from SARS: Preparing for the Next Disease Outbreak:Workshop Summary*, edited by Stacey Knobler et al. (Washington, DC: National Academies Press, 2004), https://www.ncbi.nlm.nih.gov/books/NBK92479/. Jiang was initially lauded as a hero, although a year later he was forced to go to reed- ucation camp after he wrote to the government asking for the 1989 Tiananmen Square protesters to be treated as a patriotic movement. He was subsequently con- fined to house arrest at the age of eighty-eight, mere months before the outbreak of COVID-19.

4. "Politics and Perils of Running the WHO," *The Rachman Review* (podcast), April 23, 2020. She did go on to say that she felt the situation during COVID-19 was different since the Chinese government was communicating with the WHO.

5. "Brundtland Tells of Fight with China During Sars," *Taipei Times*, April 4, 2018, http:// taipeitimes.com/News/taiwan/archives/2018/04/04/2003690647.

6. Stephen Lee Myers, "China Created a Fail-Safe System to Track Infections. It Failed," *New York Times*, April 17, 2020, https://www.nytimes.com/2020/03/29/world/asia / coronavirus-china.html.

7. Dali Yang, "China's Early Warning System Didn't Work on Covid-19. Here's the Story,"

*Washington Post*, February 24, 2020, https://www.washingtonpost.com/politics/2020 /02/24/chinas-early-warning-system-didnt-work-covid-19-heres-story/.

8. [Gao Fu, director of the Chinese Center for Disease Control and Prevention: Should not lose confidence in China's vaccines], *China News*, March 5, 2019, http://www .chinanews.com/gn/2019/03–05/8771355.shtml.

9. Josephine Moulds, "How Is the World Health Organization Funded?," World Economic Forum, April 15, 2020, https://www.weforum.org/agenda/2020/04/who-funds -world-health-organization-un-coronavirus-pandemic-covid-trump/.

10. *Global Health Security Index,* Johns Hopkins University, October 2019, https://www .ghsindex.org/wp-content/uploads/2020/04/2019-Global-Health-Security-Index .pdf.

11. Josh Rogin, *Chaos Under Heaven: Trump, Xi, and the Battle for the 21st Century* (Boston: Houghton Mifflin Harcourt, 2021), 267–81.

12. "China's Disputed Virus Theory Has Shoppers Shunning Foreign Food," Bloomberg, January 21, 2021, https://www.bloomberg.com/news/articles/2021-01-21/china-s -disputed-virus-theory-has-shoppers-shunning-foreign-food.

13. "China's COVID Secrets," *Frontline*, PBS, February 2, 2021.

14. Jeremy Page and Lingling Wei, "China's CDC, Built to Stop Pandemics Like COVID, Stumbled When It Mattered Most," *Wall Street Journal*, August 17, 2020, https://www .wsj.com/articles/chinas-cdc-built-to-stop-pandemics-stumbled-when-it-mattered -most-11597675108.

15. Jeremy Page, Wenxin Fan, and Natasha Khan, "How It All Started: China's Early Coronavirus Missteps," *Wall Street Journal*, March 6, 2020, https://www.wsj.com / articles/how-it-all-started-chinas-early-coronavirus-missteps-11583508932.

16. Page, Fan, and Khan, "How It All Started."

17. For the text of the email see: MOHW of Taiwan (@MOHW_Taiwan), "The facts re- garding Taiwan's email to alert WHO to possible danger of #COVID19 #email 內容 #TaiwanCanHelp #TaiwanIsHelping @WHO 英文新聞稿 : http://at.cdc.tw/23iq82," Twitter, April 11, 2020, 6:05 a.m., https://twitter.com/MOHW_Taiwan/status/12489 15057188024320. For analysis, see Zoe Didili, "Taiwan Releases December Email to WHO Showing Unheeded Warning About Coronavirus," NewEurope, April 15, 2020, https://www.neweurope.eu/article/taiwan-releases-december-email-to-who-showing -unheeded-warning-about-coronavirus/.

18. Conversation with George Gao as recounted by Ian Lipkin in "China's COVID Secrets."

19. "China Delayed Releasing Coronavirus Info, Frustrating WHO," Associated Press, June 3, 2020, https://apnews.com/3c061794970661042b18d5aeaaed9fae.

20. "China's COVID Secrets."

21. Interview with David Fidler, March 8, 2021.

22. Page, Fan, and Khan, "How It All Started."

23. "China's COVID Secrets."

24. Page, Fan, and Khan, "How It All Started."

25. Page, Fan, and Khan, "How It All Started."

26. Fang Fang, *Wuhan Diary*, trans. Michael Berry (New York: HarperVia, 2020), 3.

27. Fang, *Wuhan Diary*, 6.

28. David Fidler, "To Declare or Not to Declare: The Controversy over Declaring a Public Health Emergency of International Concern for the Ebola Outbreak in the Demo- cratic Republic of Congo," *Asian Journal of WTO and International Health Law and Policy* 14, no. 2 (September 2019): 292.

29. "The Politics of the PHEIC," *The Lancet*, June 18, 2019, https://www.thelancet. com /journals/lancet/article/PIIS0140-6736(19)31406-0/fulltext.

30. World Health Organization, transcript, "Virtual Press Conference on COVID-19," March 11, 2020, 14, https://www.who.int/docs/default-source/coronaviruse/ transcripts /who-audio-emergencies-coronavirus-press-conference-full-and-final-11mar2020 .pdf?sfvrsn=cb432bb3_2.

31. Interview with David Fidler, March 8, 2021.

32. Xiaolin Wei, "China's Response to the Coronavirus Pandemic," *Cambridge Core Blog*, April 11, 2020, https://www.cambridge.org/core/blog/2020/04/11/chinas-response -to-the-coronavirus-pandemic/.

33. Ministry of Foreign Affairs of the People's Republic of China, "Xi Jinping Meets with Visiting World Health Organization (WHO) Director-General Tedros Adhanom Ghebreyesus," press release, January 29, 2020, https://www.fmprc.gov.cn/mfa_eng / zxxx_662805/t1737014.shtml.

34. World Health Organization press conference, Geneva, January 29, 2020, https:// www. who.int/docs/default-source/coronaviruse/transcripts/who-audio-script-ncov -rresser-unog-29jan2020.pdf?sfvrsn=a7158807_4.

35. Selam Gebrekidan, Matt Apuzzo, Amy Qin, and Javier Hernandez, "In Hunt for Virus Source, WHO Let China Take Charge," *New York Times*, November 2, 2020, https:// www.nytimes.com/2020/11/02/world/who-china-coronavirus.html.

36. Benjamin F. Maier and Dirk Brockmann, "Effective Containment Explains Sub-exponential Growth in Recent Confirmed COVID-19 Cases in China," *Science* 368, no. 6492 (May 15, 2020), https://science.sciencemag.org/content/368/6492/742.

37. Peter Hessler, "How China Controlled the Coronavirus," *New Yorker*, August 10, 2020, https://www.newyorker.com/magazine/2020/08/17/how-china-controlled-the -coronavirus.

38. Alex Hannaford, "The Last Days of Dr Li Wenliang, the Chinese Coronavirus Whistleblower," GQ, March 16, 2020, https://www.gq-magazine.co.uk/politics/article /dr-li-wenliang-death.

39. Qin Jianhang and Timmy Shen, "Whistleblower Li Wenliang: There Should Be More Than One Voice in a Heathy Society," Caixin, February 6, 2020, https://www .caixinglobal.com/2020-02-06/after-being-punished-by-local-police-coronavirus -whistleblower-vindicated-by-top-court-101509986.html; Giles Whittell, "The Dis- a p peared ," *Tortoise*, July 20, 2020, https://members.tortoisemedia.com/2020/07/20 /the-disappeared-china/content.html.

40. Page, Fan, and Khan, "How It All Started."

41. Lily Kuo, "Coronavirus: Wuhan Doctor Speaks Out Against Authorities," *The Guardian*, March 11, 2020, https://www.theguardian.com/world/2020/mar/11/coronavirus -wuhan-doctor-ai-fen-speaks-out-against-authorities.

42. "Whistleblowing Doctor Missing After Criticizing Beijing's Coronavirus Censorship," Reporters Without Borders, April 14, 2020, https://rsf.org/en/news/whistleblowing -doctor-missing-after-criticizing-beijings-coronavirus-censorship; video at https:// www.weibo.com/tv/show/1034:4493260899680260?from=old_pc_videoshow; David Bandurski, "Whistling Against Deception," China Media Project, March 11, 2020, http:// chinamediaproject.org/2020/03/11/whistling-against-deception/.

43. Whittell, "The Disappeared."

44. "Coronavirus: Why Have Two Reporters in Wuhan Disappeared?," BBC, February 14, 2020, https://www.bbc.com/news/world-asia-china-51486106.

45. Bill Bishop, "Another Standing Committee Meeting on the Outbreak; Economic Impact," *Sinocism*, February 3, 2020, https://sinocism.com/p/another-standing -committee-meeting.

46. Jane Li, "Chinese Internet Users Who Uploaded Coronavirus Memories to GitHub Have Been Arrested," *Quartz*, April 27, 2020, https://qz.com/1846277/china-arrests -users-behind-github-coronavirus-memories-page/.

47. "China: Protect Human Rights While Combatting Coronavirus Outbreak," Chinese Human Rights Defenders, January 31, 2020, https://www.nchrd.org/2020/01/china-protect-human-rights-while-combatting-coronavirus-outbreak/.

48. Hua Chunying 华春莹 (@SpokespersonCHN), "Reciprocity? 29 US media agencies in China VS 9 Chinese ones in the US. Multiple-entry to China VS Single-entry to the US. 21 Chinese journalists denied visas since last year. Now the US kicked off the game, let's play," Twitter, March 3, 2020, 1:55 a.m., https://twitter.com/SpokespersonCHN/status /1234734030907555840.

49. Shibani Mahtani, "'One China' Dispute Means One Big Headache for Taiwan in Coronavirus Crisis," *Washington Post*, February 4, 2020, https://www.washingtonpost.com/world/asia_pacific/one-china-dispute-means-one-big-headache-for-taiwan-in-coronavirus-crisis/2020/02/04/eda3b898–462c-11ea-91ab-ce439aa5c7c1_story.html.

50. Rym Momtaz, "Inside Macron's Coronavirus War," Politico, April 12, 2020, https://www.politico.eu/interactive/inside-emmanuel-macron-coronavirus-war/.

51. Keoni Everington, "Italy Forced to Buy Back Medical Supplies It Had Donated to China," *Taiwan News*, April 8, 2020, https://www.taiwannews.com.tw/en/news/3912335.

52. Etienne Soula, Franziska Luettge, Melissa Ladner, and Manisha Reuter, "Masks Off: Chinese Coronavirus Assistance in Europe," policy paper, German Marshall Fund of the United States, July 2020, https://www.gmfus.org/sites/default/files/publications /pdf/ASD-ASIA%20-%20EU%20China%20Coronavirus%20-%20final.pdf.

53. Charlie Campbell, "China's 'Mask Diplomacy' Is Faltering. But the U.S. Isn't Doing Any Better," *Time*, April 3, 2020, https://time.com/5814940/china-mask-diplomacy-falters/.

54. Josep Borrell, "The Coronavirus Pandemic and the New World It Is Creating," Delegation of the European Union to China, March 24, 2020, https://eeas.europa.eu /delegations/china/76401/eu-hrvp-josep-borrell-coronavirus-pandemic-and-new -world-it-creating_en.

55. Wu Jing, *Wolf Warrior* (film in Chinese), released April 2, 2015.

56. Ambassade de Chine en France (@AmbassadeChine), "Après la fermeture de la Base Fort Detrick, la grippe N1H1 s'est éclatée aux Etats-Unis. octobre 2019, les organes américains ont organisé un exercice codé « Event 201 » aux cas de pandémie mon- diale. 2 mois plus tard, le premier cas de COVID 19 a été confirmé à Wuhan, en Chine," Twitter, March 23, 2020, 4:53 a.m., https://twitter.com/AmbassadeChine /status/1242011628608118786.

57. European Think-Tank Network on China, "Covid-19 in Europe-China Relations: A Country-Level Analysis," 2020, 23, https://www.ifri.org/sites/default/files/atoms/files / etnc_special_report_covid-19_china_europe_2020.pdf.

58. Elisa Braun, "Chinese Envoy to France Defends Country's 'Goodwill' amid Coronavirus Diplomatic Row," Politico, April 16, 2020, https://www.politico.eu/article/lu-shaye -chinese-envoy-to-france-defends-country-goodwill-after-coronavirus-diplomatic -row.

59. "Transcript of Chinese Ambassador CHENG Jingye's Interview with Australian Fi- nancial Review Political Correspondent Andrew Tillett," Embassy of the People's Re- public of China in the Commonwealth of Australia, April 27, 2020, http://au.china -embassy.org/eng/sghdxwfb_1/t1773741.htm.

60. Daniel Hurst, "Cyber-Attack Australia: Sophisticated Attack from State-Based Actor, PM Says," *The Guardian*, June 19, 2020, https://www.theguardian.com/australia -news/2020/jun/19/australia-cyber-attack-attacks-hack-state-based-actor-says -australian-prime-minister-scott-morrison.

61. Rod McGuirk, "Australia Welcomes Virus Inquiry but Condemns China Tariff," Associated Press, May 18, 2020, https://apnews.com/96294f874151a77ecb9f5ccca4 efe2af.

62. Vivian Wang and Amy Qin, "As Coronavirus Fades in China, Nationalism and Xenophobia Flare," *New York Times*, May 11, 2020, https://www.nytimes.com/2020/04/16 / world/asia/coronavirus-china-nationalism.html.

63. Matthew Brown, "Fact Check: Black People Being Targeted in Guangzhou, China, over COVID-19 Fears," *USA Today*, April 16, 2020, https://www.usatoday.com/ story/news /factcheck/2020/04/16/fact-check-guangzhou-china-mcdonalds-confirms-incident -targeting-blacks/5139470002/.

64. Keoni Everington, "Photo of the Day: Xenophopia [sic] Made in China," *Taiwan News*, April 7, 2020, https://www.taiwannews.com.tw/en/news/3911782.

65. "Protest Letter of African Ambassadors in Beijing," Front Page Africa, April 13, 2020, https://frontpageafricaonline.com/opinion/letters-comments/protest-letter-of -african-ambassadors-in-beijing/.

66. Sebastian Horn, Carmen Reinhardt, and Christoph Trebesch, "How Much Money Does the World Owe China?," *Harvard Business Review*, February 26, 2020, https:// hbr. org/2020/02/how-much-money-does-the-world-owe-china; "Africa's Growing Debt Crisis: Who Is the Debt Owed to?," Jubilee Debt Campaign, 2018, https:// jubileedebt. org.uk/wp/wp-content/uploads/2018/09/Briefing_09.18.pdf.

67. "List of LIC DSAs for PRGT-Eligible Countries as of November 25, 2020," International Monetary Fund, November 25, 2020, https://www.imf.org/external/Pubs/ft/dsa/DSAlist.pdf.

68. Jevans Nyabiage, "China to Forgive Interest-Free Loans That Are Coming Due Xi Jinping Says," *South China Morning Post*, June 18, 2020, https://www.scmp.com/news/world/africa/article/3089492/china-forgive-interest-free-loans-africa-are-coming-due-xi; Kevin Acker, Deborah Brautigam, and Yufan Huang, "Debt Relief with Chinese Characteristics," China Africa Research Initiative Working Paper No. 39, Johns Hopkins University, June 2020, https://static1.squarespace.com/static/5652847de4b033f56d2bdc29/t/60353345259d4448e01a37d8/1614099270470/WP+39+-+Acker%2C+Brautigam%2C+Huang+-+Debt+Relief.pdf.

69. For a timeline of the various closures and actions between Russia and China during COVID-19, see Ivan Zuenko, "The Coronavirus Pandemic and the Russo-Chinese Border," ASAN Forum, May 9, 2020, http://www.theasanforum.org/the-coronavirus-pandemic-and-the-russo-chinese-border/.

70. Gabrielle Tétrault-Farber, "China to Russia: End Discriminatory Coronavirus Measures Against Chinese," Reuters, February 26, 2020, https://www.reuters.com/article/us-china-health-moscow-letter/china-to-russia-end-discriminatory-coronavirus-measures-against-chinese-idUSKCN20K1HU.

71. Tommy Yang, "Unease at the Border: Russia and China Seek to Downplay Covid-19 Outbreak in Suifenhe," *The Guardian*, April 18, 2020, https://www.theguardian.com/world/2020/apr/18/unease-at-the-border-russia-and-china-seek-to-downplay-covid-19-outbreak-in-suifenhe.

72. Zhuang Pinghui, "Coronavirus: China Embassy U-Turns on Claim Russian Police Singled Out Chinese," *South China Morning Post*, March 2, 2020, https://www.scmp.com/news/china/diplomacy/article/3064582/coronavirus-china-embassy-u-turns-claim-russian-police-singled.

73. Richard Weitz, "The COVID-19 Pandemic Boosts Sino-Russian Cooperation," Jamestown Foundation, June 24, 2020, https://jamestown.org/program/the-covid-19-pandemic-boosts-sino-russian-cooperation/.

74. "Exclusive: Internal Chinese Report Warns Beijing Faces Tiananmen-Like Global Backlash over Virus—Sources," Reuters, May 4, 2020, https://uk.reuters.com/article/uk-health-coronavirus-china-sentiment-ex/exclusive-internal-chinese-report-warns-beijing-faces-tiananmen-like-global-backlash-over-virus-sources-idUKKBN22G198.

75. China Global Television Network, "Zhong Nanshan: Virus May Not Have Originated in China," YouTube video, 2:02, posted February 27, 2020, https://www.youtube.com / watch?v=UILmnQNeDuE.

76. AmbCHENXiaodong (@AmbCHENXiaodong), "Although the epidemic first broke out in China, it did not necessarily mean that the virus is originated from China, let alone 'made in China,'" Twitter, March 7, 2020, 11:07 a.m., https://twitter.com / AmbCHENXiaodong/status/1236322524281044993.

77. Lijian Zhao 赵立坚 (@zlj517), "2/2 CDC was caught on the spot. When did patient zero begin in US? How many people are infected? What are the names of the hospitals? It might be US army who brought the epidemic to Wuhan. Be transparent! Make public your data! US owe us an explanation!," Twitter, March 12, 2020, 10:37 a.m., https:// twitter. com/zlj517/status/1238111898828066823.

78. Lijian Zhao 赵立坚 (@zlj517), "This article is very much important to each and every one of us. Please read and retweet it. COVID-19: Further Evidence that the Virus Originated in the US," Twitter, March 12, 2020, 9:02 p.m., https://twitter.com/zlj517 / status/1238269193427906560.

79. "It's US That Fears Probe on Virus Origin: Global Times Editorial," *Global Times*, May 18, 2020, https://www.globaltimes.cn/content/1188739.shtml.

80. China Global Television Network Arabic, "هل فيروس كورونا الجديد من صنع الولايات المتحدة اة المريكية؟" YouTube Video, 6:27, posted March 17, 2020, https://www.youtube.com / watch?v=dlGj1RdUHUM&feature=emb_title; Edward Wong, Matthew Rosenberg, and Julian E. Barnes, "Chinese Agents Helped Spread Messages That Sowed Virus Panic in U.S., Officials Say," *New York Times*, August 23, 2020, https://www.nytimes .com/2020/04/22/ us/politics/coronavirus-china-disinformation.html.

81. Erika Kinetz, "Anatomy of a Conspiracy: With Covid, China Took a Leading Role," Associated Press, February 15, 2021, https://apnews.com/article/pandemics-beijing -only-on-ap-epidemics-media-122b73e134b780919cc1808f3f6f16e8.

82. "Coronavirus: China Accuses US of Spreading 'Conspiracies,'" BBC, May 24, 2020, https://www.bbc.com/news/world-asia-china-52790634.

83. Hua Chunying 华春莹 (@SpokespersonCHN), "#Pompeo said to Fox News 'China has allowed hundreds of thousands of people to leave Wuhan to go to places like Italy that's now suffering so badly'. Stop lying through your teeth! As WHO experts said, China's efforts averted hundreds of thousands of infection cases." Twitter, March 20, 2020, 9:36 a.m., https://twitter.com/SpokespersonCHN/status/1240995658904944640;

"Coronavirus: China Says Pompeo 'Lying' in New Clash over Pandemic," *Straits Times*, March 20, 2020, https://www.straitstimes.com/asia/east-asia/coronavirus-china-says -pompeo-lying-in-new-clash-over-bug.

84. Six intelligence community officials told the *New York Times* that the intelligence community had assessed that Chinese operatives helped push these messages across platforms, although they did not necessarily create them. Wong, Rosenberg, and Barnes, "Chinese Agents Helped Spread Messages."

85. NSC (@WHNSC), "Text message rumors of a national #quarantine are FAKE. There is no national lockdown. @CDCgov has and will continue to post the latest guidance on #COVID19. #coronavirus," Twitter, March 15, 2020, 11:48 p.m., https://twitter.com / WHNSC/status/1239398218292748292.

86. Wong, Rosenberg, and Barnes, "Chinese Agents Helped Spread Messages."

87. Laura Rosenberger, "China's Coronavirus Information Offensive," *Foreign Affairs*, April 22, 2020, https://www.foreignaffairs.com/articles/china/2020-04-22/chinas -coronavirus-information-offensive.

88. Interview on background with Twitter executive, August 2020.

89. "Disclosing Networks of State-Linked Information Operations We've Removed," Twitter Safety, June 12, 2020, https://blog.twitter.com/en_us/topics/company/2020 / information-operations-june-2020.html.

90. Matt Apuzzo, "Pressured by China, E.U. Softens Report on Covid-19 Disinformation," *New York Times*, April 24, 2020, https://www.nytimes.com/2020/04/24/world / europe/disinformation-china-eu-coronavirus.html.

91. Mark Scott, Laura Kayali, and Laurens Cerulus, "European Commission Accuses China of Peddling Disinformation," Politico, June 10, 2020, https://www.politico.eu / article/european-commission-disinformation-china-coronavirus/.

92. Yang, "China's Early Warning System."

93. Whittell, "The Disappeared."

94. Yao Yang, "Is a New Cold War Coming?," interview with *Beijing Cultural Review*, April 28, 2020, translation by David Ownby at Reading the China Dream, https:// www. readingthechinadream.com/yao-yang-the-new-cold-war.html.

95. Not-for-attribution small group conversation by Zoom, July 16, 2020.

96. Fu Ying, "Fu Ying on Why China and America Must Co-operate to Defeat Covid-19," *The Economist*, April 29, 2020, https://www.economist.com/by-invitation/2020/04 /29/fu-ying-on-why-china-and-america-must-co-operate-to-defeat-covid-19.

97. Fu Ying, "After the Pandemic, Then What?," China-US Focus, June 28, 2020, https://www.chinausfocus.com/foreign-policy/after-the-pandemic-then-what.

98. Yuan Peng, "The Coronavirus Pandemic and a Once-in-a-Century Change," June 17, 2020, translation by David Ownby at Reading the China Dream, https://www.readingthechinadream.com/yuan-peng-coronavirus-pandemic.html.

## 제5장 기회를 놓치다

1. Interview with Tony Banbury, August 8, 2020.

2. Interview with Tony Banbury, August 8, 2020.

3. Memo from Christopher M. Kirchhoff to Susan E. Rice, July 11, 2016, 19–21, available at https://int.nyt.com/data/documenthelper/6823-national-security-counci-ebola/05bd797500ea55be0724/optimized/full.pdf#page=1.

4. President Barack H. Obama, "Remarks by the President on the Ebola Outbreak at the Centers for Disease Control and Prevention," The White House, September 16, 2014, https://obamawhitehouse.archives.gov/the-press-office/2014/09/16/remarks -president-ebola-outbreak.

5. Interview with Tony Banbury, January 28, 2021.

6. Nahal Toosi, Daniel Lippmann, and Dan Diamond, "Before Trump's Inauguration, a Warning: The Worst Global Influenza Since 1918," Politico, March 16, 2020, https://www .politico.com/news/2020/03/16/trump-inauguration-warning-scenario-pandemic -132797; James Fallows, "The Three Weeks That Changed Everything," The Atlantic, June 29, 2020, https://www.theatlantic.com/politics/archive/2020/06/how-white -house-coronavirus-response-went-wrong/613591/.

7. Donald G. McNeill Jr., "The Malaria Fighter," New York Times, October 20, 2014, https://www.nytimes.com/2014/10/21/science/a-quiet-approach-to-bringing-down -malaria.html.

8. Author interview with Timothy Ziemer, October 13, 2020.

9. National Security Strategy of the United States, 2017.

10. John Bolton, The Room Where It Happened (New York: Simon and Schuster, 2020), 315–17.

11. Matt Pottinger, Michael Flynn, and Paul Batchelor, "Fixing Intel: A Blueprint for Making Intelligence Relevant in Afghanistan," January 4, 2010, https://www.cnas.org /

publications/reports/fixing-intel-a-blueprint-for-making-intelligence-relevant.

12. For more details on Pottinger's role in the administration, including during the pandemic, see Lawrence Wright, "The Plague Year," *New Yorker*, December 28, 2020, https:// www.newyorker.com/magazine/2021/01/04/the-plague-year.

13. Author email correspondence with Sharon Sanders, January 26, 2021; Paul Farhi, "How a Blogger in Florida Put Out an Early Warning About the Coronavirus Crisis," *Washington Post*, March 14, 2020, https://www.washingtonpost.com/lifestyle /media/ the-first-reporter-in-the-western-world-to-spot-the-coronavirus-crisis-was-a -blogger-in-florida/2020/03/13/244f39e6-6476-11ea-acca-80c22bbee96f_story.html; "China— Original 2019-nCov News Thread: Weeks 1–4 (December 30, 2019–January 25, 2020)," Flu Trackers, accessed May 9, 2021, https://flutrackers.com/forum/forum /-2019-ncov-new-coronavirus/china-2019-ncov/821830-china-original-2019-ncov -news-thread-weeks-1–4-december-30–2019-january-25–2020.

14. James Bandler et al., "Inside the Fall of the CDC," ProPublica, October 15, 2020, https://www.propublica.org/article/inside-the-fall-of-the-cdc.

15. Bob Woodward, *Rage* (New York: Simon & Schuster, 2020), 213–14.

16. Bandler et al., "Inside the Fall of the CDC"; Woodward, *Rage*, 216.

17. Woodward, *Rage*, 220. In this book, quotes are not placed in quotation marks. We have included those here to designate where the quote begins and ends.

18. Rich Exner, "Ohio Health Department Identifies 13 Coronavirus Cases in 8 Counties from January," Cleveland.com, May 29, 2020, https://www.cleveland.com / coronavirus/2020/05/ohio-health-department-identifies-13-coronavirus-cases-in -8-counties-from-january.html.

19. Michelle L. Holshue et al., "First Case of 2019 Novel Coronavirus in the United States," *New England Journal of Medicine* 382, no. 10 (2020): 929–36, https://www .nejm. org/doi/full/10.1056/NEJMoa2001191.

20. Jeremy Page and Lingling Wei, "China's CDC, Built to Stop Pandemics Like COVID, Stumbled When It Mattered Most," *Wall Street Journal*, August 17, 2020, https://www .wsj.com/articles/chinas-cdc-built-to-stop-pandemics-stumbled-when-it-mattered -most-11597675108.

21. Maggie Haberman, "Trade Adviser Warned White House in January of Risks of a Pandemic," *New York Times*, April 6, 2020, https://www.nytimes.com/2020/04/06/us / politics/navarro-warning-trump-coronavirus.html.

22. Ana Swanson and Alan Rappeport, "Trump Signs China Trade Deal, Putting

Economic Conflict on Pause," *New York Times*, January 15, 2020, https://www.nytimes.com/2020 /01/15/business/economy/china-trade-deal.html.

23. Donald J. Trump (@realDonaldTrump), Twitter, February 7, 2020, https://twitter.com/realDonaldTrump/status/1225728755248828416 (no longer available).

24. Amy Qin, "China's Leader, Under Fire, Says He Led the Coronavirus Fight Early On," *New York Times*, February 15, 2020, https://www.nytimes.com/2020/02/15/world/asia/xi-china-coronavirus.html.

25. Greg Miller and Ellen Nakashima, "President's Intelligence Briefing Book Repeatedly Cited Virus Threat," *Washington Post*, April 27, 2020, https://www.washingtonpost.com/national-security/presidents-intelligence-briefing-book-repeatedly-cited-virus-threat/2020/04/27/ca66949a-8885-11ea-ac8a-fe9b8088e101_story.html; Woodward, *Rage*, 230.

26. The report that O'Brien uttered this warning is in Woodward, *Rage*, xiii. Pottinger's remark and Trump's reply is in Josh Rogin, *Chaos Under Heaven: Trump, Xi, and the Battle for the 21st Century* (Boston: Houghton Mifflin Harcourt, 2021), 216. Trump's denial that O'Brien warned him was made in an NBC town hall on October 15, 2020. Trump's acknowledgment that he first recognized the danger at the end of January is in Woodward, *Rage*, 324.

27. Interview on background with Trump administration official, December 2020.

28. Caitlyn Oprysko, "Trump: Coronavirus Will Have 'A Very Good Ending for Us,'" Politico, January 30, 2020, https://www.politico.com/news/2020/01/30/trump-close-cooperation-china-coronavirus-109701.

29. Sean O'Kane, "United Airlines Suspends Some Flights After Coronavirus Outbreak," The Verge, January 28, 2020, https://www.theverge.com/2020/1/28/21112204 /coronavirus-outbreak-united-airlines-china-flights-canceled.

30. Steve Eder, Henry Fountain, Michael H. Keller, Muyi Xiao, and Alexandra Stevenson, "430,000 People Have Traveled from China to U.S. Since Coronavirus Surfaced," *New York Times*, April 4, 2020, https://www.nytimes.com/2020/04/04/us/coronavirus-china-travel-restrictions.html.

31. "Remarks by President Trump in the State of the Union Address," The White House, issued February 4, 2020, https://www.whitehouse.gov/briefings-statements/remarks-president-trump-state-union-address-3/.

32. Woodward, *Rage*, 241–42.

33. Woodward, *Rage*, 246.

34. Lydia Khalil and Olivia Troye, "COVIDcast: Olivia Troye Inside the White House Coronavirus Task Force," in *COVIDcast* (podcast), produced by the Lowy Institute, October 21, 2020, https://www.lowyinstitute.org/publications/covidcast-olivia-troye -inside-white-house-coronavirus-task-force; Annie Karni and Maggie Haberman, "A White House Long in Denial Confronts Reality," *New York Times*, October 6, 2020, https://www.nytimes.com/2020/10/03/us/politics/white-house-coronavirus.html.

35. Woodward, *Rage*, xviii.

36. "Remarks by President Trump in Meeting with African American Leaders," The White House, issued February 28, 2020, https://www.whitehouse.gov/briefings -statements/ remarks-president-trump-meeting-african-american-leaders/.

37. Bandler et al., "Inside the Fall of the CDC."

38. Dr. Deborah Birx interview with Margaret Brennan, *Face the Nation*, January 24, 2021, https://www.youtube.com/watch?v=nW41YylWipM.

39. Birx interview with Brennan, *Face the Nation*.

40. "Transcript for the CDC Telebriefing Update on COVID-19," Centers for Disease Control and Prevention, accessed March 16, 2021, https://www.cdc.gov/media /releases/2020/t0225-cdc-telebriefing-covid-19.html.

41. Shane Harris, Greg Miller, Josh Dawsey, and Helen Nakashima, "U.S. Intelligence Re- ports from January and February Warned About a Likely Pandemic," *Washington Post*, March 20, 2020, https://www.washingtonpost.com/national-security/us-intelligence -reports-from-january-and-february-warned-about-a-likely-pandemic/2020/03/20 /299d8cda-6ad5-11ea-b5f1-a5a804158597_story.html; Joanna Slater, "Trump's First Day in India: A Massive Rally with Modi and a Tour of the 'Truly Incredible' Taj Ma-h a l ," *Washington Post*, February 24, 2020, https://www.washingtonpost.com/world /2020/02/24/trump-india-live-updates/.

42. Khalil and Troye, *COVIDcast*.

43. Khalil and Troye, *COVIDcast*.

44. Interview on background with Trump administration official, April 2021.

45. Kate Kelly and Mark Mazzetti, "As Virus Spread, Reports of Trump Administra-tion's Private Briefings Fueled Sell-Off," *New York Times*, October 14, 2020, https:// www. nytimes.com/2020/10/14/us/politics/stock-market-coronavirus-trump.html.

46. Rebecca Ballhaus, Stephanie Armour, and Betsy McKay, "A Demoralized CDC Deals with White House Meddling and Its Own Mistakes," *Wall Street Journal*, October 15, 2020, https://www.wsj.com/articles/a-demoralized-cdc-grapples-with-white-house -meddling-

and-its-own-mistakes-11602776561?mod=searchresults&page=1&pos =1; Bandler et al., "Inside the Fall of the CDC."

47. "Number of Cumulative Cases of Coronavirus (COVID-19) in the United States from January 20 to November 12, 2020, by Day," Statista, accessed November 13, 2020, https://www.statista.com/statistics/1103185/cumulative-coronavirus-covid19 -cases-number-us-by-day/.

48. For instance, see William Wan et al., "Coronavirus Will Radically Alter the U.S.," *Washington Post*, March 19, 2020, https://www.washingtonpost.com/health/2020/03 /19/coronavirus-projections-us/.

49. "Remarks by President Trump in Address to the Nation," The White House, issued March 11, 2020, https://www.whitehouse.gov/briefings-statements/remarks-president -trump-address-nation/.

50. Mike McIntire, "The Tickets Home Were $5,000; They Paid It," *New York Times*, March 12, 2020, https://www.nytimes.com/2020/03/12/travel/coronavirus-travel-ban -paris.html.

51. Woodward, *Rage*, 296, 312, 318–19.

52. Sarah Mervosh and Jack Healy, "Holdout States Resist Calls for Stay at Home Orders: 'What Are You Waiting For?,'" *New York Times*, April 3, 2020, https://www.nytimes .com/2020/04/03/us/coronavirus-states-without-stay-home.html.

53. Philip Rucker et al., "34 Days of Pandemic: Inside Trump's Desperate Attempts to Reopen America," *Washington Post*, May 2, 2020, https://www.washingtonpost .com/politics/34-days-of-pandemic-inside-trumps-desperate-attempts-to-reopen -america/2020/05/02/e99911f4-8b54-11ea-9dfd-990f9dcc71fc_story.html.

54. The Covid Tracking Project, accessed March 16, 2021, https://covidtracking.com / data/national/.

55. Brian Bennett, "President Trump Is Trying to Get America Back to Normal. His First Big Trip Was Anything But," *Time*, May 6, 2020, https://time.com/5832623/donald -trump-coronavirus-normal-arizona/.

56. Michael Shear and Sarah Mervosh, "Trump Encourages Protest Against Governors Who Encouraged Virus Restrictions," *New York Times*, April 17, 2020.

57. For Green's explanation at the time, see https://www.washingtonpost.com/national-security/usaid-head-to-resign-amid-coronavirus-pandemic/2020/03/16/9da2af60 -677a-11ea-b5f1-a5a804158597_story.html.

58. Bob David, Kate O'Keefe, and Lingling Wei, "U.S.'s China Hawks Drive Hard Line

Policies After Trump Turns on Beijing," *Wall Street Journal*, October 16, 2020, https:// www.wsj.com/articles/u-s-s-china-hawks-drive-hard-line-policies-after -trump-turns-on-beijing-11602867030?mod=e2twe.

59. Olivia Nuzzi, "My Private Oval Office Press Conference with Donald Trump, Mike Pence, John Kelly, and Mike Pompeo," *New York*, Intelligencer, October 10, 2018, https:// nymag.com/intelligencer/2018/10/my-private-oval-office-press-conference -with-donald-trump.html. For a list of Pompeo's major speeches in 2020, none of which were on the pandemic, see https://2017–2021.state.gov/speeches-secretary -pompeo//index.html.

60. This section is based on an interview on background with a French official and on Giles Whittell, "Trump First," *Tortoise Media*, June 8, 2020, https://members .tortoisemedia.com/2020/06/08/trump-first-goodbye-america/content.html.

61. John Hudson and Nate Jones, "State Department Releases Cable That Launched Claims That Coronavirus Escaped from Chinese Lab," *Washington Post*, July 20, 2020, https://www.washingtonpost.com/national-security/state-department-releases -cable-that-launched-claims-that-coronavirus-escaped-from-chinese-lab/2020/07 /17/63deae58-c861-11ea-a9d3–74640f25b953_story.html.

62. See Rogin, *Chaos Under Heaven*, 267–81.

63. David Sanger, "Pompeo Ties Coronavirus to Chinese Lab Despite U.S. Spy Agencies' Uncertainty," *New York Times*, May 7, 2020, https://www.nytimes.com/2020/05/03 / us/politics/coronavirus-pompeo-wuhan-china-lab.html.

64. Jennifer Hansler and Devan Cole, "Pompeo Backs Away from Theory He and Trump Were Pushing That Coronavirus Originated in a Wuhan Lab," CNN, May 17, 2020, https://www.cnn.com/2020/05/17/politics/mike-pompeo-coronavirus-wuhan-lab / index.html.

65. "Coronavirus: Trump Stands by China Lab Origin Theory for Virus," BBC, May 1, 2020, https://www.bbc.com/news/world-us-canada-52496098.

66. Abul Taher, "China Lab Leak Is the 'Most Credible' Source of the Coronavirus Outbreak, Says Top US Government Official, amid Bombshell Claims Wuhan Scientist Has Turned Whistleblower," *Daily Mail*, January 2, 2021, https://www .dailymail.co.uk/ news/article-9106951/Lab-leak-credible-source-coronavirus -outbreak-says-government-official.html; "China Demands Evidence from US Following Adviser's Hype on 'Wuhan Lab Coronavirus Leak' Conspiracy Theory," *Global Times*, January 4, 2021, https:// www.globaltimes.cn/page/202101/1211768 .shtml.

67. "Remarks by President Trump in Press Briefing," The White House, issued April

14, 2020, https://www.whitehouse.gov/briefings-statements/remarks-president-trump
-press-briefing/.

68. Interviews with several European officials.

69. Victor Garcia and Samuel Chamberlain, "Trump Set to Restore Partial Funding
to WHO After Pause to Investigate Coronavirus Response," *Fox News*, May 16, 2020,
https://www.foxnews.com/media/exclusive-white-house-set-restore-partial-who
-funding.

70. Lou Dobbs "Top WH Advisors are working for whom exactly?," Twitter, May 15,
2020, https://twitter.com/LouDobbs/status/1261485149235163138.

71. Adam Shaw, "Trump Says No Decision Yet on WHO Funding as He Mulls Plan
to Match China's Payments," *Fox News*, May 16, 2020, https://www.foxnews.com /
politics/trump-says-no-decision-yet-on-who-funding.

72. Donald J. Trump to Tedros Adhanom Ghebreyesus, May 18, 2020, The White House,
https://www.whitehouse.gov/wp-content/uploads/2020/05/Tedros-Letter.pdf.

73. Matt Apuzzo, Noah Weiland, and Selam Gebrekidan, "Trump Gave W.H.O. a List of
Demands. Hours Later, He Walked Away," *New York Times*, November 22, 2020, https://
www.nytimes.com/2020/11/27/world/europe/trump-who-tedros-china -virus.html.

74. Nick Cumming-Bruce, "U.S. Will Remain in Postal Treaty After Emergency Talks,"
*New York Times*, September 25, 2019, https://www.nytimes.com/2019/09/25/business /
universal-postal-union-withdraw.html.

75. Bremberg kept talking with WHO officials and allies to get the talks moving through-
out the summer and fall in the hopes of striking a deal he could bring to Trump but
no progress was made. "Independent Evaluation of Global COVID-19 Response An-
nounced," World Health Organization, July 9, 2021, https://www.who.int/news/
item /09-07-2020-independent-evaluation-of-global-covid-19-response-announced; Pien
Huang, "Trump Sets Date to End WHO Membership over Its Handling of Virus," NPR,
July 7, 2020, https://www.npr.org/sections/goatsandsoda/2020/07/07 /888186158/
trump-sets-date-to-end-who-membership-over-its-handling-of-virus.

76. "Politics Aside: U.S. Relies on China Supplies to Fight Coronavirus," *Japan Times*, April
3, 2020, https://www.japantimes.co.jp/news/2020/04/03/asia-pacific/us-relies -on-
china-supplies-to-fight-coronavirus/.

77. "Man Dies, Wife Critical After Ingesting Additive to Prevent COVID-19, Doctor
Says," ABC 7 News, March 25, 2020, https://abc7news.com/coronavirus-covid-19
-chloroquine-hydroxycholoroquine/6045150/.

78. "Govt Bans Export of Anti-Malarial Drug Hydroxychloroquine," *The Hindu*, March 25, 2020, https://www.thehindu.com/news/national/govt-bans-export-of-anti-malarial -drug-hydroxycloroquine/article31158160.ece.

79. Ministry of External Affairs, Government of India, "Telephone Conversation Between Prime Minister and President of USA," press release, June 2, 2020, https://mea. gov.in /press-releases.htm?dtl/32719/Telephone_conversation_between_Prime_Minister _and_President_of_USA.

80. "Remarks by President Trump, Vice President Pence, and Members of the Coronavirus Task Force in a Press Briefing," The White House, April 6, 2020, https:// www.whitehouse .gov/briefings-statements/remarks-president-trump-vice-president-pence-members -coronavirus-task-force-press-briefing-21/.

81. Neha Arora and Sumit Khanna, "India Exports 50 Million Hydroxychloroquine Tab- lets to U.S. for COVID-19 Fight: Source," Reuters, April 30, 2020, https://www. reuters .com/article/us-health-coronavirus-india-hydroxychlor/india-exports-50-million -hydroxychloroquine-tablets-to-u-s-for-covid-19-fight-source-idUSKBN22C2LN.

82. Donald J. Trump (@realDonaldTrump), Twitter, April 8, 2020, https://twitter.com / realDonaldTrump/status/1247950299408498693 (no longer available).

83. Shishir Gupta, "Trump's 200 Ventilators for India Cost $2.6 Million, Reaching in 3 Weeks," *Hindustan Times*, May 19, 2020, https://www.hindustantimes.com/india -news/trump-s-200-ventilators-for-india-cost-2–6-million-reaching-in-3-weeks /story-bO7s9Ng4thj6HuvkcA6DGM.html.

84. Tanisha M. Fazal, "Health Diplomacy in Pandemical Times," *International Organiza- tion* 74, no. 51 (2020): 13, https://doi.org/10.1017/S0020818320000326.

85. Jennifer Hansler, Priscilla Alvarez, and Gul Tuysuz, "Personal Protective Equipment Donated from Turkey Arrives in the US," CNN, April 28, 2020, https://edition.cnn .com/ us/live-news/us-coronavirus-update-04-28-20/h_c39ec5b84b713f2ef78f1f45 17106ea1.

86. Woodward, *Rage*, 292–93.

87. Katherine Eban, "How Jared Kushner's Secret Testing Plan 'Went Poof into Thin Air,'" *Vanity Fair*, July 30, 2002, https://www.vanityfair.com/news/2020/07/how-jared -kushners-secret-testing-plan-went-poof-into-thin-air.

88. Jeremy Konyndyk, "Exceptionalism Is Killing Americans," *Foreign Affairs*, June 8, 2020, https://www.foreignaffairs.com/articles/united-states/2020-06-08/exceptionalism -killing-americans.

89. Paul LeBlanc, "Hogan: Maryland Protected Coronavirus Tests It Secured from

South Korea 'Like Fort Knox,'" CNN, April 30, 2020, https://edition.cnn. com/2020/04/30 /politics/larry-hogan-coronavirus-masks-national-guard/index.html; Steve Thomp- son, "Hogan's First Batch of Coronavirus Tests from South Korea Were Flawed, Never Used," *Washington Post*, November 20 2020, https://www.washingtonpost .com/local/md-politics/hogan-korea-coronavirus-tests/2020/11/20/f048c1c8-251b -11eb-a688-5298ad5d580a_story.html.

90. "Coronavirus Resource Center," Johns Hopkins University & Medicine, https:// coronavirus.jhu.edu/, accessed April 2 2021.

91. Irwin Redlener et al., *130,000–210,000 Avoidable COVID-19 Deaths—and Counting— in the U.S.* (New York: Columbia University Earth Institute National Center for Disaster Preparedness, 2020), https://ncdp.columbia.edu/custom-content/uploads/2020/10 / Avoidable-COVID-19-Deaths-US-NCDP.pdf.

92. The U.S. death rate per 100,000 was 69 and Germany's was 12.17. See Coronavirus Re- search Center, Johns Hopkins University, https://coronavirus.jhu.edu/data/mortality, accessed October 27, 2020.

93. George Packer, "We Are Living in a Failed State," *The Atlantic*, June 2020, https:// www.theatlantic.com/magazine/archive/2020/06/underlying-conditions/610261/.

94. Kevin Rudd, "The Coming Post-COVID Anarchy," *Foreign Affairs*, May 6, 2020, https://www.foreignaffairs.com/articles/united-states/2020-05-06/coming-post-covid -anarchy.

95. Dr. Deborah Birx interview with Margaret Brennan, *Face the Nation*, January 24, 2021, https://www.youtube.com/watch?v=nW41YylWipM.

96. Elizabeth E. Cameron et al., *Global Health Security Index: Building Collective Action and Accountability* (Washington, DC: Nuclear Threat Initiative and Center for Health Security, Johns Hopkins Bloomberg School of Public Health, 2020), https://www .ghsindex.org/ wp-content/uploads/2019/10/2019-Global-Health-Security-Index .pdf.

## 제6장 국가별 성공과 실패를 가른 요인들

———

1. Daniel Boffey, Celine Schoen, Ben Stockton, and Laura Margottini, "Revealed: Ita- ly's Call for Urgent Help Was Ignored as Coronavirus Swept Through Europe," *The Guardian*, July 15, 2020, https://www.theguardian.com/world/2020/jul/15/revealed -the-inside-story-of-europes-divided-coronavirus-response?CMP=share_btn_tw.

2. Boffey et al., "Revealed."

3. Ursula von der Leyen, "President Ursula von der Leyen on Her Phone Call with the Prime Minister of China Li Keqiang," European Commission video, 1:22, March 18, 2020, https://audiovisual.ec.europa.eu/en/topnews/M-004589.

4. Rym Momtaz, "Inside Macron's Coronavirus War," Politico, April 12, 2020, https://www.politico.eu/interactive/inside-emmanuel-macron-coronavirus-war/.

5. Off-the-record conversation with a senior European official, February 2020.

6. Matt Apuzzo, Selam Gebrekidan, and David D. Kirkpatrick, "How the World Missed Covid-19's Silent Spread," New York Times, June 27, 2021, https://www.nytimes.com /2020/06/27/world/europe/coronavirus-spread-asymptomatic.html.

7. Angela Giuffrida and Lorenzo Tondo, "Leaked Coronavirus Plan to Quarantine 16m Sparks Chaos in Italy," The Guardian, March 8, 2020, https://www.theguardian.com / world/2020/mar/08/leaked-coronavirus-plan-to-quarantine-16m-sparks-chaos-in -italy.

8. See Chapter 7 for more details.

9. "Europe Needs New Measures to Tackle Coronavirus Threat: Italian President," Reuters, March 27, 2020, https://www.reuters.com/article/us-health-coronavirus-eu -italy/europe-needs-new-measures-to-tackle-coronavirus-threat-italian-president -idUSKBN21E36G.

10. "Germany Bans Export of Medical Protection Gear Due to Coronavirus," Reu- ters, March 4, 2020, https://www.reuters.com/article/health-coronavirus-germany -exports/ germany-bans-export-of-medical-protection-gear-due-to-coronavirus -idUSL8N2AX3D9.

11. "French Mayor Defends Smurf Rally After Outcry over Virus," France 24, March 10, 2020, https://www.france24.com/en/20200310-french-mayor-defends-smurf-rally -after-outcry-over-virus; Antonia Noori Farzan, "'We Must Not Stop Living': French Mayor Defends Smurf Rally That Drew Thousands amid Coronavirus Fears," Wash- ington Post, March 11, 2020, https://www.washingtonpost.com/nation/2020/03/11 /smurf-coronavirus-france/.

12. Laura Marlowe, "Coronavirus: European Solidarity Sidelined as French Interests Take Priority," Irish Times, March 30, 2020, https://www.irishtimes.com/news/world/europe / coronavirus-european-solidarity-sidelined-as-french-interests-take-priority-1 .4216184.

13. Rush Doshi (@RushDoshi), "Serbian President: The only country that can help us is China," Twitter, March 16, 2020, 4:09 p.m., https://twitter.com/RushDoshi/status /1239645067066978311.

14. Jacopo Barigazzi, "Italy's Foreign Minister Hails China's Coronavirus Aid," Po- litico,

March 13, 2020, https://www.politico.eu/article/italys-foreign-minister-hails -chinese-caronavirus-aid/; Andrew Small, "The Meaning of Systemic Rivalry: Europe and China Beyond the Pandemic," European Council on Foreign Rela- tions, May 13, 2020, https://www.ecfr.eu/publications/summary/the_meaning_of _systemic_rivalry_europe_ and_china_beyond_the_pandemic.

15. Maurizio Massari, "Italian Ambassador to the EU: Italy Needs Europe's Help," Polit- ico, March 10, 2020, https://www.politico.eu/article/coronavirus-italy-needs-europe -help/.

16. Europe Elects (@EuropeElects), "Italy: Tecnè poll," Twitter, April 11, 2020, 5:00 p.m., https://twitter.com/europeelects/status/1249079936629039110?lang=en.

17. Boffey et al., "Revealed."

18. Emmanuel Macron, "Adresse aux Français, 16 mars 2020," Élysée, March 16, 2020, https://www.elysee.fr/emmanuel-macron/2020/03/16/adresse-aux-francais-covid19; "France—President Emmanuel Macron's Approval Rating," Poll of Polls, Politico, https://www.politico.eu/europe-poll-of-polls/france/.

19. Angela Merkel, "An Address to the Nation by Federal Chancellor Merkel," German Federal Government, March 18, 2020, https://www.bundesregierung.de/breg-en / issues/statement-chancellor-1732296.

20. Giles Tremlett, "How Did Spain Get Its Coronavirus Response So Wrong?," *The Guardian*, March 26, 2020, https://www.theguardian.com/world/2020/mar/26/spain -coronavirus-response-analysis.

21. Mariam Claeson and Stefan Hanson, "COVID-19 and the Swedish Enigma," *Lancet* 397, no. 10271 (January 2021): 259–61, https://www.thelancet.com/journals/lancet / article/PIIS0140-6736(20)32750-1/fulltext; Kelly Bjorklund, "The Inside Story of How Sweden Botched Its Coronavirus Response," *Foreign Policy*, December 22, 2020, https:// foreignpolicy.com/2020/12/22/sweden-coronavirus-covid-response/; Kelly Bjorklund and Andrew Ewing, "The Swedish COVID-19 Response Is a Disaster. It Shouldn't Be a Model for the Rest of the World," *Time*, October 14, 2020, https://time .com/5899432/ sweden-coronovirus-disaster/; Eric Orlowski and David Goldsmith, "Four Months into the COVID-19 Pandemic, Sweden's Prized *Herd Immunity* Is No- where in Sight," *Journal of the Royal Society of Medicine* 113, no. 8 (August 2020): 292–98, https://doi. org/10.1177/0141076820945282; Bojan Pancevski, "Coronavirus Is Taking a High Toll on Sweden's Elderly. Families Blame the Government," *Wall Street Journal*, June 18, 2020, https://www.wsj.com/articles/coronavirus-is-taking-a -high-toll-on-swedens-elderly-

families-blame-the-government-11592479430?mod =article_inline.

22. Norway's numbers were for a slightly different three-month period—March to May instead of April to June. Sinéad Baker, "Sweden's GDP Slumped 8.6% in Q2, More Sharply Than Its Neighbors Despite Its No-Lockdown Policy," *Business Insider*, August 14, 2020, https://www.businessinsider.com/coronavirus-sweden-gdp-falls-8pc -in-q2-worse-nordic-neighbors-2020-8.

23. Drew Hinshaw and Natalia Ojewska, "Covid-19 Rips Through European Countries Spared in the Spring, Straining Hospitals," *Wall Street Journal*, October 16, 2020, https://www.wsj.com/articles/covid-rips-through-european-countries-spared-in -the-spring-straining-hospitals-11602865379?page=2.

24. Guy Chazan, "How Germany Got Coronavirus Right," *Financial Times*, June 4, 2020, https://www.ft.com/content/cc1f650a-91c0-4e1f-b990-ee8ceb5339ea; Chris Morris, "Coronavirus: What Can the UK Learn from Germany on Testing?," BBC News, April 10, 2020, https://www.bbc.com/news/health-52234061; Margherita Stancati and Bojan Pancevski, "How Europe Kept Coronavirus Cases Low Even After Reopening," *Wall Street Journal*, July 20, 2020, https://www.wsj.com/articles/how-europe-slowed -its-coronavirus-cases-from-a-torrent-to-a-trickle-11595240731.

25. Ludwig Burger and John Miller, "Update 1—German, Swiss Hospitals to Treat Coronavirus Patients from Eastern France," Reuters, March 22, 2020, https://www.reuters .com/article/health-coronavirus-germany-france/update-1-german-swiss-hospitals -to-treat-coronavirus-patients-from-eastern-france-idUSL8N2BF0J8.

26. Ursula von der Leyen, quoted in Verena Schmitt-Roschmann, "After Glimpsing 'Abyss,' von der Leyen Determined EU Will Survive," DPA International, March 28, 2020, https://www.dpa-international.com/topic/glimpsing-abyss-von-der-leyen -determined-eu-will-survive-urn%3Anewsml%3Adpa.com%3A20090101%3A2003 28–99–509470.

27. Viktoria Dendrinou, "Euro-Area Finance Chiefs Told to Guard Against Breakup Risks," Bloomberg, March 30, 2020, https://www.bloomberg.com/news/ articles/2020-03-30 /euro-area-finance-chiefs-told-to-guard-against-break-up-threat?sref=bxQtWDnd; Angela Merkel, quoted in Andreas Rinke and Markus Wacket, "Coronavirus Pan- demic Is Historical Test for EU, Merkel Says," Reuters, April 6, 2020, https://www .reuters.com/article/uk-health-coronavirus-germany-idUKKBN21O175.

28. Rinke and Wacket, "Coronavirus Pandemic Is Historical Test."

29. Pedro Sánchez, "Europe's Future Is at Stake in This War Against Coronavirus," *The Guardian*, April 5, 2020, https://www.theguardian.com/world/commentisfree/2020 /

apr/05/europes-future-is-at-stake-in-this-war-against-coronavirus.

30. Sánchez, "Europe's Future Is at Stake."

31. Emmanuel Macron, quoted in Victor Mallet and Roula Khalaf, "FT Interview: Emmanuel Macron Says It Is Time to Think the Unthinkable," *Financial Times*, April 16, 2020, https://www.ft.com/content/3ea8d790-7fd1-11ea-8fdb-7ec06edeef84.

32. Schmitt-Roschmann, "After Glimpsing 'Abyss'"; Rinke and Wacket, "Coronavirus Pandemic Is Historical Test"; Sánchez, "Europe's Future Is at Stake"; Mallet and Khalaf, "FT Interview: Emmanuel Macron."

33. Martin Wolf, "German Court Decides to Take Back Control with ECB Ruling," *Financial Times*, May 12, 2020, https://www.ft.com/content/37825304-9428-11ea-af4b -499244625ac4.

34. "Rebuilding the Trans-Atlantic Relationship After COVID-19," webinar, Brookings Institution, Washington, DC, June 16, 2020, https://www.brookings.edu/wp-content /uploads/2020/06/fp_20200616_transatlantic_covid_transcript.pdf.

35. Barry Neild, "Why Greece Could Be Europe's Best Holiday Ticket Right Now," CNN, August 1, 2020, https://www.cnn.com/travel/article/greece-vacation-right-now-covid -19-intl/index.html.

36. Stancati and Pancevski, "How Europe Kept Coronavirus Cases Low."

37. Patrick M. Cronin, Seth Cropsey, and Robert Spalding, "Transcript: Taiwan's Strong COVID-19 Response: Remarks by Foreign Minister Joseph Wu," Hudson Institute, April 10, 2020, https://www.hudson.org/research/15919-transcript-taiwan-s-strong -covid-19- response-remarks-by-foreign-minister-joseph-wu.

38. Kow-Tong Chen et al., "SARS in Taiwan: An Overview and Lessons Learned," *International Journal of Infectious Diseases* 9, no. 2 (2005), https://pubmed.ncbi.nlm.nih .gov/15708322/; interview with senior Taiwan government official.

39. Yimou Lee, "Taiwan's New 'Electronic Fence' for Quarantines Leads Wave of Virus Monitoring," Reuters, March 20, 2020, https://www.reuters.com/article/us-health -coronavirus-taiwan-surveillanc/taiwans-new-electronic-fence-for-quarantines -leads- wave-of-virus-monitoring-idUSKBN2170SK; interviews with government officials of Taiwan.

40. "Taiwan Can Help, and Taiwan Is Helping!," press release, Ministry of Foreign Affairs, Republic of China (Taiwan), https://en.mofa.gov.tw/cp.aspx?n =AF70B0F54FFB164B.

41. Wudan Yan and Ann Babe, "What Should the U.S. Learn from South Korea's

Covid-19 Success?," Undark, October 5, 2020, https://undark.org/2020/10/05/south-korea -covid-19-success/; "Moon Apologizes for Mask Shortage," *Korea Herald*, March 3, 2020, http://www.koreaherald.com/view.php?ud=20200303000718; Brian Kim, "Lessons for America: How South Korean Authorities Used Law to Fight the Corona- virus," *Lawfare*, March 16, 2020, https://www.lawfareblog.com/lessons-america-how -south-korean-authorities-used-law-fight-coronavirus; Derek Thompson, "What's Behind South Korea's COVID-19 Exceptionalism?," *The Atlantic*, May 6, 2020, https://www.theatlantic.com/ideas/archive/2020/05/whats-south-koreas-secret /611215/; Timothy W. Martin and Dasl Yoon, "How South Korea Successfully Man- aged Coronavirus," *Wall Street Journal*, September 25, 2020, https://www.wsj.com /articles/ lessons-from-south-korea-on-how-to-manage-covid-11601044329.

42. Victor Cha, "South Korea Offers a Lesson in Best Practices," *Foreign Affairs*, April 10, 2020, https://www.foreignaffairs.com/articles/united-states/2020-04-10/south-korea -offers-lesson-best-practices; Yan and Babe, "What Should the U.S. Learn"; Dasl Yoon and Timothy W. Martin, "How South Korea Put into Place the World's Most Aggressive Coronavirus Test Program," *Wall Street Journal*, March 16, 2020, https:// www.wsj.com/ articles/how-south-korea-put-into-place-the-worlds-most-aggressive -coronavirus-testing-11584377217?mod=article_inline; Thompson, "What's Behind South Korea's COVID-19 Exceptionalism?"

43. Yoon and Martin, "How South Korea Put Into Place"; Victor Cha and Dana Kim, "A Timeline of South Korea's Response to COVID-19," CSIS, March 27, 2020, https://www.csis.org/analysis/timeline-south-koreas-response-covid-19; "Covid-19: South Korea Closes Seoul Schools amid Rise in Cases," BBC, August 25, 2020, https://www .bbc.com/news/world-asia-53901707; Sangmi Cha, "South Korea: No New Domestic Coronavirus Cases, No Transmission from Election," Reuters, April 29, 2020, https:// www.reuters.com/article/us-health-coronavirus-southkorea/south-korea-no-new -domestic-coronavirus-cases-no-transmission-from-election-idUSKBN22C05U; Matthew Campbell and Heesu Lee, "There's Still Time to Beat Covid Without Lock- downs," Bloomberg, December 10, 2020, https://www.bloomberg.com/features/2020 -south-korea-covid-strategy/.

44. Yoon and Martin, "How South Korea Put into Place"; Philip Bump, "The Difference in How the Pandemic Has Affected the U.S. and South Korea Remains Staggering," *Washington Post*, December 4, 2020, https://www.washingtonpost.com/politics/2020 /12/04/difference-how-pandemic-has-affected-us-south-korea-remains-staggering/;

Bhaskar Chakravorti, Ajay Bhalla, and Ravi Shankar Chaturvedi, "Which Economies Showed the Most Digital Progress in 2020?," *Harvard Business Review*, December 18, 2020, https://hbr.org/2020/12/which-economies-showed-the-most-digital -progress-in-2020; Edward White and Song Jung-a, "Vaccine Rollout and Tech Exports Boost S Korea Growth Expectations," *Financial Times*, January 25, 2021, https://www.ft.com/content/ e7019c31-e46c-400e-820c-4f19a2788fa2.

45. Eisuke Nakazawa, Hiroyasu Ino, and Akira Akabayashi, "Chronology of COVID-19 Cases on the *Diamond Princess* Cruise Ship and Ethical Considerations: A Report from Japan," *Disaster Medicine and Public Health Preparedness* 14, no. 4 (2020), https://www.ncbi. nlm.nih.gov/pmc/articles/PMC7156812/; Kenji Mizumoto, Katsu- shi Kagaya, and Alexander Zarebski, "Estimating the Asymptomatic Proportion of Coronavirus Disease 2019 (COVID-19) Cases on Board the *Diamond Princess* Cruise Ship, Yokohama, Japan, 2020," *Eurosurveillance* 25, no. 10 (March 2020), https://www .eurosurveillance.org/ content/10.2807/1560-7917.ES.2020.25.10.2000180; Robin Harding, Nicolle Liu, and John Reed, "How a Cruise Ship Holiday Turned into a Coronavirus Nightmare," *Financial Times*, February 21, 2020, https://www.ft.com /content/1a6dd424-546c-11ea-8841-482eed0038b1.

46. Hiromi Murakami, "Resolved: Japan's Response to Covid-19 Is Prudent," CSIS, May 20, 2020, https://www.csis.org/analysis/resolved-japans-response-covid-19 -prudent; "Avoid the Three Cs," Prime Minister's Office of Japan, https://www.mhlw .go.jp/ content/10900000/000619576.pdf; Motoko Rich, Hisako Ueno, and Makiko Inoue, "Japan Declared a Coronavirus Emergency. Is It Too Late?," *New York Times*, April 16, 2020, https://www.nytimes.com/2020/04/07/world/asia/japan-coronavirus -emergency. html.

47. William Sposato, "Japan's Halfhearted Coronavirus Measures Are Working Anyway," *Foreign Policy*, May 14, 2020, https://foreignpolicy.com/2020/05/14/japan-coronavirus -pandemic-lockdown-testing/; Lawrence Repeta, "The Coronavirus and Japan's Constitution," *Japan Times*, April 14, 2020, https://www.japantimes.co.jp/opinion /2020/04/14/commentary/japan-commentary/coronavirus-japans-constitution/; Mari Yamaguchi, "Japan's State of Emergency Is No Lockdown. What's in It?," As- sociated Press, April 7, 2020, https://apnews.com/article/eb73f1170268ec2cdcf03e6 97365acb2; Grace Lee, "Is Japan's Pandemic Response a Disaster or a Success?," *PBS NewsHour*, June 7, 2020, https://www.pbs.org/newshour/show/is-japans-pandemic -response-a-disaster-or-a-success; "Coronavirus: State of Emergency Lifted in Most of Japan," BBC,

May 14, 2020, https://www.bbc.com/news/world-asia-52658551.

48. Thisanka Siripala, "Japan's Campaign to Revive Virus-Hit Tourism Sector Postponed amid Cost Controversy," The Diplomat, June 16, 2020, https://thediplomat.com /2020/06/japans-campaign-to-revive-virus-hit-tourism-sector-postponed-amid -cost-controversy/; Rocky Swift, "Study Links Japan's Domestic Travel Campaign to Increased COVID-19 Symptoms," Reuters, December 8, 2020, https://www.reuters .com/article/health-coronavirus-japan-travel/study-links-japans-domestic-travel -campaign-to-increased-covid-19-symptoms-idUSKBN28I17C; Sho Saito, Yusuke Asai, and Nobuaki Matsunaga, "First and Second COVID-19 Waves in Japan: A Comparison of Disease Severity and Characteristics," *Journal of Infection*, November 2020, https://www.ncbi.nlm.nih.gov/pmc/articles/PMC7605825/; Robin Harding, "The 'Japan Model' That Tackled the Coronavirus," *Financial Times*, June 2, 2020, https://www.ft.com/content/7a4ce8b5-20a3-40ab-abaf-1de213a66403.

49. "Deputy PM Orders Ministries to Prevent Acute Pneumonia Spread into Vi□ t Nam," Viet Nam News, January 17, 2020, https://vietnamnews.vn/society/571291 /deputy-pm-orders-ministries-to-prevent-acute-pneumonia-spread-into-viet-nam .html; Anna Jones, "Coronavirus: How 'Overreaction' Made Vietnam a Virus Suc- cess," BBC, May 15, 2020, https://www.bbc.com/news/world-asia-52628283; Minh Vu and Bich T. Tran, "The Secret to Vietnam's COVID-19 Response Success," The Diplomat, April 18, 2020, https://thediplomat.com/2020/04/the-secret-to-vietnams -covid-19-response-success/; "Vietnam Records First COVID-19 Death After Virus Re-Emerges: State Media," Reuters, July 31, 2020, https://www.reuters.com/article /us-health-coronavirus-vietnam-death/vietnam-records-first-covid-19-death-after -virus-re-emerges-state-media-idUSKCN24W0XS; "Emerging COVID-19 Success Story: Vietnam's Commitment to Containment," Our World in Data, June 30, 2020, https://ourworldindata.org/covid-exemplar-vietnam.

50. Paul Dyer, "Policy and Institutional Responses to COVID-19: New Zealand," Brook-ings Institution, January 24, 2021, https://www.brookings.edu/research/policy-and -institutional-responses-to-covid-19-new-zealand/; "New Zealand Takes Early and Hard Action to Tackle COVID-19," World Health Organization, July 15, 2020, https:// www.who.int/westernpacific/news/feature-stories/detail/new-zealand-takes -early-and-hard-action-to-tackle-covid-19; Nick Perry, "Coronavirus Breaks Out Again in New Zealand After 102 Days," The Diplomat, August 12, 2020, https:// thediplomat. com/2020/08/coronavirus-breaks-out-again-in-new-zealand-after -102-days/; Philip

Dandolov, "Unearthing the Secret to COVID-19 Successes in New Zealand and Taiwan," Geopolitical Monitor, December 8, 2020, https://www .geopoliticalmonitor.com/unearthing-the-secret-to-covid-19-successes-in-new -zealand-and-taiwan/.

51. Marcia Castro, "Lack of Federal Leadership Hinders Brazil's COVID-19 Response," Harvard T. H. Chan School of Public Health, June 25, 2020, https://www.hsph .harvard. edu/news/features/brazil-covid-marcia-castro/; "Brazil Highlights Treat- ment for All People with HIV," World Health Organization, November 30, 2018, https://www.who. int/hiv/mediacentre/news/brazil-hiv-treatment-all-plhiv/en/.

52. Vanessa Barbara, "'We Will All Die One Day,' My President Said," *New York Times*, April 14, 2020, https://www.nytimes.com/2020/04/14/opinion/coronavirus-bolsonaro -brazil.html.

53. Simone Preissler Iglesias and Samy Adghirni, "Brazil's State Governors Defy Bol- sonaro in Coronavirus Fight," Bloomberg, March 25, 2020, https://www. bloomberg .com/news/articles/2020-03-25/brazilian-state-governors-defy-bolsonaro- in -coronavirus-fight; Hu Yiwei, "Graphics: What's Gone Wrong for Brazil's COVID-19 Response?," CGTN, June 16, 2020, https://news.cgtn.com/news/2020–06–16 / Graphics-What-s-gone-wrong-for-Brazil-s-COVID-19-response—Rn0ZueKCMo /index. html; Fábio Amato, "Coronavírus: MP concentra no governo federal poder para restringir circulação de pessoas" [Coronavirus: MP concentrates power in the federal government to restrict the movement of people], Globo.com, March 21, 2020, https://g1.globo. com/politica/noticia/2020/03/21/coronavirus-mp-concentra-no-governo-federal- poder-para-restringir-circulacao-de-pessoas.ghtml; Editorial, "COVID-19 in Brazil: 'So What?,'" *Lancet* 395, no. 10235 (May 2020): 1461, https:// www.thelancet.com/journals/ lancet/article/PIIS0140-6736(20)31095-3/fulltext; Bloomberg Quicktake (@Quicktake), "WATCH: Thousands of people in Brazil banged pots from their balconies in protest against President Bolsonaro's handling of the #coronavirus pandemic," Twitter, March 19, 2020, 10:00 p.m., https://twitter.com /QuickTake/status/1240820403435700226 ?s=20.

54. Antonia Noori Farzan and Miriam Berger, "Bolsonaro Says Brazilians Must Not Be 'Sissies' About Coronavirus, as 'All of Us Are Going to Die One Day,'" *Washington Post*, November 11, 2020, https://www.washingtonpost.com/world/2020/11/11/bolsonaro -coronavirus-brazil-quotes/.

55. Ernesto Londoño, Manuela Andreoni, and Letícia Casado, "Brazil, Once a Leader, Struggles to Contain Virus Amid Political Turmoil," *New York Times*, May 16, 2020,

https://www.nytimes.com/2020/05/16/world/americas/virus-brazil-deaths.html;
Ricardo Della Coletta, "Com Covid-19, Bolsonaro passeia de moto e conversa sem
máscara com garis no Alvorada" [With Covid-19, Bolsonaro rides a motorcycle and talks
unmasked to garbage men at Alvorada], *Folha de S. Paulo*, July 23, 2020, https://www1.
folha.uol.com.br/poder/2020/07/com-covid-19-bolsonaro-passeia -de-moto-e-conversa-
sem-mascara-com-garis-no-alvorada.shtml; Manuela Andre- oni, "Coronavirus in Brazil:
What You Need to Know," *New York Times*, January 10, 2021, https://www.nytimes.
com/article/brazil-coronavirus-cases.html; "Covid: Bra- zil's Coronavirus Death Toll
Passes 150,000," BBC, October 11, 2020, https://www .bbc.com/news/world-latin-
america-54496354; Edmund Ruge, "Brazil's President Says His Country Is Being a
Bunch of 'Sissies' About COVID," Vice, November 11, 2020, https://www.vice.com/
en/article/v7mea3/brazils-president-says-his-country -is-being-a-bunch-of-sissies-about-
covid.

56. Igor Gielow and Thiago Amâncio, "Bolsonaro Maintains Approval Rating, and Ma-
jority Don't Blame Him for Covid-19 Deaths, Says Datafolha," *Folha de S. Paulo*, December
14, 2020, https://www1.folha.uol.com.br/internacional/en/brazil/2020 /12/bolsonaro-
maintains-approval-rating-and-majority-dont-blame-him-for-covid -19-deaths-says-
datafolha.shtml; Brian Winter, "A Moment of Truth for Bolsonaro," Think Global
Health, January 20, 2021, https://www.thinkglobalhealth.org/article /moment-truth-
bolsonaro; *World Economic Outlook Update, January 2021: Policy Support and Vaccines Expected
to Lift Activity* (Washington, DC: International Mon- etary Fund, 2020), 4, https://www.
imf.org/en/Publications/WEO/Issues/2021/01/26 /2021-world-economic-outlook-
update.

57. Amy Kazmin, "Modi Stumbles: India's Deepening Coronavirus Crisis," *Financial Times*,
July 27, 2020, https://www.ft.com/content/53d946cf-d4c2-4cc4-9411-1d5bb3566e83;
"Coronavirus Government Response Tracker," Blavatnik School of Government,
University of Oxford, accessed December 31, 2020, https://www.bsg.ox.ac.uk/research
/research-projects/coronavirus-government-response-tracker; "India Coronavirus
Map and Case Count," *New York Times*, accessed December 31, 2020, https://www
.nytimes.com/interactive/2020/world/asia/india-coronavirus-cases.html; Soutik Biswas,
"India Coronavirus: How a Group of Volunteers 'Exposed' Hidden Covid-19 Deaths,"
BBC, November 20, 2020, https://www.bbc.com/news/world-asia-india -54985981;
Aniruddha Ghosal and Sheikh Saaliq, "As India's Virus Cases Rise, So Do Questions over
Death Toll," Associated Press, September 17, 2020, https://apnews .com/article/virus-

outbreak-international-news-india-1f90b42d999a4c918e550ef36 164d3be; Bill Chappell, "Enormous and Tragic: U.S. Has Lost More Than 200,000 People to COVID-19," NPR, September 22, 2020, https://www.npr.org/sections /coronavirus-live-updates/2020/09/22/911934489/enormous-and-tragic-u-s-has -lost-more-than-200–000-people-to-covid-19.

58. "Journalists Detained, Assaulted in India During COVID-19 Lockdown," Committee to Protect Journalists, April 28, 2020, https://cpj.org/2020/04/journalists-detained -assaulted-in-india-during-cov/.

59. Christophe Jaffrelot and Jean Thomas Martelli, "Current Crisis Consolidates Populist Rapport Between a Leader and a Fictional Representation of People," *Indian Express*, April 29, 2020, https://indianexpress.com/article/opinion/columns/india-covid-19 -coronavirus-lockdown-narendra-modi-6383721/; Aparna Sundar and Alf Gunvald Nilsen, "COVID-19 in Narendra Modi's India: Virulent Politics and Mass Desper- ation," *The Wire*, August 1, 2020, https://thewire.in/health/covid-19-in-narendra -modis-india-virulent-politics-and-mass-desperation; Prem Shankar Jha, "Modi's 'Stimulus Package' Is a Gigantic Confidence Trick Played on the People of India," *The Wire*, May 18, 2020, https://thewire.in/political-economy/modis-stimulus-package -is-a-gigantic-confidence-trick-played-on-the-people-of-india; Subrata Nagchoud- hury and Shilpa Jamkhandikar, "BJP, Courting Votes in Bihar State, Promises Free COVID-19 Vaccines," Reuters, October 22, 2020, https://www.reuters.com/article/health -coronavius-india-cases-idUSKBN2770EL.

60. Anna MM Vetticad, "Indian Media Accused of Islamophobia for Its Coronavirus Coverage," Al Jazeera, May 15, 2020, https://www.aljazeera.com/news/2020/5/15 /indian-media-accused-of-islamophobia-for-its-coronavirus-coverage; Hannah Ellis-Petersen and Shaikh Azizur Rahman, "Coronavirus Conspiracy Theories Targeting Muslims Spread in India," *The Guardian*, April 13, 2020, https://www.theguardian .com/ world/2020/apr/13/coronavirus-conspiracy-theories-targeting-muslims-spread -in-india; Alexandre Capron, "'CoronaJihad': Fake News in India Accuses Muslims of Deliberately Spreading Covid-19," France 24, May 13, 2020, https://observers.france24 .com/en/20200513-india-coronajihad-fake-news-muslims-spreading-covid-19; Va- sudha Venugopal, "Tablighi Jamaat Is a Talibani Crime, Not Negligence: Mukhtar Abbas Naqvi," *Economic Times*, April 2, 2020, https://economictimes.indiatimes .com/news/politics-and-nation/tablighi-jamaat-is-a-talibani-crime-not-negligence -mukhtar-abbas-naqvi/articleshow/74940835.cms; "'Do Not Buy from Muslims': BJP Leader in India Calls

for Boycott," Al Jazeera, April 29, 2020, https://www .aljazeera.com/news/2020/4/29/ do-not-buy-from-muslims-bjp-leader-in-india-calls -for-boycott; Harsh Mander, "The Coronavirus Has Morphed into an Anti-Muslim Virus," *The Wire*, April 13, 2020, https://thewire.in/communalism/coronavirus-anti -muslim-propaganda-india; Soumya Chatterjee and Theja Ram, "COVID-19: Muslims and Muslim Volunteers Heckled, Harassed in Karnataka," *News Minute*, April 6, 2020, https://www.thenewsminute.com/ article/covid-19-muslims-amd-muslim-volunteers -heckled-harassed-karnataka-121977; Yasmine El-Geressi, "Blamed, Attacked, Denied Treatment: Coronavirus Fans Islamophobia in India," *Majalla*, May 15, 2020, https:// eng.majalla.com/node/88791/ blamed-attacked-denied-treatment-coronavirus-fans -islamophobia-in-india%C2%A0; Meenakshi Ganguly, "India Has Taken Notable Steps to Contain Covid-19—but Failed to Curb Surging Anti-Muslim Rhetoric," Scroll .in, April 18, 2020, https://scroll.in/ article/959496/india-has-taken-notable-steps-to -contain-covid-19-but-failed-to-curb-surging-anti-muslim-rhetoric.

61. Benjamin Netanyahu, "PM Netanyahu's Statement to the Media on the Coronavirus," Israeli Government, March 25, 2020, https://www.gov.il/en/departments/news/event _ statement250320; Joshua Mitnick, "Israel's Cautionary Coronavirus Tale," *Foreign Policy*, July 22, 2020, https://foreignpolicy.com/2020/07/22/israel-coronavirus -second-wave-netanyahu/.

62. Israeli Office of the Prime Minister and the Ministry of Health, "The Govern- ment Approved Emergency Regulations to Restrict Activities in Order to Curb the Spread of Coronavirus in Israel," press release, March 25, 2020, https://www.gov.il/en / departments/news/25032020_01; "Israel Considers Broadening Entry Restrictions for Coronavirus," Reuters, March 8, 2020, https://www.reuters.com/article/us-health -coronavirus-israel-usa-idUSKBN20V0R6; Dov Lieber, "Israel Halts Controversial Coronavirus Surveillance," *Wall Street Journal*, June 9, 2020, https://www.wsj.com / articles/israel-halts-controversial-coronavirus-surveillance-11591734875; David M. Halbfinger, Isabel Kershner, and Ronen Bergman, "To Track Coronavirus, Israel Moves to Tap Secret Trove of Cellphone Data," *New York Times*, March 16, 2020, https://www .nytimes.com/2020/03/16/world/middleeast/israel-coronavirus-cellphone-tracking .html; Tehilla Shwartz Altshuler and Rachel Aridor Hershkowitz, "How Israel's COVID-19 Mass Surveillance Operation Works," *Tech Stream*, July 6, 2020, https:// www.brookings.edu/ techstream/how-israels-covid-19-mass-surveillance-operation -works/; author interview with an Israeli health official, July 2020.

63. Mark Last, "The First Wave of COVID-19 in Israel—Initial Analysis of Publicly Available Data," *PLoS ONE* 15, no. 10 (October 2020), https://doi.org/10.1371/journal .pone.0240393.

64. Author interview with Israeli health official, July 2020.

65. "Netanyahu to Israelis: Have Fun, We're Easing Coronavirus Restrictions," *Jerusalem Post*, May 26, 2020, https://www.jpost.com/israel-news/netanyahu-to-israelis-have -fun-were-easing-coronavirus-restrictions-629366.

66. Mitnick, "Israel's Cautionary Coronavirus Tale"; Steve Hendrix, "Why Israel Is Seeing a Coronavirus Spike After Initially Crushing the Outbreak," *Washington Post*, July 7, 2020, https://www.washingtonpost.com/world/middlle_east/why-israel-is-seeing -a-coronavirus-spike-after-initially-crushing-the-outbreak/2020/07/07/dd141158 -bfbc-11ea-8908–68a2b9eae9e0_story.html; "Netanyahu Admits Israel's Economy Reopened 'Too Soon,'" Jewish Telegraphic Agency, July 10, 2020, https://www.jta.org /quick-reads/netanyahu-admits-israels-economy-reopened-too-soon; Ariel Oseran, "Israel Considers a Second Lockdown as Coronavirus Cases Surge," *The World*, July 17, 2020, https://www.pri.org/stories/2020–070–17/israel-considers-second-lockdown -coronavirus-cases-surge; Anshel Pfeffer, "Why Netanyahu Failed the Coronavirus Stress Test," *Haaretz*, July 10, 2020, https://www.haaretz.com/israel-news/.premium -why-netanyahu-failed-the-coronavirus-stress-test-1.8984398.

67. Graeme Wilson and George Jones, "Boris Johnson Inspired by Jaws Mayor," *Telegraph*, July 18, 2007, https://www.telegraph.co.uk/news/uknews/1557765/Boris-Johnson -inspired-by-Jaws-mayor.html.

68. Hayley Mortimer, "Coronavirus: Cheltenham Festival 'May Have Accelerated' Spread," BBC, April 30, 2020, https://www.bbc.com/news/uk-england-gloucestershire -52485584; Dan Roan, "Liverpool v Atletico Madrid: Mayor Calls for Inquiry amid Coronavirus Concerns," BBC, April 23, 2020, https://www.bbc.com/sport/football /52399569; Anthony Costello, "The United Kingdom Is Flying Blind on Covid-19," *New Statesman*, March 20, 2020, https://www.newstatesman.com/politics/staggers /2020/03/uk-response-coronavirus-pandemic-distancing-medical-advice; Neel Pa- tel, "The UK Is Scrambling to Correct Its Coronavirus Strategy," *MIT Technology Review*, March 16, 2020, https://www.technologyreview.com/2020/03/16/905285/uk -dropping-coronavirus-herd-immunity-strategy-250000-dead/; Andrew Sparrow, "Boris Johnson Warns Britons to Avoid Non-Essential Contact as Covid-19 Death Toll Rises—As It Happened," *The Guardian*, March 16, 2020, https://www.theguardian .com/politics/live/2020/mar/16/

boris-johnson-press-conference-coronavirus-live -firms-could-soon-be-allowed-to-run-reduced-services-because-of-coronavirus -shapps-suggests-politics-live; Amanda Sloat, "Reopening the World: Britain Bun- gled Its Lockdown and Garbled Its Reopening," Brookings Institution, June 16, 2020, https://www.brookings.edu/blog/order-frsom-chaos/2020/06/16/reopening-the -world-britain-bungled-its-lockdown-and-garbled-its-reopening/.

69. "Coronavirus: Prime Minister Boris Johnson Tests Positive," BBC, March 27, 2020, https://www.bbc.com/news/uk-52060791; "What's Gone Wrong with Covid-19 Test-ing in Britain," *The Economist*, April 4, 2020, https://www.economist.com/britain /2020/04/04/whats-gone-wrong-with-covid-19-testing-in-britain; Andrew MacAs- kill, "UK Defends Coronavirus Response After Reuters Investigation," Reuters, April 9, 2020, https://www.reuters.com/article/us-health-coronavirus-britain-modelling /uk-defends-coronavirus-response-after-reuters-investigation-idUSKCN21R33D.

70. Colin Dwyer, "Boris Johnson: U.K. Is 'Past the Peak' of Its Coronavirus Outbreak," NPR, April 30, 2020, https://www.npr.org/sections/coronavirus-live-updates/2020/04 /30/848496099/boris-johnson-u-k-is-past-the-peak-of-its-coronavirus-outbreak.

71. "Coronavirus: Boris Johnson Says UK Is Past the Peak of Outbreak," BBC, April 30, 2020, https://www.bbc.com/news/uk-52493500; "In England, Reopening Has Not Been the Disaster Many Feared," *The Economist*, September 3, 2020, https://www .economist.com/britain/2020/09/03/in-england-reopening-has-not-been-the -disaster-many-feared; James Gallagher, "Coronavirus: Oxford Vaccine Triggers Immune Response," BBC, July 20, 2020, https://www.bbc.com/news/uk-53469839; Alistair Smout, "First Human Trial of Oxford Coronavirus Vaccine Shows Prom- ise," Reuters, July 20, 2020, https://www.reuters.com/article/us-health-coronavirus -oxford-vaccine/ first-human-trial-of-oxford-coronavirus-vaccine-shows-promise -idUSKCN24L1MP.

72. John Pickrell, "Smoke from Australia's Bushfires Killed Far More People Than the Fires Did, Study Says," *The Guardian*, March 20, 2020, https://www.theguardian .com/ australia-news/2020/mar/21/smoke-from-australias-bushfires-killed-far-more -people-than-the-fires-did-study-says.

73. Richard Flanagan, "Did the Coronavirus Kill Ideology in Australia?," *New York Times*, May 18, 2020, https://www.nytimes.com/2020/05/18/opinion/coronavirus -australia. html.

74. Dylan Donnelly, "Australian Prime Minister Lashes Out at UK's 'Death Sentence' Coronavirus Handling," *Daily Express*, May 6, 2020, https://www.express.co.uk/news /

world/1278337/Australia-coronavirus-herd-immunity-Scott-Morrison-UK-US -covid-19.

75. Scott Morrison, "Ministerial Statement—Australian Parliament House, ACT," Prime Minister of Australia, April 8, 2020, https://www.pm.gov.au/media/ministerial -statement-australian-parliament-house-act-080420; Samantha Maiden, "ScoMo: Herd Immunity Is a 'Death Sentence,'" *Sunshine Coast Daily*, May 6, 2020, https://www .sunshinecoastdaily.com.au/news/death-sentence-scomos-blunt-response/4009775/.

76. Stephen Duckett and Anika Stobart, "Australia's Coronavirus Response: Four Successes and Failures," *Canberra Times*, June 4, 2020, https://www.canberratimes.com .au/story/6780878/four-ways-australias-coronavirus-response-was-a-triumph -and-four-ways-it-fell-short/; Mark Evans, "Australians Highly Confident of Gov- ernment's Handling of Coronavirus and Economic Recovery: New Research," *The Conversation*, July 20, 2020, https://theconversation.com/australians-highly -confident-of-governments-handling-of-coronavirus-and-economic-recovery-new -research-142904.

77. Vanessa Molter, "Virality Project (China): Pandemics & Propaganda," Stanford Cyber Policy Center, March 19, 2020, https://cyber.fsi.stanford.edu/news/chinese-state -media-shapes-coronavirus-convo; Rachel Kleinfeld, "Do Authoritarian or Democratic Countries Handle Pandemics Better?," Carnegie Endowment for International Peace, March 31, 2020, https://carnegieendowment.org/2020/03/31/do-authoritarian-or -democratic-countries-handle-pandemics-better-pub-81404.

78. Theologos Dergiades, Costas Milas, Elias Mossialos, and Theodore Panagiotidis, "Effectiveness of Government Policies in Response to the COVID-19 Outbreak," SSRN, May 15, 2020, https://papers.ssrn.com/sol3/papers.cfm?abstract_id=3602004; Andrea Riccardo Migone, "The Influence of National Policy Characteristics on COVID-19 Containment Policies: A Comparative Analysis," *Policy Design and Practice* 3, no. 3 (2020), https://www.tandfonline.com/doi/full/10.1080/25741292.2020.1804660; Ben Balmford et al., "Cross-Country Comparisons of Covid-19: Policy, Politics and the Price of Life," *Environmental and Resource Economics 76* (2020), https://link.springer .com/article/10.1007/ s10640-020-00466-5; Reinhold Stockenhuber, "Did We Respond Quickly Enough? How Policy☐ Implementation Speed in Response to COVID☐ 19 Af- fects the Number of Fatal Cases in Europe," *World Medical and Health Policy* 12, no. 4 (December 2020), https:// onlinelibrary.wiley.com/doi/10.1002/wmh3.374.

79. "Frequently Asked Questions About the International Health Regulations," World Health Organization, 2, https://www.who.int/ihr/about/FAQ2009.pdf; "Country Preparedness and COVID-19," Prevent Epidemics, May 5, 2020, https://preventepidemics

.org/covid19/science/insights/country-preparedness-and-covid-19/; *Global Health Security Index: Building Collective Action and Accountability* (Washington, DC: Nu- clear Threat Initiative and Johns Hopkins Center for Health Security, 2019), https:// www.ghsindex. org/wp-content/uploads/2020/04/2019-Global-Health-Security -Index.pdf; Antonio Timoner, "Policy Responsiveness to Coronavirus: An Autopsy," *Agenda Publica*, June 8, 2020, http://agendapublica.elpais.com/policy-responsiveness -to-coronavirus-an-autopsy/; Thomas J. Bollyky, Sawyer Crosby, and Samantha Kier- nan, "Fighting a Pandemic Requires Trust," *Foreign Affairs*, October 23, 2020, https:// www.foreignaffairs. com/articles/united-states/2020-10-23/coronavirus-fighting -requires-trust.

80. Migone, "The Influence of National Policy Characteristics"; "The Politics of Pandem- ics: Why Some Countries Respond Better Than Others," Knowledge@Wharton, May 26, 2020, https://knowledge.wharton.upenn.edu/article/politics-pandemics-countries -respond-better-others/; Pragyan Deb, Davide Furceri, Jonathan David Ostry, and Nour Tawk, "The Effect of Containment Measures on the COVID-19 Pandemic," working paper, International Monetary Fund, August 7, 2020, https://www.imf.org/ -/media/ Files/Publications/WP/2020/English/wpiea2020159-print-pdf.ashx.

81. Andrew Salmon, "Why East Beat West on Covid-19," *Asia Times*, May 15, 2020, https://asiatimes.com/2020/05/why-east-beat-west-on-covid-19/; Carl Benedikt Frey, Chinchih Chen, and Giorgio Presidente, "Democracy, Culure, and Contagion: Polit- ical Regimes and Countries' Responsiveness to Covid-19," Oxford University, May 13, 2020, https://www.oxfordmartin.ox.ac.uk/downloads/academic/Democracy -Culture-and-Contagion_May13.pdf; Alberto Ibanez and Gyanendra Singh Sisodia, "The Role of Culture on 2020 SARS-CoV-2 Country Deaths: A Pandemic Manage- ment Based on Cultural Dimensions," *GeoJournal*, September 30, 2020, https://www .ncbi.nlm.nih.gov/ pmc/articles/PMC7527153/.

82. Bollyky, Crosby, and Kiernan, "Fighting a Pandemic Requires Trust"; Qing Han et al., "Trust in Government and Its Associations with Health Behaviour and Prosocial Be- haviour During the COVID-19 Pandemic," PsyArXiv, June 29, 2020, https://psyarxiv .com/p5gns/.

83. Bollyky, Crosby, and Kiernan, "Fighting a Pandemic Requires Trust."

84. Bollyky, Crosby, and Kiernan, "Fighting a Pandemic Requires Trust." For a discussion of the relevant literature, see Daniel Devine, Jennifer Gaskell, Will Jennings, and Gerry Stoker, "Trust and the Coronavirus Pandemic: What Are the Consequences of and for Trust? An Early Review of the Literature," *Political Studies Review*, August 11, 2020,

https://journals.sagepub.com/doi/full/10.1177/1478929920948684.

85. Daniel A. N. Goldstein and Johannes Wiedemann, "Who Do You Trust? The Consequences of Political and Social Trust for Public Responsiveness to COVID-19 Orders," SSRN, April 19, 2020, https://papers.ssrn.com/sol3/papers.cfm?abstract_id=3580547.

86. Migone, "The Influence of National Policy Characteristics"; Junjie Huang, Jeremy Yuen-Chun Teoh, Sunny H. Wong, and Martin C. S. Wong, "The Potential Impact of Previous Exposure to SARS or MERS on Control of the COVID-19 Pandemic," *European Journal of Epidemiology* 35, August 10, 2020, https://www.ncbi.nlm.nih .gov/pmc/ articles/PMC7415407/; Ramon Pacheco Pardo et al., "Preventing the Next Pandemic: Lessons from East Asia," King's College London, 2020, https://www.kcl.ac .uk/eis/ assets/kdefsresearchreport2020-a4-proof2-singlepage.pdf.

## 제7장 대봉쇄

1. Amrith Ramkumar, "Forget Dow 30K. It's Already Hit 40K on License Plates," *Wall Street Journal*, February 18, 2020, https://www.wsj.com/articles/forget-dow-30k-its -already-hit-40k-on-license-plates-11582041560?page=1.

2. Justin Baer, "The Day Coronavirus Nearly Broke the Financial Markets," *Wall Street Journal*, May 20, 2020, https://www.wsj.com/articles/the-day-coronavirus-nearly -broke-the-financial-markets-11589982288.

3. International Monetary Fund, *World Economic Outlook Update, January 2021: Pol- icy Support and Vaccines Expected to Lift Activity* (Washington, DC: International Monetary Fund, 2020), https://www.imf.org/en/Publications/WEO/Issues/2021/01 /26/2021-world-economic-outlook-update.

4. *World Economic Outlook, April 2020: The Great Lockdown* (Washington, DC: International Monetary Fund, 2020), https://www.imf.org/en/Publications/WEO/Issues /2020/04/14/weo-april-2020.

5. James Politi and Lauren Fedor, "US Senate Approves $2tn Stimulus Deal to Fight Coronavirus Fallout," *Financial Times*, March 26, 2020, https://www.ft.com/content /9575e856-6ed3-11ea-9bca-bf503995cd6f.

6. "Has Covid-19 Killed Globalisation?," *The Economist*, May 14, 2020, https://www .economist.com/leaders/2020/05/14/has-covid-19-killed-globalisation.

7. Carmen Reinicke, "The Fed Announced an Unexpected Interest Rate Cut on Tues- day.

Here's a Timeline of the Last 7 Emergency Rate Cuts," *Markets Insider*, March 4, 2020, https://markets.businessinsider.com/news/stocks/emergency-rate-cuts-events -caused-past-fed-coronavirus-timeline-when-2020-3-1028964493#.

8. Swati Pandey, "Global Central Banks Pull Out All Stops as Coronavirus Para- lyzes Economies," Reuters, March 16, 2020, https://www.reuters.com/article/us -health-coronavirus-central-banks-glob/global-central-banks-pull-out-all-stops-as -coronavirus-paralyzes-economies-idUSKBN2130KR.

9. The Federal Reserve, "Section 13: Power of Federal Reserve Banks," https://www .federalreserve.gov/aboutthefed/section13.htm.

10. James Politi, Brendan Greeley, Colby Smith, and Joe Rennison, "Federal Reserve Unleashes Unlimited Treasury Purchase Plan," *Financial Times*, https://www.ft.com / content/b71f0c32-6cfb-11ea-89df-41bea055720b.

11. Sebastian Mallaby, "The Age of Magic Money," *Foreign Affairs* 99, no. 4 (July/Au- gust 2020): 65–77, https://www.foreignaffairs.com/articles/united-states/2020-05-29 / pandemic-financial-crisis.

12. Christopher Condon, Steve Matthews, Matthew Boesler, and Rich Miller, "Fed Is Not Going to 'Run Out of Ammunition,' Powell Vows," Bloomberg, March 26, 2020, https:// www.bloomberg.com/news/articles/2020-03-26/powell-says-fed-will-keep -credit-flowing-as-virus-hits-economy?sref=bxQtWDnd.

13. Mallaby, "The Age of Magic Money."

14. Raphaële Chappe, Mark Blyth, and Sebastian Mallaby, "Hocus-Pocus?," *Foreign Affairs* 99, no. 6 (November/December 2020): 161–66, https://www.foreignaffairs.com / articles/2020-10-13/hocus-pocus.

15. Edward Luce, "America's Dangerous Reliance on the Fed," *Financial Times*, January 3, 2021, https://www.ft.com/content/bcb8d4d9-ca6d-45b7-aafc-9e9ecf672a5b.

16. Martin Arnold and Tommy Stubbington, "Lagarde Triggers Investor Jitters as ECB Launches Virus Response," *Financial Times*, March 12, 2020, https://www.ft.com / content/11ab8f84-6452-11ea-b3f3-fe4680ea68b5.

17. "Italy 10 Year Government Bond," MarketWatch, accessed February 15, 2021, https:// www.marketwatch.com/investing/bond/tmbmkit-10y?countrycode=bx.

18. Jana Randow and Piotr Skolimowski, "Christine Lagarde's $810 Billion Coronavirus U-Turn Came in Just Four Weeks," Bloomberg, April 6, 2020, https://www.bloomberg .com/news/features/2020-04-06/coronavirus-lagarde-s-810-billion-u-turn-came-in -just-4-weeks?srnd=premium&sref=bxQtWDnd.

19. Author interview with three European Central Bank officials, February 12, 2021.

20. Randow and Skolimowski, "Christine Lagarde's $810 Billion Coronavirus U-Turn."

21. "Interview with Christine Lagarde, President of the ECB, Conducted by Matthieu Pelloli and Published on 9 April 2020," European Central Bank, April 8, 2020, https:// www.ecb.europa.eu/press/inter/date/2020/html/ecb.in200408~2e7bcefbe5 .en.html.

22. Chris Giles, Robin Harding, Brendan Greeley, and Martin Arnold, "Calls for Policymakers to Act to Prevent Coronavirus 'Doom Loop,'" *Financial Times*, March 1, 2020, https://www.ft.com/content/58410fea-5a30-11ea-a528-dd0f971febbc.

23. Jon Cunliffe, "The Impact of Leveraged Investors on Market Liquidity and Finan- cial Stability," Bank of England, November 12, 2020, https://www.bankofengland.co .uk/-/ media/boe/files/speech/2020/the-impact-of-leveraged-investors-on-market -liquidity- and-financial-stability-speech-by-jon-cunliffe.pdf.

24. Robin Harding, "Abenomics on Trial as Japan Teeters on Brink of Recession," *Financial Times*, February 18, 2020, https://www.ft.com/content/f1320946-5208-11ea -8841-482eed0038b1.

25. Robin Harding, "Bank of Japan Steps Up Coronavirus Stimulus with Bond-Buying Pledge," *Financial Times*, April 27, 2020, https://www.ft.com/content/7ba5c507-df9e -4107-87eb-73afa2c13e91.

26. Robin Harding, "Bank of Japan Trims Growth Forecasts but Predicts Stronger Re- bound in 2021," *Financial Times*, October 29, 2020, https://www.ft.com/content /6d01dee6-7de4-48bb-8d27-50d3d4e11d16; Yoshiaki Nohara, "Japan Prices Fall at Fastest Pace in a Decade as BOJ Meets," Bloomberg, December 17, 2020, https://www .bloomberg.com/news/articles/2020-12-17/japan-s-consumer-prices-fall-at-fastest -pace- in-a-decade?sref=bxQtWDnd.

27. Interview with Federal Reserve official, January 2021.

28. Jonathan Wheatley, "Pandemic Fuels Global 'Debt Tsunami,'" *Financial Times*, Novem- ber 18, 2020, https://www.ft.com/content/18527e0c-6f02-4c70-93cb-c26c3680c8ad; Stephanie Segal, Dylan Gerstel, and Joshua Henderson, "International Financial In- stitutions' COVID-19 Approvals Approach $240 Billion for 2020," Center for Stra- tegic and International Studies, January 25, 2021, https://www.csis.org/analysis / international-financial-institutions-covid-19-approvals-approach-240-billion-2020.

29. "Extraordinary G20 Leaders' Summit: Statement on COVID-19," G20 Saudi Arabia 2020, March 26, 2020, http://www.g20.utoronto.ca/2020/2020-g20-statement-0326 .html.

30. Jonathan Wheatley, "Debt Dilemma: How to Avoid a Crisis in Emerging Nations," *Financial Times*, December 20, 2020, https://www.ft.com/content/de43248e-e8eb-4381-9d2f-a539d1f1662c.

31. Gordon Brown, "The G20 Should Be Leading the World out of the Coronavirus Crisis—but It's Gone Awol," *The Guardian*, June 2, 2020, https://www.theguardian .com/commentisfree/2020/jun/02/g20-leading-world-out-of-coronavirus-crisis -gordon-brown.

32. Robin Wigglesworth, "Zambia's Debt Crisis Casts a Long, Global Shadow," *Financial Times*, November 16, 2020, https://www.ft.com/content/35c58b5f-f890-4390-967a-28c0a0a1fb50.

33. Isabel Debre, "G-20 Agrees on Framework for More Debt Relief amid COVID-19," Associated Press, November 13, 2020, https://apnews.com/article/dubai-united-arab -emirates-coronavirus-pandemic-g-20-summit-6729d0caf1bc639039447f07f3938a0b; Clemence Landers, "A Plan to Address the COVID-19 Debt Crises in Poor Countries and Build a Better Sovereign Debt System," Center for Global Development, December 3, 2020, https://www.cgdev.org/publication/plan-address-covid-19-debt-crises-poor -countries-and-build-better-sovereign-debt-system; "COVID-19: Debt Service Suspension Initiative," World Bank, https://www.worldbank.org/en/topic/debt/brief / covid-19-debt-service-suspension-initiative, accessed January 12, 2021; Homi Kha- ras and Meagan Dooley, "COVID-19's Legacy of Debt and Debt Service in Devel- oping Countries," Brookings Institution, December 2020, 3, https://www.brookings .edu/wp-content/uploads/2020/12/COVID-19-legacy-of-debt_final.pdf.

34. Wheatley, "Debt Dilemma."

35. *Global Economic Prospects* (Washington, DC: World Bank, January 2021), xvii, https:// openknowledge.worldbank.org/bitstream/handle/10986/34710/9781464816123.pdf.

36. Carmen Reinhart and Vincent Reinhart, "The Pandemic Depression," *Foreign Affairs*, September/October 2020, https://www.foreignaffairs.com/articles/united-states /2020-08-06/coronavirus-depression-global-economy.

37. Martin Crutsinger, "U.S. Economy Shrank by 3.5% in 2020 After Growing by 4% in Last Quarter," Associated Press, January 28, 2021, https://apnews.com/article/ us -economy-shrink-in-2020-b59f9be06dcf1da924f64afde2ce094c; Ben Dooley and Makiko Inoue, "Japan's Growth Rebounds but Virus-Related Weakness Looms," *New York Times*, February 14, 2021, https://www.nytimes.com/2021/02/14/business/japan -gdp-economy-coronavirus.html; Martin Arnold and Valentina Romei, "Eurozone

Economy Drops into Double Digit Contraction," *Financial Times*, February 2, 2021, https://www.ft.com/content/f8efe708-3c22-493b-88bd-855ec6d98522; Danica Kirka, "UK Economy Suffers Biggest Drop Since 1709," Associated Press, February 12, 2021, https://apnews.com/article/coronavirus-pandemic-economy-4f0b6285a5 7c8b2929e2aceb864e7675; Prinesha Naidoo, "S. Africa Virus-Hit Economy Shrank Most in 100 Years in 2020," Bloomberg, March 9, 2021, https://www.bloomberg.com /news/ articles/2021-03-09/south-african-virus-hit-economy-shrank-most-in-100 -years-in-2020?sref=bxQtWDnd; Gareth Hutchens, Stephanie Chalmers, and Mi- chael Janda, "GDP Figures Show Economy Shrank in 2020 but Grew 3.1% in Decem- ber Quarter," ABC, March 3, 2021, https://www.abc.net.au/news/2021-03-03/gdp -december-quarter-2021/13210412.

38. International Monetary Fund, "Fiscal Monitor Update," January 2021, https://www .imf.org/en/Publications/FM/Issues/2021/01/20/fiscal-monitor-update-january -2021.

39. Jeff Stein and Mike DeBonis, "Senate Majority Leader Announces Approximately $900 Billion Deal on Emergency Relief Package," *Washington Post*, December 20, 2020, https://www.washingtonpost.com/us-policy/2020/12/20/stimulus-congress/.

40. Nicole Friedman, "Pandemic Boosts Upper End of Housing Market Coast to Coast," *Wall Street Journal*, November 11, 2020, https://www.wsj.com/articles /pandemic-boosts-upper-end-of-housing-market-coast-to-coast-11605106801; Lily Katz, "Demand for Second Homes Surges Year over Year in October," Redfin, Novem- ber 19, 2020, https://www.redfin.com/news/second-home-purchases-soar-coronavirus -pandemic/.

41. Carolina Gonzalez, "Restaurant Closings Top 110,000 with Industry in 'Free Fall,'" Bloomberg, December 7, 2020, https://www.bloomberg.com/news/ articles/2020-12-07 /over-110-000-restaurants-have-closed-with-sector-in-free-fall; Emily Pandise, "From Brooks Brothers to L'Occitane, Main Street Bankruptcies Continue," NBC News, May 15, 2020, https://www.nbcnews.com/business/consumer/which-major-retail-companies -have-filed-bankruptcy-coronavirus-pandemic-hit-n1207866.

42. Heather Long and Andrew Van Dam, "U.S. Employment Rate Soars to 14.7%, the Worst Since the Great Depression," *Washington Post*, May 8, 2020, https://www .washingtonpost.com/business/2020/05/08/april-2020-jobs-report/; Kim Parker, Ra- chel Minkin, and Jesse Bennett, "Economic Fallout from COVID-19 Continues to Hit Lowest Income Americans the Hardest," Pew Research Center, September 24, 2020, https://www.pewresearch.org/social-trends/2020/09/24/economic-fallout-from -covid-19-continues-to-hit-lower-income-americans-the-hardest/; Kim Parker, Juliana

Menasce Horowitz, and Anna Brown, "About Half of Lower Income Ameri- cans Report Household Job or Wage Loss Due to COVID-19," Pew Research Center, April 21, 2020, https://www.pewresearch.org/social-trends/2020/04/21/about-half -of-lower-income-americans-report-household-job-or-wage-loss-due-to-covid-19/; Emily Vogels, "59% of U.S. Parents with Lower Incomes Say Their Child May Face Digital Obstacles in Schoolwork," Pew Research Center Fact Tank, September 10, 2020, https://www.pewresearch.org/fact-tank/2020/09/10/59-of-u-s-parents-with -lower-incomes-say-their-child-may-face-digital-obstacles-in-schoolwork/; Jeehoon Han, Bruce Meyer, and James Sullivan, "Real-Time Poverty Estimates During the COVID-19 Pandemic Through November 2020," University of Chicago Harris School for Public Policy, December 15, 2020, https://harris.uchicago.edu/files/monthly_poverty _rates_updated_ thru_november_2020_final.pdf; Elise Gould and Heidi Shierholz, "Not Everybody Can Work from Home," Economic Policy Institute, March 19, 2020, https://www.epi. org/blog/black-and-hispanic-workers-are-much-less-likely-to-be -able-to-work-from-home/; U.S. Bureau of Labor Statistics, "Labor Force Statistics from the Current Population Survey," December 2020, https://www.bls.gov/web /empsit/cpseea04. htm; "COVID-19 Is Affecting Black, Indigenous, Latinx, and Other People of Color the Most," COVID-19 Racial Data Tracker, https://covidtracking.com /race, accessed March 13, 2021.

43. Sven Smit et al., "The Future of Work in Europe: Automation, Workforce Transitions, and the Shifting Geography of Employment," McKinsey Global Institute, 2020, https://www.mckinsey.com/~/media/McKinsey/Featured%20Insights/Future%20of%20 Organizations/The%20future%20of%20work%20in%20Europe/MGI-The-future-of -work-in-Europe-discussion-paper.pdf.

44. Khadeeja Safdar, "Nike's Sales Bounce Back from Coronavirus Slide," *Wall Street Journal*, September 22, 2020, https://www.wsj.com/articles/nikes-sales-bounce-back -from-coronavirus-slide-11600809973.

45. "Goldman Sachs: The K Factor," *Financial Times*, October 14, 2020, https://www.ft .com/content/0a1af28c-4e37-40ef-94f9-34d8c6cf1f29.

46. Andrew Edgecliffe-Johnson and Alistair Gray, "Starbucks Chief Bullish as Crisis En- gulfs Smaller Coffee Shops," *Financial Times*, December 9, 2020, https://www.ft.com /content/ab959c91-7ef2-44d7-bf8c-d03718ae5393; "Starbucks Corporation (SBUX) Stock Price," Nasdaq, https://www.marketwatch.com/investing/stock/sbux, accessed February 19, 2021.

47. Benji Jones, "13 Stunning Photos of Supertankers and Storage Tanks Reveal the Global Oil Glut in Epic Proportions," *Business Insider*, April 27, 2020, https://www.businessinsider.com/13-photos-reveal-the-epic-oil-glut-in-new-proportions -2020-4; Sam Meredith, "Oil Producers Scramble to find 'Creative' Storage Options After Historic Price Crash," CNBC, April 30, 2020, https://www.cnbc.com/2020/04 /30/oil-and-coronavirus-producers-trying-to-find-creative-storage-options.html.

48. Antoine Halff, "Saudi-Russia Oil War Is a Game Theory Masterstroke," *Financial Times*, April 1, 2020, https://www.ft.com/content/1da60fa2-3d63-439e-abd4-1391a2047972.

49. Commodity Futures Trading Commission, "CFTC Staff Publishes Interim Report on NY- MEX WTI Crude Contract Trading on and Around April 20, 2020," press release no. 8315– 28, November 23, 2020, https://www.cftc.gov/PressRoom/PressReleases/8315-20.

50. "OPEC Members' Net Oil Export Revenue in 2020 Expected to Drop to Lowest Level Since 2002," U.S. Energy Information Administration, November 3, 2020, https://www.eia.gov/todayinenergy/detail.php?id=45736#.X9ty3586EMI.

51. Anjli Raval, "Saudi-Russian Oil Alliance Will Last for 'Decades and Generations'— al Falih," *Financial Times*, January 23, 2018, https://www.ft.com/content/d3e966da -0044-11e8-9650-9c0ad2d7c5b5.

52. Bill Farren-Price, "The Oil Market Just Entered Uncharted Waters," *Financial Times*, March 9, 2020, https://www.ft.com/content/fe6ad16e-620d-11ea-b3f3-fe4680ea68b5.

53. David Sheppard, Anjli Raval, and Derek Brower, "Oil Plunges as Opec Output Cut Talks with Russia Collapse," *Financial Times*, March 6, 2020, https://www.ft.com / content/10f3e9d2-5f94-11ea-8033-fa40a0d65a98.

54. Derek Brower and Myles McCormick, "The US Shale Industry's Top Priority: Win Back Wall Street," *Financial Times*, October 27, 2020, https://www.ft.com/content / fcda3560-7f17-4d90-900f-08abe072899c.

55. Anjli Raval, David Sheppard, and Derek Brower, "Saudi Arabia Launches Oil Price War After Russia Deal Collapse," *Financial Times*, March 8, 2020, https://www.ft.com / content/d700b71a-6122-11ea-b3f3-fe4680ea68b5.

56. Max Seddon, "Russia Says It Can Deal with Pain of a Saudi Oil Price War," *Financial Times*, March 9, 2020, https://www.ft.com/content/4009472c-620e-11ea-b3f3 -fe4680ea68b5.

57. David Sheppard, Derek Brower, and Katrina Manson, "US Puts Pressure on Saudi Arabia to End Oil Price War," *Financial Times*, March 25, 2020, https://www.ft.com /

content/47c212ee-0212-4cd8-9c30-73391498d346.

58. Jon Gambrell and Ellen Knickmeyer, "OPEC, Oil Nations Agree to nearly 10M Barrel Cut amid Virus," *PBS NewsHour*, April 12, 2020, https://www.pbs.org/newshour / economy/opec-oil-nations-agree-to-nearly-10m-barrel-cut-amid-virus.

59. Donald J. Trump (@realDonaldTrump), Twitter, https://twitter.com/ realDonaldTrump /status/1243313399284498434 SUSPENDED TWEET (no longer available).

60. "Oil Accord Highlights the New World Disorder," *Financial Times*, April 13, 2020, https://www.ft.com/content/ac409f96-7cc9-11ea-82f6-150830b3b99a.

61. Jude Webber, "Why Is Mexico Holding Up a Global Oil Deal?," *Financial Times*, April 12, 2020, https://www.ft.com/content/e5cb4029-f96b-432a-8fa3-f8ff5f70554e.

62. Neil Quilliam, "Russia and Saudi Arabia Power Risks OPEC+ Break-Up," Chatham House, November 24, 2020, https://www.chathamhouse.org/2020/11/russia-and-saudi -arabia-power-risks-opec-break.

63. Grant Smith, Javier Blas, and Salma El Wardany, "OPEC+ Works Silently to Repair Crack at Oil Coalition's Core," Bloomberg, December 1, 2020, https://www.bloomberg .com/news/articles/2020-12-01/opec-splits-at-its-core-risking-deal-that-underpins -oil-price.

64. Pippa Stevens, "Shale Industry Will Be Rocked by $300 Billion in Losses and a Wave of Bankruptcies, Deloitte Says," CNBC, June 22, 2020, https://www.cnbc.com /2020/06/22/shale-industry-will-be-rocked-by-300-billion-in-losses-and-a-wave-of -bankruptcies-deloitte-says.html.

65. Rebecca Elliot, "ConocoPhillips to Buy Shale Rival Concho for $9.7 Billion," *Wall Street Journal*, October 19, 2020, https://www.wsj.com/articles/conocophillips-to -buy-concho-resources-in-9-7-billion-stock-deal-11603107949; Paul Takahashi, "Chevron Completes $13B Acquisition of Noble Energy," *Houston Chronicle*, October 5, 2020, https://www.houstonchronicle.com/business/energy/article/Chevron-13-billion -acquisition-Noble-Houston-Texas-15621496.php.

66. David Fickling, "Reports of Shale's Death Were Greatly Exaggerated," Bloomberg Quint, October 21, 2020, https://www.bloombergquint.com/gadfly/conoco-concho -deal-shows-shale-oil-s-death-was-exaggerated.

67. Fickling, "Reports of Shale's Death Were Greatly Exaggerated."

68. Alex Longley and Javier Blas, "Oil Rises from the Ashes as the Big Coronavirus Recovery Trade," Bloomberg, December 12, 2020, https://www.bloomberg.com/news

/articles/2020-12-13/oil-rises-from-the-ashes-as-the-big-coronavirus-recovery -trade; Summer Said and Benoit Faucon, "OPEC, Allies Agree to Boost Demand, Betting on Demand Rebound," *Wall Street Journal*, April 2 2021, https://www.wsj .com/articles/opec-agree-to-gradually-boost-oil-output-over-next-three-months -11617293942?page=1.

69. Katrin Bennhold and David Sanger, "US Offered 'Large Sum' to German Company for Access to Coronavirus Vaccine Research, German Officials Say," *New York Times*, March 15, 2020, https://www.nytimes.com/2020/03/15/world/europe/cornonavirus -vaccine-us-germany.html.

70. Jan Dams, "Diese Erfahrung wird Europa so Schnell Nicht Vergessen," *Die Welt*, March 15, 2020, https://www.welt.de/wirtschaft/plus206563595/Trump-will-deutsche -Impfstoff-Firma-CureVac-Traumatische-Erfahrung.html.

71. Joe Miller and Clive Cookson, "Berlin to Buy Stake in Covid-19 Vaccine Player CureVac," *Financial Times*, June 15, 2020, https://www.ft.com/content/bddf086e-b810- 4628-aab3 -e2b43d64486e.

72. "Has Covid-19 Killed Globalisation?," *The Economist*.

73. Kim Willsher, Oliver Holmes, Bethan McKernan, and Lorenzo Tondo, "US Hijack-ing Mask Shipments in Rush for Coronavirus Protection," *The Guardian*, April 3, 2020, https://www.theguardian.com/world/2020/apr/02/global-battle-coronavirus -equipment-masks-tests.

74. Bojan Pancevski, "Germany Cries Foul over Berlin-Bound Masks Diverted to U.S.," *Wall Street Journal*, April 3, 2020, https://www.wsj.com/articles/germany-cries-foul -over-berlin-bound-masks-diverted-to-u-s-11585943440.

75. Joanna Kenner, "The Imperative to Diversify Value Chains Post-Covid-19," Institut Montaigne, June 23, 2020, https://www.institutmontaigne.org/en/blog/imperative -diversify-value-chains-post-covid-19.

76. Emmanuel Macron, "Emmanuel Macron Says It Is Time to Think the Unthinkable," interview by Victor Mallet and Roula Khalaf, *Financial Times*, April 16, 2020, https:// www. ft.com/content/3ea8d790-7fd1-11ea-8fdb-7ec06edeef84.

77. Isabel Reynolds and Emi Urabe, "Japan to Fund Firms to Shift Production out of China," Bloomberg, April 8, 2020, https://www.bloomberg.com/news/articles /2020-04-08/japan-to-fund-firms-to-shift-production-out-of-china.

78. Andy Blachford, "Bains: Domestic Industry Now Supplying Half of Canada's PPE Needs," Politico, September 30, 2020, https://www.politico.com/news/2020/09/30 / navdeep-bains-canada-ppe-424029.

79. "Flight Tracking Statistics," FlightRadar24, https://www.flightradar24.com/data /statistics, accessed February 14, 2021; "Coronavirus: How and When Will Aviation Recover from Covid-19," Official Aviation Guide, https://www.oag.com/coronavirus -airline-schedules-data, accessed February 14, 2021.

80. Dirk Glasser et al., "COVID-19 Related Travel Restrictions: A Global Review for Tourism," UN World Tourism Organization, December 2, 2020, https://webunwto .s3. eu-west-1.amazonaws.com/s3fs-public/2020-12/201202-Travel-Restrictions .pdf.

81. CPB Netherlands Bureau for Economic Policy Analysis, "World Trade Recovery Slowed Down in September," press release, November 25, 2020, https://www.cpb.nl /en/ world-trade-recovery-slowed-down-in-september.

82. Glasser et al., "COVID-19 Related Travel Restrictions."

83. Deutsche Post DHL Group, "DHL Global Connectedness Index 2020 Signals Recovery of Globalization from COVID-19 Setback," press release, December 3, 2020, https:// www.dpdhl.com/en/media-relations/press-releases/2020/dhl-global-connectedness -index-signals-recovery-globalization-covid-19-setback.html.

84. UN Conference on Trade and Development, "Investment Trends Monitor," no. 36, Oc- tober 2020, 1–2, https://unctad.org/system/files/official-document/ diaeiainf2020d4 _en.pdf.

85. Julie Baer and Mirka Martel, "Fall 2020: International Student Enrollment Snapshot," Institute of International Education, November 2020, https://www.iie.org/Research -and-Insights/Open-Doors/Fall-International-Enrollments-Snapshot-Reports; Peter Hurley, "Coronavirus and International Students," Mitchell Institute at Victoria University, October 2020, https://www.vu.edu.au/sites/default/files/international -student-update-2020-mitchell-institute.pdf; Richard Adams, "UK Universities Re- cruit Record Numbers of International Students," *The Guardian*, September 24, 2020, https://www. theguardian.com/education/2020/sep/24/uk-universities-recruit-record -numbers-of-international-students.

86. Julian Gewirtz, "The Chinese Reassessment of Interdependence," China Leadership Monitor, June 1, 2020, https://www.prcleader.org/gewirtz.

87. "Chinese Banks Urged to Switch Away from SWIFT as U.S. Sanctions Loom," Reuters, July 29, 2020, https://www.reuters.com/article/us-china-banks-usa-sanctions/chinese -banks-urged-to-switch-away-from-swift-as-u-s-sanctions-loom-idUSKCN24U0SN.

88. Described in Chapter 5.

89. Jon Sindreu, "After Covid, Plane Makers Are Even More Dependent on China," *Wall

*Street Journal*, December 31, 2020, https://www.wsj.com/articles/after-covid-plane
-makers-are-even-more-dependent-on-china-11609429997.

90. Centre for Economics and Business Research, *World Economic League Table 2021*
(London: CEBR, 2020), https://cebr.com/wp-content/uploads/2020/12/WELT-2021
-final-29.12.pdf.

91. Julian Kossoff and Kieran Corcoran, "Thousands Packed the Streets to Celebrate
New Year's Eve in Wuhan, Where the Coronavirus First Emerged, as Other Cit- ies
Worldwide Were Deserted," *Business Insider*, January 1, 2021, https://www .businessinsider.
com/china-wuhan-celebrates-new-year-in-style-covid-19 -outbreak-2021-1.

## 제8장 취약한 국가, 위기에 처한 사람들

1. Andreas Becker, "Coronavirus Disruptions Deal Severe Blow to Bangladesh's Gar-
ment Industry," Deutsche Welle, June 23, 2020, https://www.dw.com/en/coronavirus
-disruptions-deal-severe-blow-to-bangladeshs-garment-industry/a-53895339.

2. Quoted in Rebecca Wright and Salman Saeed, "Bangladeshi Garment Workers Face
Ruin as Global Brands Ditch Clothing Contracts amid Coronavirus Pandemic," CNN
Business, April 22, 2020, https://www.cnn.com/2020/04/22/business/bangladesh
-garment-factories/index.html.

3. "Dhaka, Bangladesh Population," Population Stat, https://populationstat.com /
bangladesh/dhaka, accessed March 5, 2021; Bruce Vaugh, "Bangladesh," Congres-
sional Research Service, updated February 2, 2021, https://www.justice.gov/eoir/page
/file/1366046/download; "Population, Total," World Bank Open Data, https://data
.worldbank.org/indicator/SP.POP.TOTL, accessed December 15, 2020; "The World's
Most Densely Populated Cities," World Atlas, October 4, 2020, https://www.worldatlas
.com/articles/the-world-s-most-densely-populated-cities.html; "Children in Cities:
Bangladesh Among 10 Nations That Top the List for Rapid Urbanization," UNICEF,
https://www.unicef.org/bangladesh/en/children-cities%C2%A0, accessed September 18,
2020.

4. Elizabeth Cameron, Jennifer Nuzzo, and Jessica Bell, *Global Health Security Index: Building
Collective Action and Accountability* (Washington, DC: Nuclear Threat Ini- tiative and Johns
Hopkins Bloomberg School of Public Health, 2019), 130, https:// www.ghsindex.org/
wp-content/uploads/2019/10/2019-Global-Health-Security-Index .pdf; "Hospital Beds

(per 1,000 People)," World Bank Data, https://data.worldbank .org/indicator/SH.MED. BEDS.ZS, accessed September 15, 2020; Mamun Abdullah, "Number of ICU Beds Insufficient to Combat Covid-19 Pandemic," *Dhaka Tribune*, March 21, 2020, https:// www.dhakatribune.com/bangladesh/2020/03/21/number-of -icu-beds-insufficient-to-combat-covid-19-pandemic.

5. Shahidul Islam Chowdhury and Manzur H. Maswood, "Government Sends Plane Today to Fly Back Citizens," *New Age Bangladesh*, January 31, 2020, https://www .newagebd.net/article/98179/government-sends-plane-today-to-fly-back-citizens; "Bangladesh Suspends All Passenger Flights with 10 Countries," *United News of Bangladesh*, March 21, 2020, https://unb.com.bd/category/bangladesh/bangladesh -suspends-all-passenger-flights-with-10-countries/47580; Muktadir Rashid, "Flights from All Countries but China, HK, UK, Thailand Suspended," *New Age Bangla- desh*, March 22, 2020, https://www.newagebd.net/article/102928/flights-from-all -countries-but-china-hk-uk-thailand-suspended; Faisal Mahmud, "Coronavirus: In Dense Bangladesh, Social Distancing a Tough Task," Al Jazeera, March 20, 2020, https://www.aljazeera.com/ news/2020/3/20/coronavirus-in-dense-bangladesh-social -distancing-a-tough-task; Julhas Alam, "Bangladesh's Leader Urges All Citizens to Stay at Home," Associated Press, March 25, 2020, https://apnews.com/article/a6cced 0c1975a8859d2d227cf5d79700; Md. Kamruzzaman and SM Najmus Sakib, "Bangla- desh Imposes Total Lockdown over COVID-19," Anadolu Agency, March 25, 2020, https://www.aa.com.tr/en/asia-pacific/bangladesh-imposes-total-lockdown-over -covid-19/1778272; Julhas Alam, "Soldiers Enforce 10-Day Shutdown in Bangladesh to Slow Virus," Associated Press, March 26, 2020, https://apnews.com/article/0e6b79e e96d3e1f30b67c1878db34927; Md. Kamruzzaman, "COVID-19: Bangladesh Extends Lockdown Until May 30," Anadolu Agency, May 14, 2020, https://www.aa.com.tr/en /asia-pacific/covid-19-bangladesh-extends-lockdown-until-may-30/1840126.

6. Saiful Islam Swapan, "25,000 Perform 'Khatme Shifa' to Fight Coronavirus in Laksh-mipur," *Dhaka Tribune*, March 18, 2020, https://www.dhakatribune.com/bangladesh / nation/2020/03/18/25000-muslims-perform-khatme-shifa-to-fight-coronavirus-in -lakshmipur; Kate Ng, "Coronavirus: Mass Prayer Gathering Is Held in Bangladesh to Read 'Healing Verses' Against Covid-19," *Independent*, March 19, 2020, https:// www. independent.co.uk/news/world/asia/coronavirus-pandemic-bangladesh-india -muslim-prayer-gathering-healing-verses-a9410476.html.

7. Iqbal Mahmud and Muktadir Rashid, "Infection Keeps Rising in Bangladesh as People

Defy Lockdown Rules," *New Age Bangladesh*, April 25, 2020, https://www .newagebd. net/article/105144/infection-keeps-rising-in-bangladesh-as-people-defy -lockdown-rules; Sumon Mahmud, "Shoppers Keep Crowding Dhaka Kitchen Mar- kets to Spark Major Concerns amid Lockdown," BD News 24, April 20, 2020, https:// bdnews24.com/ bangladesh/2020/04/20/shoppers-keep-crowding-dhaka-kitchen -markets-to-spark-major-concerns-amid-lockdown; Rashad Ahamad, "People Keep Leaving Dhaka," *New Age Bangladesh*, August 12, 2020, https://www.newagebd.net /article/113269/people-keep-leaving-dhaka.

8. Ruma Paul, "Bangladesh Shuts Down Villages After Tens of Thousands Attend Cler- ic's Funeral," Reuters, April 20, 2020, https://www.reuters.com/article/us-health -coronavirus-bangladesh/bangladesh-shuts-down-villages-after-tens-of-thousands -attend-clerics-funeral-idUSKBN2220PA.

9. Kamran Reza Chowdhury, "COVID-19 Cases Soar in Bangladesh; Thousands Defy Lockdown to Attend Imam's Funeral," *Benar News*, April 20, 2020, https://www .benarnews.org/english/news/bengali/cases-climb-04202020173834.html.

10. Thomas Farole, "Making Global Value Chains Work for Workers," World Bank Blogs, December 19, 2019, https://blogs.worldbank.org/jobs/making-global-value-chains -work-workers; *Bangladesh Poverty Assessment: Facing Old and New Frontiers in Poverty Reduction* (Washington, DC: World Bank, 2019), 11, https://www.developmentaid.org / api/frontend/cms/file/2019/10/Bangladesh-PA_-Volume-1.pdf; "Poverty Rate Comes Down at 21.8pc in 2018: BBS," *Daily Star*, May 13, 2019, https://www.thedailystar.net /country/news/poverty-rate-comes-down-218pc-2018-bbs-1742953; "The World Bank in Bangladesh," World Bank, https://www.worldbank.org/en/country/bangladesh / overview, accessed September 15, 2020; "World Bank Country and Lending Groups," World Bank, https://datahelpdesk.worldbank.org/knowledgebase/articles/906519 -world-bank-country-and-lending-groups, accessed March 13, 2021.

11. "Poverty Headcount Ratio at National Poverty Lines (% of Population)—Bangladesh," World Bank Data, https://data.worldbank.org/indicator/SI.POV.NAHC?locations =BD, accessed March 13, 2021; "Poverty Headcount Ratio at $1.90 a Day (2011 PPP) (% of Population)—Bangladesh," World Bank Data, https://data.worldbank .org/indicator/ SI.POV.DDAY?locations=BD, accessed March 13, 2021; "Poverty Rate Comes Down at 21.8pc in 2018"; *Women and Men in the Informal Economy: A Statistical Picture* (Geneva: ILO, 2018), 88, https://www.ilo.org/global/publications /books/WCMS_626831/ lang—en/index.htm; Asif Saleh, "In Bangladesh, COVID-19 Threatens to Cause a

Humanitarian Crisis," World Economic Forum, April 6, 2020, https://www.weforum. org/agenda/2020/04/in-bangladesh-covid-19-could-cause-a -humanitarian-crisis/; "Individuals Using the Internet (% of population)—Bangladesh, India," World Bank Data, https://data.worldbank.org/indicator/IT.NET.USER.ZS ?locations=BD-IN, accessed September 20, 2020.

12. Ruma Paul, "Garment Exporter Bangladesh Faces $6 Billion Hit as Top Retailers Cancel," Reuters, March 31, 2020, https://www.reuters.com/article/health-coronavirus -bangladesh-exports/garment-exporter-bangladesh-faces-6-billion-hit-as-top -retailers-cancel-idUKKBN21I2R9.

13. "Helping Bangladesh Recover from COVID-19," International Monetary Fund, June 12, 2020, https://www.imf.org/en/News/Articles/2020/06/11/na-06122020-helping -bangladesh-recover-from-covid-19.

14. "COVID-19 Impact on Bangladesh Economy," LankaBangla Asset Management Co. Ltd., Dhaka, 2020, https://www.arx.cfa/en/research/2020/06/soc290620-covid-19- impact-on-bangladesh-economy.

15. Lauren Frayer, "1 Million Bangladeshi Garment Workers Lose Jobs amid COVID-19 Economic Fallout," NPR, April 3, 2020, https://www.npr.org/sections/coronavirus -live-updates/2020/04/03/826617334/1-million-bangladeshi-garment-workers-lose -jobs-amid-covid-19-economic-fallout.

16. Quoted in "Bangladesh Garment Factories Reopen, Defying Virus Lockdown," Barron's, April 26, 2020, https://www.barrons.com/news/bangladesh-garment-factories -reopen-defying-virus-lockdown-01587898510.

17. Lauren Frayer, "For Bangladesh's Struggling Garment Workers, Hunger Is a Bigger Worry Than Pandemic," NPR, June 5, 2020, https://www.npr. org/2020/06/05/869486297/for -bangladeshs-struggling-garment-workers-hunger-is-a- bigger-worry-than-pandemi.

18. Zobaer Ahmed, "Coronavirus: Economy Down, Poverty Up in Bangladesh," Deutsche Welle, June 10, 2020, https://www.dw.com/en/coronavirus-economy-down- poverty -up-in-bangladesh/a-53759686; Frayer, "For Bangladesh's Struggling Garment Workers, Hunger Is a Bigger Worry Than Pandemic."

19. Ruma Paul, "Bangladesh Eases Some Restrictions, Extends Lockdown to May 16," Reuters, May 4, 2020, https://www.usnews.com/news/world/articles/2020-05-04 / bangladesh-coronavirus-cases-above-10-000-health-ministry.

20. Ibrahim Hossain Ovi, "2020 Was Possibly the Worst Year for Garment Exporters,"

*Dhaka Tribune*, December 28, 2020, https://www.dhakatribune.com/business/2020/12/28/2020-was-possibly-the-worst-year-for-garment-exporters.

21. Ahmed, "Coronavirus: Economy Down, Poverty Up in Bangladesh."

22. Jason Beaubien, "They Pump $15 Billion a Year INTO Bangladesh's Economy—But at What Cost?," NPR, June 3, 2019, https://www.npr.org/sections/goatsandsoda/2019/06/03/722085193/they-pump-15-billion-a-year-into-bangladeshs-economy-but-at -what-cost.

23. "Personal Remittances, Received (% of GDP)—Bangladesh," World Bank, accessed March 13, 2021, https://data.worldbank.org/indicator/BX.TRF.PWKR.DT.GD.ZS ?locations=BD.

24. International Organization for Migration, "Migration Remittances and Assets in Bangladesh: Considerations About Their Intersection and Development Policy Recommendations," 2010, 1, https://bangladesh.iom.int/sites/default/files/publication / Migration-Remittances-and-assets-in-Bangladesh.pdf.

25. Peter Goodman, "They Crossed Oceans to Lift Their Families out of Poverty. Now, They Need Help," *New York Times*, July 27, 2020, https://www.nytimes.com/2020/07 /27/business/global-remittances-coronavirus.html; Dilip Ratha et al., "COVID-19 Crisis Through a Migration Lens," Migration and Development Brief 32, World Bank, April 2020, 26, https://openknowledge.worldbank.org/bitstream/handle /10986/33634/COVID-19-Crisis-Through-a-Migration-Lens.pdf.

26. Mehedi Hasan, "Remittance Hits a Record in 2020," *Dhaka Tribune*, January 4, 2021, https://www.dhakatribune.com/business/2021/01/04/remittance-hits-a-record-in -2020.

27. Ali Riaz, "Bangladesh's COVID-19 Stimulus: Leaving the Most Vulnerable Behind," Atlantic Council, April 8, 2020, https://www.atlanticcouncil.org/blogs/new -atlanticist/bangladeshs-covid-19-stimulus-leaving-the-most-vulnerable-behind/; Sadiqur Rahman, "The Failure to Deliver Stimulus Aid to the Poor," *Business Stan- dard*, July 3, 2020, https://tbsnews.net/feature/panorama/failure-deliver-stimulus -aid-poor-101188.

28. Jena Derakhshani Hamadani et al., "Immediate Impact of Stay-at-Home Orders to Control COVID-19 Transmission on Socioeconomic Conditions, Food Insecurity, Mental Health, and Intimate Partner Violence in Bangladeshi Women and Their Families: An Interrupted Time Series," *Lancet* 8, no. 11 (August 2020): 1380–89, https://www.thelancet.com/journals/langlo/article/PIIS2214-109X(20)30366-1/ fulltext.

29. "COVID-19 Pandemic Hit Earnings of 74pc Families as Average Income Fell by 74pc: Study," BD News 24, June 2, 2020, https://bdnews24.com/economy/2020/06

/02/covid-19-pandemic-hit-earnings-of-74pc-families-as-average-income-fell-by -74pc-study.

30. Selim Raihan, "COVID-19's Effect on Poverty and Policy Response in Bangladesh," *Thinking Aloud* 7, no. 1 (June 2020), https://sanemnet.org//wp-content/uploads /2020/07/Thinking-Aloud_V7_N1-.pdf.

31. United Nations, *World Economic Situation and Prospects 2021* (New York: United Nations, 2021), 106, https://www.un.org/development/desa/dpad/wp-content/uploads / sites/45/WESP2021_FullReport.pdf.

32. Paul, "Bangladesh Eases Some Restrictions"; Md. Kamruzzaman, "Bangladesh: Thousands Gather at Mosques amid Pandemic," Anadolu Agency, May 8, 2020, https://www.aa.com.tr/en/asia-pacific/bangladesh-thousands-gather-at-mosques -amid-pandemic/1833947; Mamun Abdullah, "Bangladesh to Resume International Flights on June 16," *Dhaka Tribune*, June 11, 2020, https://www.dhakatribune.com / bangladesh/2020/06/11/bangladesh-to-resume-international-flights-on-june-16.

33. COVID-19 Dashboard, Center for Systems Science and Engineering, Johns Hopkins University & Medicine, Coronavirus Resource Center, https://coronavirus.jhu.edu /map. html, accessed December 26, 2020.

34. Shaina Ahluwalia and Anurag Maan, "South Asia Reached 10 Million COVID-19 Cases—Reuters Tally," Reuters, November 19, 2020, https://www.reuters.com/ article /health-coronavirus-south-asia-cases/south-asia-reaches-10-million-covid-19-cases -reuters-tally-idUSKBN27Z0FV.

35. "Mortality Analyses," Johns Hopkins University & Medicine, Coronavirus Resource Center, https://coronavirus.jhu.edu/data/mortality, accessed December 26, 2020.

36. *World Population Ageing 2019: Highlights* (New York: United Nations Department of Economic and Social Affairs, 2019), 34, https://www.un.org/en/development / desa/population/publications/pdf/ageing/WorldPopulationAgeing2019-Highlights .pdf; "Bangladesh Still Experiences Low Covid Death Rate; Experts Wonder Why!," *United News of Bangladesh*, August 20, 2020, https://www.unb.com.bd/amp/category /Special/ bangladesh-still-experiences-low-covid-death-rate-experts-wonder-why /56246.

37. Arafatul Islam, "Why Bangladeshis No Longer Fear the Coronavirus," Deutsche Welle, September 29, 2020, https://www.dw.com/en/bangladesh-coronavirus-no-fear / a-55091050; Sophie Cousins, "Bangladesh's COVID-19 Testing Criticized," *Lancet* 396, no. 10251 (August 2020): 591, https://www.thelancet.com/journals/lancet/article /PIIS0140-6736(20)31819-5/fulltext; Farooq Sobhan, "Bangladesh's Response to the Covid-19

Pandemic," *Round Table* 109, no. 4 (2020): 462, https://www.tandfonline .com/doi/full/1 0.1080/00358533.2020.1790775?src=recsys.

38. Kendrea Liew, "Bangladesh Faces Twin Crises as Coronavirus Deals New Blow to Flood-Battered Nation," CNBC, September 14, 2020, https://www.cnbc.com/2020/09 /14/bangladesh-faces-twin-crises-as-coronavirus-deals-new-blow-to-flood-battered -nation.html; Somini Sengupta and Julfikar Ali Manik, "A Quarter of Bangladesh Is Flooded. Millions Have Lost Everything," *New York Times*, July 30, 2020, https://www .nytimes.com/2020/07/30/climate/bangladesh-floods.html.

39. Liew, "Bangladesh Faces Twin Crises."

40. Naimul Karim, "Update 1—Pandemic Job Losses and Flooding Spark Fears of Hard Times in Bangladesh," Reuters, July 31, 2020, https://www.reuters.com/article / bangladesh-climatechange-floods/update-1-pandemic-job-losses-and-flooding -spark-fears-of-hard-times-in-bangladesh-idUSL5N2F24SA.

41. Hannah Beech, Alissa Rubin, Anatoly Kurmanaev, and Ruth Maclean, "The Covid-19 Riddle: Why Does the Virus Wallop Some Places and Spare Others?," *New York Times*, May 3, 2020, https://www.nytimes.com/2020/05/03/world/asia/coronavirus -spread-where-why.html.

42. "Animated Maps," Johns Hopkins University & Medicine, Coronavirus Resource Center, https://coronavirus.jhu.edu/data/animated-world-map, accessed September 20, 2020.

43. David Hunter, "Coronavirus: There Is No Global South Exceptionalism," The Conver- sation, May 11, 2020, https://theconversation.com/coronavirus-there-is-no-global -south-exceptionalism-137806; Yasufumi Saito, Andrew James, and Rosa de Acosta, "High-Speed Trains, International Flights: How the Coronavirus Spread," *Wall Street Journal*, March 5, 2020, https://www.wsj.com/graphics/how-the-coronavirus -spread/; Pinelopi Koujianou Goldberg and Tristan Reed, "The Effects of the Coro- navirus Pandemic in Emerging Markets and Developing Economies: An Optimistic Preliminary Account," Brookings Institution, 2020, 6, https://www.brookings.edu /wp-content/ uploads/2020/06/Goldberg-Reed-conference-draft.pdf.

44. *Tracking Universal Health Coverage: 2017 Global Monitoring Report* (Geneva: World Health Organization and World Bank Group, 2017), v, https://apps.who.int/iris /bitstream/hand le/10665/259817/9789241513555-eng.pdf;jsessionid=0D1AE648E7 552E987F30D425C BE26A9D?sequence=1.

45. Ruth Maclean and Simon Marks, "10 African Countries Have No Ventilators. That's

Only Part of the Problem," *New York Times*, April 18, 2020, https://www.nytimes.com /2020/04/18/world/africa/africa-coronavirus-ventilators.html.

46. Goldberg and Reed, "The Effects of the Coronavirus Pandemic."

47. Kristalina Georgieva, "Confronting the Covid-19 Crisis," International Monetary Fund podcast, April 9, 2020, https://www.imf.org/en/News/Podcasts/All-Podcasts /2020/04/09/md-curtain-raiser-2020-sms.

48. *Global Economic Prospects, January 2019* (Washington, DC: World Bank Group, 2019), 129, http://pubdocs.worldbank.org/en/196001542819699601/Global-Economic -Prospects-Jan-2019-Topical-Issue-informality.pdf.

49. *Piecing Together the Poverty Puzzle: Poverty and Shared Prosperity* (Washington, DC: World Bank Group, 2017), 1, https://openknowledge.worldbank.org/bitstream /hand le/10986/30418/9781464813306.pdf.

50. Raoul Leering and Timme Spakman, "Countries Hit Most by the Coronavirus Value Chain Shock," ING Think, April 2, 2020, https://think.ing.com/articles/countries -hurt-most-by-covid-19-global-value-chain-shock; *Global Economic Prospects, June 2020* (Washington, DC: World Bank Group, 2020), https://openknowledge.worldbank .org/ handle/10986/33748.

51. World Bank Group, *Global Economic Prospects, June 2020*, 137, 141; Goldberg and Reed, "The Effects of the Coronavirus Pandemic," 25.

52. See, for example, Nicoli Nattrass and Jeremy Seekings, "Covid vs. Democracy: South Africa's Lockdown Misfire," *Journal of Democracy* 31, no. 4 (October 2020): 106–21, https://www.journalofdemocracy.org/articles/covid-vs-democracy-south-africas -lockdown-misfire/.

53. Gerald Imray and Joseph Krauss, "Worst Virus Fears Are Realized in Poor or War-Torn Countries," Associated Press, June 28, 2020, https://apnews.com/911c9cdb10a 0319fb5f36dc5ddff9d40.

54. Amanda Glassman, Kalipso Chalkidou, and Richard Sullivan, "Does One Size Fit All? Realistic Alternatives for COVID-19 Response in Low-Income Countries," Center for Global Development, April 2, 2020, https://www.cgdev.org/blog/does -one-size-fit-all-realistic-alternatives-covid-19-response-low-income-countries; Zubaida Bai and Nina Rawal, "Why Lockdowns Aren't the Best Way Forward for the Global South," World Economic Forum, August 17, 2020, https://www .weforum.org/agenda/2020/08/why-lockdowns-dont-work-in-lower-income -countries/.

55. S. A. Madhi et al., "COVID-19 Lockdowns in Low- and Middle-Income Countries:

Success Against COVID-19 at the Price of Greater Costs," *South African Medical Journal* 110, no. 8 (June 2020): 724–26, http://www.samj.org.za/index.php/samj/article / view/12992.

56. Bill Gates and Melinda Gates, "2020 Goalkeepers Report: COVID-19 a Global Perspective," Bill & Melinda Gates Foundation, September 2020, https://www .gatesfoundation.org/goalkeepers/report/2020-report/#GlobalPerspective; "The Pan- demic Is Plunging Millions Back into Extreme Poverty," *The Economist*, September 26, 2020, https://www.economist.com/international/2020/09/26/the-pandemic-is -plunging-millions-back-into-extreme-poverty.

57. "Wuhan Lockdown 'Unprecedented,' Shows Commitment to Contain Virus: WHO Representative in China," Reuters, January 23, 2020, https://www.reuters.com/article / us-china-health-who/wuhan-lockdown-unprecedented-shows-commitment-to -contain-virus-who-representative-in-china-idUSKBN1ZM1G9.

58. Sharon Chen and Claire Che, "WHO Says China Actions Blunted Virus Spread, Leading to Drop," Bloomberg, February 24, 2020, https://www.bloomberg.com/news / articles/2020-02-24/who-says-china-lockdown-blunted-new-epidemic-leading-to -decline.

59. "Coronavirus Confirmed as Pandemic by World Health Organization," BBC News, March 11, 2020, https://www.bbc.com/news/world-51839944.

60. "WHO Bins DSCC Mayor's Claim over Lockdown in Bangladesh," *Dhaka Tribune*, March 21, 2020, https://www.dhakatribune.com/bangladesh/2020/03/21/who -declare-emergency-if-necessary.

61. World Health Organization, "COVID-19 Strategy Update: April 14, 2020," 3, https:// www.who.int/publications/i/item/covid-19-strategy-update—14-april-2020.

62. "WHO Lauds India's 'Tough and Timely' Actions Against Coronavirus," *The Hindu*, April 14, 2020, https://www.thehindu.com/news/national/who-lauds-indias-tough -and-timely-actions-against-coronavirus/article31338150.ece.

63. "WHO Urges Caution as Countries in Africa Ease Lockdowns," World Health Organization Africa, May 28, 2020, https://www.afro.who.int/news/who-urges-caution -countries-africa-ease-lockdowns.

64. "WHO Recommends Pakistan Reimpose Intermittent Lockdowns as COVID-19 Cases Rise Sharply," Reuters, June 9, 2020, https://www.reuters.com/article/us-health -coronavirus-pakistan-who/who-recommends-pakistan-reimpose-intermittent -lockdowns-as-covid-19-cases-rise-sharply-idUSKBN23G2ZJ; "World Health Organization (WHO) Coronavirus Press Conference July 10," Rev, July 10, 2020, https:// www.

rev.com/blog/transcripts/world-health-organization-who-coronavirus-press -conference-july-10.

65. Bruce Y. Lee, "WHO Warning About Covid-19 Coronavirus Lockdowns Is Taken out of Context," *Forbes*, October 13, 2020, https://www.forbes.com/sites/brucelee /2020/10/13/who-warning-about-covid-19-coronavirus-lockdowns-is-taken-out-of -context/?sh=23a7578158c4.

66. World Bank, *Global Economic Prospects, January 2021* (Washington, DC: World Bank Group, January 2021), 6, 21, 25, https://www.worldbank.org/en/publication/global -economic-prospects.

67. International Monetary Fund, *World Economic Outlook, October 2020*, 36.

68. Gates and Gates, "2020 Goalkeepers Report."

69. *Reversals of Fortune: Poverty and Shared Prosperity* (Washington, DC: World Bank Group, 2020), xi, https://openknowledge.worldbank.org/bitstream/handle/10986 /34496/9781464816024.pdf; "COVID-19 Could Push the Number of People Living in Extreme Poverty to over 1 Billion by 2030, Says UNDP Study," United Nations Development Programme, press release, December 3, 2020, https://www.undp.org / content/undp/en/home/news-centre/news/2020/COVID-19_could_push_extreme _ poverty_over_1_billion_people_2030.html; Lisa Kurbiel, "Investing in the SDGs in a Post COVID world," *United Nations Action 2030* (blog), January 26, 2021, https:// unsdg. un.org/zh-hans/node/53339.

70. Homi Kharas, "The Impact of COVID-19 on Global Extreme Poverty," Brookings Institution, October 21, 2020, https://www.brookings.edu/blog/future-development /2020/10/21/the-impact-of-covid-19-on-global-extreme-poverty/.

71. United Nations Office for the Coordinator of Humanitarian Affairs, *Global Humanitarian Overview 2021* (Geneva: OCHA, 2020), 20, https://reliefweb.int/sites / reliefweb.int/files/resources/GHO2021_EN.pdf.

72. "Averting a Lost COVID Generation: A Six-Point Plan to Respond, Recover and Re- imagine a Post-Pandemic World for Every Child," UNICEF, November 20, 2020, 2, https://www.unicef.org/media/86881/file/Averting-a-lost-covid-generation-world -childrens-day-data-and-advocacy-brief-2020.pdf.

73. United Nations Office for the Coordinator of Humanitarian Affairs, *Global Humanitarian Overview 2021*, 8.

74. *Global Humanitarian Assistance Report 2020* (Wilmington, DE: Development Initia- tives, 2020), 13, https://devinit.org/resources/global-humanitarian-assistance-report -2020/

crisis-financing-covid-19-pandemic-response/#downloads.

75. Edith M. Lederer, "UN Appeals for $6.7 Billion to Fight Virus in Poor Countries," As- sociated Press, May 7, 2020, https://apnews.com/article/2d4caf7ac7d1d66cccf72 b05b f8b9046; "Global Humanitarian Response Plan: July Update," WHO Health Cluster, https://www.who.int/health-cluster/news-and-events/news/GHRP-revision-july-2020 / en/, accessed September 5, 2020.

76. United Nations Office for the Coordinator of Humanitarian Affairs, *Global Human-itarian Overview 2021*, 66.

77. "The World Bank in Peru," World Bank, https://www.worldbank.org/en/country/ peru /overview, accessed September 5, 2020; World Bank, "World Bank Country and Lend- ing Groups."

78. "Peru Records First Confirmed Case of Coronavirus, President Vizcarra Says," Reuters, March 6, 2020, https://www.reuters.com/article/us-health-coronavirus -peru/peru-records-first-confirmed-case-of-coronavirus-president-vizcarra-says -idUSKBN20T1S9.

79. Linnea Sandin, "Covid-19 Exposes Latin America's Inequality," Center for Strategic and International Studies, April 6, 2020, https://www.csis.org/analysis/covid-19 -exposes-latin-americas-inequality.

80. Will Feuer, "South America Is a 'New Epicenter' of the Coronavirus Pandemic, WHO Says," CNBC, May 22, 2020, https://www.cnbc.com/2020/05/22/south-america-is-a -new-epicenter-of-the-coronavirus-pandemic-who-says.html.

81. Ryan Dube, "Coronavirus Hits Peru Hard Despite Strict Lockdown," *Wall Street Journal*, June 14, 2020, https://www.wsj.com/articles/coronavirus-hits-peru-hard-despite -strict-lockdown-11592146800; Diego Quispe, "Decretan estado de emergencia para frenar el coronavirus" [State of emergency declared to stop the coronavirus], *La República*, March 16, 2020, https://larepublica.pe/sociedad/2020/03/16/coronavirus -en-peru-decretan-estado-de-emergencia-para-frenar-la-epidemia/; Marco Aquino, "Peru Calls Up 10,000 Army Reserves to Enforce Quarantine," Reuters, April 1, 2020, https:// www.reuters.com/article/us-health-coronavirus-peru-army/peru-calls -up-10000-army-reserves-to-enforce-quarantine-idUSKBN21J69A; Reuters Staff, "Peru Looks to Restart Economy After Months-Long Lockdown," Reuters, July 1, 2020, https://www.reuters. com/article/us-health-coronavirus-peru/peru-looks-to-restart -economy-after-months-long-lockdown-idUSKBN2427CP.

82. Whitney Eulich, "'We're Invisible': Peru's Moment of Reckoning on Informal Work-

ers," *Christian Science Monitor*, June 30, 2020, https://www.csmonitor.com/World / Americas/2020/0630/We-re-invisible-Peru-s-moment-of-reckoning-on-informal -workers; "Peru," Policy Responses to COVID-19, International Monetary Fund, last modified December 4, 2020, https://www.imf.org/en/Topics/imf-and-covid19 / Policy-Responses-to-COVID-19#N.

83. COVID-19 Dashboard, Johns Hopkins University & Medicine; "Mortality Analyses," Johns Hopkins University & Medicine.

84. Jin Wu et al., "412,000 Missing Deaths: Tracking the True Toll of the Coronavirus Outbreak," *New York Times*, last modified November 27, 2020, https://www.nytimes .com/interactive/2020/04/21/world/coronavirus-missing-deaths.html.

85. Oscar Lopez and Anastasia Moloney, "Analysis—Coronavirus Chases the Slum Dwellers of Latin America," Reuters, March 18, 2020, https://www.reuters.com/article / health-coronavirus-latam/analysis-coronavirus-chases-the-slum-dwellers-of-latin -america- idUSL8N2BA8G5; Azam Ahmed, Anatoly Kurmanaev, Daniel Politi, and Ernesto Londoño, "Virus Gains Steam Across Latin America," *New York Times*, June 23, 2020, https://www.nytimes.com/2020/06/23/world/americas/coronavirus-brazil -mexico- peru-chile-uruguay.html?referringSource=articleShare; "Population Living in Slums (% of Urban Population)—Peru," World Bank Data, https://data.worldbank .org/indicator/ EN.POP.SLUM.UR.ZS?locations=PE, accessed September 20, 2020.

86. Quoted in Mitra Taj and Anatoly Kurmanaev, "Virus Exposes Weak Links in Peru's Success Story," *New York Times*, June 12, 2020, https://www.nytimes.com/2020/06/12 / world/americas/coronavirus-peru-inequality-corruption.html.

87. Matías Busso and Julián Messina, *The Inequality Crisis: Latin America and the Ca- ribbean at the Crossroads* (Washington, DC: Inter-American Development Bank, 2020), 3, 17, 46, https://publications.iadb.org/publications/english/document/The -Inequality-Crisis- Latin-America-and-the-Caribbean-at-the-Crossroads.pdf.

88. Laís Abramo et al., *Social Panorama of Latin America* (Santiago: Economic Commission for Latin America and the Caribbean, 2019), 96, https://repositorio.cepal.org/bitstream / handle/11362/44989/1/S1901132_en.pdf. These numbers reflect ECLAC's own esti- mates. Official Peruvian government estimates were 20.5 percent and 2.8 percent.

89. Quoted in Eulich, "'We're Invisible.'"

90. Florence Bonnet, Joann Vanek, and Martha Chen, *Women and Men in the Informal Economy: A Statistical Brief* (Manchester: International Labour Office, 2019), 10, 87.

91. Ciara Nugent, "Peru Locked Down Hard and Early. Why Is Its Coronavirus Outbreak

So Bad?," *Time*, May 29, 2020, https://time.com/5844768/peru-coronavirus/.

92. Taj and Kurmanaev, "Virus Exposes Weak Links in Peru's Success Story"; Teresa Welsh, "Inequality and Corruption: Why Peru Is Losing Its COVID-19 Battle," DevEx, July 1, 2020, https://www.devex.com/news/inequality-and-corruption-why -peru-is-losing-its-covid-19-battle-97604; Yen Nian Mooi, "Banking on Progress in Peru," *Diálogo a Fondo* (IMF blog), December 4, 2018, https://www.imf.org/external /np/blog/ dialogo/120418.pdf.

93. Quoted in Eulich, "'We're Invisible.'"

94. Quoted in Pierina Pighi Bel and Jake Horton, "Coronavirus: What's Happening in Peru," BBC News, July 9, 2020, https://www.bbc.com/news/world-latin-america -53150808.

95. Dube, "Coronavirus Hits Peru Hard Despite Strict Lockdown."

96. "Coronavirus: Peru Economy Sinks 40% in April amid Lockdown," BBC, June 16, 2020, https://www.bbc.com/news/world-latin-america-53051157; Joaquín Cottani, "The Effects of Covid-19 on Latin America's Economy," Center for Strategic and International Studies, November 18, 2020, https://www.csis.org/analysis/effects-covid-19 -latin-americas-economy; International Monetary Fund, *World Economic Outlook: A Long and Difficult Ascent*, 57; "UNICEF Peru COVID-19 Situation Report No. 9," ReliefWeb, December 4, 2020, https://reliefweb.int/report/peru/unicef-peru-covid-19 -situation-report-no-9-2-december-2020.

97. International Monetary Fund, *World Economic Outlook Update, January 2021: Policy Support and Vaccines Expected to Lift Activity* (Washington, DC: International Mone- tary Fund, 2021), 4, https://www.imf.org/en/Publications/WEO/%20Issues/2021/01 /26/2021-world-economic-outlook-update.

98. Claudia Viale, "Peru: Updated Assessment of the Impact of the Coronavirus Pandemic on the Extractive Sector and Resource Governance," Natural Resource Governance Institute, December 18, 2020, https://resourcegovernance.org/analysis-tools / publications/peru-updated-assessment-impact-coronavirus-extractive.

99. Quoted in Taj and Kurmanaev, "Virus Exposes Weak Links in Peru's Success Story."

100. Luis Alberto Moreno, "Latin America's Lost Decades," *Foreign Affairs*, January/February 2021, https://www.foreignaffairs.com/articles/south-america/2020-12-08/latin -americas-lost-decades.

101. United Nations Office for the Coordinator of Humanitarian Affairs, *Global Humanitarian Overview 2021*, 6.

102. Abdi Latif Dahir, "'Like an Umbrella Had Covered the Sky': Locust Swarms Despoil Kenya," *New York Times*, February 21, 2020, https://www.nytimes.com/2020/02/21 / world/africa/locusts-kenya-east-africa.html.

103. "The World Bank in Kenya," World Bank, https://www.worldbank.org/en/ country /kenya/overview, accessed September 10, 2020.

104. Eunice Njogu, "Millions of Kenyans Go Hungry Every Day. Why, and What Can Be Done," ReliefWeb, March 23, 2020, https://reliefweb.int/report/kenya/millions -kenyans-go-hungry-every-day-why-and-what-can-be-done; "Kenya," United Na- tions World Food Programme, https://www.wfp.org/countries/kenya, accessed Sep- tember 20, 2020.

105. William Bellamy, "Kenya's Case of Covid-19," Center for Strategic and International Studies, June 16, 2020, https://www.csis.org/analysis/kenyas-case-covid-19.

106. "Individuals Using the Internet (% of Population)—Kenya," World Bank Data, https:// data.worldbank.org/indicator/IT.NET.USER.ZS?locations=KE, accessed September 20, 2020; Louise Donovan and April Zhu, "Kenya's Labor Market Wasn't Made for a Pandemic," *Foreign Policy*, April 10, 2020, https://foreignpolicy.com/2020/04/10/ kenya -labor-coronavirus-pandemic-informal-workers-economic-crisis/; "Kenya: Police Brutality During Curfew," Human Rights Watch, April 22, 2020, https://www.hrw.org / news/2020/04/22/kenya-police-brutality-during-curfew; "Kenyan Police 'Killed 15' Since Start of Coronavirus Curfew," Al Jazeera, June 5, 2020, https://www.aljazeera.com /news/2020/06/kenyan-police-killed-15-start-coronavirus-curfew-200605184324568 .html.

107. World Bank, "The World Bank in Kenya"; "Kenya's Finance Minister Lowers 2020 Economic Growth Projection," Reuters, November 24, 2020, https://www.reuters. com /article/kenya-economy/kenyas-finance-minister-lowers-2020-economic-growth -projection-idUSN6N2F000M.

108. "Kenya Food Security Outlook Update, June 2020 to January 2021," Famine Early Warning System, July 11, 2020, https://reliefweb.int/report/kenya/kenya-food-security -outlook-update-june-2020-january-2021.

109. Tom Odula and Idi Ali Juma, "Stampede in Kenya as Slum Residents Surge for Food Aid," Associated Press, April 10, 2020, https://apnews.com/article/49ddf9d37f72387 30c16e7b61bfe3de9.

110. "Coronavirus: Kenyans Moved by Widow Cooking Stones for Children," BBC News, April 30, 2020, https://www.bbc.com/news/world-africa-52494404.

111. Email correspondence with the International Committee of the Red Cross, October 30, 2020.

112. Amanda Thomas and Angus Urquhart, *Global Humanitarian Assistance Report 2020* (Bristol: Development Initiatives, 2020), 22–23, https://devinit.org/resources/global -humanitarian-assistance-report-2020/#downloads.

113. COVID-19 Dashboard, Johns Hopkins University & Medicine; "Mortality Analyses," Johns Hopkins University & Medicine; Linda Nordling, "The Pandemic Appears to Have Spared Africa So Far. Scientists Are Struggling to Explain Why," *Science Magazine*, August 11, 2020, https://www.sciencemag.org/news/2020/08/pandemic -appears-have-spared-africa-so-far-scientists-are-struggling-explain-why.

114. "Social, Environmental Factors Seen Behind Africa's Low COVID-19 Cases," World Health Organization Africa, September 24, 2020, https://www.afro.who.int/ news /social-environmental-factors-seen-behind-africas-low-covid-19-cases; Max Bearak and Danielle Paquette, "The Coronavirus Is Ravaging the World. But Life Looks Almost Normal in Much of Africa," *Washington Post*, December 11, 2020, https://www .washingtonpost.com/world/africa/africa-coronavirus-low-cases-deaths/2020/12/10 / e907a1c2-3899-11eb-aad9-8959227280c4_story.html.

115. Davis Beasley, "The Looming Hunger Pandemic," *Foreign Affairs*, June 16, 2020, https:// www.foreignaffairs.com/articles/world/2020-06-16/looming-hunger-pandemic.

116. Jason Beaubien, "Latin America Is Facing a Hunger Pandemic," NPR, December 9, 2020, https://www.npr.org/sections/goatsandsoda/2020/12/09/943906342/latin -america-is-facing-a-hunger-pandemic.

117. Gian Volpicelli, "Brexit Hit Farms Hard. Coronavirus May Leave Food Rotting in the Fields," *Wired*, March 31, 2020, https://www.wired.co.uk/article/coronavirus-farms -uk-brexit.

118. "The Hunger Virus: How COVID-19 Is Fuelling Hunger in a Hungry World," Oxfam Media Briefing, July 9, 2020, 4, https://oxfamilibrary.openrepository.com/ bitstream /handle/10546/621023/mb-the-hunger-virus-090720-en.pdf.

119. "World Food Situation: FAO Cereal Supply and Demand Brief," Food and Agriculture Organization of the United Nations, http://www.fao.org/worldfoodsituation / csdb/en/, accessed December 26, 2020.

120. David Laborde, Will Martin, Johan Swinnen, and Rob Vos, "COVID-19 Risks to Global Food Security," *Science* 369, no. 6503 (July 2020): 500–502, https://science .sciencemag.org/content/369/6503/500; "Russia Cuts Off Wheat, Other Grain Ex-

ports," RFERL, April 26, 2020, https://www.rferl.org/a/russia-cuts-off-wheat-other -grain-exports/30577633.html.

121. David Laborde, Adbullah Mamun, and Marie Parent, "COVID-19 Food Trade Policy Tracker," International Food Policy Research Institute, last modified November 24, 2020, https://www.ifpri.org/project/covid-19-food-trade-policy-tracker.

122. Beasley, "The Looming Hunger Pandemic."

123. Laborde et al., "COVID-19 Risks to Global Food Security."

124. "World Food Index Rises for Seventh Month Running in Dec—FAO," Reuters, Jan- uary 7, 2021, https://www.reuters.com/article/us-global-economy-food/world-food -price-index-rises-for-seventh-month-running-in-dec-fao-idUSKBN29C12N; David Malpass, "COVID Crisis Is Fueling Food Price Rises for World's Poorest," World Bank Blogs, February 1, 2021, https://blogs.worldbank.org/voices/covid-crisis-fuel -ing-food-price-rises-worlds-poorest.

125. Rachel Scott and Gregory Connor, "Understanding What Data Tell Us About COVID- 19's Socio-Economic Impact," United Nations Development Programme, December 2, 2020, https://www.undp.org/content/undp/en/home/blog/2020/ understanding-what -data-tell-us-about-covid-19s-socio-economic-i.html.

126. Flore de Preneuf, "Food Security and COVID-19," World Bank, February 5, 2021, https://www.worldbank.org/en/topic/agriculture/brief/food-security-and-covid -19; "Food Crises and COVID-19: Emerging Evidence and Implications," Global Network Against Food Crises, 2020, https://reliefweb.int/sites/reliefweb.int/files /resources/ GlobalNetwork_Technical_Note_Covid19_Food_Crises_Sept_2020.pdf; Peter Goodman, Abdi Latif Dahir, and Karan Deep Singh, "The Other Way Covid Will Kill: Hunger," *New York Times*, September 11, 2020, https://www.nytimes.com /2020/09/11/business/ covid-hunger-food-insecurity.html.

127. Felix Baquedano, Cheryl Christensen, Kayode Ajewole, and Jayson Beckman, *International Food Security Assessment, 2020–30* (Washington, DC: U.S. Department of Agriculture, Economic Research Service, 2020), 1, https://www.ers.usda.gov/webdocs / outlooks/99088/gfa-31.pdf?v=7588.

128. "COVID-19 External Situation Report #17," World Food Programme, December 2, 2020, 1, https://docs.wfp.org/api/documents/bb06a3493e85496587739785abfe5b28 / download/?_ga=2.91035352.331409304.1608577915–248201135.1607796929; Bea- sley, "The Looming Hunger Pandemic."

129. "The Hunger Virus," 1.

130. Berit Reiss-Andersen, "Prize Announcement," Nobel Prize, October 9, 2020, https:// www.nobelprize.org/prizes/peace/2020/prize-announcement/; David Beasley, "Leader of Nobel Peace Prize–Winning World Food Programme on Global Starvation Crisis," interviewed by Amna Nawaz, *PBS NewsHour*, October 9, 2020, https://www.pbs.org /newshour/show/leader-of-nobel-peace-prize-winning-world-food-programme-on -global-starvation-crisis.

131. Michelle Nichols, "U.N. Warns 2021 Shaping Up to Be a Humanitarian Catastrophe," Reuters, December 4, 2020, https://www.reuters.com/article/us-health-coronavirus-un / u-n-warns-2021-shaping-up-to-be-a-humanitarian-catastrophe-idUSKBN28E2R9.

## 제9장 분쟁과 팬데믹

1. "Coronavirus: Iran's Deputy Health Minister Tests Positive as Outbreak Worsens," BBC News, February 25, 2020, https://www.bbc.com/news/world-middle-east -51628484.

2. Erin Cunningham and Dalton Bennett, "Coronavirus Burial Pits So Vast They're Visible from Space," *Washington Post*, March 12, 2020, https://www.washingtonpost .com/ graphics/2020/world/iran-coronavirus-outbreak-graves/.

3. "WHO Official Says Iran Death Toll Potentially Five Times Higher," Radio Farda, March 17, 2020, https://en.radiofarda.com/a/who-official-says-iran-death-toll-potentially-five -times-higher/30492491.html.

4. "Flattening the Curve of U.S.-Iran Tensions," International Crisis Group, Middle East & North Africa Briefing Number 76, April 2, 2020, https://www.crisisgroup.org /middle-east-north-africa/gulf-and-arabian-peninsula/iran/b76-flattening-curve-us -iran-tensions.

5. Tara Kangarlou and Joseph Hincks, "'People Are Dying Left and Right': Inside Iran's Struggle to Contain Its Coronavirus Outbreak," *Time*, March 17, 2020, https://time .com/5804706/iran-coronavirus/.

6. Kasra Aarabi, "Iran Knows Who to Blame for the Virus: America and Israel," *Foreign Policy*, March 19, 2020, https://foreignpolicy.com/2020/03/19/iran-irgc-coronavirus -propaganda-blames-america-israel; "Flattening the Curve of U.S.-Iran Tensions," International Crisis Group.

7. "Iran Mobilizes Military to Fight Coronavirus," Iran Primer, last modified April 27, 2020, https://iranprimer.usip.org/blog/2020/mar/04/iran-mobilizes-military-fight -coronavirus.

8. Dalga Khatinoglu, "Iran Crude Oil Exports Drop to Less Than 250,000 Bpd in February," Radio Farda, March 2, 2020, https://en.radiofarda.com/a/iran-crude-oil-exports -drop-to-less-than-250–000-bpd-in-february/30464729.html; "IMF Says Iran's GDP Will Decline by Six Percent in 2020," Radio Farda, April 14, 2020, https://en.radiofarda .com/a/imf-says-iran-s-gdp-will-decline-by-six-percent-in-2020/30553143.html.

9. "Iran Sanctions: US Moves to Isolate 'Major' Banks," BBC News, October 9, 2020, https:// www.bbc.com/news/world-middle-east-54476894; Editorial Board, "Iran's Covid-19 Death Toll Is Rising. Show Mercy, Mr. Trump," *New York Times*, October 13, 2020, https://www.nytimes.com/2020/10/13/opinion/iran-trump-sanctions-covid.html.

10. Garrett Nada, "Iran's Oil Price Plummets," Iran Primer, April 22, 2020, https:// iranprimer.usip.org/blog/2020/apr/22/iran's-oil-prices-plummet.

11. Saheb Sadeghi, "Why Hassan Rouhani Ended Iran's Lockdown," *Foreign Policy*, May 5, 2020, https://foreignpolicy.com/2020/05/05/why-hassan-rouhani-ended-irans -lockdown/.

12. International Monetary Fund, *World Economic Outlook, October 2020: A Long and Difficult Ascent* (Washington, DC: International Monetary Fund, 2020), 58, https:// www.imf.org/ en/Publications/WEO/Issues/2020/09/30/world-economic-outlook -october-2020.

13. Alex Yacoubian, "Iran's Increasing Reliance on China," Iran Primer, October 13, 2020, https://iranprimer.usip.org/blog/2019/sep/11/irans-increasing-reliance-china; Farnaz Fassihi and Steven Lee Myers, "Defying U.S., China and Iran Near Trade and Military Partnership," *New York Times*, last modified November 30, 2020, https:// www. nytimes.com/2020/07/11/world/asia/china-iran-trade-military-deal.html; Alam Saleh and Zakiyeh Yazdanshenas, "Iran's Pact with China Is Bad News for the West ," *Foreign Policy*, August 9, 2020, https://foreignpolicy.com/2020/08/09/irans -pact-with-china-is-bad-news-for-the-west/; Farnaz Fassihi and Steven Lee Myers, "China, with $400 Billion Iran Deal, Could Deepen Influence in Mideast," *New York Times*, last modified March 29, 2021, https://www.nytimes.com/2021/03/27/world /middleeast/china-iran-deal.ht ml?referringSource=articleShare.

14. "Iran: Thousands Arbitrarily Detained and at Risk of Torture in Chilling Post-Protest Crackdown," Amnesty International, December 16, 2019, https://www.amnesty.org / en/latest/news/2019/12/iran-thousands-arbitrarily-detained-and-at-risk-of-torture -in-chilling-post-protest-crackdown/; Farnaz Fassihi and Rick Gladstone, "With Brutal Crackdown, Iran Is Convulsed by Worst Unrest in 40 Years," *New York Times*, last modified December 3, 2019, https://www.nytimes.com/2019/12/01/world/middleeast /

iran-protests-deaths.html.

15. Sadeghi, "Why Hassan Rouhani Ended Iran's Lockdown."

16. "COVID-19 Dashboard by the Center for Systems Science and Engineering," Johns Hopkins University & Medicine, Coronavirus Resource Center, accessed January 1, 2021, https://coronavirus.jhu.edu/map.html.

17. Nasser Karimi, "Iran Surpasses 20,000 Confirmed Deaths from the Coronavirus," Associated Press, August 19, 2020, https://apnews.com/63eea48e390cbd55effcad562 def89d9; Reuters Staff, "Rouhani Says 25 Million Iranians May Have Been Infected with Coronavirus," Reuters, July 18, 2020, https://www.reuters.com/article/us-health -coronavirus-iran/rouhani-says-25-million-iranians-may-have-been-infected -with-coronavirus-idUSKBN24J07V.

18. "Iran Reimposes Restrictive Virus Measures in Tehran," France 24, October 3, 2020, https://amp.france24.com/en/20201003-iran-reimposes-restrictive-virus-measures-in -tehran; "Iran Expands Anti-Virus Measures as Calls for Lockdown Grow," *Jordan Times*, November 1, 2020, http://www.jordantimes.com/news/region/iran%C2%A0expands -anti-virus-measures-calls-lockdown-grow.

19. Johns Hopkins University & Medicine, "COVID-19 Dashboard"; "Iran Official: Coronavirus Deaths Could Double if Guidelines Not Followed," *Al-Monitor*, October 15, 2020, https://www.al-monitor.com/pulse/originals/2020/10/iran-official-iraj -haririchi-coronavirus-death-toll.html; Dan De Luce and Leila Gharagozlou, "Iran's Covid Death Toll May Be Four Times the Government's Official Tally, Says Top Doc- tor," NBC News, October 28, 2020, https://www.nbcnews.com/health/health-news /iran-s-covid-death-toll-may-be-four-times-government-n1245028; "Parliament Speaker Tests Positive on Iran's Deadliest Virus Day," *Al-Monitor*, October 28, 2020, https://www.al-monitor.com/pulse/originals/2020/10/iran-parliament-speaker -ghalibaf-coronavirus-covid19-test.html.

20. Akhtar Mohammad Makoii and Peter Beaumont, "Afghanistan Braces for Corona-virus Surge as Migrants Pour Back from Iran," *The Guardian*, April 1, 2020, https:// www. theguardian.com/global-development/2020/apr/01/afghanistan-braces-for -coronavirus-surge-as-migrants-pour-back-from-iran.

21. Mujib Mashal, "Afghanistan's Next War," *New York Times Magazine*, last modified April 23, 2020, https://www.nytimes.com/interactive/2020/04/22/magazine/afghanistan -coronavirus.html; Sayed H. Mousavi et al., "The First COVID-19 Case in Afghani- stan Acquired from Iran," *The Lancet* 20, no. 6 (June 1, 2020), https://www.thelancet .com/

journals/lanjnf/article/PIIS1473-3099(20)30231-0/fulltext.

22. Andrew Quilty, "Afghanistan's Unseen Covid Crisis," *Interpreter*, Lowy Institute, August 12, 2020, https://www.lowyinstitute.org/the-interpreter/afghanistan-s-unseen -covid-crisis.

23. Quoted in David Zucchino and Fahim Abed, "'Covid Can't Compete.' In a Place Mired in War, the Virus Is an Afterthought," *New York Times*, December 20, 2020, https:// www.nytimes.com/2020/12/20/world/asia/covid-afghanistan-coronavirus .html.

24. Zucchino and Abed, "'Covid Can't Compete.'"

25. Ezzatullah Mehrdad, Lindsey Kennedy, and Nathan Paul Southern, "In Afghanistan, the Coronavirus Could Be Deadlier Than War," *Foreign Policy*, April 17, 2020, https:// foreignpolicy.com/2020/04/17/in-afghanistan-coronavirus-could-be-deadlier-than -war/.

26. Ayaz Gul, "10 Million Afghans Likely Infected and Recovered from COVID-19: Survey," Voice of America, August 5, 2020, https://www.voanews.com/south-central -asia/10-million-afghans-likely-infected-and-recovered-covid-19-survey; Zucchino and Abed, "'Covid Can't Compete.'"

27. Quoted in Mashal, "Afghanistan's Next War."

28. *Surviving the Storm: Afghanistan Development Update July 2020* (Washington: World Bank Group, 2020), https://openknowledge.worldbank.org/bitstream/handle/10986 /34092/ Afghanistan-Development-Update-Surviving-the-Storm.pdf?sequence =4&isAllowed=y.

29. Ben Farmer and Akhtar Makoii, "Food Shortages in Afghanistan as Coronavirus Worsens Country's Humanitarian Crisis," *Telegraph*, October 13, 2020, https://www .telegraph.co.uk/global-health/science-and-disease/food-shortages-afghanistan -coronavirus-worsens-countrys-humanitarian/; "Afghanistan: COVID-19 Impacts, High Food Prices, Reduced Income and Conflict Are Key Drivers of Food Insecurity," Integrated Food Security Phase Classification, November 2020, https://www .humanitarianresponse.info/sites/www.humanitarianresponse.info/files/documents / files/ipc_afghanistan_acutefoodinsec_2020aug2021march_report.pdf.

30. Robert Burns and Zeke Miller, "US Withdrawing Thousands of Troops from Iraq and Afghanistan," Associated Press, September 9, 2020, https://apnews.com/a6d9550ea12d 041436dda09f30873f55; Julian Borger, "Trump Reportedly Plans to Withdraw Nearly Half of US Troops in Afghanistan," *The Guardian*, November 17, 2020, https://www .theguardian.com/world/2020/nov/16/trump-plans-us-troops-withdrawal-afghanistan.

31. Susannah George, Aziz Tassal, and Sharif Hassan, "Coronavirus Sweeps Through Afghanistan's Security Forces," *Washington Post*, June 25, 2020, https://www

.washingtonpost.com/world/asia_pacific/afghanistan-coronavirus-security-forces
-military/2020/06/24/0063c828-b4e2-11ea-9a1d-d3db1cbe07ce_story.html.

32. Jarrett Blanc, "The Pandemic Further Complicates Afghanistan's Path to Peace,"
in *Conflict Zones in the Time of Coronavirus: War and War by Other Means*, edited by Jarrett
Blanc, Frances Z. Brown, and Benjamin Press (New York: Carnegie Endow- ment for
International Peace, 2020), https://carnegieendowment.org/2020/12/17 /pandemic-
further-complicates-afghanistan-s-path-to-peace-pub-83464.

33. Abdul Qadir Sediqi and Orooj Hakimi, "Coronavirus Makes Taliban Realise They
Need Health Workers Alive Not Dead," Reuters, March 18, 2020, https://www.reuters
.com/article/health-coronavirus-taliban/coronavirus-makes-taliban-realise-they -need-
health-workers-alive-not-dead-idUSL4N2BB2E3.

34. Andrew Watkins, "COVID-19 in Afghanistan: Compounding Crises," International
Crisis Group, May 6, 2020, https://www.crisisgroup.org/asia/south-asia/afghanistan /
covid-19-afghanistan-compounding-crises.

35. Lynne O'Donnell and Mirwais Khan, "Leader of Afghan Taliban Said to Be Gravely
Ill with the Coronavirus," *Foreign Policy*, June 1, 2020, https://foreignpolicy.com/2020/06
/01/afghan-taliban-coronavirus-pandemic-akhunzada/; Jared Schwartz and Yelena
Biberman, "A Divided Taliban Could Unleash a New Proxy War in Afghanistan," At-
lantic Council, June 29, 2020, https://www.atlanticcouncil.org/blogs/new-atlanticist/a
-divided-taliban-could-unleash-a-new-proxy-war-in-afghanistan/.

36. *Operation Inherent Resolve Lead Inspector General Report to the United States Congress*
(Washington, DC: Department of Defense, 2020), 15–16, https://media.defense
.gov/2020/Aug/04/2002469838/-1/-1/1/LEAD%20INSPECTOR%20GENERAL%20
FOR%20OPERATION%20INHERENT%20RESOLVE%20APRIL%201,%20
2020%20 -%20JUNE%2030,%202020.PDF.PDF; John Hannah, "Update: COVID-19
in Iraq," Foundation for Defense of Democracies, July 6, 2020, https://www.fdd.org/
analysis /2020/07/06/update-covid-19-in-iraq/.

37. Johns Hopkins University & Medicine, "COVID-19 Dashboard."

38. Edith Lederer, "UN Envoy: Pandemic Increased Poverty in Iraq by over 10%,"
*Washington Post*, August 26, 2020, https://www.washingtonpost.com/world/middle _
east/un-envoy-pandemic-increased-poverty-in-iraq-by-over-10percent/2020/08 /26/
a19d9528-e7e8–11ea-bf44–0d31c85838a5_story.html; "Facing Pandemic, Eco-nomic
and Political Challenges, Iraq Government 'Operating in the Eyes of Multiple Storms
at Once,'" news release, United Nations, August 26, 2020, https://news.un.org /en/

story/2020/08/1071102.

39. Department of Defense, *Operation Inherent Resolve*, 16.

40. Humeyra Pamuk and Jonathan Landay, "Pompeo Says Soleimani Killing Part of New Strategy to Deter U.S. Foes," Reuters, January 13, 2020, https://www.reuters.com/article / us-iraq-security-pompeo-soleimani/pompeo-says-soleimani-killing-part-of-new -strategy-to-deter-u-s-foes-idUSKBN1ZC2I3.

41. "Coronavirus and Sanctions Hit Iran's Support of Proxies in Iraq," Reuters, July 2, 2020, https://www.reuters.com/article/us-iran-iraq-proxies-insight-idUSKBN2432EY; Colin Clarke and Ariane Tabatabai, "Why Iran Is Still Attacking American Troops During the Pandemic," Vox, April 22, 2020, https://www.vox.com/world/2020/4/22 /21229509/coronavirus-iran-covid-19-attacks-us-troops-iraq.

42. Michael Knights, "Reacting Smartly to Harassing Tactics by Iraqi Militias," Washington Institute for Near East Policy, July 29, 2020, https://www.washingtoninstitute.org / policy-analysis/view/reacting-smartly-to-harassing-tactics-by-iraqi-militias; Katie Bo Williams, "Iran Is Our Top Priority, Says Senior US Commander in Middle East," Defense One, August 12, 2020, https://www.defenseone.com/threats/2020/08/iran -our-top-priority-says-senior-us-commander-middle-east/167651/.

43. Department of Defense, *Operation Inherent Resolve*, 5, 15–16, 33.

44. Gordon Lubold and Michael Gordon, "U.S. to Cut Troop Presence in Iraq by About One-Third, Officials Say," *Wall Street Journal*, August 28, 2020, https://www. wsj .com/articles/u-s-to-cut-troop-presence-in-iraq-by-about-one-third-officials-say -11598625823?st=y7nfogqhwcg80r2&reflink=article_email_share; Lara Seligman, "General Announces Iraq, Afghanistan Troop Drawdowns as Trump Looks to Fulfill Campaign Pledge," Politico, September 9, 2020, https://www.politico.com/news/2020 /09/09/iraq-troop-withdrawl-410723; "IntelBrief: Iran Gaining in Battle for Iraq," Soufan Center, October 20, 2020, https://thesoufancenter.org/intelbrief-iran-gaining -in-battle-for-iraq/; Barbara Starr, Ryan Browne, and Zachary Cohen, "US Announces Further Drawdown of Troops in Afghanistan and Iraq Before Biden Takes Office," CNN, November 17, 2020, https://www.cnn.com/2020/11/17/politics/afghanistan -iraq-withdrawal-pentagon/index.html.

45. Michael Knights and Alex Almeida, "Remaining and Expanding: The Recovery of Islamic State Operations in Iraq in 2019–2020," *CTC Sentinel* 13, no. 5 (May 2020), https://www.washingtoninstitute.org/uploads/Documents/opeds/Knights20200526 -CTCSentinel.pdf.

46. Quoted in Gayle Tzemach Lemmon, "ISIS Is Using Coronavirus to Rebuild Its Terrorism Network in Iraq and Syria," NBC News, May 28, 2020, https://www.nbcnews.com/think/opinion/isis-using-coronavirus-rebuild-its-terrorism-network-iraq -syria-ncna1215941.

47. Brian Glyn Williams, "Islamic State Calls for Followers to Spread Coronavirus, Exploit Pandemic and Protests," The Conversation, June 23, 2020, https://theconversation.com/islamic-state-calls-for-followers-to-spread-coronavirus-exploit-pandemic-and -protests-136224.

48. Department of Defense, *Operation Inherent Resolve*, 18; Hollie McKay, "ISIS Launched More Than 100 Attacks in Iraq in August, a Sharp Uptick from Previous Month," Fox News, September 3, 2020, https://www.foxnews.com/world/isis-launches-more-than -100-attacks-in-iraq-throughout-august-a-sharp-uptick-from-previous-month.

49. "Amid COVID-19, ISIS Supporters Step Up Efforts to Reestablish Presence on Social Media," Memri, May 15, 2020, https://www.memri.org/jttm/amid-covid-19-isis -supporters-step-efforts-reestablish-presence-social-media; Hollie McKay, "How ISIS Is Exploiting the Coronavirus Pandemic," Fox News, May 20, 2020, https://www .foxnews.com/world/how-isis-is-exploiting-the-coronavirus-pandemic; David Choi, "Fake N95 Face Masks Were Being Sold on This ISIS-Linked Website—and It Shows How Terror Groups Are Using COVID-19 as a Propaganda Tool," *Business Insider*, Au- gust 29, 2020, https://www.businessinsider.com/fake-face-mask-website-isis-2020-8.

50. United Nations Secretary-General, "Secretary-General's Appeal for Global Ceasefire," statement, March 23, 2020, https://www.un.org/sg/en/content/sg/statement /2020-03-23/secretary-generals-appeal-for-global-ceasefire.

51. "Pope Francis Calls for Immediate Global Ceasefire," CDE News, March 29, 2020, https://cde.news/pope-francis-calls-for-immediate-global-ceasefire/.

52. "Classification of Fragile and Conflict-Affected Situations," World Bank, last modified July 9, 2020, https://www.worldbank.org/en/topic/fragilityconflictviolence/brief /harmonized-list-of-fragile-situations.

53. "Colombia's ELN Rebels Scrap Ceasefire," France 24, April 27, 2020, https://www .france24.com/en/20200427-colombia-s-eln-rebels-scrap-ceasefire.

54. Daniel Finnan, "Mixed Reception to Call for Covid-19 Ceasefire in Cameroon's Anglophone Regions," Radio France Internationale, March 27, 2020, https://www.rfi.fr/ en /africa/20200327-mixed-reception-to-call-for-coronavirus-ceasefire-in-cameroon-s -anglophone-regions; Ngala Killian Chimtom, "Cameroon's Deadly Mix of War and

Coronavirus," BBC, May 10, 2020, https://www.bbc.com/news/world-africa-52551848; Ewelina Ochab, "Is the Cameroon Ceasefire Talk Nearing amid Covid-19 Pandemic?," *Forbes*, July 5, 2020, https://www.forbes.com/sites/ewelinaochab/2020/07/05/is-the -cameroon-ceasefire-talk-nearing-amid-covid-19-pandemic/#739a93b75255; Ilaria Allegrozzi, "Renewed Attacks on Aid Workers in Cameroon," Human Rights Watch, June 4, 2020, https://www.hrw.org/news/2020/06/04/renewed-attacks-aid-workers -cameroon.

55. "Covid-19 Raises the Risks of Violent Conflict," *The Economist*, June 18, 2020, https:// www.economist.com/international/2020/06/18/covid-19-raises-the-risks-of-violent -conflict.

56. Edith Lederer, "UN: Libya at 'Turning Point,' COVID Heading 'Out of Control,'" ABC News, September 2, 2020, https://abcnews.go.com/US/wireStory/libya-turning -point-covid-heading-control-72781541; "'Which Death Is Going to Be Worse?' Coronavirus Invades a Conflict Zone," *New York Times*, April 13, 2020, video, 7:43, https://www.nytimes.com/video/world/africa/100000007058303/coronavirus-libya -war.html?playlistId=video/latest-video; Hanan Salah, "Despite Covid-19, Libya War Rages, with Civilians at Risk," Human Rights Watch, May 7, 2020, https://www .hrw.org/ news/2020/05/07/despite-covid-19-libya-war-rages-civilians-risk.

57. Quoted in Frederic Wehrey, "The Pandemic's Ripple Effects Are Among Libya's Many Miseries," in *Conflict Zones in the Time of Coronavirus*, ed. Blanc, Brown, and Press.

58. Nick Cumming-Bruce and Declan Walsh, "Libya Cease-Fire Raises Hopes for Full Peace Deal," *New York Times*, October 23, 2020, https://www.nytimes.com/2020/10 /23/world/middleeast/libya-ceasefire.html; Vivian Yee and Mohammed Abdusamee, "After a Decade of Chaos, Can a Splintered Libya Be Made Whole?," *New York Times*, February 16, 2021, https://www.nytimes.com/2021/02/16/world/middleeast/libya -government-qaddafi.html.

59. Declan Walsh, "As Fighting Surges, Yemen Is Hit with 1st Cluster of Covid-19 Infec-tions," *New York Times*, April 29, 2020, https://www.nytimes.com/2020/04/29/world / middleeast/yemen-saudi-coronavirus-cholera.html; Ben Hubbard and Saeed Al-Batati, "Saudi Arabia Declares Cease-Fire in Yemen, Citing Fears of Coronavi- rus," *New York Times*, April 8, 2020, https://www.nytimes.com/2020/04/08/world /middleeast/saudi-yemen-ceasefire-coronavirus.html; Declan Walsh, "War Within War: As Saudi Prince Edges Away from Yemen, His Allies Feud," *New York Times*, April 28, 2020, https:// www.nytimes.com/2020/04/28/world/middleeast/yemen -separatists-saudi-arabia.

html; "Deadly Consequences: Obstruction of Aid in Yemen During Covid-19," Human Rights Watch, September 14, 2020, https://www.hrw.org /report/2020/09/14/deadly-consequences/obstruction-aid-yemen-during-covid-19.

60. Ahmed Nagi, "Yemen's Devastating War Continues Despite an Unchecked Pandemic," in *Conflict Zones in the Time of Coronavirus*, ed. Blanc, Brown, and Press.

61. Comments by Lisa Grande at "Online Event: Crisis and Survival Amidst COVID-19 in Yemen," Center for Strategic and International Studies, April 29, 2020, https:// www. csis.org/analysis/online-event-crisis-and-survival-amidst-covid-19-yemen; Jane Arraf, "Yemen, Already Facing a Health Crisis, Confirms Its 1st Coronavirus Case," NPR, April 10, 2020, https://health.wusf.usf.edu/npr-health/2020–04–10 /yemen-already-facing-a-health-crisis-confirms-its-1st-coronavirus-case#stream/0.

62. Bethan McKernan, "Yemen: In a Country Stalked by Disease, Covid Barely Registers," *The Guardian*, November 27, 2020, https://www.theguardian.com/global -development/2020/nov/27/yemen-disease-covid-war.

63. Sam Kiley, "Yemen Coronavirus: Experts Fear Nation Could Suffer One of the World's Worst Outbreaks," CNN, June 5, 2020, https://www.msn.com/en-us/news/ world /yemen-coronavirus-experts-fear-nation-could-suffer-one-of-the-worlds-worst -outbreaks/ar-BB152Re0.

64. Diana Hodali, "Coronavirus in Yemen: A Country on the Brink," Deutsche Welle, June 2, 2020, https://www.dw.com/en/coronavirus-in-yemen-a-country-on-the-brink / a-53651670.

65. "UN Slashes Health Care in Yemen Due to Lack of Funding," *Al-Monitor*, September 23, 2020, https://www.al-monitor.com/pulse/contents/afp/2020/09/yemen-conflict -un-aid.html; Edith Lederer, "UN Aid Chief: Funding Shortage Cuts Aid to 4 Million Yemenis," Associated Press, October 15, 2020, https://apnews.com/article/famine -yemen-saudi-arabia-united-nations-united-arab-emirates-8a1c512273b8d0aafe4f9 a6130c67a80.

66. United Nations Secretary-General, "As COVID-19 Fuels Conflict, Threatens International Security, Global Unity to Fight Terrorism Needed More Than Ever, Secretary-General Tells Aqaba Process Meeting," press release, September 2, 2020, https://www .un.org/press/en/2020/sgsm20227.doc.htm.

67. Jonathan Moyer and Oliver Kaplan, "Will the Coronavirus Fuel Conflict?," *Foreign Policy*, July 6, 2020, https://foreignpolicy.com/2020/07/06/coronavirus-pandemic -fuel-conflict-fragile-states-economy-food-prices/; Barry Hughes, Devin Joshi, Jon-

athan Moyer, Timothy Sisk, and José Solórzano, *Strengthening Governance Globally: Patterns of Potential Human Progress* (Boulder, CO: Frederick S. Pardee Center for International Futures, University of Denver, 2014), https://pardee.du.edu/sites/default /files/PPHP5_ Full_Volume.pdf.

68. Drazen Jorgic and Uriel Sanchez, "As Mexico Focuses on Coronavirus, Drug Gang Violence Rises," Reuters, June 18, 2020, https://www.reuters.com/article/us-health -coronavirus-mexico-cartels/as-mexico-focuses-on-coronavirus-drug-gang-violence -rises- idUSKBN23P1VO.

69. Nick Schifrin and Layla Quran, "Despite Spiraling Coronavirus Crisis, Syria's 'Government Is Not Concerned at All,'" PBS, September 14, 2020, https://www.pbs. org /newshour/show/despite-spiraling-coronavirus-crisis-syrias-government-is-not -concerned-at-all; George Baghdadi, "Syria May Only Be Counting 1.25% of Its Actual Coronavirus Deaths, Study Says," CBS News, September 15, 2020, https://www .cbsnews.com/news/coronavirus-in-syria-deaths-under-counted-amid-civil-war -bashar- assad-regime-blames-sanctions/.

70. Muriel Asseburg, Hamidreza Azizi, Galip Dalay, and Moritz Pieper, "The Covid-19 Pandemic and Conflict Dynamics in Syria: Neither a Turning Point Nor an Overall Determinant," German Institute for International and Security Affairs, May 2020, https://www.swp-berlin.org/10.18449/2020C21/; Will Todman, "Assad Attempts to Weaponize COVID-19 in Syria," *The Hill*, May 27, 2020, https://thehill.com/opinion / international/498943-assad-attempts-to-weaponize-covid-19-in-syria; Jen Kirby, "Syria's Idlib Was Already a Humanitarian Nightmare. Now the Coronavirus Has Arrived," Vox, July 16, 2020, https://www.vox.com/2020/7/16/21322665/syria-idlib -coronavirus- humanitarian-nightmare; Margaret Besheer, "UN Struggles to Meet Humanitarian Needs in Northern Syria," Voice of America, August 27, 2020, https:// www.voanews.com/ middle-east/un-struggles-meet-humanitarian-needs-northern -syria; Sultan al-Kanj, "Humanitarian Disaster Looms over Syria's Idlib amid COVID-19 Surge," *Al-Monitor*, November 26, 2020, https://www.al-monitor.com /pulse/originals/2020/11/syria- idlib-hospitals-surge-coronavirus-cases.html.

71. Richard Gowan, "What's Happened to the UN Secretary-General's COVID-19 Ceasefire Call?," International Crisis Group, June 16, 2020, https://www.crisisgroup .org/ global/whats-happened-un-secretary-generals-covid-19-ceasefire-call.

72. Richard Gowan and Louise Riis Andersen, "Peacekeeping in the Shadow of Covid-19 Era," ReliefWeb, June 12, 2020, https://reliefweb.int/report/world/peacekeeping

-shadow-covid-19-era.

73. Julian Borger, "US Blocks Vote on UN's Bid for Global Ceasefire over Reference to WHO," *The Guardian*, May 8, 2020, https://www.theguardian.com/world/2020/may/08/un-ceasefire-resolution-us-blocks-who.

74. Interview with a French official, August 2020.

75. "De-escalating the New Nagorno-Karabakh War," International Crisis Group, October 2, 2020, https://www.crisisgroup.org/europe-central-asia/caucasus/nagorno-karabakh-conflict/containing-violence-south-caucasus.

76. "Why 'America First' Makes Wars in Other Places More Likely," *The Economist*, October 8, 2020, https://www.economist.com/leaders/2020/10/10/why-america-first-makes-wars-in-other-places-more-likely.

77. Anton Troianovski and Carlotta Gall, "In Nagorno-Karabakh Peace Deal, Putin Applied a Deft New Touch," *New York Times*, December 1, 2020, https://www.nytimes.com/2020/12/01/world/europe/nagorno-karabakh-putin-armenia-azerbaijan.html?referringSource=articleShare.

78. "Greece Reports First Coronavirus Case in Moria Migrant Camp on Lesbos," Reuters, September 2, 2020, https://www.reuters.com/article/us-health-coronavirus-greece-migrants/greece-reports-first-coronavirus-case-in-moria-camp-on-lesbos-idUSKBN25T1CA; Miriam Berger, "Refugee Camps Have Avoided the Worst of the Pandemic. That Could Be About to Change," *Washington Post*, September 2, 2020, https://www.washingtonpost.com/world/2020/09/01/refugee-camps-have-avoided -worst-pandemic-that-could-be-about-change/.

79. Patrick Kingsley, "Fire Destroys Most of Europe's Largest Refugee Camp, on Greek Island of Lesbos," *New York Times*, September 9, 2020, https://www.nytimes.com/2020/09/09/world/europe/fire-refugee-camp-lesbos-moria.html.

80. Melissa Bell, Elinda Labropoulou, and Chris Liakos, "Riot Police Deployed to New Lesbos Refugee Camp After Fire," CNN, September 11, 2020, https://www.cnn.com/2020/09/11/europe/lesbos-fire-migants-moria-camp-intl/index.html.

81. Helena Smith, "Greek Riot Police Fire Teargas at Refugees Campaigning to Leave Lesbos," *The Guardian*, September 12, 2020, https://www.theguardian.com/world/2020/sep/12/greek-riot-police-fire-teargas-at-refugees-campaigning-to-leave-lesbos; Sofia Barbarani, "After Moria Fire, Refugees Decry Conditions in New Camp on Lesbos," Al Jazeera, September 18, 2020, https://www.aljazeera.com/news/2020/09/moria-fire-refugees-decry-conditions-camp-lesbos-200918125444995.html.

82. "The Number of International Migrants Reaches 272 Million, Continuing an Upward Trend in All World Regions, Says UN," United Nations Department of Economic and Social Affairs, September 17, 2019, https://www.un.org/development/desa/en/news /population/international-migrant-stock-2019.html.

83. *Global Trends: Forced Displacement in 2019* (Geneva: United Nations High Commissioner for Refugees, 2020), https://www.unhcr.org/5ee200e37.pdf.

84. Hannah Beech and Ben Hubbard, "Unprepared for the Worst: World's Most Vul- nerable Brace for Virus," *New York Times*, March 26, 2020, https://www. nytimes .com/2020/03/26/world/asia/coronavirus-refugees-camps-bangladesh.html ?searchResultPosition=19; Audrey Wilson, "The Coronavirus Threatens Some More Than Others," *Foreign Policy*, April 14, 2020, https://foreignpolicy.com/2020/04 /14/ coronavirus-pandemic-humanitarian-crisis-world-most-vulnerable-refugees -migrant-workers-global-poor/.

85. Anna Bruce-Lockhart, "'Death on an Appalling Scale'—David Miliband on the Threat of COVID-19 to Refugees," World Economic Forum, April 9, 2020, https:// www. weforum.org/agenda/2020/04/coronavirus-david-miliband-covid-refugees/.

86. Berger, "Refugee Camps Have Avoided the Worst of the Pandemic"; "COVID-19 Brief: Impact on Refugees," U.S. Global Leadership Coalition, last modified Decem- ber 8, 2020, https://www.usglc.org/coronavirus/refugees/.

87. Quoted in Berger, "Refugee Camps Have Avoided the Worst of the Pandemic."

88. "COVID-19 Brief: Impact on Refugees."

89. Helen Dempster et al., "Locked Down and Left Behind: The Impact of COVID-19 on Refugees' Economic Inclusion," Refugees International, July 8, 2020, https:// www. refugeesinternational.org/reports/2020/7/6/locked-down-and-left-behind-the -impact-of-covid-19-on-refugees-economic-inclusion.

90. Daniel Gorevan, *Downward Spiral: The Economic Impact of Covid-19 on Refugees and Displaced People* (Oslo: Norwegian Refugee Council, 2020), https://www.nrc.no / globalassets/pdf/reports/nrc_downward-spiral_covid-19_report.pdf.

91. Kemal Kirişci and M. Murat Erdogan, "Turkey and COVID-19: Don't Forget Refu- gees," Brookings Institution, April 20, 2020, https://www.brookings.edu/blog/order -from-chaos/2020/04/20/turkey-and-covid-19-dont-forget-refugees/.

92. Bel Trew, "Coronavirus Cases Surge Among Refugees in Middle East as Pandemic Pushes Most Vulnerable Deeper into Poverty," *Independent*, September 20, 2020, https:// www.independent.co.uk/independentpremium/world/coronavirus-cases -surge-among-

refugees-middle-east-pandemic-pushes-most-vulnerable-deeper -poverty-b506833.html.

93. Dempster et al., "Locked Down and Left Behind."

94. Nidhi Subbaraman, "'Distancing Is Impossible': Refugee Camps Race to Avert Coronavirus Catastrophe," *Nature*, April 24, 2020, https://www.nature.com/articles / d41586-020-01219-6.

95. Berger, "Refugee Camps Have Avoided the Worst of the Pandemic."

96. Quoted in Raquel Carvalho, "Rohingya Refugees in Bangladesh Struggle with Fear and Stigma amid Coronavirus," *South China Morning Post*, September 13, 2020, https:// www.scmp.com/week-asia/health-environment/article/3101271/rohingya -refugees-bangladesh-struggle-fear-and-stigma.

97. *Cross-Border Human Mobility amid and After COVID-19* (Geneva: International Organization for Migration, 2020), https://www.iom.int/sites/default/files/defaul/pp _cross-border_human_mobility_amid_and_after_covid-19_policy.pdf.

98. Rebecca Root, "Around the World, Migrants and Refugees Are Stranded Between Closed Borders," DevEx, April 29, 2020, https://www.devex.com/news/around-the -world-migrants-and-refugees-are-stranded-between-closed-borders-97089; "1 Per Cent of Humanity Displaced: UNHCR Global Trends Report," United Nations High Commissioner for Refugees, June 18, 2020, https://www.unhcr.org/en-us/news/ press /2020/6/5ee9db2e4/1-cent-humanity-displaced-unhcr-global-trends-report.html; "How to Save the U.S. Refugee Admissions Program," International Crisis Group, September 12, 2018, https://www.crisisgroup.org/united-states/002-how-save-us-refugee -admissions-program; "U.S. Annual Refugee Resettlement Ceilings and Number of Refugees Admitted, 1980–Present," Migration Policy Institute, last modified September 30, 2020, https://www.migrationpolicy.org/programs/data-hub/charts/us-annual -refugee-resettlement-ceilings-and-number-refugees-admitted-united; "COVID-19 Brief: Impact on Refugees."

## 제10장 선동과 민주주의

1. Isabella Gomez Sarmiento, "How Evo Morales Made Bolivia a Better Place . . . Be- fore He Fled the Country," NPR, November 26, 2019, https://www.npr.org/sections /goatsan dsoda/2019/11/26/781199250/how-evo-morales-made-bolivia-a-better -place-before-he-was-forced-to-flee.

2. Organization of American States, "Final Report of the Audit of the Elections in Bolivia: Intentional Manipulation and Serious Irregularities Made It Impossible to Val- idate the Results," press release, December 4, 2019, https://www.oas.org/en/media _center/press_release.asp?sCodigo=E-109/19; Laurel Wamsley and Barbara Camp- bell, "In Bolivia, a Power Vacuum and Chaos After Morales Resigns as President and Departs," NPR, November 11, 2019, https://www.npr.org/2019/11/11/778291867/in -bolivia-a-power-vacuum-and-chaos-after-morales-resigns-as-president.

3. Jon Lee Anderson, "The Fall of Evo Morales," *New Yorker*, March 16, 2020, https://www.newyorker.com/magazine/2020/03/23/the-fall-of-evo-morales.

4. Philip Reeves, "Bolivia Twice Delays Elections, Citing Pandemic," NPR, August 9, 2020, https://www.npr.org/2020/08/09/900703256/bolivia-twice-delays-elections -citing-pandemic.

5. "Bolivia: Interim Government Adopts Abusive Measures," Human Rights Watch, No- vember 19, 2019, https://www.hrw.org/news/2019/11/19/bolivia-interim-government -adopts-abusive-measures; Anatoly Kurmanaev, "In Bolivia, Interim Leader Sets Conservative, Religious Tone," *New York Times*, November 16, 2019, https://www .nytimes.com/2019/11/16/world/americas/bolivia-anez-morales.html; Mac Margo- lis, "Bolivia's Acting President Has Toxic Ambitions," Bloomberg, February 5, 2020, https://www.bloomberg.com/opinion/articles/2020-02-05/bolivia-s-acting-president -has-toxic-ambitions.

6. Morales had removed the Bible from official government ceremonies in favor of acts hon- oring an Andean earth deity. Stephen Sorace, "Bolivia Interim President Declares 'Bible Has Returned to the Palace' amid Growing Uncertainty," Fox News, November 13, 2019, https://www.foxnews.com/world/bolivia-interim-president-bible-palace-elections.

7. Christopher Sabatini, "Democracy Delayed: COVID-19's Effect on Latin America's Politics," Chatham House, May 19, 2020, https://www.chathamhouse.org/2020/05 /democracy-delayed-covid-19s-effect-latin-americas-politics.

8. "Bolivia Needs an Election, but Covid-19 Makes That Hard," *The Economist*, May 16, 2020, https://www.economist.com/the-americas/2020/05/16/bolivia-needs-an -election-but-covid-19-makes-that-hard; Jihan Abdalla, "Bolivia's Parliament Passes Law Calling for Elections in 90 Days," Al Jazeera, May 1, 2020, https://www.aljazeera .com/news/2020/5/1/bolivias-parliament-passes-law-calling-for-elections-in-90-days.

9. Freedom House, "Bolivia: Supreme Decree Threatens Freedom of Expression," press release, May 14, 2020, https://freedomhouse.org/article/bolivia-supreme-decree

-threatens-freedom-expression.

10. "Free Speech Under Threat in Bolivia During COVID-19 Pandemic," CIVICUS, June 5, 2020, https://monitor.civicus.org/updates/2020/05/06/free-speech-under-threat -bolivia-during-covid-19-pandemic/.

11. "Bolivia Needs an Election, but Covid-19 Makes That Hard."

12. Laurence Blair and Cindy Jiménez Bercerra, "Is Bolivia's 'Interim' President Using the Pandemic to Outstay Her Welcome?," *The Guardian*, June 1, 2020, https://www .theguardian.com/global-development/2020/jun/01/bolivia-president-jeanine-anez -coronavirus-elections; César Muñoz Acebes, *Justice as a Weapon: Political Persecution in Bolivia* (Washington, DC: Human Rights Watch, 2020), https://www.hrw.org / report/2020/09/11/justice-weapon/political-persecution-bolivia#.

13. Abdalla, "Bolivia's Parliament Passes Law Calling for Elections in 90 Days."

14. *Women and Men in the Informal Economy: A Statistical Picture* (Geneva: Interna- tional Labour Office, 2018), 87, https://www.ilo.org/global/publications/books/WCMS _626831/lang—en/index.htm.

15. María Silvia Trigo, Anatoly Kurmanaev, and José María León Cabrera, "With Officials' Backing, Dubious Virus Remedies Surge in Latin America," *New York Times*, July 23, 2020, https://www.nytimes.com/2020/07/23/world/americas/chlorine-coronavirus-bolivia -latin-america.html. Other data on COVID-19 cases and deaths is derived from COVID-19 Dashboard, Center for Systems Science and Engineering, Johns Hopkins University & Medicine, Coronavirus Resource Center, accessed November 27, 2020, https://coronavirus.jhu.edu/map.html; "Mortality Analyses," Johns Hopkins Univer- sity & Medicine, Coronavirus Resource Center, accessed November 27, 2020, https:// coronavirus.jhu.edu/data/mortality.

16. Jin Wu et al., "412,000 Missing Deaths: Tracking the True Toll of the Coronavirus Outbreak," *New York Times*, last modified November 27, 2020, https://www.nytimes .com/interactive/2020/04/21/world/coronavirus-missing-deaths.html.

17. John Otis and Kejal Vyas, "In Bolivia Election, Voters Embrace Another Socialist After Ouster of Evo Morales," *Wall Street Journal*, October 20, 2020, https://www.wsj .com/articles/in-bolivia-election-voters-embrace-another-socialist-after-ouster-of -evo-morales-11603210468; Anastasia Moloney and Wara Vargas, "Bolivians Forced to Get Creative as COVID-19 Hits Cash-in-Hand Workers," Reuters, March 22, 2021, https:// www.reuters.com/article/us-livelihoods-coronavirus-bolivia/bolivians -forced-to-get-creative-as-covid-19-hits-cash-in-hand-workers-idUSKBN2BF0D8.

18. María Silvia Trigo, Anatoly Kurmanaev, and Allison McCann, "As Politicians Clashed, Bolivia's Pandemic Death Rate Soared," *New York Times*, August 22, 2020, https://www. nytimes.com/2020/08/22/world/americas/virus-bolivia.html.

19. Trigo, Kurmanaev, and McCann, "As Politicians Clashed, Bolivia's Pandemic Death Rate Soared."

20. "Bolivia President Jeanine Anez Tests Positive for Coronavirus," NDTV, July 10, 2020, https://www.ndtv.com/world-news/bolivia-president-jeanine-anez-tests-positive -for-coronavirus-2260181.

21. Gideon Long, "Bolivia Delays Presidential Election Again over Pandemic," *Financial Times*, July 23, 2020, https://www.ft.com/content/de1fbf40–87a3–4247-a569-c15a27beb68d.

22. María Silvia Trigo and Anatoly Kurmanaev, "Bolivia Under Blockade as Protesters Choke Access to Cities," *New York Times*, August 7, 2020, https://www.nytimes.com /2020/08/07/world/americas/bolivia-roadblock-blockade.html; Trigo, Kurmanaev, and McCann, "As Politicians Clashed, Bolivia's Pandemic Death Rate Soared."

23. Anthony Faiola and Ana Vanessa Herrero, "Protesters Paralyze Bolivia over Elec-tion Delays, Threaten Escalation," *Washington Post*, August 12, 2020, https:// www .washingtonpost.com/world/the_americas/bolivia-protest-blockade-anez-evo -coronavirus/2020/08/11/7ffceb50-db48-11ea-809e-b8be57ba616e_story.html.

24. Trigo, Kurmanaev, and McCann, "As Politicians Clashed, Bolivia's Pandemic Death Rate Soared."

25. Andre Pagliarini, "Bolivia's Covid-19 Election Nightmare Is a Warning," *New Republic*, July 30, 2020, https://newrepublic.com/article/158666/bolivias-covid-19-election -nightmare-warning; "Bolivia Needs an Election, but Covid-19 Makes That Hard."

26. Ryan Dube, "Bolivia's Interim Leader Exits Election Race to Prevent Morales Party Victory," *Wall Street Journal*, September 18, 2020, https://www.wsj.com/articles / bolivias-interim-leader-exits-election-race-to-prevent-morales-party-victory -11600441630.

27. Brendan O'Boyle, "The Lesson from Bolivia for Latin American Politics," *New York Times*, October 27, 2020, https://www.nytimes.com/2020/10/27/opinion/bolivia -election-arce-morales.html.

28. Julie Turkewitz, "How Bolivia Overcame a Crisis and Held a Clean Election," *New York Times*, October 23, 2020, https://www.nytimes.com/2020/10/23/world/americas / boliva-election-result.html.

29. Quoted in Turkewitz, "How Bolivia Overcame a Crisis and Held a Clean Election."

30. Samuel P. Huntington, *The Third Wave: Democratization in the Late Twentieth Century* (Norman: University of Oklahoma Press, 1991); Stephan Haggard and Robert Kaufman, "Democratization During the Third Wave," *Annual Review of Political Science* 19 (May 2016): 125–41, https://www.annualreviews.org/doi/full/10.1146 /annurev-polisci-042114-015137.

31. Larry Diamond, "The Global Crisis of Democracy," *Wall Street Journal*, May 17, 2019, https://www.wsj.com/articles/the-global-crisis-of-democracy-11558105463.

32. Anna Lührmann et al., *Autocratization Surges—Resistance Grows: Democracy Report 2020* (Gothenburg: V-Dem Institute, 2020), 10, https://www.v-dem.net/media/filer _ public/de/39/de39af54–0bc5–4421–89ae-fb20dcc53dba/democracy_report.pdf.

33. Anna Lührmann and Staffan Lindberg, "A Third Wave of Autocratization Is Here: What Is New About It?," *Democratization* 26, no. 7 (January 2019): 1095–113, https://www.tandfonline.com/doi/full/10.1080/13510347.2019.1582029?scroll =top&needAccess=true.

34. Christopher Brandt et al., *Freedom in the World 2019: Democracy in Retreat* (Wash- ington, DC: Freedom House, 2019), https://freedomhouse.org/report/freedom -world/2019/democracy-retreat.

35. Lührmann et al., *Autocratization Surges—Resistance Grows*, 9, 13–14; Larry Dia- mond, "Democratic Regression in Comparative Perspective: Scope, Methods, and Causes," *Democratization*, September 15, 2020, https://www.tandfonline.com/doi /full/10.1080/13510347.2020.1807517?src=.

36. Bruce Jones and Torrey Taussig, *Democracy & Disorder: The Struggle for Influence in the New Geopolitics* (Washington, DC: Brookings Institution, 2019), 22–23, https:// www.brookings.edu/wp-content/uploads/2019/02/FP_20190226_democracy _report_WEB.pdf; According to V-Dem's data, eighteen of twenty-four countries that "autocratized" between 2008 and 2018 had societies that were highly polarized and/or had a populist holding the office of president or prime minister. See Lührmann et al., *Autocratization Surges—Resistance Grows*, 21.

37. Larry Diamond, *Ill Winds: Saving Democracy from Russian Rage, Chinese Ambition, and American Complacency* (New York: Penguin Press, 2019), chap. 3; Jones and Taussig, *Democracy & Disorder*, 23–26; Lührmann et al., *Autocratization Surges—Resistance Grows*, 16–17.

38. Jones and Taussig, *Democracy & Disorder*, 10.

39. Diamond, *Ill Winds*, chap. 6; Philip Zelikow, Eric Edelman, Kristofer Harrison, and

Celeste Ward Gventer, "The Rise of Strategic Corruption: How States Weaponize Graft," *Foreign Affairs*, July/August 2020, https://www.foreignaffairs.com/articles/united-states /2020-06-09/rise-strategic-corruption.

40. Diamond, *Ill Winds*, chap. 7; Jones and Taussig, *Democracy & Disorder*, 28–30.

41. Jones and Taussig, *Democracy & Disorder*, 13.

42. Diamond, *Ill Winds*, chap. 5; David Montgomery, "The Abnormal Presidency," *Washington Post*, November 10, 2020, https://www.washingtonpost.com/graphics/2020 /lifestyle/magazine/trump-presidential-norm-breaking-list/?itid=hp-banner-main.

43. Amanda Edgell et al., "An Update on Pandemic Backsliding: Democracy Four Months After the Beginning of the Covid-19 Pandemic," V-Dem Institute, June 30, 2020, https://www.v-dem.net/media/filer_public/b9/2e/b92e59da-2a06–4d2e -82a1-b0a8dece4af7/v-dem_policybrief-24_update-pandemic-backsliding_200702 .pdf; "Pandemic Backsliding: Democracy During COVID-19 (March to September 2020)," V-Dem Institute, last modified September 2020, https://www.v-dem.net/en / analysis/PanDem/.

44. Lian Buan, "Duterte's Special Powers Bill Punishes Fake News by Jail Time, up to P1-M Fine," Rappler, March 24, 2020, https://www.rappler.com/nation/duterte-special -powers-bill-coronavirus-fines-fake-news; Julie McCarthy, "Concerns in Philippines After Duterte Given Emergency Powers to Fight COVID-19 Spread," NPR, March 24, 2020, https://www.npr.org/sections/coronavirus-live-updates/2020/03/24/820906636 /concerns-in-philippines-after-duterte-given-emergency-powers-to-fight-covid-19 -s; Manuel Mogato and Vince Nonato, "Human Rights Groups: COVID-19 Crisis Not an Excuse to Stifle Dissent, Criticism," One News, March 26, 2020, https://www .onenews. ph/human-rights-groups-covid-19-crisis-not-an-excuse-to-stifle-dissent -criticism; Selam Gebrekidan, "For Autocrats, and Others, Coronavirus Is a Chance to Grab Even More Power," *New York Times*, March 30, 2020, https://www.nytimes .com/2020/03/30/world/ europe/coronavirus-governments-power.html.

45. Jason Castaneda, "Why Duterte Wants to Extend His Covid-19 Emergency," *Asia Times*, June 9, 2020, https://asiatimes.com/2020/06/why-duterte-wants-to-extend -his-covid-19-emergency/; "Philippines Lawmakers Extend Duterte's Emergency Powers During Pandemic," *La Prensa Latina Media*, August 24, 2020, https://www .laprensalatina. com/philippines-lawmakers-extend-dutertes-emergency-powers -during-pandmic/; "Asia Today: Duterte Extends Virus Calamity Status by a Year," Associated Press, September 21, 2020, https://apnews.com/article/virus-outbreak -leni-robredo-philippines-asia-east-

asia-28b530198c4f86cd7e40675285d2f3a5.

46. Rahul Mukherji, "Covid vs. Democracy: India's Illiberal Remedy," *Journal of Democracy* 31, no. 4 (October 2020): 91–105, https://www.journalofdemocracy.org/articles / covid-vs-democracy-indias-illiberal-remedy/.

47. Neil Devotta, "A Win for Democracy in Sri Lanka," *Journal of Democracy* 27, no. 1 (January 2016) 152–66, https://muse.jhu.edu/article/607624; "Sri Lanka's Presi- dent Is Amassing Personal Power," *The Economist*, October 31, 2020, https://www .economist. com/asia/2020/10/31/sri-lankas-president-is-amassing-personal-power.

48. Dharisha Bastians and Kai Schultz, "Gotabaya Rajapaksa Wins Sri Lanka Presidential Election," *New York Times*, November 17, 2019, https://www.nytimes.com/2019/11 /17/world/asia/sri-lanka-Gotabaya-Rajapaksa-election.html.

49. "Sri Lanka Confirms First Case of Coronavirus: Health Official," Reuters, January 27, 2020, https://www.reuters.com/article/us-health-china-sri-lanka/sri-lanka-confirms-first-case -of-coronavirus-health-official-idUSKBN1ZQ1WF; "Coronavirus: Sri Lanka Reports Second Case," *The Hindu*, March 12, 2020, https://www.thehindu.com/news/ international /coronavirus-sri-lanka-reports-second-case/article31052303.ece; Ashkar Thasleem, "Sri Lanka Extends Nationwide Curfew to Fight Coronavirus Pandemic," Al Jazeera, March 23, 2020, https://www.aljazeera.com/news/2020/3/23/sri-lanka-extends-nationwide -curfew-to-fight-coronavirus-pandemic; "Asia Today: Sri Lanka Lifts Coronavirus Cur- few," Associated Press, June 28, 2020, https://apnews.com/ article/438fc5072f35ea28252d b7a1da3f9018.

50. Alan Keenan, "Sri Lanka's Other COVID-19 Crisis: Is Parliamentary Democracy at Risk?," International Crisis Group, May 29, 2020, https://www.crisisgroup.org/asia / south-asia/sri-lanka/sri-lankas-other-covid-19-crisis-parliamentary-democracy -risk.

51. "Sri Lanka: Human Rights Under Attack," Human Rights Watch, July 29, 2020, https://www.hrw.org/news/2020/07/29/sri-lanka-human-rights-under-attack; "Sri Lanka: Increasing Suppression of Dissent," Human Rights Watch, August 8, 2020, https://www.hrw.org/news/2020/08/08/sri-lanka-increasing-suppression-dissent.

52. Seerat Chabba, "Coronavirus Keeps Sri Lanka Without a Functioning Parliament," Deutsche Welle, May 29, 2020, https://www.dw.com/en/coronavirus-keeps-sri-lanka -without-a-functioning-parliament/a-53615108; Sarah Repucci and Amy Slipowitz, *Democracy Under Lockdown: The Impact of COVID-19 on the Global Struggle for Freedom* (Washington, DC: Freedom House, 2020), 5, https://freedomhouse.org /sites/default/ files/2020–10/COVID-19_Special_Report_Final_.pdf.

53. Arjuna Ranawana, "Sri Lanka President, Brother Tighten Grip with Big Election Win," Reuters, August 6, 2020, https://www.reuters.com/article/us-sri-lanka-election-result / sri-lanka-president-brother-tighten-grip-with-big-election-win-idUSKCN25308L; Sudha Ramachandran, "Sri Lanka: The Rajapaksas Rise Again," *The Diplomat*, August 7, 2020, https://thediplomat.com/2020/08/sri-lanka-the-rajapaksas-rise-again-2/; Alan Keenan, "Sri Lanka: Landslide Win for the Rajapaksa Puts Democracy and Plu- ralism at Risk," International Crisis Group, August 12, 2020, https://www.crisisgroup .org/asia/south-asia/sri-lanka/sri-lanka-landslide-win-rajapaksa-puts-democracy-and -pluralism-risk.

54. Krishan Francis, "Sri Lanka Parliament Votes to Strengthen Presidential Power," As- sociated Press, October 22, 2020, https://apnews.com/article/sri-lanka-constitutions -constitutional-amendments-c984676aac7e6005cd7d81395ba8cb78; "Sri Lanka's Pres- ident Is Amassing Personal Power."

55. Diamond, *Ill Winds*, 59–62.

56. Anna Lührmann et al., *Democracy Facing Global Challenges: V-Dem Annual Democracy Report 2019* (Gothenburg: V-Dem Institute, 2019), 22, https://www.v-dem.net/media /filer_public/99/de/99dedd73-f8bc-484c-8b91–44ba601b6e6b/v-dem_democracy _ report_2019.pdf; Lührmann et al., *Autocratization Surges—Resistance Grows*, 13.

57. Zselyke Csaky, "Hungary's Troubling Coronavirus Response," Freedom House, April 6, 2020, https://freedomhouse.org/article/hungarys-troubling-coronavirus-response.

58. R. Daniel Kelemen, "Hungary Just Became a Coronavirus Autocracy," *Washington Post*, April 2, 2020, https://www.washingtonpost.com/politics/2020/04/02/hungary -just-became-coronavirus-autocracy/.

59. Benjamin Novak, "Hungary Moves to End Rule by Decree, but Orban's Powers May Stay," *New York Times*, June 16, 2020, https://www.nytimes.com/2020/06/16/world / europe/hungary-coronavirus-orban.html; Orsolya Lehotai, "Hungary's Democracy Is Still Under Threat," *Foreign Policy*, July 17, 2020, https://foreignpolicy.com/2020/07 /17/ hungary-democracy-still-under-threat-orban-state-public-health-emergency -decree/.

60. "Hungary Reintroduces State of Emergency as Virus Surges," *Barron's*, November 3,2020, https://www.barrons.com/news/hungary-reintroduces-state-of-emergency -as-virus-surges-01604432403; "Hungary Declares State of Emergency, Announces COVID-19 Restrictions," Radio Free Europe/Radio Liberty, November 4, 2020, https:// www.rferl.org/a/hungary-declares-state-of-emergency-announces-coronavirus -restrictions/30929220.html.

61. Do Kyung Ryuk, JeongHyeon Oh, and Yewon Sung, "Elections During a Pandemic:

South Korea Shows How to Safely Hold a National Election During the COVID-19 Crisis," Wilson Center, May 19, 2020, https://www.wilsoncenter.org/blog-post/elections -during-pandemic-south-korea-shows-how-safely-hold-national-election-during.

62. Max Bearak, "Burundi Votes Wednesday in Presidential Election Despite Coronavirus Outbreak," *Washington Post*, May 19, 2020, https://www.washingtonpost .com/ world/africa/burundi-votes-wednesday-in-presidential-election-despite -coronavirus-outbreak/2020/05/19/ae2619c6-9952-11ea-ad79-eef7cd734641 _story.html; Cristina Krippahl, "Burundians Vote Despite Coronavirus Outbreak," Deutsche Welle, May 20, 2020, https://www.dw.com/en/burundians-vote-despite -coronavirus-outbreak/ a-53479621; Hamza Mohamed, "Burundi Election Results: What Next?," Al Jazeera, May 26, 2020, https://www.aljazeera.com/news/2020/5/26 /burundi-election-results-what-next.

63. Timothy McLaughlin, "Where the Pandemic Is Cover for Authoritarianism," *The Atlantic*, August 25, 2020, https://www.theatlantic.com/international/archive/2020/08 /pandemic-protest-double-standard-authoritarianism/615622/.

64. Joanna Berendt and Marc Santora, "Pandemic Forces Poland to Delay Presiden- tial Election," *New York Times*, May 7, 2020, https://www.nytimes.com/2020/05/07 / world/europe/poland-presidential-election-coronavirus.html; "Poland Presidential Election Heads for Second Round," BBC News, June 29, 2020, https://www.bbc.com / news/world-europe-53215106; Loveday Morris, Rick Noack, and Dariusz Kalan, "Polish President Duda Narrowly Wins Reelection, Enabling the Continuation of a Far-Right Agenda," *Washington Post*, July 13, 2020, https://www.washingtonpost .com/ world/europe/polish-president-duda-squeaks-a-second-term-electoral -commission-says/2020/07/13/838d4770-c486-11ea-a99f-3bbdffb1af38_story.html.

65. Elections were eventually held in twenty-four of these countries and territories. "Global Overview of COVID-19: Impact on Elections," International IDEA, ac- cessed April 3, 2021, https://www.idea.int/news-media/multimedia-reports/global -overview-covid-19-impact-elections.

66. Praveen Menon, "New Zealand's Ardern Wins 'Historic' Re-Election for Crushing COVID-19," Reuters, October 16, 2020, https://www.reuters.com/article/uk -newzealand-election/new-zealands-ardern-wins-historic-re-election-for-crushing -covid-19-idUSKBN2712ZI.

67. "Powerful Ethiopian Party Accuses Government of Ethnic Crackdown," Reuters, November 20, 2018, https://www.reuters.com/article/us-ethiopia-politics/powerful

-ethiopian-party-accuses-government-of-ethnic-crackdown-idUSKCN1NP1JN; Abdi Latif Dahir and Declan Walsh, "Why Is Ethiopia at War with Itself?," *New York Times*, November 5, 2020, https://www.nytimes.com/2020/11/05/world/africa /ethiopia-tigray-conflict-explained.html.

68. Dawit Endeshaw, "Ethiopia Postpones August Election Due to Coronavirus," Reuters, March 31, 2020, https://www.reuters.com/article/us-ethiopia-election/ethiopia -postpones-august-election-due-to-coronavirus-idUSKBN21I2QU.

69. "Steering Ethiopia's Tigray Crisis Away from Conflict," International Crisis Group, October 30, 2020, https://www.crisisgroup.org/africa/horn-africa/ethiopia/b162 -steering-ethiopias-tigray-crisis-away-conflict.

70. Dino Mahtani and William Davison, "Ethiopia: Not Too Late to Stop Tigray Conflict from Unravelling Country," Africa Report, November 10, 2020, https://www. theafricareport.com/49887/ethiopia-not-too-late-to-stop-tplf-conflict-from -unravelling-country/.

71. Paul Schemm, "Ethiopia's Military Chief Calls WHO Head Tedros a Criminal Supporting a Rebel Region," *Washington Post*, November 19, 2020, https://www .washingtonpost.com/world/2020/11/19/ethiopia-who-tedros-criminal-military -tigray/.

72. Cara Anna, "Ethiopia Declares Victory as Military Takes Tigray Capital," Associ- ated Press, November 28, 2020, https://apnews.com/article/ethiopia-abiy-ahmed -kenya-0fb8647516d9be83d45fee2f1e4d13ae; Teferi Mergo, "The War in Tigray Is a Fight over Ethiopia's Past—and Future," *Foreign Policy*, December 18, 2020, https:// foreignpolicy.com/2020/12/18/the-war-in-tigray-is-a-fight-over-ethiopias-past-and -future/; "Over 2 Million People Displaced by Conflict in Ethiopia's Tigray Region— Local Official," Reuters, January 6, 2021, https://www.reuters.com/article/ethiopia -conflict-idINKBN29B1KE.

## 제11장 코로나 독재가 시민의 자유를 위협하다

1. Arafat Mugabo, "Covid-19 Puts Hospitals on Alert, but Where Are Tools?," Rwanda Today, March 13, 2020, https://rwandatoday.africa/news/Covid-19-puts-hospitals- on-alert/4383214-5490102-9ne2b4/index.html; Osei Baffour Frimpong, Rigobert Minani Bihuzo, and Richmond Commodore, *The COVID-19 Pandemic in Africa: Im- pact, Responses, and Lessons from Ghana, the Democratic Republic of the Congo, and Rwanda* (Washington,

DC: Wilson Center Africa Program, 2020), 3, https://www .wilsoncenter.org/sites/ default/files/media/uploads/documents/The%20COVID -19%20Pandemic%20in%20 Africa%20-%20Impact%20Responses%20and%20 Lessons.pdf.

2. Neil Edwards, "Rwanda's Successes and Challenges in Response to COVID-19," Atlantic Council, March 24, 2020, https://www.atlanticcouncil.org/blogs/africasource / rwandas-successes-and-challenges-in-response-to-covid-19/; Jonathan Bower, Derek Apell, Anna Twum, and Umulisa Adia, "Rwanda's Response to COVID-19 and Future Challenges," International Growth Centre, May 19, 2020, https://www.theigc.org/ blog /rwandas-response-to-covid-19-and-future-challenges/.

3. Ignatius Ssuuna, "Limited COVID-19 Testing? Researchers in Rwanda Have an Idea," *Washington Post*, August 13, 2020, https://www.washingtonpost.com/world /africa/ limited-covid-19-testing-researchers-in-rwanda-have-an-idea/2020/08/13 /288adc4a-dd34-11ea-b4f1-25b762cdbbf4_story.html; "Rwanda Turns to Mathe- matical Approach to Enhance Coronavirus Testing," Voice of America, August 13, 2020, https://www. voanews.com/covid-19-pandemic/rwanda-turns-mathematical -approach-enhance-coronavirus-testing; Leon Mutesa et al., "A Pooled Testing Strat- egy for Identifying SARS-CoV-2 at Low Prevalence," *Nature*, October 2020, https:// www.nature.com/ articles/s41586-020-2885–5; Nicholas Bariyo, "Rwanda's Aggressive Approach to Covid Wins Plaudits—and Warnings," *Wall Street Journal*, September 29, 2020, https://www. wsj.com/articles/rwandas-aggressive-approach-to-covid-wins -plauditsand-warnings-11601372482?mod=hp_listb_pos1.

4. Clement Uwiringiyimana, "Rwanda Uses Drones to Help Catch Lockdown Transgressors," *U.S. News & World Report*, April 17, 2020, https://www.usnews.com /news/ world/articles/2020-04-17/rwanda-uses-drones-to-help-catch-lockdown -transgressors; Jason Beaubien, "Why Rwanda Is Doing Better Than Ohio When It Comes to Controlling COVID-19," NPR, July 15, 2020, https://www.npr.org /sections/goats andsoda/2020/07/15/889802561/a-covid-19-success-story-in-rwanda -free-testing-robot-caregivers; "COVID-19 Response in Rwanda: Use of Drones in Community Awareness," World Health Organization Rwanda, July 20, 2020, https://www.afro. who.int/news/covid-19-response-rwanda-use-drones-community -awareness; Bariyo, "Rwanda's Aggressive Approach to Covid Wins Plaudits—and Warnings"; "Rwandan Drones Take to air with COVID-19 Messages," *ADF Magazine*, September 30, 2020, https://adf-magazine.com/2020/09/rwandan-drones-take-to-air -with-covid-19-messages/.

5. Beaubien, "Why Rwanda Is Doing Better Than Ohio."

6. "Rwanda Re-Imposes Strict Lockdown in Capital After COVID-19 Cases Surge," Reuters, January 19, 2021, https://www.reuters.com/article/uk-health-coronavirus -rwanda/rwanda-re-imposes-strict-lockdown-in-capital-after-covid-19-cases-surge -idUSKBN29O0WT; "COVID-19 Dashboard by the Center for Systems Science and Engineering," Johns Hopkins University & Medicine, Coronavirus Resource Center, accessed April 3, 2021, https://coronavirus.jhu.edu/map.html; "Mortality Analyses," Johns Hopkins University & Medicine, Coronavirus Resource Center, accessed April 3, 2021, https://coronavirus.jhu.edu/data/mortality.

7. "Rwanda," Freedom in the World 2020, Freedom House, accessed November 24, 2020, https://freedomhouse.org/country/rwanda/freedom-world/2020; Rodney Muhu- muza, "25 Years After Genocide, Rwanda's Kagame Is Praised, Feared," Associated Press, April 9, 2019, https://apnews.com/article/a97d40a146284383a717aa2ec42eb39b.

8. "Rwanda: Lockdown Arrests, Abuses Surge," Human Rights Watch, April 24, 2020, https://www.hrw.org/news/2020/04/24/rwanda-lockdown-arrests-abuses-surge#; "Rwandans Sent to Late-Night Lectures for Breaking COVID Rules," *Barron's*, Au- gust 7, 2020, https://www.barrons.com/news/rwandans-sent-to-late-night-lectures -for-breaking-covid-rules-01596775807.

9. Quoted in Bariyo, "Rwanda's Aggressive Approach to Covid Wins Plaudits—and Warnings."

10. Richard Youngs and Elene Panchulidze, "Global Democracy & COVID-19: Upgrad- ing International Support," Carnegie Endowment for International Peace, 2020, 9, http:// carnegieendowment.org/files/Global_democracy_covid-19_report_FINAL _WEB.pdf; "Pandemic Backsliding: Democracy During COVID-19 (March to Sep- tember 2020)," V-Dem Institute, last modified September 2020, https://www.v-dem .net/en/analysis/ PanDem/.

11. Youngs and Panchulidze, "Global Democracy & COVID-19," 12; Travis Waldron and Nick Robins-Early, "Many Countries See the Pandemic as a Crisis. Authoritarians Spot an Opportunity," *Huffington Post*, August 5, 2020, https://www.huffpost.com/entry / authoritarians-coronavirus-pandemic-venezuela_n_5f297afac5b68fbfc8883f0c; Roudabeh Kishi, "How the Coronavirus Crisis Is Silencing Dissent and Sparking Repression," *Foreign Policy*, July 21, 2020, https://foreignpolicy.com/2020/07/21/how -the-coronavirus-crisis- is-silencing-dissent-and-sparking-repression/.

12. Sarah Repucci and Amy Slipowitz, *Democracy Under Lockdown: The Impact of COVID-19*

*on the Global Struggle for Freedom* (Washington: Freedom House, 2020), 7– 8, https:// freedomhouse.org/sites/default/files/2020–10/COVID-19_Special_Report _Final_.pdf.

13. Waldron and Robins-Early, "Many Countries See the Pandemic as a Crisis"; Repucci and Slipowitz, *Democracy Under Lockdown*, 8.

14. Mary Ilyushina, "Three Russian Doctors Fall from Hospital Windows, Raising Ques- tions amid Coronavirus Pandemic," CNN, May 7, 2020, https://edition.cnn. com /2020/05/04/europe/russia-medical-workers-windows-intl/index.html; Damelya Aitkhozhina, "Russia Should Support Health Workers, Not Silence Them," Human Rights Watch, November 2, 2020, https://www.hrw.org/news/2020/11/02/russia -should-support-health-workers-not-silence-them.

15. Youngs and Panchulidze, "Global Democracy & COVID-19," 11; Repucci and Slipowitz, *Democracy Under Lockdown*, 4.

16. "UN Raises Alarm About Police Brutality in COVID-19 Lockdowns," Al Jazeera, April 28, 2020, https://www.aljazeera.com/news/2020/4/28/un-raises-alarm-about-police -brutality-in-covid-19-lockdowns; Mary Beth Sheridan and Anna-Catherine Brigida, "Photos Show El Salvador's Crackdown on Imprisoned Gang Members," *Washington Post*, April 28, 2020, https://www.washingtonpost.com/world/the_americas/el -salvador-prison-crackdown-nayib-bukele/2020/04/27/5d3cea4c-88c9-11ea-80df -d24b35a568ae_story.html; Isaac Mugabi, "COVID-19: Security Forces in Africa Brutalizing Civilians Under Lockdown," Deutsche Welle, April 20, 2020, https:// www.dw.com/en/covid-19-security-forces-in-africa-brutalizing-civilians-under -lockdown/a-53192163.

17. Repucci and Slipowitz, *Democracy Under Lockdown*, 3.

18. Tim Hornyak, "What America Can Learn from China's Use of Robots and Tele- medicine to Combat the Coronavirus," CNBC, March 18, 2020, https://www. cnbc .com/2020/03/18/how-china-is-using-robots-and-telemedicine-to-combat-the -coronavirus.html; Sarah O'Meara, "Coronavirus: Hospital Ward Staffed Entirely by Robots Opens in China," *New Scientist*, March 9, 2020, https://www.newscientist .com/ article/2236777-coronavirus-hospital-ward-staffed-entirely-by-robots-opens -in-china/.

19. Mark Hanrahan, "Coronavirus: China Deploys Drones with Cameras, Loudhailers to Chastise People for Unsafe Behavior," ABC News, February 4, 2020, https://abcnews .go.com/International/coronavirus-china-deploys-drones-cameras-loudhailers -chastise-people/story?id=68746989; Yujing Liu, "China Adapts Surveying, Map- ping, Delivery Drones to Enforce World's Biggest Quarantine and Contain Coro- navirus Outbreak," *South China Morning Post*, March 5, 2020, https://www.scmp .com/business/china-

business/article/3064986/china-adapts-surveying-mapping -delivery-drones-task.

20. Shreya Chandola, "Drones Emerge as Go-To Technology Partners to Combat COVID-19 in India," *Geospatial World*, April 13, 2020, https://www.geospatialworld .net/blogs/drones-emerging-as-the-go-to-technology-partners-to-combat-covid-19 -in-india/.

21. Charlie Wood, "Spain's Police Are Flying Drones with Speakers Around Public Places to Warn Citizens on Coronavirus Lockdown to Get Inside," *Business Insider*, March 16, 2020, https://www.businessinsider.com/spanish-police-using-drones-to -ask-people-stay-at-home-2020-3.

22. Megan Bourdon and Qayyah Moynihan, "One of the Largest Cities in France Is Using Drones to Enforce the Country's Lockdown After the Mayor Worried Residents Weren't Taking Containment Measures Seriously," *Business Insider*, March 20, 2020, https://www.businessinsider.com/coronavirus-drones-france-covid-19-epidemic -pandemic-outbreak-virus-containment-2020-3; Helene Fouquet and Gaspard Se- bag, "French Covid-19 Drones Grounded After Privacy Complaint," Bloomberg, May 18, 2020, https://www.bloomberg.com/news/articles/2020-05-18/paris-police -drones-banned-from-spying-on-virus-violators.

23. "COVID-19: The Surveillance Pandemic," International Center for Not-for-Profit Law, accessed November 24, 2020, https://www.icnl.org/post/analysis/covid-19-the -surveillance-pandemic.

24. Samuel Woodhams, "COVID-19 Digital Rights Tracker," last modified March 25, 2021, https://www.top10vpn.com/research/investigations/covid-19-digital-rights -tracker/.

25. Adrian Shahbaz and Allie Funk, *Freedom on the Net 2020: The Pandemic's Digital Shadow* (Washington, DC: Freedom House, 2020), 15, https://freedomhouse.org /sites/default/files/2020–10/10122020_FOTN2020_Complete_Report_FINAL.pdf.

26. Shahbaz and Funk, *Freedom on the Net 2020*, 16.

27. Choe Sang-Hun, Aaron Krolik, Raymond Zhong, and Natasha Singer, "Major Security Flaws Found in South Korea Quarantine App," *New York Times*, July 21, 2020, https://www.nytimes.com/2020/07/21/technology/korea-coronavirus-app-security .html.

28. Patrick Howell O'Neill, "India Is Forcing People to Use Its Covid App, Unlike Any Other Democracy," *MIT Technology Review*, May 7, 2020, https://www.technologyreview .com/2020/05/07/1001360/india-aarogya-setu-covid-app-mandatory/; Arshad Zargar, "Privacy, Security Concerns as India Forces Virus-Tracing App on Millions," CBS News, May 27, 2020, https://www.cbsnews.com/news/coronavirus-india-contact-tracing

-app-privacy-data-security-concerns-aarogya-setu-forced-on-millions/; Woodhams, "COVID-19 Digital Rights Tracker"; Anuradha Nagaraj, "'Black Holes': India's Coronavirus Apps Raise Privacy Fears," Reuters, August 26, 2020, https://in.reuters.com / article/us-health-coronavirus-india-tech-feature-idUSKBN25M1KE.

29. Shahbaz and Funk, *Freedom on the Net 2020*, 18.

30. "Mobile Location Data and Covid-19: Q&A," Human Rights Watch, May 13, 2020, https://www.hrw.org/news/2020/05/13/mobile-location-data-and-covid-19-qa; Shahbaz and Funk, *Freedom on the Net* 2020, 14.

31. Richard Kemeny, "Brazil Is Sliding into Techno-Authoritarianism," *MIT Technology Review*, August 19, 2020, https://www.technologyreview.com/2020/08/19/1007094 / brazil-bolsonaro-data-privacy-cadastro-base/.

32. Press Trust of India, "Pakistan Govt Using ISI's System to Track Suspected Covid-19 Cases, Says PM Imran Khan," *India Today*, April 24, 2020, https://www.indiatoday.in / world/story/pakistan-government-isi-system-track-suspected-covid-19-cases-pm -imran-khan-1670378-2020-04-24.

33. Oliver Holmes, "Israel to Track Mobile Phones of Suspected Coronavirus Cases," *The Guardian*, March 17, 2020, https://www.theguardian.com/world/2020/mar/17/israel -to-track-mobile-phones-of-suspected-coronavirus-cases; "Knesset Passes Law Authorizing Shin Bet Tracking of Virus Carriers Until January," *Times of Israel*, July 21, 2020, https://www.timesofisrael.com/knesset-approves-law-authorizing-shin-bet -tracking-of-virus-carriers/.

34. Helene Fouquet, "Paris Tests Face-Mask Recognition Software on Metro Riders," Bloomberg, May 7, 2020, https://www.bloomberg.com/news/articles/2020-05-07 /paris-tests-face-mask-recognition-software-on-metro-riders; Elizabeth Kim, "MTA Explores Use of Artificial Intelligence to Measure Mask Compliance on Subways," *Gothamist*, June 24, 2020, https://gothamist.com/news/mta-explores-use-artificial -intelligence-measure-mask-compliance-subways.

35. Emily Weinstein, *China's Use of AI in Its COVID-19 Response* (Washington, DC: Center for Security and Emerging Technology, 2020), https://cset.georgetown.edu /research/ chinas-use-of-ai-in-its-covid-19-response/; Shahbaz and Funk, *Freedom on the Net 2020*, 20–21.

36. Ross Andersen, "The Panopticon Is Already Here," *The Atlantic*, September 2020, https://www.theatlantic.com/magazine/archive/2020/09/china-ai-surveillance /614197/.

37. Lydia Khalil, "Digital Authoritarianism, China and Covid," Lowy Institute, November

2, 2020, https://www.lowyinstitute.org/publications/digital-authoritarianism-china-and -covid.

38. Paul Mozur, Jonah M. Kessel, and Melissa Chan, "Made in China, Exported to the World: The Surveillance State," *New York Times*, April 24, 2019, https://www.nytimes. com/2019/04/24/technology/ecuador-surveillance-cameras-police-government .html; "Chinese Tech Supports Ecuador's Response to COVID-19," Xinhua Net, May 30, 2020, http://www.xinhuanet.com/english/2020–05/30/c_139100735.htm; Aidan Powers-Riggs, "Covid-19 Is Proving a Boon for Digital Authoritarianism," Center for Strategic & International Studies, August 17, 2020, https://www.csis.org/blogs/new -perspectives-asia/covid-19-proving-boon-digital-authoritarianism.

39. Erica Chenoweth et al., "The Global Pandemic Has Spawned New Forms of Activism— and They're Flourishing," *The Guardian*, April 20, 2020, https://www. theguardian .com/commentisfree/2020/apr/20/the-global-pandemic-has-spawned-new-forms-of -activism-and-theyre-flourishing; Anna Lührmann et al., *Autocratization Surges— Resistance Grows: Democracy Report 2020* (Gothenburg: V-Dem Institute, 2020), 21, https://www.v-dem.net/media/filer_public/de/39/de39af54–0bc5–4421–89ae -fb20dcc53dba/democracy_report.pdf.

40. Quoted in Anthony Faiola, Lindzi Wessel, and Shibani Mahtani, "Coronavirus Chills Protests from Chile to Hong Kong to Iraq, Forcing Activists to Innovate," *Washington Post*, April 4, 2020, https://www.washingtonpost.com/world/the_americas /coronavirus-protest-chile-hong-kong-iraq-lebanon-india-venezuela/2020/04/03 /c7f5e012-6d50-11ea-a156-0048b62cdb51_story.html.

41. Kenneth Roth, "How Authoritarians Are Exploiting the COVID-19 Crisis to Grab Power," Human Rights Watch, April 3, 2020, https://www.hrw.org/ news/2020/04/03 /how-authoritarians-are-exploiting-covid-19-crisis-grab-power.

42. Roth, "How Authoritarians Are Exploiting the COVID-19 Crisis to Grab Power"; Sreeni- vasan Jain and Sukriti Dwivedi, "Arrests of 2 More Students in Delhi Riots Case Raise Questions," NDTV, May 27, 2020, https://www.ndtv.com/india-news/ delhi-violence -arrests-of-2-more-students-in-delhi-riots-case-raise-questions-2235640; Anubhav Gupta, "In Modi's India, Rights and Freedoms Erode Further amid COVID-19," *World Politics Review*, June 24, 2020, https://www.worldpoliticsreview.com/ articles/28863/in -modi-s-india-rights-and-freedoms-erode-further-amid-covid-19.

43. "Algeria Cracks Down on Activists in Bid to Break Protest Movement," Arab News, June 19, 2020, https://www.arabnews.com/node/1692336/middle-east; Timothy Mc-

Laughlin, "Where the Pandemic Is Cover for Authoritarianism," *The Atlantic*, Au- gust 25, 2020, https://www.theatlantic.com/international/archive/2020/08/pandemic -protest-double-standard-authoritarianism/615622/.

44. Quoted in McLaughlin, "Where the Pandemic Is Cover for Authoritarianism"; "Phil- ippines: President Duterte Gives 'Shoot to Kill' Order amid Pandemic Response," Amnesty International, April 2, 2020, https://www.amnesty.org/en/latest/news/2020 /04/philippines-president-duterte-shoot-to-kill-order-pandemic/.

45. Victoria Tin-bor Hui, "Crackdown: Hong Kong Faces Tiananmen 2.0," *Journal of Democracy* 31, no. 4 (October 2020): 122–37, https://www.journalofdemocracy.org / articles/crackdown-hong-kong-faces-tiananmen-2-0/.

46. Elizabeth Cheung, "Hong Kong Activates 'Serious Response Level' for Infectious Diseases as Wuhan Pneumonia Outbreak Escalates," *South China Morning Post*, Jan- uary 4, 2020, https://www.scmp.com/news/hong-kong/health-environment/article /3044654/ hong-kong-activates-serious-response-level; Elizabeth Cheung, "China Coronavirus: Death Toll Almost Doubles in One Day as Hong Kong Reports Its First Two Cases," *South China Morning Post*, January 22, 2020, https://www.scmp.com /news/hong-kong/ health-environment/article/3047193/china-coronavirus-first-case -confirmed-hong-kong.

47. Nicole Liu, Alice Woodhouse, and Naomi Rovnick, "Hong Kong Closes Most Cross- ings to China as Coronavirus Spreads," *Financial Times*, February 3, 2020, https:// www. ft.com/content/0d0ebf76-4668-11ea-aee2-9ddbdc86190d.

48. Samuel Wong, Kin On Kwok, and Francis Chan, "What Can Countries Learn from Hong Kong's Response to the COVID-19 Pandemic," *Canadian Medical Association Journal* 192, no. 19 (May 2020): 511–15, https://www.ncbi.nlm.nih.gov/pmc/articles / PMC7234274/; "How Hong Kong Beat Coronavirus and Avoided Lockdown," CNBC, July 2, 2020, https://www.cnbc.com/2020/07/03/how-hong-kong-beat -coronavirus-and-avoided-lockdown.html.

49. McLaughlin, "Where the Pandemic Is Cover for Authoritarianism."

50. Quoted in Helen Davidson, "Hong Kong Using Covid-19 Crisis as 'Golden Opportunity' for Crackdown, Says Arrested Leader," *The Guardian*, April 20, 2020, https://www .theguardian.com/world/2020/apr/20/hong-kong-using-covid-19-crisis-as-golden -opportunity-for-crackdown-says-arrested-leader.

51. Vanesse Chan, Bex Wright, Ivan Watson, and Jadyn Sham, "Nearly 300 Arrested in Hong Kong Protests over Postponed Local Elections," CNN, September 6, 2020, https:// www.cnn.com/2020/09/06/asia/hong-kong-protests-elections-arrest-intl /index.html;

Jessie Pang and James Pomfret, "Hong Kong's Veteran Pro-Democracy Activists Defiant as They Hear Charges in Court," Reuters, May 18, 2020, https:// www.reuters.com/ article/us-hongkong-protests-court/hong-kongs-veteran-pro -democracy-activists-defiant-as-they-hear-charges-in-court-idUSKBN22U1BD.

52. Quoted in Austin Ramzy and Elaine Yu, "Under Cover of Coronavirus, Hong Kong Cracks Down on Protest Movement," *New York Times*, April 21, 2020, https://www .nytimes.com/2020/04/21/world/asia/coronavirus-hong-kong-protests.html.

53. Martin Lee, "I Was Arrested in Hong Kong. It's Part of China's Larger Plan," *Washington Post*, April 21, 2020, https://www.washingtonpost.com/opinions/2020/04/21/ i -was-arrested-hong-kong-its-part-chinas-larger-plan/.

54. "Hong Kong's National Security Law: 10 Things You Need to Know," Amnesty International, July 17, 2020, https://www.amnesty.org/en/latest/news/2020/07/hong-kong -national-security-law-10-things-you-need-to-know/; Tin-bor Hui, "Crackdown: Hong Kong Faces Tiananmen 2.0."

55. Shibani Mahtani, "Hong Kong Leader Postpones Elections, Further Eroding Political Freedoms," *Washington Post*, July 31, 2020, https://www.washingtonpost.com / world/asia_pacific/hong-kong-leader-postpones-elections-further-eroding-political -freedoms/2020/07/31/79dbf694-d2fb-11ea-826b-cc394d824e35_story.html.

56. Natasha Khan, "Hong Kong Opposition Resigns from Legislature over Latest Beijing Crackdown," *Wall Street Journal*, November 11, 2020, https://www.wsj.com/articles /beijing-ousts-four-opposition-lawmakers-in-hong-kong-11605080352; Repucci and Slipowitz, *Democracy Under Lockdown*, 10.

57. Faiola, Wessel, and Mahtani, "Coronavirus Chills Protests"; Chenoweth et al., "The Global Pandemic Has Spawned New Forms of Activism—and They're Flourishing."

58. Charis McGowan, "How Quarantined Chileans Are Keeping Their Protest Movement Alive," Al Jazeera, April 14, 2020, https://www.aljazeera.com/features/2020/04/14/ how -quarantined-chileans-are-keeping-their-protest-movement-alive/; David Gilbert, "Hong Kong Gamers Protested Inside 'Animal Crossing.' Now China Wants to Ban It," Vice, April 10, 2020, https://www.vice.com/en/article/epg3qp/hong-kong-gamers -protested-inside-animal-crossing-now-china-wants-to-ban-it; Thomas Carothers and David Wong, "The Coronavirus Pandemic Is Reshaping Global Protests," Carnegie Endowment for International Peace, May 4, 2020, https://carnegieendowment.org /2020/05/04/coronavirus-pandemic-is-reshaping-global-protests-pub-81629; Youngs and Panchulidze, "Global Democracy & COVID-19," 20.

59. Benjamin Press and Thomas Carothers, "Worldwide Protests in 2020: A Year in Review," Carnegie Endowment for International Peace, December 21, 2020, https:// carnegieendowment.org/2020/12/21/worldwide-protests-in-2020-year-in-review -pub-83445.

60. Russian subsidies provide access to cheap gas and enable Belarus to import crude oil at below-market prices and then refine it for export.

61. Sam Meredith, "Belarus' President Dismisses Coronavirus Risk, Encourages Citizens to Drink Vodka and Visit Saunas," CNBC, March 31, 2020, https://www.cnbc.com/2020 /03/31/coronavirus-belarus-urges-citizens-to-drink-vodka-visit-saunas.html; Tatsiana Kulakevich, "The Belarus Government Is Largely Ignoring the Pandemic. Here's Why," *Washington Post*, April 21, 2020, https://www.washingtonpost.com/politics /2020/04/21/belarus-government-is-largely-ignoring-pandemic-heres-why/; Casey Michel, "Alexander Lukashenko's Belarusian Dictatorship Is Going Down in Flames," *New Republic*, August 10, 2020, https://newrepublic.com/article/158867/alexander -lukashenkos-belarus-vote-rigging.

62. Quoted in Orlando Crowcroft, "'We Look Like Clowns': Belarus Carries On as Rest of Europe Locks Down," Euronews, April 1, 2020, https://www.euronews.com/2020 /04/01/we-look-like-clowns-belarus-carries-on-as-rest-of-europe-locks-down.

63. Andrey Vozyanov, "Inside Belarus: People Defy Belarusian Authorities to Resist Covid-19 Pandemic," LRT English, May 20, 2020, https://www.lrt.lt/en/news-in -english/19/1178978/inside-belarus-people-defy-belarusian-authorities-to-resist -covid-19-Pandemic; Joerg Forbrig, "Lukashenko's Coronavirus Election," Polit- ico, July 2, 2020, https://www.politico.eu/article/aleksander-lukashenko-belarus -coronavirus-covid19-pandemic-election/; Andrei Makhovsky, "'Game Without Rules': In Belarus Loyalists Turn on President Before Election," Reuters, July 3, 2020, https://www.reuters. com/article/us-belarus-election/game-without-rules-in-belarus -loyalists-turn-on-president-before-election-idUSKBN2441JB; Anton Troianovski, "'Something Broke Inside Belarusians': Why an Apolitical People Rose Up," *New York Times*, August 29, 2020, https://www.nytimes.com/2020/08/29/world/europe /belarus-protest.html; Repucci and Slipowitz, *Democracy Under Lockdown*, 9, 13–14.

64. Lucan Ahmad Way, "Belarus Uprising: How a Dictator Became Vulnerable," *Jour- nal of Democracy* 31, no. 4 (October 2020): 21, https://www.journalofdemocracy.org /articles/ belarus-uprising-how-a-dictator-became-vulnerable/.

65. Shaun Walker, "Tens of Thousands Gather in Minsk for Biggest Protest in Belarus

History," *The Guardian*, August 16, 2020, https://www.theguardian.com/world/2020 /aug/16/belarus-prepares-for-biggest-protest-yet-after-week-of-anger.

66. Isabelle Khurshudyan, "Russia's Putin Ready to Send Forces to Belarus if Unrest 'Gets out of Control,'" *Washington Post*, August 27, 2020, https://www.washingtonpost .com/world/europe/russia-belarus-forces-putin-protests/2020/08/27/77a6a23c -e856-11ea-bf44-0d31c85838a5_story.html; "Belarus: Systematic Beatings, Torture of Protesters," Human Rights Watch, September 15, 2020, https://www.hrw.org/news /2020/09/15/belarus-systematic-beatings-torture-protesters; Sławomir Sierakowski, "Belarus Uprising: The Making of a Revolution," *Journal of Democracy* 31, no. 4 (October 2020): 5–16, https://www.journalofdemocracy.org/articles/belarus-uprising -the-making-of-a-revolution/.

67. Aaron C. Davis, Dalton Bennett, Sarah Cahlan, and Meg Kelly, "Alleged Michigan Plotters Attended Multiple Anti-Lockdown Protests, Photos and Videos Show," *Washington Post*, November 1, 2020, https://www.washingtonpost.com/investigations/2020/11 /01/michigan-kidnapping-plot-coronavirus-lockdown-whitmer/?arc404=true&itid =hp-more-top-stories; Kathleen Gray, "In Michigan, a Dress Rehearsal for the Chaos at the Capitol on Wednesday," *New York Times*, January 9, 2021, https://www.nytimes .com/2021/01/09/us/politics/michigan-state-capitol.html; Steve Neavling, "Whitmer Says Armed Protest in Lansing Was Prelude to Violent Capitol Siege," *Detroit Metro Times*, January 18, 2021, https://www.metrotimes.com/news-hits/archives/2021/01/18 /whitmer-says-armed-protest-in-lansing-was-prelude-to-violent-us-capitol-siege.

68. Press and Carothers, "Worldwide Protests in 2020."

69. Firas Abi Nassif et al., "Lebanon's Economic Crisis: A Ten Point Action Plan for Avoiding a Lost Decade," Carnegie Middle East Center, January 6, 2020, https:// carnegie-mec.org/2020/01/06/lebanon-s-economic-crisis-ten-point-action-plan-for -avoiding-lost-decade-pub-80704.

70. Ben Hubbard and Hwaida Saad, "Lebanon, Mired in Crises, Turns to a Professor as Prime Minister," *New York Times*, December 19, 2019, https://www.nytimes.com /2019/12/19/world/middleeast/lebanon-prime-minister-hassan-diab.html.

71. Petra Khoury, Eid Azar, and Eveline Hitti, "COVID-19 Response in Lebanon: Current Experience and Challenges in a Low-Resource Setting," *Journal of the Ameri- can Medical Association* 324, no. 6 (August 2020): 548–49, https://jamanetwork.com /journals/jama/fullarticle/2768892.

72. Martin Patience, "Coronavirus: Lebanon's Woes Worsen as Country Pushed to the

Brink," BBC News, May 27, 2020, https://www.bbc.com/news/world-middle-east -52756418; "Economic Crisis Combined with COVID-19 Is Pushing Lebanon Towards a Hunger Crisis," Save the Children, accessed November 15, 2020, https:// www. savethechildren.org/us/charity-stories/lebanon-economic-hunger-crisis; Lina Mounzer, "In Lebanon, a Pandemic of Hunger," *New York Times*, May 6, 2020, https://www. nytimes.com/2020/05/06/opinion/lebanon-protests-coronavirus.html.

73. "Tense Anti-Government Protests Resume in Lebanon After Covid-19 Lockdown Lifted," France 24, June 6, 2020, https://www.france24.com/en/20200606-tense -anti-government-protests-resume-in-lebanon-after-covid-19-lockdown-lifted; "Lebanon Protests: Hundreds Take to Streets for Second Night," BBC News, June 13, 2020, https:// www.bbc.com/news/world-middle-east-53031683.

74. Ben Hubbard and Mona El-Naggar, "Clashes Erupt in Beirut at Blast Protest as Lebanon's Anger Boils Over," *New York Times*, August 8, 2020, https://www.nytimes.com /2020/08/08/world/middleeast/Beirut-explosion-protests-lebanon.html; "Lebanon: Lethal Force Used Against Protesters," Human Rights Watch, August 26, 2020, https:// www.hrw.org/news/2020/08/26/lebanon-lethal-force-used-against-protesters.

75. Tamara Qiblawi, "Protesters Wanted Change but Lebanon's Elite Picks Veteran Saad Hariri to Lead Crisis-Wracked Country," CNN, October 22, 2020, https://www.cnn .com/2020/10/22/middleeast/saad-hariri-prime-minister-lebanon-intl/index.html.

76. Ruth Sherlock, "After Beirut Explosion, Lebanon Sees a Spike in Coronavirus Infections," NPR, September 2, 2020, https://www.npr.org/sections/coronavirus-live -updates/2020/09/02/908726243/after-beirut-explosion-lebanon-sees-a-spike-in -coronavirus-infections; Timour Azhari, "Lebanon's COVID-19 Surge: What Went Wrong?," Al Jazeera, October 8, 2020, https://www.aljazeera.com/news/2020/10/8 / lebanons-covid-surge-what-went-wrong-and-what-to-do; COVID-19 Dashboard, Center for Systems Science and Engineering, Johns Hopkins University & Medicine, Coronavirus Resource Center, accessed November 24, 2020, https://coronavirus.jhu .edu/map.html.

77. Kim Parker et al., "What Unites and Divides Urban, Suburban, and Rural Communities," Pew Research Center Social & Demographic Trends, May 22, 2018, https:// www.pewsocialtrends.org/2018/05/22/demographic-and-economic-trends-in-urban -suburban-and-rural-communities/; Elise Gould and Valerie Wilson, "Black Workers Face Two of the Most Lethal Preexisting Conditions for Coronavirus—Racism and Economic Inequality," Economic Policy Institute, 2020, https://www.epi.org / publication/black-workers-covid/; Emily Benfer and Lindsay Wiley, "Health Jus-

tice Strategies to Combat COVID-19: Protecting Vulnerable Communities During a Pandemic," *Health Affairs*, March 19, 2020, https://www.healthaffairs.org/do/10.1377 /hblog20200319.757883/full/; L. Ebony Boulware, "Race Disparities in the COVID-19 Pandemic—Solutions Lie in Policy, Not Biology," *JAMA Network Open* 3, no. 8 (August 2020), https://jamanetwork.com/journals/jamanetworkopen/fullarticle/2769381.

78. Claudia Wallis, "Why Racism, Not Race, Is a Risk Factor for Dying of COVID-19," *Scientific American*, June 12, 2020, https://www.scientificamerican.com/article/why -racism-not-race-is-a-risk-factor-for-dying-of-covid-191/; William F. Marshall III, "Coronavirus Infection by Race: What's Behind the Health Disparities," Mayo Clinic, August 13, 2020, https://www.mayoclinic.org/coronavirus-infection-by-race/expert -answers/faq-20488802.

79. Gould and Wilson, "Black Workers"; Nate Rattner and Tucker Higgins, "As New Data Shows Early Signs of Economic Recovery, Black Workers Are Being Left Out," CNBC, June 5, 2020, https://www.cnbc.com/2020/06/05/coronavirus-recovery-black-workers -are-being-left-out-data-shows.html.

80. Faith Karimi and Maggie Fox, "George Floyd Tested Positive for Coronavirus, but It Had Nothing to Do with His Death, Autopsy Shows," CNN, June 4, 2020, https:// www. cnn.com/2020/06/04/health/george-floyd-coronavirus-autopsy/index.html.

81. Eliott McLaughlin, "How George Floyd's Death Ignited a Racial Reckoning That Shows No Signs of Slowing Down," CNN, August 9, 2020, https://www.cnn.com /2020/08/09/us/george-floyd-protests-different-why/index.html.

82. Audra Burch et al., "How Black Lives Matter Reached Every Corner of America," *New York Times*, June 13, 2020, https://www.nytimes.com/interactive/2020/06/13 /us/ george-floyd-protests-cities-photos.html; Larry Buchanan, Quoctrung Bui, and Jugal K. Patel, "Black Lives Matter May Be the Largest Movement in U.S. History," *New York Times*, July 3, 2020, https://www.nytimes.com/interactive/2020/07/03/us /george-floyd- protests-crowd-size.html.

83. Roudabeh Kishi and Sam Jones, "Demonstrations & Political Violence in America: New Data for Summer 2020," Armed Conflict Location & Event Data Project, 2020, https:// acleddata.com/acleddatanew/wp-content/uploads/2020/09/ACLED_ USDataReview _Sum2020_SeptWebPDF_HiRes.pdf.

84. "Protests Worldwide Embrace Black Lives Matter Movement," Reuters, June 6, 2020, https://www.reuters.com/article/us-minneapolis-police-protests-global/protests -worldwide-embrace-black-lives-matter-movement-idUSKBN23D0BO; Jen Kirby,

"'Black Lives Matter' Has Become a Global Rallying Cry Against Racism and Police Brutality," Vox, June 12, 2020, https://www.vox.com/2020/6/12/21285244/black-lives -matter-global-protests-george-floyd-uk-belgium; Anne-Christine Poujoulat, "Pro- tests Across the Globe After George Floyd's Death," CNN, June 13, 2020, https://www .cnn. com/2020/06/06/world/gallery/intl-george-floyd-protests/index.html.

85. Kim Kyung Hoon, "Black Lives Matter Protesters March Through Tokyo," Reuters, June 14, 2020, https://www.reuters.com/article/us-minneapolis-police-protests-japan / black-lives-matter-protesters-march-through-tokyo-idUSKBN23L0FZ.

86. Repucci and Slipowitz, *Democracy Under Lockdown*, 13.

87. Repucci and Slipowitz, *Democracy Under Lockdown*, 1.

## 제12장 변이 바이러스와 백신

1. Jonathan Corum and Carl Zimmer, "Bad News Wrapped in Protein: Inside the Coronavirus Genome," *New York Times*, April 3, 2020, https://www.nytimes.com / interactive/2020/04/03/science/coronavirus-genome-bad-news-wrapped-in -protein. html; Jonathan Corum and Carl Zimmer, "Coronavirus Variants and Mutations," *New York Times*, last modified March 22, 2021, https://www.nytimes .com/interactive/2021/ health/coronavirus-variant-tracker.html.

2. James Glanz, Benedict Carey, and Hannah Beech, "Evidence Builds That an Early Mutation Made the Pandemic Harder to Stop," *New York Times*, November 24, 2020, https://www.nytimes.com/2020/11/24/world/covid-mutation.html.

3. Benjamin Mueller and Carl Zimmer, "U.K. Virus Variant Is Probably Deadlier, Sci- entists Say," *New York Times*, February 13, 2021, https://www.nytimes.com/2021/02 /13/world/europe/covid-uk-variant-deadlier.html.

4. Maya Wei-Haas, "Why New Coronavirus Variants 'Suddenly Arose' in the U.K. and South Africa," *National Geographic*, December 23, 2020, https://www.nationalgeographic .com/science/article/why-new-coronavirus-variants-suddenly-arose-in-uk-and-south -africa.

5. "Emerging SARS-CoV-2 Variants," Centers for Disease Control and Prevention, accessed February 17, 2021, https://www.cdc.gov/coronavirus/2019-ncov/more /science-and-research/scientific-brief-emerging-variants.html; Benjamin Mueller, "How British Scientists Found the More Infectious Coronavirus Variant," *New York*

*Times*, January 16, 2021, https://www.nytimes.com/2021/01/16/world/europe/uk -coronavirus-variant.html.

6. Isabel Kerchner and Carl Zimmer, "Israel's Vaccination Results Point a Way Out of Virus Pandemic," *New York Times*, February 5, 2021, https://www.nytimes.com/2021 /02/05/world/middleeast/israel-virus-vaccination.html.

7. Benjamin Mueller, Rebecca Robbins, and Lynsey Chutel, "South Africa Says Astra-Zeneca's Covid-19 Vaccine Is Not Effective at Stopping Variant," *New York Times*, February 7, 2021, https://www.nytimes.com/2021/02/07/world/south-africa-astrazeneca -vaccine.html; Brenda Goodman, "Where Do COVID Vaccines Stand Against the Variants?," *Medscape*, March 29, 2021, https://www.medscape.com/viewarticle/948335.

8. Corum and Zimmer, "Coronavirus Variants and Mutations."

9. "Total Confirmed Cases of COVID-19," Our World in Data, accessed February 17, 2021, https://ourworldindata.org/grapher/cumulative-covid-cases-region?tab =table&sta ckMode=absolute&time=2020–09–01.2020–12–31&region=World.

10. "Coronavirus Tracked: See How Your Country Compares: New Confirmed Cases of Covid-19 in European Union," *Financial Times*, accessed February 18, 2021, https://ig.ft. com/coronavirus-chart/?areas=eur&areasRegional=usny&areasRegional =usnj&areasReg ional=usaz&areasRegional=usca&areasRegional=usnd&areasRegional =ussd&cumulative =0&logScale=0&per100K=0&startDate=2020–03–01&values=cases.

11. Melissa Eddy, "Across Europe, Reopening Borders in Time for Summer," *New York Times*, May 13, 2020, https://www.nytimes.com/2020/05/13/world/europe/coronavirus -europe-vacation.html.

12. "Covid-19: Ursula von der Leyen defende que projeto europeu não vai collapsar" [Covid-19: Ursula von der Leyen argues that the European project will not collapse], SIC Notícias, April 18, 2020, https://sicnoticias.pt/especiais/coronavirus/2020–04–18 -Covid-19-Ursula-von-der-Leyen-defende-que-projeto-europeu-nao-vai-colapsar.

13. Quoted in Hans von der Burchard, "Germany Eases Border Closures but Checks Remain Until Mid-June," Politico, May 13, 2020, https://www.politico.eu/article /germany-eases-border-checks-but-some-restrictions-will-remain-until-mid-june -coronavirus-covid19/.

14. European Commission, "Coronavirus: Commission Recommends Partial and Gradual Lifting of Travel Restrictions to the EU After 30 June, Based on Common Co-ordinated Approach," press release, June 11, 2020, https://ec.europa.eu/commission /presscorner/detail/en/ip_20_1035.

15. "China Reports 61 New COVID-19 Cases for Sunday, Highest Daily Domestic Infections Since March 6," Reuters, July 26, 2020, https://www.reuters.com/article/ us -health-coronavirus-china-cases/china-reports-61-new-covid-19-cases-for-sunday -highest-daily-domestic-infections-since-march-6-idUKKCN24S03J; Khanh Vu and Phuong Nguyen, "Hundreds Jam Airport as Evacuations from Vietnam's Danang Begin," Reuters, July 27, 2020, https://www.reuters.com/article/us-health-coronavirus -vietnam/vietnam-to-evacuate-80000-people-from-danang-after-virus-outbreak -idUKKCN24S0C0?edition-redirect=uk; Alice Klein, "Return of Covid-19 to New Zealand Shows That No One Can Relax," *New Scientist*, August 18, 2020, https://www .newscientist.com/article/2252136-return-of-covid-19-to-new-zealand-shows-that -no-one-can-relax/.

16. Ryan Heath and Renuka Rayasam, "The Virus Cancels Its European Vacation," Politico, September 22, 2020, https://www.politico.com/newsletters/politico-nightly -coronavirus-special-edition/2020/09/22/the-virus-cancels-its-european-vacation -490405; Josh Holder, Matina Stevis-Gridneff, and Allison McCann, "Europe's Deadly Second Wave: How Did It Happen Again?," *New York Times*, December 4, 2020, https:// www.nytimes.com/interactive/2020/12/04/world/europe/europe -covid-deaths.html.

17. Patrick Kingsley and José Bautista, "'Here We Go Again': A Second Virus Wave Grips Spain," *New York Times*, August 31, 2020, https://www.nytimes.com/2020/08 /31/ world/europe/coronavirus-covid-spain-second-wave.html.

18. "Coronavirus Torremolinos cierra de forma cautelar la discoteca en la que un DJ escupió al público" [Coronavirus: As a precautionary measure, Torremolinos closes the discotheque in which a DJ spat at the public], RTVE, August 3, 2020, https:// www .rtve.es/noticias/20200803/coronavirus-torremolinos-cierra-discoteca-dj-escupio -publico/2036701.shtml.

19. Jessica Bateman, "Coronavirus: Island Isolation Over as Greece Lets Tourists Back," BBC, June 13, 2020, https://www.bbc.com/news/world-europe-53006794.

20. Heath and Rayasam, "The Virus Cancels Its European Vacation."

21. Quoted in Guy Chazan and Anna Gross, "Europe Battles to Contain Surge in Covid-19 Cases," *Financial Times*, July 28, 2020, https://www.ft.com/content/bcddc297 -b7f2-444d-908f-54e8ce6f4f98; Paul Benkimoun and Chloé Hecketsweiler, "Jean-François Delfraissy: 'Nous avons une vision à quatre semaines'" [Jean-François Delfraissy: "We have a four-week vision"], *Le Monde*, March 20, 2020, https://www .lemonde.fr/ planete/article/2020/03/20/jean-francois-delfraissy-nous-avons-une -vision-a-quatre-

semaines_6033854_3244.html.

22. Raphael Minder, "Spain's Reopening Stumbles as Virus Cases Rise Among Young People," *New York Times*, July 23, 2020, https://www.nytimes.com/2020/07/23/world / europe/spain-coronavirus-reopening.html.

23. "Coronavirus Digest: Younger People Driving COVID-19 Spread, Says WHO," *Deutsche Welle*, August 18, 2020, https://www.dw.com/en/coronavirus-digest-younger -people-driving-covid-19-spread-says-who/a-54603448.

24. Chazan and Gross, "Europe Battles to Contain Surge in Covid-19 Cases."

25. "Coronavirus Tracked: See How Your Country Compares."

26. "Coronavirus Tracked: See How Your Country Compares."

27. Quoted in Sam Fleming, "EU Seeks to Improve Cross-Border Co-ordination as Covid-19 Cases Rise," *Financial Times*, September 1, 2020, https://www.ft.com / content/989e0a76-058d-46d4-a0ce-876dd5acbfc9.

28. Quoted in Roula Khalaf, "Ursula von der Leyen on European Recovery, Climate Change and Life After Brexit," *Financial Times*, December 3, 2020, https://www.ft .com/ content/6a7a9742-fb94-4430-9ef8-977e32c17be5.

29. Benjamin Mueller, "France and Britain Strike Deal to Reopen Border for Freight and Some Travel," *New York Times*, December 22, 2020, https://www.nytimes.com /2020/12/22/world/europe/uk-france-covid-19-border.html; FT reporters, "France Reopens Border with UK After Virus Closure," *Financial Times*, December 23, 2020, https://www.ft.com/content/e2d2e680-752a-44a5-b014-60cd837532e7.

30. Amanda Ferguson and Karla Adam, "Ireland Had One of the Lowest Coronavirus Rates in Europe. It's Now Highest in the World," *Washington Post*, January 11, 2021, https://www.washingtonpost.com/world/europe/ireland-covid-curve/2021/01 /11/ aeb08592-51cc-11eb-a1f5-fdaf28cfca90_story.html; Rory Carroll, "'Reckless' Christmas Easing of Rules Blamed for Ireland Covid Surge," *The Guardian*, January 11, 2021, https://www.theguardian.com/world/2021/jan/11/reckless-christmas-rule -relaxation- blamed-for-irelands-dire-covid-surge.

31. Valentina Pop, "Dutch Rioters Clash with Police for Third Night over Covid-19 Curfew," *Wall Street Journal*, January 26, 2021, https://www.wsj.com/articles/dutch -rioters-clash-with-police-for-third-night-over-covid-19-curfew-11611664598 ?page=1; Mehreen Khan, "Dutch Extend Covid Curfew Despite Violent Backlash," *Financial Times*, January 26, 2021, https://www.ft.com/content/351fa962-ee98-49d7 -80c8- dfe73a466991.

32. Joshua Posaner and Hanne Cokelaere, "Berlin Bats Away EU Concern over 'Pain- ful' Coronavirus Border Curbs," Politico, February 15, 2021, https://www.politico.eu /article/ germany-border-controls-coronavirus-reaction/.

33. Quoted in Matina Stevis-Gridneff, "Virus Variants Deliver Fresh Blow to Europe's Open Borders," *New York Times*, February 21, 2021, https://www.nytimes.com/2021 /02/21/world/europe/european-union-coronavirus-borders.html.

34. "Coronavirus in the U.S.: Map and Latest Case Count," *New York Times*, accessed March 6, 2021, https://www.nytimes.com/interactive/2020/us/coronavirus-us-cases. html.

35. Keith Collins, "Is Your State Doing Enough Coronavirus Testing?," *New York Times*, November 1, 2020, https://www.nytimes.com/interactive/2020/us/coronavirus-testing .html.

36. Mark Mazzetti, Noah Weiland, and Sharon LaFraniere, "Behind the White House Effort to Pressure the C.D.C. on School Openings," *New York Times*, September 28, 2020, https://www.nytimes.com/2020/09/28/us/politics/white-house-cdc-coronavirus -schools.html; Lena H. Sun, "CDC Identifies Public-Health Guidance from the Trump Administration That Downplayed Pandemic Severity," *Washington Post*, March 15, 2021, https://www.washingtonpost.com/health/2021/03/15/cdc-removes -some-trump-era-guidance/.

37. Sheryl Gay Stolberg, "White House Embraces a Declaration from Scientists That Opposes Lockdowns and Relies on 'Herd Immunity,'" *New York Times*, October 13, 2020, https://www.nytimes.com/2020/10/13/world/white-house-embraces -a-declaration-from-scientists-that-opposes-lockdowns-and-relies-on-herd -immunity.html.

38. Victoria Gill, "Coronavirus: Virus Provides Leaps in Scientific Understanding," BBC, January 10, 2021, https://www.bbc.com/news/science-environment-55565284.

39. Hearing of the Senate Committee on Health, Education, Labor, and Pensions, March 3, 2021, https://www.youtube.com/watch?v=zy7id9U7-MI.

40. Nicholas A. Christakis, *Apollo's Arrow: The Profound and Enduring Impact of Corona- virus on the Way We Live* (New York: Little, Brown, 2020), 249–50.

41. Nsikan Akpan, "Why a Coronavirus Vaccine Could Take Way Longer Than a Year," *National Geographic*, April 10, 2020, https://www.nationalgeographic.com/science / article/why-coronavirus-vaccine-could-take-way-longer-than-a-year.

42. "Vaccine Development, Testing, and Regulation," History of Vaccines, accessed February 15, 2021, https://www.historyofvaccines.org/content/articles/vaccine

-development-testing-and-regulation.

43. Laurie McGinley, "FDA to Require Covid-19 Vaccine to Prevent Disease in 50 Per- cent of Recipients to Win Approval," *Washington Post*, June 30, 2020, https://www .washingtonpost.com/health/2020/06/30/coronavirus-vaccine-approval-fda/.

44. U.S. Department of Health & Human Services, "Trump Administration Announces Framework and Leadership for 'Operation Warp Speed,'" press release, May 15, 2020, https://www.hhs.gov/about/news/2020/05/15/trump-administration-announces -framework-and-leadership-for-operation-warp-speed.html.

45. Kavya Sekar, *Funding for COVID-19 Vaccines: An Overview* (Washington, DC: Con- gressional Research Service, 2021), 2, https://crsreports.congress.gov/product/pdf /IN/IN11556; John Tozzi, Riley Griffin, and Shira Stein, "Trump Administration Dips into Protective Gear, CDC Funds to Fund Vaccine Push," Bloomberg, Septem- ber 23, 2020, https://www.bloomberg.com/news/articles/2020-09-23/how-much-is -the-trump-administration-spending-on-a-vaccine.

46. "Inside Operation Warp Speed," *The Daily* (podcast), *New York Times*, August 17, 2020, https://www.nytimes.com/2020/08/17/podcasts/the-daily/trump-coronavirus -vaccine-covid.html; Helen Branswell, Matthew Herper, Lev Facher, Ed Silverman, and Nicholas Florko, "Operation Warp Speed Promised to Do the Impossible. How Far Has It Come?," Stat News, September 8, 2020, https://www.statnews.com/2020/09 /08/operation-warp-speed-promised-to-do-the-impossible-how-far-has-it-come/.

47. "Special Issue 4: An Interview with Moncef Slaoui—Delivering on the Promise to De- velop COVID Vaccines at Warp Speed," Human Vaccines Project, December 11, 2020, https://www.humanvaccinesproject.org/covid-post/special-issue-4-an-interview -with-moncef-slaoui-delivering-on-the-promise-to-develop-covid-vaccines-at-warp -speed/; Jon Cohen, "Proud of Vaccine Success, Warp Speed's Ex-Science Head Talks Politics, Presidents, and Future Pandemics," *Science*, January 25, 2021, https://www .sciencemag. org/news/2021/01/proud-vaccine-success-warp-speed-s-ex-science -head-talks-politics-presidents-and-future.

48. Noah Weiland and David Sanger, "Trump Administration Narrows Search for Vac- cine to Five Companies," *New York Times*, June 3, 2020, https://www.nytimes.com /2020/06/03/us/politics/coronavirus-vaccine-trump-moderna.html; Noah Weiland, Denise Grady, and David Sanger, "Pfizer Gets $1.95 Billion to Produce Coronavi- rus Vaccine by Year's End," *New York Times*, July 22, 2020, https://www.nytimes.com /2020/07/22/us/politics/pfizer-coronavirus-vaccine.html; Isaac Arnsdorf, "Trump's

Vaccine Czar Refuses to Give Up Stock in Drug Company Involved in His Govern- ment Role," ProPublica, September 23, 2020, https://www.propublica.org/article /trumps-vaccine-czar-refuses-to-give-up-stock-in-drug-company-involved-in -his-government-role; Peter Loftus and Joseph Walker, "U.S. Commits $2 Billion for COVID-19 Vaccine, Drug Supplies," *Wall Street Journal*, July 7, 2020, https:// www.wsj.com/articles/u-s-commits-2-billion-for-covid-19-vaccine-drug-supplies -11594132175.

49. Zimmer, Corum, and Wee, "Coronavirus Vaccine Tracker."

50. *Mission Possible: The Race for a Vaccine* (documentary), National Geographic, March 12, 2021, https://www.nationalgeographic.com/tv/movies-and-specials/mission-possible -the-race-for-a-vaccine.

51. "Understanding mRNA COVID-19 Vaccines," Centers for Disease Control and Prevention, March 4, 2021, https://www.cdc.gov/coronavirus/2019-ncov/vaccines / different-vaccines/mrna.html.

52. Jonathan Corum and Carl Zimmer, "How the Oxford-AstraZeneca Vaccine Works," *New York Times*, last modified March 22, 2021, https://www.nytimes.com/interactive /2020/health/oxford-astrazeneca-covid-19-vaccine.html.

53. Matina Stevis-Gridneff, "Amid Critical Shortage, E.U. Moves to Limit Vaccine Ex- ports," *New York Times*, January 29, 2021, https://www.nytimes.com/2021/01/29/world / europe/EU-AstraZeneca-vaccine-export.html.

54. Corum and Zimmer, "How the Oxford-AstraZeneca Vaccine Works"; Jonathan Co- rum and Carl Zimmer, "How the Johnson and Johnson Vaccine Works," *New York Times*, March 5, 2021, https://www.nytimes.com/interactive/2020/health/johnson -johnson-covid-19-vaccine.html; Hannah Kuchler, "Novavax Shot Found to Be Highly Effective at Preventing Severe Covid," *Financial Times*, March 11, 2021, https://www. ft.com/content/6546f070-ea07-400b-b6a6-dab47a5e49a5#post-61d07c 53-2f51-4235-8b01-933871ce3766.

55. "Special Issue 4: An Interview with Moncef Slaoui," Human Vaccines Project.

56. Cohen, "Proud of Vaccine Success."

57. For an excellent overview of COVAX, see Mark Eccleston-Turner and Harry Upton, "International Cooperation to Ensure Equitable Access to Vaccines for COVID-19: The ACT-Accelerator and the COVAX Facility," *Milbank Quarterly*, March 2, 2021, https:// onlinelibrary.wiley.com/doi/full/10.1111/1468–0009.12503; "What Is the ACT-Accelerator," World Health Organization, accessed March 8, 2021, https://www .who.int/ initiatives/act-accelerator/about.

58. World Health Organization, "WHO Director-General's Opening Remarks at the Launch of the Access to COVID-19 Tools," April 24, 2020, https://www.who.int / director-general/speeches/detail/who-director-general-s-opening-remarks-at-the -launch-of-the-access-to-covid-19-tools-accelerator.

59. Merkel, the U.S. Mission in Geneva, and Macron quoted in Stephanie Nebehay and Michael Shields, "World Leaders Launch Plan to Speed COVID-19 Drugs, Vaccine; U.S. Stays Away," Reuters, April 24, 2020, https://www.reuters.com/article/us-health -coronavirus-who/world-leaders-launch-plan-to-speed-covid-19-drugs-vaccine-u-s -stays-away-idUSKCN2261M7.

60. World Health Organization, "172 Countries and Multiple Candidate Vaccines Engaged in COVID-19 Vaccine Global Access Facility," August 24, 2020, https://www.who. int /news/item/24-08-2020-172-countries-and-multiple-candidate-vaccines-engaged-in -covid-19-vaccine-global-access-facility; Colin Qian and Stephanie Nebehay, "China Joins WHO-Backed Vaccine Programme COVAX Rejected by Trump," Reuters, October 8, 2020, https://www.reuters.com/article/us-health-coronavirus-china-covax -idUKKBN26U027; "Fact Sheet: President Biden to Take Action on Global Health Through Support of COVAX and Calling for Health Security Financing," The White House, February 18, 2021, https://www.whitehouse.gov/briefing-room/statements -releases/2021/02/18/fact-sheet-president-biden-to-take-action-on-global-health -through-support-of-covax-and-calling-for-health-security-financing/.

61. Jillian Deutsch and Sarah Wheaton, "How Europe Fell Behind on Vaccines," Polit- ico, January 27, 2021, https://www.politico.eu/article/europe-coronavirus-vaccine -struggle-pfizer-biontech-astrazeneca/.

62. Deutsch and Wheaton, "How Europe Fell Behind on Vaccines"; Jacob Funk Kirke- gaard, "The European Union's Troubled COVID-19 Vaccine Rollout," Peterson In- stitute for International Economics, March 15, 2021, https://www.piie.com/blogs /realtime-economic-issues-watch/european-unions-troubled-covid-19-vaccine -rollout.

63. "Committee on Environment Public Health and Food Safety," European Parlia- ment, September 7, 2020, https://multimedia.europarl.europa.eu/en/committee-on -environment-public-health-and-food-safety_20200907-1645-COMMITTEE-ENVI _vd; Donato Paolo Mancini, "Vaccine Contracts Shrouded in Secrecy Despite Mas- sive Public Funding," *Financial Times*, November 23, 2020, https://www.ft.com/content /95c49b5a-f2c7-49a3-9ac5-3e7a66e3ad6b.

64. Kirkegaard, "The European Union's Troubled COVID-19 Vaccine Rollout."

65. Alexander Freund, "Israel's Clever Coronavirus Vaccination Strategy," Deutsche Welle, February 16, 2021, https://www.dw.com/en/israels-clever-coronavirus-vaccination -strategy/a-56586888; "Pfizer CEO Hails Obsessive CEO for Calling 30 Times to Seal Vaccine Deal," *Times of Israel*, March 11, 2021, https://www.timesofisrael.com/pfizer -ceo-obsessive-netanyahu-called-30-times-in-effort-to-seal-vaccine-deal/; Katy Balls, "Secrets of the Vaccine Task Force's Success," *The Spectator*, February 6, 2021, https:// www.spectator.co.uk/article/secrets-of-the-vaccine-taskforces-success.

66. Matt Apuzzo, Selam Gebrekidan, and Monika Pronczuk, "Where Europe Went Wrong in Its Vaccine Rollout and Why," *New York Times*, March 20, 2021, https://www .nytimes. com/2021/03/20/world/europe/europe-vaccine-rollout-astrazeneca.html.

67. Deutsch and Wheaton, "How Europe Fell Behind on Vaccines."

68. "Covid Vaccines Largely Unwanted at First Slowed EU Talks: Report," Deutsche Welle, February 6, 2021, https://www.dw.com/en/covid-vaccines-largely-unwanted -at-first-slowed-eu-talks-report/a-56480023.

69. "AstraZeneca Says Initial EU Delivery Volumes of COVID-19 Vaccine to Fall Short," Reuters, January 22, 2021, https://www.reuters.com/article/health-coronavirus -astrazeneca-eu/astrazeneca-says-initial-eu-delivery-volumes-of-covid-19-vaccine -to-fall-short-idUSL8N2JX4O8; Sam Fleming, Michael Peel, and Guy Chazan, "Re- demption Shot: Von der Leyen Begins Fightback on EU Vaccine Rollout," *Financial Times*, March 2, 2021, https://www.ft.com/content/39d31c19-5a3d-4352-9bff -630f7c80e5fa; Alexander Smith, "Germany Has More Than 1 Million Covid-19 Vaccines Unused in Storage," NBC News, February 25, 2021, https://www.nbcnews .com/news/world/germany-has-more-1-million-covid-19-vaccines-unused-storage -n1258855; Sam Jones, "The Best Advert for Brexit: European Press Reacts to EU Covid Vaccine Row," *The Guardian*, January 31, 2021, https://www.theguardian.com /world/2021/jan/31/european-press-reacts-eu-covid-vaccine-row.

70. Steven Erlanger and Matina Stevis-Gridneff, "E.U. Makes a Sudden and Embarrass- ing U-Turn on Vaccines," *New York Times*, January 20, 2021, https://www.nytimes .com/2021/01/30/world/europe/covid-vaccines-eu.html.

71. Stevis-Gridneff, "Amid Critical Shortage, E.U. Moves to Limit Vaccine Exports."

72. Rym Momtaz, "Macron: AstraZeneca Vaccine Seems 'Quasi-Ineffective' on Older Peo- ple," Politico, January 29, 2021, https://www.politico.eu/article/coronavirus- vaccine -europe-astrazeneca-macron-quasi-ineffective-older-pe/.

73. European Medicines Agency, "EMA Recommends COVID-19 Vaccine AstraZeneca

for Authorisation in the EU," January 29, 2021, https://www.ema.europa.eu/en/news /ema-recommends-covid-19-vaccine-astrazeneca-authorisation-eu.

74. Matina Stevis-Gridneff, "Amid Slow Vaccine Deliveries, Desperate E.U. Nations Hunt for More," *New York Times*, February 26, 2021, https://www.nytimes.com/2021 /02/26/world/europe/EU-vaccine-hunt.html.

75. Stevis-Gridneff, "Amid Slow Vaccine Deliveries, Desperate E.U. Nations Hunt for More."

76. Frank Jordans, "Major European Nations Suspend Use of AstraZeneca Vaccine," Politico, March 15, 2021, https://apnews.com/article/germany-suspends-astrazeneca -vaccine-blood-clotting-0ab2c4fe13370c96c873e896387eb92f.

77. Marc Santora and Monika Pronczuk, "Europe's Drug Regulator Says AstraZeneca Vaccine Is Safe," *New York Times*, March 18, 2021, https://www.nytimes.com /2021/03/18/world/europe/astrazeneca-vaccine-europe.html; Roger Cohen, "Trust in AstraZeneca Vaccine Is Shaken in Europe," *New York Times*, March 17, 2021, https://www.nytimes.com/2021/03/17/world/europe/AstraZeneca-vaccine-trust -Europe.html.

78. Sam Fleming, "EU Must Prepare for 'Era of Pandemics,' von der Leyen Says," *Financial Times*, February 28, 2021, https://www.ft.com/content/fba558ff-94a5-4c6c-b848 -c8fd91b13c16.

79. James Patton and Riley Griffin, "Warp Speed's Former Adviser Offers to Help Spur EU Vaccine Drive," Bloomberg, February 2, 2021, https://www.bloomberg.com/news /articles/2021-02-02/warp-speed-s-former-adviser-offers-help-to-spur-eu-vaccine -drive?sref=bxQtWDnd.

80. Apuzzo, Gebrekidan, and Pronczuk, "Where Europe Went Wrong in Its Vaccine Rollout and Why"; Matine Stevis-Gridneff, "How Europe Sealed a Pfizer Vaccine Deal with Texts and Calls," *New York Times*, April 28, 2021, https://www.nytimes.com /2021/04/28/world/europe/european-union-pfizer-von-der-leyen-coronavirus -vaccine. html."

81. Jon Cohen, "Russia's Approval of a COVID-19 Vaccine Is Less Than Meets the Press Release," *Science Magazine*, August 11, 2020, https://www.sciencemag.org/news/2020 /08/russia-s-approval-covid-19-vaccine-less-meets-press-release; Henry Foy, Clive Cookson, and Donato Paolo Mancini, "Russia Vaccine Thrusts Little-Known State Research Unit into Spotlight," *Financial Times*, August 14, 2020, https://www.ft.com / content/874059a6-da43-4c23-b29d-21ed59152124; "Clinical Trials," Sputnik V, accessed March 10, 2021, https://sputnikvaccine.com/about-vaccine/clinical-trials/;

Ewen Callaway, "Russia's Fast-Track Coronavirus Vaccine Draws Outrage over Safety," *Nature*, August 11, 2020, https://www.nature.com/articles/d41586-020-02386-2; quoted in Andrew E. Kramer, "Russia Approves Coronavirus Vaccine Before Completing Tests," *New York Times*, August 11, 2020, https://www.nytimes.com/2020/08 /11/world/europe/russia-coronavirus-vaccine-approval.html; Denis Y. Logunov et al., "Safety and Efficacy of an rAd26 and rAd5 Vector-Based Heterologous Prime-Boost COVID-19 Vaccine: An Interim Analysis of a Randomised Controlled Phase 3 Trial in Russia," *Lancet* 397, no. 10275 (February 2021): 671–81, https://www.ncbi.nlm.nih.gov / pmc/articles/PMC7852454/; "Covid: What Do We Know About China's Coronavirus Vaccines?," BBC, January 14, 2021, https://www.statnews.com/2021/02/02/ comparing -the-covid-19-vaccines-developed-by-pfizer-moderna-and-johnson-johnson/.

82. Zimmer, Corum, and Wee, "Coronavirus Vaccine Tracker"; Smriti Mallapaty, "China COVID Vaccine Reports Mixed Results—What Does That Mean for the Pandemic?," *Nature*, January 15, 2021, https://www.nature.com/articles/d41586-021-00094-z; Fabian Schmidt, "Coronavirus: How Effective Are the Chinese Vaccines?," Deutsche Welle, February 1, 2021, https://www.dw.com/en/coronavirus-how-effective-are-the -chinese-vaccines/a-56370802; Scott Neuman, "Chinese Pharmaceutical Makers Seek Approval for New Coronavirus Vaccines," NPR, February 24, 2021, https:// www.npr. org/sections/coronavirus-live-updates/2021/02/24/970915305/chinese -pharmaceutical-makers-seek-approval-for-new-coronavirus-vaccines.

83. Eric Geller and Betsy Woodruff Swan, "DOJ Says Chinese Hackers Targeted Coronavirus Vaccine Research," Politico, July 21, 2020, https://www.politico.com/news/2020 /07/21/doj-chinese-hackers-coronavirus-research-375855.

84. Jack Stubbs and Christopher Bing, "Exclusive: Iran-Linked Hackers Recently Targeted Coronavirus Drugmaker Gilead—Sources," Reuters, May 8, 2002, https:// www. reuters.com/article/us-healthcare-coronavirus-gilead-iran-ex/exclusive -iran-linked-hackers-recently-targeted-coronavirus-drugmaker-gilead-sources -idUSKBN22K2EV; Kate Day, "UK: Russian Hackers Attempted to Steal Corona- virus Vaccine Research," Politico, July 16, 2020, https://www.politico.eu/article/uk -russian-hackers-attempted-to-steal-coronavirus-vaccine-research/; Eric Geller, "Rus-sia, North Korea Trying to Hack Coronavirus Researchers, Microsoft Says," Politico, November 13, 2020, https://www.politico.com/news/2020/11/13/russia-north-korea -hack-coronavirus-researchers-436423.

85. Loveday Morris, Emily Rauhala, Shibani Mahtani, and Robyn Dixon, "China and

Russia Are Using Coronavirus Vaccines to Expand Their Influence. The U.S. Is on the Sidelines," *Washington Post*, November 23, 2020, https://www.washingtonpost .com/world/vaccine-russia-china-influence/2020/11/23/b93daaca-25e5-11eb-9c4a -0dc6242c4814_story.html; Mark Scott, "In Race for Coronavirus Vaccine, Rus- sia Turns to Disinformation," Politico, November 19, 2020, https://www.politico.eu /article/covid-vaccine-disinformation-russia/; Lili Bayer and Jillian Deutsch, "Hungary Issues 6-Month Authorization for Russia's Sputnik Vaccine," Politico, January 20, 2021, https://www. politico.eu/article/hungary-issues-6-month-authorization-for-russias -sputnik-vaccine/; "Hungary Becomes First EU State to Use Russian Vaccine," RFERL, February 12, 2021, https://www.rferl.org/a/hungary-eu-russian-vaccine/31099794 .html; Andrew E. Kramer, "Russia Is Offering to Export Hundreds of Millions of Vac- cine Doses, but Can It Deliver?," *New York Times*, February 19, 2021, https://www .nytimes.com/2021/02/19/ world/europe/russia-coronavirus-vaccine-soft-power.html.

86. Ryan Dube, "For Covid-19 Vaccines, Latin America Turns to China and Russia," *Wall Street Journal*, February 24, 2021, https://www.wsj.com/articles/for-covid-19 -vaccines-latin-america-turns-to-china-and-russia-11614186599; Joe Parkinson, Chao Deng, and Liza Lin, "China Deploys Covid-19 Vaccine to Build Influence, with U.S. on Sidelines," *Wall Street Journal*, February 21, 2021, https://www.wsj .com/articles/china-covid-vaccine-africa-developing-nations-11613598170; Diego Oré, "Mexico Says China Plans $1 Billion Loan to Ease Latam Access to Virus Vac- cine," Reuters, July 22, 2020, https://www. reuters.com/article/us-health-coronavirus -mexico-china/mexico-says-china-plans-1-billion-loan-to-ease-latam-access-to -virus-vaccine-idUSKCN24O08L; Yanzhong Huang, "Vaccine Diplomacy Is Pay- ing Off for China," *Foreign Affairs*, March 11, 2021, https:// www.foreignaffairs.com /articles/china/2021-03-11/vaccine-diplomacy-paying-china.

87. Chris Horton and Ken Parks, "Paraguay Says Chinese Vaccine Offers Tied to Dump- ing Taiwan," Bloomberg, March 24, 2021, https://www.bloomberg.com/news/articles /2021-03-24/paraguay-says-offers-of-chinese-vaccine-tied-to-dumping-taiwan.

88. "Brazil: Coronavirus Pandemic Country Profile," Our World in Data, accessed March 20, 2021, https://ourworldindata.org/coronavirus/country/brazil; "'Covid Is Taking Over': Brazil Plunges into Deadliest Chapter of Its Epidemic," *Guardian*, March 13, 2021, https://www.theguardian.com/world/2021/mar/13/brazil-covid-coronavirus-deaths -cases-bolsonaro-lula; Manuela Andreoni, Ernesto Londoño, and Letícia Casado, "Bra- zil's Covid Crisis Is a Warning to the Whole World, Scientists Say," *New York Times*, March 3, 2021, https://www.nytimes.com/2021/03/03/world/americas/brazil-covid -variant.

html; Ernesto Londoño and Letícia Casado, "A Collapse Foretold: How Brazil's Covid-19 Outbreak Overwhelmed Hospitals," *New York Times*, March 27, 2021, https://www.nytimes.com/2021/03/27/world/americas/virus-brazil-bolsonaro.html.

89. Quoted in Mauricio Savarese, "Brazil's Bolsonaro Rejects Coronavirus Vaccine from China," *AP News*, October 21, 2020, https://apnews.com/article/virus-outbreak-brazil-state-governments-health-sao-paulo-b7b5b620ba54f402dbf803e26fe6b842.

90. Antonia Noori Farzan and Heloísa Traiano, "U.S. Officials Pushed Brazil to Reject Rus- sia's Coronavirus Vaccine, According to HHS report," *Washington Post*, March 16, 2021, https://www.washingtonpost.com/world/2021/03/16/hhs-brazil-sputnik-russia/.

91. Eduardo Simões, "Exclusive: Brazil to Buy 20 Million More Doses of China's Coro- naVac, Governor Says," February 5, 2021, https://www.reuters.com/article/us-health-coronavirus-brazil-vaccines-ex/exclusive-brazil-to-buy-20-million-more-doses-of-chinas-coronavac-governor-says-idUSKBN2A50EP; Ernesto Londoño and Letícia Casado, "Brazil Needs Vaccines. China Is Benefiting," *New York Times*, March 15, 2021, https://www.nytimes.com/2021/03/15/world/americas/brazil-vaccine-china.html.

92. Mauricio Savarese, "Brazil Reaches Deal for 10 Million Shots of Russian Vaccine," *AP News*, March 12, 2021, https://apnews.com/article/brazil-south-america-coronavirus-pandemic-russia-27f7a6f828cd9a7db8d0b3ed8feed7bc.

93. David Nakamura and Josh Dawsey, "Few Masks, Little Distancing: Trump Celebrates at Crowded White House Party Largely Devoid of Coronavirus Precautions," *Washington Post*, August 27, 2020, https://www.washingtonpost.com/politics/white-house-convention-covid-testing/2020/08/27/44b53cda-e8c4-11ea-bc79-834454439a44_story.html.

94. Larry Buchanan, Lazaro Gamio, Lauren Leatherby, Robin Stein, and Christiaan Triebert, "Inside the White House Event Now Under Covid-19 Scrutiny," *New York Times*, October 5, 2020, https://www.nytimes.com/interactive/2020/10/03/us/rose-garden-event-covid.html; Veronica Rocha, Melissa Macaya, Melissa Mathani, and Fernando Alfonso III, "October 2: Trump's Covid Diagnosis," CNN, October 2, 2020, https://www.cnn.com/politics/live-news/trump-coronavirus-positive/h_cebb891fe9fe8513948709d5f1793e07.

95. Jeff Mason and Joseph Ax, "Chaotic Clash in Cleveland: Five Takeaways from First U.S. Presidential Debate," Reuters, September 29, 2020, https://www.reuters.com /article/us-usa-election-debate-takeaways-idUSKBN26L03H.

96. Ashley Collman, "2 Days Before His Coronavirus Diagnosis, Trump Mocked Biden for Wearing a Face Mask," *Business Insider*, October 2, 2020, https://www.businessinsider

.com/trump-coronavirus-mocked-biden-face-mask-presidential-debate-2020-10.

97. John L. Dorman, "Chris Wallace Said Trump Arrived Too Late to Be Tested for Coronavirus at the First Presidential Debate," *Business Insider*, October 3, 2020, https://www.businessinsider.com/donald-trump-chris-wallace-presidential-debate -coronavirus-2020-10.

98. Peter Baker and Maggie Haberman, "Trump's Symptoms Described as 'Very Concerning' Even as Doctors Offer Rosier Picture," *New York Times*, October 3, 2020, https://www.nytimes.com/2020/10/03/us/politics/trump-covid-updates.html; Noah Weiland, Maggie Haberman, Mark Mazzetti, and Annie Karni, "Trump Was Sicker Than Acknowledged with Covid-19," *New York Times*, February 11, 2021, https:// www.nytimes.com/2021/02/11/us/politics/trump-coronavirus.html.

99. Melissa Quinn, "Trump Says 'Don't Be Afraid of COVID' as U.S. Death Toll Tops 210,000," CBS News, October 6, 2020, https://www.cbsnews.com/news/trump-covid -19-dont-be-afraid-death-toll-210000/.

100. Alexander Burns, "Trump's Closing Argument on Virus Clashes with Science, and Voters' Lives," *New York Times*, October 28, 2020, https://www.nytimes.com/2020/10 /28/us/politics/trump-coronavirus.html.

101. "How Unpopular Is Donald Trump," FiveThirtyEight, January 20, 2021, https:// projects.fivethirtyeight.com/trump-approval-ratings/.

102. Bill Bostock, "Trump Told a Rally Crowd in Swing-State Pennsylvania That He Was Only There Because of How Badly His Campaign Is Going," *Business Insider*, Oc- tober 21, 2020, https://www.businessinsider.com/trump-pennsylvania-rally-only -there-his-campaign-going-south-votes-2020-10.

103. Quoted in Ashley Parker, Josh Dawsey, Matt Viser, and Michael Scherer, "How Trump's Erratic Behavior and Failure on Coronavirus Doomed His Reelection," *Washington Post*, November 7, 2020, https://www.washingtonpost.com/elections / interactive/2020/trump-pandemic-coronavirus-election/.

104. "Post Election Exit Poll Analysis: 10 Key Target States," Fabrizio, Lee & Associates, https://www.politico.com/f/?id=00000177-6046-de2d-a57f-7a6e8c950000.

105. "National Voter Surveys: How Different Groups Voted," *New York Times*, November 3, 2020, https://www.nytimes.com/interactive/2020/11/03/us/elections/ap-polls -national.html.

106. "Exit Polls," CNN, November 3, 2020, https://www.cnn.com/election/2020/exit-polls /president/national-results.

107. Will Wilkinson, "Why Did So Many Americans Vote for Trump?," *New York Times*, November 27, 2020, https://www.nytimes.com/2020/11/27/opinion/trump -democrats-coronavirus.html.

108. "National Voter Surveys: How Different Groups Voted."

109. "Exit Polls."

110. Jim Rutenberg, Nick Corasaniti, and Alan Feuer, "Trump's Fraud Claims Died in Court, but the Myth of Stolen Elections Lives On," *New York Times*, December 26, 2020, https://www.nytimes.com/2020/12/26/us/politics/republicans-voter-fraud.html.

111. Emily Badger, "Most Republicans Say They Doubt the Election. How Many Really Mean It?," *New York Times*, November 30, 2020, https://www.nytimes.com/2020/11 /30/upshot/republican-voters-election-doubts.html; Liz Zhou, "About Half of Republicans Don't Think Joe Biden Should Be Sworn In as President," Vox, January 11, 2021, https://www.vox.com/2021/1/11/22225531/joe-biden-trump-capitol-inauguration.

112. "COVID-19 Virtual Press Conference Transcript—5 January 2021," World Health Organization, January 5, 2021, https://www.who.int/publications/m/item/covid-19 -virtual-press-conference-transcript—5-january-2021.

113. "Coronavirus: Trump Accuses WHO of Being a 'Puppet of China,'" BBC, May 19, 2020, https://www.bbc.com/news/health-52679329.

114. World Health Organization (WHO) (@WHO), "They were tested again in #Singapore and were all negative for PCR," Twitter, January 14, 2021, 3:01 a.m., https:// twitter. com/WHO/status/1349627669558784002.

115. Damien Cave, "The World in a Vise: Sounding the Alarm on China, Then Running for Shelter," *New York Times*, December 1, 2020, https://www.nytimes.com/2020/12 /01/world/australia/china-australia-morrison-tweet.html; Karen DeYoung, "U.S., Australia Call for Global Investigation of Pandemic Response; Pompeo Says WHO Funding Freeze Could Be Permanent," *Washington Post*, April 23, 2020, https://www .washingtonpost.com/national/coronavirus-death-toll-who-trump/2020/04/23 / d5c37400-8580-11ea-ae26-989cfce1c7c7_story.html.

116. Jordan Hayne, "Australia 'Hurt the Feelings' of China with Calls for Coronavirus Investigation, Senior Diplomat Says," ABC, August 26, 2020, https://www.abc. net .au/news/2020–08–26/senior-chinese-diplomat-addresses-australia-coronavirus -tensions/12596602.

117. Daniel Hurst, "Top Chinese Diplomat Says Australia's Call for Coronavirus Inquiry Was 'Shocking,'" *The Guardian*, August 26, 2020, https://www.theguardian.com/

australia -news/2020/aug/26/top-chinese-diplomat-says-australias-call-for-coronavirus -inquiry-was-shocking; Daniel Hurst, "How Much Is China's Trade War Really Costing Australia?," *The Guardian*, October 27, 2020, https://www.theguardian.com/australia -news/2020/oct/28/how-much-is-chinas-trade-war-really-costing-australia.

118. Gerry Shih, Emily Rauhala, and Josh Dawsey, "China's Xi Backs WHO-Led Review of Covid-19 Outbreak," *Washington Post*, May 18, 2020, https://www.washingtonpost.com /world/asia_pacific/chinas-xi-backs-who-led-review-of-covid-19-outbreak-proposes -aid-for-developing-world/2020/05/18/911a1544-98df-11ea-ad79-eef7cd734641 _story.html.

119. Emily Rauhala, Karoun Demirjian, and Toluse Olorunnipa, "Trump Administration Sends Letter Withdrawing U.S. from World Health Organization over Coronavirus Response," *Washington Post*, July 7, 2020, https://www.washingtonpost.com/world / trump-united-states-withdrawal-world-health-organization-coronavirus/2020/07 /07/ ae0a25e4-b550-11ea-9a1d-d3db1cbe07ce_story.html.

120. Javier C. Hernández, "Two Members of W.H.O. Team on Trail of Virus Are Denied Entry to China," *New York Times*, January 13, 2021, https://www.nytimes.com/2021 /01/13/world/asia/china-who-wuhan-covid.html.

121. Drew Hinshaw and Jeremy Page, "WHO Mission to Look for Answers to Covid-19's Origin in Wuhan," *Wall Street Journal*, January 14, 2021, https://www.wsj.com/articles /who-mission-to-look-for-answers-to-covid-19s-origin-in-wuhan-11610566665; Drew Hinshaw, "WHO Criticizes China for Stymying Investigation into Covid-19 Origins," *Wall Street Journal*, January 6, 2021, https://www.wsj.com/articles/world -health-organization-criticizes-china-over-delays-in-covid-19-probe-11609883140.

122. Christina Larson, "China's Fox News," *Foreign Policy*, October 31, 2010, https:// foreignpolicy.com/2011/10/31/chinas-fox-news/; "Conspiracy Theories, Smears Rise Ahead of WHO Experts' China Visit," *Global Times*, January 12, 2021, https://www .globaltimes.cn/page/202101/1212548.shtml.

123. Jeremy Page and Drew Hinshaw, "China Refuses to Give WHO Raw Data on Early Covid-19 Cases," *Wall Street Journal*, February 12, 2021, https://www.wsj.com/articles / china-refuses-to-give-who-raw-data-on-early-covid-19-cases-11613150580.

124. Hernández, "Two Members of W.H.O. Team on Trail of Virus."

125. Sha Hua, "China Floats Covid-19 Theories That Point to Foreign Origins, Frozen Food," *Wall Street Journal*, December 8, 2020, https://www.wsj.com/articles/ china-pushes -alternative-theories-about-origin-of-covid-19-11607445463; Javier C. Hernández, "China Peddles Falsehoods to Obscure Origin of Covid Pandemic," *New*

*York Times*, December 6, 2020, https://www.nytimes.com/2020/12/06/world/asia/china-covid-origin -falsehoods.html.

126. Javier C. Hernández and James Gorman, "On W.H.O. Trip, China Refused to Hand Over Important Data," *New York Times*, February 12, 2021, https://www.nytimes .com/2021/02/12/world/asia/china-world-health-organization-coronavirus.html.

127. Jeremy Page, Chao Deng, and Drew Hinshaw, "Coronavirus Likely Came from Animal, Not Leaked from Laboratory, WHO Says," *Wall Street Journal*, February 9, 2021, https://www.wsj.com/articles/coronavirus-most-likely-spilled-over-to-humans -through-intermediate-animal-says-who-11612868217.

128. Javier C. Hernández, "China Scores a Public Relations Win After W.H.O. Mission to Wuhan," *New York Times*, February 9, 2021, https://www.nytimes.com/2021/02/09 / world/asia/wuhan-china-who-covid.html.

129. Page, Deng, and Hinshaw, "Coronavirus Likely Came from an Animal."

130. The White House, "Statement by National Security Advisor Jake Sullivan," February 13, 2021, https://www.whitehouse.gov/briefing-room/statements-releases/2021/02 /13/statement-by-national-security-advisor-jake-sullivan/.

131. *WHO-Convened Global Study of Origins of SARS-CoV-2: China Part*, Joint WHO- China Study 14 January–10 February, March 30, 2021, 9, https://www.who.int/health -topics/ coronavirus/origins-of-the-virus.

132. Emily Rauhala, "WHO Wuhan Report Leaves Question of Coronavirus Origins Unre- solved," *Washington Post*, March 29, 2021, https://www.washingtonpost.com/world/ who -wuhan-report-/2021/03/29/cb6ca64e-7778-11eb-9489-8f7dacd51e75_story.html.

133. World Health Organization, "WHO Director-General's Remarks at the Member State Briefing on the Report of the International Team Studying the Origins of SARS-CoV-2," March 30, 2021, https://www.who.int/director-general/speeches/detail/who-director -general-s-remarks-at-the-member-state-briefing-on-the-report-of-the-international -team-studying-the-origins-of-sars-cov-2.

134. Jennifer Hansler, "Blinken Suggests US Won't Take Punitive Action Against China over Coronavirus Outbreak," CNN, March 28, 2021, https://www.cnn.com/2021/03 /28/politics/blinken-china-coronavirus-cnntv/index.html.

135. Office of the Spokesperson, U.S. State Department, "Joint Statement on the WHO-Convened COVID-19 Origins Study," March 30, 2021, https://www.state.gov/joint -statement-on-the-who-convened-covid-19-origins-study/.

136. European Union External Action Service, "EU Statement on the WHO-Led

COVID-19 Origins Study," March 30, 2021, https://eeas.europa.eu/headquarters/ headquarters -homepage/95960/eu-statement-who-led-covid-19-origins-study_en.

137. Author interviews on background with WHO officials, April 2021.

## 제13장 보다 나은 미래를 위한 노력

1. Joe Biden (@JoeBiden), "We Can't Allow the Good Friday Agreement That Brought Peace to Northern Ireland to Become a Casualty of Brexit," Twitter, September 16, 2020, 4:48 p.m., https://twitter.com/JoeBiden/status/1306334039557586944?s=20.

2. "COVID-19: Boris Johnson to Urge G7 Leaders to Defeat 'Common Foe' with Global Vaccine Effort," Sky News, February 14, 2021, https://news.sky.com/story/covid-19 -boris-johnson-urges-g7-leaders-to-unite-to-defeat-pandemic-12217487.

3. Transcript of Obama's G-20 Press Conference, April 2, 2009, https://www.cbsnews .com/news/transcript-obamas-g20-press-conference/.

4. G7 Leaders' Statement, February 19, 2021, https://www.consilium.europa.eu/ en /press/press-releases/2021/02/19/g7-february-leaders-statement/.

5. "COVID-19 Vaccination 'Wildly Uneven and Unfair': UN Secretary-General," news re- lease, United Nations, February 17, 2021, https://news.un.org/en/ story/2021/02/1084962.

6. "WHO Chief Warns Against 'Catastrophic Moral Failure' in COVID-19 Vaccine Access," news release, United Nations, January 18, 2021, https://news.un.org/en/story /2021/01/1082362.

7. World Health Organization, "Access to COVID-19 Tools Funding Commitment Tracker," last modified March 26, 2021, https://www.who.int/publications/m/item / access-to-covid-19-tools-tracker, accessed April 4, 2021.

8. Sinéad Baker, "The US Is Finally Joining the Push for Global Vaccine Access. It's Almost Certainly Not Going to Be Enough," *Business Insider*, February 2, 2021, https:// www.businessinsider.com/us-joins-covax-experts-say-wont-help-poorer-nations -much-2021-1.

9. Quoted in Roula Khalaf, Ben Hall, and Victor Mallet, "Emmanuel Macron Urges Europe to Send Vaccines to Africa Now," *Financial Times*, February 18, 2021, https:// www.ft.com/content/15853717-af6c-4858-87d4-58b1826895a8.

10. Ben Gittleson, "Biden to Announce US Will Donate $4 Billion for COVID-19 Vac-

cines for Poor Countries," ABC News, February 18, 2021, https://abcnews.go.com / Politics/biden-announce-us-donate-billion-covid-19-vaccines/story?id=75978762.

11. "Pandemic Will Not End Until World Is Vaccinated, Merkel Says," Reuters, February 19, 2021, https://www.reuters.com/article/us-germany-politics-g7-merkel/pandemic -will-not-end-until-world-is-vaccinated-merkel-says-idUSKBN2AJ1WG.

12. The White House, "Fact Sheet: Quad Summit," March 12, 2021, https://www .whitehouse.gov/briefing-room/statements-releases/2021/03/12/fact-sheet-quad -summit/; Sheryl Gay Stolberg and Michael Crowley, "Biden Takes First Tentative Steps to Address Vaccine Shortage," *New York Times*, March 12, 2021, https://www .nytimes. com/2021/03/12/us/politics/covid-19-vaccine-global-shortage.html.

13. Tamara Keith, "Biden Takes First Jab at Vaccine Diplomacy, Sharing Doses with Mexico, Canada," NPR, March 19, 2021, https://www.npr.org/2021/03/19/979279426/biden -takes-first-jab-at-vaccine-diplomacy-sharing-doses-with-mexico-canada; Denise Lu, "How Covid Upended a Century of Patterns in U.S. Deaths," *New York Times*, April 23, 2021, https://www.nytimes.com/interactive/2021/04/23/us/covid-19-death-toll.html; Nicky Phillips, "The Coronavirus Is here to Stay—Here's What That Means," *Nature*, February 16, 2021, https://www.nature.com/articles/d41586-021-00396-2.

14. Benjamin Mueller, "As Covid Ravages Poorer Countries, Rich Nations Spring Back to Life," *New York Times*, May 5, 2021, https://www.nytimes.com/2021/05/05/world / europe/coronavirus-covax-vaccination.html?referringSource=articleShare; Aime Williams, Kiran Stacey, Hannah Kuchler, and Donato Paolo Mancini, "US Backs Plan to Suspend Covid Vaccine Patents During Pandemic," *Financial Times*, May 5, 2021, https://www. ft.com/content/eca86f43-7127-4213-948d-3cc8d652805e.

15. Daniel Drezner, *The System Worked: How the World Stopped Another Great Depres- sion* (London: Oxford University Press, 2014).

16. Bill Gates and Melinda Gates, "COVID-19: A Global Perspective," September 2020, https://www.gatesfoundation.org/goalkeepers/report/2020-report/#GlobalPerspective.

17. "Secretary-General's Remarks to the General Assembly Special Session in Response to the COVID-19 Pandemic," December 3, 2020, https://www.un.org/sg/en/content /sg/statement/2020-12-03/secretary-generals-remarks-the-general-assembly-special -session-response-the-covid-19-pandemic-delivered.

18. Hank Paulson, *On the Brink: Inside the Race to Stop the Collapse of the Financial Sys- tem* (New York: Business Plus, 2010), 160.

19. Laura Silver, Kat Devlin, and Christine Huang, "Unfavorable Views of China Reach

Historic Highs in Many Countries," Pew Research Center, October 6, 2020, https://www. pewresearch.org/global/2020/10/06/unfavorable-views-of-china-reach -historic-highs-in-many-countries/.

20. For instance, see Fu Ying, "Fu Ying on Why China and the United States Must Cooper- ate to Defeat COVID-19," *The Economist*, April 29, 2020, https://www. economist.com /by-invitation/2020/04/29/fu-ying-on-why-china-and-america-must-co-operate-to -defeat-covid-19; Jonathan Cheng, "China's Economy Is Bouncing Back—and Gaining Ground on the U.S.," *Wall Street Journal*, August 24, 2020, https://www.wsj.com/ articles /chinas-economy-is-bouncing-backand-gaining-ground-on-the-u-s-11598280917.

21. "France's Macron: 'I Do Believe in NATO,'" Reuters, February 19, 2021, https:// www .reuters.com/article/us-germany-security-conference-macron/frances-macron-i-do -believe-in-nato-idUSKBN2AJ24D.

22. Leslie Hook, "The Next Pandemic: Where Is It Coming From and How Do We Stop It?," *Financial Times*, October 29, 2020, https://www.ft.com/content/2a80e4a2-7fb9-4e2c -9769-bc0d98382a5c.

23. Vanda Felbab-Brown, "Preventing the Next Zoonotic Pandemic," Project Syndicate, October 6, 2020, https://www.project-syndicate.org/onpoint/preventing-the-next -zoonotic-pandemic-by-vanda-felbab-brown-2020-10?barrier=accesspaylog.

24. Rupert Beale, "Get the Jab!," *London Review of Books*, December 17, 2020, https:// www.lrb.co.uk/the-paper/v42/n24/rupert-beale/end-in-sight.

25. Interview with Laurie Garrett, *Hell and High Water with John Heileman* (pod- cast), November 17, 2020, https://www.iheart.com/podcast/1119-hell-and-high -water-with-70854991/episode/laurie-garrett-73985090/.

26. President Joseph R. Biden Jr., *National Strategy for the COVID-19 Response and Pandemic Preparedness*, January 2021, https://www.whitehouse.gov/wp-content / uploads/2021/01/National-Strategy-for-the-COVID-19-Response-and-Pandemic -Preparedness.pdf. See also "National Security Memorandum on United States Global Leadership to Strengthen the International COVID-19 Response to Advance Global Health Security and Biological Preparedness," January 21, 2021, https://www .whitehouse. gov/briefing-room/statements-releases/2021/01/21/national-security -directive-united-states-global-leadership-to-strengthen-the-international-covid-19 -response-and-to-advance-global-health-security-and-biological-preparedness/.

27. Thomas J. Bollyky, Sawyer Crosby, and Samantha Kiernan, "Fighting a Pandemic Requires Trust," *Foreign Affairs*, October 23, 2020, https://www.foreignaffairs.com /

articles/united-states/2020-10-23/coronavirus-fighting-requires-trust.

28. Andrew Green, "Q&A: The Ups and Downs of WHO's Health Emergency Programme," DevEx, October 30, 2019, https://www.devex.com/news/q-a-the-ups-and-downs-of-who-s-health-emergencies-programme-95929.

29. World Health Organization, "Ebola Then and Now: Eight Lessons from West Africa That Were Applied in the Democratic Republic of Congo," April 10, 2020, https:// www.who.int/news-room/feature-stories/detail/ebola-then-and-now.

30. An international debate is just beginning on post-COVID reform of the WHO. See, for example, Carmen Paun, "Countries Plot Changes to World Health Organization Once Pandemic Recedes," Politico, October 2, 2020, https://www.politico.com / news/2020/10/02/countries-plot-changes-at-the-world-health-organization-once-pandemic-recedes-425072. For specific proposals, see France and Germany's "Non-Paper on Strengthening WHO's Leading and Coordinating Role in Global Health," August 2020, http://g2h2.org/wp-content/uploads/2020/08/Non-paper-1.pdf; and the Trump administration's proposals, U.S. Department of Health and Human Services, "Reviewing COVID-19 Response and Strengthening the WHO's Global Emergency Preparedness and Response WHO ROADMAP," September 9, 2020, https://www.hhs.gov/about/agencies/oga/about-oga/what-we-do/international -relations-division/multilateral-relations/who-roadmap-2020.html.

31. Taiwan was an observer state at the World Health Assembly from 2009 to 2015 under the government of Ma Ying-jeou. When Tsai Ing-wen of the DPP party was elected in 2016, Beijing withdrew its support for the existing arrangement and imposed new conditions that Taiwan was unable to meet. As a consequence, Taiwan has been excluded from World Health Assembly meetings. See Jess Macy Yu, "Taiwan Blames China for Absence from U.N. Health Meeting," Reuters, May 8, 2018, https://www .reuters.com/article/us-taiwan-china-health/taiwan-blames-china-for-absence-from -u-n-health-meeting-idUSKBN1I90J0; Mark Leon Goldberg, "What Is the Contro- versy over Taiwan at the World Health Organization?," UN Dispatch, May 18, 2020, https://www.undispatch.com/why-cant-taiwan-join-the-world-health-organization/.

32. Sylvia Mathews Burwell and Francis Fragos Townsend (chairs), Thomas J. Bollyky and Stewart M. Patrick (project directors), "Improving Pandemic Preparedness: Lessons from COVID-19," Council on Foreign Relations, Independent Task Force Report No. 78, October 2020, https://www.cfr.org/report/pandemic-preparedness -lessons-COVID-19/pdf/TFR_Pandemic_Preparedness.pdf, 90.

33. Lisa De Bode, "WHO Wants Sanctions Against Countries for Mishandling Epidemics," Al Jazeera America, October 22, 2015, http://america.aljazeera.com/articles /2015/10/22/health-sanctions-against-countries-misguided.html.

34. *COVID-19 Shows Why United Action Is Needed for More Robust International Health Architecture*, World Health Organization, March 30, 2021, https://www.who.int /newsroom/commentaries/detail/op-ed—covid-19-shows-why-united-action-is -needed-for-more-robust-international-health-architecture; "U.S., China Positive on Pandemic Treaty Idea: WHO's Tedros," Reuters, March 30, 2021, https://www.reuters .com/article/us-health-coronavirus-treaty-members-idUSKBN2BM10T.

35. Burwell et al., "Improving Pandemic Preparedness: Lessons from COVID-19," 78–79, 89–92.

36. World Health Organization, "International Health Regulations," http://www.emro .who.int/international-health-regulations/about/ihr-core-capacities.html, accessed December 13, 2020; Gavin Yamey, Justice Nonvignon, and Cordelia Kenney, "Modernizing Our Public Health Systems to Be Ready for the Next Pandemic," UN *Chronicle*, May 4, 2020, https://www.un.org/en/un-chronicle/modernizing-our-public-health -systems-be-ready-next-pandemic.

37. World Bank, International Working Group on Financing Preparedness, "From Panic and Neglect to Investing in Health Security: Financing Pandemic Preparedness at a National Level," December 2017, http://documents1.worldbank.org/curated/en /979591495652724770/pdf/115271-REVISED-FINAL-IWG-Report-3-5-18.pdf, 6–7.

38. World Bank, "From Panic and Neglect to Investing in Health Security," 4.

39. Vitor Gaspar, W. Raphael Lam, and Mehdi Raissi, "Fiscal Policies for the Recovery from COVID-19," *IMFBlog*, May 6, 2020, https://blogs.imf.org/2020/05/06/fiscal -policies-for-the-recovery-from-covid-19/.

40. Jeff Tollefson, "IPCC Says Limiting Global Warming to 1.5°C Will Require Drastic Action," *Nature*, October 8, 2018, https://www.nature.com/articles/d41586- 018 -06876-2; Somini Sengupta, "'Bleak' U.N. Report on a Planet in Peril Looms over New Climate Talks," *New York Times*, November 26, 2019, https://www.nytimes.com /2019/11/26/climate/greenhouse-gas-emissions-carbon.html.

41. Global Commission on Adaptation, "Adapt Now: A Global Call for Leadership on Climate Resilience," September 13, 2019, https://gca.org/about-us/the-global-commission -on-adaptation/; OECD, "Making the Green Recovery Work for Jobs, Income and Growth," October 6, 2020, http://www.oecd.org/coronavirus/policy-responses/making

-the-green-recovery-work-for-jobs-income-and-growth-a505f3e7/; United Nations Environment Programme, "Emissions Gap Report 2020," December 9, 2020, https:// www.unenvironment.org/emissions-gap-report-2020.

42. European Council, "G7 Leaders' Statement, 19 February 2021," https://www. consilium .europa.eu/en/press/press-releases/2021/02/19/g7-february-leaders-statement/.

43. Derek Chollet and James Goldgeier, *America Between the Wars: From 11/9 to 9/11* (New York: PublicAffairs, 2009).

44. Donald J. Trump, *National Security Strategy of the United States of America* (Wash- ington, DC: The White House, December 2017), https://www.whitehouse.gov/wp -content/uploads/2017/12/NSS-Final-12–18–2017–0905.pdf; for a discussion on the strategy, see William Inboden et al., "Policy Roundtable: What to Make of Trump's National Security Strategy," *Texas National Security Review*, December 21, 2017, https://tnsr.org/roundtable/policy-roundtable-make-trumps-national-security -strategy/#essay5; for a perspective on why great-power competition made a return, see Thomas Wright, *All Measures Short of War: The Contest for the 21st Century and the Future of American Power* (New Haven, CT: Yale University Press), 2017.

45. See, for example, Ben Rhodes, "The 9/11 Era Is Over," *The Atlantic*, April 6, 2020, https://www.theatlantic.com/ideas/archive/2020/04/its-not-september-12-anymore /609502/; Stephen Wertheim, "Delusions of Dominance," *Foreign Affairs*, January 25, 2021, https://www.foreignaffairs.com/articles/united-states/2021-01-25/delusions -dominance.

46. O. Hoegh-Guldberg et al., "The Human Imperative of Stabilizing Global Climate Change at 1.5°C," *Science* 365, Issue 6459, September 20, 2019, https://science .sciencemag.org/content/365/6459/eaaw6974.

47. David P. Fidler, "The COVID-19 Pandemic, Geopolitics, and International Law," *Journal of International Humanitarian Legal Studies* 11 (2020): 243, https://www.cfr .org/sites/default/files/pdf/fidler_jihls_covid.pdf.

## 옮긴이 이기동

서울신문에서 초대 모스크바특파원과 국제부장, 논설위원을 지냈다. 소련연방 해체를 비롯한 동유럽 변혁의 과정을 현장에서 취재했다. 경북 성주에서 태어나 경북고, 경북대 철학과, 서울대대학원을 졸업하고, 관훈클럽정신영기금 지원으로 미시간대에서 저널리즘을 공부했다. 『바이러스를 이기는 새로운 습관』 『나스 데일리의 1분세계여행』 『김정은 평전─마지막 계승자』 『AI의 미래─생각하는 기계』 『현대자동차 푸상무 이야기』 『블라디미르푸틴 평전─뉴차르』 『미국의 세기는 끝났는가』 『인터뷰의 여왕 바버라 월터스 회고록─내 인생의 오디션』 『미하일고르바초프 최후의 자서전─선택』을 우리말로 옮겼으며 저서로 『기본을 지키는 미디어 글쓰기』가 있다.

# 애프터쇼크

초판 1쇄 인쇄 | 2022년 6월 15일
초판 1쇄 발행 | 2022년 6월 25일

지은이 | 콜린 칼 · 토마스 라이트
옮긴이 | 이기동
펴낸이 | 이기동
편집주간 | 권기숙
편집기획 | 이민영 임미숙
마케팅 | 유민호 이정호
주소 | 서울특별시 성동구 아차산로 7길 15─1 효정빌딩 4층
이메일 | previewbooks@naver.com
블로그 | http://blog.naver.com/previewbooks

전화 | 02)3409─4210
팩스 | 02)463─8554
등록번호 | 제206─93─29887호

디자인 | 박성진
인쇄 | 상지사 P&B

ISBN 978─89─97201─64─8 03340